# 判例セレクト 2009-2013 I

目次 contents

## 憲法

### 2009

| | | | page |
|---|---|---|---|
| 判例の動き――憲法 | | 野坂泰司 | 004 |
| 1 | 参議院議員定数不均衡訴訟 | 岡田信弘 | 006 |
| 2 | Nシステムと憲法13条 | 永田秀樹 | 007 |
| 3 | NHK放送受信契約の強制と憲法19条・21条1項――NHK受信料請求訴訟 | 髙佐智美 | 008 |
| 4 | 靖国合祀および国の関与と宗教的人格権 | 小泉洋一 | 009 |
| 5 | 遠隔監視システム機器による「有害図書類」販売の規制と表現の自由――福島県青少年健全育成条例違反被告事件 | 建石真公子 | 010 |
| 6 | 区分所有法70条と憲法29条 | 高橋正俊 | 011 |
| 7 | 即決裁判手続と憲法32条 | 松原光宏 | 012 |

### 2010

| | | | |
|---|---|---|---|
| 判例の動き――憲法 | | 野坂泰司 | 014 |
| 1 | 神社施設の敷地として市有地を無償で提供する行為と政教分離――砂川空知太神社事件 | 土井真一 | 016 |
| 2 | 神社の大祭奉賛会発会式への市長の出席・祝辞と政教分離 | 斉藤小百合 | 017 |
| 3 | 非嫡出子の遺留分減殺請求と憲法14条1項 | 米沢広一 | 018 |

| | | | |
|---|---|---|---|
| 4 | 離婚後300日規定と憲法14条 | 吉田仁美 | 019 |
| 5 | 労災補償における外ぼうの醜状障害に関する男女差別 | 巻 美矢紀 | 020 |
| 6 | 衆議院議員選挙「一票の較差」違憲訴訟 | 中林暁生 | 021 |
| 7 | 葛飾区政党ビラ配布事件 | 川岸令和 | 022 |
| 8 | 公務員の政治活動の自由——堀越事件 | 平地秀哉 | 023 |
| 9 | 西伊豆町指定ごみ袋訴訟 | 松本哲治 | 024 |
| 10 | 市営と畜場の廃止に伴う支援金の支出と憲法29条3項 | 山本龍彦 | 025 |

# 2011

| | | | |
|---|---|---|---|
| | 判例の動き——憲法 | 野坂泰司 | 026 |
| 1 | 衆議院議員選挙「一票の較差」違憲訴訟 | 赤坂正浩 | 028 |
| 2 | 参議院議員定数不均衡訴訟 | 南野 森 | 029 |
| 3 | 非嫡出子相続分差別と憲法14条1項 | 植野妙実子 | 030 |
| 4 | 後遺障害別等級表上の男女差別と憲法14条1項 | 春名麻季 | 031 |
| 5 | 在外日本国民の最高裁判所裁判官国民審査権 | 山崎友也 | 032 |
| 6 | 議会代読拒否損害賠償請求事件 | 上田健介 | 033 |
| 7 | 署名活動の自由と表現の自由・請願権 | 新井 誠 | 034 |
| 8 | 「君が代」起立斉唱職務命令訴訟最高裁判決 | 渡辺康行 | 035 |
| 9 | 卒業式における威力業務妨害と表現の自由 | 齊藤 愛 | 036 |
| 10 | 通信表の作成と教師の教育の自由 | 坂田 仰 | 037 |

# 2012

| | | | |
|---|---|---|---|
| | 判例の動き——憲法 | 野坂泰司 | 038 |
| 1 | 裁判員裁判の憲法適合性 | 毛利 透 | 040 |
| 2 | イラン国籍を理由とする入学拒否事件 | 齊藤芳浩 | 041 |
| 3 | 国籍法12条の国籍喪失規定の憲法適合性 | 松田 浩 | 042 |
| 4 | 婚外子の遺留分につき民法900条4号但書を準用することの合憲性 | 齊藤笑美子 | 043 |
| 5 | 国旗国歌訴訟上告審判決 | 木村草太 | 044 |
| 6 | 空知太神社訴訟第二次（差戻し後）上告審判決 | 岡田信弘 | 045 |
| 7 | 市議会議員政治倫理条例の憲法適合性 | 小谷順子 | 046 |
| 8 | 議会代読拒否訴訟控訴審判決 | 井上武史 | 047 |
| 9 | 署名活動の自由と請願権・表現の自由 | 田代亜紀 | 048 |
| 10 | 老齢加算廃止と生存権の保障 | 尾形 健 | 049 |
| 11 | 租税法規の年度内遡及適用と憲法84条・29条 | 浅妻章如 | 050 |

## 2013

判例の動き──憲法 ……………………………………………………… 笹田栄司　052
1. 嫡出性に基づく法定相続分差別違憲判断 ………………………… 川岸令和　054
2. 参議院議員定数不均衡訴訟 ………………………………………… 只野雅人　055
3. 公務員の政治活動の自由
   ──堀越事件 ……………………………………………………… 工藤達朗　056
4. 女性の再婚禁止期間の合憲性 ……………………………………… 佐々木くみ　057
5. 性別取扱いを変更した者の妻が第三者の精子により出産した子に
   関する区長の職権による戸籍記載の合憲性 ……………………… 西村枝美　058
6. 衆議院議員選挙無効訴訟と将来効判決 …………………………… 曽我部真裕　059
7. 受刑者の選挙権行使 ………………………………………………… 山崎友也　060
8. 公職選挙法の定める3か月記録要件の合憲性 …………………… 木下昌彦　061
9. 成年被後見人は選挙権を有しないとする
   公選法11条1項1号の合憲性 …………………………………… 小島慎司　062
10. 医薬品のネット販売規制
    ──委任立法の限界 ……………………………………………… 田中祥貴　063

## 民法

## 2009
　　　　　　　　　　　　　　　　　　　　　　　　　　　　　　　　　　　　page
判例の動き──民法 ……………………………………………………… 森田　修　066
1. 農業協同組合の理事に対する提訴請求の相手方が監事でなく
   代表理事であった場合の代表訴訟の適法性 ……………………… 後藤元伸　068
2. 弁護士が委託を受けた債権回収等の手段として
   訴訟の提起等のために当該債権を譲り受ける行為の効力 ……… 石川博康　069
3. 継続的な金銭消費貸借取引の過払金と消滅時効の起算点 ……… 小野秀誠　070
4. 建物区分所有法70条と憲法29条 ………………………………… 千葉恵美子　071
5. 担保不動産収益執行と抵当目的不動産の賃料債権を
   受働債権とする相殺 ………………………………………………… 藤澤治奈　072
6. 所有権留保における留保所有権者の義務および責任 …………… 今尾　真　073
7. 債務不履行による営業利益の喪失損害と債権者の
   損害拡大避止義務 …………………………………………………… 川村洋子　074
8. 譲渡禁止特約に違反して債権を譲渡した債権者が譲渡の無効を
   主張することの可否 ………………………………………………… 石田　剛　075
9. 金融機関の預金者に対する取引経過開示義務の有無 …………… 渡辺達徳　076

| | | | |
|---|---|---|---|
| 10 | 原因関係のない振込みに係る預金の払戻請求と権利の濫用 | 滝沢昌彦 | 077 |
| 11 | 民法160条の法意による民法724条後段の効果の制限 | 齋藤由起 | 078 |
| 12 | 債務に関する相続分指定の効力と遺留分侵害額との関係 | 青竹美佳 | 079 |

# 2010

判例の動き──民法 ／ 森田 修 080

| | | | |
|---|---|---|---|
| 1 | 医療法人における出資金返還条項の解釈 | 西内康人 | 082 |
| 2 | 売買代金を立替払する三者間契約における所有権留保契約の解釈，および登録名義を有しない留保所有権者による別除権行使の可否 | 小山泰史 | 083 |
| 3 | 利息制限法1条1項の「元本」の額とその基準時 | 田中宏治 | 084 |
| 4 | 売買契約締結後に規制された土壌汚染と「瑕疵」の意義 | 野澤正充 | 085 |
| 5 | いわゆる偽装請負と黙示の雇用契約の成否──パナソニックプラズマディスプレイ（パスコ）事件 | 芦野訓和 | 086 |
| 6 | 建て替え費用の賠償責任からの使用利益の控除の否定 | 北居 功 | 087 |
| 7 | 競業避止特約を締結していない退職者が行う競業行為が不法行為に当たらないとされた事例 | 加藤貴仁 | 088 |
| 8 | 生徒募集時に説明，宣伝された私立学校の教育内容等の変更による生徒の親に対する不法行為の成否 | 久保野恵美子 | 089 |
| 9 | 悪意の受益者の損害賠償義務を規定した民法704条後段の趣旨 | 藤原正則 | 090 |
| 10 | 非嫡出子と相続分格差 | 松川正毅 | 091 |
| 11 | 価額弁償額の確認請求訴訟と確認の利益 | 西 希代子 | 092 |

# 2011

判例の動き──民法 ／ 森田 修 094

| | | | |
|---|---|---|---|
| 1 | 賃借権の時効取得による抵当権の消滅の可否 | 大久保邦彦 | 096 |
| 2 | 真正な登記名義の回復を原因とする中間省略登記請求の可否（消極） | 七戸克彦 | 097 |
| 3 | 構成部分の変動する集合動産譲渡担保権に基づく損害保険金請求権に対する物上代位の可否 | 直井義典 | 098 |
| 4 | 契約締結過程における信義則上の説明義務違反に基づく損害賠償責任の法的性質 | 中田邦博 | 099 |
| 5 | 労災保険法に基づく休業給付・障害給付の損益相殺的な調整において，遅延損害金の発生・充当を否定した事例 | 若林三奈 | 100 |
| 6 | 貸金業者がその貸金債権を一括して他の貸金業者に譲渡した場合における過払金返還債務の帰趨 | 小粥太郎 | 101 |
| 7 | 更新料条項の効力と消費者契約法10条 | 大澤 彩 | 102 |

| 8 | 配信記事を掲載した新聞社の名誉毀損による不法行為責任の成否 | 建部　雅 | 103 |
| 9 | 法律上の親子関係はあるが自然的血縁関係がない子に対する監護費用の分担 | 幡野弘樹 | 104 |
| 10 | 「相続させる」旨の遺言と受益相続人の先死亡 | 金子敬明 | 105 |

# 2012

判例の動き——民法 ……… 沖野眞已 106

| 1 | 建築基準法等に違反する建物の建築を目的とする請負契約及びその追加変更工事に関する合意の公序良俗違反該当性 | 原田昌和 | 108 |
| 2 | 個品割賦購入あっせん契約において売買契約が公序良俗に反し無効であるときの立替払契約の効力 | 宮下修一 | 109 |
| 3 | 生命保険契約における保険料不払の場合の無催告失効条項の効力 | 大澤　彩 | 110 |
| 4 | 無権利者を委託者とする物の販売委託契約について当該物の所有者が行った追認の効果 | 石川博康 | 111 |
| 5 | 抵当権設定登記後に再度不動産所有権の取得時効が完成した場合における抵当権の消長 | 石田　剛 | 112 |
| 6 | 建物区分所有法6条1項の「区分所有者の共同の利益に反する行為」該当性 | 伊藤栄寿 | 113 |
| 7 | 民事再生手続における商事留置権の効力と約束手形取立金の充当 | 田髙寛貴 | 114 |
| 8 | 原債権が財団債権である場合の弁済による代位と財団債権の行使の可否 | 下村信江 | 115 |
| 9 | 貸金業者の再編に伴う貸金債権の譲渡と過払金返還債務の承継の可否 | 野澤正充 | 116 |
| 10 | インターネット上のウェブサイトへの記事の掲載と名誉毀損の成否 | 建部　雅 | 117 |
| 11 | 相続分の指定及び特別受益の持戻し免除の意思表示に対する遺留分減殺請求の効果 | 西　希代子 | 118 |

# 2013

判例の動き——民法 ……… 沖野眞已 120

| 1 | 抵当権に基づく担保不動産競売による承役地の買受人に対する未登記通行地役権の対抗 | 秋山靖浩 | 122 |
| 2 | 金利スワップ取引に係る銀行の顧客に対する説明義務 | 森下哲朗 | 123 |
| 3 | 株式会社の新設分割と詐害行為取消権 | 佐藤岩昭 | 124 |
| 4 | 元本確定前における根保証の随伴性 | 角　紀代恵 | 125 |
| 5 | 民法505条及び民法508条の相殺適状の意義 | 深谷　格 | 126 |

| | | | | |
|---|---|---|---|---|
| 6 | ゴルフ場経営目的の地上権設定・土地賃貸借契約への借地借家法11条の類推適用 | | 松尾　弘 | 127 |
| 7 | 借地借家法38条2項所定の書面の意義 | | 武川幸嗣 | 128 |
| 8 | 債務整理を受任した弁護士が依頼者に対して負う説明義務の具体的内容 | | 岩藤美智子 | 129 |
| 9 | イレッサ訴訟上告審判決 | | 水野　謙 | 130 |
| 10 | 子との面会交流を求める権利についての間接強制の可否 | | 本山　敦 | 131 |
| 11 | 婚外子の法定相続分の規定の違憲性と同規定を前提としてされた他の遺産分割事案への影響 | | 水野紀子 | 132 |

# 刑法

## 2009

page

| | | | | |
|---|---|---|---|---|
| | 判例の動き——刑法 | | 塩見　淳 | 134 |
| 1 | 預かった段ボール箱の内容物について，けん銃及びその適合実包であるとの認識が否定された事例 | | 玄　守道 | 136 |
| 2 | 財産的権利等を保全するための暴行に正当防衛が認められた事例 | | 橋田　久 | 137 |
| 3 | 過剰防衛と行為の一体性の判断基準 | | 小名木明宏 | 138 |
| 4 | 違法性の意識の可能性がなく故意が否定された事例 | | 南　由介 | 139 |
| 5 | 共同正犯の形態で遂行された窃盗罪の成立範囲 | | 豊田兼彦 | 140 |
| 6 | 共謀関係の解消が否定された事例 | | 十河太朗 | 141 |
| 7 | 危険運転致死傷罪にいう赤色信号を「殊更に無視し」の意義 | | 星　周一郎 | 142 |
| 8 | 警察署の塀によじ上った行為が建造物侵入罪に該当するとされた事例 | | 嘉門　優 | 143 |
| 9 | 不実の抵当権設定仮登記と横領行為 | | 和田俊憲 | 144 |
| 10 | 銀行による融資の相手方が特別背任罪の共同正犯とされた事例 | | 島田聡一郎 | 145 |

## 2010

| | | | | |
|---|---|---|---|---|
| | 判例の動き——刑法 | | 塩見　淳 | 146 |
| 1 | 砂浜での埋没事故発生の予見可能性が肯定された事例<br>——明石砂浜陥没事故 | | 北川佳世子 | 148 |
| 2 | 雑踏警備に際しての注意義務<br>——明石市花火大会歩道橋事故 | | 齊藤彰子 | 149 |
| 3 | 治療中止の限界<br>——川崎協同病院事件 | | 加藤摩耶 | 150 |
| 4 | 防衛行為の相当性が認められた事例 | | 曲田　統 | 151 |

| | | | |
|---|---|---|---|
| 5 | 精神鑑定の一部を採用した場合と責任能力の有無・程度の判断 | 緒方あゆみ | 152 |
| 6 | 街頭募金詐欺について包括一罪と解し得るとされた事例 | 亀井源太郎 | 153 |
| 7 | ビラ等配布目的での分譲マンション共用部分への立入りと住居侵入罪の成否 | 安達光治 | 154 |
| 8 | インターネットを利用した名誉毀損行為と真実性の証明 | 末道康之 | 155 |
| 9 | 詐欺罪における詐欺行為の意義 | 伊藤 渉 | 156 |
| 10 | 背任罪における任務違背性の判断 | 内田幸隆 | 157 |
| 11 | 賄賂罪における「職務に関し」の意義 | 嶋矢貴之 | 158 |

# 2011

| | | | |
|---|---|---|---|
| | 判例の動き——刑法 | 塩見 淳 | 160 |
| 1 | 私人への罰則の委任に当たらないとされた事例 | 永井善之 | 162 |
| 2 | 両罰規定適用の要件 | 川崎友巳 | 163 |
| 3 | 航空管制官による便名の言い間違いと過失犯の成否 | 山本紘之 | 164 |
| 4 | 窃盗罪の着手が認められた事例 | 佐藤拓磨 | 165 |
| 5 | 威力業務妨害罪の成立要件——都立板橋高校事件 | 鎮目征樹 | 166 |
| 6 | 窃盗罪の既遂に当たるとされた事例 | 東 雪見 | 167 |
| 7 | キャッシュカードの占有者に脅迫を加えて暗証番号を聞き出す行為に強盗利得罪の成立が認められた事例 | 足立友子 | 168 |
| 8 | 被害者の死亡原因となった行為が強盗の機会に行われたとして強盗致死罪の成立が認められた事例 | 金澤真理 | 169 |
| 9 | 事実証明に関する書類（行政書士法1条の2第1項）の意義 | 今井猛嘉 | 170 |
| 10 | 「偽造」の肯定例——一般人をして真正な公文書と信じさせるに足る程度の外観を備えているとされた事例 | 林 陽一 | 171 |
| 11 | 特別公務員暴行陵虐罪にいわゆる「陵辱若しくは加虐の行為」に当たるとされた事例 | 井上宜裕 | 172 |

# 2012

| | | | |
|---|---|---|---|
| | 判例の動き——刑法 | 塩見 淳 | 174 |
| 1 | 三菱自動車車輪脱落事件上告審決定 | 古川伸彦 | 176 |
| 2 | 福知山線列車脱線転覆事故における元安全対策責任者の過失責任 | 内海朋子 | 177 |
| 3 | 自動車運転過失致死罪につき正当防衛の成立が認められた事例 | 照沼亮介 | 178 |
| 4 | ファイル共有ソフトWinnyの提供につき，開発者に著作権法違反幇助の故意がないとされた事例 | 小島陽介 | 179 |

| | | | |
|---|---|---|---|
| 5 | 意識障害等の惹起と傷害罪の成否 | 小林憲太郎 | 180 |
| 6 | 4名の女性を次々に監禁しPTSDを発症させた行為に監禁致傷罪の成立が認められた事例 | 近藤和哉 | 181 |
| 7 | 危険運転致死傷罪における「アルコールの影響により正常な運転が困難な状態」の意義 | 宮川　基 | 182 |
| 8 | 医師による診察中の盗撮行為に強制わいせつ罪の成立を肯定した事例 | 森永真綱 | 183 |
| 9 | 秘密漏示罪の成立要件 | 澁谷洋平 | 184 |
| 10 | 強盗目的がないことを理由に2項強盗殺人の成立を否定した事例（強盗利得罪にいわゆる「財産上不法の利益」の意義） | 品田智史 | 185 |
| 11 | 児童ポルノを「公然と陳列」する行為に当たるとされた事例 | 渡邊卓也 | 186 |

# 2013

| | | | |
|---|---|---|---|
| 判例の動き――刑法 | | 塩見　淳 | 188 |
| 1 | 共謀加担前の暴行から生じた傷害と傷害罪の共同正犯の成立範囲 | 松尾誠紀 | 190 |
| 2 | 書籍の発行者が，書店における書籍の販売・陳列による未承認医薬品の広告行為の間接正犯に当たるとの主張が排斥された事例 | 仲道祐樹 | 191 |
| 3 | 併合罪の一部について裁判が確定している場合の余罪処断と量刑 | 小池信太郎 | 192 |
| 4 | 自己の殺害を嘱託した者を暴行・傷害の故意で死に致した場合の擬律 | 田中優輝 | 193 |
| 5 | 刑法208条の2第2項前段の「人又は車の通行を妨害する目的」 | 岡本昌子 | 194 |
| 6 | 危険運転致死傷罪の幇助犯の成立が認められた事例 | 深町晋也 | 195 |
| 7 | 第三者に無断譲渡する意図を秘して自己名義でプリペイド式携帯電話機を購入する行為と詐欺罪（未遂） | 辰井聡子 | 196 |
| 8 | いわゆるキセル乗車と電子計算機使用詐欺罪の成否 | 飯島　暢 | 197 |
| 9 | 家庭裁判所から選任された成年後見人による横領と刑法244条1項の準用 | 岡上雅美 | 198 |
| 10 | 電気通信の送信によるわいせつな電磁的記録等の「頒布」に当たるとされた事例 | 南部　篤 | 199 |
| 11 | 売買代金が時価相当額であったとしても，土地の売買による換金の利益が賄賂に当たるとされた事例 | 成瀬幸典 | 200 |

| | |
|---|---|
| 判例年月日索引 | 201 |
| 条文索引 | 207 |

# 判例セレクト 2009-2013 I

## 憲法／民法／刑法

法学教室編集室編

## 刊行にあたって

　法律を学ぶ際に，判例を学習することが必要かつ重要であることは改めていうまでもない。「判例セレクト」は1987年に法学教室3月号別冊付録として，過去1年に言い渡された重要な判例の動向と判決内容の理解に役立つよう，1つの判決を1頁で解説するものとして企画し，現在に至る。そのうち「判例セレクト'86」から「判例セレクト'00」までは『判例セレクト'86～'00』(2002年)に，「判例セレクト2001」から「判例セレクト2008」までは『判例セレクト2001～2008』(2010年)に合本して刊行し，好評を得ている。

　「判例セレクト2009」からは，より広い分野での判例学習に資するため分野を増やし，これまでの憲法・民法・刑法を「［Ⅰ］」(2月号別冊付録)，新たに行政法・商法・民事訴訟法・刑事訴訟法を「［Ⅱ］」(3月号別冊付録)とすることとした。

　本書は，その「判例セレクト2009［Ⅰ］」から「判例セレクト2013［Ⅰ］」までを合本するものである。

　編集室では，以下のような方針に従って本書を刊行することとした。
①収録対象は，「判例セレクト2009［Ⅰ］」～「判例セレクト2013［Ⅰ］」に掲載した解説及び「判例の動き」(総計172件)とする。
②体裁は，「判例セレクト」掲載時のままとする。ただし，「2009」のみ掲載時の体裁が異なるため，現在の体裁に組み換える。
③原則として，加筆訂正は，明白な誤植訂正を除いて行わない。
④表題部に掲げた執筆者の所属・肩書きは当時のままとし，現在の所属・肩書きは各分野冒頭の扉に「執筆者一覧」として掲載する。
⑤当該解説判例の出典は，民集・刑集等の公刊判例集1件とその他の代表的判例誌2件までに限り掲載することとし，その登載巻・号・頁の補充は編集部の責任で行う。
⑥各解説は，収録にあたり憲法・民法・刑法ごとに刊行年順に配列し直す。

　本書が，法律学を学習する方々にとって判例の理解を深めるために役立つものとなること，また，法律実務家の方々に有益な資料となることを願う次第である。
　最後に，今回の合本化にあたり，ご論攷の再収録をご快諾いただいた「判例セレクト」ご執筆の先生方に厚く御礼申し上げる。

　　　　　　　　　　　　　　　　　　　　　　　　　　　　　　　法学教室編集室

# 判例セレクト 2009-2013 I 憲法編

**執筆者一覧（五十音順）** ＊所属・肩書は2015年2月1日現在。

| | | | |
|---|---|---|---|
| 赤坂正浩 | 〔立教大学教授〕 | 高橋正俊 | 〔香川大学名誉教授〕 |
| 浅妻章如 | 〔立教大学教授〕 | 田代亜紀 | 〔専修大学准教授〕 |
| 新井　誠 | 〔広島大学教授〕 | 只野雅人 | 〔一橋大学教授〕 |
| 井上武史 | 〔九州大学准教授〕 | 建石真公子 | 〔法政大学教授〕 |
| 上田健介 | 〔近畿大学教授〕 | 田中祥貴 | 〔信州大学准教授〕 |
| 植野妙実子 | 〔中央大学教授〕 | 土井真一 | 〔京都大学教授〕 |
| 尾形　健 | 〔同志社大学教授〕 | 永田秀樹 | 〔関西学院大学教授〕 |
| 岡田信弘 | 〔北海道大学教授〕 | 中林暁生 | 〔東北大学教授〕 |
| 川岸令和 | 〔早稲田大学教授〕 | 西村枝美 | 〔関西大学教授〕 |
| 木下昌彦 | 〔神戸大学准教授〕 | 野坂泰司 | 〔学習院大学教授〕 |
| 木村草太 | 〔首都大学東京准教授〕 | 春名麻季 | 〔四天王寺大学講師〕 |
| 工藤達朗 | 〔中央大学教授〕 | 平地秀哉 | 〔國學院大學准教授〕 |
| 小泉洋一 | 〔前甲南大学教授〕 | 巻　美矢紀 | 〔千葉大学教授〕 |
| 小島慎司 | 〔上智大学准教授〕 | 松田　浩 | 〔成城大学教授〕 |
| 小谷順子 | 〔静岡大学教授〕 | 松原光宏 | 〔中央大学教授〕 |
| 齊藤笑美子 | 〔茨城大学准教授〕 | 松本哲治 | 〔同志社大学教授〕 |
| 斉藤小百合 | 〔恵泉女学園大学〕 | 南野　森 | 〔九州大学教授〕 |
| 齊藤　愛 | 〔千葉大学准教授〕 | 毛利　透 | 〔京都大学教授〕 |
| 齊藤芳浩 | 〔西南学院大学教授〕 | 山崎友也 | 〔金沢大学准教授〕 |
| 坂田　仰 | 〔日本女子大学教授〕 | 山本龍彦 | 〔慶應義塾大学教授〕 |
| 佐々木くみ | 〔東北学院大学准教授〕 | 吉田仁美 | 〔関東学院大学教授〕 |
| 笹田栄司 | 〔早稲田大学教授〕 | 米沢広一 | 〔大阪市立大学教授〕 |
| 曽我部真裕 | 〔京都大学教授〕 | 渡辺康行 | 〔一橋大学教授〕 |
| 髙佐智美 | 〔青山学院大学教授〕 | | |

# 憲法 判例の動き

学習院大学教授 **野坂泰司**

**I** 今回からこの別冊付録の刊行スケジュールが改定されたことに伴い，取り上げるべき判例についても，原則として前年の9月から翌年の8月までの間のものを対象とすることとなった。ただ，その重要性に鑑みて，翌年9月に出された判決についても可能な限り取り上げていくことにしたいと考えている。今回は，参議院の議員定数不均衡に関する最大判平成21・9・30（**憲法1**）を加えることとした。今期の大法廷判決はこの1本だけである。議員定数不均衡を争う選挙無効訴訟は数多く提起されてきているが，これまで定数配分規定を違憲と判断したのは，衆議院に関する二つの大法廷判決（最大判昭和51・4・14，最大判昭和60・7・17）だけであり，しかもいずれも事情判決的処理により選挙を無効とはしなかった。参議院に関しては，今日まで違憲判断がされたことはない。わずかに，最大判平成8・9・11が選挙区間の議員一人当たりの選挙人数の最大較差1対6.59について「違憲の問題が生ずる程度の投票価値の著しい不平等状態」と認定したものの，違憲判断には至らなかった。その後も最高裁は5倍を超える較差について合憲判決を繰り返してきたが，これに対して5～6名の裁判官が違憲とすべきであるとの反対意見を述べるのが常となっている。この構図は，今回の大法廷判決に関しても変わらなかった。本件は，平成19年7月施行の参議院議員選挙について東京都選挙区の選挙人が提起した選挙無効訴訟であるが，大法廷は，本件選挙当時の最大較差は1対4.86で，平成18年の改正前の定数配分規定の下で実施された前回選挙当時の最大較差1対5.13に比べて縮小したものとなっていたこと，本件選挙後には参議院改革協議会が設置され，その下に選挙制度に係る専門委員会が設置されるなど定数較差の問題につき今後も検討が行われることとされていること，最大較差の大幅な縮小を図るためには現行の選挙制度の仕組み自体の見直しが必要であり，それについては相応の時間を要するところ，本件選挙までにそのような見直しを行うことは極めて困難であったといわざるをえないことを挙げて，本件選挙当時定数配分規定が憲法に違反するに至っていたものとすることはできないと判示した。これに対して，5裁判官が，参議院議員選挙に関しても投票価値の平等が重視されるべきであるとの観点から，定数配分規定を違憲とし本件

選挙を違法とすべき旨の反対意見を述べている（このうち4裁判官は事情判決的処理を相当としているが，1裁判官は端的に主文で違憲確認をする方法を提唱しており，注目される。また，事情判決的処理を相当とする4裁判官のうち2名は，今後の立法府の対応次第では選挙を無効とする余地がありうることを示唆している）。また，多数意見に与する4裁判官が補足意見を述べているが，いずれも現状を積極的に認めるものとはなっていない。この大法廷判決については，初めて選挙制度自体の見直しの必要性に言及したものとしてこれを評価する声もある。しかしながら，選挙制度自体の見直しは，それについて相応の時間を要するとして，むしろ本件定数配分規定を違憲としない理由として持ち出されていることに注意しなければなるまい。立法府に対して憲法上の要請である投票価値の平等の重要性を十分に踏まえた迅速かつ適切な検討を求めるというのであれば，まず現状を違憲と認めることから出発するのが筋ではないかと思われる。

今期は，昨年度の国籍法違憲判決（最大判平成20・6・4，「判例セレクト2008」参照）のように社会的にも注目され大きな論議を呼ぶ判決はなかった。ただ，これまであまり論じられることのなかった憲法上の争点に関する判断も見られ，憲法訴訟研究に新たな素材を提供するものとなっている。なお，情報公開法に基づく行政文書の開示請求に対する不開示決定の取消訴訟において不開示とされた文書を検証の目的として被告にその提示を命ずることが許されるか否かが問題とされた事案では，いわゆるインカメラ審理と裁判の公開という憲法上の原則との関係が問題となるが，最一小決平成21・1・15は，情報公開訴訟において裁判所が不開示事由該当性を判断するために証拠調べとしてインカメラ審理を行うことは民事訴訟の基本原則に反するから明文の規定がない限り許されないとし，情報公開法はあえてこれを採用していないものと解して，不開示文書の提示を命ずることは許されないとのみ判示した。この点，2裁判官がそれぞれ補足意見を書き，インカメラ審理の導入が憲法82条に反するものではなく，国民の知る権利の実現に仕え，裁判を受ける権利の充実に資する旨を付言している。また，日教組の教育研究全国集会に使用される予定であった宴会場等を有するホテル会社（プリンスホテル）が裁判所の仮処分命令に反して当該宴会場等の使用を拒否しそのため集会が中止された事件は，私人による集会の自由の制限という側面をもつ興味深い事例であったが，東京地判平成21・7・28は，特に憲法に言及することなく，通常の民事事件としてこれを処理している。

**II** 以下，各領域別に，主要な（裁）判例を概観する。

**［人格権・プライバシー権］** いわゆるNシステム（自動車ナンバー自動読取システム）等により運転者および同乗者の容貌を撮影された上，車両のナンバープ

レートを判読されて，これらに関する情報を保存・管理されたことで肖像権，自由に移動する権利および情報コントロール権を侵害されたと主張して国家賠償を請求した事件で，東京高判平成21・1・29（**憲法2**）は，原審同様，肖像権などが侵害されたとの主張を退けたが，控訴に際して原告が追加した，同様の事案に関するドイツ憲法裁判所の違憲判決を援用した憲法13条違反の主張に対して，同判決の考え方によっても違憲とはいえないと応答しており，興味深い。ストリップショーに出演した女性タレントが劇場内で撮影された自己の裸体写真の出版物への掲載を禁止する仮処分命令の申立てをしたところ，これを認容する仮処分決定がなされたため，出版社側が保全異議の申立てを行った事例で，東京地決平成21・8・13は，被撮影者の同意があるなど特段の事情がない限り，被撮影者は人格権としての肖像権に基づき裸体写真の公表を事前に差し止めることができると判示し，出版社側の憲法21条1項違反の主張に対して，自己の出版する図書に被撮影者の承諾なく盗撮した写真を掲載した記事を載せることは「専ら性的関心に応えることを主たる目的とするものであり，およそ，憲法21条1項の定める出版の自由の保護の名に値しない行為」であるとしてこれを退けた。

**［思想・良心の自由］** NHK受信料請求訴訟において，東京地判平成21・7・28（**憲法3**）は，被告らが原告のNHKについて，テレビ番組の制作において政治的介入を許容し，放送受信料を不正に流用し，これらの問題について説明責任を尽くしていないなどと認識し，それ故に放送受信料を支払いたくないとの判断をしているとすれば，それは一つの物の見方・考え方として尊重されなければならないとしつつ，原告の放送を受信することのできる受信機を設置した者に対して原告との放送受信契約の締結および放送受信料の支払を求めるなどしても，そのこと自体は，原告の放送内容や経営活動を適切と肯認するよう強制するものではなく，上記被告らの認識自体の変更を迫ったり，その認識故に不利益を課したりするものではないとし，放送法32条および放送受信規約9条は，自由な意思に基づいて本件各放送受信契約を締結した被告らとの関係においては，憲法19条により保障される思想・良心の自由を侵害するものとはいえない，と判示した（同訴訟では，放送法32条および放送受信規約9条は憲法21条1項および自由権規約19条1項が保障する「民放のテレビ番組を視聴することにより情報を取得する権利」〔知る自由〕を侵害する，また，放送法32条は憲法13条が保障する「いかなる番組を視聴し又は視聴しないかに関する意思決定権」〔自己決定権〕を侵害するとの主張もなされたが，裁判所はこれを退けている）。都立高校の卒業式における国歌斉唱時の不起立を理由とする定年退職後の再雇用の拒否を争った事件で，東京地判平成21・1・19は，起立・国歌斉唱の職務命令は憲法19条に違反しないとしたが，再雇用の拒否については裁量権の逸脱・濫用として損害賠償請求を認容した。入学式や卒業式での起立・国歌斉唱義務の不存在確認を求めた訴訟で，横浜地判平成21・7・16は，憲法19条違反の主張を退け，教職員らには起立・斉唱の命令に従う義務があるとした。

**［信教の自由・政教分離原則］** 浄土真宗の僧侶ら戦没者遺族が遺族の承諾なく親族を合祀され，敬愛追慕の情を基軸とした人格権を侵害されたとして，靖国神社および国を相手取って慰謝料と合祀の取消しを請求した事件で，大阪地判平成21・2・26（**憲法4**）は，自衛官合祀訴訟大法廷判決（最大判昭和63・6・1）の判断枠組みに従って，原告が主張する人格権は法的に保護すべき利益とは認められないとして請求を棄却し，国が靖国神社に戦没者の氏名等を提供してきたことについても政教分離原則に違反しないと判示した。

**［表現の自由］** 遠隔監視システムの付いたDVD等の販売機によるDVDの販売が有害図書類の自動販売機への収納を禁止した県青少年健全育成条例に違反するとして起訴された事件で，最二小判平成21・3・9（**憲法5**）は，有害図書類の自動販売機への収納を禁止しその違反に対し刑罰を科すことは，青少年の健全な育成を阻害する環境を浄化するための必要やむをえないものであって，憲法21条1項・22条1項・31条に違反するものではなく，また，上記の販売機が「自動販売機」に該当することは明らかであるから，本件に上記規制を適用しても憲法の上記各条項に違反しないと判示した。

**［財産権］** 団地内建物の一括建替え決議について定めた区分所有法70条の憲法29条違反が争われた事件で，最一小判平成21・4・23（**憲法6**）は，他の区分所有者の意思を反映した区分所有権の行使の制限は区分所有権自体に内在するものであるとし，区分所有法70条の定めは合理性を有し，規制の目的，必要性，内容，その規制によって制限される財産権の種類，性質および制限の程度等を比較衡量して判断すれば，憲法29条に違反するものではないとした。

**［裁判を受ける権利］** 即決裁判手続において事実誤認を理由とする控訴を制限する刑訴法403条の2第1項の憲法32条違反が争われた事件で，最三小判平成21・7・14（**憲法7**）は，刑訴法403条の2第1項は，即決裁判手続の制度を実効あらしめるため被告人に対する手続保障と科刑の制限を前提に，同手続による判決において示された罪となるべき事実の誤認を理由とする控訴の申立てを制限したものとして相応の合理性を有し，憲法32条に違反するものではないとした（また，即決裁判手続の制度自体が虚偽の自白を誘発しやすいとして憲法38条2項違反をいう主張については前提を欠くとして退けた）。

（のさか・やすじ）

## 憲法 1

# 参議院議員定数不均衡訴訟

最高裁平成21年9月30日大法廷判決
平成20年（行ツ）第209号選挙無効請求事件
民集63巻7号1520頁，判時2053号18頁，判タ1306号101頁

北海道大学教授　岡田信弘

【論点】
①参議院（選挙区選出）議員の議員定数配分規定の合憲性。②参議院議員の選挙制度をめぐる立法裁量とその限界。
〔参照条文〕憲14条1項，公選（平成18年法律第52号改正後）14条・別表第3

【事件の概要】
本件は，平成19年7月施行の参議院議員通常選挙（以下，「本件選挙」という）について，東京都選挙区の選挙人である原告らが，参議院（選挙区選出）議員の議員定数配分規定は憲法14条1項等に違反すると主張して，同選挙区における選挙を無効とする旨の裁判を求めて提起した訴訟である。なお，本件選挙当時，議員1人当たりの選挙人数の最大較差は1対4.86であった。原審（東京高判平成20・3・27）は，本件選挙における投票価値の不平等状態は到底看過することができない程度にまで至っているとはいえないなどとして，請求を棄却している。

【判旨】
〈上告棄却〉（1）参議院議員の選挙制度の仕組みは，「憲法が二院制を採用し参議院の実質的内容ないし機能に独特の要素を持たせようとしたこと」等に照らし，相応の合理性を有するものであるが，「人口の変動の結果，投票価値の著しい不平等状態が生じ，かつ，それが相当期間継続しているにもかかわらずこれを是正する措置を講じないことが，国会の裁量権の限界を超えると判断される場合には，当該議員定数配分規定が憲法に違反するに至るものと解するのが相当である」。

（2）「〔本件改正〕の結果，平成17年10月実施の国勢調査結果による人口に基づく選挙区間における議員1人当たりの人口の最大較差は，1対4.84に縮小することとなった」ことや，「現行の選挙制度の仕組みを大きく変更するには，……相応の時間を要することは否定できないところであって，本件選挙までにそのような見直しを行うことは極めて困難であった」等の事情を考慮すれば，「本件選挙までの間に本件定数配分規定を更に改正しなかったことが国会の裁量権の限界を超えたものということはできず，本件選挙当時において，本件定数配分規定が憲法に違反するに至っていたものとすることはできない」。

（3）ただし，「本件改正の結果によっても残ることとなった上記のような較差は，投票価値の平等という観点からは，なお大きな不平等が存する状態であり，選挙区間における選挙人の投票価値の較差の縮小を図ることが求められる状況にあるといわざるを得」ず，「国民の意思を適正に反映する選挙制度が民主政治の基盤であり，投票価値の平等が憲法上の要請であることにかんがみると，国会において，速やかに，投票価値の平等の重要性を十分に踏まえて，適切な検討が行われることが望まれる」。
（補足意見及び反対意見がある。）

【解説】
1　「本判決の多数意見は，従来の判例法理の判断枠組みを基本的に維持しつつ，立法裁量についてより厳格に評価すべきであるとした平成16年大法廷判決及び平成18年大法廷判決の方向性を継承し，更に一歩を進めたものと評価することができよう」（判タ1306号103頁）。これは，本判決を掲載した判例タイムズ誌上の《解説》の一文である。本判決自ら，両判決において従来の「判断枠組み自体は基本的に維持しつつも，……実質的にはより厳格な評価がされてきているところである」と述べていることから見ても，このような位置づけは妥当であるように思われる。ただし，本判決がどのような点で「更に一歩進めたものである」のかは必ずしも明確でない。そこで，18年判決（最大判平成18・10・4民集60巻8号2696頁）と対比しながら，以下，本判決の含意について若干の検討を加えることとしたい。

2　上記判旨(1)に示されているように，本判決も，従来の判例法理と同じく，2つの要素からなる判断枠組みを採用している。しかし，子細に見てみると，18年判決と微妙に表現ぶりが違っている点に注意が必要であろう。18年判決に見られた「投票価値の平等の有すべき重要性に照らして到底看過することができないと認められる程度」〔下線部筆者〕といった表現が削られていることなどがその例である。こうした削除は，判断枠組みに関する表現を簡潔にしただけなのか，それとも「厳格な評価」を進めようとすることの現れなのか，具体的判断において本件最大較差に対する判断が示されていないこともあって定かでない。

また，同じ上記(1)に見られる参議院議員の選挙制度の仕組みに「相応の合理性」が認められることの理由づけの点でも，看過することのできない違いが存する。特に憲法46条の含意について，18年判決が「各選挙区を通じその選出議員の半数が改選されることになるように配慮し，各選挙区に偶数により定数配分を行うこととしたものと解することができる」〔下線部筆者〕と記述していたのに対して，本判決は，「3年ごとにその半数を改選すべきものとしている」と述べるだけである。これは，上記(3)の付言で言及されている「迅速かつ適切な検討」の際に「偶数配分」の要素を配慮しなくてもよいことを意味しているようにも読める。18年判決の補足意見で，「偶数配分制，都道府県単位の選挙区という現行制度の仕組みは，早晩見直しが求められていると考える」と述べていた今井功裁判官が，本判決では多数意見に加わりかつ補足意見を書いていないことを考慮すると興味深いものがある。

3　以上に概観した18年判決との違いを視野に入れて，本判決の付言を読むときに，そこに何が見えてくるであろうか。本判決が鳴らした国会への警鐘にはかなり重い響きがあるように思われる。「迅速かつ適切な検討」は，18年判決が求めた「検討の継続」では不十分であり，今井裁判官等が指摘していたより抜本的な見直しの速やかな実施を意味していると解することができよう。そうだとすると，「更に一歩進めたものである」ことの最も重要な含意はここにあるといえようか。国会と最高裁の今後の「対話」が注目される。

【参考文献】辻村みよ子・憲法判例百選Ⅱ〔第5版〕340頁，常本照樹・民商131巻1号112頁，木下智史・平成18年度重判解（ジュリ1332号）6頁。

（おかだ・のぶひろ）

憲法 2

# Nシステムと憲法13条

東京高裁平成21年1月29日判決
平成20年(ネ)第700号損害賠償請求控訴事件
訟月55巻12号3411頁，判タ1295号193頁

関西学院大学教授　永田秀樹

【論点】
警察がNシステム等によってナンバープレートや人を撮影して情報を収集することは憲法13条に違反しないか。また法律上の根拠はあるか。
〔参照条文〕憲13条，警2条1項

【事件の概要】
　Xら11名は，自動車走行中に自動車ナンバー自動読み取り装置（Nシステム）の端末や旅行時間計測装置（AVIシステム）の端末によって，ナンバープレートを判読されただけでなく，運転者及び同乗者の容ぼうを含む前面を撮影されて，その情報を国に保存管理されたことにより，肖像権，自由に移動する権利，情報コントロール権を侵害されたと主張して，1人について慰謝料100万円の支払を求める国賠訴訟を提起した。1審（東京地判2007〔平成19〕・12・26）は容ぼうが撮影されたとしても画像そのものが記録保存されることはないので肖像権は侵害されていない，移動の自由は物理的に制約されていない，取得，保有，利用の目的及び方法は正当であり，情報管理も警察庁によって適正になされているので情報コントロール権の侵害もない，として請求を棄却した。原告は控訴に際して，同様の事案に関するドイツの憲法裁判所の違憲判決（2008・3・11）を引用しそれに基づく主張を追加した。

【判旨】〈控訴棄却〉　ドイツ憲法裁判決に関連づけて合憲性を検討するならば，Nシステム等が私生活に関する情報を収集・管理されない自由を侵害するのであれば，13条に違反する。しかし，この自由も無制限のものではなく，公権力が正当な目的のために相当とされる範囲において相当な方法で個人の私生活上の情報を収集し，適切に管理する限りにおいては憲法に違反しない。「①Nシステム等により個人の情報を収集し管理する目的は，自動車使用犯罪の犯人の検挙等犯罪捜査の必要及び犯罪被害の早期回復に限定されていて，正当なものと認められ，②収集，管理される情報は，何人も公道上を走行する際には外部から容易に認識することができるようにしなければならないことが法律によって義務づけられている車両データに限られていて，公権力に対して秘匿されるべき情報ではなく，③収集，管理の方法は，走行中に自動的にカメラで撮影し，データをコンピュータで処理することによって行われるため，有形力の行使に当たらないのはもとより，走行等に何らかの影響を及ぼすなど国民に特別の負担を負わせるものではなく，④取得されたデータは，上記目的達成に必要な短期間保存されることはあるが，その後消去され，目的外に使用されることはないというのであるから，公権力がみだりに国民の情報を収集，管理するということはできないものというべきである。」

【解説】
　Nシステムは犯罪捜査に有効であるとされているが，撮影方法や保存技術の進歩により個人の容ぼうまで撮影，保存できるようになると公道での通行とはいえ「承諾なしにみだりにその容ぼう・姿態を撮影されない自由」を侵害するおそれが生じる（京都府学連事件最大判1969〔昭和44〕・12・24参照）。速度違反車両を取り締まるシステム（オービス）に関して最高裁は，現行犯で緊急の証拠保全の必要性があること，方法が許容限度内であることを理由に京都府学連事件の判断枠組みにしたがって合憲と判断した（最二小判昭和61〔1986〕・2・14刑集40巻1号48頁）。Nシステムはこれと異なる。東京地判平成13（2001）・2・6判時1748号144頁及び同控訴審東京高判平成13（2001）・9・19判例集未登載は，Nシステムの情報の性質，利用目的，利用方法を総合判断して私生活上の自由の侵害には当たらないと判示した。本判決もその判断を踏襲するものであるが，ドイツの判例に言及しそれに照らしても許容されると判断しているところに新しさがある。しかし，日本の場合，警察法2条1項以外法律の根拠規定がない（法治主義違反）ことを含めて裁判所による審査がドイツほど厳格になされていない。画像処理や保存期間が実際どうなっているかの検証も不十分である。これは，憲法で保障されている権利が制限される場合には，法律の根拠が必要であること，また，その正当性は国が立証しなければならないという原則が確立していないためだと思われる。
　ドイツでは日本の13条に相当する規定として2条1項がある。これによって一般的行為自由が基本権の保護領域にあるとされているが，2条1項が人間の尊厳（1条）と結びつく場合は一般的人格権としての保護を受ける。一般的人格権も多様であるが，本件では情報自己決定権（日本の自己情報コントロール権に相当する）が問題となる。憲法裁判所は，車両情報収集・照合システムの根拠となっている州法の規定が①明確性の原則と②比例原則に反して介入を正当化することができないので違憲無効だと判断した。①に関しては，とくに規定から利用目的が明確に読み取れず，個別事件の一斉検問などと異なり，車と人の移動についての広範な情報を警察が入手し，人々を監視するおそれがあることを問題にした。ドイツの場合，権利の性質にかかわらず不明確な法律規定は法治国家の原則に反するとされている。明確性の要請は，いわゆる3段階審査の第3段階〔正当化審査〕の1部を構成する。②に関しては，ドイツの事件では，記録されたデータが照合後直ちに消去されることが確実でなく，保存されたり，他の目的に利用されたりする可能性があることが比例原則に反するとされた。
　現在の端末設置は主要道路にとどまるが，将来，技術の進歩とともに各信号ごとに端末が設置されるようなことにでもなれば，車を使った人々の移動がすべて国家によって掌握されることになり，安全・安心と引き替えに人々にとって耐えがたい管理社会となるであろう。そうならないための手立てを立法府も考えるべきだろう。警察は情報管理を徹底しているというが，捜査員の保管していた情報がインターネット上で流出したという事件もすでに起きている。

【参考文献】　棟居快行「肖像権」同ほか『基本的人権の事件簿〔第3版〕』（2007年）103頁，小林直樹「Nシステムと自己情報コントロール権」法時78巻8号80頁，實原隆志「ドイツ──Nシステム判決」大沢秀介=小山剛編『自由と安全』（2009年）274頁。

（ながた・ひでき）

憲法 3

# NHK放送受信契約の強制と憲法19条・21条1項
## ——NHK受信料請求訴訟

東京地裁平成21年7月28日判決
平成19年(ワ)第2795号・第13179号受信料請求事件
判時2053号57頁，判タ1303号81頁

獨協大学准教授　髙佐智美

【論点】
テレビの設置をもってNHKとの放送受信契約の締結及び受信料の支払を強制することは憲法19条・21条1項に違反するか。
〔参照条文〕憲19条・21条1項，放送32条，日本放送協会受信規約9条

【事件の概要】
　2004年7月以降の一連のNHKの不祥事により受信料不払者数は一挙に増大し，NHKの収益は大幅に落ち込んだ。これに対しNHKは，06年9月，支払に応じない長期滞納者について民事督促手続を申し立てる方針を明らかにし，同年11月，東京簡易裁判所へ33件の支払督促の申立てを行った。本件は，これに異議申立てを行ったYら2名（被告）が，X（NHK—原告）に対し，憲法19条等違反を理由に本件各放送受信契約の無効を主張して争った事例である。

【判旨】
〈請求認容〉（1）「Yらが，Xについて，テレビ番組の制作において政治的介入を許容し，放送受信料を不正に流用し，これらの問題について説明責任を尽くしていないなどと認識し，それ故に放送受信料を支払いたくないとの判断をしているとすれば，それは1つの物の見方・考え方として尊重されなければならない……。しかし，Xの放送を受信することのできる受信機を設置した者に対してXとの放送受信契約の締結及び放送受信料の支払を求めたり……しても，そのこと自体は，Xの放送内容や経営活動を適切と肯認するよう強制するものではなく，上記Yらの認識自体の変更を迫ったり，その認識故に不利益を課すものではない。また，……Yらは……同契約の締結後にこれを解約するには受信機の廃止が必要であることも事前に知り得たのであって，これらの事情に照らせば，放送法32条及び放送受信規約9条は，自由な意思に基づいて本件各放送受信契約を締結したYらとの関係においては，憲法19条により保障される思想良心の自由を侵害するものとはいえない。」
（2）「放送法32条は，Xの放送を受信することのできる受信機を設置した者に対してXとの放送受信契約の締結及び放送受信料の支払を強制するものにすぎず，……また……放送受信規約9条は，Xの放送を受信することのできる受信機を廃止しない限りXとの放送受信契約の解約を禁止するというものにすぎず，民放のテレビ番組の視聴を妨げ又はXのテレビ番組の視聴を強制するものではないから，憲法21条1項……により保障される『民放のテレビ番組を視聴することにより情報を収得する自由』（知る自由）を侵害するものとはいえない。」

【解説】
　本件は，現行のNHK受信料制度が憲法19条及び21条1項に反しないかどうかが初めて正面から争われた事例である（憲法13条違反についても争われているがここでは省略する）。この点につき裁判所は，NHKの不祥事等を理由とする被告らの受信料支払拒否を「1つの物の見方・考え方」として尊重されるとしつつも，「自由意思」に基づく契約締結を理由に憲法19条違反は生じないとし，また，放送受信契約及び受信料の支払の強制についても，民放のテレビ番組の視聴が妨げられるわけではないから憲法21条1項違反にはならないとしている。
　しかし，放送受信規約9条がテレビを「廃止」しない限り放送受信契約を解約できないと定めている以上，上記のような思想信条を理由に受信料の支払を拒否する視聴者がこれを貫こうとした場合，自宅のテレビをなんらかの形で「廃止」せざるを得ず，その結果自宅での民放のテレビ番組の視聴が不可能になるのであるから，上記の論理は形式的すぎるであろう。
　このような契約締結の強制が憲法19条に反しないのかにつき，政府は，公共の福祉のために放送しているNHKの維持のために受信料をとるという手段としての契約強制は憲法19条に違反するようなものではないと答弁している（第84回国会衆議院通信委員会議録第6号 昭和53年3月1日24頁）。また，知る自由との関係で，大阪地判平成6・2・8（LEX/DB25400723）は，受信料制度とは「広告主からの広告料収入に依存していたのでは実現困難な言論報道の多元性の確保，放送番組の質的水準の確保，番組の全国普及，少数視聴者向け放送，広告主に利害関係のある放送を実施するため」のものであり，十分な合理性があるから，「これをもって国民のテレビジョン放送を受信して視聴する自由を侵害するものとして許されないものということはできない」と判示している。学説でも，「広告料を財源とする放送機関と受信料あるいは税金を財源とする放送機関とを併存させるという制度」は，「番組の多様性や質の維持を図るための対処の1つ」であり，同制度が「視聴者全体の利益に貢献している以上，実際に個々の視聴者がNHKを視聴するか否かにかかわらず，受信設備を設置した者すべてに受信契約義務を課する現在の法制には，合理的な根拠がある」とする説もある（長谷部・後掲151頁以下）。これに対し，NHKが画一的でない高水準の番組を制作する保障はなく，番組の多様性を要求する放送法3条の2はNHKのみならず民放に対しても適用されるとの批判がある（土屋・後掲101頁以下）。
　なお，本件はあくまでも「自由意思」に基づいて放送受信契約を締結した被告らとの関係においては憲法19条違反を生じないとするものであり，そもそも受信契約を締結していない場合については，本判決の射程外と見るべきである。

【参考文献】　長谷部恭男『テレビの憲法理論』（1992年），土屋英雄『NHK受信料は拒否できるのか』（2008年），鈴木秀美ほか編著『放送法を読みとく』（2009年）。

（たかさ・ともみ）

憲法 4

# 靖国合祀および国の関与と宗教的人格権

大阪地裁平成21年2月26日判決
平成18年(ワ)第8280号・平成19年(ワ)第9419号霊璽簿からの氏名抹消等請求事件
訟月55巻12号3342頁、判時2063号40頁、判タ1300号104頁

甲南大学教授　小泉洋一

【論点】
①靖国神社合祀および国による情報提供は遺族の宗教的人格権を侵害するか。②国の情報提供は政教分離原則に違反するか。
〔参照条文〕憲20条・89条、民709条・719条、国賠1条1項

【事件の概要】
　靖国神社（Y）に合祀された戦没者の遺族Xらは、Xらの意に反してYが本件戦没者を合祀し合祀を継続したため、人格権が侵害されたとしてYに対し損害賠償と霊璽簿等からの氏名抹消を請求した。また、XらはYに対する国の情報提供が共同不法行為に当たるとして不法行為法または国家賠償法に基づき国に対し損害賠償を請求した。

【判旨】
〈請求棄却〉(1)(a)「Xらの主張する人格権の中核となる敬愛追慕の情」は合祀という宗教的行為による不快の心情ないしYに対する嫌悪の感情であり、Yの「宗教的行為その他の行為が強制や不利益の付与を伴わない限り、上記心情ないし感情には、損害賠償請求及び差止請求を導く法的利益は認められない」。Xらは遺族として独占的に追慕・慰霊行為をする権利・法的利益は有せず、憲法20条1項は宗教団体にも信教の自由を保障し、「Yの合祀行為及び合祀継続行為そのものは、宗教的行為ではあるものの、祭神を祀るという抽象的・観念的行為であって、宗教上の信仰の自由と同程度に」Yが自由になし得るものであり、「他者に対する強制や不利益の付与を想定することができない」から、「Yによる本件戦没者の合祀行為及び合祀継続行為によって、Xらの権利ないし法的利益が侵害されたとは認められない」。
　(b)「Yによる合祀行為及び合祀継続行為は、Yの自主的な判断に基づき決定され」、「国の行為には、事実上の強制とみられる何らかの影響力があったと認められない」。Yによる合祀行為および合祀継続行為によって、「Xらの権利及び法的利益が侵害されたとは認められ」ず、国は、本件戦没者に関し、Yに対して氏名等の情報を提供していたとしても、「Xらの権利又は法的利益を侵害しておらず、Xらに対する不法行為責任を負」わない。
　(2) 政教分離原則に違反する行為であっても、それが「信教の自由その他の基本的人権を直接侵害するに至らない限り、私人に対する関係で当然には違法と評価され」ないところ、Yに対する国による情報提供によっても「Xらが宗教的行為への強制を受けて信教の自由その他の基本的人権を侵害され」なかったので、国の行為は国家賠償法上違法ではない。

【解説】
　1　本判決は、論点①のうちYによる合祀および合祀継続がXらの宗教的人格権を侵害するかどうかに関して、強制・不利益付与がない限り敬愛追慕の情を中核とする人格権は不法行為法上の被侵害利益とは認められないと判示した（判旨(1)(a)）。この思考は自衛官合祀最高裁判決（最大判昭和63・6・1民集42巻5号277頁）に従ったものであるが、同判決には批判が多かった。やはり、個人およびその者と生活をともにする（ともにした）近親者には、慰霊・追悼を含め人生の通過儀礼において自己の宗教信仰に従うのを他者から妨げられないという法的利益が認められるべきではないか。また本判決は、自衛官合祀判決が示した「寛容論」、すなわち多数者に対する寛容を宗教的少数者に要求することになる見解を繰り返した。さらに判決は、遺族以外の者による故人の慰霊行為に関して遺族の同意を「社会的儀礼として望ましい」ものにすぎないと評価した。これらの点についても異論がありえよう。

　2　本判決は、国の情報提供による法的利益侵害の成否も、自衛官合祀判決に沿ってYによる合祀等が法的利益を侵害するかどうかに照らして検討した（判旨(1)(b)）。だが本件は、護国神社に対し殉職自衛官の合祀を申請した私的団体である隊友会に国が「事務的な協力」を行ったとされる自衛官合祀事件とは異なり、本件では国は長期にわたって大量の情報をYに対し直接に提供した。しかも本件では、Yが国から戦没者の情報を受けて合祀するという戦前の方式が戦後も存続していたという軽視しえない事実があった。したがって、本判決が強調したように合祀が靖国神社による自主的判断によるものだとしても、合祀と別個に国による法的利益侵害を問う余地はあったのではないか。

　3　論点②について本判決は、政教分離原則を制度的保障と性格づけて実質的な判断を示さなかった（判旨(2)）。この点も自衛官合祀判決に基づいたものであるが、本判決は自衛官合祀判決とは異なり政教分離原則適合性にはまったく言及しなかった。なお、もしこの点に踏み込めば、しかも前述のような国と靖国神社との結びつきを分離することがこの原則の主たる意味であったことを想起すれば、政教分離原則適合性は疑わしくなろう。

【参考文献】　永山茂樹・法セ656号134頁、井田洋子・速判解5号19頁。

（こいずみ・よういち）

憲法 5

## 遠隔監視システム機器による「有害図書類」販売の規制と表現の自由
——福島県青少年健全育成条例違反被告事件

最高裁平成21年3月9日第二小法廷判決
平成19年（あ）第1594号
福島県青少年健全育成条例違反被告事件
刑集63巻3号27頁，判時2064号157頁，判タ1313号100頁

法政大学教授　建石真公子

【論点】
①青少年保護条例による有害図書規制は憲法21条の表現の自由に違反するか。②有害図書の販売規制は，憲法22条の営業の自由に違反するか。③監視機能付き販売機は，条例に言う「自動販売機」に該当するか。
〔参照条文〕憲21条・22条・31条

【事件の概要】
　福島県青少年健全育成条例（以下，本条例）は，図書類販売業者に対し，青少年の性的感情を刺激しその健全な育成を阻害するおそれのあるものと知事が指定した図書等を「有害図書類」とし，それを青少年に販売すること等を規制し，自動販売機等に有害図書類を販売又は貸付けの目的で収納してはならず（21条1項），違反者には刑事罰を科している（34条2項・35条）。被告会社Aは，福島県内に監視機能付きのDVD等の販売機を設置したうえで本条例所定の届出（20条の3）を行わず，本件機器に本条例が定める有害図書類であるDVD1枚を販売目的で収納したが，こうした行為が本条例違反として，会社A及び取締役Bが起訴された。A及びBは，1審（福島地判平成18〔2006〕・9・11判例集未登載），控訴審（仙台高判平成19〔2007〕・7・25判例集未登載）と敗訴し上告した。

【判旨】
〈上告棄却〉　監視機能付きの「本件機器が客と対面する方法によらずに販売を行うことができる設備を有する機器である以上，『自動販売機』に該当することは明らか」で，「本条例の定めるような有害図書類が，一般に思慮分別の未熟な青少年の性に関する価値観に悪い影響を及ぼすなどして，青少年の健全な育成に有害であることは社会共通の認識」であり，自動販売機での有害図書類の販売は，「売手と対面しないため心理的に購入が容易であること」，「人目に付かない場所に設置されることによって，一層心理的規制が働きにくくなると認められること」から「書店等における対面販売よりもその弊害が大きい」。「本件のような監視機能を備えた販売機であっても，その監視及び販売の態勢等」からすると「18歳未満の者に販売しないという動機付けが働きにくい」。したがって「本件機器を含めて自動販売機に有害図書類を収納することを禁止する必要性が高」く，その結果，青少年以外の者に対しても有害図書類の流通を制約するが，それらの者は書店等で自由に入手できることからすれば，有害図書類の自動販売機への収納禁止は，「青少年の健全な育成を阻害する有害な環境を浄化するための必要やむを得ないものであって，憲法21条1項，22条1項，31条に違反」しない。

【解説】
　本件は，青少年保護のための「有害図書」規制が，憲法21条表現の自由，22条1項営業の自由，あいまいな「自販機」定義に基づく取締りが適正手続との関係で31条，とそれぞれ合憲性が問われた事件である。先例としては，岐阜県青少年保護育成条例事件（最判平成元〔1989〕・9・19刑集43巻8号785頁）があり，本判決も，憲法判断においてこの先例を踏襲し合憲性判断の枠組みを明示していない。
　本条例は，販売者の表現の自由，青少年及び成人の「知る権利」を制限する直接的な規制であり，また条例の適用により青少年にとっては事前抑制に該当するため，裁判所は厳格な審査を行うべきであると考えられる。特に「青少年保護」という規制理由について立法事実の検証が必要となるが，この点に関して，本判決は，先例通り有害図書販売の規制理由を「青少年の性に関する価値観に悪い影響を及ぼす」こと，「青少年の健全な育成に有害」として，これが「社会共通の認識」と述べるが，その判断の根拠を示していない（前述の最高裁判決で伊藤正己判事の補足意見は，青少年にも憲法上「知る自由」は保障されているが，青少年は未熟であり保護される必要があり，そのため青少年に保障される「知る自由」の程度は成人よりも低いとして，厳格審査基準はそのままでは適用されないという枠組みを提示している）。表現の自由規制に関する厳格審査の適用において「青少年」という特性をいかように考えるかについて学説は分かれるが，有害図書が「青少年の性に関する価値観に悪い影響を及ぼす」ことは「社会共通の認識」という本判決の判断は，「有害図書」指定基準の明確性の問題とともに，多数者の道徳を意味する場合が懸念され，少数者の表現の自由を保護するためにも客観的な立法事実の検証が必要となろう。
　また，本判決は，有害図書の販売規制と憲法22条1項の適合性について薬事法最高裁判決をあげており，本条例の規制を「消極目的規制」と位置付けたうえで合憲と判断していると考えられるが，そうであるなら薬事法判決に基づいて「より緩やかな制限である職業活動の内容及び態様に対する規制によっては目的を十分に達成することができないと認められることを要する」ことになる。「より緩やかな制限」について検討をせずに「消極目的規制」として「薬事法判決」を先例としてあげている点は疑問が残る。
　さらに，本件では，遠隔監視システムにより購入者が未成年か否かを確認したうえで販売する機器が本条例16条1項において禁止される「自動販売機」に該当するか否かが争われたが，本判決は対面の定義を狭く解釈し「自動販売機」に該当するとし，本条例の適用において憲法31条違反はないと結論付ける。しかし大阪府の条例では，同様のシステムを「自動販売機」から除外しており，より精緻な「対面」の定義が問われるところである。

【参考文献】　横田耕一「有害図書規制による青少年保護の合憲性」ジュリ947号89頁，松井茂記「青少年健全育成基本法案・青少年有害環境自主規制法案と表現の自由」法時947号30頁。

（たていし・ひろこ）

# 憲法 6

## 区分所有法70条と憲法29条

最高裁平成21年4月23日第一小法廷判決
平成20年(オ)第1298号所有権移転登記手続等請求事件
集民230号435頁，判時2045号116頁，判タ1299号121頁

京都産業大学教授　髙橋正俊

【論点】
団地内建物の一括建替え決議に基づき，建替えに反対した区分所有者に対する売渡請求権を行使し，反対者の区分所有権の移転登記手続と区分建物明渡しの請求をする（建物区分所有法70条4項に基づく63条の準用）のは，憲法29条に違反しないか。

〔参照条文〕憲29条，建物区分70条・63条

【事件の概要】
　本件団地は，建物建替えにつき，建物区分所有法70条に基づく団地内建物の一括建替え決議を行った。この建替計画において等価交換方式による共同事業予定者になった原告らは，建替え決議に賛成した区分所有者から区分所有権を継承した上で，売渡請求権を行使して所有権を取得したとして，建替え決議に反対した被告らに対し，本件建物の所有権移転登記手続及び同建物明渡しを請求した。第1審はこれを認容，控訴審も第1審の判断を支持したので被告らは上告した。

【判旨】
〈上告棄却〉「区分所有権は，1棟の建物の1部分を構成する専有部分を目的とする所有権であり，共用部分についての共有持分や敷地利用権を伴うものである。したがって，……区分所有権の行使については，他の区分所有権の行使との調整が不可欠であり，区分所有者の集会の決議等による他の区分所有者の意思を反映した行使の制限は，区分所有権自体に内在するものであって，これらは，区分所有権の性質というべきものである。」

「70条1項は，……団地内全建物一括建替えは，団地全体として計画的に良好かつ安全な住環境を確保し，その敷地全体の効率的かつ一体的な利用を図ろうとするものであるところ，区分所有権の上記性質にかんがみると……なお合理性を失うものではないというべきである。」

「また，団地内全建物一括建替えの場合……建替えに参加しない区分所有者は，売渡請求権の行使を受けることにより，区分所有権及び敷地利用権を時価で売り渡すこととされているのであり……経済的な損失については相当の手当がされているというべきである。」

「そうすると，規制の目的，必要性，内容，その規制によって制限される財産権の種類，性質及び制限の程度等を比較考量して判断すれば，区分所有法70条は，憲法29条に違反するものではない。」

【解説】
　本件の主要な問題は財産権の保障とその規制の合憲性に関する。具体的には，団地の建替えに際して，団地内建物一括建替えの決議を行うことで，区分所有法70条（その準用する同法63条）による，建替えに参加しない少数者の区分所有権に課される規制（売渡請求権の行使に基づく共同事業予定者の所有権移転登記手続請求権及び建物明渡請求権）が，憲法29条違反に当たるかが争われたものである。

　周知のように財産権保障とその規制の合憲性について，最高裁が本格的に取り組んだのは，森林法判決（最大判昭和62・4・22民集41巻3号408頁）である。この判決では違憲性審査基準の枠組みとしていわゆる目的二分論を用いず，次のように述べた。すなわち，財産権の種類・性質が多種多様であり，規制理由も多岐にわたるため，立法府による比較考量に基づく判断を尊重すべきであり，立法目的が公共の福祉に合致しないことが明らかであるまたは規制手段が目的を達成する手段として必要性もしくは合理性に欠けることが明らかで立法府の判断が合理的裁量の範囲を超える場合に限り憲法29条2項に違背し違憲となると。

　しかし，森林法判決は，以後の財産権規制に関する最高裁判決において先例として引用されることはなかった。先例とされたのは証取法判決（最大判平成14・2・13民集56巻2号331頁）であった。その判決においては，財産権の多種多様性，規制理由の多岐など森林法判決と同じ認識でありながら，裁判所は立法府が合理的裁量の範囲を超えた場合に限り憲法29条2項に違背し違憲とするという森林法判決の立場をとらず「規制の目的，必要性，内容，その規制によって制限される財産権の種類，性質及び制限の程度等を比較考量して判断」すべきとし，その考量の結果，規制目的の正当性及び目的達成手段としての合理性・必要性に欠けるものでないとし，合憲とした。

　本判例も証取法判決を先例としており，判断の構成も同じである。森林法判決が本件を含む以後の財産権保障関係判決の先例にならない理由は，森林法判決は立法裁量を枠組みとしているのに，証取法判決は裁判所の検討対象として内容・性質などほぼすべての点を考量して，規制目的の正当性，手段の合理性・必要性を判断するとしている点にあるように思われる。すなわち，立法裁量の考え方よりも，（証取法以後の判決の枠組みである）比較考量を重視する立場が適切と判断されたため，先例として引用されないのではなかろうか。とすれば，森林法判決における違憲審査基準は曖昧で様々な解釈を許すものであるが，その本質において，後知恵的ではあるが，比較考量をベースとする合理性基準と考えるべきことになろう。

（たかはし・まさとし）

## 憲法 7

# 即決裁判手続と憲法32条

最高裁平成21年7月14日第三小法廷判決
平成20年(あ)第1575号業務上横領被告事件
刑集63巻6号623頁, 判時2063号152頁, 判タ1313号97頁

中央大学教授　松原光宏

【論点】
即決裁判手続において事実誤認を理由とする控訴を制限する, 刑訴法403条の2第1項は, 憲法32条に違反するか (消極)。
〔参照条文〕刑訴403条の2第1項, 憲32条

【事件の概要】
業務上横領被告事件。第1審 (千葉地裁木更津支部) による即決裁判手続に基づく有罪判決に対し, 弁護側は, 刑訴法403条の2第1項は, 事実誤認の点について裁判を受ける権利を侵害するものであり憲法32条に違反する等として控訴した。原審 (東京高裁) は, 制度の趣旨および権利保障規定を指摘し控訴を棄却した。弁護側上告。

【判旨】
〈上告棄却 (田原裁判官の補足意見あり)〉「審級制度については, 憲法81条に規定するところを除いては, 憲法はこれを法律の定めるところにゆだねており, 事件の類型によって一般の事件と異なる上訴制限を定めても, それが合理的な理由に基づくものであれば憲法32条に違反するものではない」。即決裁判手続は,「争いがなく明白かつ軽微であると認められた事件について, 簡略な手続によって証拠調べを行い, 原則として即日判決を言い渡すものとするなど, 簡易かつ迅速に公判の審理及び裁判を行うことにより, 手続の合理化, 効率化を図るものである」。したがって事実誤認を理由とする上訴を認めれば, 上訴に備え「必要以上に証拠調べが行われることになりかねず, 同手続の趣旨が損なわれるおそれがある」。他方, 同手続により「審判するためには, 被告人の訴因についての有罪の陳述 (刑訴法350条の8) と, 同手続によることについての被告人及び弁護人の同意とが必要であり (同法350条の2第2項, 4項, 350条の6, 350条の8第1号, 2号), この陳述及び同意は, 判決の言渡しまではいつでも撤回することができる (同法350条の11第1項1号, 2号)」。また, 被告人には, 同手続に「同意するか否かにつき弁護人の助言を得る機会が保障されている (同法350条の3, 350条の4, 350条の9)」。加えて同手続による「判決では, 懲役又は禁錮の実刑を科することができないものとされている (同法350条の14)」。「刑訴法403条の2第1項は, 上記のような即決裁判手続の制度を実効あらしめるため, 被告人に対する手続保障と科刑の制限を前提に, 同手続による判決において示された罪となるべき事実の誤認を理由とする控訴の申立てを制限しているものと解されるから, 同規定については, 相応の合理的な理由がある」。

【解説】
1　基本権のなかには, 財産権を始めとして立法者による内容形成を予定するものがあるが, 裁判を受ける権利 (憲32条) もそのひとつである。内容形成を統制する基準は裁判の公正である。裁判の公開のように, 憲法上, すでにこの基準に照らし内容形成が図られていることもあるが (憲82条1項・37条1項・傍聴人監視を通じ裁判の公正を確保), 裁判の公正は, 立法者による内容形成に際し重要な基準として働く。刑訴法改正 (2004) により導入された即決裁判手続もまた, 訴訟全体の充実・迅速性という趣旨をもって裁判の公正に奉仕する。「争いのない事件の手続の合理化・効率化を図り, 限られた資源を争いのある事件に集中する」(田淵浩二「即決裁判手続」刑法雑誌46巻1号〔2006〕157頁) ことによりもたらされる裁判の充実・迅速性が, 裁判の公正にとって不可欠な価値であることについては論を俟たない。しかしながら内容形成に際しては, 冤罪の可能性を払拭することに対しても十分な配慮が必要となる。憲法32条は, 被疑者・被告人に対する手続的保障を図りつつ, 裁判の公正に則した内容形成を行うことを議会に要請する。最高裁の見解は, この要請を基底とした合理性の検証を求めるものと解される。

2　①即決裁判手続は, 明白かつ軽微, 証拠調べが簡易迅速に済むと思われる事案について, 検察官により, 公訴提起と同時にその申立てがなされるが (死刑または無期もしくは短期1年以上の懲役もしくは禁錮に当たる事件は対象外), 申立てには被疑者の同意および (弁護人のある場合には) 弁護人の同意または意見留保が必要とされる (刑訴350条の2第1項・2項・4項)。②裁判所は申立て後, 公訴提起より14日以内に公判期日を指定する (同法350条の7, 刑訴規222条の17)。③裁判所は, 公判期日の冒頭手続において, 有罪の陳述を要件として審判決定をするが, 被告人または弁護人の同意撤回のないことがその条件である (同法350条の8第1号・2号)。④同手続は必要的弁護事件とされ (同法350条の9), 判決の言渡し前に, 被告人または弁護人の同意撤回あるいは有罪陳述の撤回がなされた場合には, 裁判所はその決定を取り消す (同法350条の11第1項1号・2号)。⑤裁判所はできる限り即日判決の要請に従わねばならず (同法350条の13), 懲役または禁錮については, 刑の執行猶予の言渡しをしなければならない (同法350条の14)。⑥さて, 上告審における論点は, 事実誤認を理由とする上訴を制限する規定 (同法403条の2第1項) が憲法32条に違反するか否かであるが, 迅速性を通じ裁判の公正を実現しようとする手続である以上, これは当然の制約である。したがって, 同手続の取引的性格に伴う冤罪リスク (無実の者による早期執行猶予を期待した有罪陳述) からの保障, 適正な手続的保障の有無が, 合憲性判断の決め手となる。証拠調べは省略されていないこと, 必要的弁護事件であること, 手続の各段階において同意・有罪陳述の維持が問われること, 事実誤認の主張も, 量刑不当主張の前提としてであれば許されること (只木誠「即決裁判手続と量刑の適正確保」刑法雑誌48巻1号〔2008〕34頁以下) 等に鑑みれば, 憲法上の要請に則した内容形成として, その合理性を認めることは不可能ではない。

【参考文献】　評釈として, 正木祐史「即決裁判手続の合憲性」法セ657号 (2009) 128頁, 即決裁判手続については, 本文引用のほか, 川出敏裕「即決裁判手続の創設」現代刑事法6巻12号 (2004) 22頁, 落合義和=辻裕教「刑事訴訟法等の一部を改正する法律 (平成16年法律第62号) について(3)」曹時58巻7号 (2006) 2153頁等を参照。

(まつばら・みつひろ)

# 憲法　判例の動き

学習院大学教授　**野坂泰司**

I　憲法分野におけるこの1年（2009年9月～2010年8月）の判例の動きの中で特に目を引くのは，いわゆる砂川政教分離訴訟に関する2つの最高裁大法廷判決――①空知太神社事件判決（**憲法1**）と②富平神社事件判決――（ともに最大判平成22・1・20）である。とりわけ，①は，政教分離訴訟では愛媛玉串料判決に次ぐ2つ目の違憲判決であるが，(i)市がその所有する土地を神社施設の敷地として無償で使用させていることを憲法89条，20条1項後段に違反するとしたこと，(ii)その際，先例とは異なる判断方法を用いているように見えること，(iii)違憲状態を解消するために，原告の求める神社物件の撤去および土地明渡し以外にも適切な手段がありうるとして，その点について更に審理を尽くさせるために事件を原審に差し戻したこと，の3点において独自の意義を有する重要判例である。

(i)については，何故最高裁は事件をもっぱら憲法89条，20条1項後段の問題として処理し，20条3項には全く触れなかったのかという疑問がわく。おそらくは神式の起工式（津地鎮祭訴訟）や玉串料等の公金支出（愛媛玉串料訴訟）のように地方公共団体の宗教的活動が疑われる事案とは事案の性質を異にするとの判断があったものと思われるが，最高裁自身はその点について何も説明していない。また，(ii)については，当該事件の処理に際して最高裁が宗教とのかかわり合いをもたらす行為の「目的」（宗教的意義を有するかどうか）と「効果」（宗教を援助，助長等するかどうか）を中心に判断するものとしていないことはたしかであり，いわゆる目的効果基準を用いてきた先例との関係が問題となる。しかし，①は津地鎮祭判決や愛媛玉串料判決を先例として引いており，そこに判例変更の意図はないと見られること，また，「一般人の評価」を取り入れ，「諸般の事情を考慮し，社会通念に照らして総合的に判断すべきもの」とする点は，従来の目的効果基準の適用による判断方法と本質的に異なるものではないと思われることから，①によって政教分離訴訟における判断基準が根本的に改められたと見るのは早計であろう。むしろ，①は，従来ともすれば機械的な判断に傾きがちであった目的効果基準の適用のあり方を反省し，もっと事案に即した対応（「目的」と「効果」のみならず他の諸事情をも併せ考慮）をしようとしたものと見るのが妥当ではなかろうか。実際，②は，神社施設の敷地として長年にわたり無償提供されてきた市有地を町内会に譲与するという地方公共団体による1回限りの財務会計行為の憲法20条3項，89条適合性が争われた事件についての判断であるが，最高裁は，当該行為の「目的」と「効果」のみならず，歴史的経緯を重視し，信教の自由に対する配慮を示して合憲の結論を導き出している。また，このように最高裁が事案の性質に即応した処理を行うという方向に歩を進めたのだとすれば，事案によっては従来のように「目的」と「効果」を中心とした判断が行われることもありえよう。そのような例として，白山ひめ神社事件判決（最一小判平成22・7・22）（**憲法2**）を挙げることができる。この事件では，最高裁は，市長が神社の鎮座2100年を記念する大祭に係る諸事業の奉賛を目的とする団体の発会式に出席して祝辞を述べたことについて，「市長としての社会的儀礼を尽くす目的で行われたもの」であり，「特定の宗教に対する援助，助長，促進になるような効果を伴うものでもなかった」として，市長の行為の「目的」と「効果」を中心に判断し，合憲の結論を下している。(iii)については，最高裁が土地の無償提供行為を違憲と判断しながら，「職権による検討」を行って事件を原審に差し戻したことに議論の余地があろう。この判断は，実質的には，地域住民の信教の自由に配慮したものとして理解できないではないが，当事者主義の訴訟原則に反しないのかどうか疑問を残すものとなっている（この点を指摘する1裁判官の反対意見がある）。公有地が神社等の宗教施設の敷地として無償提供されている例は全国に多数存在するということである。①の違憲判断とその跡始末のあり方が注目される所以である（①事件の差戻し後の控訴審判決は，敷地を有償貸与する市側の提案を，違憲状態を解消する合理的で現実的な手段として是認し，撤去などを求めた原告側の訴えを退けた〔札幌高判平成22・12・6〕）。

今期は，下級審においても，重要な動きが見られる。複数の憲法事件について違憲判断が示されており，特に高裁段階でそれが目につく。

II　以下，各領域別に，主要な（裁）判例を概観する。

**［法の下の平等］**　非嫡出子の法定相続分を嫡出子の2分の1と定めた民法900条4号ただし書前段の規定の憲法適合性について，最二小決平成21・9・30は，先例（最大決平成7・7・5）を踏襲して，憲法14条1項に違反しない旨判示した。ただし，本規定を違憲とする1裁判官の反対意見，違憲の疑いが極めて強いとする1裁判官の補足意見が付されている。平成7年の大法廷決定にも5裁判官の反対意見があり，その後も各小法廷の合憲判断に対し違憲性を指摘する反対意見が絶えなかった。2010（平成22）年7月同種の別件について最高裁第三小法廷はこれを大法廷に回付した。判例が見直されるかどうか，その行方が注目される。非嫡出子が被相続人の全財産を相続した養子に対して遺留分減殺請求権を行使した事案について，東京高判平成22・3・10（**憲法3**）は，民法900条4号ただし書前段ないしこれを準用する民法1044条を本件事案に適用する限りにおいて違憲無効と判示した。

母と前夫との婚姻解消後300日以内に出生した子が，後夫を父とした出生届を提出したところ，市が不受理とする処分をしたことにつき，憲法14条等に違反し違法であるとして損害賠償を求めた事件について，岡山地判平成22・1・14（**憲法4**）は，民法772条1項の嫡出推定には合理性があり，懐胎の時期と婚姻解消日の前後関係によって嫡出推定の有無が左右されることが不合理な差別ということはできず，当該不受理処分は憲法14条に違反しないとした。労災補償における外貌の醜状障害に関して障害等級表が男女に差を設けて差別的取扱いをしていることの憲法適合性を争った事件で，京都地判平成22・5・27（**憲法5**）は，上記差別的取扱いの程度は策定理由との関連で著しく不合理であり，その合憲性や厚生労働大臣の裁量権行使の合理性が被告行政庁によって立証されていないとして，障害等級表の上記差別的取扱いを定める部分は憲法14条1項に違反すると判示した。本判決に対して国は控訴を断念し，男女差を見直す法改正が行われることとなった。

**［選挙権］** 政権交代が実現した2009（平成21）年8月施行の衆議院小選挙区選挙における「一票の格差」（投票当日の最大較差2.30倍）をめぐる選挙無効訴訟が全国で9件提起され，各高裁の判断は，「違憲」とするもの4件――大阪高判平成21・12・28（**憲法6**），広島高判平成22・1・25，福岡高判平成22・3・12，名古屋高判平成22・3・18，「違憲状態」とするもの3件――東京高判平成22・2・24，福岡高那覇支判平成22・3・9，高松高判平成22・4・8，「合憲」とするもの2件――東京高判平成22・3・11，札幌高判平成22・4・27となり，これらの訴訟は一括して最高裁大法廷に回付された。「一票の格差」を生み出す大きな要因としてしばしば批判の対象とされてきた，いわゆる「一人別枠方式」について，大法廷がどのような判断を下すか注目されるところである。

**［信教の自由・政教分離原則］** 砂川政教分離訴訟および白山ひめ神社事件の各判決については，Iを参照。旧日本軍の軍人や軍属として従軍し靖国神社に合祀された韓国人の遺族らが，国などを相手取り，合祀に係る戦没者通知の撤回や損害賠償などを求めた事件で，東京高判平成21・10・29は，合祀は国と靖国神社が一体となって進めたものとは認められず，また，旧厚生省のした戦没者通知は憲法20条3項の禁止する宗教的活動には当たらないとして，遺族側の控訴を棄却した。

**［表現の自由］** いわゆる葛飾政党ビラ配布事件について，最二小判平成21・11・30（**憲法7**）は，たとえ思想を外部に発表するための手段であっても，その手段が他人の権利を不当に害するようなものは許されないとし，ビラ配布のために管理組合の承諾なくマンション内に立ち入ることは，管理組合の管理権を侵害するのみならず，私生活の平穏を侵害するものであって，これを処罰することは憲法21条1項に違反しないと判示した。社会保険事務所に勤務する厚生労働事務官が衆議院選挙に際し特定政党を支持する目的で同党の機関紙やビラを配布した行為につき国家公務員法違反で起訴された，いわゆる堀越事件について，東京高判平成22・3・29（**憲法8**）は，公務員の政治的行為を禁止する同法の罰則規定は合憲であるとしつつ，被告人の行為に罰則規定を適用することは，表現の自由という基本的人権に対する必要やむをえない限度を超えた制約を加えるものであって，憲法21条，31条に違反するとして，1審判決を破棄し，被告人に無罪を言い渡した。これに対して，厚生労働事務官によるほぼ同様の国家公務員法違反事件である，いわゆる世田谷事件について，東京高判平成22・5・13は，違憲の主張をすべて退け，被告人の控訴を棄却した。

**［職業の自由］［租税法律主義］** 静岡地下田支判平成21・10・29（**憲法9**）は，地方公共団体である町が条例等に基づいて行う一般廃棄物の収集・運搬に関する制度の運用およびそれに伴う指定ごみ袋の一括購入・販売方式の採用は，職業活動の一内容または一態様に対する規制にすぎず，憲法22条1項に違反するものではないとし，また，指定ごみ袋の購入に際して徴収されるごみ処理手数料等に関する規律・運用については，先例（最大判平成18・3・1，〔判例セレクト2006〕参照）に基づいて，憲法84条の趣旨に反するものではないと判示した。

**［生存権］** 東京高判平成22・5・27は，老齢加算の廃止等を内容とする生活保護基準の改定およびこれに基づいて老齢加算を減額した保護変更決定が生活保護法56条・8条・9条，憲法25条に違反しないとしたが，福岡高判平成22・6・14は，既に老齢加算の給付を受けている者につき老齢加算の減額をすることは不利益変更であり，生活保護法56条の「正当な理由」のない保護基準の不利益変更に当たるとして，保護変更決定を取り消した。

**［教育を受ける権利］** 学校による生徒募集の際に説明・宣伝された教育内容等の一部が変更され，実施されなくなったことが親の学校選択の自由を違法に侵害するものとして慰謝料の支払等を求めた事件で，最一小判平成21・12・10は，学校選択の自由は学校を選択する際にその侵害が問題となりうるものであって，入学後の教育内容等の変更は，特段の事情のない限り，学校選択の自由の侵害とはならないとし，さらに親の期待・信頼を損なう違法なものでもないとして，不法行為の成立を否定した。

**［財産権］** 行政財産である市営と畜場の使用許可の取消しに伴う公法上の損失補償金としてされた支出の適法性が争われた事件で，最三小判平成22・2・23（**憲法10**）は，と畜場の廃止による不利益は住民が等しく受忍すべきものであって，利用業者等がと畜場を利用しえなくなったという不利益は憲法29条3項による損失補償を要する特別の犠牲には当たらないとした。

（のさか・やすじ）

## 憲法 1

# 神社施設の敷地として市有地を無償で提供する行為と政教分離
## ——砂川空知太神社事件

最高裁平成22年1月20日大法廷判決
平成19年(行ツ)第260号
財産管理を怠る事実の違法確認請求事件
民集64巻1号1頁，判時2070号21頁，判タ1318号57頁

京都大学教授　土井真一

【論点】
神社施設の敷地として市有地を無償で提供する市の行為が憲法89条・20条1項後段に違反するか。
〔参照条文〕憲20条・89条

【事件の概要】
　砂川市が市有地を空知太神社の建物等の敷地として無償で使用させていることは，政教分離原則違反であり，同建物等の撤去及び土地の明渡しを請求しないことが違法に財産管理を怠るものであるとして，市の住民が地方自治法242条の2第1項3号に基づいて市長を訴えた。第1審は請求を一部認容し，原審も控訴を棄却した。

【判旨】
〈破棄差戻し〉　憲法89条は，「公の財産の利用提供等における宗教とのかかわり合いが，我が国の社会的，文化的諸条件に照らし，信教の自由の保障の確保という制度の根本目的との関係で相当とされる限度を超えるものと認められる場合に，これを許さないとするもの」である。国公有地を無償で宗教的施設の敷地として提供する行為は，一般的に，同条との抵触が問題となるが，無償提供に至る経緯等は様々であることから，「当該宗教的施設の性格，当該土地が無償で当該施設の敷地としての用に供されるに至った経緯，当該無償提供の態様，これらに対する一般人の評価等，諸般の事情を考慮し，社会通念に照らして総合的に判断すべき」である。

　「本件利用提供行為は，市が，何らの対価を得ることなく本件各土地上に宗教的施設を設置させ，本件氏子集団においてこれを利用して宗教的活動を行うことを容易にさせているものといわざるを得ず，一般人の目から見て，市が特定の宗教に対して特別の便益を提供し，これを援助していると評価されてもやむを得ない」。本件利用提供行為は，小学校敷地の拡張に協力した用地提供者に報いるという世俗的目的から始まったが，明らかな宗教的施設といわざるを得ない本件神社物件の性格，これに対し長期間にわたり継続的に便益を提供し続けていることなどにかんがみると，当初の目的等は上記評価を左右しない。

　ただ，このような違憲状態の解消のため，市長には，「本件各土地，本件建物及び本件神社物件の現況，違憲性を解消するための措置が利用者に与える影響，関係者の意向，実行の難易等，諸般の事情を考慮に入れて，相当と認められる方法を選択する裁量権」があり，原審において，本件施設の撤去以外の合理的で現実的な手段が存在するか否かについて適切に判断するか，当事者に対して釈明権を行使する必要があった。
（3名の補足意見，4名の意見，2名の反対意見がある）

【解説】
　1　原審は，本件を市と連合町内会の関係の問題と捉え，連合町内会は憲法20条1項後段にいう「宗教団体」や同89条にいう「宗教上の組織若しくは団体」に当たらないとし，直接には同20条3項の問題として判断を行った。それに対して，本判決は，本件神社の氏子集団に着目し，これを，宗教的行事等を行うことを主たる目的とする宗教団体であるとして，憲法89条を適用した点が注目される。

　2　従来，最高裁は，宗教とのかかわり合いをもたらす国家の行為の目的及び効果にかんがみ，そのかかわり合いが我が国の社会的，文化的諸条件に照らし，相当とされる限度を超える場合に，政教分離原則に違反するとし，目的・効果基準，すなわち，当該行為の目的が宗教的意義をもち，その効果が宗教に対する援助又は圧迫等になるか否かを審査してきた（最大判昭和52・7・13民集31巻4号533頁。憲法89条については，最大判平成9・4・2民集51巻4号1673頁）。

　しかし，本判決は目的・効果基準に言及することなく，当該宗教的施設の性格等の諸般の事情を考慮し，社会通念に照らして総合的に判断するという枠組を採用している。それゆえ，本判決が，目的・効果基準を否定し，判例を変更したものか否かが問題となる。この点について，目的・効果基準が妥当するのは，問題となる行為に宗教性と世俗性が並存する場合であり，明確に宗教性のみをもった本件のような行為は，目的・効果基準の適用以前の問題であるとして事案を区別することが十分に考えられる（藤田補足意見）。ただ，その場合であっても，目的や効果に関する評価の先取りではないかと解する余地があり，また当該行為や施設等のもつ文化的・社会的価値を行為者等の主観的側面を考慮せずに確定できるかという問題も残る。実際，本件においても，当該利用提供行為が始まった経緯や，一般人の目から見て特定の宗教に対する援助と評価されるか否かといった形で目的や効果が考慮されている。おそらく，本件を処理する上で生じた目的・効果基準の問題は，目的・効果のみを考慮要素とすることが適切か，目的と効果が要件としていかなる関係に立つか不明確ではないか，継続的行為や不作為が問題となる場合に目的の認定が困難ではないかといった点であろう。とすれば，目的・効果基準の射程という点で本件を例外視するよりは，今後，一般的に，目的・効果のウエイトを相対化する形で基準の定式化を図るとともに，一定の問題類型ごとに，より具体的に考慮要素を整理していくことが考えられよう。

　なお，関連して，最大判平成22・1・20民集64巻1号128頁も参照。

【参考文献】　安西文雄・ジュリ1399号56頁，長谷部恭男ほか・同65頁，清野正彦・同83頁，大林文敏・法経論集185号1頁，百地章・日本法学76巻2号487頁。

（どい・まさかず）

憲法 2

# 神社の大祭奉賛会発会式への市長の出席・祝辞と政教分離

最高裁平成22年7月22日第一小法廷判決
平成20年(行ツ)第202号
白山ひめ神社御鎮座二千百年式年大祭奉賛会損害賠償請求事件
集民234号337頁，判時2087号26頁，判タ1330号81頁

恵泉女学園大学教授　斉藤小百合

【論点】
神社の鎮座2100年を記念する大祭に係る諸事業の奉賛を目的とする団体の発会式に地元の市長が出席して祝辞を述べた行為が，憲法20条3項が禁止する宗教活動に当たるか。

〔参照条文〕憲20条1項後段・3項・89条，自治242条の2第1項4号

## 【事件の概要】

白山ひめ神社は，石川県白山市に所在する宗教法人である。2008（平成20）年10月7日から11日に行われた御鎮座二千百年式年大祭およびその奉祝祭（「本件大祭」）に向けて，諸事業の遂行を目的とした大祭奉賛会が組織された。2005（平成17）年6月，奉賛会発会式が白山市内の一般施設で行われた。この奉賛会の顧問でもあった白山市長Y（上告人）は，公用車を使用し同市職員を同行の上，この発会式に来賓として出席し，祝辞を述べた（「本件行為」）。これに対し，白山市の住民であるX（被上告人）は，Aの上記行為が憲法20条3項および89条に違反し，これに伴う公金支出は違憲・違法であるとして，地方自治法242条の2第1項4号に基づき住民訴訟を提起した。第1審（金沢地判2007・6・25判時2006号61頁）は，市長の行為は社会的儀礼の範囲内であり憲法20条3項の禁止する宗教的活動に当たらないとしてXの請求を棄却したが，控訴審（名古屋高金沢支判2008・4・7判時2006号53頁）はXの主張を一部認容したため，Yが上告した。

## 【判旨】

〈破棄自判〉「本件大祭は本件神社の鎮座2100年を記念する宗教上の祭祀であり，本件発会式は本件大祭に係る諸事業の奉賛を目的とする奉賛会の発会に係る行事であるから，これに出席して祝辞を述べる行為が宗教とのかかわり合いを持つものであることは否定し難い」が，本件神社は地域の重要な観光資源であり，「観光振興に尽力すべき」市長が出席した本件発会式は，「本件神社内ではなく，市内の一般の施設で行われ，……宗教的儀式を伴うものではなかったもの」であり，市長が述べた祝辞の内容も「一般の儀礼的な祝辞の範囲を超えて宗教的な意味合いを有するものであったともうかがわれない」。すると，本件行為は「当該発会式に来賓として招かれたのに応じて，これに対する市長としての社会的儀礼を尽くす目的で行われたものであり，宗教的色彩を帯びない儀礼的行為の範囲にとどまる態様のものであって，特定の宗教に対する援助，助長，促進になるような効果を伴うものでもなかったというべきである」。したがって，本件行為は「宗教とのかかわり合いの程度が，我が国の社会的，文化的諸条件に照らし，信教の自由の保障の確保という制度の根本目的との関係で相当とされる限度を超えるものとは認められず」，政教分離規定に違反しない。

## 【解説】

1　津地鎮祭事件最高裁大法廷判決（最大判1977・7・13民集31巻4号533頁）以来，政教分離原則違反の審査基準として，いわゆる「目的効果基準」が踏襲されてきたとされる。すなわち，憲法20条3項が禁止する宗教的活動とは，「当該行為の目的が宗教的意義をもち，その効果が宗教に対する援助，助長，促進又は圧迫，干渉等になるような行為をいう」としながら，日本の「社会的・文化的諸条件に照らし，……相当とされる限度」にとどまる行為は許容される，と判断されてきた。

この「基準」については，さまざまに議論されてきたが，最高裁は砂川（空知太神社）政教分離事件大法廷判決（最大判2010・1・20判時2070号21頁）で，目的効果基準に言及することなく違憲判決を下した。本判決でも，津地鎮祭判決の定式化が一部用いられているものの，結論を左右しているのは，「社会的，文化的諸条件」によって一定程度の宗教とのかかわり合いが許容されるという理解である。そしてこの点は，津判決，愛媛玉串料事件最高裁大法廷判決（最大判1997・4・2民集51巻4号1673頁），砂川判決の「趣旨に照らして明らか」と，先例として三判決を挙げる。「基準」で多用されてきた「社会通念」にも言及はないが，「社会的，文化的諸条件」に包摂されているだろう。

2　そうすると，これまでの政教分離判例は，結局のところ，「諸般の事情を考慮した総合的判断」をしてきたのであって，「基準」云々は「レトリックにすぎない」（佐々木・後掲）ということになろうか。しかし「レトリック」が，「社会的儀礼」「おつきあい程度」として「目くじらをたてない」社会的多数派の宗教意識に寛容な政教関係を容認するとすれば，「信教の自由の保障の確保という制度の根本目的」を動揺させることはないだろうか。

3　靖国神社例大祭への玉串料等の公金支出が違憲と判断された愛媛玉串料事件最高裁大法廷判決では，「一般人に対して，県が当該特定の宗教団体を特別に支援しており，それらの宗教団体が他の宗教団体とは異なる特別のものであるとの印象を与え，特定の宗教への関心を呼び起こす」点に着目し，「その効果が特定の宗教に対する援助，助長，促進になると認めるべき」とされていた。そうすると，観光資源として多数の参詣客・観光客に「特定の宗教団体」である白山ひめ神社への「関心を呼び起こす」ことを目的とした奉賛会への関与が，「特定の宗教に対する援助，助長，促進になるような効果」を伴う疑いがあるはずである。しかしこの点，本判決は発会式の態様を非宗教的と捉え，「宗教的色彩を帯びない儀礼的行為の範囲にとどまる態様」とみるので明らかではない。

【参考文献】　本判決評釈として，榎透・法セ671号130頁。安西文雄「政教分離と最高裁判所判例の展開」ジュリ1399号56頁，佐々木弘通「憲法学説は政教分離判例とどう対話するか」法時82巻8号78頁。

（さいとう・さゆり）

憲法 3

# 非嫡出子の遺留分減殺請求と憲法14条1項

東京高裁平成22年3月10日判決
平成17年（ネ）第1828号遺留分減殺請求控訴事件，
平成17年（ネ）第3247号附帯控訴事件
判タ1324号210頁

大阪市立大学教授　米沢広一

## 【論点】
民法900条4号ただし書前段（以下，本件規定という）及び，それを準用する民法1044条は，憲法14条1項に違反するか。

〔参照条文〕民1044条・900条4号ただし書前段，憲14条1項

## 【事件の概要】
被相続人Aは，死亡するまで誰とも婚姻しなかったが，甥Y及びその子との養子縁組を行った。他方，内縁関係にある女との間に非嫡出子Xをもうけた。Aは死亡の1年前に，全財産をYに相続させる旨の遺言をしていた。Aの死亡後，Xが相続財産についての遺留分として6分の1の持分を有することの確認等を求めて出訴した（それに対してYは，Xは非嫡出子であるので遺留分は10分の1であると主張した）。原審は，本件規定は憲法14条1項に違反して無効であるとして，Xの遺留分を6分の1とした。

## 【判旨】
〈変更〉　平成7年最高裁決定以下の累次の最高裁判決等が判示するとおり，本件規定は，法律婚の尊重と非嫡出子の保護の調整を図ったものとして合理性を有しており，憲法14条1項に違反するとはいえない。また，本件規定を遺留分について準用する民法1044条も，憲法14条1項に違反するとはいえない。

しかし，①被相続人につき婚姻関係が成立していない本件事案においては，本件区別と立法理由との間に直接的な関連性は認められず，法律婚の尊重という立法理由からは，その合理性を説明できない（本件規定は，もともと立法目的に照らして広汎過ぎる），②法制度である以上，ある程度割り切ってどこかで一律に線を引かざるを得ない面があるといえるが，本件区別により被控訴人は，重大な財産的不利益を受けるだけでなく，本人の意思や努力によって変えることのできない事情によって精神的に大きな苦痛を被ることになる，③立法当時，本件規定及び本件区別を正当化する理由となった社会事情や国民感情等は，本件相続発生時点（平成7年）でみると，もはや失われたのではないかとすら思われる状況に至っていることを総合考慮すると，本件規定，民法1044条が法令として違憲・無効であるとはいえないにしても，これを本件事案に適用する限りにおいては，違憲と評価される。

## 【解説】
非嫡出子の法定相続分を嫡出子の2分の1とする本件規定の合憲性につき，下級審では，合憲判断（東京高決平成3・3・29判タ764号133頁）と違憲判断（東京高決平成5・6・23判時1465号55頁，東京高判平成6・11・30判時1512号3頁）とに分かれていた。最高裁は，最大決平成7・7・5民集49巻7号1789頁において，本件規定の立法目的には法律婚の尊重と非嫡出子の保護の調整を図ったものとして合理的根拠があり，2分の1としたことが，右立法目的との関連において著しく不合理であり合理的な裁量判断の限界を超えたものということはできないとして，憲法14条1項に反するものとはいえないと判断した（5名の補足意見と，違憲とみなす5名の反対意見が付されている。立法目的と手段との間に実質的関連性は認められない，相続分を2分の1とすることは非嫡出子の保護ではなく劣等観念につながる等とする反対意見の方が説得的である）。

平成7年大法廷以降の小法廷では，合憲判断が続いている（平成12・1・27判時1707号121頁，平成15・3・28判時1820号62頁，平成15・3・31判時1820号64頁，平成16・10・14判時1884号40頁，平成21・9・30判時2064号61頁等）が，補足意見や反対意見が付され，最高裁内部での対立は続いている。

このような流れの中で，適用違憲との判断を示した点に，本判決の特色がある（最高裁の反対意見及び平成5年と6年の2つの高裁決定・判決は法令違憲との判断）。本判決の適用違憲の型は，合憲限定解釈が不可能である場合，すなわち合憲的に適用できる部分と違憲的適用の可能性のある部分とが不可分の関係にある場合に，それが当該事件の当事者に適用される限度において違憲であるとする（猿払事件一審〔旭川地判昭和43・3・25判時514号20頁〕と同じ）型であるが，①②③を「総合考慮」して適用違憲との結論に至る本判決の論理構成には，疑問が残る。すなわち，①は適用違憲にも結びつくが，②③は法令違憲に結びつく理由付けである。現に，最高裁の一連の反対意見は，法令違憲の理由付けとして②③をあげている。①のみを理由に適用違憲とするか，結論を法令違憲に変更するか，どちらかの方が，論理展開としてはすっきりする。にもかかわらず，このような構成をとったのは，本来は法令違憲としたかったが判例拘束性の視点から適用違憲にとどめた（最高裁が判例変更し法令違憲と判断することを望む）というシグナルを最高裁に送りたかったのかもしれない。

家族関係・親子関係の多様化が進展し国民感情もそれを受容する方向に動きつつある，欧米諸国の多くで平等化に向けての法改正が行われ我が国でも法制審議会の民法改正法律案要綱の答申において平等化の方向が示されている，最高裁内部の反対意見・補足意見が理論を精緻化させてきている，憲法学説も違憲説が有力になってきている等の流れの中で，最高裁が判例変更を行うこともありえよう。

【参考文献】　青柳幸一「嫡出性の有無による法定相続分差別」憲法判例百選Ⅰ〔第5版〕64頁，太田裕之「民法900条4号ただし書と憲法14条」平成21年度重判解（ジュリ1398号）12頁。
本判決の評釈として，二宮周平「婚外子の相続分差別と適用違憲判決」戸籍時報656号2頁がある。

（よねざわ・こういち）

憲法 4

# 離婚後300日規定と憲法14条

岡山地裁平成22年1月14日判決
平成21年(ワ)第147号損害賠償請求事件
家月64巻5号78頁, 判時2081号99頁

関東学院大学教授　吉田仁美

【論点】
婚姻解消後300日以内に出生した原告の, 母の後夫を父とする出生届が不受理とされたこと等は, 憲法14条に違反するか。民法772条の解釈運用に誤りがあったか。

〔参照条文〕憲14条, 民772条, 児童約7条, 国賠1条1項

【事件の概要】
　Xの母は, 前夫のDVのため平成18年9月28日から別居生活を始め, 平成20年3月28日に離婚した。この間, 2度の保護命令が出されていた。母は, 離婚成立前に$X_1$によって懐胎し, 離婚成立後に$X_1$と再婚して同年11月4日にXを出産した（離婚から300日以内）。$X_1$は, 同年11月10日, $X_1$を父, Xを嫡出子と記載した出生届を提出した。$Y_1$（被告市）の市民課主事は, 岡山地方法務局倉敷支局総務課戸籍係長に照会し, 本件届出を受理すべきではないとの回答を得た。$Y_1$の市長（戸籍事務管掌者）は本件届出を不受理とした。その後, 家裁の認知にかかる審判を経て, 平成21年2月27日, XはX₁の嫡出子として出生届が受理され, 戸籍に記載された。Xは, $Y_2$（国）職員の照会に対する回答, 及び出生届の不受理処分が, 憲法14条, 民法772条等に違反するとして, $Y_1 Y_2$に対し, 国家賠償法1条1項に基づく330万円の損害賠償を求めた。

【判旨】
〈請求棄却〉　一般に, 婚姻中に妻が懐胎した子の父は夫である可能性が高く, 夫の子だとする推定規定には合理性がある。懐胎時期と婚姻解消日の前後関係による嫡出推定の有無は, 不合理な差別とはいえず, 民法772条1項は憲法14条に違反しない。また, 本件届出の添付書類等の記載内容自体からは, 妻の懐胎が夫によらない事実が明白であるとはいえない。出生届不受理処分に戸籍事務管掌者の職務上の義務違反があるとはいえず, 添付書類及び戸籍簿・除籍簿に基づく審査のみを行う審査方法の合理性も肯定でき, 憲法14条に違反するとはいえない。Xは, すでに出生届が受理され戸籍に記載された。本件不受理処分が, 無戸籍による大きな不利益を原告にもたらしたとはいえない。Xは民法722条1項の要件に該当し, 婚姻解消後に懐胎した子に同条の適用がないことを示した平成19年5月7日付け法務省通達との均衡から, 同条1項の推定を覆すべきとはいえない。$Y_1 Y_2$が, 本件届出の審査過程でDVの事実を斟酌すべき職務上の義務を負っていたとは認められない。本件届出は適法とはいえず, 不受理処分等は子どもの権利条約7条に違反しない。

【解説】
　本件は, いわゆる300日問題にかかわる。婚姻後200日を経過し離婚後300日以内に生まれた子は民法772条の嫡出推定をうけ, 前夫による嫡出否認や前夫の協力を要する親子関係不存在確認訴訟なしには, 前夫を父としない出生届が受理されず, 戸籍に記載されない。懐胎時期や母が再婚したかにより類型があるが, Xのように, 婚姻中でも夫婦が事実上別居し全く交渉を絶って, 夫婦の実体が失われていた時期に懐胎した子は, 判例に従い, 同条の嫡出推定を受けないと解される（最判昭和44・5・29民集23巻6号1064頁, 外観説による）。「推定の及ばない子」は, 前夫の嫡出否認なく実父に認知請求できる。また, 自由民主党と公明党による救済法案の頓挫後, 本件通達は, 早産などを念頭に医師の「懐胎時期に関する証明書」を伴う出生届を審査し, 懐胎時期が婚姻解消後なら同条の推定は及ばず, 前夫を父としない出生届を受理すべきだとした。ただし, これによって救済されるのは, 離婚後300日以内に生まれる年間2800人程度と推定される子の約1割にとどまるとされる。民法772条は,（必ずしも血縁関係にこだわらず）婚姻中に懐胎した子に嫡出子の地位を得させようとする。地裁は, 実質的には比較衡量とみられる「合理性の基準」により同条を合憲とし, 解釈運用に誤りなしとした。Xの実際の不利益（3月余の無戸籍と認知にかかる審判の負担等）との関係では結論は不当ではなかろう。ただ, 懐胎時期だけでは前夫との父子関係が否定できず, 無戸籍の子が事実として多数救済されないなら, 同条は, 離婚と離婚前の別居の増加等の社会の実情とそぐわず, もはや単純に正当性を肯定できないだろう。血統主義的な修正は必ずしも子の利益ではないが, 少なくとも, DV事案など限定的に例外を設け, 父空欄の届出をゆるす, 適宜の証明をもって窓口の柔軟な対応を可能にする等, 救済措置をとるべきである。また, いわゆる300日問題が子どもの権利条約7条（出生後直ちに登録される, 出生時から国籍をもつ権利等）の問題をはらむことを注記したい。

【参考文献】　前田陽一「民法722条をめぐる解釈論・立法論に関する2, 3の問題」判夕1301号57頁, 喜多明人ほか編『逐条解説 子どもの権利条約』（2009年）, 毎日新聞社会部『離婚後300日問題無戸籍児を救え！』（2008年）, 大田直史「出生届がない子の住民票不記載処分取消等請求事件」民商141巻2号223頁（地方自治体の職権による住民票記載の基準につき, 2008年7月7日総務省自治行政局市町村課長による通知参照）。

（よしだ・ひとみ）

憲法 5

# 労災補償における外ぼうの醜状障害に関する男女差別

京都地裁平成22年5月27日判決
平成20年(行ウ)第39号障害補償給付支給処分取消請求事件
判時2093号72頁, 判タ1331号107頁

千葉大学准教授　巻 美矢紀

## 【論点】
①障害等級表上の外ぼうの醜状障害に関する男女差別と憲法14条1項。②違憲の場合の救済方法。
〔参照条文〕憲14条1項, 労災15条・別表第1・別表第2, 労災則14条・別表第1

## 【事件の概要】
業務上の災害により火傷を負った男性Xは, 労基署長Yから労災の障害補償給付の支給に関する処分を受けたところ, 障害等級の認定が, 外ぼうの醜状障害につき男性の等級を女性より低く設定する障害等級表に依拠したことから, 当該処分を不服として, 処分の取消しを求める訴訟を提起した。

## 【判旨】
〈請求認容〉(1) ①労災補償の性質から損失てん補の程度は, 経済的・社会的条件, 国の財政事情等を総合考量した専門的技術的考察, 及び政策的判断を要する。特に障害等級表の策定には, 解剖学的, 生理学的観点から労働能力の喪失の程度を分類し格付けを行うべく, 複雑多様な高度の専門的技術的考察が必要である。よって, 障害補償受給権の制約に関する厚労大臣の裁量は, 表現行為や経済活動等の人権への制約場面に比し比較的広範と解される。

したがって, 別異処遇につき,「その策定理由に合理的根拠があり, かつ, その差別が策定理由との関連で著しく不合理なものではなく」, 厚労大臣の合理的な裁量判断の限界を超えていない場合には憲法14条1項に違反しない。

他方, 取消訴訟において処分の適法性の立証責任は, 基本的に処分庁にあると解され, 本件処分の適法性は本件別異処遇の合憲性を前提とするから, 被告は合憲性をも立証しなければならない。

②国勢調査の結果は, 外ぼうの醜状障害が第三者に与える嫌悪感, 本人の精神的苦痛, これらによる就労機会の制約, ひいてはそれに基づく損失てん補の必要性に関し, 女性が男性より大きいとの事実的・実質的な差異につき, 顕著ではないが根拠になり得る。また外ぼうの醜状障害による影響につき, 男女に事実的・実質的な差異があるとの社会通念があるといえなくはない。よって本件別異処遇の策定理由に根拠がないとはいえない。

しかし, 本件別異処遇の程度は, 著しい外ぼうの醜状障害につき, 性別により5級の差があり, 支給額の差がきわめて大きい。性別と質的に大きく異ならない年齢等の職業能力的条件は, 障害等級表において障害の程度を決定する要素ではなく, 著しい外ぼうの醜状障害についてだけ, 性別により大きな差を設けた不合理性は著しい。本件別異処遇の程度は, 上記策定理由との関連で著しく不合理なものといわざるを得ず, 障害等級表の本件別異処遇を定める部分は, 憲法14条1項に違反する。

(2) もっとも, 男女の区別自体が直ちに違憲であるともいえず, 外ぼうの醜状という障害の性質上, 現在の障害等級表における他の障害との比較から, 等級の基準を本件証拠により直ちに判断するのは困難である。女性を男性に合わせて引き下げるべきとの結論が単純に導けない以上, 本件処分は違法といわざるを得ない。

## 【解説】
1　本判決は, 労災の障害等級表において著しい外ぼうの醜状障害につき性別により大きな差を設けた部分を, 憲法14条1項違反と判断し, それに基づく本件処分を違法として取り消した(国は控訴を断念し判決は確定した)。

2　本判決は, 憲法14条1項の解釈につき, 判例(最大判昭和39・5・27民集18巻4号676頁, 最大判昭和48・4・4刑集27巻3号265頁参照)に依拠して合理的区別を許容するものとし, 厚労大臣の広範な専門技術的・政策的裁量を前提に, 裁量統制基準として, 緩やかな合理性の基準を用いる。他方, 本判決は, 合憲性の立証責任を処分庁に負わせる手法を用い, 立証不十分として, 違憲と判断したのである。しかし, 判断を左右した立証責任の分配理由につき, 本判決は説明不十分である。有力説のように, 区別の基礎が性別など憲法14条1項後段列挙事項に基づく場合は, 歴史的に許されざる差別として違憲性が推定され, 立証責任は国が負うとするか, 裁量統制基準自体を厳格化すべきであった。

本違憲判断の決め手は, 参照判例の昭和48年尊属殺違憲判決と同様, 別異処遇の程度の著しさであった。しかし, 障害等級表は昭和11年制定の労働者災害扶助法施行令別表の規定と同様であり, 外ぼうの醜状障害につき労働能力喪失をてん補する必要性に関し, 女性が男性より大きいことを示す社会的事実は, 本判決も指摘するように現在では顕著ではなく, 別異処遇の合理的根拠自体が弱い。女性を一見有利に扱う規定も, 合理的根拠が弱い場合, 歴史的文脈からして, 女性の役割に関する偏見に基づく危険性があり, 偏見を助長し, 女性に対する構造的差別を構成しうる。よって, 市民的地位すなわち平等固有の問題に焦点をあてる上記有力説のアプローチが適切であった。

3　別異処遇の解消方法としては同一処遇であれば足り, さらに違憲の理由が, 本判決のように別異処遇の程度の著しさにある場合, 違憲の解消方法は一層拡がる。また対象となる本件障害補償受給権に関するベースラインが明らかではないことから, 裁判所の実効的救済は困難となり, 本判決は行政にボールを投げ返さざるを得なかった(本判決を受け厚労省に設置された専門検討会は, 男女差を残すやむを得ない事情はない等として, 女性の等級に男性を引き上げること等を提案した)。

【参考文献】　本判決の評釈として, 新井誠・法セ669号34-35頁。

(まき・みさき)

憲法 6

# 衆議院議員選挙「一票の較差」違憲訴訟

大阪高裁平成21年12月28日判決
平成21年(行ケ)第2号選挙無効請求事件
判時2075号3頁，判タ1324号94頁

東北大学准教授　**中林暁生**

【論点】
2009年の衆議院議員選挙（小選挙区）に際しての選挙区割規定は合憲か。
〔参照条文〕 憲14条1項・15条1項・3項・43条2項・44条ただし書・47条，公選13条1項・別表第一，衆議院議員選挙区画審議会設置法3条1項・2項

【事件の概要】
　2009年8月30日に衆議院議員選挙が施行された。その際の小選挙区における選挙（本件選挙〔小選挙区〕）につき，X（小選挙区大阪府第9区の選挙人）は，公選法の区割規定が違憲であるとして，当該選挙区における選挙の無効を請求した。

【判旨】
〈請求棄却〉（1）「少なくとも現時点では，投票価値の較差が2倍に達するに至った場合は，当該状態は原則として違憲と推定され，このような較差が生じることを回避することができない特段の事情に関する主張，立証がない限り，違憲との評価を受けるというべきである。」
　（2）本件選挙（小選挙区）における較差は「1人別枠方式という，少なくとも本件選挙時までには許容されなくなった政策的目的ないしは理由を根拠として定められた選挙方式，すなわち憲法の趣旨に反するに至った選挙区割りの方式により生じたと認められるから，本件選挙（小選挙区）は，違法との評価を免れない」が，行訴法31条1項前段の趣旨に準じ，原告の請求を棄却する。

【解説】
　**1** 公選法の区割規定による小選挙区間の投票価値の較差については，最高裁による合憲判断が積み重ねられてきた（最大判平成11・11・10民集53巻8号1441頁，最判平成13・12・18民集55巻7号1647頁，最大判平成19・6・13民集61巻4号1617頁）。本件選挙（小選挙区）における最大較差は1対2.304であるから，数値だけで比べれば，合憲と判断された際の最大較差よりも較差が著しく拡大したわけではないが（下記表を参照），高裁の判断は，違憲（本判決，広島高判平成22・1・25判時2075号15頁，福岡高判平成22・3・12LEX/DB25463118，名古屋高判平成22・3・18LEX/DB25442138），違憲状態（東京高判平成22・2・24LEX/DB 25463491，福岡高那覇支判平成22・3・9判タ1320号46頁，高松高判平成22・4・8LEX/DB 25463190），合憲（東京高判平成22・3・11判時2077号29頁，札幌高判平成22・4・27LEX/DB25463372）に分かれている。
　**2** 本件選挙（小選挙区）を違憲又は違憲状態と判断する高裁判決はいずれも，いわゆる「1人別枠方式」（衆議院議員選挙区画定審議会設置法3条2項参照）に対して消極的な評価を下している。
　「1人別枠方式」は，人口の少ない県に居住する国民の意見を国政に反映させることを目的とするものと理解されてきた。そして，最高裁は，そのような配慮を選挙区割りや議員定数の配分に反映させることも国会の裁量（憲43条・47条参照）の範囲内であると解してきた。これに対し，本判決は，①選挙制度自体に内在する要因と，②選挙制度自体以外に関する政策とを区別した上で（植木・後掲25-26頁参照），「1人別枠方式」のような②は「国会が選挙制度以外に関する立法活動等を通じて実現すべき対象であり，選挙制度によって実現すべきものとは解されない」とした。①については，本判決は，国会の裁量を広く認めつつも，現行の衆議院議員選挙制度の下での選挙結果に伴う政治情勢の変化を経験してきた国民の視点からすれば，投票価値の較差が2倍に達することは「耐え難い国民の間の不平等と感じるのが通常となっている」と思われ，客観的にも著しい不平等と評価すべき状況」になっていると認められるとし，また，①を考慮しつつ投票価値の較差を2倍未満とする選挙制度の構築は不可能ではないとした。その上で，本判決は，2009年後半の時点では，投票価値の較差が2倍に達した場合は，当該状態は原則として違憲と推定される，という基準を示した（判旨(1)）。
　**3** 本判決は，違憲状態の是正のための猶予期間を立法府に認めるという枠組みを採っている。その上で，本判決は，「1人別枠方式」が中選挙区制の下での「著しい較差を改善させる方式としていわば過渡期の改善策としては，それなりの合理性と実効性があったことを否定することはできない」として，従来の最高裁による合憲判断に理解を示しつつ，「較差が2倍を超える状態に固定するのを放置することは，立法府の在り方としては憲法上許される範囲のことではな」く，また，法改正のための努力が払われた跡を示す証拠もないので，「本件選挙時までに立法不作為は違憲の評価を免れない状態に立ち至っていたというべきである」とした（ただし，いわゆる事情判決の法理により選挙無効請求は棄却した）（判旨(2)）。
　**4** 本件選挙（小選挙区）についての各高裁の判断は，結論だけでなく，その理由づけも多彩である。それだけに，最高裁の判断が注目される。

**小選挙区制の下での最大較差と最高裁の判断**

| 別表第一 | 総選挙 | 最大較差 | 最高裁 |
|---|---|---|---|
| 1994年 | 1996年 | 1対2.309 | 合憲 |
|  | 2000年 | 1対2.471 | 合憲 |
| 2002年<br>(2003年一部改正) | 2003年 | 1対2.064 |  |
|  | 2005年 | 1対2.171 | 合憲 |
|  | 2009年 | 1対2.304 | ? |

＊最大較差は，1996年及び2003年の各選挙の場合は直近の国勢調査に拠り，その他の選挙の場合は選挙当日の選挙人数に拠る。なお，2003年の選挙については衆議院解散により訴えが却下されている（最判平成17・9・27判時1911号96頁）。

【参考文献】 本判決の評釈として，植木淳・速判解7号23頁，名古屋高裁判決の評釈として，榎透・法セ669号118頁。

（なかばやし・あきお）

憲法 7

# 葛飾区政党ビラ配布事件

最高裁平成21年11月30日第二小法廷判決
平成20年(あ)第13号住居侵入被告事件
刑集63巻9号1765頁，判時2090号149頁，判タ1331号79頁

早稲田大学教授 川岸令和

【論点】
集合住宅のドアポストへの政党ビラの配布行為が住居侵入罪を構成するか。
〔参照条文〕憲21条1項，刑130条

【事件の概要】
　被告人は，管理人の勤務時間外である休日の午後，政党のビラ等を配布する目的で多数名が居住する7階建てマンションに立ち入った。本件マンションは店舗用の1階部分を除くと居住用の分譲マンションであり，被告人は玄関ホールから1階廊下を経てエレベーターで7階に上り，各住居のドアポストにビラ等を入れて配布しながら階段を使って順次下の階に降り，全戸に投函しようとしたが，3階の居住者に見とがめられて警察に通報され，逮捕された。そして住居侵入罪で起訴された。第一審は「正当な理由」のない立入りとはいえないとして無罪とした。しかし第二審は，「正当な理由」を否認し，表現の自由の主張も退け，有罪とし罰金5万円に処した。

【判旨】
〈上告棄却〉「本件マンションの構造及び管理状況，玄関ホール内の状況，〔立入り禁止の〕はり紙の記載内容，本件立入りの目的などからみて，本件立入り行為が本件管理組合の意思に反するものであることは明らかであり，被告人もこれを認識していたものと認められる。そして，本件マンションは分譲マンションであり，本件立入り行為の態様は玄関内東側ドアを開けて7階から3階までの本件マンションの廊下等に立ち入ったというものであることなどに照らすと，法益侵害の程度が極めて軽微なものであったということはできず，他に犯罪の成立を阻却すべき事情も認められないから，本件立入り行為について刑法130条前段の罪が成立するというべきである。」「確かに，表現の自由は，民主主義社会において特に重要な権利として尊重されなければならず，本件ビラのような政党の政治的意見等を記載したビラの配布は，表現の自由の行使ということができる。しかしながら，憲法21条1項も，表現の自由を絶対無制限に保障したものではなく，公共の福祉のため必要かつ合理的な制限を是認するものであって，たとえ思想を外部に発表するための手段であっても，その手段が他人の権利を不当に害するようなものは許されないというべきである。」「本件では，表現そのものを処罰することの憲法適合性が問われているのではなく，表現の手段すなわちビラの配布のために本件管理組合の承諾なく本件マンション内に立ち入ったことを処罰することの憲法適合性が問われているところ，本件で被告人が立ち入った場所は，本件マンションの住人らが私的生活を営む場所である住宅の共用部分であり，その所有者によって構成される本件管理組合がそのような場所として管理していたもので，一般に人が自由に出入りすることのできる場所ではない。たとえ表現の自由の行使のためとはいっても，そこに本件管理組合の意思に反して立ち入ることは，本件管理組合の管理権を侵害するのみならず，そこで私的生活を営む者の私生活の平穏を侵害するものといわざるを得ない。」

【解説】
　セキュリティが大方の社会的関心となって久しい。それに伴い，集合住宅の各住戸のドアポストにビラを配布する行為が住居侵入罪に当たるとして逮捕・起訴される事件が陸続としている。本件では政党のビラ配付目的での集合住宅の共用部分への立入りが争われた。一審は構成要件レベルの判断で住居侵入罪が成立しないとしたが，二審は区報以外のすべてのチラシ等の投函を一律に禁止することの実効性を強調し有罪とした。表現の自由の問題に関して，本判決は，その援用からも分かるように，自衛隊のイラク派遣反対のビラを官舎のドアポストに配付する行為が住居侵入罪に該当すると判示された立川反戦ビラ事件最高裁判決（最判平成20・4・11刑集62巻5号1217頁）をほぼ踏襲している。重要な権利である表現の自由も公共の福祉のために必要かつ合理的な制限に服するとした上で，表現そのものの処罰ではなく，表現の手段の処罰の憲法適合性が問題となっているとの認識を示し，本件立入り行為は本件マンション管理組合の管理権および居住者の私的生活の平穏を侵害すると判断する。しかし本件では政治的なビラ配りが問題となっている。政治的表現は表現の自由の中で最大限尊重されなければならない範疇である。ビラ配りは，表現者にとっては安価にじっくりと主張が展開でき，受け手にとっては無視することが可能であり，あまり負担にならない表現方法で，貴重である。また本判決は，逮捕までの居住者の態度など立川反戦ビラ事件との具体的な事実関係の違いにも特に関心を示していない。
　自由民主主義の維持は我々の社会にとって最大のセキュリティの1つである。表現の自由の擁護が必須の自由民主主義は，極めて人為的な努力によって支えられる。そのために市民は，自己の選好に限定することなく，社会における様々な見解に広く接し，自己の考えを涵養することが求められる。各戸のポストは私的空間と多様な意見からなる公共空間との接点である。そこへの可能な限り自由なアクセスの承認は，居住者に主体的統制を留保しながら同時に多様な情報への接触を可能とする。管理権や私生活の平穏への本件のような程度の負担は自由民主主義の維持のためには必要なコストである。本件は適用違憲とされるべきであった。
　なお本件は私人の通報を契機としており，表現内容についての私人の選好が刑罰権の発動を左右する危険性を示している。その者が共感を抱く主張のビラであれば，逮捕されていたであろうか。内容中立規制の外見とは異なり，実態は内容規制として作用しているのである。

【参考文献】　山田隆司「ビラ配りと表現の自由」法セ666号，浮田徹・速判解7号15頁。

（かわぎし・のりかず）

憲法 8

# 公務員の政治活動の自由
## ——堀越事件

東京高裁平成22年3月29日判決
平成18年(う)第2351号国家公務員法違反被告事件
刑集66巻12号1687頁，判タ1340号105頁

國學院大學准教授　平地秀哉

【論点】
国家公務員による政治活動を禁ずる，国家公務員法110条1項19号・102条1項，人事院規則14-7は日本国憲法21条に違反しないか。

〔参照条文〕憲21条，国公110条1項19号（平成19年改正前のもの）・102条1項，人事院規則14-7

【事件の概要】
　社会保険庁の目黒社会保険事務所に勤務する厚生労働事務官であるXは，2003年11月9日施行の衆議院議員総選挙を前に，勤務を要しない休日である同年10月19日・25日及び11月3日に，特定の政党を支持する目的で，計126戸に対して同党の機関紙等を配布した。これらの行為が国家公務員法110条1項19号（平成19年改正前のもの）・102条1項及び人事院規則14-7（以下，「本件罰則規定」と表記）によって禁じられた政治活動にあたるとしてXが起訴された。第1審（東京地判平成18・6・29判例集未登載）が罰金10万円・執行猶予2年の有罪判決を下したのに対し検察官とXが控訴した。

【判旨】
〈破棄自判〉（1）本件罰則規定「による公務員の政治活動の禁止は，対象とされる公務員の職種や職務権限，勤務時間の内外等を区別することなく定められて」おり，「過度に広範な規制とみられる面があることや，現在の国民の法意識を前提とすると，公務員の政治的行為による累積的，波及的影響を基礎に据え，上記禁止規定が予防的規制であることを強調する論理にはやや無理があると思われる面があり」，猿払事件判決が示した「『合理的関連性』の基準によっても全く問題がないとはいえないものがある」。「しかしながら，その規制目的は正当であり」，「政治的行為が集団的，組織的に行われた場合など，その規制目的に明らかに背馳するものも幅広く考えられ……，過度の広範性ゆえに問題のある事例については，本件罰則規定の具体的適用の場面で適正に対応することが可能であること等を考えると，本件罰則規定それ自体が，直ちに，憲法21条1項……に違反した無効なものと解するのは合理的でない」。
　（2）本件罰則規定は，「国の行政の中立的運営及びそれに対する国民の信頼の確保を保護法益とする抽象的危険犯と解されるところ，これが憲法上の重要な権利である表現の自由を制約するものであることを考えると，これを単に形式犯として捉えることは相当ではなく……ある程度の危険が想定されることが必要であると解すべきである」。「しかるところ，本件配布行為は，裁量の余地のない職務を担当する，地方出先機関の管理職でもないXが，休日に，勤務先やその職務と関わりなく，勤務先の所在地や管轄区域から離れた自己の居住地の周辺で，公務員であることを明らかにせず，無言で，他人の居宅や事務所等の郵便受けに政党の機関紙や政治的文書を配布したにとどまるものである。そのような本件配布行為について，本件罰則規定における上記のような法益を侵害すべき危険性は，抽象的なものを含めて，全く肯認できない」。「本件配布行為に対し，本件罰則規定を適用することは……憲法21条1項……に違反するとの判断を免れないから，Xは無罪である」。

【解説】
　本判決において，弁護側が提起した争点は多岐にわたるものの，やはり1974年の猿払事件大法廷判決（最大判昭和49・11・6刑集28巻9号393頁）との関係が主たる関心となる。第1審は，「猿払事件判決は変更の要をみない」として，同判決にほぼ全面的に依拠して有罪判決を下した。これに対し，本判決は，(1)「国民の法意識」が「民主主義を支えるものとして，表現の自由がとりわけ重要な権利であることに対する認識を一層深めてきている」ことを根拠に，猿払事件判決の示した「合理的関連性」の基準を再検討し，職務と無関係な政治的活動を「国民が直ちに行政の中立的運営に対する信頼を失うようなものとして受け止めるかどうかについては疑問がある」として，猿払事件判決に「時間的な限定」（須藤・後掲51頁）を加え，(2)本件罰則規定にはそうした問題があるがゆえに，「ある程度実質的な」法益侵害の危険が存在しなければ正当化できず，職務と無関係に個人的に行われた抽象的危険の認められないXの行為に適用することは違憲であるとした。
　このように，本判決は「国民の法意識の変化」を持ち出すことによって，猿払事件判決の射程を限定したのであるが，猿払事件判決の問題点のひとつは，主観的な価値評価の問題である「行政の中立性に対する国民の信頼の確保」を禁止の目的とした点にあったはずであり，再び表現の自由に対して不寛容なものに変化したと認定されうる「国民の法意識」を過度に強調することには慎重であるべきであろう（中島・後掲47頁）。またそもそも，本判決は猿払事件判決を否定しているわけではない。実際，本判決の後に下された，厚生労働事務官が被告人となった同種の事件（いわゆる「世田谷事件」）において，同じ東京高裁が，猿払事件判決の提示した公務員の政治活動による「弊害」について，社会的諸条件の変化を踏まえても「基本的に改めるべき点はない」とするなど，猿払事件判決をほぼ踏襲して有罪判決を下している（東京高判平成22・5・13判例集未登載）。
　やはり，猿払事件判決との「全面対決」（奥平・後掲51頁）が望まれるところである。

【参考文献】奥平康弘「『堀越事件』東京高裁無罪判決の意味——『適用違憲』をめぐって」世界2010年6月号48頁以下，須藤正樹「国公法違反『堀越事件』東京高裁無罪判決とその意義」法と民主主義447号50頁以下，中島徹「『公務員は一切，政治活動をしてはならない』のか——猿払の呪縛」法セ668号46頁以下。

（ひらち・しゅうや）

憲法 9

# 西伊豆町指定ごみ袋訴訟

静岡地裁下田支部平成21年10月29日判決
平成19年(ワ)第22号損害賠償請求事件
判タ1317号149頁

近畿大学教授　松本哲治

【論点】
①地方公共団体が行う指定ごみ袋の一括購入・一括販売は、職業選択の自由を保障する憲法22条に違反するか。②地方公共団体が指定ごみ袋の販売によってごみ処理手数料等を徴収することは憲法84条の租税法律主義の趣旨に反するか。
〔参照条文〕憲22条・84条、西伊豆町廃棄物の処理及び清掃に関する条例、西伊豆町ごみ処理指定袋に関する規則

【事件の概要】
　西伊豆町（Y）は、条例を改正し、町民が自ら処分しない一般廃棄物のうち可燃物は町長が指定した容器（指定ごみ袋）による排出を義務づけ、ごみ処理手数料を従量制で定め、排出者が指定ごみ袋を購入する際に徴収するとした。また、ごみ処理指定袋に関する規則が制定され、「処理手数料納入済」の表記等の様式、素材やサイズ、町長による承認が指定要件とされ、指定袋を販売しようとする者の手数料額の定め（6条1項）と、販売者は「町から袋を購入した月の翌月末日までに前項の手数料を差し引いた金額を町長に納入」する定め（2項）がおかれた（Yによる「一括購入・一括販売方式」）。
　ごみ袋の売買に携わり在庫も抱えたXは、指定ごみ袋を販売しようとする者が、Yから袋を購入しなければならず、それと同一規格・成分の袋でもY以外の者から購入できないのは憲法22条1項に反し、また、Yが条例の定めなく、ごみ処理手数料のみならず、「調整金」（後述【判旨】参照）名目の売買差益を得ることは租税法律主義に反するとして、国家賠償を求めて出訴した。

【判旨】
〈請求棄却〉　本件「方式は、Y内における一般廃棄物の収集、運搬、処分等の処理に関するYの能率的な運営、Y内の生活環境の保全及び公衆衛生の向上等をその目的とするものと解され、このような目的は公共の福祉に合致する」。指定ごみ袋は「排出者が自らごみ処理施設に廃棄物を搬入する等の場合には使用が義務づけられるものではないから、指定ごみ袋に関する規制は、職業活動の一内容又は一態様に対する規制であるにすぎない」。「また、指定ごみ袋を製造しようとする者は、Yが行う指名競争入札に参加して落札することにより、Yに対して指定ごみ袋を販売することができるのであって、指定ごみ袋の販売の機会の確保及び製造業者間での公平が図られている」。本件方式は、「立法政策上の問題として合理的裁量の範囲内にとどまるものと評価することができる」。
　「ごみ処理手数料及び調整金は、町民が、Yの行う一般廃棄物の収集、運搬、処理業務という行政サービスを受けるための対価的性質を有するものであるから、憲法84条に規定する租税には該当しない」が、「ごみ処理手数料及び調整金は租税に類似する強制徴収としての側面を有するものといえる」。「もっとも……ごみ処理手数料の額は…条例…に具体的な金額をもって明記されている。…調整金の額は、…指定ごみ袋の販売価格から売りさばき手数料、ごみ処理手数料及び袋原価を差し引くことで算定することが可能であり、その根拠が不明確であるとまではいえない。さらに……Yは調整金を含め、小売店から支払われた指定ごみ袋代金を一般会計として予算に組み込み、予算に対する審議の方法によって被告の議会による審査（民主的統制）を経ているものと認められる」。「ごみ処理手数料及び調整金に関する規律・運用が憲法84条の趣旨に反するものと評価することはできない」。

【解説】
　廃棄物処理法に基づく廃棄物処理基本方針の平成17年の改正で、排出抑制や負担の公平などのために一般廃棄物処理の有料化の推進を図るべきことが追加され、相当数の自治体で指定ごみ袋の制度が導入されている。
　本判決は、職業選択の自由に関し、薬事法判決（最大判昭和50・4・30民集29巻4号572頁）と酒税法判決（最判平成4・12・15民集46巻9号2829頁）を先例とする。後者が参照されるのは、歳入に関わり、目的が消極目的規制とも積極目的規制とも割り切れない複合的な性格をもつことによるのだろう。前者さながらの審査がなされていれば、かりに指定ごみ袋に代え一定の要件を満たすごみ袋に自治体が販売するシールを貼るような制度でも十分だとすると、違憲になりえたということになろうが、そうはなっていない。本判決のいう意味で、職業活動の一内容又は一態様に対する規制であるにすぎず、目的が複合的で、入札制度もあることによるのであろう。入札に、不合理な指名条件が付されるなどの事情があると別論になる。なお、本判決は、地方議会を国会と区別していないが、この文脈では正当である。
　租税法律主義に関する部分は、旭川市国民健康保険料訴訟（最大判平成18・3・1民集60巻2号587頁参照）による。なお、本判決が、「指定ごみ袋の価格の統一」に言及していることからすると、条例や規則の規定からは読み取れないが、少なくとも事実上小売価格までが「統一」されているらしい。判決のいう「調整金」の額の決定方法と性質には不分明なところがある。本判決は、予算による民主的統制に言及して問題がないとしており、憲法論としては首肯しうる余地があるものの、手数料（自治227条）について条例で定めることを要求している同法228条との関係も分かりにくい（本件では問題とされていないが）。両条とごみ有料化条例についての判決に横浜地判平成21・10・14判自338号46頁がある（控訴棄却・東京高判平成22・4・27判例集未登載）。

【参考文献】　本文中に引用のもの。

（まつもと・てつじ）

憲法 10

# 市営と畜場の廃止に伴う支援金の支出と憲法29条3項

最高裁平成22年2月23日第三小法廷判決
平成18年(行ヒ)第79号損害賠償請求事件
集民233号55頁、判時2076号40頁、判タ1322号65頁

桐蔭横浜大学准教授　山本龍彦

【論点】
市営と畜場の廃止に伴い市が利用業者等に対してした支援金の支出は、憲法29条3項に基づく損失補償金の支出として適法か。

〔参照条文〕憲29条3項、国財19条・24条2項

【事件の概要】
　Y市は、長年と畜場（以下、本件と畜場）を経営してきたが、と畜場法施行令改正による新たな衛生基準に適合させるためには多額の経費負担を要することが見込まれたため、平成12年3月に本件と畜場を廃止した。本件と畜場は、約1世紀にわたり地域のと殺業・食肉供給業に従事する住民らの生計を支えてきたほか、同和対策事業の一環としてY市により整備・拡充されてきた経緯がある。Y市は、こうした経緯を踏まえ、その廃止に伴い、利用業者又はと殺業務従事者ら（以下、利用業者等）に、合計で3億円を超える支援金を支払った。これに対し、Y市住民であるXらが、本件支援金の支出は違法な公金支出に当たるとして、地方自治法242条の2第1項（改正前）に基づく住民訴訟を提起した。原審（福岡高判平成17・11・30判自279号88頁）は、利用業者等は具体的な契約等に基づき本件と畜場を継続的に利用する権利を有しないとしても、本件と畜場に関する上述の歴史的背景に鑑みれば、本件と畜場の利用継続につき「保護を受けるべき法的利益」を有するに至っていたとし、その廃止に伴う損失の補償として支出された本件支援金の適法性を認めてXらの請求を棄却した。そこでXらが上告。

【判旨】
〈破棄差戻し〉「財産上の犠牲が一般的に当然受忍すべきものとされる制限の範囲を超え、特別の犠牲を課したものである場合には、憲法29条3項を根拠にしてその補償請求をする余地がないではないが」（最大判昭和43・11・27刑集22巻12号1402頁〔河川附近地制限令事件〕参照）、「利用業者等は、市と継続的契約関係になく、本件と畜場を事実上独占的に使用していたにとどまるのであるから、利用業者等がこれにより享受してきた利益は、基本的には本件と畜場が公共の用に供されたことの反射的利益にとどまる」。そして、「本件と畜場は、と畜場法施行令の改正等に伴い必要となる施設の新築が実現困難であるためにやむなく廃止されたのであり、そのことによる不利益は住民が等しく受忍すべきものであるから、利用業者等が本件と畜場を利用し得なくなったという不利益は、憲法29条3項による損失補償を要する特別の犠牲には当たらない」。「そうすると、本件支援金の支出は、……憲法29条3項に基づく損失補償金の支出としては、適法なものであるとはいえない。」（以上、傍点筆者）

【解説】
　1　本判決は、行政財産の使用許可が取消（撤回）された場合に、かかる財産を使用して一定の収益を上げていた私人に損失補償をなす必要があるか、という論点にかかわる。かつて最高裁は、中央卸売市場内の（飲食店営業を目的とする）土地使用の許可の撤回に関連する事件で、地方公共団体の行政財産の使用許可の撤回については国有財産法の補償規定（19条及び24条2項）を類推適用して補償の要否を判断すべきとし、この問題を「直接憲法29条3項にもとづいて論ずるまでもない」としていた（最判昭和49・2・5民集28巻1号1頁）。また同判決は、公物使用権は（それを財産権とみるにしても）公益上の必要が生じたときにはいつでも剥奪されるという内在的制約を負っているとする有力な行政法学説を受け、「特別の事情」が存しない限り、使用許可の撤回に補償は不要とし、上記論点に対し消極的な見解を示していた。市営と畜場の廃止にかかわる本判決も、【判旨】引用部分に先行して、まずは国有財産法の補償規定の類推適用の可否を論じ、結論としてこれを否定したが、本判決がその理由として、上述のような公物使用権の条件付き性格ではなく、そもそも使用権を基礎づける具体的な契約等がなかったことを挙げている点には注意が必要である。

　2　本判決は、憲法29条3項に基づく直接補償請求の「余地がないではない」とし、上記論点について憲法上の考察を行った点が注目される（【判旨】参照）。しかし、結局ここでも、市 – 利用業者間の継続的契約関係の不在が重視され、本件と畜場の使用に関する、利用業者等の利益が「反射的利益にとどまる」ことを主な理由に補償不要との結論が導出されており（その背景には、本件と畜場は建前上他の住民も利用できるから、その廃止は特定人のみに不利益を課すものではないとの考えもあろう）、個別に憲法上の考察を加えた実益が問われる。ここでは、特別犠牲説の曖昧さを有効活用し、本件固有の事情を考慮したより実体的な議論を展開すべきであったように思われる。例えば、本件のような歴史的社会的背景を持つ長期の独占的使用関係は、本件利用業者等の継続利用に関する法的利益を何らもたらすことがないのか（原審参照）、「生活環境等の安全向上」を目的とする同和対策事業の一環としてなされた施設提供等を、生存に直結する社会的給付と捉えた上で、これをある種の財産的利益として理論構成できないか、などが真剣に検討されてもよかった（生存権の自由権的効果論と手続保障との関係も本件の伏在的論点であるが、ここでは深入りしない）。

　3　本解説は、本件支援金の「補助金」（自治232条の2）としての適法性に関する論点を省略した。

【参考文献】　阿部泰隆・ジュリ435号77頁以下、宇賀克也『国家補償法』419頁以下、北村和生「本件判批」速判解7号77頁以下、原田尚彦・判評127号（判時563号）12頁以下、藤田宙靖・地方自治判例百選〔第2版〕174頁以下。

（やまもと・たつひこ）

# 憲法　判例の動き

学習院大学教授　**野坂泰司**

Ⅰ　憲法分野では，ここ数年幾つかの問題領域で同種事件が複数の下級審で争われ，順次最高裁に上告されるという事態が続いている。衆参両院議員選挙における「一票の較差」を争う選挙無効訴訟や国旗・国歌訴訟が特に注目されるところであるが，今期（2010年9月〜2011年8月）においては，前者のうち衆議院議員選挙における「一票の較差」訴訟について大法廷の判断が示された（最大判平成23・3・23）（**憲法1**）。また，後者のうち東京都八王子市・町田市立中学校不起立懲戒処分事件など8件について，各小法廷の判断が相次いで出されている（後出Ⅱ[思想・良心の自由]の項参照）。これらの判決により下級審で判断の分かれた争点について最高裁が最上級審として一応の決着をつけたことになるが，各判決にはそれぞれ複数の個別意見が付されており，最高裁裁判官の間で憲法上の争点について活発な議論がかわされたことをうかがわせる。憲法訴訟の活性化を示す現象として歓迎したい。

上記の衆議院議員選挙における「一票の較差」訴訟に関する大法廷判決は，2009（平成21）年8月施行の衆議院議員選挙（選挙時における選挙区間の最大較差1対2.304）について東京都内の選挙区の選挙人が衆議院小選挙区選出議員の選挙の①選挙区割りおよび②選挙運動に係る公選法の規定の違憲無効を主張して提起した選挙無効訴訟に関するものである（他の選挙区の訴訟についても，同日同旨の判決が出されている）。本判決は，①については，いわゆる一人別枠方式が2倍以上の較差を生じさせる主要な要因となっていたとして，本件区割基準のうち一人別枠方式に係る部分は遅くとも本件選挙時においてはその立法当時の合理性を失い，それ自体憲法の投票価値の平等の要求に反する状態に至っており，かかる区割基準に基づいて定められた本件選挙区割りもまた投票価値の平等の要求に反する状態に至っていたとしつつも，憲法上要求される合理的期間内における是正がされなかったとはいえないとして，本件区割基準・区割規定は憲法14条1項に違反しないと判示した（2裁判官の反対意見がある。いずれも事情判決的処理を妥当とするが，そのうち1裁判官は，今後国会が速やかに一人別枠方式を廃止し選挙権の平等にかなう立法的措置を講じない場合には，将来の訴訟において選挙無効の判断もありうることを付言すべきものとしている）。また，②については，本判決は，先例（最大判平成11・11・10，最大判平成19・6・13）を踏襲して，候補者届出政党に所属する候補者とこれに所属しない候補者との間における選挙運動上の差異は，各種の選挙運動のいずれについても，その差異が合理性を有するとは考えられない程度に達しているとはいえず，国会の合理的裁量の範囲を超えるものではないとして，選挙運動に関する公選法の規定は憲法14条1項に違反しないと判示した（1裁判官の反対意見がある）。本件選挙時には一人別枠方式を含む本件区割基準・選挙区割りは「違憲状態に至っていた」としながら，本件区割基準規定・選挙区割規定は「違憲ではない」とする本判決の論理はいかにも苦しい。その点を意識してか，本判決は，①に関する判示の末尾において，常に的確に国民の意思を反映することが求められる衆議院には選挙における投票価値の平等についてより厳格な要請があるとし，できるだけ速やかに一人別枠方式を廃止し投票価値の平等の要請にかなう立法的措置を講じる必要がある旨をあえて付言している。

Ⅱ　以下，各領域別に，主要な（裁）判例を概観する。

[**法の下の平等**]　2010（平成22）年7月施行の参議院議員選挙における「一票の較差」（選挙時の最大較差1対5.00）をめぐる選挙無効訴訟が全国8高裁・6高裁支部で19件提起され，各高裁・支部の判断は，「違憲」とするもの3件——東京高判平成22・11・17（**憲法2**），高松高判平成23・1・25，福岡高判平成23・1・28，「合憲」とするもの4件——東京高判平成22・11・17（**憲法2**）のほか同日の東京高裁各部の判決，「違憲状態」とするもの12件——広島高判平成22・12・10，東京高判平成22・12・16，仙台高判平成22・12・24，福岡高那覇支判平成23・1・25等と分かれた。このうち上記の東京高裁の違憲判決は，近年立法過程等における参議院の重要性が高まっていること，最大較差5倍前後の著しい不平等状態の継続は憲法の許容しないところであるにもかかわらず国会による較差是正の試みが停滞していることをその判断の根拠としている。これらの訴訟は一括して大法廷に回付されており，これまで参議院議員選挙については，違憲判断はもとより，（最大判平成8・9・11を除いて）違憲状態も認めたことのない最高裁がどのような判断を示すか注目される。

非嫡出子の法定相続分を嫡出子の2分の1と定めた民法900条4号ただし書前段の規定について，大阪高決平成23・8・24（**憲法3**）は，憲法14条1項違反の判断を下した。国籍法違憲判決（最大判平成20・6・4，「判例セレクト2008」参照）を国籍取得に関する嫡出子と非嫡出子の区別を違憲としたものと捉えてこれを援用し，本件に関する先例（最大決平成7・7・5）以降のわが国における婚姻，家族生活，親子関係の実態変化や国民意識の多様化等に着目して違憲判断を導いているところに特徴がある。交通事故による外貌醜状障害につき男子を14級，女子を12級とする自賠法施行令の後遺障害別等級表の基準に従った認定は不合理な差別的取扱いであり平等原則に反するとして争った損害賠償請求事件で，秋田地判平成22・12・14（**憲法4**）

は，原告が援用した，労災認定における外貌醜状障害に関する労災障害等級表の男女差を憲法14条1項違反とした京都地裁の違憲判決（京都地判平成22・5・27，「判例セレクト2010［Ⅰ］」参照）は男女差を設けること自体を違憲としたものではなく，また，両者は事案を異にするなどとして，原告の請求を退けた。

[国民審査権]　海外在住の原告らが国を相手取り，最高裁判所裁判官国民審査法8条等の規定は在外選挙人名簿に登録されている在外国民に審査の投票を認めていない点において憲法15条，79条2項・3項に違反するなどとして，次回の国民審査において在外選挙人名簿に登録されていることに基づいて投票することができる地位にあることの確認と損害賠償を請求した事件で，東京地判平成23・4・26（憲法5）は，地位確認の訴えについては不適法として却下し，損害賠償の訴えについては，国民審査権は憲法が平等に保障する国民の固有の権利であり，本件国民審査実施時点で立法不作為により在外国民が審査権を行使できない事態を生じさせていたことには憲法上重大な疑義があったと指摘しつつも，在外選挙権訴訟違憲判決（最大判平成17・9・14，「判例セレクト2005」参照）から本件国民審査の実施まで4年弱しか経ていないことなどを理由に立法不作為を違憲とまではいえないとして，請求を棄却した。

[参政権]　下咽頭癌の治療のため声を失った元市議である原告が，代読による議会発言が認められなかったことについて，議会における表現の自由，自己決定権，平等権および市議としての参政権等を侵害されたとして市と代読に反対した当時の市議らを相手取り損害賠償を請求した事件で，岐阜地判平成22・9・22（憲法6）は，議会および議長が議員の議会での発言方法等を制限することにより障害者である議員の表現の自由や自己決定権が制限されたとしても，議員がこの発言方法等の制限により障害者であるが故に議会へ参加する権利（参政権）を害されるなどの特段の事情のない限りやむをえないとした上で，パソコンに不慣れな原告に音声変換機能付きパソコンを使うように議会運営委員会が求め，本会議での一般質問等における発言を認めなかったことについては，障害者に障害補助手段の使用を強制することは許されないとして，議会に参加する権利（参政権）の侵害を認め，その限度で市に対する原告の請求を認容した。

[請願権]　町企画の小学校の統廃合に反対する町民の署名者名簿を使用して，町職員が戸別訪問をして署名者の意思確認を行ったことが表現の自由や請願権などの侵害に当たるとして提起された国家賠償請求事件で，岐阜地判平成22・11・10（憲法7）は，署名の真正や請願の趣旨を明確にする目的の範囲の調査は適法であるが，それを超えて，誰がどのような説明をして署名を求めたか，町の説明会に出席したか等の質問は署名者や反対活動者に対する不当な圧力となり，請願権および表現の自由の侵害に当たるとして，町の損害賠償責任を認めた。

[思想・良心の自由]　市立中学校の教諭であった原告らが卒業式や入学式において国旗掲揚の下で国歌斉唱の際に起立して斉唱することを命じる旨の校長の職務命令に従わず，国歌斉唱の際に起立しなかったところ，都教育委員会から戒告処分を受けたため，上記職務命令は憲法19条に違反するなどと主張して，戒告処分の取消しと損害賠償を請求した事件で，最三小判平成23・6・14（憲法8）は，本件各職務命令は原告らの思想・良心の自由についての「間接的な制約」となる面はあるものの，職務命令の目的および内容，制約の態様等を総合的に較量すれば，上記の制約を許容しうる程度の必要性および合理性が認められ，憲法19条に違反するとはいえないとして，原告らの訴えを退けた。これに対して，問題の難しさを示唆し慎重な配慮を促す3裁判官の各補足意見と，本件各職務命令のうち「斉唱」を求める部分については原告らの信条に係る内心の核心的部分（あるいはそれに近接する外縁部分）を侵害する可能性があるとし，この点につき審理を尽くさせるために原判決を破棄・差戻しすべきものとする1裁判官の反対意見が付されている。同様の事案を扱った同旨の最高裁判決として，①最三小判平成23・6・21，②最一小判平成23・6・6，③最二小判平成23・5・30，④最二小判平成23・7・4（同日の2判決），⑤最一小判平成23・7・14（同日の2判決）があるが，③④を除くすべての判決に反対意見が，また，①〜⑤のすべての判決に補足意見が付されている。なお，下級審判決として，東京高判平成23・1・28（起立義務不存在確認・予防的不作為請求を認容した東京地判平成18・9・21［「判例セレクト2006」参照］を覆した），東京高判平成23・3・10（懲戒処分は懲戒権の逸脱・濫用であり違法として，処分を適法とした東京地判平成21・3・26を変更した）がある。

[表現の自由]　卒業式の開式直前に元教諭が保護者らに対してビラを配布し，国歌斉唱のときには着席してほしいなどと大声で呼びかけ，制止に対して怒号するなどした行為が刑法234条の威力業務妨害罪に問われた事件で，最一小判平成23・7・7（憲法9）は，たとえ意見を外部に発表するための手段であっても，他人の権利を不当に害するようなものは許されないとし，大声や怒号を発して式の円滑な遂行を妨げた被告人の行為を刑法234条の罪に問うことは憲法21条1項に違反しないと判示した（パブリックフォーラム論に基づき，ビラを配布し不起立を呼びかけることは，校門前の道路等での行為であれば原則として表現の自由として保障されるとする1裁判官の補足意見がある）。

[学習権]　仙台地判平成23・1・20（憲法10）は，通信表所見欄の記載内容を修正するよう指示した小学校校長の職務命令が子どもの学習権の充足という目的に照らして合理的な手段・方法といえないものであれば，教師がその職務命令に従わなかったとしても，それをもって懲戒処分の理由とすることはできない旨判示した。

（のさか・やすじ）

憲法 1

# 衆議院議員選挙「一票の較差」違憲訴訟

最高裁平成23年3月23日大法廷判決
平成22年（行ツ）第207号選挙無効請求事件
民集65巻2号755頁，判時2108号3頁，判タ1344号70頁

立教大学教授　赤坂正浩

## 【論点】
2009年衆議院議員選挙の選挙区割りは合憲か。
〔参照条文〕憲14条1項・15条1項・3項・43条2項・44条ただし書・47条，衆議院議員選挙区画定審議会設置法（区画審設置法）3条1項・2項，公選13条1項・別表第一

## 【事件の概要】
2009年8月30日に施行された衆議院議員選挙に対して，全国各地の有権者から，小選挙区の区割りを定めた区画審設置法・公選法の該当規定の違憲と，選挙運動に関する公選法の規定の違憲を理由とする選挙無効訴訟が提起された。

最高裁は，2011年3月23日に，これら16件の提訴に対して同趣旨の判決を言い渡したが（LEX/DB），ここでは，東京2区・東京5区等の有権者が提起した訴訟（最高裁平22(行ツ)207号）の判決から，定数不均衡の論点だけを紹介する。

## 【判旨】
〈上告棄却〉 最高裁の結論は，本件選挙当日における選挙区間の選挙人数の最大較差1対2.304をもたらした主要因である「1人別枠方式」（区画審設置法3条2項が定める小選挙区の議席をまず各都道府県に1議席ずつ配分し，残りを人口比例で配分する方式）は本件選挙時には違憲状態に至っており，これに基づく公選法の区割りも違憲だが，是正のための合理的期間はまだ徒過していないというものである。

「議員は，いずれの地域の選挙区から選出されたかを問わず，全国民を代表して国政に関与することが要請されているのであり，相対的に人口の少ない地域に対する配慮はそのような活動の中で全国的な視野から法律の制定等に当たって考慮されるべき事柄であって，……投票価値の不平等を生じさせるだけの合理性があるとはいい難い。しかも，本件選挙時には，1人別枠方式の下でされた各都道府県への定数配分の段階で，既に各都道府県間の投票価値にほぼ2倍の最大較差が生ずるなど，1人別枠方式が……選挙区間の投票価値の較差を生じさせる主要な要因となっていたことは明らかである」。

1994年の選挙制度改革時に，1人別枠方式がとられた目的は，「直ちに人口比例のみに基づいて各都道府県への定数の配分を行った場合には，人口の少ない県における定数が急激かつ大幅に削減されることになるため」，これを回避することにあった。「何よりもこの点への配慮なくしては選挙制度の改革の実現自体が困難であった」。「そうであるとすれば，1人別枠方式は，おのずからその合理性に時間的な限界があ……り，新しい選挙制度が定着し……た段階においては，その合理性は失われるものというほかはない」。

本件選挙時には，本件選挙制度導入後最初の総選挙（1996年）からすでに10年以上経過し，2002年の定数見直し後2回の総選挙が実施されるなど，「本件選挙制度は定着し，……1人別枠方式の……合理性は失われていた」。しかし，2007年の大法廷判決が，1人別枠方式を含む本件選挙区割りを合憲と判示していたことなどを考慮すると，「憲法上要求される合理的期間内に是正がされなかったものということはできない」。（2裁判官の補足意見，1人別枠方式は違憲とはいえないとする1裁判官の意見，是正のための合理的期間はすでに徒過したとする2裁判官の反対意見がある。）

## 【解説】
中選挙区制の下で初の違憲判断を下した1976年大法廷判決でも，最高裁は，選挙制度の設営にあたっては憲法が国会に広い裁量権を与えていること，国会は人口比例原則以外の非人口的要素も考慮できること，その中には都道府県の区域も含まれることを認めていた。小選挙区制下の区割の不均衡に関する1999年11月10日大法廷判決，2001年12月18日第三小法廷判決，2007年6月13日大法廷判決もこの方針を踏襲し，1人別枠方式を採用した区画審設置法3条2項を合憲と判断してきた。

しかし，2007年判決に付された藤田・今井・中川・田原判事の「4裁判官見解」は，1人別枠方式は過疎地域への配慮という目的の達成手段としては合理性に欠けること，制定時に理由とされた激変緩和という目的も時間の経過とともに必要性が乏しくなったこと，これらを理由に1人別枠方式を違憲と判断し，ただ是正のための合理的期間が徒過したとまではいえないとしていた。

本判決は，この4裁判官見解を引き継いで，1人別枠方式を激変緩和のための時限的措置と解釈し，2倍以上の較差を解消できない主要因は1人別枠方式だという認識から，現段階では区画審設置法3条2項が違憲状態に至ったと断じたのである。

2007年判決の「人口の都市集中化及びこれに伴う……過疎化の現象等にどのような配慮をし，選挙区割りや議員定数の配分にこれらをどのように反映させるかという点も，国会において考慮することができる要素というべき」だとする説示は，本判決では消えている。本判決の特徴は，国籍法違憲判決などにもみられる立法事実の変化を論拠とする手法と，全国民の代表性を重視し，人口比例原則の厳格な実現を求める近年の傾向をいっそう推し進めた点に見出される。

この判決を受けて，衆議院選挙制度に関する各党協議会が設けられ，改善策が協議されているが，2011年11月末時点では，1人別枠方式廃止の先行を主張する民主党・自民党と，衆議院選挙制度の抜本的改革を求める他の政党との合意が得られていない。

【参考文献】本判決の評釈として，長谷部恭男・ジュリ1428号48頁，岩井伸晃＝小林宏司・ジュリ1428号56頁，新井誠・法時83巻7号1頁，佐透・法セ679号116頁，片桐直人・速判解9号27頁，河北洋介・東北法学38号1頁。

（あかさか・まさひろ）

# 憲法 2

## 参議院議員定数不均衡訴訟

東京高裁平成22年11月17日判決
平成22年(行ケ)第15号〔①事件〕・第21号〔②事件〕選挙無効請求事件
判時2098号24頁〔①・②事件〕、判タ1339号71頁〔①事件〕・1346号151頁〔②事件〕

九州大学准教授　南野　森

【論点】
参議院（選挙区選出）議員定数配分規定の合憲性。

〔参照条文〕憲14条・15条1項3項・44条ただし書、公選（平成18年法律第52号改正〔本件改正という〕後）14条・別表第3

【事件の概要】
2010年7月11日実施の第22回参議院議員通常選挙（本件選挙という）において、当日の選挙区選出議員1人あたりの有権者数の選挙区間の最大較差は、鳥取県選挙区と神奈川県選挙区の5.00倍であった。本件は、いずれも東京都選挙区（鳥取県選挙区との較差は4.37倍）の有権者が、この較差をもたらす公選法の関係規定（本件定数配分規定という）が違憲無効であるとして、東京都選挙区における選挙の無効確認を求めて提起したものである。

【判旨】
〈①は請求棄却（民事11部）。②は請求棄却、ただし東京都選挙区における選挙は違法（民事17部）〉

【両判決共通】　参議院の選挙区選出議員の定数配分規定については、人口変動の結果、「投票価値の著しい不平等状態が生じ、かつ、それが相当期間継続しているにもかかわらずこれを是正する措置を講じないことが、国会の裁量権の限界を超えると判断される場合には、当該議員定数配分規定が憲法に違反するに至るものと解するのが相当である」。

【①判決】　2006年の本件改正により、2004年選挙の最大較差5.13倍に比べ本件選挙の最大較差は縮小し、逆転現象もなく、定数是正の経緯や判例を考慮すれば、本件較差は「現時点において、違憲の問題が生ずる程度の著しい不平等状態であるとまではいえない」。

仮に著しい不平等状態であるとしても、現行選挙制度を維持する限り較差の大幅な縮小は困難で、改善には高度に政治的な判断と相応の時間を要する。本件改正に至る経緯、2007年選挙後の検討協議の経緯、その過程で本件選挙前の是正を見送り2013年選挙に向け見直しを行うこととなったこと等を考慮すれば、「本件選挙までの間に本件定数配分規定を更に改正しなかったことが国会の裁量権の限界を超えたものということもできない」。

【②判決】　参議院選挙について5倍程度の較差を著しい不平等状態とした最高裁判決はないが、それを「許容する趣旨ではなく、国会における較差是正のための努力を評価した上の結論であると解」しうる。参議院は2013年選挙に向け見直しを行うとするが、「従前の経緯を参酌すると甚だ心許ないものであり、実効性のある是正措置を具体的に企図しているとはいえない」。

国会は、1947年の参議院議員選挙法制定時の最大較差2.62倍を「拡大しないように不断に立法上の配慮をすべきであった」。また、最大判1996・9・11民集50巻8号2283頁が較差6.59倍を「違憲の問題が生ずる程度の著しい不平等状態」としたにもかかわらず、「5倍前後の著しい不平等の状態が事実上固定した観がある」。本件較差は「十数年にわたる投票価値の不平等状態の積み重ねの結果であることを視野に入れると到底看過し得るようなものではなく、国会の裁量権の限界を超えたものというべきであり、既に本件定数配分規定が違憲の瑕疵を帯びていたと判断せざるを得ない」。

【解説】
参議院の定数配分規定の審査基準は、最大判1983・4・27民集37巻3号345頁以降、直近の最大判2009・9・30民集63巻7号1520頁に至る累次の最高裁判決で確立している（その骨子は判旨の【両判決共通】部分）。①・②判決ともにこの基準を用いたにもかかわらず、結論は正反対になった。すなわち、①判決は本件較差を違憲（の問題が生ずる程度の著しい不平等）状態ではないとし、仮に違憲状態であるとしても是正措置を国会が講じていないことがその裁量の限界を超えたとまでは言えないとすることで、いわば二重に合憲のお墨付きを与えたのに対し、②判決は、5倍前後の較差が、参議院についての初の定数是正である1994年改正以降、1996年判決を経てもなお10数年にわたり事実上固定していることを重視し、国会の裁量の限界を超えたと判断した。

このような結論の差は、累次の最高裁判決のどこをどう読むかの差によるものであったと思われる。較差に着目する限り、6.59倍を違憲状態とした1996年判決を除けばこれまでの最高裁判決は5倍を超える較差も合憲としてきたのであるから、たしかに①判決は「オーソドックスな判断をしたものといえる」（判タ1339号72頁）かもしれない。しかし、最大判2004・1・14民集58巻1号56頁の補足意見2や最大判2006・10・4民集60巻8号2696頁の多数意見は、従来の審査基準を維持しつつも、投票価値の平等をより重視すべきであるとか国会の不断の努力が求められるといった指摘をしたうえで、是正措置が適切になされているかをも考慮して定数配分規定の合憲性を判断しており、2009年判決も同様に、4.86倍の較差を本件改正の約1年後に選挙が実施されたことを重視して合憲と判断していることからすると、1996年判決のような違憲状態判決を出す際に用いられた、較差の審査と相当期間の審査という2段階審査の手法は、近年の合憲判決においては用いられておらず、むしろ是正の経緯と較差を総合的に判断して定数配分規定をいわばかろうじて合憲と判断する手法が採用されていることに注目すべきである。このように理解すると、合憲判決であるにもかかわらず2段階審査の枠組みを踏襲するようにみえる①判決よりも、総合的判断の手法で違憲判断を出した②判決のほうが、その手法の面でも、そして実は実質的な判断の面でも、近年の最高裁判決に近いと評価する余地がある（さらに、2009年判決における近藤裁判官の反対意見は、明確に、4.86倍の較差を違憲と判断することが2004年・2006年の両判決と実質的に抵触するものではないとの考えを表明していた）。

本件選挙に関する各地の高裁の諸判決は、2011年12月、一括して大法廷に回付された。実質的には、国会が1996年判決以降、「弥縫策」（2009年判決における田原、近藤、宮川各裁判官の各反対意見）と非難されるような改正しか行わず、4倍超の較差を放置していることに対する厳しい評価が大法廷で示されるであろう。

（みなみの・しげる）

憲法 3

# 非嫡出子相続分差別と憲法14条1項

大阪高裁平成23年8月24日決定
平成23年(ラ)第578号遺産分割審判に対する抗告事件
判時2140号19頁，金判1382号40頁

中央大学教授　植野妙実子

### 【論点】
民法900条4号但書前段が定める嫡出子と非嫡出子との相続分差別は憲法13条・14条1項及び24条2項に違反するか。

〔参照条文〕憲13条・14条1項・24条，民900条4号

### 【事件の概要】
被相続人Aは平成20年12月27日に死亡し，相続が開始した。相続人は妻であるYと，Aと婚姻しなかった母から生まれたX，Aと婚姻した後に離婚した母から婚姻中に生まれた$Z_1$，$Z_2$，$Z_3$である。Yが遺産分割を求めて調停を申し立てたが，調停不成立により原審判手続に移行した。原審（大阪家審平成23・4・2）は，民法900条4号但書前段「嫡出でない子の相続分は，嫡出である子の相続分の2分の1」という部分は憲法14条1項に違反せず，法定相続分は，Yが2分の1，Xが14分の1，$Z_1$，$Z_2$，$Z_3$はそれぞれ7分の1と判示した。民法900条4号但書前段（以下，本件規定とする）の合憲性が疑われるとしてXが抗告した。

### 【決定要旨】
〈原審判取消し〉本件規定は，法律婚の尊重という立法目的との合理的関連性を欠き，憲法14条1項，13条及び24条2項に違反して無効である。憲法14条1項は，法の下の平等を定めるが，この規定は，事柄の性質に即応した合理的な根拠に基づくものでない限り，法的な差別的取扱いを禁止する趣旨である（最大判昭和39・5・27民集18巻4号676頁）。もっとも，相続に関する規律については，立法裁量の余地は広い（最大決平成7・7・5民集49巻7号1789頁）。しかし，子の法律上の取扱いを嫡出か非嫡出かで区別することは，本人の意思によっては左右できないことによる区別となる上，非嫡出子の法定相続分を嫡出子のそれより少なくすることは，法が非嫡出子を嫡出子より劣位に置くことを認める結果となり，法が非嫡出子に対するいわれない差別を助長する結果になりかねない。立法府に裁量権が与えられたことを考慮しても，その具体的区別と立法目的との間に合理的関連性が認められるか検討が必要である（最大判平成20・6・4民集62巻6号1367頁参照）。被相続人が死亡した時を基準に考えると，国内的，国際的な環境の変化が著しく，相続分平等化を促す事情が多く生じている。嫡出子と非嫡出子を区別して取り扱わないことが公的な場面で一般化しつつある。法律婚を尊重するとの立法目的と嫡出子と非嫡出子の相続分を区別することは合理的に関連するとはいえず，このような区別の放置は，立法府に与えられた合理的裁量判断の限界をこえている。

### 【解説】
本件規定は明治民法旧1004条を踏襲するものであったが，日本国憲法制定に伴う民法改正の際に特に疑義がもたれることはなかったとされている。しかしその根拠とされる法律婚主義（届出主義）をとることについては，民法改正当時「憲法24条によると，婚姻は両性の合意のみに基づいて成立するというのであるから，届出によって効力を生ずるというようなことはすでに憲法違反ではないか」という議論があった（最高裁判所事務総局編『民法改正に関する国会関係資料』〔1953年〕482頁）。しかし，憲法24条の解釈についてもその後，「一夫一婦の婚姻を，家族関係の基礎として，その成立及び維持について特に当事者の自主性を尊重するとともに，あらゆる家庭生活の面において，その法律的規整は，特に個人の尊厳と両性の本質的平等を規さなければならないこととする」と解されながらも，「改正民法が，従来の届出制度（いわゆる法律婚主義）をそのまま維持していることは（新739条），本条に反するものではない」とされ，本件規定については，「本条の婚姻尊重の態度から，嫡出ということが，身分関係にも差違を生じさせるものとして，敢て違憲とはいえない」という解釈が定着していった（法学協会編『註解日本国憲法(上)』〔1953年〕469頁）。しかし，今日では，憲法13条の「個人の尊重」から多様な「婚姻」のあり方を認めるべきと思われる。

本決定は，まず，憲法14条1項は法の下の平等を定めているが合理的差別を認めているとして昭和39年最高裁判決を引く。しかし，当該判決は合理的差別の典型例というよりは裁量権の問題と思われる事例である。次に，「相続に関する規律については，社会事情，国民感情などの諸事情や婚姻に関する規律等を総合的に考慮する必要があるから，立法裁量の余地は広い」と平成7年最高裁決定を引く。しかし，嫡出子と非嫡出子の相続分差別は，憲法14条1項が，特に許されない差別として例示している社会的身分による差別に該当すると考えられ，さらに，24条2項はそうした差別が行われないよう，特に「婚姻及び家族に関する」事項に関して，法律が個人の尊厳と両性の本質的平等に立脚して制定されることを求めるのであり，立法裁量の余地は狭いと思われる。こうしたところから相続分差別は直に違憲が導きだされよう。平成7年最高裁決定以降，相続分平等化を促す環境の変化が見られ，国籍法に関する平成20年最高裁判決も嫡出子と非嫡出子を区別して取り扱わないなど，「変化」を判断の背景としてあげ，法律婚の尊重という立法目的と嫡出子と非嫡出子の相続分差別とが合理的関連性がないとする。この点は平成21年最高裁決定（最決平成21・9・30判時2064号61頁）における今井功裁判官の反対意見と同旨である。平成20年最高裁大法廷判決との連動を考える点は評価できる。なお，裁判所がこのような問題につき違憲と判断することは法的安定性を害するとする考えもあるが法的安定性の基礎には正義も必要である。

### 【参考文献】
青柳幸一・憲法判例百選Ｉ〔第5版〕64頁。山元一・平成20年度重判解（ジュリ1376号）13頁以下。

（うえの・まみこ）

# 憲法 4

## 後遺障害別等級表上の男女差別と憲法14条1項

秋田地裁平成22年12月14日判決
平成21年(ワ)第354号損害賠償請求事件
裁判所HP

金城大学講師　春名麻季

【論点】
自賠法施行令の後遺障害別等級表別表第2における外貌醜状障害に関する男女の区別と憲法14条1項。

〔参照条文〕憲14条1項，民709条，自賠3条，自賠令（平成23年政令第116号改正前）別表第2

【事件の概要】
　Xは，Yの脇見運転が原因で発生した交通事故により負傷した（入院・通院を伴う）。損害保険料率算出機構は，事故によって被ったXの前額中央の陥没痕を，自賠法施行令の後遺障害別等級表別表第2の14級10号の外貌醜状障害にあたると判定した。X（およびその妻）はYに対して損害賠償請求を行い，その際に，Xは，外貌醜状障害について男子を14級，女子を12級とする自賠法施行令の後遺障害別等級表の基準に従った認定は不合理な差別の取扱いであり，平等原則に違反すると主張した。

【判旨】
〈請求一部認容・一部棄却〉「労働能力の低下の程度に関して，後遺障害別等級表の等級毎の労働能力喪失率はあくまで参考にすぎず，被害者の職業，年齢，性別，後遺症の部位，程度，事故前後の稼働状況等を総合的に判断して具体的な事案に応じて評価されるのであり，後遺障害別等級表上の等級評価から演繹的に導き出されるものではない」。証拠や弁論の全趣旨からXの職業・職種，年齢，醜状の部位・形状・程度に照らし，Xの「外貌醜状障害が労働能力に与える影響は差程とは思われず」，後遺障害全体からのXの労働能力の低下の程度は，総合的に判断して「後遺障害別等級表12級相当の14％に留まると認めるのが相当である」。
　なお，Xは，外貌醜状につき，労災障害等級表の男女差を憲法14条1項違反と判断した「京都地裁違憲判決」を根拠に不合理な差別的取扱いについての主張を行うが，京都地裁違憲判決は，男女に差が設けられていること自体が直ちに違憲であるとはいえないとしつつ，労災障害等級表上の差は大きすぎる点を違憲としたものであり，本件で問題となっている後遺障害等級表の差については何ら言及するものではなく，また，労災認定上の問題である点でも本件と事案に相違がある。

【解説】
　1　女性の顔の価値を男性のそれよりも高く評価して，男女の容貌の価値に法的差異を設けることは許されるのか。この問題については，本判決でも言及されている京都地裁違憲判決（京都地判平成22・5・27判時2093号72頁）が，労災法施行規則別表第1に定める障害等級表での外貌の著しい醜状障害についての男女格差を差別的取扱いの程度が不合理であるという理由から違憲と判断した。この労災の障害等級は交通事故の後遺障害等級のモデルにもなっていることから，後者の点はどのように考えることができるのかが問題として残っていた。本判決は，まさにこの点が争われたものである。

　2　京都地裁違憲判決では，交通事故に関する裁判例において示される「外ほうの醜状障害により受ける影響について男女間」の差異については，その「合理的根拠は必ずしも明らかではなく」，そのような「差異に関する社会通念の存在の強い根拠となるものとはいえない」とされていた。ただ，そこでは，「外ほうの醜状障害により受ける影響について男女間に事実的・実質的な差異があるという社会通念があるといえなくはない」とされ，ただし，差別的取扱いの程度が大きいことが問題とされていた。そうだとすれば，本判決では，等級表の取扱いの程度の差異が大きいか否かが問われることになるはずであった。

　3　本判決は，外貌醜状の男女間の差異について，憲法問題として特に取り上げることはしていない。むしろ，京都地裁違憲判決が男女間の区別を認めている点を指摘し，事案の違いに言及することで処理している。そこには，自賠法施行令別表第2の取扱いの差異が大きいものではないとの判断が暗示されている（すなわち2級の差にすぎないこと）とともに，交通事故の際の後遺障害の認定は，本判決の記述から等級評価から演繹的に導き出されず，諸般の事情を考慮して総合的な判断が必要であるのに対して，労災認定に際しての「障害等級表では，年齢，職種，利き腕，知識，経験等の職業能力的条件について，障害の程度を決定する要素となっていない」という点が異なることになる。

　4　一見すると女性を有利に扱う規定も，男性から見た女性の役割に関する偏見に基づく危険性があり，当該偏見を助長し，女性に対する構造的差別を構成する可能性がある。確かに絶対的基準ではないとしても，容貌を法的に保護される利益であると考えるならば，自賠法施行令別表第2の基準は国家行為による当該法的利益に関する男女差別である点に変わりはない。本判決では，この点からもそれを憲法問題として真摯に取り上げる必要があったのではないかと思われる。なお，本判決では「後遺障害別等級表の今後の見直しは上記認定に影響するものではない」とされたが，この別表第2は，平成23年5月2日政令第116号により改正され，男女格差はなくなっている。

【参考文献】工藤達朗『憲法の勉強』（1999年），君塚正臣・速判解9号15頁，（京都地裁違憲判決についてのもの）新井誠・法セ669号34頁，榎透・法セ675号118頁，中曽久雄・阪大法学61巻1号269頁，巻美矢紀・セレクト2010［I］（法教365号別冊付録）7頁，糠塚康江・平成22年度重判解（ジュリ1420号）11頁。

（はるな・まき）

憲法 5

# 在外日本国民の最高裁判所裁判官国民審査権

東京地裁平成23年4月26日判決
平成22年(行ウ)第162号(甲事件)・第448号(乙事件)・第453号(丙事件)在外日本人国民審査権確認等請求事件
訟月59巻4号1030頁，判時2136号13頁，判タ1377号60頁

金沢大学准教授　山崎友也

【論点】
在外選挙人名簿に登録されている在外日本国民に審査の投票を認めていない最高裁裁判官国民審査法は，憲法15条・79条2項・3項に違反するか。
〔参照条文〕憲15条・79条2項・3項，裁審3条・8条

【事件の概要】
　在外選挙人名簿（公職選挙法4章の2）に登録された在外日本国民である甲・乙・丙各事件の原告はいずれも，平成21年8月30日に実施された最高裁裁判官国民審査（国民審査）において審査の投票ができなかった。そこで，在外日本国民に国民審査の投票を認めていない最高裁裁判官国民審査法（国民審査法）3条・8条は，公務員の選定罷免権等を保障する憲法15条並びに最高裁裁判官を国民審査の有効投票で罷免できる権利を保障する憲法79条2項・3項に違反するとして，ⅰ）原告らが「次回の国民審査において在外選挙人名簿に登録されていることに基づいて投票をすることができる地位」の確認，ⅱ）国民審査の投票ができなかったことによる原告らの精神的苦痛を慰謝する国家賠償，をそれぞれ求めて提訴に至った。

【判旨】
〈ⅰ）について請求却下，ⅱ）について請求棄却〉　(1)　憲法79条4項は，国民審査権（審査権）に関する事項について，審査権を有する日本国民にどのような枠組みにおいてこれを行使させるかという点も含めて立法政策に委ねている。国民審査法は在外選挙人名簿に基づいて審査権を認めるとか，選挙人名簿に未登録の在外日本国民に審査権を認めるとかいう立法政策を採っていない。本件原告らのいう「地位」（上記ⅰ）は，「国会において，在外国民につき在外選挙人名簿に登録されていることに基づいて審査の投票を行うことを認める旨の立法を新たに行わなければ，存在しない法的地位である」。在外日本国民の「具体的な選挙につき選挙権を行使する地位」を確認した最大判平成17・9・14（民集59巻7号2087頁）（平成17年最大判）は，「在外審査制度に関する立法が全くされていない本件」とは事案が異なる。
　(2)　憲法14条1項・15条・44条但書・79条等の趣旨によれば，審査権は「国民固有の権利」であり，「審査の投票を行う機会」を国民は居住地を問わず平等に保障される。「そうすると，国には，国民審査の公正の確保に留意しつつ，審査権の行使を現実的に可能にするために所要の措置を執るべき責務がある」といえることになるから，少なくとも本件国民審査実施の時点において，在外審査制度を創設する立法措置がなされていない状態の「憲法適合性については，重大な疑義」が生じる。しかし，選挙権と審査権とでは憲法上の位置づけが異なる点や，在外審査制度の技術的困難をどのように克服するか国会内外の議論の蓄積は乏しかった点等に鑑みると，本件国民審査実施の時点における在外審査制度を創設する法令の不存在は，違憲とまではいえない。また，平成17年最大判等の趣旨からして，国家賠償法上違法ともいえない。

【解説】
　1　本判決は，平成17年最大判と異なり，確認請求の適法性について判示した（【判旨】(1)）後に，審査権の性質・在外審査制度不存在の憲法適合性について判断している（【判旨】(2)）。平成17年最大判は，在外日本国民が直近の選挙につき選挙権を行使できる地位の確認請求を適法とする理由として，選挙権の重要性やその侵害の回復困難性を挙げていた。本判決は，審査権の性質等の実体法上の判断と確認請求の適法性という訴訟手続上の判断とは「法的には次元を異にするもの」と判示しているが，平成17年最大判の思考からはやや距離があるように思われる。
　もっとも，本件原告らのいう「地位」（【事件の概要】ⅰ））の確認請求は，平成17年最大判の趣旨からしても難しい。平成17年最大判の事案は，既に法定された在外選挙人名簿の効力を暫定的に停止する附則を無効と解すれば，新たな立法を要さずして直ちに在外日本国民の選挙権行使が可能となる状況にあった。本件では，むしろ平成17年最大判が「他により適切な訴え」がなければ適法とすることを示唆した請求方法を転用し，国民審査法が本件原告らに審査権の行使を一切認めていない点において違法（違憲）であることの確認請求が試みられるべきであった（無名抗告訴訟と構成すべきでない点について山本・後掲29頁参照）。
　2　【判旨】(1)と【判旨】(2)とでそれぞれ示された憲法解釈は必ずしも整合しない。【判旨】(2)では，審査権及びその行使をする機会が憲法上保障されると解しているのに，【判旨】(1)では，審査権行使を可能にする制度構築に関する立法裁量の広範さのみが強調されている。国民審査制度は，憲法が基調とする代表民主制の一環として，憲法15条1項の保障する公務員の選定罷免権行使の機会を最高裁裁判官について明示的に具体化した制度であると理解すれば，選挙権と同様，在外日本国民について少なくとも審査権の行使を全否定する制度を存置する立法裁量の余地は認められないことになろう。
　本判決は，公選法改正（平成10年）以降実施された在外選挙制度が在外審査制度の創設の有用な資料になりえた点や記号式投票法に伴う在外審査制度創設の技術的困難は今日克服可能である点を指摘しながら，結局他の諸事情（【判旨】(2)）を重視して違憲判断を回避した。しかし，これらの諸事情は憲法適合性判断の考慮要素ではなく，平成17年最大判が示した国賠法上の違法性要件，とりわけ立法措置を執ることについての「必要不可欠性」ないしその「明白性」の要件充足性を判断する際に考慮されるべきものであろう。

【参考文献】　杉原則彦・最判解民事篇平成17年度(下)603頁，長谷部恭男ほか・ジュリ1303号2頁，野坂泰司『憲法基本判例を読み直す』(2011年) 257頁，山本隆司・法教308号25頁。

（やまざき・ともや）

憲法 6

# 議会代読拒否損害賠償請求事件

岐阜地裁平成22年9月22日判決
平成18年(ワ)第892号損害賠償請求事件
判時2099号81頁

近畿大学教授　上田健介

【論点】
①地方議会の議会運営に関する申合せと司法権の限界。
②発声障害のある議員に対する代読拒否の可否。
〔参照条文〕憲13条・14条・15条・21条、国賠1条1項

【事件の概要】
　XはY市議会議員であったが、一期目の途中に下咽頭ガン治療のため声帯を切除し発声機能を失った。市議会では口頭による発言が原則であったため、Xは平成15年4月の再選後に代読の方法を要望した。議会運営委員会（以下「議運」）は審議を続けたものの結論が纏まらなかった（「加害行為①」〔以下番号のみ〕）。平成16年9月、市民の陳情を受け、議運は音声機能変換機能付きパソコンの使用を認める申合せをし、X側はパソコンが使えないため代読を要望したが、議運は代読を認めず、パソコン使用を試みてほしいと結論づけた（②）。Xは何度か本人発言や代読による発言通告を提出したが、本人の食道発声では聞き取れないとして議長は受理を拒否した（③）。その後、市民団体から代読の要望書が提出され議運で検討されたが、Xの傍聴は認められず、平成17年8月、議運は、事前準備できる一般質問はパソコンで、再質問は当面会派の議員が手伝って行う旨の提案を了承した（④）。この間、Xは弁護士会に人権救済の申立てを行っており、平成17年11月に代読を認めるべき旨の勧告が出された。議運は対応を協議し、一般質問はパソコン、再質問は代読による折衷案を了承、その後は平成19年4月の任期終了までXの代読による発言通告を受理しなかった（⑤）。平成18年12月、一般質問の代読を求める決議案が提出されたが本会議はこれを否決した（⑥）。Xは、これらの行為により表現の自由、自己決定権、平等権、参政権等を侵害されたとして、Y市等を被告として国家賠償法1条1項に基づく慰謝料の支払を求め訴訟を提起した。

【判旨】
〈一部請求認容〉「Xは、表現の自由や自己決定権（障害補助手段を使用する自由や障害補助手段選択の自由を含む）を有するものと解される。」「しかし、地方議会は、憲法上に定められた地方公共団体の議事機関であり（憲法93条1項）」自律権を有する。「議会の運営に関する事項は、議会の内部規律の問題として議会及び議長の裁量に委ねられ、議員の議会本会議や各種委員会における発言の方法等もまた、議会の運営に関する事項に含まれると解される。したがって、議会及び議長が議員の議会での発言方法等を制限することによって障害者である議員の表現の自由や自己決定権……が制限されたとしても、同議員がこの発言方法等の制限によって障害者である故に議会へ参加する権利（参政権）を害されるなどの特段の事情のない限り、やむをえないものといわなければばらない」。
　判決は、①につきXの発言を認めない申合せの存在を否定し権利侵害を認めず、②の検討中「障害者に障害補助手段を使用するように勧めること自体は何らの不都合もないが、これを強制することは、それがいかに障害者にとって有益であるとしても、許されないというべきで、障害のある議員に対し、議会活動における障害補助手段の使用を強制することは、議会へ参加する権利（参政権）を害するものと認めるのが相当である」と述べ、②③④に関しては④の傍聴拒否を除き権利侵害を認めた。⑤は、折衷案はXにさほど負担を強いるものではないとして権利侵害を否定。⑥は憲法の一義的な文言に違反しているとはいえないとして国賠違法を否定した。

【解説】
　本件は、「発言」は口頭によるとのルールの中、代読を求め続けたXと、当初はXの快復を待ちつつ対応が定まらず、パソコン使用によるとの決定後はそれに固執したYとの間で起きた紛争である。判決は④と⑤との間、パソコン入力を事務局が行うと明示した時点で線を引いた。これを学説上主張される差別禁止法理の合理的配慮論からみれば、議会が代読と（原告に負担を課さない）パソコン使用の2つの補助手段中、後者を選択したことで合理的配慮を果たしたとの判断と整理できる。この点、Xに負担を課すパソコン使用の強制は許されないとの判断は重要である。しかし、もし判決が文言通り障害補助手段選択の自由を表現の自由や自己決定権から派生する権利として認めたのであれば、代読は物理的経済的に容易で、その弊害（代読者の改変や感情移入等による議員意思の婉曲の虞）も憲法上の権利に対する制限を正当化する程ではない以上、⑤も違法となったであろう。発言権の保障は当然として、そのために議会が果たすべき合理的配慮の具体的内容を決定する際に本人の意思をどこまで重視するかが、この文脈で地方議会の内部事項に関する裁量を認めるべきか否かと合わせポイントになると思われる（①は合理的配慮の実践にあたり一種の合理的期間を認めるべきかの問題と捉えられる）。
　なお、議員が公的権限の行使に関し憲法上の権利を主張しうるか、地方議会の自律権は司法審査を排除しないかとの疑問も生じるが、発言は議員活動の本質的要素であり、その可能性が閉ざされることはXを含む発声障害をもつ個人の政治参加を損なう重大な効果を齎すことから、地方議会議員の除名処分が司法審査の対象となることを認めた判例（参照、最大判昭和35・10・19民集14巻12号2633頁など）を前提とすれば、本件に裁判所の審判権が及ぶと解したことは妥当だと解される。

【参考文献】　三宅裕一郎・法セ674号124頁、川﨑和代・法時78巻11号70頁、同・法時81巻4号80頁、植木淳『障害のある人の権利と法』（2011年）。

（うえだ・けんすけ）

憲法 7

# 署名活動の自由と表現の自由・請願権

岐阜地裁平成22年11月10日判決
平成19年(ワ)第996号損害賠償請求事件
判時2100号119頁

広島大学教授　新井　誠

【論点】
①署名行為・署名活動は、憲法16条・21条により保障されるか。②署名者への戸別訪問調査の可能な範囲。
〔参照条文〕憲16条・21条、請願5条・6条、国賠1条1項

【事件の概要】
　岐阜県関ヶ原町では、町長が2つの小学校の統合計画を示したことから、廃校となる小学校のPTA有志等が会を結成し、統廃合反対の署名活動を行い、署名簿等を町長に提出した。しかし署名簿には同一筆跡と思われる署名等が多数存在したので、町長は署名者に対する戸別訪問調査を実施した。同調査では署名者に対し署名の真正や請願の趣旨の確認に留まらず、①署名活動は誰が頼みに来たか、②署名活動の趣旨につきいかなる説明がされたか、③町が開催した学校整備計画説明会には参加したか、④署名をした時と統廃合に対する考え（反対）に今も変わりないか、等の質問がされた。署名活動者6名と署名者2名（うち1人は死亡し遺族が継承）は、同調査で違法に表現の自由・請願権等を侵害されたとして、町に対して国家賠償法1条1項に基づき賠償請求をした。

【判旨】
〈一部認容，一部棄却（控訴）〉「署名活動をする者らの政治的表現行為に賛同するという趣旨でなされる……署名行為も一定の政治的な態度表明ということができ、表現の自由（憲法21条）によって」、「署名活動をする者らが官公署に署名簿を提出することに参加する意味を有する……署名行為は請願権（憲法16条）によって保障される」。「署名活動を行うことは、自己の政策的意見に賛同する者から署名を募り、集めた署名簿を官公署等に提出することによって、自己の政策的意見を表明するものであるから、署名活動の自由は表現の自由（憲法21条）によって」、「署名による請願の主体は……各署名者であるが、同署名活動を行った者も、署名活動の結果集めた署名簿を官公署等に提出することを目的としているから……請願権（憲法16条）によってその活動が保障される」。
　憲法16条、請願法6条には「請願を実質的に萎縮させるような圧力を加えることも許されないとの趣旨が当然に含まれる」が、「請願が署名活動による署名簿の提出という方法で行われた場合には、その請願事項にかかわる多数の国民又は住民が同一内容の請願を行うことに意味があり、請願を受けた官公署等は、請願に対し、誠実に処理する義務を負う（請願法5条）から、提出された署名簿に偽造等、署名の真正を疑わしめる事情があったり、請願の趣旨が明瞭でないときに、その真正であることや請願の趣旨を確認する限度で、各署名者や署名活動者に対し、相当な調査を行うことは許される」。
　本件では「提出された署名簿に偽造等、署名の真正を疑わしめる事情がある上に、3つの要望事項のすべてに請願する趣旨か明瞭でないといった事情が存在」し、その確認のため「町長が署名者に対し……署名者の同意を得た上で、回答を強要することのない態様で戸別訪問調査を行うこと自体は許される」。だが「本件戸別訪問調査は……署名の真正や請願の趣旨の確認という目的を超えた質問も行われており、本件戸別訪問調査を受けた署名者や署名活動者に対して不当に圧力を加えるものであった」ので違法に原告らの「請願権及び表現の自由を侵害したもので、同侵害につき少なくとも過失がある」。

【解説】
　本問題は、憲法の重要課題でありながら（市川・後掲375頁以下）、裁判で主題となることは少なかった。そこで署名行為・署名活動につき憲法16条・21条の保障が及ぶことを示した本判決は、特にその具体的内容につき従来語られることの少なかった請願権に触れ、「署名者や署名活動者に対して不当に圧力を加える」行為につき請願権侵害を構成すると明言した点が注目される。
　もっとも本判決は、請願に対する行政の誠実処理義務を主たる理由に、請願の真正や趣旨確認のための調査は許されるとして、その絶対的禁止を唱えておらず、その範囲と限界が問題となる。これにつき【事件の概要】①～④の質問が請願の真正や趣旨確認のための調査に該当しない点に異論は少なかろう。他方、署名者は「集団的請願行為に加わるということを明らかにする趣旨で氏名・住所を記載しているにすぎ」ず「機関による署名者個人への働きかけがなされれば……機関の有する権力・権限を意識して畏怖してしまう」（市川・後掲401頁）、との指摘のように、こうした調査が行政の意図に関係なく署名者に萎縮効果を与えることを請願権制約の正当化の場面でいかに考慮すべきか問題となるが、その点、本判決は特に示していない。仮に行政が形式的調査そのものの実質的萎縮効果を自覚しつつ、なおも「賛否を問い質す趣旨はない」との形式性に調査の正当性を求めるならば、請願の真正や趣旨確認のための働きかけでさえも合理性を保てるかどうかは、慎重な検討を要しよう。
　なお本件で署名者は、町による本件調査のための署名簿に基づく署名者の氏名・住所一覧表の作成で、個人情報をコントロールする権利という意味でのプライバシー権（憲法13条）を違法に侵害されたとの主張もしたが、本判決は、戸別訪問調査自体の許容性を理由に、その目的達成のために必要最小限度のもので、私生活上の自由を不当に侵害しないとした。もっとも、本件戸別訪問調査は、現場での逸脱的事態が生じたわけでもなく違法と認定された以上、本件一覧表作成もまた違法ではないか、といった意見もある（松本・後掲14頁）。

【参考文献】　本判決の評釈として、松本哲治・速判解9号11頁、榎透・法セ683号122頁、曽我洋介・東北学院法学72号82頁。署名活動と憲法上の権利につき、市川正人『表現の自由の法理』（2003年）375頁以下参照。

（あらい・まこと）

憲法 8

# 「君が代」起立斉唱職務命令訴訟最高裁判決

最高裁平成23年6月14日第三小法廷判決
平成22年(行ツ)第314号 戒告処分取消等，裁決取消請求事件
民集65巻4号2148頁，判時2123号3頁〔③事件〕，判タ1354号51頁〔③事件〕

一橋大学教授　渡辺康行

【論点】
儀式的行事における「君が代」斉唱の際に起立斉唱を行う旨の，公立中学校長による教諭に対する職務命令は，憲法19条に違反しないか。
〔参照条文〕憲19条・15条2項，地公30条・32条等

【事件の概要】
東京都内の市立中学校の教諭であったXらは，卒業式又は入学式における「君が代」斉唱の際に起立斉唱を命ずる校長の職務命令に従わず，上記斉唱の際に起立しなかったところ，都教育委員会から戒告処分などを受け，都人事委員会からは，戒告処分の取消しを求める審査請求を棄却する旨の裁決を受けた。そこでXらは，上記職務命令は憲法19条に違反し，戒告処分などは違法だとして，都に対して，戒告処分及び裁決の各取消し並びに国家賠償法1条1項に基づく損害賠償を求めて出訴した。1審（東京地判平成21・3・19民集65巻4号2234頁参照），2審（東京高判平成22・4・21同2258頁参照）は，共に請求を棄却したため，Xらが上告した。

【判旨】
〈一部却下，一部棄却〉 (1) 本件起立斉唱行為は，「一般的，客観的に見て，これらの式典における慣例上の儀礼的な所作としての性質を有するもの」であり，上告人らの「歴史観ないし世界観を否定することと不可分に結び付くもの」ではないから，「本件各職務命令は，直ちに上記の歴史観ないし世界観それ自体を否定するもの」とはいえない。
また本件起立斉唱行為は，「一般的，客観的に見て，これらの式典における慣例上の儀礼的な所作として外部から認識されるもの」であって，「それ自体が特定の思想又はこれに反する思想の表明として外部から認識されるものと評価することは困難である」。「したがって，本件各職務命令は，上告人らに対して，特定の思想を持つことを強制したり，これに反する思想を持つことを禁止したりするものではなく，特定の思想の有無について告白することを強要するものともいえない」。
(2) ⓐもっとも，本件起立斉唱行為は，「教員が日常担当する教科等や日常従事する事務の内容それ自体には含まれないものであって，一般的，客観的に見ても，国旗及び国歌に対する敬意の表明の要素を含む行為であり，そのように外部から認識されるものである」。そうすると，「自らの歴史観ないし世界観との関係で否定的な評価の対象となる『日の丸』や『君が代』に対して敬意を表明することには応じ難いと考える者」にとっては，「個人の歴史観ないし世界観に由来する行動（敬意の表明の拒否）と異なる外部的行動（敬意の表明の要素を含む行為）を求められることとな」るため，本件各職務命令は「その者の思想及び良心の自由についての間接的な制約となる」。ⓑしかし，「本件各職務命令は，中学校教育の目標や卒業式等の儀式的行事の意義，在り方等を定めた関係法令等の諸規定の趣旨に沿って，地方公務員の地位の性質及びその職務の公共性を踏まえ，生徒等への配慮を含め，教育上の行事にふさわしい秩序の確保とともに当該式典の円滑な進行を図るものである」ため，憲法19条に違反しない。（補足意見及び反対意見がある。）

【解説】
1　最高裁は，本件と類似の事案について，本判決直前の5月30日（二小），6月6日（一小）に判断を行い，本判決後も6月21日（三小），7月4日（二小），7月14日（一小）の判決がある。多数意見はいずれもほぼ同一であるが，本判決を行った第三小法廷は，「君が代」ピアノ伴奏拒否事件に関する判断（最判平成19・2・27民集61巻1号291頁。以下「ピアノ判決」という）をした法廷であるため，この判決との関係をとりわけ意識して議論がなされている。

2　本判決は，ピアノ判決と比較すると，保護領域に関する判断よりも，職務命令が思想・良心の自由に対する制約となるかに重点を置いた判断をしている。判旨(1)はそれを否定した判示である。ピアノ判決も制約はないとしていたが，本件では命ぜられた行為が異なる。そこで本判決は，起立斉唱行為は「式典における慣例上の儀礼的な所作」だという論拠を新たに持ち出し，だからこそ本件各職務命令はXらの思想・良心に対する（直接的）制約とはならない，という論理を展開した。

3　さらに本判決は，判旨(2)ⓐにより，本件各職務命令がXらの思想・良心に対する間接的な制約となることを認める。内心と外部的行為を峻別しないこの論旨は，近年の学説の傾向と合致する。その上で本判決は，「間接的な制約が許容されるか否かは，職務命令の目的及び内容並びに上記の制限を介して生ずる制約の態様等を総合的に較量して，当該職務命令に上記の制約を許容し得る程度の必要性及び合理性が認められるか否かという観点から判断する」，という一般的な判断枠組みを設定する。それに従った本件各職務命令の正当化審査が，判旨(2)ⓑである。

4　本判決は，判旨(2)が付加されたというピアノ判決との理論構成の違いを，ピアノ伴奏は音楽専科の教師にとって「教科指導に準ずる」ことがらだといった，事案の相違により説明している。事案の違いか実質的な判例変更かは理解が分かれるが，本件各職務命令が思想・良心の自由に対する間接的な制約となることを認めたことによって，判決の明確性はピアノ判決より向上した。しかし，その正当化審査に際しては，思想・良心の自由の重要性や，制約の実際上の重大性等に鑑みれば，本件各職務命令についてより密度の高い必要性審査がなされるべきであった。いずれにせよ，一連の最高裁判決によって職務命令の合憲性が認められたため，今後の「君が代」訴訟の中心的争点は，職務命令違反に対する不利益措置についての裁量審査となるだろう。

【参考文献】　渡辺康行「『思想・良心の自由』と『信教の自由』」樋口陽一ほか編『国家と自由・再論』（2012年）133頁，同・論ジュリ1号108頁，およびそこで引用したもの。

（わたなべ・やすゆき）

憲法 9

# 卒業式における威力業務妨害と表現の自由

最高裁平成23年7月7日第一小法廷判決
平成20年(あ)第1132号威力業務妨害被告事件
刑集65巻5号619頁，判時2130号144頁，判タ1358号73頁

神奈川大学准教授　齊藤　愛

【論点】
表現行為に威力業務妨害罪を適用することの可否。
〔参照条文〕憲21条1項，刑234条

【事件の概要】
　都立A高校では，都教育委員会教育長からの通達に基づき，卒業式において，生徒，教職員を始め，出席者全員に起立・国歌斉唱を求める方針を採っていた。同校の元教諭であるX（被告人）は，本件卒業式に来賓として出席することとなっていたが，本件卒業式には違憲違法な「君が代斉唱時の起立斉唱」の強制が組み込まれていると考え，その事実を卒業式に参加する保護者らに知ってもらおうと意図して，開式前に，体育館内の保護者席を歩いて回り，その旨のビラを，A高校教頭が制止したにもかかわらず配布した。その後，Xは，保護者らの方を向いて，本件卒業式は異常な卒業式であって国歌斉唱のときに立って歌わなければ教職員は処分される，国歌斉唱のときにはできたら着席してほしいなどと大声で呼び掛けた。これに対しても，教頭はXを制止したが，Xは呼び掛けをやめず，教頭に対し怒号し，会場を喧噪状態に陥れ，教頭らにおいてXへの対応を余儀なくさせるとともに，卒業生の入場の遅れにより卒業式の開式を約2分遅延させるなどの事態を生じさせた。このため，Xは，卒業式典の円滑な遂行を妨げたとして，威力業務妨害罪で起訴された。
　第1審（東京地判平成18・5・30判例集未登載）はXを有罪とした。第2審（東京高判平成20・5・29判時2010号47頁）はXの控訴を棄却。これに対して，Xが上告したのが本件である。

【判旨】
〈上告棄却〉「憲法21条1項も，表現の自由を絶対無制限に保障したものではなく，……その手段が他人の権利を不当に害するようなものは許されない。Xの本件行為は，その場の状況にそぐわない不相当な態様で行われ，静穏な雰囲気の中で執り行われるべき卒業式の円滑な遂行に看過し得ない支障を生じさせたものであって，こうした行為が社会通念上許されず，違法性を欠くものでないことは明らかである。したがって，Xの本件行為をもって刑法234条の罪に問うことは，憲法21条1項に違反するものではない。」

【解説】
　本件において，被告人Xは，①式直前に保護者席でビラを配布するという行為と，②保護者席に向かって大声で呼び掛け・怒号を発するという行為との，2つの行為を行っている。控訴審が，この2つの行為を「一連の行為」と評価し，これら両方の行為を，業務妨害のおそれないし結果を惹起した行為と評価したのに対して，最高裁は，②の行為のみをもって業務を妨害した行為と評価しており，①の行為については何ら言及していない。この点，宮川光治判事が，補足意見の中で，「本件卒業式の開始前に，保護者席を歩いて回り，ビラを配布した行為は，威力を用いて卒業式式典の遂行業務を妨害したとは評価できない」と述べているのが注目に値する（ここでは構成要件該当性を否定しているようである）。
　先例（最大判昭和45・6・17刑集24巻6号280頁，最判昭和59・12・18刑集38巻12号3026頁等）も指摘するように，表現の自由といえども絶対無制約なものではなく，「その手段が他人の財産権，管理権を不当に害するごときもの」は原則として許されない。しかしながら，表現の自由は民主主義の前提をなすものであり，その重要性に鑑みると，表現の自由は最大限に保障されなければならず，したがって，他人の財産権や管理権と衝突するような態様での表現活動はいっさい認められないと考えることもできない。
　本件の場合，Xの表現行為は，都が管理する公立高校体育館の中で行われている。一般に，高校の体育館は公共用物ではなく，「パブリック・フォーラム」たる性質を帯有しているとは言いがたい。このような場所においては，人は，通常，管理者に対して，自分の思想ないし信条を表現する場を提供するよう要求する権利は認められない（なお，宮川判事が補足意見で述べているように，本件ビラ配布行為や呼び掛け行為も，「いわゆるパブリック・フォーラム……たる性質を有する場所，例えば校門前の道路等で行われるのであれば，原則として，憲法21条1項により表現の自由として保障される」と考えるべきであろう）。しかしながら，表現の自由の重要性に思いを致せば，このような場所であっても，表現行為に——特に本件ビラ配布行為にまで——刑事罰を科すとすれば，その正当性は十分に立証されなければならない。
　この点，まず，本件ビラが，商業的宣伝広告などとは性質を異にし，個人の思想ないし信条を表現するものであったということに留意しなければならない。一般に，個人の思想や信条を表現する言論に対する規制は，コマーシャル・スピーチに対する規制に比して厳格な審査に服さなければならないと考えられている。
　また，本件をいわゆる表現内容中立規制（表現手段規制）であると評価したとしても，その規制によって特定の個人から表現活動の重要な機会を奪ってしまうことになるような場合には，その程度をも考慮して，表現規制の許容性を厳格に検討しなければならない。本件で，Xは，式の直前に，式場で，式に列席する保護者らに直接ビラを配布するという時・場所・手段を選択しているが，これは，ある公的な問題に関して，それがまさに起ころうとしている場所・瞬間において，その問題の当事者らの間での検討ないし議論を喚起しようと意図したものである。すなわち，Xが表現行為に際して本件のような時・場所・手段を選択したということには，他の表現手段には代えがたい重要な意味があったと考える余地もある。このことを勘案すれば，Xのビラ配布行為等について威力業務妨害罪を適用するには，格別の慎重さが求められなければならないであろう。

（さいとう・めぐみ）

憲法 10

## 通信表の作成と教師の教育の自由

仙台地裁平成23年1月20日判決
平成20年（行ウ）第17号懲戒処分取消等請求事件
裁判所HP

日本女子大学教授　坂田　仰

**【論点】**
校長の校務掌理権と教師の教育の自由の衝突。
〔参照条文〕憲23条・26条，地公32条，学教37条4項

**【事件の概要】**
　通信表の所見欄について，校長等から下書きの事前提出及び記載内容の修正を指示されたにもかかわらずこれに従わなかったこと，及び，通信表のコピーを無断で校外に持ち出し県教職員組合書記長に交付したことを理由に懲戒処分（戒告）を受けた教諭が，当該処分を不服として，処分の取消し等を求める訴訟を提起した。

**【判旨】**
〈請求棄却〉（1）「小学校校長及び教頭は，児童の教育について最終的に責任を負い，或いはそれを補佐する立場にある者として，個々の教師の教育指導についても，その職務の遂行が法令や学校において定める教育方針に反しないよう総括的に監督するとともに，その権限を行使するために必要かつ相当な範囲で職務命令を発することができる」。通信表の所見欄について下書きの事前提出を指示した校長の一連の行為は，「職務命令に該当し，原告は同職務命令に違反したものと認められる」。
　通信表所見欄に児童の学習状況や生活状況を記載する権利ないし自由は，「不当な上司の職務命令や公権力行使から法的に保護されるべきもの」と解される。しかし，「教育目標の実現に必要とされる秩序の維持を目的として」，あるいは「子供の学習権と矛盾，対立するような場合」には，校長等は，合理的な手段，方法をもってこれに制約を加えることが許容される。記載内容の修正を指示した本件職務命令は，この要件を満たさず，懲戒処分を基礎付ける事由とすることはできない。
　（2）通信表のコピーを無断で校外に持ち出したことによって侵害される利益は，「児童がみだりに通信表の記載内容を他人に知られないという第三者の利益であ」り，緊急避難は成立しない。また，本件通信表を県教育委員会に持ち込むことが可能であったといえ，「あえて県教組の書記長に本件通信表のコピーを交付しなければならない緊急性，必要性は認められない」。加えて，所見欄以外の部分は本件職務命令と無関係であり，本件通信表の記載部分の全てをコピーし，それを交付したことは，必要な限度を超えた不相当なものである。したがって，本件通信表コピーの校外持ち出し，交付は，守秘義務違反に当たる。

**【解説】**
　通信表（通知表）とは，保護者に対して，児童・生徒の学習指導の状況を通知するとともに，その理解や協力を求める目的で作成される文書の総称である。指導要録等とは異なって，教育関係法規に根拠規定は存在せず，実務上，校長が，校務掌理権（学教37条4項）等に基づき，作成の有無，形式，記載内容等を決定する権限を有すると考えられている。しかし，「教師の教育の自由」や「教育の専門性」等を根拠として，その作成を個々の教員の裁量に委ねるべきとする考え方も有力に主張されている。本件は，通信表の所見欄の記載権限を巡って，校長の校務掌理権と教師の教育の自由の衝突が顕在化した事案である。
　学校は，個々の教員の創意工夫を中核としつつも，多くのスタッフが有機的に結合し，組織体として教育活動を展開している。この「組織としての学校」という点に着目するならば，その一体的性格を維持する必要上，たとえ教員の専門性が重視されるべき教育活動であったとしても，校長の監督権限が一切及ばないとすることは妥当ではない。この点を無視し，「教師の教育の自由」や教員の独立性を過度に強調することは，「組織体としての教育を阻害するおそれ」がある。また，学校で配布される文書は，通知表に限らず，教員個人の見解ではなく，組織としての「学校の総意」が示されていると受け取られる傾向にある。学校配布文書全般が有するこの効果を重視するならば，通知表の所見欄のみならず，全ての配布文書に対して，学校を代表する立場にある校長の監督権が及ぶと考えられるべきことになろう。
　ただ，理論上，校長の監督権が及ぶということと，実際にそれを行使すべきということは必ずしもイコールではない。教育活動は，創造性，専門性，自主性等を本質とする営みであり，そこに直接教育活動に携わる教員の裁量，言い換えるならば，ある種の教師の教育の自由に委ねられるべき領域が存在すると考えることは不可能ではない。この固有領域に関して，理論上は，他の領域と同様，校長の監督権が及ぶものの，その行使について謙抑的であるべきとする考え方は十分に成立し得る。本件判決は，そのバランスを「子どもの学習権」というタームを用いて，調整したものと見ることができる。
　なお，通信表には，成績，生活状況等の所見，保護者の氏名等，プライバシーとして保護する必要性が高いセンシティブな情報が数多く記載されている。当該情報が第三者に漏洩しないことが学校，教員と保護者の間の信頼関係を維持する上で必須であることはいうまでもない。その意味で，たとえ，県教職員組合という教員集団と密接な関係にある団体の書記長に対してといえども，個人情報の開示を教員個人の意思に委ねることを否定した本件判決は，「情報漏洩を防ぐためには知る必要のある者にだけ知らせるべき」とする need to know 原則に照らして，妥当なものと評価することができよう。

**【参考文献】**　内野正幸『教育の権利と自由』（1994年），森田明「教育を受ける権利と教育の自由」法時49巻7号83頁。

（さかた・たかし）

# 憲法　判例の動き

学習院大学教授　野坂泰司

Ⅰ　昨年も指摘したことであるが、憲法分野では、ここ数年幾つかの問題領域で同種事件が複数の下級審で争われ、順次最高裁に上告されて判断を求められる事態が続いている。今期（2011年9月～2012年8月）は、そのうち裁判員制度の憲法適合性をめぐる一連の訴訟について、大法廷をはじめとして、小法廷でも判断が示された。裁判員制度については、制度の発足以前からその憲法適合性をめぐって議論の存したところであるが、今般最大判平成23・11・16（**憲法1**）が合憲判断を下したことにより、この問題についてはひとまず決着を見ることとなった。

大法廷が取り扱ったのは覚せい剤取締法違反、関税法違反に係る裁判員裁判の事案であったが、そこでは、①裁判員制度は、適正手続を保障した憲法31条、裁判所において裁判を受ける権利を保障した憲法32条、刑事被告人に公平な裁判所による迅速な公開裁判を保障した憲法37条1項、すべて司法権は裁判所に属すると規定した憲法76条1項、下級裁判所の裁判官の構成について規定した憲法80条1項にそれぞれ違反しないかどうか、②裁判官の職権の独立を保障した憲法76条3項に違反しないかどうか、③特別裁判所の設置を禁止した憲法76条2項に違反しないかどうか、④国民をその意に反する苦役に服させることを禁止した憲法18条後段に違反しないかどうか、が争われた。これに対して、本判決は、まず、国民の司法参加が一般に憲法上禁じられているか否かについて検討を加え、刑事裁判に国民が参加して裁判の民主的基盤の強化を図ることと、憲法の定める人権保障を全うしつつ証拠に基づいて事実を明らかにし個人の権利と社会の秩序を確保するという刑事裁判の使命を果たすこととは決して相容れないものではないとし、憲法は一般的には国民の司法参加を許容しており、適正な刑事裁判を実現するための諸原則が確保されている限り、国民の司法参加に係る制度の内容については立法政策に委ねられているとした。次いで、判決は、裁判員法による裁判員制度の具体的内容に憲法に違反するところがあるか否かを検討し、上記①～④のいずれの点についても合憲であるとの結論を導いたのであった。特に、本判決が、裁判員法の定める評決制度の下で裁判官が時に自らの意見と異なる結論に従わざるをえない場合があるとしても憲法76条3項違反とならないと判示した点は重要である。裁判員制度について

は、裁判員が事実認定のみならず、法令の適用および有罪の場合の刑の量定にも関与することがはたして適切であるかどうかなど立法政策の当否をめぐってなお議論の余地があろう。しかし、本判決が指摘するように、裁判員制度の仕組みが公平な裁判所における法と証拠に基づく適正な裁判が行われることを制度的に十分保障するものとなっている限り、この制度を違憲とまでいうことは難しいと思われる。

裁判員制度については、さらに、被告人にこの制度による審理裁判を受けるか否かの選択権が与えられていないことが憲法32条、37条に違反するとの主張もなされたが、最二小判平成24・1・13は上記大法廷判決を引いて、これを退けている（同様に大法廷判決に依拠して裁判員制度を合憲と判示したものとして、最二小判平成24・3・2、最三小判平成24・3・6〔同日2判決〕、最三小判平成24・3・27がある）。

Ⅱ　以下、各領域別に、主要な（裁）判例を概観する。

**[人格権・プライバシー権]**　陸上自衛隊情報保全隊に自衛隊のイラク派遣反対の活動等を監視され情報を収集されたことにより精神的苦痛を受けたとして、東北6県の住民ら107名が国に対し、人格権に基づく監視等の差止めと損害賠償を請求した事件で、仙台地判平成24・3・26は、差止めの訴えについては不適法として却下したものの、原告5名について氏名、職業、所属政党等の思想信条に直結する個人情報を収集し、自己の個人情報のコントロールという法的保護に値する利益を侵害したとして損害賠償を認めた。

**[法の下の平等]**　イラン国籍を有することを理由とする安全保障上の配慮に基づき国立大学原子炉工学研究所の研究生の入学を不許可とした大学の決定の無効確認等を求めた事件で、東京地判平成23・12・19（**憲法2**）は、入学不許可決定はイラン人であるという国籍を理由とする不合理な差別に当たり、憲法14条1項、教育基本法4条1項に違反するとして、無効確認請求を認容した。日本国籍を有する父とフィリピン共和国籍を有する母との間の嫡出子としてフィリピン国内で出生し同国籍を取得した原告らが出生後3か月以内に父母等により日本国籍を留保する意思表示がされなかったため国籍法12条の規定によりその出生の時に遡って日本国籍を失ったことに対して、国籍法12条は違憲無効であると主張して日本国籍の確認を求めた事件で、東京地判平成24・3・23（**憲法3**）は、実効性のない形骸化した日本国籍の発生防止と重国籍の発生防止・解消という国籍法12条の立法目的には合理性が認められ、かつ、出生地による区別、国籍留保の意思表示の有無による区別、出生後に認知を受けた非嫡出子との区別と上記の立法目的との間には合理的関連性が認められるとして、国籍法12条は憲法14条1項に違反しないと判示した（ただし、日本在住の原告1名については、国籍法17条1項による国籍取得の適法な届出があったものとして国籍取得を認めた）。非嫡出子による遺留分減殺請求事件で、名古屋高判平成23・

12・21（**憲法4**）は、本件相続開始当時において、被相続人が一度も婚姻したことがない状態で被相続人の非嫡出子として出生した子について、被相続人がその後婚姻した者との間に出生した嫡出子との関係で民法900条4号ただし書前段の規定を準用する民法1044条を適用することは、その限度で憲法14条1項に違反し無効であるとする興味深い判断を下した。

[**思想・良心の自由**] 東京都立の高等学校または養護学校の教職員であった原告らが卒業式や入学式等の式典において国歌斉唱の際に国旗に向かって起立し斉唱すること、または国歌のピアノ伴奏をすることを命じる旨の各校長の職務命令に従わなかったことを理由として懲戒処分（1名が減給処分、他は戒告処分）を受けたため、当該職務命令は違憲違法であり、当該各処分は違法であるなどとして、東京都に対し当該各処分の取消しと国家賠償を請求した事件で、最一小判平成24・1・16（**憲法5**）は、先例の「君が代」ピアノ伴奏拒否事件判決（最三小判平成19・2・27、「判例セレクト2007」参照）や一連の教職員国旗国歌訴訟に関する諸判決（最三小判平成23・6・14ほか、「判例セレクト2011［Ｉ］」参照）等を引いて職務命令に関する憲法19条違反の主張を一蹴した上で、戒告処分については裁量権の範囲内とする一方、減給処分については重きに失し、社会観念上著しく妥当を欠き裁量権の範囲を超えるものとして違法と判示した（この判決には、職務命令違反が繰り返された場合の処分の過重について慎重な考慮を求める1裁判官の補足意見のほか、職務命令を合憲とする1裁判官の補足意見、違憲とする1裁判官の反対意見が付されている）。同日の第一小法廷判決は、同種事件について、過去の処分歴等を考慮して停職処分の一方を違法とし、他方を違法ではないと判示している。なお、職務命令を合憲としつつも、免職処分以外の懲戒処分の差止めや起立斉唱義務不存在確認の訴えの適法性を肯定した、いわゆる日の丸・君が代予防訴訟に関する上告審判決（最一小判平成24・2・9）の判断が注目される。

[**信教の自由・政教分離原則**] いわゆる砂川政教分離（空知太神社）訴訟の差戻し後の再上告事件で、最一小判平成24・2・16（**憲法6**）は、市が連合町内会に対し市有地を無償で神社施設の敷地としての利用に供している行為の違憲性を解消する手段として、氏子集団による神社施設の一部の移設・撤去等と併せて市が上記市有地の一部を氏子集団に適正な賃料で賃貸することは憲法89条、20条1項後段に違反しないと判示した。大法廷の違憲判断（最大判平成22・1・20、「判例セレクト2010［Ｉ］」参照）を受けて、違憲状態解消のための手段の合理性・現実性を考慮した事例判断として注目に値する。

[**表現の自由**] 広島高判平成23・10・28（**憲法7**）は、市議会議員とその2親等以内の親族が経営する企業と市との契約を禁止した市議会議員政治倫理条例の規定は憲法上の保障を受ける経済活動の自由および議員活動の自由を制限できる合理性・必要性が認められないと判示した。いわゆる議会代読拒否訴訟で、名古屋高判平成24・5・11（**憲法8**）は、地方議会の議員には表現の自由および参政権の一態様として地方議会等において発言する自由が保障されており、議会等で発言することは議員としての最も基本的、中核的な権利というべきであるとして、市に対し10万円の賠償を命じた1審判決（岐阜地判平成22・9・22、「判例セレクト2011［Ｉ］」参照）を変更し、賠償額を300万円に増額した。小学校の統廃合に反対する町民の署名者名簿を用いて町職員が戸別訪問を実施して署名者の意思確認等を行ったことが表現の自由や請願権などの侵害に当たるとして提起された国家賠償請求事件で、名古屋高判平成24・4・27（**憲法9**）は、本件戸別訪問調査による署名の真正や請願の趣旨の確認の必要性を認めた1審判決（岐阜地判平成22・11・10、「判例セレクト2011［Ｉ］」参照）に対し、戸別訪問の一般的弊害を説くとともに、本件戸別訪問調査には不当な目的があるというべきであり、かつ、その手段としての態様にも相当性が認められず、表現の自由、請願権を侵害し、違法であると判示した（なお、最三小決平成24・10・9は、上告できる場合に当たらないとして町側の上告および上告受理の申立てを退けた）。

[**生存権**] 生活保護の老齢加算の廃止が憲法25条1項、生活保護法3条、8条、9条、56条等に反するとして保護変更決定の取消しを訴求した事件で、最三小判平成24・2・28（**憲法10**）は、生活保護の支給方法を定めた保護基準の変更については厚生労働大臣に専門技術的・政策的な見地からの裁量権があり、保護基準を具体的に決める際の判断過程や手続に過誤があったり、適切な激変緩和措置を執らなかったりして裁量権を逸脱した場合に違法となるとした上で、本件については裁量権の逸脱は認められず、本件保護基準の改定は生活保護法3条または8条2項に違反しないと結論した。憲法25条違反の主張については、憲法の趣旨を具体化した生活保護法に違反しない以上、憲法にも違反しないと述べている点に注意が惹かれる。老齢加算の廃止をめぐっては全国9都府県で訴訟が提起されており、本判決が最高裁としての初の判断となった。その後のほぼ同旨の判断として、最二小判平成24・4・2がある（全国で唯一原告勝訴判決であった福岡高判平成22・6・14を破棄差戻し）。

[**租税法規不遡及の原則**] 長期譲渡所得に係る損益通算を廃止した租税法規の遡及適用が憲法84条に違反するとして争った事件で、最二小判平成23・9・30（**憲法11**）は、遡及適用が具体的な公益上の要請に基づくものである一方、これによる変更の対象となるのは暦年終了時に損益通算をして租税負担の軽減を図ることを納税者が期待しうる地位にとどまるなどとして、本件改正附則は憲法84条の趣旨に反しないと判示した（2裁判官の補足意見がある）。最一小判平成23・9・22も同旨。

（のさか・やすじ）

憲法 1

# 裁判員裁判の憲法適合性

最高裁平成23年11月16日大法廷判決
平成22年(あ)第1196号
覚せい剤取締法違反, 関税法違反被告事件
刑集65巻8号1285頁, 判時2136号3頁, 判タ1362号62頁

京都大学教授　毛利　透

【論点】
国民の中からくじなどによって無作為に選ばれた裁判員が, 評決権を持って刑事裁判に参加する裁判員制度は, 憲法に適合するか。
〔参照条文〕憲18条後段・31条・32条・37条1項・76条・80条1項

【事件の概要】
　被告人は, 覚せい剤を日本に輸入しようとしたとして, 覚せい剤取締法41条2項の覚せい剤営利目的輸入罪などで起訴された。この罪の法定刑が, 裁判員の参加する刑事裁判に関する法律(以下,「裁判員法」という)2条1項1号の定める刑に当たるため, 第1審の千葉地方裁判所で裁判員裁判が行われ, 被告人は有罪とされた。被告人は裁判員裁判の違憲性などを主張して控訴したが, 東京高等裁判所は控訴を棄却した。被告人が上告。

【判旨】
〈上告棄却〉(1) 憲法の定める適正な刑事裁判の諸原則の遵守のためには,「高度の法的専門性が要求される」から,「憲法は, 刑事裁判の基本的な担い手として裁判官を想定していると考えられる」。
　他方, 欧米諸国においては「民主主義の発展に伴い」陪審制や参審制が広がっており, 日本でも戦前には陪審裁判が実施されていた。さらに,「憲法は, その前文において, あらゆる国家の行為は, 国民の厳粛な信託によるものであるとする国民主権の原理を宣言した。上記のような時代背景とこの基本原理の下で, 司法権の内容を具体的に定めるに当たっては, 国民の司法参加が許容されるか否かについても関心が払われていた」。旧憲法24条の「裁判官ノ裁判」という表現とは異なり, 憲法32条・37条1項は「裁判所における裁判」への権利を定めている。「また, 憲法は,『第6章　司法』において, 最高裁判所と異なり, 下級裁判所については, 裁判官のみで構成される旨を明示した規定を置いていない。憲法制定過程についての関係資料によれば, 憲法のこうした文理面から, 憲法制定当時の政府部内では, 陪審制や参審制を採用することも可能であると解されていたことが認められる」。
　「国民の司法参加と適正な刑事裁判を実現するための諸原則とは, 十分調和させることが可能であり, 憲法上国民の司法参加がおよそ禁じられていると解すべき理由はなく, 国民の司法参加に係る制度の合憲性は, 具体的に設けられた制度が, 適正な刑事裁判を実現するための諸原則に抵触するか否かによって決せられるべきものである」。
　(2) 裁判員の権限は, 事実認定, 法令の適用および有罪の場合の刑の量定に及ぶが, これらは「必ずしもあらかじめ法律的な知識, 経験を有することが不可欠な事項であるとはいえない」。「他方, 憲法が定める刑事裁判の諸原則の保障は, 裁判官の判断に委ねられている」。このような「裁判員制度の仕組みを考慮すれば, 公平な『裁判所』における法と証拠に基づく適正な裁判が行われること(……)は制度的に十分保障されている上, 裁判官は刑事裁判の基本的な担い手とされているものと認められ, 憲法が定める刑事裁判の諸原則を確保する上での支障はないということができる」。76条2項・3項違反の主張にも理由がない。
　(3) 裁判員の職務等は「司法権の行使に対する国民の参加という点で参政権と同様の権限を国民に付与するものであり, これを『苦役』ということは必ずしも適切ではない」。加えて, 裁判員法16条は「辞退に関し柔軟な制度を設けて」おり, また「旅費, 日当等の支給により負担を軽減するための経済的措置が講じられている」。「これらの事情を考慮すれば, 裁判員の職務等は, 憲法18条後段が禁ずる『苦役』に当たらないことは明らかであ」る。

【解説】
1　本判決は, 裁判員制度を合憲とするものであり, もちろんその意味で重要判決である。しかし, 学説でも強かった合憲論の諸説と比較すると, 本判決の特徴はむしろ, 裁判官が適正手続確保のための権限を独占することを求めている点にあるといえよう。従来の議論において, 法令の解釈と訴訟手続についての判断権が裁判官に留保されている(裁判員6条2項)ことは, これらの事項の「専門性・技術性」(池田・後掲32頁)からしてほとんど問題視されてこなかったが(柳瀬・後掲130頁参照), 裁判員制度の合憲性にとってこの留保が重要な意味をもっていると考えられてきたわけでもなかった。しかし本判決は,「憲法が定める刑事裁判の諸原則」の遵守は, 裁判官がそのための権限を独占することによってのみ可能となると考えているようであり, 法令解釈や訴訟手続についての裁判官への判断権留保によりこの点が確保されるからこそ, 裁判員制度は合憲といえる, と論じている。この意味で本判決は, 立法論としてありうる裁判員の権限拡大に, 憲法の観点から歯止めをかけるものとなっていることに注意が必要である。

2　その他の本判決の特徴としては, 国民の司法参加を国民主権原理から正当化するという, 論争の余地ある立場をかなり明確にとっていること, さらにこれとも関連して, 裁判員としての職務は「参政権と同様の権限」であるから憲法18条の禁ずる「苦役」とはいえないという, 思い切った解釈論を展開していることが挙げられる。これらの点については, 佐藤・後掲を参照のこと。

【参考文献】西野吾一・ジュリ1442号83頁, 君塚正臣・Watch【2012年4月】21頁, 佐藤寛稔・秋田法学53号97頁, 土井真一「日本国憲法と国民の司法参加」『岩波講座 憲法4』(2007年)235頁, 柳瀬昇『裁判員制度の立法学』(2009年), 池田修『解説裁判員法〔第2版〕』(2009年)など。

(もうり・とおる)

憲法 2

# イラン国籍を理由とする入学拒否事件

東京地裁平成23年12月19日判決
平成23年(ワ)第20551号入学許可等請求事件
判タ1380号93頁

西南学院大学教授　齊藤芳浩

【論点】
①国立大学法人の入学に関する紛争に憲法は適用されるか。②大学入学の判定に司法審査が及ぶか。③国立大学法人は国籍を理由として入学を拒否できるか。
〔参照条文〕憲14条1項，教基4条1項，難民約1条A(2)

【事件の概要】
　国立大学法人東京工業大学（被告）は，原告がイラン国籍を有することを理由とする安全保障上の配慮に基づき，被告が設置する東京工業大学原子炉工学研究所の研究生としての原告の入学出願を不許可とする決定をした。その背景には，国連安保理の議決を受けて文部科学省の発した，イラン人との交流において核技術等の管理に留意せよという内容の通知（依頼）等があった。これに対し原告は，入学不許可決定の無効確認および入学許可，ならびに国家賠償法1条1項に基づく損害賠償などを求めて訴えを提起した。

【判旨】
〈被告の入学不許可決定は，違法であり無効。その余の請求は棄却〉「研究生の入学許否の判断に際し，その判断の基本的な根拠となる学則上は一般的に考慮される事項ではない安全保障上の配慮に基づき入学不許可の決定をするのであれば，被告は，安全保障上重要な考慮事項となる国籍国との結びつきの強さに関する調査をすべきであった。国籍国との結びつきの強さに関する点で，難民であるという事実は，難民条約に照らし重要な判断要素とすべきであり，難民であれば，一般的に国籍国との結びつきが強いとはいえないから，それでも安全保障上の配慮に基づき入学を不許可とするには，安全保障上の具体的な懸念が裏付けられるなど特別の事情が認められる必要がある。
　しかし，被告は，安全保障上の配慮をするにあたり重要な判断要素とすべき原告が難民であるという事実について，容易に確認することができたのに調査をせず，したがって考慮にも入れないまま，原告がイラン国籍を有することを重視して入学不許可の判断をした。これは，国立大学附置研究所の研究生の入学に関し，原告がイラン人であるという国籍を理由として不合理な差別をしたことになる。
　したがって，被告がした入学不許可の決定は，……日本国憲法14条1項に違反するとともに，……教育基本法4条1項（教育の機会均等）にも違反する」。

なお，判決後和解が成立し，大学は再審査を行うこととなった。

【解説】
　従来，国公立大学と学生との関係は公と私の関係であり，公法の規律が直接及ぶと解されてきたが（最判昭和29・7・30民集8巻7号1463頁），国立大学の法人化にともない適用されるべき法の変更があるのかどうかが問題となる。この点，入試における年齢差別が問題となった事件の判決は，法人に対する国の関与の強さから国立大学法人には憲法が適用されるとし（東京高判平成19・3・29判時1979号70頁），本判決もその方針を踏襲して憲法14条を本件に適用している。一方，国立大学法人と学生との関係については，明確な制定法の根拠がないから，必ずしも公法が適用されるわけではないとする説もある（塩野・後掲71頁，81頁）。もっとも，教育基本法4条1項の定める平等原則は大学の設置形態を問わず適用が可能なように思われる（兼子・後掲405頁，409頁）。仮に同法4条1項が適用されないとすると，民法90条の公序良俗規定を活用することになるだろう。
　次に，大学の入学判定に司法審査が及ぶかどうかが問題となる。この点，各種試験に関する判例には，必要な学力や能力等の判定に対しては，その性質上試験実施機関の最終判断に委ねられ本来的には司法審査が及ばないとしつつ，学力や能力等とは直接関係のない年齢，性別，社会的身分などの事柄（他事考慮）による判定に対しては司法審査が及ぶとするものがある（東京地判昭和49・9・26判時769号38頁，前掲東京高判）。本件でも，安全保障上の配慮は「一般的に考慮される事項ではない」とされ司法審査が及んでいる。
　被告大学は，原告がイラン国籍であることから入学を不許可としたが，その決定の当否はいかに判断されるか。まず安全保障を理由に入学の拒否を正当化できるかだが，科学技術の平和利用の必要性や大学学則が研究生受け入れにつき広い裁量を大学に認めていることから不可能ではないと解される。一方，原告には教育を受け学問研究をする権利・利益があるから，その制約には相当の理由が必要となる。そうすると，安全保障上問題のある事項に科学技術を利用する意思を本人が有するということが確認されるとか，あるいは本人が本国で安全保障上懸念のある機関に勤務しているなどの具体的危険が確認される必要があるだろう。この点，本件で，大学は国籍と具体的危険の関係の証明をしておらず，また文部科学省の通知は単なる要請に止どまるもので，法令上原告受け入れに支障はなかったから，国籍を理由とする不許可は安全保障という目的を達成する手段として過剰なものであり不合理な差別であると解される。もっとも，個別の事件において具体的危険があるかどうかの判断は容易ではないが，この点，本判決は，難民であるとすれば本国との関連は薄いと推定され，かつ難民であるかどうかの証明も容易である点に着目し，入学拒否は不合理な差別にあたるとした。このような判断はひとつの実践的知恵として評価できよう。

【参考文献】　塩野宏「国立大学法人について」日本学士院紀要60巻2号67頁，兼子仁『教育法〔新版〕』（1978年）。

（さいとう・よしひろ）

憲法 3

# 国籍法12条の国籍喪失規定の憲法適合性

東京地裁平成24年3月23日判決
平成22年(行ウ)第38号等各国籍確認請求事件
訟月59巻9号2489頁, 判時2173号28頁, 判タ1404号106頁

東京経済大学准教授　松田　浩

【論点】
国籍留保制度を定める国籍法12条は憲法14条1項に違反するか。
〔参照条文〕憲14条1項, 国籍12条・17条1項, 戸104条1項

【事件の概要】
　日本国籍の父とフィリピン国籍の母との間の嫡出子としてフィリピン国内で出生しフィリピン国籍を取得した原告らが, 出生後3か月以内に父母等により日本国籍を留保する意思表示がされなかったため, 国籍法12条の規定によりその出生の時に遡って日本国籍を失ったことから, 同条は憲法14条1項（及び同13条。この論点は割愛する）に違反し無効であると主張して, 日本国籍を有することの確認を求めた。

【判旨】
〈一部認容〉(i)国籍法（以下,「法」という）12条に国籍留保制度が設けられた立法目的は,「①実効性のない形骸化した日本国籍の発生防止及び②重国籍の発生防止・解消である」。①の目的は「国籍の本質に関わる重要な理念である上, 実効性のない形骸化した国籍が生じるならば, 国内法及び国際法上も看過し難い重篤な事態が生じかねない」ので合理性を有する。また②の目的も「重国籍状態が常態化することは, 国家と国家との間, 国家と個人との間又は個人と個人との間の権利義務に重大な矛盾衝突を生じさせるおそれがある」ので合理的なものである。(ii)上記立法目的と原告ら主張の各区別との合理的関連性については,㈦法12条が国内出生者と国外出生者との間で後者のみ日本国籍を失うという区別をしていることについては, 後者は前者と比べ「一般に我が国と地縁的結合が薄く, 他方で, 通常, その出生した国との地縁的結合が強く認められ」,「類型的に見れば, そこには日本で出生した者との間で差異がある」から, 出生地による区別は目的との間に合理的関連性がある。㈠法12条・戸籍法104条1項が出生後3か月以内に国籍留保の意思表示をした者としなかった者との間で, 後者については国籍を失うという区別をすることについては, 前者は「その親が子の福祉や利益の観点から日本国との結び付きを強め, 日本国民としての権利を有し義務を負うことが相当であると判断したもの」だから「類型的に我が国との結び付きが強い」が, 反対に, 後者は「実効性のない形骸的な日本国籍を有する重国籍者となる可能性が相対的に高い」から, 本件区別も不合理ではない。(iii)以上から, 法12条は, 憲法14条1項に違反しない。

【解説】
　本判決は, 最大判平成20・6・4民集62巻6号1367頁の示す国籍の得喪に関する区別の憲法14条1項適合性審査基準（①区別の立法目的に合理的根拠がない場合, 又は②当該区別と立法目的の間に合理的関連性がない場合, 違憲となる）を適用し, 法12条の合憲判断を下している。しかし本判決は前記最大判が上記基準の提示に続けて,(a)国籍は国家構成員資格であるとともに基本権保障等の上で重要な法的地位であり,(b)嫡出身分の取得如何は子にとって自らの意思や努力では変えられない, ことから合理性基準の適用を「慎重に検討する」必要がある, という部分を引用しない。本件でも少なくとも(a)は法12条の明示的要件に関わっているが, この欠落は, ②の判断に当たって, 前記最大判が「事実上の実質的関連性」（泉徳治裁判官補足意見）までは求めないにしても立法事実の変容に踏み込んだやや厳密な合理性審査を行い（野坂・後掲458-460頁）, 法3条1項〔旧〕の違憲性を導いたのに対し, 本判決が「類型的に」立法目的達成のための合理的関連性があるかの審査に止め, 合憲判断に至った結果に重大な影響を与えている。

　法12条の立法目的について, 本判決は通説的見解（江川ほか・後掲144-146頁, 木棚・後掲365-368頁等）に従い, ①実効性のない形骸化した国籍発生の防止, ②重国籍の発生防止・解消, にあるとし（このほか, 被告国は副次的な目的として③海外出生国民の身分関係の戸籍への反映, を主張するが本判決は取りあげない),「真実の結合関係」原理や国籍唯一の原則からその合理性を認め, 事実上両者一体のものとして, 以下㈦㈠㈡の区別との合理的関連性が俎上に載せられる。法12条の要件が㈦出生地・㈠国籍留保の意思表示による区別を伴うことについて, ㈦は「一般に」日本との結合関係の指標となること, ㈠は「社会通念に照らし(た)経験則」として親が子の福祉や利益の観点から日本との結び付きを強めようとする指標といえることから,「類型的に」立法目的との合理的関連性が肯定される（留保の意思表示がされなかった場合, 法17条1項による簡易な国籍再取得が可能であることも, 合理的関連性の根拠とされる）。しかし, こうした合理的関連性審査は, 法12条の立法目的解釈自体が上記区別の存在を前提としている以上, 循環論法の域を半歩も出ていない。また, 上記判旨に引用しなかったが, 法12条は法3条1項との間で㈡出生後認知を受けた非嫡出子との区別を生じさせる点について, 本判決は生来的取得（法12条）と伝来的取得（法3条1項）の制度目的・趣旨が異なる以上, 取得の要件や時期の差異は当然であるとしており, ここでは合理的関連性以前の処理がなされている（高橋ほか・後掲57-58頁〔早川眞一郎発言〕参照）。

【参考文献】　江川英文ほか『国籍法〔第3版〕』, 木棚照一『逐条註解国籍法』, 高橋和之ほか〔鼎談〕国籍法違憲判決をめぐって」ジュリ1366号44頁, 野坂泰司『憲法基本判例を読み直す』。

（まつだ・ひろし）

憲法 4

# 婚外子の遺留分につき民法900条4号但書を準用することの合憲性

名古屋高裁平成23年12月21日判決
平成23年(ネ)第866号遺留分減殺請求控訴事件
判時2150号41頁

茨城大学准教授　齊藤笑美子

【論点】
婚外子（非嫡出子）の遺留分について民法900条4号を準用する民法1044条は、法の下の平等を定める憲法14条1項に反するか。
〔参照条文〕憲14条1項、民900条4号但書・1044条

【事件の概要】
　被相続人である亡父は、X（控訴人）の母とは婚姻せず、Xの出生後、別の女性Aと婚姻し婚内子をもうけた。亡父は、遺産をAにすべて遺贈する旨の遺言を作成していたが、これがXの遺留分を侵害するとしてXは、Aに対し遺留分減殺請求の意思表示をしたところ、Aが死亡したため、遺留分減殺を原因とする所有権一部移転登記手続をAの相続人に対して求めていた。民法1044条は遺留分について同900条4号但書（以下、本件規定）の準用を定めるが、Xは、本件規定が憲法14条1項に違反することを前提とした遺留分減殺を主張していた。原審（名古屋地豊橋支判2011〔平成23〕・6・24）は、これらの規定が合憲であることを前提とした遺留分の減殺のみを認めたためXが控訴した。

【判旨】
〈一部認容・確定〉(1)「子自身の意思や努力によってはいかんともし難い事由を理由として、取得される権利に差異を設けることは、憲法14条1項にいう社会的身分又は門地による経済的又は社会的関係における差別に当たる」。もっとも、「事実関係上の差異を理由としてその法的取扱いに区別を設けることは、その区別が合理性を有する限りは、同項に違反するものではない」。
(2)「憲法24条を承けた民法が法律婚主義を採用している以上、法律婚とそれに基づく法律関係を優遇するとの本件規定の立法理由には、尊重し優遇されるべき法律婚が現に又は過去に存在している状態で出生した非嫡出子との関係において一定の合理的根拠となり得る」。
(3)しかし、被相続人が1度も婚姻したことがない場合における非嫡出子への本件規定の適用は、「法律婚とそれに基づく法律関係を尊重し優遇することに直接に又は実質的に関連せず、……合理性を認めることには重大な疑いがある」。なぜならば、そのような状態で「出生した非嫡出子とその原因となった男女の関係は、……豪も法律婚とそれに基づく嫡出親子関係などの法律関係を脅かすものではないのであるからである」。近年では、「必ずしも法律婚でなくとも、子供を持ち、周囲もそのことを受容する傾向が次第に現れてきていることもまた否定し難いところである」。
(4)「そうすると、本件規定は法令として違憲であり無効なものとはいえないが、少なくとも、平成16年4月当時（本件相続が開始した当時）において、被相続人が1度も婚姻したことがない状態で……出生した子について、……本件規定を適用することは、……前記立法理由をもって正当化することは困難であ」るから、「上記のような状態で出生した非嫡出子について本件規定を適用する限度で、本件規定は憲法14条1項に違反して無効というべきである」。したがって、民法1044条の適用も、同じ限度で憲法14条1項に違反して無効である。

【解説】
　本判決は、東京高判平成22・3・10判タ1324号210頁に続き、本件規定とそれを準用する民法1044条を適用違憲とした判決である。本件規定自体は違憲とせず、Xのように「尊重すべき法律婚」が存在しない状態で出生した婚外子に適用される限りでそれを違憲とした。本件規定については、最高裁大法廷決定（1995〔平成7〕・7・5）後も合憲判断が繰り返されてきたが、その合憲性に対しては少数意見及び学説から深刻な疑義が示されてきた。

**1　「嫡出性の有無」の「社会的身分」性**
　本判決は、判旨(1)において、嫡出性の有無による相続分区別を社会的身分による差別であると位置づけている。「特別意味説」によれば社会的身分性の認定は審査基準の厳格化につながるはずだが、本判決は、競合する婚内子がいる状況での本件規定の適用に合理性を認めており、社会的身分性の認定は決定的働きをしているように見えない。

**2　立法目的について**
　本件規定を抽象的には合憲とする本判決は、「法律婚の尊重」を合理的な立法目的と見る。これは、東京高裁の違憲二判決（東京高決1993〔平成5〕・6・23、東京高判1994〔平成6〕・11・30）や違憲論にも共通する。しかし、「法律婚の尊重」の内容は、必ずしも明らかではなかった。重婚的婚外関係から出生した婚外子に適用される限りで立法目的に合理性ありとした本判決は、「法律婚の尊重」を、「既婚者の婚外関係及びそれを原因とする婚外子出生の抑止」に限定したと見える。このように目的を限定すれば、出生時に婚内子と競合しない婚外子への本件規定の適用という達成手段は、目的に全く関連を有しないことになるのは必然である。結局、「区別の合理性こそが問題の核心」（宍戸・後掲111頁）である。

**3　社会的状況の変化について**
　適用違憲の理由の一つとして、事実婚や婚外子に対する受容の進展など社会的状況の変化の存在が挙げられている。しかし、目的を上記のようにとらえる限り、立法目的と手段の関連は当初より論理的に存在しないため、状況変化は無関係であろう。本件規定は、民法改正当時から憲法違反であったと見るのが筋であろう。

【参考文献】　宍戸常寿『憲法解釈論の応用と展開』（2011年）、本文中に挙げた関連裁判例の評釈。

（さいとう・えみこ）

憲法 5

# 国旗国歌訴訟上告審判決

最高裁平成24年1月16日第一小法廷判決
平成23年(行ツ)第263号・同(行ヒ)第294号
懲戒処分取消等請求事件
集民239号253頁，判時2147号127頁，判タ1370号80頁

首都大学東京准教授　木村草太

【論点】
不起立行為等を理由とする公立学校教員に対する戒告処分ないし減給処分の可否。
〔参照条文〕憲19条，地公32条・33条

【事件の概要】
都内の公立学校の教職員である$X_1$・$X_2$らは，所属校の卒業式等の式典において，職務命令に違反し，国歌斉唱の際に不起立・不斉唱・ピアノ伴奏拒否等（以下，「不起立行為等」と表記する）をした。これに対し，都教育委員会は，$X_1$に対しては服装規律に違反した過去の戒告歴を加味し減給，$X_2$らに対しては戒告の懲戒処分をした。

$X_1$・$X_2$らは，東京都に対し懲戒処分の取消し及び損害賠償を求めた。第1審（東京地判平成21・3・26判タ1314号146頁）は全て請求を棄却したのに対し，第2審（東京高判平成23・3・10判時2113号62頁）は損害賠償請求を棄却しつつ，懲戒処分取消請求を認容した。本判決は，原告・被告双方からの上告に対し，$X_1$に対する減給処分取消の判断を維持しつつ，その他の請求を棄却した。

【判旨】
〈一部上告棄却，一部破棄自判〉「不起立行為等」は「学校の儀式的行事としての式典の秩序や雰囲気を一定程度損なう作用をもたらすものであって，それにより式典に参列する生徒への影響も伴うことは否定し難い」が，「個人の歴史観ないし世界観等に起因」し，かつ「積極的な妨害等の作為ではなく，物理的に式次第の遂行を妨げるものではな」い上，「当該式典の進行に具体的にどの程度の支障や混乱をもたらしたかは客観的な評価の困難な事柄であるといえる（原審によれば，本件では，具体的に卒業式等が混乱したという事実は主張立証されていないとされている。）」。

「本件職務命令の違反に対し，教職員の規律違反の責任を確認してその将来を戒める処分である戒告処分をすることは，学校の規律や秩序の保持等の見地からその相当性が基礎付けられる」。

これに対し，「より重い減給以上の処分を選択することについては，本件事案の性質等を踏まえた慎重な考慮が必要とな」り，「過去の処分歴等が減給処分による不利益の内容との権衡を勘案してもなお規律や秩序の保持等の必要性の高さを十分に基礎付けるものであることを要するというべきである」。そして，「過去に入学式の際の服装等に係る職務命令違反による戒告1回の処分歴があることのみを理由に」した$X_1$に対する減給処分は「処分の選択が重きに失するものとして社会観念上著しく妥当を欠」く。

なお，本判決には，減給処分の重大性を強調した上で，「不起立と懲戒処分の繰り返しが行われていく事態」は「容認されるものではない」とする櫻井龍子裁判官の補足意見，後掲平成23年判決の補足意見を引用する金築誠志裁判官の補足意見，$X_2$らに対する戒告処分も違法だとする宮川光治裁判官の反対意見が付されている。

【解説】
1　職務命令による「間接的制約」

職務命令は，公務員身分を離脱すれば従う必要のないものであるから，自由権の「直接的制約」にはならない。しかし，受命者に服従／辞職の厳しい選択を迫るものであるため，判例は，国歌斉唱等を求める職務命令に違反したことを理由とする懲戒処分は，思想・良心の自由の「間接的制約」であり，その適法性は慎重に検討されねばならないとする（最一小判平成23・6・6民集65巻4号1855頁等参照）。本判決も，こうした判例法理を前提としている。

2　生じる支障の軽微性

本判決は，不起立行為等に対する戒告処分は適法としつつ，過去の軽微な戒告歴を加味した減給処分は違法だとした。

まず，本件の不起立行為等は，失念や寝坊などの過失によるものではなく，世界観等に基づく意図的な命令違反である。ことさらに命令に背いた点を重く見れば，不起立行為等は，それ自体で減給処分が出されても仕方のない悪質な行為である。しかし，本判決は，式典の「積極的な妨害」ではないこと，及び，生じる支障が「客観的な評価の困難」なほどに小さいことを理由に，処分を抑制した。不起立行為等から「具体的に卒業式等が混乱したという事実は主張立証されていない」のだから，こうした評価は妥当なものと言えよう。

3　本判決の射程

もっとも，そもそも職務命令が適法なのかを考えたとき，故意に違反されても客観的に認定可能な支障や混乱の生じない命令は，必要性がなく違法なのではないかとも思われる。また，そうした必要性のない命令に繰り返し違反しただけで，戒告より重たい減給や停職の処分を行うことは原則として違法となると考えるべきだろう。本判決と同日に出された最一小判平成24・1・16判時2147号127頁も，過去に国旗掲揚を妨害したり引き下ろしたりして，式典を積極的に妨害した不起立行為者に対する停職処分を適法としつつ，過去の不起立行為を加味して不起立行為等に停職処分を出すことは違法だと結論している。

【参考文献】蟻川恒正「対抗を読む(3)」法セ675号59頁。

（きむら・そうた）

憲法 6

# 空知太神社訴訟 第二次（差戻し後）上告審判決

最高裁平成24年2月16日第一小法廷判決
平成23年(行ツ)第122号
財産管理を怠る事実の違法確認請求事件
民集66巻2号673頁，判時2146号49頁，判タ1369号96頁

北海道大学教授　岡田信弘

【論点】
政教分離違反を解消するために採られる市有地の一部を氏子集団に賃貸する等の手段の合憲性。
〔参照条文〕憲20条1項・89条，自治242条の2第1項3号

【事件の概要】
　本件の事案は，北海道砂川市が市の土地を神社施設の敷地として無償で使用させていることは，憲法の定める政教分離原則に違反する行為であって，上記神社施設の撤去及び本件土地の明渡しを請求しないことが違法に財産の管理を怠る行為に当たるとして，市の住民であるXらがY市長を相手に，地方自治法242条の2第1項3号に基づき上記怠る事実の違法確認を求めたというものである。
　差戻し前の下級審判決は，理由づけは微妙に異なるものの，いずれもXらの請求を一部認容したのに対して，最高裁大法廷判決（最大判平22・1・20民集64巻1号1頁）は，市有地の利用提供行為は憲法89条等に違反するとしながら，上記神社施設の撤去及び本件土地の明渡しをさせるほかに，本件土地の全部又は一部を無償で譲与し，有償で譲渡し，あるいは適正な時価で貸し付けるなどの方法によっても違憲性を解消することができるので，こうした他の合理的で現実的な手段が存在するか否かについて審理を尽くすべきであるとして，本件を札幌高裁に差し戻した。
　その後，Y市長らは，氏子集団の幹部らと協議の上，祠を集会場から取り出し，鳥居付近に設置し直すとともに，鳥居と祠の敷地として土地の一部を氏子集団に適正価格によって賃貸することなどで合意し，一部については直ちに実施した。そうした中にあって，差戻し後原審判決（札幌高判平成22・12・6民集66巻2号702頁以下参照）は，本件手段を違憲性解消手段として相当であるとして，Xらの請求をすべてしりぞけたので，Xらは再度上告をした。

【判旨】
〈上告棄却〉　本判決の結論は，本件手段は，本件市有地の利用提供行為の違憲性を解消するための手段として合理的かつ現実的なものであり，市が，本件神社物件の撤去及び本件土地の明渡しの方法を採らずに，本件手段を実施することは，憲法89条・20条1項後段に違反するものではないと解するのが相当であるというものである。
　(1)　本件手段の合理性。まず，本件手段が実施されたとしても，「一般人の目から見て，市が本件神社ないし神道に対して特別の便益を提供し援助していると評価されるおそれがあるとはいえない」し，他方，本件神社物件をすべて直ちに撤去することは，「本件氏子集団がこれを利用してごく平穏な態様で行ってきた祭事等の宗教的活動の継続を著しく困難なものにし，その構成員の信教の自由に重大な不利益を及ぼすことが明らかである」ところ，「本件手段の実施による本件氏子集団の構成員の宗教的活動に対する影響は相当程度限定されたものにとどまるということができる」。そうすると，本件手段は，違憲性を解消する手段として合理性を有するものと解することができる。
　(2)　本件手段の現実性。本件手段は，「適正な対価による貸付けであるので，その実施には市議会による議決を要するものではなく」，また，「本件氏子集団の役員会の了解を取り付けた上で策定したもの」であることなどを考慮すると，「本件手段は確実に実施が可能なものということができ，その現実性を優に肯定することができる」。

【解説】
　本判決の意義について，「宗教団体に対して長期にわたり無償で国公有地が提供されている事案は各地に見られるところ，その解消に当たり，憲法適合的な方法としていかなるものが考えられ，また，合理的かつ現実的と解されるかという点について，最高裁が具体的事例に即してその見解を示した点で重要と考えられる」との指摘がある（岡田・後掲93頁）。本判決の今後の社会的影響についてはそのとおりであろう。しかし，憲法学の観点からは，検討すべき課題がいまだ残されているように思われる。
　本判決は，前掲最高裁大法廷判決と差戻し後原審判決の議論をある意味でなぞったものであり，特に新たな議論が付加されているわけではない。その意味で，本判決については，大法廷判決をも視野に入れた検討が必要である。本判決について，調査官は，「大法廷判決の示した一般的基準に照らすと，宗教団体等に対し，他の一般の者に対するのと同一の条件で適正な対価をもって公有地の使用を許可することは，通常，必ずしもそのかかわり合いの程度が政教分離原則に違反するとまではいえないと解される」と述べている（岡田・同上）。「政教分離原則の建前からいえば，公有地を宗教施設の用に供するために貸し付けることは，決して好ましいことではない」という評価（清野・後掲179頁）にとどまるものであるのか，それとも「適正な対価による貸付け」であってもかかわり合いが継続する点で，政教分離原則違反が問題とならないのかについて検討する余地があるように思われる。
　しかし，より重要なのは，本判決（大法廷判決も同じ）における氏子集団の信教の自由の位置づけであろう。本判決は，【判旨】のところで見たように，本件手段の合理性と現実性を正当化するに当たって，氏子集団の信教の自由を議論の要として用いている。このことは，調査官の次のような指摘からも読み取ることができる。「大法廷判決は，……Y市長は，本件利用提供行為の違憲性を解消することと並んで，本件土地を利用して宗教的行為を行っている氏子集団の構成員の信教の自由等にも十分配慮すべきであることを示していた」と解した上で，本件手段によれば，「その信教の自由に対する制約の度合いは最小限のものにとどまると評価し得ることは明らかである」と述べているのである（岡田・後掲92-93頁）。こうした判決の議論のありように対しては，学説の一部に強い異論のあるところである（例えば，蟻川・後掲86頁以下参照）。
　信教の自由と政教分離原則の関係については，ともすれば「補完関係」の位相で理解する傾向が強かった中で，日本においても「緊張関係」あるいは「対立関係」が立ち現れる事件が見られるようになった。本件もその1つとして位置づけた上で，両者の均衡点を事案に即して探る考察が必要となろう。

【参考文献】　岡田幸人・ジュリ1447号91頁，清野正彦・曹時63巻8号131頁，蟻川恒正・法セ670号86頁，市川正人・判評647号（判時2166号）2頁。

（おかだ・のぶひろ）

憲法 7

## 市議会議員政治倫理条例の憲法適合性

広島高裁平成23年10月28日判決
平成22年(ネ)第536号損害賠償請求控訴事件
判時2144号91頁、判自353号25頁

静岡大学准教授　小谷順子

【論点】
①議員の親族の経営する企業が地方自治体との請負関係に立つことを禁止する政治倫理条例の合憲性。②同条例違反議員に対する議会内措置の妥当性。
〔参照条文〕憲21条・29条・94条、自治92条の2、国賠1条

【事件の概要】
　広島県の府中市議会議員政治倫理条例4条1項は、議員が地方自治体との請負関係に立つことを禁止する地方自治法（以下「地自法」）92条の2の「趣旨を尊重し」、議員の2親等の親族が経営する企業〔2親等企業〕は市との請負契約等を辞退すべき旨を規定し〔2親等規制〕、3項は、親族企業に辞退届を提出させるよう努める責務を議員に課す。さらに、当該責務違反の疑いがある場合に設置される政治倫理審査会において、違反行為が認められた場合は、市議会は条例遵守のための警告又は議員辞職勧告（9条2項）等を講ずることができる。本件では、市議会議員であったXの兄が代表取締役を務める会社が市との間で工事契約を締結したことに対し、審査請求がなされて政治倫理審査会が設置されたことを受け、Xが議長や審査委員らに対して審査手続の中止要求と将来的な損害賠償請求の可能性とを記した通知書を送付したため、議会は、そのような行為は議会運営に対する介入であるという理由でXに対する辞職勧告決議を行った。その後、審査会においてXの4条3項違反が認定されたことをうけ、議会はXに条例遵守を求める警告決議を行った。そこで、Xは、(1)違憲違法な本件条例違反を理由とした同市議会の辞職勧告決議による精神的苦痛〔第一事件〕、及び、(2)違憲違法な本件条例に基づく審査請求後の一連の手続による精神的苦痛〔第二事件〕を主張し、同市に対して国家賠償法1条1項に基づき損害賠償を請求した。第1審（広島地判平成22・11・9判自353号36頁）が両請求を棄却したことからXが控訴した。

【判旨】
〈一部原判決変更、一部棄却〉　(1)〔第一事件〕本件は「法律上の争訟」に当たる。本件決議は、審査会で審査中の案件についてXが関係議員を牽制する内容の通知書を審査会外で送付したことを理由とするものであり、Xの行動も通知内容議員に「相応しくない」ものであり、「議会には自治的措置が委ねられていることを考慮すれば」、本件辞職勧告決議を「違法と評価することは困難」である。
　(2)〔第二事件〕地自法上、「議員の兼職禁止規定を同法92条2〔原文ママ〕の範囲に限定する明文の規定はな」いゆえ、地方自治体の「規模、産業構造、公共企業に対する依存度、過去の不正行為の有無・態様等を考慮」して地自法92条の2の「規定を上回るあるいは異なる規制をする本件倫理条例」が「直ちに無効である」とは言えないが、本件条例4条、憲法22条2項及び29条の保障をうける「経済活動の自由」及び憲法15条及び21条1項の保障をうける「議員活動の自由を制限するものである（企業に対する契約辞退を求める制限と議員に対して企業の辞退届を提出させる義務とは相互に関連しているから、議員が企業に対する制限の憲法適合性を主張することは許されると解する。）から」、本件2親等規制には「合理性・必要性が認められなければならない」。
　2親等「企業を当事者とする契約においてすべて実質的に当該議員が請け負っている」こと、又は、議員の関与しない2親等企業が地方自治体との「請負契約をすること自体が議員、行政、業者の癒着を生み、政治腐敗の原因となる」ことなどを示す「経験則は認められないし、そのような事実を認める証拠もない」。よって、2親等規制による憲法上の自由の制限には「合理性も必要性も認め」られず、本件条例4条の2親等規制は無効である。同項が無効である以上、当該規制違反を理由とする一連の措置は違法である。

【解説】
　本件規制は、議員本人と自治体との請負関係を禁止する地自法92条の2の規制対象を広げて2親等企業と自治体との請負関係を禁止するものであるが、地自法92条の2違反の議員が議会の決定により失職するのに対し（法127条1項）、本件規制の違反議員は法的効果のない辞職勧告等をうけるにとどまる。同様の規制は他の自治体でも設けられているため、現時点での本件違憲判決の影響は大きい（本件は現在上告中）。
　本判決は、条例制定権の範囲の問題につき、徳島市公安条例判決（最大判昭和50・9・10刑集29巻8号489頁）を明示しないながらも、同判決の枠組みの下で本件規定を条例制定権の範囲内に位置づけた上で、憲法上の自由の制約の合憲性の審査に入り、本件規定を正当化する立法事実の審査を厳格に行い、立法裁量論を持ち出すことなく、規制の合理性・必要性を否定した。本件条例は、議員の政治活動の自由（一般論としては強い保障をうける精神活動の自由であるが、議員に求められる高度の倫理性に伴う制約に服しうる自由）と2親等企業の経済活動の自由（第三者の自由であるものの議員に対する制約と不可分でありかつ現実に制約が生じている自由）とを制約するものであるところ、本判決が上記の基準を用いたことは注目される。
　なお、本判決は第一事件の本件決議についての司法判断を行ったが、地方議会における辞職勧告決議については、部分社会の法理（最大判昭和35・10・19民集14巻12号2633頁）又は地方政府の政治部門の自律権（佐藤幸治『日本国憲法論』594頁）の問題として司法権の範囲外に置く余地もありうる。もっとも、決議に至る経緯を踏まえて司法権の範囲内に入れた先例もある（最三小判平成6・6・21判時1502号96頁）。

【参考文献】　本判決の評釈として、戸部真澄・Watch【2012年10月】53頁、参考文献として、小山剛・受験新報740号38頁参照。

（こたに・じゅんこ）

憲法 8

## 議会代読拒否訴訟控訴審判決

名古屋高裁平成24年5月11日判決
平成22年(ネ)第1281号損害賠償請求控訴事件
判時2163号10頁, 判自369号11頁

岡山大学准教授　井上武史

【論点】
①地方議会の議会運営に対する司法審査の可否。②発声障害を持つ市議会議員に対する代読拒否の違法性。

〔参照条文〕憲13条・14条・15条・21条, 裁3条1項, 国賠1条1項

【事件の概要】
　Y市の市議会議員であったXは, 1期目任期中の平成14年10月に下咽頭がん治療のために喉頭を切除し, 以後, 自らの肉声で発言することが困難となった。平成15年4月の再選後, Xは本会議や委員会での発言方法として, 第三者の代読による発言を市議会に要望した。しかし, 議会運営委員会(以下「議運」)は, 議会での発言は本人の肉声に限られるとして, Xが求める代読の方法を拒否し, かわりに音声変換機能付きパソコンの使用を認める決定を行った。このため, パソコン操作に未習熟だったXは, 再選後, 議会での発言が事実上できない状態にあった。そこでXは, Y市議会の対応によって表現の自由, 自己決定権, 平等権, 参政権を侵害されたとして, Y市等に対して国賠法1条1項に基づき慰謝料の支払を求める訴訟を提起した。第1審(岐阜地判平成22・9・22判時2099号81頁)はXの請求を一部認容したが, XおよびY市の双方が控訴した。

【判旨】
〈原判決変更(確定)〉(1)「地方議会の議員には, 表現の自由(憲法21条)及び参政権の一態様として, 地方議会等において発言する自由が保障されていて, 議会等で発言することは, 議員としての最も基本的・中核的な権利というべきである」。「したがって, 地方議会が, 地方議会議員の当該議会等における発言を一般的に阻害し, その機会を与えないに等しい状態を惹起するなど, 地方議会議員に認められた上記権利, 自由を侵害していると認められる場合には, 一般市民法秩序に関わるものとして, 裁判所法3条1項にいう『法律上の争訟』にあたるというべきである」。
　(2) 平成17年11月28日の議運で, 本会議の一般質問ではパソコンを利用し, 再質問に限り代読を認める「折衷案」が了承されるまでの間, Xは市議会議員として市議会での発言の権利, 自由を侵害されており, Y市議会側の一連の対応は違法である。Xは,「平成15年4月23日に市議会議員に再選された後, 同17年11月28日まで, 市議会議員として議会で発言することを一般的に阻害されて, 発言の権利, 自由を侵害されていたものであり, 議会で発言することは, 議員として最も基本的, 中核的な権利であることからすれば, これにより, Xが多大な精神的苦痛を被ったことは明らかというべきである」。他方,「Xの市議会での発言に格別の支障がなくなっている以上, 平成17年11月29日以降もXの希望する代読による方法そのものでの発言が認められなかったとしても, Xの障害者の自己決定権が侵害されたとして, Y市側の対応が違法であるとみることはできない」。以上から判決は, 1審での認容額(10万円)を変更し, Y市に300万円の慰謝料の支払いを命じた。なお, 1審同様, Y市議員ら個人の賠償責任は否定した。

【解説】
　1　本件では, 発声障害を持つ議員に対する発言方法の制約が問題となった。1審判決も本判決もXの主張を認めたが, その理由は異なっている。1審判決は, 障害のある議員に対する障害補助手段(パソコン)の使用強制が「議会へ参加する権利(参政権)」を侵害すると判断したのに対し, 本判決は, パソコン以外での発言方法を認めないことによって, 議員の「議会での発言の権利, 自由」が侵害されたと判断した。判決においてこの権利・自由は, 表現の自由および参政権を根拠とする, 議員としての「最も基本的・中核的な権利」と認定されている。このためその侵害は, 地方議会の内部規律の問題にとどまらない一般的市民法秩序に関わるとして, 司法審査の対象になるとされた。

　2　本判決は, 権利侵害の有無の境界を, 一般質問ではパソコンを利用し, 再質問に限って代読を認める「折衷案」の了承時点に求めている。もっとも, この線引きによると, 一般質問での代読拒否が必ずしも違法にならないため, 本判決の解決は発声障害を持つ議員に対する権利保障としてはなお不十分である, との批判もありうる。しかし, 本判決の関心は, 代読という発言方法を認めるか否かでなく, 上述のように, あくまで議員が議会において発言できるか否かである。この観点から本判決は,「折衷案」で示されたルールによって少なくともXの発言機会が確保された以上, 違法状態は解消されたと判断した。その背後には, 一定の自治的権能を認められる地方議会の内部運営に関する司法判断は, たとえそれが可能な場合であっても, 必要最小限度にとどまるべきである, という裁判所の慎慮があるように思われる。

【参考文献】　上田健介・セレクト2011[I](法教377号別冊付録)8頁, 三宅裕一郎・法セ674号124頁, 川﨑和代「障害者の参政権保障」法時78巻11号70頁。

(いのうえ・たけし)

## 憲法 9

# 署名活動の自由と請願権・表現の自由

名古屋高裁平成24年4月27日判決
平成22年(ネ)第1473号，平成23年(ネ)第452号
損害賠償請求控訴，同附帯控訴事件
判時2178号23頁

専修大学准教授　田代亜紀

【論点】
①署名行為・署名活動は，憲法16条・21条により保障されるか。②署名者に対する戸別訪問調査は許されるか。
〔参照条文〕憲16条・21条，請願5条・6条，国賠1条1項

【事件の概要】
　関ケ原町（被告・被控訴人・附帯控訴人）において，小学校の統廃合案に反対する住民ら（原告・控訴人・附帯被控訴人）が署名活動を行い，町長等に署名簿を提出した。署名簿には人口の過半数の署名があったが，重複記載や多数の同一筆跡もあった。また，署名簿が添付された要望書の要望事項は3つあり趣旨が不明だった。こうした事情から，統廃合案を進める町長は職員に署名者への戸別訪問調査を命じ，署名内容や請願趣旨の確認とともに，署名を頼んだのは誰か，説明会後も（説明会に参加しなかった場合も）統廃合に対する考えに変わりはないかなどの質問がなされた。原審（岐阜地判平成22・11・10判時2100号119頁）は戸別訪問により請願権・表現の自由が侵害されたと，署名活動者と署名者である住民らの請求を一部認容したが，住民らは控訴した（国家賠償法1条1項に基づく損害賠償請求）。

【判旨】
〈原判決一部変更，附帯控訴棄却〉　町民が小学校の統廃合に反対する旨の意見を記載した書面に署名する行為は，署名活動する者らの「考えに賛同する意思を明らかにする表現活動であり，表現の自由（憲法21条）により保障される」。この「署名行為は，署名活動をする者らが官公署に署名簿を提出する行為……に参加する意味を有し」請願権（憲16条）によっても保障される。署名活動も表現の自由および請願権の行使として保障される。
　表現の自由に対して「事前だけではなく事後的に不利益や不当な圧力を及ぼし，国民を萎縮させること」は許されず，また請願権も「国民の政治参加のための重要な権利であり，請願をしたことにより処罰されたり不利益を課されたり，その他差別を受けることは」許されず，官公署は請願を受理し誠実に処理する義務（請願5条）を負う。「『誠実に』処理するとは，放置したりしてはならないことで」，その「名の下に，将来の請願行為をしにくくすることや請願をした者を萎縮させることが許されないのはいうまでもない」。署名の真正に疑義があっても，署名者を戸別訪問調査することは「原則として相当でな」く，「正当な目的があり相当の手段によるという厳密な要件を満たす場合に限り調査が可能となる」。
　本件戸別訪問の目的は，「統廃合に反対する住民が多くないこと，本件署名簿の記載が誤っていて，正しくは賛成者が多いことを間接的に聴取り調査によって明らかにしようとすることにあ」り正当ではない。公共団体は署名の真正に疑問があってもそれを確認する法的義務はなく，「一定程度の確からしさと不確からしさとを含んだ要望書の提出があったとして，それにありのままに誠実に対応すれば足りる」。また本件戸別訪問は住民に威圧感を与え，調査に際して同意を得たともいえず，「市民としての平穏な生活を害する態様」で「手段としての相当性に欠けるといわざるを得」ない。

【解説】
　本件の中心的論点は請願権と，誠実処理義務および請願権の行使により国民が「いかなる差別待遇も受けない」（憲16条）こととの関係である。
　請願権は，歴史的には君主に対して民意を訴える重要な権利であり，議会制度の発達とともに，その意義は薄れてきたともいわれるが，近時，請願権の行使により多元的な民意が政府諸機関に伝わり，間接的に政策に影響を与えるという参政権的役割も有力に指摘されている。一般的には，誠実処理義務には請願の内容を審理・判定させる法的拘束力はないと考えるが，請願権の性格を参政権そのものとする説は，誠実処理義務に受理義務だけでなく内容審査と結果通知まで含めている（渡辺久丸『請願権』〔1995年〕）。
　この点につき，控訴審は誠実処理義務を放置してはならないことと捉え，その名の下に将来の請願行為をしにくくすることは許されないとしたが，原審は，結論において請願権・表現の自由侵害を認めたものの，誠実処理義務を負うからこそ，署名の真正や請願の趣旨を確認する「相当な調査」は許され，署名者の同意を得て回答を強要しなければ「戸別訪問調査を行うこと自体は許される」とした。
　原審の立場に対しては，請願権の参政権的側面から誠実処理義務も憲法上の要請であり，誠実処理に必要な限り，萎縮とならない限度での，個々の署名者に連絡を取ることは許されるとの肯定的な評価も見られる（宮地・後掲27頁）。しかしながら，個々の署名者は官公署から直接連絡を受けることは予想しておらず，形式的な調査であっても行政の意図に関係なく署名者に萎縮効果を与える可能性がある（市川・後掲401頁，新井・後掲9頁）。
　本判決は，署名者に対する戸別訪問調査は「原則として相当でな」く，署名の真正に疑義がある場合，一般的には何らかの確認手段は必要となるが，戸別訪問が許されるとは「ほとんど考え難い」としており，請願権と表現の自由の重要性を強調し，請願に対する調査による国民の不利益を慎重に考え，請願権・表現の自由の侵害を認めている。もっとも，正当な目的と相当な手段という「厳密な要件」を満たせば戸別訪問調査が可能であるとした点で議論の余地を残したといえる。
　本件は請願を受理する側が積極的に対応することが問題となり，ないがしろにされがちな請願権という従来型の問題とは違う構図の事案（大林（啓）・後掲4頁）だが，だからこそ請願権の権利性と誠実処理義務，憲法16条の関係についての議論の深化が望めると思われる（請願権の複合的性質に着目する議論に大林（文）・後掲187-188頁）。本判決に対して，町が上告したが棄却されている。

【参考文献】　1審の解説・評釈として，新井誠・セレクト2011〔Ⅰ〕（法教377号別冊付録）9頁，榎透・法セ683号122頁，曽我洋介・東北学院法学72号82頁，中曽久雄・阪大法学61巻5号1245頁，松本和彦・法教380号156頁，松本哲治・速判解9号11頁，宮地基・平成23年度重判解（ジュリ1440号）26頁。本件の解説・評釈として，大林啓吾・Watch【2013年4月】19頁，大林文敏・愛知大学法学部法経論集192号167頁。署名活動の自由について，市川正人『表現の自由の法理』（2003年）。

（たしろ・あき）

憲法 10

# 老齢加算廃止と生存権の保障

最高裁平成24年2月28日第三小法廷判決
平成22年(行ツ)第392号、同年(行ヒ)第416号
生活保護変更決定取消請求事件
民集66巻3号1240頁、判時2145号3頁、判タ1369号101頁

同志社大学教授　尾形　健

【論点】
生活保護法上の保護基準を改定することにより、これまで行われてきた老齢加算を廃止することは、憲法25条等に反しないか。
〔参照条文〕憲25条、生活保護3条・8条、生活保護法による保護の基準（昭和38年厚告158号〔平成16年厚労告130号改正前〕）別表第1第2章2

【事件の概要】
　生活保護法（以下「法」という）では、厚生労働大臣（以下「大臣」ということがある）が定めた基準により保護が行われるが（法8条）、生活扶助（法11条1項1号等）の基準には、①基準生活費と②加算があり、②は①で配慮されない個別的な特別需要を補填するものである。老齢加算は、被保護者のうち70歳以上の者等の特別の需要に対し加算するものであったが、大臣は、平成16・17年度の保護基準改定で同加算を順次減額し、平成18年度の改定をもって廃止した。Xら（原告・控訴人・上告人）は、平成18年3月以前にいずれも70歳以上であり生活扶助額に同加算が付加されていたが、上記廃止により、住所地を所管する各福祉事務所長から保護費を減額する旨の保護変更決定を受けた（法25条2項参照）。Xらは、この決定が法3条・8条・56条等及び憲法25条に反するとして、Yら（上記決定をした福祉事務所長を設置する各区市。被告・被控訴人・被上告人）に対し、その取消しを求めて訴えを起こした。1審（東京地判平成20・6・26判時2014号48頁）はその主張を斥け、2審（東京高判平成22・5・27判時2085号43頁〔①事件〕）は1審判決後死亡した控訴人につき訴訟終了としたほか控訴を棄却したため、Xらは上告した。

【判旨】
〈上告棄却〉(1) 法にいう最低限度の生活は抽象的・相対的概念であり、その具体的内容はその時々の経済的・社会的条件等との相関関係において判断決定され、これを保護基準として具体化するには、高度の専門技術的考察とそれに基づく政策的判断を必要とする（堀木訴訟〔最大判昭和57・7・7民集36巻7号1235頁〕を引用）。保護基準改定に際し、老齢加算に係る特別な需要の存否等の判断には、大臣に専門技術的・政策的見地からの裁量が認められる。また、被保護者の期待的利益に配慮するため、激変緩和措置の要否等を含めた廃止の具体的方法等にかかる判断についても、大臣は同様の見地からの裁量権を有している。
　(2) 「老齢加算の廃止を内容とする保護基準の改定は、①当該改定の時点において70歳以上の高齢者には老齢加算に見合う特別な需要が認められず、高齢者に係る当該改定後の生活扶助基準の内容が高齢者の健康で文化的な生活水準を維持するに足りるものであるとした厚生労働大臣の判断に、最低限度の生活の具体化に係る判断の過程及び手続における過誤、欠落の有無等の観点からみて裁量権の範囲の逸脱又はその濫用があると認められる場合、あるいは、②老齢加算の廃止に際し激変緩和等の措置を採るか否かについての方針及びこれを採る場合において現に選択した措置が相当であるとした同大臣の判断に、被保護者の期待的利益や生活への影響等の観点からみて裁量権の範囲の逸脱又はその濫用があると認められる場合に、……違法となるものというべきである」。本件改定は、①・②いずれの観点からも裁量権の逸脱・濫用があるということはできない。
　(3) 「厚生労働大臣が老齢加算を数次の減額を経て廃止する保護基準の改定として行った本件改定は、……憲法25条の趣旨を具体化した〔法〕3条又は8条2項の規定に違反するものではない以上、これと同様に憲法25条に違反するものでもないと解するのが相当である」。

【解説】
　1　本件改定については各地で訴訟が提起され、本判決と福岡事件の上告審判決（最二小判平成24・4・2民集66巻6号2367頁）が出されている。本件では、①既に決定された保護の不利益変更を禁ずる法56条が本件改定に適用されるか、②厚生労働大臣の裁量逸脱・濫用の有無等が争われた。
　2　①につき積極説があるが（菊池馨実・判評629号2頁〔判時2111号148頁〕等）、保護基準設定が大臣の裁量に委ねられる以上、問題は最終的にその違法性（裁量逸脱・濫用）に帰着し、同条適用の有無はそれほど有意ではないともいう（京都地判平成21・12・14LEX/DB25441821、太田匡彦・平成22年度重判解〔ジュリ1420号〕53頁、岡田・後掲95頁参照）。しかし、憲法に基づく権利保障の縮減を政治部門が随意になしうるとは考え難く、不利益変更には、むしろ憲法上「正当な理由」が要請されると解すべきであろう（尾形・各後掲）。本判決は法56条の適用を否定し、制度後退禁止原則（棟居快行『憲法学の可能性』〔2012年〕第26章）も採用しなかった（判時2145号4頁解説）。
　3　本判決は、②につき、大臣の専門技術的・政策的裁量を前提に、特別需要等にかかる判断過程と被保護者への影響等にかかる判断につき（実体的）審査を行い（石井・後掲）、全体として判断過程（論証過程）統制審査を採用した。踰越濫用型審査に近い朝日訴訟（最大判昭和42・5・24民集21巻5号1043頁）とは異なる姿勢が注目されるが、この大臣の裁量にも「憲法的価値や人権保障等の観点からの制約は当然にある」（岡田・後掲96頁）とすれば、憲法や法が要請する最低生活保障の観点から、憲法的価値を重視した、より踏み込んだ審査もありえたように思われる（前掲最二小判の須藤正彦裁判官意見参照）。

【参考文献】石井昇・法セ689号125頁、榎透・法セ691号152頁、岡田幸人・ジュリ1449号94頁、葛西まゆこ・月報司法書士483号2頁、片桐由喜・判評646号（判時2163号）2頁、木下秀雄・法時84巻2号79頁、笹沼弘志・賃金と社会保障1529=1530号10頁、長尾英彦・中京法学45巻3=4号413頁、尾形健・Watch【2012年10月】35頁、同・同志社法学64巻7号773頁、同『福祉国家と憲法構造』（2011年）第4章。

（おがた・たけし）

憲法 11

# 租税法規の年度内遡及適用と憲法84条・29条

最高裁平成23年9月30日第二小法廷判決
平成21年(行ツ)第173号
更正すべき理由がない旨の通知処分取消請求事件
集民237号519頁，判時2132号39頁，判タ1359号80頁

立教大学准教授　浅妻章如

【論点】
3月26日成立，4月1日施行の法により同年1月1日以降の譲渡損失の利用を封じることは憲法に違反するか。

〔参照条文〕憲84条，所得税法等の一部を改正する法（平成16年法律第14号）附則27条

【事件の概要】
　平成16年法律第14号（平成16年4月1日施行）による改正前の租税特別措置法31条は，土地・建物の長期譲渡所得に分離課税（税率26%）をする一方，譲渡損失の損益通算を認めていた（同条5項2号）。X（原告）は同年2月26日に譲渡損失を生じさせた。
　改正後の租税特別措置法31条は，長期譲渡所得の税率を20%に軽減し，譲渡損失の損益通算を認めないとした（同条1項・3項2号）。改正法は同年1月1日以後の土地等又は建物等の譲渡に適用される（改正法附則27条1項）。
　1審・2審ともXの損益通算を否定し，Xが上告した。

【判旨】
〈上告棄却〉「所得税の納税義務は暦年の終了時に成立する」ため，改正法を「適用しても，所得税の納税義務自体が事後的に変更されることにはならない。しかし」改正法の適用により「納税者の租税法規上の地位が変更され」る。
　「憲法84条は……課税関係における法的安定が保たれるべき趣旨を含む」（最大判平成18・3・1民集60巻2号587頁）。「財産権の内容が事後の法律により変更されることによって法的安定に影響が及び得る場合」として最大判昭和53・7・12民集32巻5号946頁「と同様に解すべきものである」。「暦年途中の租税法規の変更及びその暦年当初からの適用による課税関係における法的安定への影響が納税者の租税法規上の地位に対する合理的な制約として容認されるべき」か判断する。
　改正法は，長期譲渡所得の分離課税，損失の損益通算という「不均衡を解消」し，さらに「土地市場を活性化させ……不動産価格の下落（資産デフレ）の進行に歯止めをかけることを立法目的として」いる。「暦年当初から適用する」のは「駆け込み売却の防止」目的である。「法改正により事後的に変更されるのは……納税者の納税義務それ自体ではなく……損益通算をして租税負担の軽減を図ることを納税者が期待し得る地位にとどまる」。「譲渡が暦年当初に近い時期のものであるほどその地位は不確定な性格を帯びる」。
　総合勘案すると憲法84条の趣旨及び30条に反しない。
　千葉勝美裁判官の補足意見は，「事前の周知としては甚だ不完全」と難じつつ，平等取扱いの要請から，年度内遡及の「合理性，必要性」を認めた。契約が「前年の12月26日……に締結され，代金等の授受と登記移転・土地の引渡し等が……2月26日……になった」本件のようなケースでは「不測の不利益を与える」し「駆け込み売却」防止効果もないので「附則上の手当て」をすべきと論じた。

【解説】
　類似事案で福岡地判平成20・1・29判時2003号43頁が違憲としたが，福岡高判平成20・10・21判時2035号20頁（確定）は合憲とした。本判決及び最判平成23・9・22民集65巻6号2756頁も合憲で決着した。
　遡及課税否定の例として福岡高那覇支判昭和48・10・31訟月19巻13号220頁がある。1964年法改正により1964年以前より一定の魚介類が課税物品表に掲げられていたものとして扱うことで従前の誤納物品税額の還付を防ぐ，という趣旨の立法は認められないとした。
　本件は一旦確定した納税義務（Xが施行日前に死んだ場合は附則27条2項により損益通算可）を遡及変更する事案ではない。憲法39条の遡及処罰禁止と異なり遡及課税禁止の明文はない。また，租税法改正の多くが遡及的効果を持ちうる（参照として大阪高判昭和52・8・30判時878号57頁：1969年1月1日以後購入した土地に対する1973年改正地方税法による特別土地保有税は合憲）。なお，遡及禁止（自由主義の要請）は民主主義の要請との緊張も孕む（ドイツでは遡及課税違憲例がある一方，英米では民主主義の要請から課税を合法とする傾向が強い）。
　本判決は年度内遡及ゆえに一律に合憲とした（いわゆる期間税の法理）のではなく，「納税者の租税法規上の地位が変更」されることにつき，憲法84条から法的安定性の要請を読み取っている。もっとも，判断枠組は憲法29条に関する前掲最大判昭和53・7・12に沿っており，法廷意見は同条に言及していないが，須藤正彦補足意見は同条にも言及している。
　下級審はお決まりのように憲法14条に関する大嶋訴訟（最大判昭和60・3・27民集39巻2号247頁）を引用したが，本判決及び前掲最判平成23・9・22は引用せず，「著しく不合理」「明らか」の表現もない。しかし，遡及の理由として駆け込み売却防止・資産デフレ防止を挙げるものの（課税の不均衡の解消は改正法の合理性ではあるが遡及の理由ではない），その政策的合理性を説明していない（駆け込み売却による税収損失は移転であり効率性に影響しないし，移転を公平の観点から捉えた場合の含み損不動産保有者への課税の正当化も説明されていない）ことからすると，本判決は前掲最大判昭和60・3・27を引用していないものの緩い審査基準であると解される。

【参考文献】淵圭吾・租税判例百選〔第5版〕10頁，渋谷雅弘・平成23年度重判解（ジュリ1440号）221頁，小林宏司・ジュリ1441号110頁，中里実・ジュリ1444号132頁。

（あさつま・あきゆき）

# 憲法　判例の動き

早稲田大学教授　**笹田栄司**

Ⅰ　今期（2012年10月～2013年9月）の最高裁判例のうちで，最も注目すべきは，民法900条4号但書のうち非嫡出子の相続分を嫡出子の相続分の2分の1とする部分（以下，「本件規定」）を違憲とする最大決平成25・9・4（**憲法1**）である。

本決定は，「昭和22年民法改正時から現在に至るまでの間の社会の動向」，「我が国における家族形態の多様化やこれに伴う国民の意識の変化」，「諸外国の立法のすう勢及び我が国が批准した条約の内容とこれに基づき設置された委員会からの指摘」，「嫡出子と嫡出でない子の区別に関わる法制等の変化」，「これまでの当審判例における度重なる問題の指摘等」をあげて，「本件規定の合理性に関連する以上のような種々の事柄の変遷等は，その中のいずれか一つを捉えて，本件規定による法定相続分の区別を不合理とすべき決定的な理由となし得るものではない」とする。しかし，上記事柄の変遷等を総合的に考察すれば，「家族という共同体の中における個人の尊重がより明確に認識されてきたこと」は明らかであって，このような認識の変化に伴い，「父母が婚姻関係になかったという，子にとっては自ら選択ないし修正する余地のない事柄を理由としてその子に不利益を及ぼすことは許されず，子を個人として尊重し，その権利を保障すべきであるという考えが確立されてきている」とする。本決定は，「以上を総合すれば」，「立法府の裁量権を考慮しても，嫡出子と嫡出でない子の法定相続分を区別する合理的な根拠は失われていた」と結論づけるのである。最大決平成7・7・5が合憲とした理由を直接否定することなく（本決定は，最大決平成7・7・5等の「本件規定の合憲性を肯定した判断を変更するものではない」とする），「事柄の変遷等」から「家族という共同体の中における個人の尊重がより明確に認識されてきたこと」を析出し，これに基づき違憲を導く手法は，家族法関連領域全体に今後大きな影響を及ぼすように思われる。本決定のもう一つの特徴は，違憲判断に「先例としての事実上の拘束性」を認めた点である。「本件規定は，本決定により遅くとも平成13年7月当時において憲法14条1項に違反していたと判断される以上，本決定の先例としての事実上の拘束性により，上記当時以降は無効であることとなり，また，本件規定に基づいてされた裁判や合意の効力等も否定されることになろう」。その一方で，「法的安定性は法に内在する普遍的な要請」であって，違憲判断の「先例としての事実上の拘束性」は法的安定性の確保との調和を図るということから制約される。本件規定を違憲とした場合，本件事案以外への影響をどう解決するかが難問であったことは疑いない。本決定は「先例としての事実上の拘束性」と「法的安定性の確保」を用いることで，一つの道筋を示したといえるが，「事実上の」拘束性から出発することの妥当性を含め，検討すべき課題はなお残るであろう。

もう一つの大法廷判決は，平成22年7月の参議院議員選挙区選挙における投票価値の較差（選挙時の最大較差1対5.00）を違憲状態とするも，定数配分規定は憲法に違反するに至っていないとする最大判平成24・10・17（**憲法2**）である。はじめて，参議院議員定数不均衡を「違憲状態」とするもので，平成25年7月の参議院議員選挙区選挙に対する選挙無効訴訟への影響が注目される。

Ⅱ　以下では，各領域ごとに，主要な（裁）判例を概観する。

**［法の下の平等］**　平成24年12月施行の衆議院議員総選挙における「1票の較差」（選挙時の最大較差1対2.425）を巡り，選挙無効訴訟が8高裁及び6高裁支部に提起され，17件の判決が言い渡された。憲法が求める合理的期間内における是正がなされなかったとは断定できないとして区割規定が憲法の規定に反するに至っていないとする2件の判決（名古屋高判平成25・3・14, 福岡高判平成25・3・18）がある他，15件の判決は区割規定を違憲とする。もっとも，その大半は，選挙を無効とした場合は公の利益に著しい障害が生ずるとして，行訴法31条1項の事情判決の法理に準じて，主文で当該選挙区における選挙を違法と宣言するものであるが（例えば，東京高判平成25・3・6, 札幌高判平成25・3・7），広島高判平成25・3・25（**憲法6**）は広島県第2区における選挙を無効としたうえ，その効力発生時期を平成25年11月26日経過後とし，また，広島高岡山支判平成25・3・26は岡山県第2区における選挙を判決確定後ただちに無効と判示するもので，注目される。

再婚禁止期間を定める民法733条1項が憲法14条1項・24条2項に違反するにもかかわらず，国会議員が，嫡出推定の重複を避けるために最低限必要な100日に再婚禁止期間を短縮する等の改正をしなかったという立法不作為が，国賠法1条1項の規定の適用上違法となるかが争われた事件で，岡山地判平成24・10・18（**憲法4**）は，「本件立法不作為について，国民に憲法上保障されている権利を違法に侵害するものであることが明白な場合などに当たるということ」はできないとする（同地裁は，在外邦人選挙権訴訟・最大判平成17・9・14が示した立法不作為を国賠法上争いうる場合には該当しないと判断した）。性別取扱いを変更した者の妻が第三者の精子により出産した子の戸籍について，父欄を空欄とする戸籍記載は，社会的身分，性別，障害による差別であって，憲法14条に違反するとした事件で，東京高決平成24・12・26（**憲法5**）は，戸籍上の処理は，あくまでも上記子が「客観的外観的

に抗告人らの嫡出子として推定されず，嫡出でない子であるという客観的事実の認定を記載したものであるから」，「本件戸籍記載が憲法14条……に反するものということはできない」とする。

**[選挙権]** 下級審において，在外邦人選挙権訴訟・最大判平成17・9・14の枠組みを用いた訴訟が相次いでいる。まず，禁錮以上の刑に処せられ，その執行を終わるまでの者に選挙権の行使を認めない公選法11条の合憲性が争われた事件で，原告は，上記最大判を根拠に，「選挙権の制限は，制限することがやむを得ないと認められる事由がなければならない」と主張したが，大阪地判平成25・2・6（**憲法7**）は，「平成17年最大判は，『自ら選挙の公正を害する行為をした者等の選挙権について一定の制限をすることは別』としていることからすると，欠格条項として禁錮以上の刑に処せられた者の選挙権を制限することについて，厳格な基準によって判断しなければならない趣旨」とは解されず，「一定の刑に処せられたことを選挙権の欠格条項として定めることは，それが合理的な範囲内にとどまる限り，憲法上許容される」のであって，「禁錮以上の刑に処せられた者」に選挙権を否定する公選法11条1項2号は「合理的な範囲を逸脱したものとは認められない」と判示する。次に，帰化により日本国籍を取得したものの，「住民票が作成された日から引き続き3か月以上住民基本台帳に記録されている」という要件（公選21条1項）を満たさないとして選挙人名簿へ登録されず，平成21年8月施行の衆議院議員総選挙において選挙権を行使できなかった者が，国会による公選法21条1項の立法行為及びそれを改正しなかった立法不作為により精神的損害を被ったとして国家賠償訴訟を提起したが，東京高判平成25・2・19（**憲法8**）は，3か月の期間要件を設けることは，「実効性のある不正投票防止」の実現や「事務処理期間の確保」という目的を達成するために合理的な手段といえ，「同要件を定めたことについて，国会に裁量権の逸脱を認めることはできない」とした。成年被後見人は選挙権を有しないと定めた公選法11条1項が憲法15条1項及び3項，43条1項並びに44条但書に違反するとして，当事者訴訟（行訴4条）により，次回の衆参議員選挙において投票しうる地位にあることの確認を求めた事件で，東京地判平成25・3・14（**憲法9**）は，成年被後見人から選挙権を剥奪するには，「『やむを得ない事由』がある場合，すなわち成年被後見人から選挙権を剥奪することなしには，選挙の公正を確保しつつ選挙を行うことが事実上不能ないし著しく困難であると認められる場合に限られる」のであって，「成年後見制度を借用し，成年被後見人とされた者から選挙権を剥奪」することは「やむを得ない制限」とはいえず，「公職選挙法11条1項1号のうち，成年被後見人は選挙権を有しないとした部分は，憲法15条1項及び3項，43条1項並びに44条ただし書に違反」し，無効と判示した。

**[表現の自由]** 最高裁第二小法廷は公務員の政治活動の自由について，重要な二つの判決を下した。この領域では，猿払事件・最大判昭和49・11・6が先例として位置づけられていたので，小法廷判決によって猿払事件判決が読み直されたことは学説の中に波紋を投げかけている。社会保険事務所に勤務する厚生労働省事務官が，衆議院議員総選挙に際し日本共産党を支持する目的をもって，同党の機関紙及び政治的目的を有する文書を配布した行為につき国公法110条1項19号，102条1項，人事院規則14-7第6項7号，13号（5項3号）（以下，「本件罰則規定」）に該当するとして起訴された事件（「堀越事件」）において，最二判平成24・12・7（**憲法3**）は，本件罰則規定の禁止する「政治的行為」を「公務員の職務の遂行の政治的中立性を損なうおそれが実質的に認められる」ものに限定したうえで政治的行為に対する規制を合憲と判示する。そして，「本件配布行為は，管理職的地位になく，その職務の内容や権限に裁量の余地のない公務員によって，職務と全く無関係に，公務員により組織される団体の活動としての性格もなく行われたものであり，公務員による行為と認識し得る態様で行われたものでもないから，公務員の職務の遂行の政治的中立性を損なうおそれが実質的に認められるものとはいえ」ず，「本件配布行為は本件罰則規定の構成要件に該当しない」とし，上告を棄却した。一方，厚生労働省課長補佐が政党機関紙を配布した行為について，同日の最二判平成24・12・7は，「本件配布行為には，公務員の職務の遂行の政治的中立性を損なうおそれが実質的に認められ，本件配布行為は本件罰則規定の構成要件に該当する」として，被告人は有罪とされた（「世田谷事件」）。政党機関紙の配布が「勤務外のものであったとしても，国民全体の奉仕者として政治的に中立な姿勢を特に堅持すべき立場にある管理職的地位の公務員が殊更にこのような一定の政治的傾向を顕著に示す行動に出ている」点を最高裁は強調する。被告人が管理職的地位にあるかどうかが両事件の分岐点となったのである。

**[委任立法]** 平成18年の薬事法改正に伴い改正された薬事法施行規則が，第一種及び第二種医薬品の販売は薬剤師等の専門家との対面により行わなければならない旨を規定しことに対して，インターネットを通じた医薬品の販売を行う事業者（被上告人ら）が，施行規則の規定が薬事法の委任の範囲を逸脱し，憲法22条1項にも違反するとして，施行規則の規定にかかわらず郵便等販売をすることができる権利ないし地位を有することの確認等を求めた事件で，最二判平成25・1・11（**憲法10**）は，施行規則の規定が「上記各医薬品に係る郵便等販売を一律に禁止することとなる限度において，新薬事法の趣旨に適合するものではなく，新薬事法の委任の範囲を逸脱した違法なものとして無効」とする判示を行った。本判決は，職業活動の自由に対する「相当程度の制約」となる場合，「郵便等販売を規制する内容の省令の制定を委任する授権の趣旨が，上記規制の範囲や程度等に応じて明確に読み取れること」を求めており，委任立法に対する司法統制の道筋が開かれたといえよう。

（ささだ・えいじ）

憲法 1

# 嫡出性に基づく法定相続分差別違憲判断

最高裁平成25年9月4日大法廷決定
平成24年(ク)第984号
遺産分割審判に対する抗告棄却決定に対する特別抗告事件
民集67巻6号1320頁，判時2197号10頁，判タ1393号64頁

早稲田大学教授　川岸令和

【論点】
①嫡出でない子の法定相続分を嫡出である子のそれの2分の1とする規定の憲法14条1項適合性。②最高裁の違憲判断の影響力。
〔参照条文〕憲14条1項・81条，民900条4号但書前段

【事件の概要】
　平成13年7月に死亡したAの遺産につき，Aの嫡出子（その代襲相続人を含む）X（相手方）らが，Aの嫡出でない子Y（抗告人）らに対し，Aの遺産の分割の審判を申し立てた。原審は，平成7年大法廷決定（最大決平成7・7・5民集49巻7号1789頁）に基づき民法900条4号但書前段（本件規定）は憲法14条1項に違反しないと判断し，それを適用して算出されたXらおよびYらの法定相続分を前提に，Aの遺産の分割をすべきものとしたため，Yらが最高裁に特別抗告した。

【決定要旨】
〈破棄差戻し〉(1)「相続制度をどのように定めるかは，立法府の合理的な裁量判断に委ねられている」。「相続制度全体のうち，本件規定により嫡出子と嫡出でない子との間で生ずる法定相続分に関する区別が，合理的理由のない差別的取扱いに当たるか否か」が本件で問われており，「立法府に与えられた……裁量権を考慮しても，そのような区別をすることに合理的な根拠が認められない場合には，当該区別は，憲法14条1項」違反になる。
　平成7年大法廷決定は本件規定を違憲でないとした。「しかし，法律婚主義の下においても，嫡出子と嫡出でない子の法定相続分をどのように定めるかということについては，〔伝統・国民感情等の〕事柄を総合的に考慮して決せられるべきものであり，また，これらの事柄は時代と共に変遷するものでもあるから，その定めの合理性については，個人の尊厳と法の下の平等を定める憲法に照らして不断に検討され，吟味されなければならない」。「昭和22年民法改正時から現在に至るまでの間の社会の動向，我が国における家族形態の多様化やこれに伴う国民の意識の変化，諸外国の立法のすう勢及び我が国が批准した条約の内容とこれに基づき設置された委員会からの指摘，嫡出子と嫡出でない子の区別に関わる法制等の変化，更にはこれまでの当審判例における度重なる問題の指摘等を総合的に考察すれば，家族という共同体の中における個人の尊重がより明確に認識されてきたことは明らかであるといえる。そして，法律婚という制度自体は我が国に定着しているとしても，上記のような認識の変化に伴い，上記制度の下で父母が婚姻関係になかったという，子にとっては自ら選択ないし修正する余地のない事柄を理由としてその子に不利益を及ぼすことは許されず，子を個人として尊重し，その権利を保障すべきであるという考えが確立されてきている」。「以上を総合すれば，遅くともAの相続が開始した平成13年7月当時においては，立法府の裁量権を考慮しても，嫡出子と嫡出でない子の法定相続分を区別する合理的な根拠は失われていたというべき」であり，本件規定は，遅くとも平成13年7月当時において憲法14条1項に違反していた。

(2)「本決定の違憲判断は，長期にわたる社会状況の変化に照らし，本件規定がその合理性を失ったことを理由として，その違憲性を当裁判所として初めて明らかにするものである。それにもかかわらず，本決定の違憲判断が，先例としての事実上の拘束性という形で既に行われた遺産の分割等の効力にも影響し，いわば解決済みの事案にも効果が及ぶとすることは，著しく法的安定性を害することになる。法的安定性は法に内在する普遍的な要請であり，当裁判所の違憲判断も，その先例としての事実上の拘束性を限定し，法的安定性の確保との調和を図ることが求められているといわなければならず，このことは，裁判において本件規定を違憲と判断することの適否という点からも問題となり得る」。「既に関係者間において裁判，合意等により確定的なものとなったといえる法律関係までをも現時点で覆すことは相当ではないが，関係者間の法律関係がそのような段階に至っていない事案であれば，本決定により違憲無効とされた本件規定の適用を排除した上で法律関係を確定的なものとするのが相当である」。つまり，「本決定の違憲判断は，Aの相続の開始時から本決定までの間に開始された他の相続につき，本件規定を前提としてされた遺産の分割の審判その他の裁判，遺産の分割の協議その他の合意等により確定的なものとなった法律関係に影響を及ぼ」さない。なお，(1)に1つの，(2)に2つの補足意見がある。

【解説】
　本件規定は，平成7年大法廷決定以降も争われ続け，小法廷で意見の分岐もあり，「辛うじて維持」されてきたが，ついに最高裁は立法府への敬譲をやめ，その違憲を宣言するに至った。法律婚尊重意識の浸透・嫡出でない子の出生数の多寡・諸外国と比較した出生割合の大小などを重視せず，個人の尊厳と法の下の平等を定める憲法の観点で検討し，また，本件規定の補充性の有意性を明確に退け，「本件規定の存在自体がその出生時から嫡出でない子に対する差別意識を生じさせかねない」と正面から承認したことが，特に注目される。
　違憲判断の影響力については，本決定は，法適用の平等の観点から最高裁の違憲判断に先例としての事実上の拘束力を直截に認める一方で，法的安定性への配慮からその遡及的な効果を制限する解釈上の工夫を示した。本決定で12年以上前から違憲であったとされた本件規定を援用して処理された諸事案につき，紛争が確定的に解決していることを要件に違憲無効の遡及を遮断したのである。それにより，違憲判断に特別の効力を認め再審事由に準じるとする解釈を事実上封じたと思われる。今回の解釈の根拠を含め従来の効力論の深化が求められる。

【参考文献】　蟻川恒正・法教397号102頁，伊藤正晴・ジュリ1460号88頁，尾島明・ひろば66巻12号35頁，髙井裕之・憲法判例百選Ⅰ〔第6版〕62頁。

（かわぎし・のりかず）

憲法 2

# 参議院議員定数不均衡訴訟

最高裁平成24年10月17日大法廷判決
平成23年(行ツ)第51号選挙無効請求事件
民集66巻10号3357頁, 判時2166号3頁, 判タ1383号89頁

一橋大学教授 只野雅人

【論点】
①参議院選挙区選挙における投票価値の較差が憲法に違反する状態にあるか。②投票価値の著しい不平等が相当期間継続し憲法に違反するに至っているか。
〔参照条文〕憲14条1項・15条1項・3項・43条1項・44条, 公選14条・別表3

【事件の概要】
　東京都の選挙人である原告らは, 2010年7月11日施行の参議院議員通常選挙における選挙区選挙の議員定数配分が憲法に違反し無効であるとして, 選挙無効訴訟を提起した。選挙当時の議員1人あたりの選挙人数の最大較差は1対5.00であった。原審（東京高判平成22・11・17判時2098号71頁）は, 違憲の問題が生ずる程度の著しい不平等状態とまではいえないとし, 請求を棄却した。原告らが上告。

【判旨】〈上告棄却〉　憲法は, 議院内閣制の下,「限られた範囲について衆議院の優越を認め, 機能的な国政の運営を図る一方, 立法を始めとする多くの事柄について参議院にも衆議院とほぼ等しい権限を与え, 参議院議員の任期をより長期とすることによって, 多角的かつ長期的な視点からの民意を反映し, 衆議院との権限の抑制, 均衡を図り, 国政の運営の安定性, 継続性を確保しようとしたものと解される」。「制度と社会の状況の変化」を考慮すれば, 参議院についても「更に適切に民意が反映されるよう投票価値の平等の要請について十分に配慮することが求められる」。「憲法の趣旨, 参議院の役割等に照らすと, 参議院は衆議院とともに国権の最高機関として適切に民意を国政に反映する責務を負っていることは明らかであり, 参議院議員の選挙であること自体から, 直ちに投票価値の平等の要請が後退してよいと解すべき理由は見いだし難い」。都道府県を「参議院議員の選挙区の単位としなければならないという憲法上の要請はなく」, むしろ, 都道府県を選挙区とする結果, 投票価値の大きな不平等状態が長期間継続している状況下では, 仕組み自体を見直すことが必要になる。最大較差5倍前後が常態化する中, 近時の大法廷判決を通じ,「投票価値の平等の観点から実質的にはより厳格な評価がされるようになってきた」。本件選挙当時の定数配分規定は,「違憲の問題が生ずる程度の著しい不平等状態に至っていた」。
　もっとも, 2009年大法廷判決（後述）が「選挙制度の構造的問題及びその仕組み自体の見直しの必要性」を指摘したのは本件選挙の約9か月前である。制度自体の見直しにも相応の時間を要し, 国会でも検討が行われている。これらを考慮すれば, 本件選挙までに定数配分規定を改正しなかったことが国会の裁量権の限界を超えるとはいえず, 定数配分規定が憲法に違反するに至っていたとはいえない。

【解説】
　本件大法廷判決も引用する1983年大法廷判決（最大判昭和58・4・27民集37巻3号345頁）は, 参議院選挙区選挙の仕組みについて, 憲法が二院制を採用した趣旨から, 参議院議員の代表の実質的内容・機能に独特の要素を持たせようとする目的で採用されたもので, 合理的な立法裁量の範囲内であるとし, かかる仕組みの下では,「投票価値の平等の要求は, 人口比例主義を基本とする選挙制度の場合と比較して一定の譲歩, 後退を免れない」などと判示して, 最大5倍を超える選挙人数の較差をも合憲とした。その後, 最大較差が6.59倍に拡大するに及び, 最高裁はこれを違憲状態と判断するに至った（最大判平成8・9・11民集50巻8号2283頁）が, なお是正のための相当な期間は経過していないとし, 定数配分規定を違憲とはしなかった。その後の是正の結果, 較差は概ね5倍前後で推移してきた。
　以降の大法廷判決は, 較差を違憲状態とは判断していないが, 較差を違憲としたり早期の是正を求めるなどの厳しい反対意見が付されてきた。2009年大法廷判決（最大判平成21・9・30民集63巻7号1520頁）は, やはり較差を違憲状態とはしなかったものの, なお大きな不平等が存在し, 最大較差の大幅な縮小には現行制度の仕組み自体の見直しが必要になるとの, 踏み込んだ指摘を行うに至った。
　本件判決は, さらに一歩を進め, 較差を違憲状態と判断している。参議院議員選挙の投票価値の平等をめぐり, 明らかに,「実質的にはより厳格な評価」がなされている。制度が合憲である以上その下で生じる較差も許容されるとみるのではなく, 較差を憲法上の許容限度内に収めることが困難な仕組みそれ自体の見直しを求めている点も注目される。判決は較差の許容限度を明示しないが, 仕組み自体の見直しにまで言及しており, 4倍未満など, 5倍よりも厳しい水準を想定しているように思われる。本件判決は, 国会両院の深刻なねじれを生み出した2010年参議院議員選挙をめぐってのものである。評価の厳格化にあたっては,「制度と社会の状況の変化」に加え, 憲法が立法をはじめ多くの事柄について参議院にも衆議院と「ほぼ等しい権限」を付与しているとの認識が, 無視し得ない意味を持つように思われる。
　一方, 本判決は, なお是正のための相当な期間は経過していないとして, 違憲判断には踏み込まなかった。判決後, 公選法の改正により4増4減の小幅な是正がなされ, 2013年の参議院議員通常選挙は, 本件判決から約9か月後, 新たな定数配分規定で行われた。この選挙をめぐっては各地の高裁で違憲状態判決が相次ぎ, 違憲判決, さらには選挙無効判決も出ている。最高裁の判断が注目される。改正公選法はまた, 附則において, 2016年の参議院議員通常選挙に向けて選挙制度の抜本的な見直しについて引き続き検討を行い, 結論を得るものとすると定めている。その成否が, 今後大きな焦点となろう。

【参考文献】　工藤達朗・論ジュリ4号92頁, 新井誠・平成24年度重判解（ジュリ1453号）8頁, 辻村みよ子・憲法判例百選Ⅱ〔第6版〕332頁。

（ただの・まさひと）

## 憲法 3

# 公務員の政治活動の自由
## ――堀越事件

最高裁平成 24 年 12 月 7 日第二小法廷判決
平成 22 年(あ)第 762 号国家公務員法違反被告事件
刑集 66 巻 12 号 1337 頁, 判時 2174 号 21 頁〔①事件〕, 判タ 1385 号 94 頁〔①事件〕

中央大学教授　工藤達朗

**【論点】**
公務員に禁止される政治活動の範囲と禁止規定の合憲性。

**〔参照条文〕** 憲 21 条 1 項・31 条, 国公（平成 19 年法律第 108 号改正前）102 条 1 項・110 条 1 項 19 号, 人規 14-7 第 6 項 7 号・13 号

**【事件の概要】**
　社会保険事務所に年金審査官として勤務する X は, 衆議院議員総選挙に際し, 日本共産党を支持する目的をもって, 同党の機関紙および同党を支持する政治目的を有する文書を住居等に配布したため, その行為が, 国家公務員法 110 条 1 項 19 号・102 条 1 項, 人事院規則 14-7 第 6 項 7 号・13 号（以下, 本件罰則規定）に該当するとして起訴された。第 1 審判決（東京地判平成 18・6・29 民集 66 巻 12 号 1627 頁参照）は X を有罪としたが, 控訴審判決（東京高判平成 22・3・29 判タ 1340 号 105 頁）は, X の行為に本件罰則規定を適用することは憲法 21 条 1 項・31 条に違反するとして, 第 1 審判決を破棄し X を無罪としたため, 検察官が上告した。

**【判旨】**
〈上告棄却〉(1) 国公法 102 条 1 項が公務員の「政治的行為」を禁ずるのは, 「公務員の職務の遂行の政治的中立性を保持することによって行政の中立的運営を確保し, これに対する国民の信頼を維持することを目的と」するが, 国民の政治活動の自由は「立憲民主政の政治過程にとって不可欠の基本的人権であって, 民主主義社会を基礎付ける重要な権利である」から, 「公務員に対する政治的行為の禁止は, 国民としての政治活動の自由に対する必要やむを得ない限度にその範囲が画されるべきものである」。同項は刑罰法規の構成要件でもあるから, その「『政治的行為』とは, 公務員の職務の遂行の政治的中立性を損なうおそれが, 観念的なものにとどまらず, 現実的に起こり得るものとして実質的に認められるものを指し」, 同項の委任に基づく人事院規則の各規定も, 「それぞれが定める行為類型に文言上該当する行為であって, 公務員の職務の遂行の政治的中立性を損なうおそれが実質的に認められるものを……禁止の対象となる政治的行為と規定したもの」である。「公務員の職務の遂行の政治的中立性を損なうおそれが実質的に認められるかどうかは, 当該公務員の地位, その職務の内容や権限等, 当該公務員がした行為の性質, 態様, 目的, 内容等の諸般の事情を総合して判断するのが相当である」。
　(2) 本件罰則規定の合憲性は, 「政治的行為に対する規制が必要かつ合理的なものとして是認されるかどうかによる」。「これは, 本件罰則規定の目的のために規制が必要とされる程度と, 規制される自由の内容及び性質, 具体的な規制の態様及び程度等を較量して決せられるべきものである」。本件罰則規定の目的は合理的かつ正当なものであり, 禁止される対象は「公務員の職務の遂行の政治的中立性を損なうおそれが実質的に認められる政治的行為に限られ」るから, 「その制限は必要やむを得ない限度にとどまり, 前記の目的を達成するために必要かつ合理的範囲のものというべきである。そして, 上記の解釈の下における本件罰則規定は, 不明確なものとも, 過度に広汎な規制であるともいえない」から, 「憲法 21 条 1 項, 31 条に違反するものではない」。
　(3) 「本件配布行為は, 管理職的地位になく, その職務内容や権限に裁量の余地のない公務員によって, 職務と全く無関係に, 公務員により組織される団体の活動としての性格もなく行われたものであり, 公務員による行為と認識し得る態様で行われたものでもないから, 公務員の職務の遂行の政治的中立性を損なうおそれが実質的に認められるものとはいえない。そうすると, 本件配布行為は本件罰則規定の構成要件に該当しない」。
　千葉勝美裁判官の補足意見と須藤正彦裁判官の意見がある。

**【解説】**
　最高裁第二小法廷は, X の行為は本件罰則規定の構成要件に該当しないとして, 先例である猿払事件大法廷判決（最大判昭和 49・11・6 刑集 28 巻 9 号 393 頁。以下, 猿払判決）を変更することなく X を無罪とした（【判旨】(3)）。
　猿払判決は, 行政の政治的中立的運営とそれに対する国民の信頼を確保するには「公務員の政治的中立性」が不可欠だとして, 本件罰則規定のいかなる限定解釈も否定するものと思われたが, 本判決は, 禁止対象を「公務員の職務の遂行の政治的中立性」を損なうおそれが実質的に認められる行為に限った（【判旨】(1)）。千葉裁判官の補足意見は, この限定解釈は通常の法令解釈の手法であって合憲限定解釈ではなく, また, 適用違憲の手法よりも優れているとする。
　本判決は本件罰則規定の合憲性を, 猿払判決の基準（制限が必要やむを得ない限度にとどまるものかどうかを, ①目的の正当性, ②目的と禁止との合理的関連性, ③利益の均衡の 3 点から判断する）によらず, よど号ハイジャック記事抹消事件判決（最大判昭和 58・6・22 民集 37 巻 5 号 793 頁）等に見られる総合的な比較衡量の手法によって判断した（【判旨】(2)）。千葉補足意見は, 「利益較量」こそ最高裁の判断手法であり, 事案に応じて厳格な審査基準をあわせ考慮するので, 両判決に矛盾・抵触はないとする。
　結局, 本判決と猿払判決との外見上の相違は事案の相違に由来するもので, 判例変更を要するような対立はないとされた。けれども, これは猿払判決の妥当範囲を限定するための苦心の説明であって, 額面通りに受け取ることはできないだろう。
　なお, 同日に下された世田谷事件判決（刑集 66 巻 12 号 1722 頁）では, 本件 X とほぼ同一の行為でありながら, 被告人が管理職的地位にあることを理由に有罪とされた。須藤裁判官の反対意見がある。

**【参考文献】** 長谷部恭男・憲法判例百選 I 〔第 6 版〕32 頁, 蟻川恒正・法教 393 号 84 頁, 395 号 90 頁, 青柳幸一・明治大学法科大学院論集 13 号 25 頁。

（くどう・たつろう）

憲法 4

# 女性の再婚禁止期間の合憲性

岡山地裁平成24年10月18日判決
平成23年(ワ)第1222号損害賠償請求事件
訟月59巻10号2707頁，判時2181号124頁

東北学院大学准教授　佐々木くみ

【論点】
①女性のみ6か月の再婚禁止期間を設ける民法733条は，憲法14条1項及び24条2項に違反するか。②国会議員が民法733条を改正しなかったという立法不作為は，国家賠償法1条1項の適用上違法となるか。
〔参照条文〕憲14条・24条，民733条・772条，国賠1条1項

【事件の概要】
　Xは，DVが原因で2006年9月に前夫と別居し，2008年3月に前夫との離婚が成立した。同年2月に現夫との間に女児を妊娠したXは，現夫との速やかな再婚を希望したが，6か月の再婚禁止期間を女性のみに課す民法733条を理由に婚姻届が受理されず，同年10月まで婚姻が遅れた。これによって精神的損害を被ったXは，憲法に違反する民法733条を改正しなかったという国会議員の立法不作為は国家賠償法1条の違法行為にあたると主張し，国に遅延損害金の支払いを求めた。

【判旨】
〈請求棄却〉　民法733条1項の趣旨は，「道徳的な理由に基づいて寡婦に対し一定の服喪を強制する」ことではなく，「父性の推定の重複を回避し，父子関係をめぐる紛争の発生を未然に防ぐことにあると解される以上……，その立法目的には合理性が認められ」，同条1項の趣旨が「父性の推定の重複を回避することのみならず父子関係をめぐる紛争の発生を未然に防ぐことにもあることからすると，その立法目的から再婚禁止期間を嫡出推定の重複を回避するのに最低限必要な100日とすべきことが一義的に明らかであるともいい難い」。さらに，女性のみ6か月の再婚禁止期間を設ける「本件区別についてどのような違憲審査基準を用いるべきかについて種々の考え方があり得」，「いわゆる厳格な審査基準を用いるべきことが明白であった」とはいえないことをも踏まえると，「同項の規定が本件区別を生じさせていることが憲法14条1項及び24条2項に違反するものでないと解する余地も十分にある」。このことは，「我が国の内外における社会的環境の変化等を考慮したとしても，直ちに異なるところはない」。したがって，「本件立法不作為について，国民に憲法上保障されている権利を違法に侵害するものであることが明白な場合などに当たるということはできないから，本件立法不作為は，国家賠償法1条1項の適用上，違法の評価を受けるものではない」。

　本件は，2013年4月26日に広島高裁岡山支部で控訴が棄却され，現在上告中である。
【解説】
　1　本判決は，性別による別異取扱いを定める民法733条に関する立法不作為の国賠請求を棄却した最判平成7・12・5判時1563号81頁（以下「7年判決」）を引用し，民法733条の立法目的は，儒教的道徳観に基づくものではなく，民法772条が定める「父性推定」の重複の回避（以下「目的①」）及び父子関係の紛争の未然の防止（以下「目的②」）であり合理的であると判断した。
　2　学説も，民法733条の立法目的よりも，6か月間の再婚禁止という手段（以下「本手段」）について，目的①からは再婚禁止期間は100日で足り（以下「100日案」）違憲と主張するものが多い（民法改正法律案要綱も100日案を採用する）。この点，7年判決は，立法不作為が国賠法上違法と認められる場合を厳しく制限した最判昭和60・11・21民集39巻7号1512頁（以下「60年判決」）に依拠し手段審査を行わなかったが，本判決は，手段審査に踏み込み，目的②も加味すると100日案をとるべきことが「一義的に明らか」とはいえないと判断する。
　3　手段審査におけるこの判断の根拠を本判決は明示していないが，（婚姻中も含め）離婚後300日以内に（前）夫以外の男性の子を出産した女性が，（前）夫の父性推定が子に及ぶことを拒み，子の出生届を出さない，「いわゆる300日問題」では，本来，目的②に資するはずの父性推定が目的②の達成を阻むという事態が生じており，再婚禁止期間の存続自体を違憲とする学説もある。また，再婚禁止期間は存置した上で，懐胎時における夫との別居証明によって再婚禁止期間内でも再婚を認め，民法733条の適用除外を拡大するという手段も，100日案以外に唱えられている。
　4　ただし，そもそも，別異取扱いの手段審査では，いずれの違憲審査基準を用いたとしても，立法目的との関連で当該手段が不合理でないかが審査されるのであり，100日案をとるべきことが一義的に明らかではないというだけでは，本手段の合理性の審査を尽くしたと言うのは難しい。さらに，単なる違憲・合憲の判断ではなく，民法733条を合憲と解する余地について判断する理由についても，本判決は十分な説明を行っていない。本件が国賠訴訟であることがこれらの点に影響したのだとしても，再婚禁止期間を経過すると訴えの利益を欠き本件区別の違憲性を争うことが困難になるという事情を踏まえると，国賠法上の違法を審査する際に本判決が依拠する最大判平成17・9・14民集59巻7号2087頁は，60年判決とは異なり，法令の違憲性を判断した上で国賠法の違法を審査しており，同様の論証を何故採用しなかったのかについても説明が欲しかったところである。

【参考文献】　久貴忠彦「再婚禁止期間をめぐって」ジュリ981号36頁，窪田充見『家族法〔第2版〕』177-202頁，糠塚康江・憲法判例百選Ⅰ〔第6版〕64頁，君塚正臣・家族判例百選〔第6版〕8頁及びそこで掲げられた文献。

（ささき・くみ）

憲法 5

## 性別取扱いを変更した者の妻が第三者の精子により出産した子に関する区長の職権による戸籍記載の合憲性

東京高裁平成24年12月26日決定
平成24年(ラ)第2637号
戸籍訂正許可申立却下審判に対する抗告事件
民集67巻9号1900頁，判タ1338号284頁，金判1437号17頁

関西大学教授　西村枝美

【論点】
戸籍に記載された自己の身分情報のコントロール権。
〔参照条文〕憲13条・14条，民772条，性同一性障害3条・4条1項，戸20条の4・24条2項・44条・45条・113条

【事件の概要】
　性同一性障害者の性別の取扱いの特例に関する法律（以下「特例法」）3条に基づき男性への性別の取扱い変更の審判を受けたXと婚姻届を出したYは，Xの同意のもと第三者の精子提供を受け人工授精（以下，この非配偶者間人工授精を「AID」）によって子Aを懐胎，出産した。XはAを嫡出子として出生届を提出したが，区長より出生届の続き柄欄に不備があるとして追完を催告され，これに従わなかったことから，区長は東京法務局長の許可を得て，子の父欄を空欄としてAをYの非嫡出子とする戸籍記載をした。これに対し，XとYは戸籍法113条に基づき戸籍訂正の許可を申し立てたが，第1審では却下されたため，抗告。

【決定要旨】
〈抗告棄却〉「嫡出親子関係は，生理的な血縁を基礎としつつ，婚姻を基盤として判定されるものであって，父子関係の嫡出性の推定に関し，民法772条は，妻が婚姻中に懐胎した子を夫の子と推定し，婚姻中の懐胎を子の出生時期によって推定することにより，家庭の平和を維持し，夫婦関係の秘事を公にすることを防ぐとともに，父子関係の早期安定を図ったものであることからすると，戸籍の記載上，生理的な血縁が存しないことが明らかな場合においては，同条適用の前提を欠くものというべきであり，このような場合において，家庭の平和を維持し，夫婦関係の秘事を公にすることを防ぐ必要があるということはできない」。「本件戸籍記載はAの父欄を空欄とするものであって……戸籍上の処理は，あくまでもAが客観的外観的に抗告人らの嫡出子として推定されず，嫡出でない子であるという客観的事実の認定を記載したものであるから，抗告人らの主張を考慮しても，本件戸籍記載が憲法14条又は13条に反するものということはできない」。

【解説】
　生殖補助医療は日本産科婦人科学会の会告等による自主規制に委ねられており，それによれば，AIDは，①精子の提供を受けなければ妊娠できない，②法律婚の男女に対して行うこととなっている。民法772条の定める期間内に妻が出産した子のうち父子関係不存在確認の訴えの対象になりうる「推定の及ばない子」は，外観説（夫の不在），血縁説（科学的・客観的父子関係の不存在の証明）等，解釈によってその範囲は異なるが，解釈によってはAIDの子すべてが父子関係を否定されかねない。ただし，戸籍事務を管掌する市町村長に実質的審査権がないことから，推定が及ばない子やAIDの子一般について嫡出子として出生届が提出されればそのまま受理し戸籍に記載することになる。この点，本件と戸籍事務上取扱いに差異が生じているが，「戸籍の記載上，生理的な血縁が存在しないことが明らか」として本件では嫡出推定がそもそも働かないことを理由に憲法14条違反主張は退けられている。

　確かにXの戸籍には身分事項として特例法3条に基づく裁判の発効日付が記載されているが，区長がXのこの身分情報をAの嫡出否認のためにも「転用」することはXの自己情報コントロール権（憲13条）を侵害していないのか。本判決理由中民法772条の意味として「夫婦関係の秘事を公にすることを防ぐ」ことも挙げられているが，Xのこの身分情報もそれと同等のプライバシー事項である。このXの個人の尊厳に関わる重要な情報は，たとえ国家がその情報を既に適法に保有しているとしてもむやみに公開，使用すべきではない。Xは決して特例法3条によって包括的に国家の管理下に置かれたわけではない。

　とはいえ区長が仮に性同一性障害者への蔑視から職権による本件戸籍記載を行ったならば戸籍法上も許されない他事考慮であるが，嫡出親子関係が生理的血縁を基礎にしていることからすると（生理的血縁のある父には嫡出否認ができないこと等から明らかである），この基礎から離れる本件のような父子関係を明確に認める立法措置もない時点では，生理的血縁がないことを示す戸籍情報を区長が看過できなかったことをもって職権濫用とすることは困難であり，また区長の行為は身分を公証するための記載にとどまり不利益処分ではないことからすると，Xの身分情報を戸籍法の観点からのみ利用したにとどまる本件戸籍記載は区長の職権の範囲内と言える。

　なお最高裁（最判平成25・12・10裁判所HP）は特例法4条1項が「他の性別に変わったものとみなす」と規定していることから民法772条について「婚姻することを認めながら，他方で，その主要な効果である同条による嫡出の推定についての規定の適用を，妻との性的関係の結果もうけた子であり得ないことを理由に認めないとすることは相当でない」として「当該子は当該夫の子と推定される」と判示した（憲法に言及はなく，民事事件に純化した）。最高裁の多数意見と反対意見及び下級審との違いは，特例法4条1項により本件の父子関係も婚姻制度に留保なく位置づけ可能とみるのか，生殖補助医療に基づく親子関係についての立件対応が確定していないことを考慮するかにある。

【参考文献】梶村太市「性同一性障害の夫婦による嫡出子出生届をめぐる法律問題(上)(下)」法時84巻10号97頁以下，11号70頁以下。民法の観点からは，二宮周平「性別の取扱いを変更した人の婚姻と嫡出推定」立命館法学2012年5＝6号576頁以下。

（にしむら・えみ）

憲法 6

# 衆議院議員選挙無効訴訟と将来効判決

広島高裁平成25年3月25日判決
平成24年(行ケ)第4号，同第5号選挙無効請求事件
判時2185号25頁〔②事件〕

京都大学教授　曽我部真裕

【論点】
①すでに最高裁によって「違憲状態」と判断された選挙区割りによって行われた2012年の衆議院議員総選挙における選挙区割りの投票価値の平等との関係での合憲性。②違憲である場合の選挙の効力についてはどう判断すべきか。

〔参照条文〕憲14条1項・43条2項・47条，公選13条1項・別表第1・204条・205条，選挙区審3条等

【事件の概要】
　本件は，広島1区及び2区の選挙人が原告となり，2012年12月に行われた衆議院議員総選挙（「本件選挙」）の小選挙区選出議員について，その選挙区割りが憲法の要請する投票価値の平等に反するとして上記各選挙区の選挙が無効であることを主張して訴えを提起したものである。
　本件選挙において用いられた選挙区割りは，前回（2009年）の総選挙の際に用いられたものと同じであったが，これについては，最大判平成23・3・23民集65巻2号755頁（以下，「平成23年最判」という）が，いわゆる一人別枠方式の不合理性を主たる理由として違憲状態にあるとしつつ，合理的期間の徒過はないとしていた（「違憲状態」の判断）。
　なお，本件選挙の直前，一人別枠方式廃止等を内容とする緊急是正法（衆議院小選挙区選出議員の選挙区間における人口較差を緊急に是正するための公職選挙法及び衆議院議員選挙区画定審議会設置法の一部を改正する法律）が成立した（ただし，これに基づき具体的な選挙区割りを定める公選法の改正は本件選挙後の2013年6月のことであり，本件選挙自体には緊急是正法は無関係である）。

【判旨】
〈認容。ただし選挙無効の効果は平成25年11月16日の経過後に発生〉　(1) 合理的期間を徒過したかどうかについて，一般論としては選挙制度の仕組みについては広い立法裁量が認められるが，今回については，平成23年最判が一人別枠方式の廃止などの立法的措置が必要であると具体的かつ明示的に説示しているのであるから立法裁量は制約され，（選挙制度全体の改革ではなく）本件区割規定改正等の喫緊の課題を優先的に実行すべきであった。そうであれば，東日本大震災の対応という事情を考慮しても，平成23年判決から1年半が経過する平成24年9月23日までに是正がなければ，合理的期間内に是正されたとはいえず違憲である。
　(2)「もっとも，本件選挙を直ちに無効とすると，本件区割規定の是正が当該選挙区から選出された議員が存在しない状態で行われざるを得ないなど，一時的にせよ憲法の予定しない事態が出現することになるから，本件選挙を直ちに無効とすることは必ずしも相当ではない。
　そこで検討するに，憲法の投票価値の平等の要求に反していることを理由とする選挙無効訴訟（……）は，公職選挙法204条所定の選挙無効訴訟の形式を借りて提起することを認めることとされているにすぎないものであって（……），これと全く性質を同じくするものではなく，その判決についてもこれと別個に解すべき面があるのであり，定数訴訟の判決の内容は，憲法によって司法権に委ねられた範囲内において，定数訴訟を認めた目的と必要に即して，裁判所がこれを定めることができると考えられるのであるから，本件選挙について，無効と断ぜざるを得ない場合には……その効果は一定期間経過後に始めて発生するという内容の将来効判決をすべきである」。具体的には，諸般の事情を考慮し，緊急是正法成立を受けて区割り改定作業が開始された日から1年後の平成25年11月26日経過後に選挙無効の効力が発生することとするのが相当である。

【解説】
　1　本判決は将来効判決ながら，戦後初めて国政選挙を無効とするものであり，大きな注目を集めた。しかし，本判決の翌日には即時の選挙無効を宣言する広島高岡山支判平成25・3・26裁判所HPが出されている。なお，本件選挙については最高裁の判断（違憲状態）もすでに出ている（最大判平成25・11・20民集67巻8号1503頁〔以下，「平成25年最判」という〕）。
　2　判例の枠組みによれば，投票価値の平等の問題については，①実体的な合憲性と②合理的期間の徒過の有無の2段階で判断されるが，本件選挙の区割りはすでに平成23年最判により違憲状態との評価を受けていたもので，①は問題とはならなかった。
　他方，②については，平成23年最判の日から本件選挙までの約1年9か月という期間をどう評価するか，求められる改正内容をどのように捉えるか（抜本改革を想定するかミニマムなものか），本件選挙までに緊急是正法の成立まではこぎつけた点をどう見るか，などが問題となった。この点，本判決は【判旨】(1)のように述べて合理的期間の徒過ありとしたが，平成25年最判は「国会における是正の実現に向けた取組が平成23年大法廷判決の趣旨を踏まえた立法裁量権の行使として相当なものでなかった」とはいえず，合理的期間を徒過したと断ずることはできないとした。
　3　本判決は，選挙を無効としつつ，その効力は一定期間経過後に生じるとした将来効判決である。これは従来の事情判決よりも踏み込みつつも，即時に選挙無効とすることにより生じうる混乱を防止し，国会に法改正のための猶予を与えることを目的とする。このような判決手法が司法権の行使として可能かについては議論があるが，本判決の【判旨】(2)は，将来効判決も司法権の範囲内であることを前提にする，過去の最高裁判決における個別意見（最大判昭和60・7・17民集39巻5号1100頁の寺田治郎裁判官ほか3名の補足意見）を踏襲する形で理由付けをした。この個別意見は，平成25年最判においても，個別の裁判官の意見の中で言及されるなど，改めて注目されている。
　4　投票価値の平等の問題については，近年，裁判所の姿勢が厳しくなる一方で，国会の対応は相変わらず鈍いままである。より効果的な裁判所の対応が求められる中で，本判決は新たな議論段階に向かって一歩を踏み出すものといえる。

【参考文献】只野雅人「選挙と選挙制度」法教393号22頁，同「投票価値の平等」法時85巻5号1頁，長谷部恭男『憲法の円環』第10章補論，藤田宙靖「『一票の較差訴訟』に関する覚え書き」法の支配171号86頁。

（そがべ・まさひろ）

憲法 7

# 受刑者の選挙権行使

大阪地裁平成25年2月6日判決
平成22年(行ウ)第230号選挙権剥奪違法確認等請求事件
判時2234号35頁

金沢大学准教授　山崎友也

【論点】
「禁錮以上の刑に処せられその執行を終わるまでの者」（禁錮以上の受刑者）の選挙人資格を否定する公職選挙法11条1項2号は憲法に違反しないか。
〔参照条文〕憲14条・15条・43条・44条，人権B規約25条，公選11条

【事件の概要】
　本件X（原告）は，傷害罪・威力業務妨害罪による懲役刑の執行を猶予されている間に，別件の道路交通法・大阪府条例の各違反による懲役刑が確定したので，平成22年3月10日から同年11月25日の仮釈放まで収監された（刑期は翌年1月29日に満了）。そのため，公職選挙法11条1項2号（本件規定）により，平成22年7月11日実施の参議院議員通常選挙において選挙権の行使ができなかった。そこで，Xは，国（被告）を相手取り，本件規定の違憲性・次回衆議院議員総選挙において投票できる地位の各確認（①）のほか，憲法・人権B規約（市民的及び政治的権利に関する国際規約。上記〔参照条文〕）に違反する本件規定の改正を怠った立法不作為を理由とする国家賠償（②）を求めて出訴した。

【判旨】
〈一部却下（上記①下記(1)）・一部棄却（上記②下記(2)(3)）（控訴）〉　(1) 既に懲役刑の執行を受け終わったXによる本件規定の違憲確認請求は，「抽象的に」憲法判断を求めるものであって法律上の争訟にはあたらない。また，次回衆議院議員総選挙において投票できるXの地位に現時点で不安はないので，当該権利関係を即時に確定する必要もない。
　(2) 「選挙は，基本的人権である選挙権としての性質のほか，公務としての性質をも有して」いる。成年者による選挙を要請する憲法は，「公正な方法で政治的な意思を表明し得る能力及び適性」を有する選挙人を前提としているので，「公正妥当な選挙制度を確立するため，合理的な範囲で」選挙人の資格（欠格条項）を法定しても憲法上許容される。選挙人の欠格事由は「画一的」にその該当性を判断できる定めを必要とするので，その定め方は「一定の範囲で国会の裁量」に委ねられる。在外邦人の選挙権制限を違憲とした最大判平成17・9・14民集59巻7号2087頁（平成17年最判）は，選挙人の欠格事由を定める規定の憲法適合性が問題となった「本件とは事案を異にする」。人権B規約25条は「憲法の定めるところ以上に選挙権に対する制限を禁止する趣旨ではない」。
　(3) 禁錮以上の受刑者の大半は選挙犯罪とは無関係の犯罪を受刑原因としていることや，その中には過失犯も含まれることに鑑みると，禁錮以上の受刑者が当然に「公正な選挙権の行使」ができないとか，その選挙権の行使によって直ちに「選挙の公正」が害されることにな

るとはいえない。しかし，禁錮以上の受刑者は，「法秩序に対する違反の程度が著し」く，政治情勢等に関する情報の入手が困難になる刑事施設に一般社会から隔離される以上，「受刑中の社会参加」としての選挙権の行使を，禁錮以上の全受刑者についてその「刑罰の軽重に対応した期間」に限って否定する本件規定は違憲とはいえない。したがって国家賠償請求に理由はない。

【解説】
　1　平成17年最判は，「自ら選挙の公正を害する行為をした者等」を例外として，選挙権又はその行使の制限に「やむを得ないと認められる事由」を要求する厳格な姿勢を示したので，現行法が定める選挙人の欠格事由の必要性・合理性が改めて問われることになる（毛利・後掲84頁）。成年被後見人を欠格者とする旧公選法11条1項1号は，これを違憲とした東京地判平成25・3・14（憲法9）を受けて削除された（平成25年法律21号による改正）。本判決の意義は，禁錮以上の受刑者を欠格者とする本件規定について裁判所として初の実質的理由を付しての合憲判断を示した点にある。
　2　本判決は，従来の最高裁判例（最大判昭和30・2・9刑集9巻2号217頁等）が明確には言及して来なかった選挙の「公務」性を明示的に認めた（「二元説」の採用）。そのうえで選挙の「公務」性から「公正な選挙」の実現という憲法上の要請を導く一方で，憲法15条3項は選挙人に「政治的な意思を表明し得る能力及び適性」を要求していると説示する。この両者は憲法上考慮し得る「正当な目的」であり，当該「目的」達成のために選挙人資格を「合理的な範囲」で制限しても憲法上許容されるとする。その際国民の個別事情を捨象した「画一的」な欠格条項を設けるのも立法裁量の範囲内だとされる。この比較的緩やかな審査基準は，平成17年最判に抵触しないのか問題となる。同最判が厳格審査の例外とする上記「自ら……者等」に禁錮以上の受刑者も含まれ得ると本判決は解した。これを「先例の誤読」と評する向きもある（倉田・後掲24頁）が，例えば成年被後見人が含まれるとは解し得ないとしても，選挙犯罪（又はそれに準じる犯罪）以外一切の「犯罪者」を除外する判示とまで読むべきか疑問が残る。
　3　本判決は，禁錮以上の受刑者について「著しく違法精神に欠け当然に公正な選挙権の行使を期待できない」とする被告主張を斥けながらも，「法秩序に対する違反の程度が著し」く，情報摂取が困難な受刑者の「社会参加」としての選挙権の行使を禁止することは「合理的」だとした。確かに，選挙権は公権力を行使する選挙人団の一員になる資格としての側面を有する以上，選挙人資格の法定にあたって「法秩序に対する違反の程度」を考慮する余地は否定できまい。しかし，受刑者の情報環境が貧弱だとする点については，刑事収用施設法が「主要な時事の報道に接する機会」を被収容者に認めていること（72条1項）や，本件規定により欠格者となる仮釈放中の者については情報摂取が困難だとはいえないことと必ずしも整合しない（倉田・後掲23頁）。なお，本判決は人権B規約25条違反については極めて淡白に処理しているが，憲法98条2項との適合性（倉田・後掲24頁）や国際人権法の実効性（北村・後掲129頁）確保の観点からは異論があり得よう。
　4　本件控訴審は，本判決の結論を維持しつつ本件規定を違憲とする判断を示し確定した（大阪高判平成25・9・27判例集未登載）。

【参考文献】北村泰三・中央ロー・ジャーナル9巻2号81頁以下，倉田玲・Watch【2013年10月】21頁以下，毛利透・論ジュリ1号81頁以下。

（やまざき・ともや）

憲法 8

# 公職選挙法の定める3か月記録要件の合憲性

東京高裁平成25年2月19日判決
平成24年(ネ)第1030号
帰化日本人投票制限国家賠償請求控訴事件
判時2192号30頁，判タ1389号146頁

神戸大学准教授　木下昌彦

【論点】
公職選挙法の定める3か月記録要件の憲法適合性は，最大判平成17・9・14民集59巻7号2087頁（以下，平成17年判決）の提示した「厳格な基準」に従って判断されるべきか。

【参照条文】公選21条1項，憲15条1項・3項・43条・44条，国賠1条1項

【事件の概要】
　X（原告・控訴人）は，平成21年7月23日，帰化により日本国籍を取得し，同年8月12日に住民登録された。しかし，同年8月30日に施行された第45回衆議院議員総選挙において選挙人名簿登録日とされた8月17日の時点においては，公選法21条1項の「住民票が作成された日から引き続き3か月以上住民基本台帳に記録されているという要件」（以下，3か月記録要件）を満たさないとして選挙人名簿に登録されず，上記選挙において選挙権を行使することができなかった（なお，平成24年法改正により広範な範囲の外国人が帰化以前に住民登録されるようになり，Xのような帰化者特有の問題は事実上立法的に解消した）。そこでXは，国（被告・被控訴人）に対し，公選法21条1項は，憲法前文・15条1項・3項・43条及び44条に違反し，Xの選挙権を不当に制約・剝奪するものであり，国会による同条の立法行為等により精神的損害を被ったとして，国家賠償法1条1項に基づき，慰謝料の支払いを求めた。第1審（東京地判平成24・1・20判時2192号38頁）は，Xの請求を棄却し，Xはそれを不服として控訴した。

【判旨】〈控訴棄却〉　平成17年判決の事案と本件の事案とでは「選挙権の行使に対する制限の程度は明らかに異なる」。「控訴人は，……日本国民でありながら一時的に選挙権を行使することができない場合も，特定の選挙において選挙権を行使することができないことに変わりがないとして，平成17年判決にいう『国民の選挙権又はその行使を制限する』ことに当たると主張していることになるが，日本国民でありながら，全ての選挙の全部又は一部につき選挙権の行使が排除される場合と，限定された期間において選挙権の行使が排除される場合とを，その相違を一切捨象して当然に同列に論じなければならないとは断じ得ない」。「本件が問題とされる事柄は，平成17年判決の事案とは異なる点があることからすれば，同判決が掲げた基準の適用については，……，これを当然に適用すべきであるとする控訴人の主張は採用しがたい」。「被控訴人が主張する」①不正投票防止，②事務処理期間の確保，③経費の節約という「3か月記録要件の立法目的は，……正当なものと認めることができる」。「国会が国民の選挙権の適正な行使を実現するために具体的に構築した制度が，憲法において与えられた裁量権の行使として合理性を有するもので，……その制約の程度が深刻なものではなく，選挙権の重要性に照らして許容し得るものにとどまるのであれば，憲法に違反するものとはいえない」。「3か月記録要件は，前記目的を達成するために合理的な手段といえ，同要件を定めたことについて，国会に裁量権の逸脱を認めることはできない」。

【解説】
　3か月記録要件のような選挙権制限の憲法適合性判断において，今日の裁判所がまず念頭に置く必要のある先例が平成17年判決である。違憲審査基準論の影響を色濃く受けた平成17年判決は，「選挙権……の行使を制限」するためには，「やむを得ない」事由がなければならず，「やむを得ない」事由があるとは，「そのような制限をすることなしには選挙の公正を確保しつつ選挙権の行使を認めることが事実上不能ないし著しく困難であると認められる場合」であるとの「厳格な基準」として知られる判断枠組みを提示していた。この厳格な基準の破壊力は凄まじく，同基準の適用により本書憲法7事件（控訴審判決）や本書憲法9事件など選挙権制限を違憲とする裁判例が相次いでいる。本判決の原審は平成17年判決を引用してもなお3か月記録要件を合憲としたが，そこでは厳格な基準の趣旨がその適用段階で腰砕けになっており，むしろ，比較法的にも類例のない3か月もの記録要件については，それがなければ公正に選挙を実施することが「事実上不能ないし著しく困難である」とまでは言えず違憲とするとするのが厳格な基準の導く素直な帰結であったであろう。そのなかで本判決が採用したのは，3か月記録要件による選挙権行使制限は，一時的な制限に留まるという点において平成17年判決の事案と制限の「程度」が異なり，平成17年判決の提示する厳格な基準は本件にはそもそも適用されないとの立場であった。本判決はこの立場を前提に，広く国会の裁量を認める基準を提示し，適用することで，3か月記録要件を合憲とする結論を導いている。しかし，最高裁は，選挙権行使が法的に直接制限される事案だけでなく，精神的原因により投票所での投票が事実上困難な場合をも平成17年判決の射程内としており（最判平成18・7・13判時1946号41頁），既に厳格な基準に事案の差異や制限の程度の差異を超えた広い射程を与えている。加えて，選挙は数量的に把握できるものではなく個々の選挙が代替不可能な固有の意義を有していることも踏まえれば，3か月記録要件は，一時的なものであっても現に特定の選挙において投票を認めないものである以上，平成17年判決の事案と本件事案との間に制限の「程度」の差というものを観念することはそもそも困難であろう。ただ，本判決がそのような論理的困難を抱えてでも厳格な基準を排除した背景には政治部門の反応への強い懸念もあったのかもしれない。しかし，審査基準の意義はまさにそのような心理的負担から裁判所を解放することにこそある。厳格な基準を排除するに足る充分な論理的根拠を提示できない限り，選挙権制限事案においては予め指定された厳格な基準を適用して判断する。このような判断方法の定着は，最高裁が日本国憲法の要請として示してきた「国民の選挙権又はその行使を制限することは原則として許され」ないとの理念を現実のものとするために欠かせない政治的圧力に対し抵抗力のある司法審査というものを確立するうえで何より必要なものと言える。

【参考文献】　中川登志男「公職選挙法における選挙権の住所要件に関する一考察」専修法研論集37巻43頁，中村宏「国政選挙（とくに比例選挙）での選挙権行使における3ヵ月の住所要件」神戸学院法学40巻3＝4号695頁，毛利透「選挙権制約の合憲性審査と立法行為の国家賠償法上の違法性判断」論ジュリ1号81頁。

（きのした・まさひこ）

憲法 9

## 成年被後見人は選挙権を有しないとする公選法11条1項1号の合憲性

東京地裁平成25年3月14日判決
平成23年(行ウ)第63号選挙権確認請求事件
判時2178号3頁,判タ1388号62頁

上智大学准教授　小島慎司

【論点】
成年被後見人であることを選挙権の欠格事由とするのは合憲か。
〔参照条文〕憲15条・43条1項・44条,公選11条1項1号

【事件の概要】
　成人の日本国民X(原告)は,後見開始の審判(民7条)を受けて成年被後見人となったため,選挙権が付与されなくなった。当時の公選法11条1項が,「成年被後見人」(1号)が「選挙権……を有しない」と定めていたからである。Xは,同号が憲法15条3項等に反するとして,行訴法4条の当事者訴訟により,次回の衆議院議員及び参議院議員の選挙において投票しうる地位にあることの確認を求めた。東京地裁は【判旨】のように述べた後に,その内容を総合し,同号が憲法15条1項及び3項,43条1項並びに44条ただし書に違反するとした。国(被告)は,選挙事務の混乱を避けるために控訴する一方で,公選法の改正を進め,平成25年5月27日に同号を削除し,代理・期日前・不在者の各投票について不正行為防止のために規定を改めるなどした法律(同年法律21号)を成立させた。これを受けて,本件及び類似の3訴訟が和解によって終結することとなった(朝日新聞2013年7月16日夕刊など)。

【判旨】
〈請求認容〉「そのような制限をすることなしには選挙の公正を確保しつつ選挙権の行使を認めることが事実上不能ないし著しく困難であると認められる」という「やむを得ない事由……なしに国民の選挙権の行使を制限することは,憲法15条1項及び3項,43条1項並びに44条ただし書に違反する」(最大判平成17・9・14民集59巻7号2087頁[平成17年判決]参照)。なお,同判決は「選挙権の行使」の制限に関するが,もとより「選挙権」の制限についても同様である。そこで,本件につき上記の「やむを得ない事由」の有無を検討する。
　「選挙権を行使する者」には「選挙権を行使するに足る能力」が必要で,「事理を弁識する能力を欠く者に選挙権を付与しないとする」「立法目的」は合理的である。
　しかし,①法は,成年被後見人を「事理を弁識する能力を欠く者」ではなく「事理を弁識する能力が一時的にせよ回復することがある者」と位置づけている。憲法は,「主権者たる国民には能力や精神的肉体的状況等に様々な相違があることを当然の前提とした上で,原則として成年に達した国民全てに選挙権を保障し」たと解されるから,事理弁識能力が「一時的にせよ回復する」成年被後見人に,「回復した場合にも選挙権の行使を認めない」ことは憲法の意図に反する。

②成年後見制度は,「精神上の障害により法律行為における意思決定が困難な者についてその能力を補うことによりその者の財産等の権利を擁護するための制度」であり,家庭裁判所が,「選挙権を行使するに相応しい判断能力を有するか否かという見地から審理をして後見開始の是非について判断するということは予定されていない」。ゆえに,「成年被後見人とされた者が総じて選挙権を行使するに足る能力を欠くわけではない」。
③「翻って考えるに」,憲法が選挙権を保障するのは,「様々な境遇にある国民」の「この国がどんなふうになったらいいか,あるいはどんな施策がされたら自分たちは幸せか」などについての意見を「国政に届けること」が「議会制民主主義の根幹」だからである。「我が国の国民には,望まざるにも関わらず障害を持って生まれた者,不慮の事故や病によって障害を持つに至った者,老化という自然的な生理現象に伴って判断能力が低下している者など様々なハンディキャップを負う者が多数存在する」。上記の「やむを得ない事由」がない限り,「様々なハンディキャップを負った者の意見が,選挙権の行使を通じて国政に届けられる」べきである。
　「第三者が知的障害者等に特定の候補者に対する投票を指示するなどの不正な働きかけを行」った例があるにせよ,その不公正によって「選挙の公正が害されるおそれがある」とは認められない。そして,公選法が「選挙権を行使するに足る能力が欠けている者から選挙権を剥奪」していないことは,こうした選挙の公正が害される事態が「実際には生じてはいない」ことを示す。また,諸外国の例のように,「他の制度の概念を借用することなく端的に選挙権を行使する能力を欠く者について選挙権を付与しない旨の規定を置くこと」は可能である。ゆえに,「成年後見制度」の「借用」は「やむを得ない」といえない。
④「選挙権を行使するに足る能力を有する成年被後見人からも選挙権を奪うことは,自己決定の尊重,残存能力の活用及びノーマライゼーションという理念に基づいて設けられた成年後見制度の趣旨に反する」。

【解説】
　本判決は新聞各紙で絶賛されたが,その理由づけには注意を要する。選挙の公正確保という大目的に対する意味での手段の深い審査を平成17年判決が可能にしたものの,そこには緊張する2つの見方が混在し,選挙権と無関係の成年後見制度の借用への批判(②など各所に)はいずれからも導かれるからである。その1つは,様々な自然的「状況」から離れて画一的に選挙権者を画定するべきだからこそ成年被後見人にも選挙権を与えようという見方である。この見方は,①に見られるほか,能力を事実上欠いた者にも現に選挙権があるとのくだり(③)などで前提とされる。これに対して,判決は,能力の残存などの「状況」を考えて選挙権を有するべきであるともいう(①や④)。ハンディの有無など自然的状況(「境遇」)につき多様な人々の意見(「幸」福観)の国政への直接的反映を重視する多元主義論(③)も,裏面からこの2つ目の見方と結合しよう。
　近代国家での行為能力は,自然人の平等な権利能力を前提に,具体的に権利・義務を取得する行為もなしうることを意味する。ゆえに,意思能力と比べて画一的とされるとしても,元来自然的「状況」に影響されやすい。加えて,成年後見制度は画一性をさらに減らす方向での改革かと思われる。この点,選挙権の欠格も同様に考えるならば,2つ目の見方を重視することになりそうであるが,それでよいであろうか。

【参考文献】　奥平康弘=杉原泰雄『憲法演習教室』146-147頁。奥平教授の原告側意見書も骨子を維持している。原告側を支援した戸波江二教授による実践成年後見46号37頁以下も参照。

(こじま・しんじ)

憲法 10

# 医薬品のネット販売規制
## ——委任立法の限界

最高裁平成25年1月11日第二小法廷判決
平成24年(行ヒ)第279号医薬品ネット販売の権利確認等請求事件
民集67巻1号1頁, 判時2177号35頁, 判タ1386号160頁

信州大学准教授　田中祥貴

【論点】
薬事法施行規則による医薬品のネット販売規制は, ①憲法22条1項に違反しないか。また②薬事法に違反しないか。

〔参照条文〕憲22条1項, 行手38条1項, 薬36条の5・36条の6・37条1項, 薬事法施行規則15条の4・142条・159条の14・159条の15・159条の16・159条の17

【事件の概要】
　平成18年法律69号による薬事法改正に伴い, 平成21年厚生労働省令10号をもって薬事法施行規則が改正された。当該省令において, 一般医薬品のうち, 第三類以外(第一類および第二類)の医薬品は, 有資格者(薬剤師等)の対面販売によること等が規定されたが(以下,「本件改正規定」), これに対して, インターネットにより医薬品の通信販売を行う事業者Xら(原告・控訴人・被上告人)は, 本件改正規定が薬事法の委任範囲を逸脱し, 憲法22条1項にも違反するとして, 本件改正規定の無効確認, 本件改正規定にかかわらず郵便等販売を行う権利(地位)の確認等を求めて争った。

【判旨】
〈上告棄却〉　憲法22条1項にて職業活動の自由が保障され, また, 旧薬事法の下では違法とされていなかった郵便等販売につき, 新たに, これを相当程度制約することとなる厚生労働大臣の施行規則による規制が, その「根拠となる新薬事法の趣旨に適合するもの(行政手続法38条1項)であり, その委任の範囲を逸脱したものではないというためには, 立法過程における議論をもしんしゃくした上で, 新薬事法36条の5及び36条の6を始めとする新薬事法中の諸規定を見て, そこから, 郵便等販売を規制する内容の省令の制定を委任する授権の趣旨が, 上記規制の範囲や程度等に応じて明確に読み取れることを要する」。
　しかるに, 新薬事法は, 文理上, 郵便等販売の規制について明示的に触れておらず, 郵便等販売を違法としない旧薬事法から実質的に改正されていないこと, また, 国会が, 新薬事法を可決する際して, 郵便等販売を規制すべきであるとの意思を有していたとはいい難いことから, 「新薬事法の授権の趣旨が, 第一類医薬品及び第二類医薬品に係る郵便等販売を一律に禁止する旨の省令の制定までをも委任するものとして, 上記規制の範囲や程度等に応じて明確であると解するのは困難である」。したがって, かかる郵便等販売等を規制する新施行規則の各規定は, 新薬事法の委任の範囲を逸脱し, 違法・無効というべきである。

【解説】
　現代行政国家において, 委任立法という法形式は, その専門性・機動性等の特徴から, すでに否定しえない憲法現実として, 受容されている。もっとも, 委任命令の制定に際して, 行政府には一定の裁量が与えられるものの, かかる行政裁量が, 授権法および憲法上の規律に服すべきことは言を俟たない。
　本件では, 薬事法が, 医学的・薬学的知見に依拠する必要から, 一般医薬品の販売方法等に関わる具体的規制を厚生労働大臣が定める省令に委任しているところ, これに基づき制定された本件改正規定が, 憲法22条1項および薬事法と適合するかが争われた。
　本判決は, 本件改正規定について, 憲法判断には踏み込まず, 授権法との適合性レベルで処理を行っており, そこでは, 委任立法の限界という論点が要となる。この点, 従来, 学説は, 委任事項を技術的細目事項に限定したうえで, 受任機関が準拠すべき目的・基準を授権法に明記することを求めるが, 他方, 判例では, かかる原則は緩和され, 委任の範囲内か否かの判断は, ひとり授権法の規定の文言のみに依拠するのではなく, 授権法の趣旨や目的等をも総合的に考慮して合理的な解釈に基づきなされるものと解されてきた(最大判昭和49・11・6刑集28巻9号393頁, 最判平成14・1・31民集56巻1号246頁等)。
　さらに, 授権規定の明確性の程度は, 委任事項の内容, 規制対象となる権利等の種類や影響の程度, 受任機関の性質, 国会の承認手続の有無といった諸条件を踏まえつつ, 多角的な視点から個別に評価せざるをえないが, 判例上, 授権規定の明確性に関わる個別の類型化は, 極めて不十分であった。
　ところが, 本判決では, 少なくとも, 憲法上の「職業活動の自由」を(権利の種類), 新たに「相当程度制約する」場合には(規制の程度), 委任命令に対する授権規定の明確性が厳格に求められ, 立法過程をも斟酌しながら, 授権規定および関連規定の文言から, 授権の趣旨が明確に読み取れることを要件とした。従前, 事実上, 行政の自由裁量が如き様相を呈してきた委任立法領域において, 今後, その統制に向けた新たな判例理論の蓄積を示唆するものとして, 高く評価できよう。
　この点, 国側は, 本件改正規定の適法性につき, 授権法の文理・趣旨の解釈に際して, 法改正過程における国会審議の内容を強調するも, 本判決は, 国会審議の内容を踏まえても, なお, その内容が実際の改正法の規定には明示的に反映されていないことを論難する。やはり,「法の規定文言が, 改正法により実質的に変更がない場合に, 明示的に郵便等販売を制限する他の規定が存在しないにもかかわらず, 規定全般の趣旨や立法過程の背景事情を重視して, 従前と変更のない規定を, 解釈により郵便等販売を制限する根拠とすることは相当ではない」(東京高判平成24・4・26判タ1381号105頁〔原判決〕)。

【参考文献】安念潤司・平成24年度重判解(ジュリ1453号)24頁, 下山憲治・同36頁, 斎藤一久・法セ700号128頁, 山下竜一・同129頁。

(たなか・よしたか)

# 民法編

判例セレクト 2009-2013 I

## 執筆者一覧（五十音順）
*所属・肩書は 2015 年 2 月 1 日現在。

| | | | |
|---|---|---|---|
| 青竹美佳 | 〔広島修道大学准教授〕 | 田髙寛貴 | 〔慶應義塾大学教授〕 |
| 秋山靖浩 | 〔早稲田大学教授〕 | 建部　雅 | 〔成蹊大学准教授〕 |
| 芦野訓和 | 〔東洋大学教授〕 | 田中宏治 | 〔千葉大学教授〕 |
| 石川博康 | 〔東京大学准教授〕 | 千葉恵美子 | 〔名古屋大学教授〕 |
| 石田　剛 | 〔大阪大学教授〕 | 直井義典 | 〔筑波大学准教授〕 |
| 伊藤栄寿 | 〔上智大学准教授〕 | 中田邦博 | 〔龍谷大学教授〕 |
| 今尾　真 | 〔明治学院大学教授〕 | 野澤正充 | 〔立教大学教授〕 |
| 岩藤美智子 | 〔岡山大学教授〕 | 西内康人 | 〔京都大学准教授〕 |
| 大久保邦彦 | 〔大阪大学教授〕 | 西　希代子 | 〔慶應義塾大学准教授〕 |
| 大澤　彩 | 〔法政大学准教授〕 | 幡野弘樹 | 〔立教大学教授〕 |
| 沖野眞已 | 〔東京大学教授〕 | 原田昌和 | 〔立教大学教授〕 |
| 小野秀誠 | 〔一橋大学教授〕 | 深谷　格 | 〔同志社大学教授〕 |
| 加藤貴仁 | 〔東京大学准教授〕 | 藤澤治奈 | 〔立教大学准教授〕 |
| 角　紀代恵 | 〔立教大学教授〕 | 藤原正則 | 〔北海道大学教授〕 |
| 金子敬明 | 〔千葉大学准教授〕 | 松尾　弘 | 〔慶應義塾大学教授〕 |
| 川村洋子 | 〔法政大学教授〕 | 松川正毅 | 〔大阪大学教授〕 |
| 北居　功 | 〔慶應義塾大学教授〕 | 水野　謙 | 〔学習院大学教授〕 |
| 久保野恵美子 | 〔東北大学教授〕 | 水野紀子 | 〔東北大学教授〕 |
| 小粥太郎 | 〔一橋大学教授〕 | 宮下修一 | 〔静岡大学教授〕 |
| 後藤元伸 | 〔関西大学教授〕 | 武川幸嗣 | 〔慶應義塾大学教授〕 |
| 小山泰史 | 〔上智大学教授〕 | 本山　敦 | 〔立命館大学教授〕 |
| 齋藤由起 | 〔大阪大学准教授〕 | 森下哲朗 | 〔上智大学教授〕 |
| 佐藤岩昭 | 〔上智大学教授〕 | 森田　修 | 〔東京大学教授〕 |
| 七戸克彦 | 〔九州大学教授〕 | 若林三奈 | 〔龍谷大学教授〕 |
| 下村信江 | 〔近畿大学教授〕 | 渡辺達徳 | 〔東北大学教授〕 |
| 滝沢昌彦 | 〔一橋大学教授〕 | | |

# 民法 判例の動き

東京大学教授 森田 修

平成20年10月から同21年9月までに言い渡された民法関係の主な裁判例は，次のとおりである。

## 1. 総則

最判平成21・3・31民集63巻3号472頁（**民法1**）は農業協同組合の理事に対する代表訴訟の適法性および理事等の責任に関する事案である。

貸金業者に対する過払金返還請求に関連して，期限の利益喪失特約の下で借主の支払遅滞があった後，充当計算の基礎として前提すべきは遅延損害金債務の発生なのか，利息債務の発生なのかという問題がある。最判平成21・4・14判タ1300号99頁は，借主が貸金業者からの借入債務につき期限の利益を喪失したにもかかわらず，貸金業者は一括請求せずに長期間にわたって分割弁済を受けていた事案であるが，このとき，貸金業者が，借主から受領した金員を利息ではなく損害金に充当した旨記載した領収書兼利用明細書のような，期限の利益を喪失したことを前提とする記載がなされた書面を交付していた場合には，期限の利益の喪失の宥恕や，期限の利益の再付与の意思表示をしたとは認められないとして，遅延損害金債務の発生を前提とする計算方法を認めた。これに対して貸金業者の行為態様によって借主が期限の利益を喪失していないと誤信した場合に，この計算方法によることを，信義則に照らして期限の利益喪失の主張を封じて否定するものとして最判平成21・9・11（平成21年(受)第138号・最高裁HP）があり，これを許容するものとして同日判決（平成19年(受)第1128号・最高裁HP）がある。

最決平成21・8・12判タ1380号114頁（**民法2**）は債権の回収の委託を受けた弁護士が，その手段として本案訴訟の提起や保全命令の申立てをするために当該債権を譲り受ける行為は，他人間の法的紛争に介入し，司法機関を利用して不当な利益を追求することを目的として行われたなど，公序良俗に反するような事情があれば格別，仮にこれが弁護士法28条に違反するものであったとしても，直ちにその私法上の効力が否定されるものではないとした（なお弁護士職務基本規程17条に基づく懲戒可能性に関する補足意見がある）。

## 2. 物権法

共有に関わるものとして最判平成21・4・23判時2045号116頁（**民法4**）は，区分所有法70条の合憲性が問題となった事案である。最大判平成14・2・13民集56巻2号331頁の趣旨に徴して，同条は憲法29条に反しないとした。

担保物権に関しては，まず「所有権留保」に関する最判平成21・3・10民集63巻3号385頁（**民法6**）がある。動産が他人の土地上に存在して，所有権行使の妨害となっている場合であっても，当該動産についての留保所有権者は，被担保債権の弁済期到来前は，特段の事情がない限り，撤去義務および不法行為賠償義務を負わないが，弁済期経過後はこれらの義務をまぬかれるものではないとした。また，抵当不動産から生じる賃料債権をめぐって，賃借人の相殺との関係で建物抵当権者の優先的価値支配の優劣が問題となる場面に関して，最判平成21・7・3判時2057号16頁（**民法5**）では，担保不動産収益執行と相殺との関係が問題となったが，これは，抵当権者の物上代位と相殺との関係が問題となった最判平成13・3・13民集55巻2号363頁の延長線上にあるといえよう。

## 3. 債権法

最判平成21・1・19民集63巻1号97頁（**民法7**）は，被害者がこうむった損害のうち，被害者に損害軽減義務違反ありとされるものは，416条1項の通常の損害の範囲に含まれないとした。

最判平成21・1・22民集63巻1号228頁（**民法9**）は，預金者の求めに応じて取引履歴を開示する金融機関の義務を認めた。預金契約を消費寄託に加えて委任または準委任の性格も併有するものと法性決定した上で，この義務を預金契約上の本来的義務として認めている点で最判平成17・7・19民集59巻6号1783頁が貸金業者の取引履歴開示義務を金銭消費貸借契約の付随義務として不法行為責任の前提として認めた構成とは異なる。

譲渡禁止特約違反の債権譲渡の効力のあり方に関しては，①無効主張の相手方に関する民法466条2項の制限のほか，②譲渡債権債務者の追認の遡及効を前提とする最判平成9・6・5民集51巻5号2053頁が存在しているが，③無効の主張権者につき，最判平成21・3・27民集63巻3号449頁（**民法8**）は，譲渡債権債務者に譲渡の無効を主張する意思があるなどの特段の事情がある場合を除き，譲渡人は譲渡の無効を主張する独自の利益を有しないとした。

最判平成21・7・17（平成19年(受)第315号・最高裁HP）は，2台の異なる自動車の車台等を接合した上でこれを新車と偽ってなされた自動車売買において，錯誤無効に基づく買主の代金返還請求権は，売主の当該自動車の返還請求権との間では同時履行の関係に立つが，売主が移転登録請求権との間で引換給付を求めることは，接合自動車の移転登録手続が困難であり，この事情が売主の行為に起因していることに照らし，信義則上許されないとした。

過払金返還請求に関して，判例法の形成も大詰めを迎えている観がある。今期は過払金返還請求権の消滅

時効の起算点に関して，最判平成21・1・22民集63巻1号247頁（**民法3**），最判平成21・3・3判タ1301号116頁①事件および最判平成21・3・6判タ1301号116頁②事件が現れた。いずれも貸付当事者間に基本契約がある場合に，将来の借入金債務に過払金を充当する旨の合意（「過払金充当合意」）が認められた事案である（したがって直接には最判平成19・6・7民集61巻4号1537頁の事案類型に属する）。このとき当該基本契約に基づく継続的な金銭消費貸借取引の継続中は，基本契約に含まれる過払金充当合意が，「法律上の障害」にあたるとして，過払金返還請求権の消滅時効は特段の事情がない限り，同取引終了時から進行するとした。3月3日判決に付された田原裁判官反対意見は，「過払金充当合意」をめぐる一連の裁判例が，「契約の解釈」という基本問題に関わることを示している。また上記3判決がいずれも引く最判平成19・4・24民集61巻3号1073頁の理解は，「法律上の障害」に関する最大判昭和45・7・15民集24巻7号771頁以来の判例法理を大きく転舵するものになっているように思われる。この関連で疑義もあり得た民法704条前段の利息発生時については，最判平成21・7・17判タ1301号116頁〔③事件〕が理由中で述べたとおり，過払金発生時とすることを，最判平成21・9・4（平成21年（受）第1192号・最高裁HP）が簡潔に確認している。なお，最判平成21・9・4（平成21年（受）第47号・最高裁HP）は，過払金の受領につき貸金業者が民法704条の悪意の受益者にあたる場合であっても，借主に対する貸金業者の支払請求および弁済受領行為は，直ちに不法行為にあたるものではないとした。

最判平成20・10・10民集62巻9号2361頁（**民法10**）は，振込依頼人Yと受取人Xとの間に振込の原因となる法律関係が存在しない場合でも，払戻しを受けることが当該振込にかかる金員を不正取得するための行為として詐欺罪にあたる等の特段の事情がない限り，Xが当該振込にかかる預金の払戻しを請求することができる，とした。最判平成8・4・26民集50巻5号1267頁が，Xの普通預金口座に振込があった場合には振込依頼人Yとの間に振込の原因となる法律関係が存在しなくても，Xは振込金額相当の普通預金債権を取得するとし，民法10判決はその当然の帰結であるといえるが，そのことを前提としつつ，上記特段の事情を用意することによって，近時多発している振込め詐欺等への対処も意識している。

不法行為法については，麻酔薬の過剰投与による死亡事故に関して最判平成21・3・27判タ1294号70頁がある。「相当因果関係」の有無として判断されているが，問題の焦点は過剰投与か否かという過失判断にある。最判平成20・9・12判タ1280号110頁は自賠法3条の運行供用者についての事例判決である。Xの友人Aが，Xの運転するXの父親B所有の自動車に同乗してバーに赴き，泥酔したXを乗せてXに無断で同自動車を運転し追突事故を起こした場合において，Bは客観的外形的に見て，自賠法3条にいう運行供用者にあたるとした。また最判平成20・11・7判タ1288号53頁は，Xを痴漢とするYの虚偽申告を理由とする損害賠償請求訴訟において，唯一の目撃証人に準ずる者の証人尋問を実施せずにYの供述の信用性を肯定して請求を棄却した原審を違法とした。最判平成21・4・28民集63巻4号853頁（**民法11**）は，不法行為の20年の期間制限について最判平成元・12・21民集43巻12号2209頁の除斥期間説を前提としつつ，160条を借用して724条後段の効果が生じない例外的な場合があることを認めた。724条後段の期間制限についての時効停止の規定の類推適用については，限定的にこれを肯定した最判平成10・6・12民集52巻4号1087頁があり，民法11判決もその枠組みを踏襲している。

### 4. 家族法

親族法に関しては最決平成21・9・30（平成20年（ク）第1193号・最高裁HP）は，非嫡出子の相続分を嫡出子の2分の1と定めた民法900条4号ただし書前段の規定が違憲でないとした最大決平成7・7・5民集49巻7号1789頁を確認した（同規定を違憲とする今井裁判官の反対意見および違憲性判断の基準時等に関する竹内裁判官の補足意見がある）

相続法に関して，最判平成20・12・11判タ1289号81頁は，遺産取得の代償として相続人がその固有財産である不動産を他の相続人に譲渡する遺産分割調停について代償金支払義務を介在させないタイプ（代償物譲渡型）の合意がなされ，その旨の条項が設けられた事案において，「遺産分割による代償譲渡」と登記原因を記載し，上記の条項を含む調書を登記原因証明情報として添付した場合に，登記の原因となる法律行為の特定に欠けるところはないとした。また最判平成21・3・24民集63巻3号427頁（**民法12**）は，相続人のうちの一人に対して財産全部を相続させる旨の遺言がなされた場合に，遺留分侵害額の算定にあたり，遺留分権利者の法定相続分に応じた相続債務の額を遺留分の額に加算することは許されないとした。

（もりた・おさむ）

民法 1

## 農業協同組合の理事に対する提訴請求の相手方が監事でなく代表理事であった場合の代表訴訟の適法性

最高裁平成21年3月31日第三小法廷判決
平成20年（受）第442号組合員代表訴訟事件
民集63巻3号472頁，判時2065号145頁，判タ1314号136頁

関西大学教授　後藤元伸

【論点】
農業協同組合の理事に対する組合員代表訴訟を提起した組合員が，監事ではなく代表理事に提訴請求をしていた場合において，監事が訴訟を提起すべきか否かを自ら判断する機会があったときに，当該代表訴訟は不適法として却下されるか。
〔参照条文〕会社386条・847条

【事件の概要】
　A農協は他の3農協と合併してB農協を新設した。合併契約には，旧組合の貸借対照表等の誤謬等により新組合が損害を受けたときは，故意・重過失ある旧組合の役員が連帯して賠償責任を負う旨の条項があった。合併後，A農協の貸倒引当金が3億8000万円余不足していることが判明した。組合員Xらは，B農協に対し，上記賠償条項に基づき，A農協の理事および監事であったYら（YらはB農協の理事となっていた）に対して貸倒引当金の不足額等をB農協に支払うことを求める訴訟を提起するよう請求した。その書面には代表者として代表理事Yが記載されていた。Yは理事会において理事・監事に対し，本件提訴請求についての審議を求め，その内容を読み上げた。B農協は提訴しないことを決議し，その後も提訴していない。XらはYらに対し組合員代表訴訟を提起した。原審は，組合への提訴請求が監事ではなく代表理事に対してなされたから不適法であるとして，Yらへの代表訴訟を却下した第1審判決を是認した。上告受理申立て。

【判旨】
〈破棄差戻し〉「平成17年……改正前の農業協同組合法……39条2項〔現35条の5第5項〕において準用する同改正前の商法275条ノ4〔現会社法386条2項1号〕によれば，農業協同組合の理事に対する組合員代表訴訟を提起しようとする組合員の提訴請求を受けることについては，監事が農業協同組合を代表することとなる。
　しかし，上記のとおり監事が農業協同組合を代表することとされているのは，組合員代表訴訟の相手方が代表理事の同僚である理事の場合には，代表理事が農業協同組合の代表者として提訴請求書の送付を受けたとしても，農業協同組合の利益よりも当該理事の利益を優先させ，当該理事に対する訴訟を提起しないおそれがあるので，これを防止するため，理事とは独立した立場にある監事に，上記請求書の記載内容に沿って農業協同組合として当該理事に対する訴訟を提起すべきか否かを判断させる必要があるからであると解される。
　そうすると，農業協同組合の理事に対する代表訴訟を提起しようとする組合員が，農業協同組合の代表者として監事ではなく代表理事を記載した提訴請求書を農業協同組合に対して送付した場合であっても，監事において，上記請求書の記載内容を正確に認識した上で当該理事に対する訴訟を提起すべきか否かを自ら判断する機会があったといえるときには，監事は，農業協同組合の代表者として監事が記載された提訴請求書の送付を受けたのと異ならない状態に置かれたものといえるから，上記組合員が提起した代表訴訟については，代表者として監事が記載された適式な提訴請求書があらかじめ農業協同組合に送付されていたのと同視することができ，これを不適法として却下することはできない……」。

【解説】
　本判決は農業協同組合における組合員代表訴訟に関するものである。各種の協同組合においては組合員代表訴訟制度が設けられており，かつては商法会社編の規定が準用されていたが，現在では会社法の規定（847条・386条）が準用されている（農協40条の2・35条の5第5項，水協44条・39条の5第5項，中協39条・36条の3第3項，生協31条の6・30条の3第3項）。協同組合での代表訴訟に関する判決は，株式会社での代表訴訟に対しても先例的価値がある。現在では，一般社団法人（および公益認定を受けた公益社団法人）においても代表訴訟制度が定められているから（一般法人278条・104条），代表訴訟の法理は，株式会社のみならず，各種の協同組合および一般社団法人・公益社団法人までをも含んだ社団型の法人一般に共通するものとなっている。
　上記社団型法人における代表訴訟提起の事前要件として，6か月前から構成員であること（一般法人278条1項は6か月前要件を欠く），法人に対し提訴請求したことおよび60日以内に法人の提訴がないことがある。監事／監査役設置法人で提訴請求を受ける者が監事／監査役であることもこれに含まれる。これらは会社に是正の機会を与え，かつ，濫訴の防止を図るための形式的（資格的・手続的）要件である。つまり，代表訴訟が最終手段（ultima ratio）であり，濫用されていないことは，形式・手続履践によって画一的に確認される。それでもなお濫用・悪意があるというのであれば，役員の側が濫用の意図の証明・悪意の疎明をしなければならない（会社847条1項ただし書・8項，一般法人278条1項ただし書・7項）。
　問題は形式的要件を満たさない場合である。画一的判断の要請を重視すると不適法とすべきである（大阪地判昭和41・12・16下民集17巻11=12号1237頁，東京地判平成4・2・13判時1427号137頁）。しかし，形式を欠いていても是正機会の確保・濫訴防止の実質が満たされているのであれば，代表訴訟は許されるべきである（東京地判昭和39・10・12下民集15巻10号2432頁，大阪地中間判昭和57・5・25判タ487号173頁，大阪地判平成12・5・31判時1742号141頁，同平成6・3・1判タ893号269頁，同平成12・6・21判時1742号146頁）。本判決もこのような判断をしたものと評価できる。

【参考文献】本文引用の判決とその評釈を参照。

（ごとう・もとのぶ）

民法 2

# 弁護士が委託を受けた債権回収等の手段として訴訟の提起等のために当該債権を譲り受ける行為の効力

最高裁平成21年8月12日第一小法廷決定
平成20年(許)第49号債権仮差押命令保全異議申立てについての決定に対する保全抗告棄却決定に対する許可抗告事件
民集63巻6号1406頁,判時2059号61頁,判タ1308号114頁

東京大学准教授　石川博康

【論点】
弁護士が,委託を受けた債権の管理または回収を行うための手段として,本案訴訟の提起や保全命令の申立て等の手続を行うために当該債権を譲り受けた場合,その行為の私法上の効力はどうなるか。

〔参照条文〕弁護28条,民90条

【事件の概要】
　Aは,Y(相手方)との間で,YおよびYの組合員が実施する外国人研修事業につき,Aが中国人研修生等を日本に派遣等するために必要な経費の一部をYが負担し,YがAに対しこれを送金して支払う旨の契約を締結した。弁護士であるX(抗告人)は,Aから本件負担金の支払請求権の回収を依頼されていたところ,平成19年8月から平成20年1月分のYの経費負担額111万円の支払を求める本案訴訟の提起や保全命令の申立て等の手続をするために,Aから本件債権を譲り受けた。Xが本件債権を譲り受けたのは,Aが日本国内に登記した支店および営業所を持たない外国法人であるため,その訴訟追行手続上の困難を回避するためであった。Xは,Aから譲り受けた本件債権に関し,その支払を求める本案訴訟の提起と,同債権を被保全権利としてYの第三債務者に対する預金債権に関する仮差押命令の申立てを行った。原審(広島高岡山支判平成20・10・8)は,本件債権の譲受けが弁護士法28条に違反する行為であるとは言えないが,その行為は,弁護士の品位の保持や職務の公正な執行の担保という同条の趣旨に照らし,特段の事情がない限り,その私法上の効力が否定されるものというべきであり,本件譲受けは無効であるとして,Xの申立を却下した。これに対し,Xが抗告した。

【決定要旨】
〈破棄差戻し〉「債権の管理又は回収の委託を受けた弁護士が,その手段として本案訴訟の提起や保全命令の申立てをするために当該債権を譲り受ける行為は,他人間の法的紛争に介入し,司法機関を利用して不当な利益を追求することを目的として行われたなど,公序良俗に反するような事情があれば格別,仮にこれが弁護士法28条に違反するものであったとしても,直ちにその私法上の効力が否定されるものではない(最高裁昭和46年(オ)第819号同49年11月7日第一小法廷判決・裁判集民事113号137頁参照)。そして,前記事実関係によれば,弁護士であるXは,本件債権の管理又は回収を行うための手段として本案訴訟の提起や本件申立てをするために本件債権を譲り受けたものであるが,原審の確定した事実のみをもって,本件債権の譲受けが公序良俗に反するということもできない。」

【解説】
　弁護士法28条は,弁護士が係争権利を譲り受けることを禁止しているが,その違反行為の私法上の効力については特に規定していない。本決定では,弁護士が委託を受けた債権回収等の手段として訴訟の提起等のために債権を譲り受ける行為が弁護士法28条に違反するものである場合でも,公序良俗に反するような事情がない限り,その私法上の効力は否定されないと判示されており,弁護士法28条に反する本件行為の効力に関し具体的な判断を示したものとして事例的意義が認められる。
　本決定においては最判昭和49・11・7が引用されており,この昭和49年最判では,問題とされた行為は弁護士法28条に違反するものであるが,公の秩序に反する無効な行為であるとは認められないとして,その私法上の効力が認められていた。しかも,昭和49年最判の事案は,自身が受け取るべき報酬金等の担保のために弁護士が係争権利たる土地の譲受けを行ったというものであった。これと本決定の事案を比較すると,弁護士自身の権利を確保するための譲受けに関する昭和49年最判の事案よりも,委託された債権管理等の円滑な遂行のために必要な措置であった債権の譲受けに関する本件事案の方が,「弁護士が事件に介入して利益をあげることにより,その職務の公正,品位が害せられまた濫訴の弊に陥るのを未然に防止する」(最判昭和35・3・22民集14巻4号525頁)という弁護士法28条の趣旨との抵触の度合いはより小さいものと評価される。以上の点に鑑みれば,このような昭和49年最判の事案に関してさえ弁護士法28条に違反する当該行為が私法上有効なものと判断されていた以上,本決定において本件債権の譲受けが公序良俗に反せず無効とはならないと判断されたことは,昭和49年最判の事案との関係でも整合的なものと解される。
　行政法規違反の行為の効力をめぐっては,公法上の規制目的と私法上のそれとが重なり合うことを前提として,その目的の実現のために必要な限り行政法規違反行為に対する私法上の規制を積極的に行うべきであるとする見解(大村敦志『契約法から消費者法へ』〔1999〕163頁以下,山本敬三『公序良俗論の再構成』〔2000〕241頁以下)が近時有力に主張されている。しかし,以上の理解を前提とする場合でも,本決定において問題とされた弁護士法28条のように,私法上の規制目的とは異なる公共的利益の保護を目的とするいわゆる警察法令に違反する行為の私法上の効力について考える際には,国家による過剰介入の禁止に対し相対的により強い配慮が求められるべきことになる(以上につき,石川博康・民法判例百選I〔第6版〕34頁参照)。弁護士法28条の趣旨に反する本件譲受けは特段の事情のない限りその私法上の効力が否定されるとした原審決定との対比では,本決定においては弁護士法28条に違反する行為の私法上の効力を否定することに対しより謙抑的な態度が示されていると評価されるが,そのような本決定の方向性については,以上の視点から理論的に基礎付けることができよう。

【参考文献】日本弁護士連合会調査室編著『条解弁護士法〔第4版〕』〔2007〕226頁以下。

(いしかわ・ひろやす)

民法 3

# 継続的な金銭消費貸借取引の過払金と消滅時効の起算点

最高裁平成21年1月22日第一小法廷判決
平成20年（受）第468号不当利得返還等請求事件
民集63巻1号247頁，判時2033号12頁，判タ1289号77頁

一橋大学教授　小野秀誠

【論点】
継続的な金銭消費貸借取引に関する基本契約が，利息制限法所定の制限を超える利息の弁済による過払金をその後に発生する新たな借入金債務に充当する旨の合意を含む場合には，過払金返還請求権の消滅時効は，いつから起算するか。

〔参照条文〕民166条・703条，利息1条

【事件の概要】
貸金業者Yと借主Xは，1個の基本契約に基づき，昭和57年8月10日から平成17年3月2日にかけて，継続的に借入れと返済を繰り返す金銭消費貸借取引を行った。Xは，Yに対し，基本契約に基づく継続的な金銭消費貸借取引に係る弁済金のうち利息制限法1条1項所定の利息の制限額を超えて利息として支払われた部分を元本に充当すると過払金が発生していると主張して，不当利得返還請求権に基づき，その支払を求めた。これに対し，Yは，不当利得返還請求権の一部については，過払金の発生時から10年が経過し，消滅時効が完成していると主張して，これを援用した。原審がXの主張をいれたので，Yから上告受理の申立てをした。

【判旨】
〈上告棄却〉「このような過払金充当合意においては，新たな借入金債務の発生が見込まれる限り，過払金を同債務に充当することとし，借主が過払金に係る不当利得返還請求権（以下「過払金返還請求権」という。）を行使することは通常想定されていないものというべきである。したがって，一般に，過払金充当合意には，借主は基本契約に基づく新たな借入金債務の発生が見込まれなくなった時点，すなわち，基本契約に基づく継続的な金銭消費貸借取引が終了した時点で過払金が存在していればその返還請求権を行使することとし，それまでは過払金が発生してもその都度その返還を請求することはせず，これをそのままその後に発生する新たな借入金債務への充当の用に供するという趣旨が含まれているものと解するのが相当である。そうすると，過払金充当合意を含む基本契約に基づく継続的な金銭消費貸借取引においては，同取引継続中は過払金充当合意が法律上の障害となるというべきであり，過払金返還請求権の行使を妨げるものと解するのが相当である。（中略）

したがって，過払金充当合意を含む基本契約に基づく継続的な金銭消費貸借取引においては，同取引により発生した過払金返還請求権の消滅時効は，過払金返還請求権の行使について上記内容と異なる合意が存在するなど特段の事情がない限り，同取引が終了した時点から進行するものと解するのが相当である」。

【解説】
金銭消費貸借取引において，利息制限法の制限を超過する過払金が発生すれば，元本に充当され，元本もなければ不当利得の返還請求権が発生するとするのが，最高裁の判例である（最大判昭和39・11・18民集18巻9号1868頁，最大判昭和43・11・13民集22巻12号2526頁）。この過払金に対する不当利得返還請求権は，10年の債権の消滅時効の対象となる（166条）。

しかし，最高裁は，一連の判決において，継続的な金銭消費貸借取引が繰り返される取引では，利息制限法所定の制限を超える利息の弁済により発生した過払金は，その後に発生する新たな借入金債務に充当されることがあるものとする（充当合意に関する最三小判平成19・2・13民集61巻1号182頁，最一小判平成19・7・19民集61巻5号2175頁，最二小判平成20・1・18民集62巻1号28頁ほか）。そして，過払金が順次債務に充当されていけば，個別の過払金が発生するつど時効期間が進行するのではなく，全体として取引が終了したのに過払金返還請求権が放置された場合のほかは時効消滅の余地はなくなる可能性がある。そこで，このような充当合意の存在が時効の進行にどう影響するかが問題となる。

消滅時効は，債権が行使可能な時から進行するから，停止条件や期限が付されている時には，条件が成就しあるいは期限の到来することが必要である。また，条件や期限以外の特約も法律上の障害となって時効の進行が遅れることがある（先例として，最三小判平成19・4・24民集61巻3号1073頁ほか）。本判決は，上記の充当合意の存在も，こうした法律上の障害になることを認めたものである。

【参考文献】原田昌和・法セ653号120頁，田中幸弘・NBL898号4頁，小野秀誠・市民と法57号2頁，同・民商140巻4＝5号574頁。

（おの・しゅうせい）

民法 4

# 建物区分所有法70条と憲法29条

最高裁平成21年4月23日第一小法廷判決
平成20年(オ)第1298号所有権移転登記手続等請求事件
集民230号435頁，判時2045号116頁，判タ1299号121頁

名古屋大学教授　千葉恵美子

**【論点】**
建物区分所有法70条は憲法29条に違反しないか。
〔参照条文〕建物区分70条，憲29条

**【事件の概要】**
　A団地は，昭和44年ころに分譲された住宅団地であり，17棟の区分所有建物，その敷地，附属施設から構成されていた。本件各建物は，いずれも専有部分を有する建物であり，団地内全建物の敷地及び附属施設が，団地内の各建物の区分所有者の共有となっていた。A団地では，本件各建物を含む団地全般の管理をするために，A団地住宅管理組合が設立され，規約が定められており，A団地は建物区分所有法（以下，「法」）70条所定の団地である。A団地住宅管理組合では，平成7年ころから建替えが検討されてきたが，平成17年3月6日に開催された臨時総会において，団地内全建物一括建替え決議が可決された。議決結果は，法70条所定の特別多数決議の要件を充足していた。
　上記決議に基づく本件団地の建替計画において，等価交換方式による共同事業予定者となったX会社は，建替え決議に賛成した区分所有者から区分所有権を承継した。一方，建替え反対派Yらは，その後，法63条1項に基づいて建替えに参加する旨の回答書を送付したが，Xは民法93条に基づき無効であるとして売渡請求権を行使し，Yらに対して所有権移転登記手続及び同建物の明渡しを求めて本件訴訟を提起した。これに対して，Yらは，区分所有法70条が憲法29条に違反すること，本件一括建替え決議が法70条に反する等として，建替え決議の無効を主張して争った。

**【判旨】**
〈上告棄却〉「規制の目的，必要性，内容，その規制によって制限される財産権の種類，性質及び制限の程度等を比較考量して判断すれば，区分所有法70条は，憲法29条に違反するものではない。」

**【解説】**
　平成14年に新設された建物区分所有法70条1項によれば，団地内区分所有者で構成される団地内の土地，建物等の管理を行う団体又は団地管理組合法人の集会において，①団地内の建物ごとに，区分所有者及び議決権の各3分の2以上の賛成があれば，②団地内区分所有者及び議決権の各5分の4以上の多数で，団地内全建物の一括建替え決議をすることができることになった。団地内全建物一括建替えの決議がされると，建替えに参加しない区分所有者は，時価による売渡請求権の行使を受けて，その区分所有権及び敷地利用権を失うことになる（法70条4項・63条4項）。そこで，上記制度が財産権の自由を保障した憲法29条に違反しないのかが争点となった。
　本判決は，区分所有権についての行使の制限は，区分所有権自体に内在するものであって，これらは，区分所有権の性質（1棟の建物の中の構造上区分された各専有部分を目的とする所有権であること，共用部分は区分所有者の共有に属し，その持分は専有部分の処分に従うこと，区分所有者は敷地利用権を専有部分と分離して処分することはできないこと）に由来すると解した上で，以下の3点から団地一括建替え決議制度には合理性があるとして，同法70条の合憲性を導いている。①大多数の区分所有者が建替えの意思を有していても一部の区分所有者が反対すれば建替えができないということになると，大多数の区分所有者の区分所有権の合理的な行使が妨げられること，②団地全体では法62条1項の議決要件と同一の議決要件を定め，各建物単位では区分所有者の数及び議決権数の過半数を相当超える議決要件を定めていること，③建替えに参加しない区分所有者の経済的損失は，区分所有権及び敷地利用権を時価で売り渡すこととされていることによって相応の手当がされていること，以上の点である。
　団地の場合には，団地全体として計画的に良好かつ安全な住環境を確保し，その敷地全体の効率的かつ一体的な利用を図ることが求められており，一括建替えの必要があることは確かである。したがって，敷地所有権の効率的かつ一体的な利用という観点からは，団地内区分所有者及び議決権の各5分の4以上の多数を決議要件としている点で，法70条の要件には合理性がある。しかし，建物単位では，区分所有者及び議決権の各3分の2以上の賛成があればよく，当該建物の区分所有者ではない他の建物の区分所有者の意思が反映した当該建物の建替え決議が可能であり，団地内の各建物の老朽化の程度に違いがある場合などには，建替えに反対する区分所有者の所有権を侵害するおそれがあることになる。この点，本判決は，当該建物の区分所有者ではない他の建物の区分所有者の意思が反映する点については，区分所有権の性質から団地一括建替え決議制度の合理性を説明しているが，建替えに不参加の区分所有者は所有権を喪失するのであり，所有権行使の制限を超える問題である。時価の評価方法を含めて，再考の必要があると考える。

**【参考文献】**　山野目章夫「マンションの建替えをめぐる法律改正の評価」ジュリ1249号44頁，千葉恵美子「検証・新マンション建替え決議制度――理論的視点から」同51頁，吉田邦彦「老朽化マンション（特に団地）の建替えを巡る諸問題と課題」判時2080号3頁，熊野勝之・法セ657号6頁，内野正幸・平成21年度重判解（ジュリ1398号）20頁，山野目章夫・リマークス41号30頁，渡辺健司・平成21年度主要民事判例解説58頁など。

（ちば・えみこ）

民法 5

## 担保不動産収益執行と抵当目的不動産の賃料債権を受働債権とする相殺

最高裁平成21年7月3日第二小法廷判決
平成19年(受)第1538号賃料等請求事件
民集63巻6号1047頁、判時2057号16頁、判タ1308号120頁

立教大学准教授　藤澤治奈

### 【論点】
抵当権に基づく担保不動産収益執行の開始決定が効力を生じた後、抵当目的不動産の賃借人は、抵当権設定前に賃貸人に対して取得した債権を自働債権とし開始決定後に発生した賃料債権を受働債権とする相殺を、担保不動産収益執行の管理人に対抗することができるか。

〔参照条文〕民371条・505条1項、民執188条・93条1項・95条1項

### 【事件の概要】
Aは、平成9年11月20日、自己が共有持分を有する建物（以下「本件建物」とする）の一区画につき、賃料月700万円、敷金1億3500万円、保証金3億1500万円（以下「本件保証金」とする）の賃貸借契約を、Yとの間に締結し、同区画をYに引き渡した。他方、平成10年2月27日、Aは、自己の債権者Bのために、他の共有持分権者とともに、本件建物上に抵当権（以下「本件抵当権」とする）を設定した。

平成18年2月14日、本件建物の持分につき滞納処分による差押えを受けたことにより、Aは、本件保証金につき期限の利益を喪失した。また、平成18年5月19日には、本件抵当権に基づく担保不動産収益執行の開始決定があり、Xがその管理人に選任された。Yは、平成18年7月以降、賃料の大部分を支払わず、平成18年7月5日および平成19年4月2日に、本件保証金返還債権を自働債権とし、賃料債権を受働債権とする相殺の意思表示をAに対して行った。これに対して、管理人Xが、賃料および遅延損害金の支払を求めて訴えたのが本件である。

原審は、第1に、賃料債権は管理人であるXに帰属するものであり、本件相殺の意思表示が行われた時に本件保証金返還債権と賃料債権とは相殺適状にはなかった、第2に、仮にそうでないとしても、相殺の意思表示はXに対して行うべきものであり、本件において相殺の意思表示があったということはできない、としてX勝訴の判決を下した。これを受けて、Yが上告受理申立てを行った。

### 【判旨】
〈破棄自判〉「……担保不動産収益執行の趣旨及び管理人の権限にかんがみると、管理人が取得するのは、賃料債権等の担保不動産の収益に係る給付を求める権利（以下「賃料債権等」という。）自体ではなく、その権利を行使する権限にとどまり、賃料債権等は、担保不動産収益執行の開始決定が効力を生じた後も、所有者に帰属しているものと解するのが相当であり、このことは、担保不動産収益執行の開始決定が効力を生じた後に弁済期の到来する賃料債権等についても変わるところはない。そうすると、担保不動産収益執行の開始決定の効力が生じた後も、担保不動産の所有者は賃料債権等を受働債権とする相殺の意思表示を受領する資格を失うものではない……。」

「被担保債権について不履行があったときは抵当権の効力は担保不動産の収益に及ぶが、そのことは抵当権設定登記によって公示されていると解される。そうすると、賃借人が抵当権設定登記の前に取得した賃貸人に対する債権については、賃料債権と相殺することに対する賃借人の期待が抵当権の効力に優先して保護されるべきであるから〔最三小判平成13・3・13民集55巻2号363頁参照〕、担保不動産の賃借人は、抵当権に基づく担保不動産収益執行の開始決定の効力が生じた後においても、抵当権設定登記の前に取得した賃貸人に対する債権を自働債権とし、賃料債権を受働債権とする相殺をもって管理人に対抗することができる……。」

### 【解説】
担保不動産収益執行とは、平成15年の民法および民事執行法改正により創設された制度であり、不動産担保権の実行方法の1つである（民執180条2号）。担保不動産収益執行に際しては、管理人が選任され、管理人が不動産の管理およびその収益の収取を行い（民執188条・95条1項）、担保権者は、その収益を被担保債権の優先弁済に充てることができる。このことの実体法上の根拠は、債務不履行後、抵当権の効力が不動産の果実に及ぶ旨を規定する民法371条にもとめられよう（道垣内弘人『担保物権法〔第3版〕』221頁）。では、このとき、賃料債権は誰に帰属しているのか。本判決は、賃料債権は依然として不動産所有者に帰属することを確認し、その上で、所有者は賃料債権を受働債権とする相殺の意思表示を受領する資格を有するとした。

では、賃借人による相殺は管理人に対抗することができるか。担保不動産収益執行と同様に賃料から優先弁済を得ることを可能にする制度としては、抵当権にもとづく物上代位があるが、これと相殺との関係については、本判決が引用する平成13年判決がある。最高裁は、賃料債権の差押え後、賃借人は、抵当権設定登記後に取得した債権を自働債権とし賃料債権を受働債権とする相殺を、抵当権者に対抗することはできないとした。抵当権の効力はその設定登記により公示されているから、後に取得した自働債権についての相殺期待は保護に値しないからであるという。このような判断は、担保不動産収益執行の場合にも妥当すると考えられてきたところ（道垣内弘人ほか『新しい担保・執行制度〔補訂版〕』47頁、道垣内・前掲225頁）、本判決も平成13年判決を参照している。ただし、平成13年判決においては、抵当権設定登記後に取得した債権を自働債権とする相殺が問題となっており、それが抵当権者に対抗できないとされたのに対して、本件においては、登記前に取得した債権が問題となっており、この場面では、相殺は管理人に対抗できるものとされた。このような判断からすれば、抵当権設定登記後に取得した債権を自働債権とする相殺は、不動産収益執行の管理人に対抗することができないということになろう。もちろん、この場面でも、最一小判平成14・3・28民集56巻3号689頁が、賃料は敷金返還請求権に充当され消滅する旨の判断を下したことに注意する必要がある。

### 【参考文献】
担保不動産収益執行の管理人については、本文中に掲げたもののほか、山本和彦「担保不動産収益執行における管理人の地位と権限」鈴木禄弥先生追悼論集『民事法学への挑戦と新たな構築』所収を参照のこと。また、本件評釈としては、藤澤治奈・立教法務研究3号133頁。

（ふじさわ・はるな）

民法 6

# 所有権留保における留保所有権者の義務および責任

最高裁平成21年3月10日第三小法廷判決
平成20年(受)第422号車両撤去土地明渡等請求事件
民集63巻3号385頁，判時2054号37頁，判タ1306号217頁

明治学院大学教授　今尾　真

【論点】
自動車の留保所有権者である信販会社は，当該自動車が第三者の土地に放置された場合にその撤去義務および損害賠償責任を負うか。

〔参照条文〕民206条・369条（所有権留保）・709条

【事件の概要】
　Aは，Xと駐車場の賃貸借契約を締結し，信販会社Yと結んだ車両購入に関する立替払契約に基づき購入した本件車両を駐車していた。他方，AY間の契約は，Yが本件車両の購入代金を販売店Bに立替払し，AがYに立替払金を分割支払する，本件車両の所有権はBからYに移転し，Aの債務完済まで担保として留保される（本件車両の登録事項等証明書の所有名義はYと記載），分割金の不払があったときはAはYの留保所有権に基づく本件車両の引渡しに応じる，本件車両の売却金をもってYに対する債務に充当することなどを内容としていた。その後，XはAの賃料不払を理由に賃貸借契約を解除したが，本件車両は駐車場に放置されたままであった。そこで，Xは，Yを相手に駐車場の明渡しおよびその使用料相当損害金の支払を求めたのが本件である。第1審・原審とも，Yは本件車両の担保権を有しているにすぎないとしてXの請求を棄却。Xが上告受理申立て。

【判旨】
〈破棄差戻し〉「動産の購入代金を立替払する者が立替金債務が完済されるまで同債務の担保として当該動産の所有権を留保する場合において」，「留保所有権者は，残債務弁済期が到来するまでは，当該動産が第三者の土地上に存在して第三者の土地所有権の行使を妨害しているとしても，特段の事情がない限り，当該動産の撤去義務や不法行為責任を負うことはないが，残債務弁済期が経過した後は，留保所有権が担保権の性質を有するからといって上記撤去義務や不法行為責任を免れることはないと解するのが相当である。」「なぜなら，……留保所有権は，原則として，残債務弁済期が到来するまでは，当該動産の交換価値を把握するにとどまるが，残債務弁済期の経過後は，当該動産を占有し，処分することができる権能を有するものと解されるからである。」

【解説】
　所有権留保や譲渡担保などの所有権担保の担保権者が，他人の土地に放置されている目的物の撤去義務・損害賠償責任を負うかについて，これまであまり論じられてこなかった。本判決は，この点に関して，第三者与信型販売信用取引における所有権留保についてであるが，最高裁として初めての判断を示した。第1審・原審が，留保所有権者は担保権を有するにすぎず撤去義務等を負わないとしたのに対し，本判決は，残債務の弁済期到来前後を基準に，それ以前は留保所有権者が目的物の交換価値把握権能を有するにとどまるが，それ以後は占有処分権能（換価処分権能）を有することを根拠に撤去義務等を認めた。つまり，弁済期到来前後によって留保所有権者の有する権能に変更が生ずることを明らかにした。この考え方は，すでに不動産の譲渡担保権に関する判例（最判昭和57・1・22民集36巻1号92頁，最判昭和62・2・12民集41巻1号67頁，最判平成6・2・22民集48巻2号414頁，最判平成18・10・20民集60巻8号3098頁）にその萌芽を看取することができた。本判決は，こうした判例の傾向を前提に，占有処分権能を取得した段階（実行段階）に至った以降は，担保目的で動産の所有権を留保している者も物権的請求権等の相手方になりうることを示したものといえる。この結論は概ね妥当と評されている。また，所有権留保と譲渡担保を同列の法的取扱いに服さしめるべきとの見地からは，本判決の射程は譲渡担保にも及ぶと解せられるようにも思われる。

　しかし，本判決の理解に関しては以下の諸点に注意すべきである。本件では，留保買主が行方不明となったので弁済期到来以降は撤去義務等を負担するのが留保所有権者としてもやむ得ないとの判断が妥当しようが，買主が現在する場合にも占有処分権能を根拠にかかる義務等を留保所有権者に課すことが現実的かつ可能であろうか。物権的請求権の相手方いかん（大判昭和5・10・31民集9巻1009頁）および借地上の建物への譲渡担保設定が賃借権の譲渡・転貸に当たるか否か（最判昭和40・12・17民集19巻9号2159頁，最判平成9・7・17民集51巻6号2882頁等）に関する従来の判例法理との関係でも，占有処分権能のみをもって目的物の現実の占有使用もない留保所有権者の義務等を肯定するには，なお検討の余地があるように思われる。また，動産の所有権担保では換価処分に実行手続が一般に前提とされるが，撤去義務等を発生させる占有処分権能と担保権実行との理論的関係も問題となる。さらに，本判決の判断は第三者所有権留保に関するものであるが，二当事者間の売主所有権留保にも当然に当てはまるのかも気になる。こうした点に鑑みると，本判決の理解につき，土地の無権原占有建物の登記名義人に建物収去土地明渡しを命じた最判平成6・2・8民集48巻2号373頁の柔軟な判断枠組みを参考にする方向もありえよう。なお，本判決は留保所有権者が妨害の事実を知って以降不法行為責任を負うとするが，その成立要件との関係でも掘り下げた検討が必要であろう。以上から，本判決は結論はともかく，理論的にみるとそう単純な判決ではないように思われる。

【参考文献】　本判決の評釈として，安永正昭・金判1314号1頁，藤澤治奈・NBL909号9頁，印藤弘二・金法1873号4頁，遠藤元一・金判1325号2頁，中村肇・法セ658号116頁，田髙寛貴・判タ1305号48頁。

（いまお・まこと）

民法 7

# 債務不履行による営業利益の喪失損害と債権者の損害拡大避止義務

最高裁平成21年1月19日第二小法廷判決
平成19年(受)第102号
損害賠償請求本訴、建物明渡等請求反訴事件
民集63巻1号97頁、判時2032号45頁、判タ1289号85頁

法政大学教授　川村洋子

【論点】
賃借型契約の不履行損害の金銭評価処理と損害額減額措置。

〔参照条文〕民416条1項・417条

## 【事件の概要】

　XはY所有の駅前ビルの地下1階部分を賃料月額20万円、期間1年の約定で賃借してカラオケ店を営業していたところ、平成7年3月の期間満了に際してYから更新を拒絶され同年10月には500万円の立退き料とともに解除を通告された。ちなみに同年9月Yは本件ビルを訴外Tに売却する契約を締結し、同契約にはビルを占有するテナントを6か月以内にYの責任において退去させる約定が挿入され、そのためにビルの登記名義は翌8年の代金完済後も変更されていない。平成9年2月12日に排水ポンプの故障により床上30〜50cmの浸水事故が発生し、Xは休業を余儀なくされた。Xは修理を要請したが、Yは同年2月18日付けで建物の老朽化を理由に再度の契約解除を通告した。Xは占有を継続し、事故から1年7か月後の平成10年9月14日に本訴を提起し、Yの修繕義務の不履行を理由に事故発生から平成13年8月11日までの営業利益の喪失損害5400万円（月額100万円×54か月）を訴求した。1審は事故発生日から解除日までの9日間に限った18万円を認定したのに対して、原審は請求全額に近い3104万円（年額702万余円×4年5か月）を認定した。Yが上告したのが本訴である。

## 【判旨】

〈一部破棄差戻し〉「Xがカラオケ店の営業を別の場所で再開する等の損害を回避又は減少させる措置を何ら執ることなく、本件店舗部分における営業利益相当の損害が発生するにまかせて、その損害のすべてについての賠償をYに請求することは、条理上認められないというべきであり」、民法416条1項の通常損害は回避可能な損害を除いた額に制限される、としたうえで、「上記措置を執ることができたと解される時期」ならびに「その時期以降に生じた賠償すべき損害〔がもしあるとき〕の範囲等」について審理し直すため原審判決を一部破棄差し戻した。

## 【解説】

　Yは上告理由において、Xの被害は事故を予想できたのにXがビルに居続けて自分で招いた損害である、とする過失相殺（418条）を主張したが、上告審は事故の前後にまたがるYの解除請求をすべて斥けた原審判断を是認しており、Xの占有に過失評価は馴染まない。そこで上告審は別なアプローチを採った。

　契約損害賠償額の画定は、因果関係判断にゆだねる立場と、約束時予見損害の全額評価の立場とに分かれる。因果関係説は、事実審の終期（最終の口頭弁論終結日）を締切日として、その間に債務不履行に起因して生じた損害の発生時時価の総計と、その間に同じ要因により債権者が受けた利益の総計との差額として算出する立場である。対照的に予見説は、債務者に帰責されるべき損害事実の範囲を約束時に予見可能なそれに制限し、こうして画定された損害事実の金銭評価については全額評価の立場をとる。全額評価とは、債権者の財産状態を債務不履行がなかったならば置かれていた状態に可及的に回復させることであるから、例えば不特定物売買という一回的給付交換型の契約では、代替品を市場で調達した時点での時価で賠償金額を算定すべきことになろう。しかし、訴訟終結後になされる調達日市価での金銭評価をこれに先行する事実審に遡って先取りすることはできない。代わって採られたのが違反時市価評価である。債権者は自らの費用において違反時（合理的猶予を含めて）に代替品を調達することが要請され、これを怠った場合それ以降の価格騰貴は債権者の負担とする算定処理である。この処理は、債権者は損害拡大避止義務を負うものとする判断とセットになる。上告審の判断は、上記処理を、貸借型の継続的契約関係にあてはめた場合の運用基準を示した。

　同質な給付（月毎の使用収益の提供と賃料支払）が反復される継続的契約関係の特質に照らし、まず損害の「拡大」原因を、一回的給付交換型における価格騰貴ではなく、支分的給付の反復の継続とみて、したがって「拡大避止」のための措置は給付の反復を止めることと解し、反復を止める基準時の画定が課題となる。

　本件浸水事故は、水回り設備の老朽化と排水ポンプの故障に起因し、ビル全体の水回り設備の更新工事を必要とした。賃貸人の修繕義務は賃借人から収取する賃料を対価として目的物を使用収益させる本体的義務を補完する義務にとどまり、前記の本格的工事は個々の賃借人に対する賃貸人の修繕義務の射程を超える。加えて、事故に先立って、本件ビルを解体して敷地を駐車場に転用する目的をもつTとの間で本件ビルの売却契約が締結されており、本格的工事を阻む派生的要因も存在した。こう判断した上告審は、まず本格的な設備更新工事なしにビルを老朽化の進行にまかせた状態でXが本件ビルでの営業継続を期待できる期間の終期をYの賃貸義務が彼の責めによらずに後発的不能化する時点として画定した。この終期までのXの占有とその間の休業による逸失利益は存続が推認されるYの賃貸義務により正当化されるのに対し、同終期以降のXの占有とその間の逸失利益はYの賃貸義務を欠いてXの自己リスクとなる。この画期を上告審は、XがYとの契約関係の断絶につながる決断をした本訴提起の時点前後であると示唆したうえで、認定を事実審である原審にゆだねた（上告審による場所的利益に関する言及は傍論にとどまる）。

【参考文献】　平井宜雄『債権総論〔第2版〕』（1994年）、川島武宜「判例研究」同『ある法学者の軌跡』（1978年）323頁。

（かわむら・ようこ）

民法 8

## 譲渡禁止特約に違反して債権を譲渡した債権者が譲渡の無効を主張することの可否

最高裁平成21年3月27日第二小法廷判決
平成19年(受)第1280号供託金還付請求権帰属確認請求本訴,同反訴事件
民集63巻3号449頁, 判時2042号3頁, 判タ1295号172頁

同志社大学教授　石田　剛

### 【論点】
譲渡禁止特約に違反して債権を譲渡した譲渡人は, 債務者が譲渡の無効を主張せずに, 未払債権全額を供託した場合, 譲渡の無効を主張して, 譲受人に対し, 供託金還付請求権が自己に帰属することの確認を求めることができるか。

〔参照条文〕民466条

### 【事件の概要】
Xは平成17年3月25日に特別清算開始決定を受け, 同手続を遂行中である。

Yは平成14年12月2日, Xとの間の手形貸付取引に基づき, YがXに対して現在及び将来有する貸付金債権及びこれに附帯する一切の債権の担保として, XがAに対して取得する平成14年6月2日～平成18年12月2日を終期とする工事代金債権(総額1億5968万円)を譲渡する旨の債権譲渡担保契約(以下,「本件債権譲渡」という)を締結した(Yと共同で本件契約を結んだZ〔信用保証協会〕も, 第1審では共同被告とされているが, この点は省略する)。本件債権譲渡の目的債権には, XA間の工事発注基本契約書及び工事発注基本契約款において, 譲渡禁止の特約が付されていた。XはAに対して, 上記債権を組成する(具体的)工事代金債権α β γを取得した。Aは, 平成16年12月6日に債権αにつき, 平成17年2月8日に債権βにつき, 同年12月27日に債権γにつき, それぞれ債権者不確知を供託原因として, 所定の金員を供託した。XはAの承諾なしになされた譲渡の無効を主張し, 債権αβγにつき供託金還付請求権の帰属確認を求めて提訴した。他方で, Yは本件債権譲渡が有効であるとして, 上記供託金還付請求権が自己に帰属することの確認を求める反訴を提起した。第1審及び原審は, Aが譲渡を承諾していない以上, 譲渡は無効であるとして, Xの本訴請求を認容し, Yの反訴請求を棄却した。Yは, 譲渡の無効を主張できるのは債務者だけであると主張して, 上告受理申立てを行った。

### 【判旨】
〈破棄自判〉「民法は, 原則として債権の譲渡性を認め(466条1項), 当事者が反対の意思を表示した場合にはこれを認めない旨定めている(同条2項本文)ところ, 債権の譲渡性を否定する意思を表示した譲渡禁止の特約は, 債務者の利益を保護するために付されるものと解される。そうすると, 譲渡禁止の特約に反して債権を譲渡した債権者は, 同特約の存在を理由に譲渡の無効を主張する独自の利益を有しないのであって, 債務者に譲渡の無効を主張する意思があることが明らかであるなどの特段の事情がない限り, その無効を主張することは許されないと解するのが相当である。」

### 【解説】
譲渡禁止特約の効力については, 債権的効果説と物権的効果説の対立がある。前者によると, 債権者は債務者に対して不作為義務を負うだけで, 特約違反の譲渡も有効であるが(前田達明『口述債権総論〔第3版〕』400頁), 後者によると, 処分行為の効果が否定され, 譲渡は原則として万人との関係で無効となる。判例は従来から物権的効果説に立つものと理解されてきた(池田・後掲10頁)。466条2項ただし書の規定ぶりは, 譲渡の無効を前提に, 信頼保護の観点から善意の第三者を保護するものと見られ, 物権的効果説に親和する。本判決も, 譲渡の「無効」を前提とし, その主張権者を制限する構成をとっており, 債権的効果説と一線を画している。

もっとも, 特約の目的は主に債務者の利益保護にあると考えられ, 本判決もその旨明言している(特約により保護される利益については, 米倉明『債権譲渡』68頁以下に詳細な検討がある)。債務者が譲渡を事後承諾した場合, 第三者の権利を害しない範囲で譲渡が遡及的に有効になると解される(116条ただし書の法意)のもそのためである(最判平成9・6・5民集51巻5号2053頁)。本判決は, 自ら特約を反故にして譲渡に及んだ譲渡人には無効を主張する独自の利益がないものとし, X本人とほぼ同視できるXの特別清算人による無効の主張を認めなかった点で, 理論上も重要な意義を有する。物権的効果説が譲渡の絶対無効を必然的に導くわけではないことを示唆しているが, 本判決が果たしてYの主張を全面的に容れ, 無効の主張権者を原則として債務者に限定する趣旨をも含むのか(判時2042号4頁の無署名コメント, 中村・後掲17頁は肯定), 慎重な検討を要する。

というのも, 本判決は, 第三者による無効主張の可否を直接判断したものではない(この点, 取消的〔相対的〕無効の例とされる錯誤の効果につき, 第三者による無効主張が原則として否定される〔最判昭和40・9・10民集19巻6号1512頁〕のと同じではない)からである。本判決は, 譲渡の絶対無効を前提に, 無効主張を信義則(矛盾行為禁止)違反により個別的に封ずるのではなく, 譲渡人に定型的に無効を主張する「独自の利益」がない, という論法をとっており(吉永・後掲120頁), 一種の相対無効的構成に立つ。もっとも,「特段の事情」として, 債務者に無効主張の意思があることが明らかな場合には, 譲渡人も第三者も主張できることになろう。さらに債務者の意思が不明確な場合でも, 無効主張につき独自の利益を有する第三者による主張を本判決が積極的に禁じているわけではない。

例えば, Xが破産した場合における破産管財人や差押債権者による無効主張は可能か。本判決の射程はこれらの場合に当然には及ばない。譲渡の「無効」から出発し,「独自の利益」を有しない者を主張権者から例外的に除外する論法から忖度すれば, 破産管財人も差押債権者も「独自の利益」を有すると評価される限り, 主張権者に含める方向に展開する可能性もある(池田・後掲14頁, ただし破産管財人につき結論は否定的, また四ツ谷・後掲4頁は差押債権者につき肯定)。

【参考文献】髙橋譲・最判解民事篇平成21年度247頁, 池田真朗・金法1873号6頁, 吉永一行・法セ655号120頁, 中村肇・金判1324号13頁, 四ツ谷有喜・速判解6号91頁。

(いしだ・たけし)

民法 9

## 金融機関の預金者に対する取引経過開示義務の有無

最高裁平成21年1月22日第一小法廷判決
平成19年(受)第1919号預金取引記録開示請求事件
民集63巻1号228頁, 判時2034号29頁, 判タ1290号132頁

東北大学教授　渡辺達徳

### 【論点】
①金融機関は，預金契約に基づき，預金者の求めに応じて預金口座の取引経過を開示すべき義務を負うか。②共同相続人の1人は，被相続人名義の預金口座の取引経過開示請求権を単独で行使することができるか。
〔参照条文〕①②につき，民645条・656条・666条，②につき，民252条・264条・898条

### 【事件の概要】
Xの父A及び母Bは，Y信用金庫a支店において，それぞれ普通預金口座及び定期預金口座を有していたが，Aは平成17年11月9日に，また，Bは平成18年5月28日に死亡した。A及びBの共同相続人の1人であるXは，Yに対し，A名義の口座につき平成17年11月8日と同月9日における取引経過の開示を，また，B名義の口座につき平成17年11月9日から平成18年2月15日までの取引経過の開示を求めたが，Yがこれに応じないため訴えを提起した。

第1審（東京地判平成18・11・17民集63巻1号238頁参照）は請求を棄却。原審（東京高判平成19・8・29民集63巻1号241頁参照）は，原判決を取り消し，Xの請求を認めた。そのためYが上告受理申立て。

### 【判旨】
〈上告棄却〉　預金契約は，消費寄託の性質を有するが，「預金契約に基づいて金融機関の処理すべき事務には，預金の返還だけでなく，振込入金の受入れ，各種料金の自動支払，利息の入金，定期預金の自動継続処理等，委任事務ないし準委任事務……の性質を有するものも多く含まれている。……受任者は委任者の求めに応じて委任事務等の処理の状況を報告すべき義務を負うが（民法645条，656条），これは，委任者にとって，委任事務等の処理状況を正確に把握するとともに，受任者の事務処理の適切さについて判断するためには，受任者から適宜上記報告を受けることが必要不可欠であるため」であり，「このことは預金契約において金融機関が処理すべき事務についても同様である」。「したがって，金融機関は，預金契約に基づき，預金者の求めに応じて預金口座の取引経過を開示すべき義務を負うと解するのが相当である」。

「……預金者が死亡した場合，その共同相続人の1人は，預金債権の一部を相続により取得するにとどまるが，これとは別に，共同相続人全員に帰属する預金契約上の地位に基づき，被相続人名義の預金口座についてその取引経過の開示を求める権利を単独で行使することができる（同法264条，252条ただし書）というべきであり，他の共同相続人全員の同意がないことは上記権利行使を妨げる理由となるものではない」。

### 【解説】
1　本判決は，「論点」に示した①②を肯定した初めての最高裁判決である。その結論に至る理論構成や判決の射程についても，検討に値する幾つかの判示を含むものといえる。

2　まず，①について。本判決は，普通預金契約及び定期預金契約のどちらも，消費寄託の性質を持つことを前提として，委任または準委任の性質をも併有するとした。預金契約の性質については，従来，消費寄託とみるもの，消費寄託と消費貸借の混合的性質を持つと解するもの，現実には約款の規律を受けるので法的性質を論じる実益は乏しいと説くもの，などがあり，委任の規定が類推適用される余地があることも認識されてはいたが（『新版注釈民法(16)』396頁[打田畯一=中馬義直]），最高裁により，預金契約が委任または準委任の性質を持つと判示されたのは重要である。こうした契約の性質決定から，受任者の報告義務（民645条）を介して取引経過開示義務を導き出したことが，本判決の特徴である。一方，原審は，「預金契約に付随する義務として，信義則上」，取引経過を開示すべき義務を負うとしていた。この原審の法律構成は，貸金業者（いわゆるサラ金）が借主に対して取引履歴の開示義務を負うことを肯定した最判平成17・7・19民集59巻6号1783頁が採用したものであった。しかし，最高裁は，委任契約においては，受任者の本来的義務である報告義務を拠り所として取引経過の開示義務を導くべきものとし，信義則を媒介とした付随義務を観念する構成をとらなかったものと考えられる。

3　次に，②について。従来の下級審裁判例では見解が分かれていたが，取引経過開示請求権の単独行使を否定した原判決に対する上告受理申立てを不受理とした最決平成17・5・20金法1751号43頁があるため，最高裁は否定説に立つとみる向きもあった。しかし，この決定は，当該上告受理申立てが，「法令の解釈に関する重要な事項を含む」（民訴318条1項）という受理の要件を充足しないと述べたにとどまり，実体的な判断をしたものではなかった。一方，取引経過開示請求権の単独行使を肯定する場合，その説明方法としては，ⓐ共同相続により分割承継され，各相続人に帰属した預金債権の単独行使が認められることの当然の帰結としてこれを肯定するものと，ⓑ預金債権の帰属とは別に，預金契約上の地位が共同相続人全員の準共有となっている状態を観念し，保存行為として取引経過開示請求権の単独行使を認めるもの，とに分かれる。原判決はⓐを，最高裁判決はⓑを採った。ⓐを採ると，預金債権の帰属に争いがある間は取引経過開示請求権も行使できなくなること，また，他の共同相続人の取引経過の開示を受けるのはプライバシー侵害や金融機関の守秘義務違反をもたらすおそれがあること，などの難点があり，ⓑが妥当である。

4　本判決は，従来，最高裁の立場が示されていなかった①②の問題を明らかにし，また，預金契約が委任・準委任の性質をも持つことを認めた点においても重要な意味を持つ。なお，本判決は，「開示請求の態様」，「開示を求める対象ないし範囲等」によっては，開示請求が権利濫用にあたり許されないとしており，今後は，その具体的な場面が検討されるべきことになろう。

### 【参考文献】
本判決の評釈として，吉永一行・法セ657号124頁，堂園昇平・金法1876号7頁，遠藤曜子・金判1321号20頁など。

（わたなべ・たつのり）

民法 10

# 原因関係のない振込みに係る預金の払戻請求と権利の濫用

最高裁平成20年10月10日第二小法廷判決
平成19年(受)第152号預金払戻請求事件
民集62巻9号2361頁，判時2026号13頁，判タ1285号65頁

――――――一橋大学教授　滝沢昌彦

【論点】
原因関係がない振込みに係る預金の払戻しを請求することが権利の濫用となるか。
〔参照条文〕民1条3項・666条

【事件の概要】
　XはY銀行に普通預金口座（以下「本件普通預金口座」という）を有しており，また，Xの夫Aは，B銀行に元本1100万円の定期預金口座を開設していた。平成12年6月6日の午前4時ころXの自宅から上記預金口座の通帳や届出印等が窃取され，翌7日の午後1時50分ころ，窃取者から依頼を受けたCらが，B銀行において通帳等を提示してAの定期預金口座を解約し，元利合計1100万7404円を本件普通預金口座に振り込むように依頼した（以下「本件振込み」とする）。これにより本件普通預金口座の残高は1100万8255円となったところ，Cらは，同日午後2時29分ころY銀行において本件普通預金口座から1100万円の払戻しを受けた。
　XがY銀行に対して本件普通預金口座の1100万円の払戻しを請求したのに対して，Y銀行は，本件振込みにかかる1100万円はXに帰属しない，また，Y銀行は478条により免責されるなどと主張して争った。1審（東京地判平成17・12・16）は，本件普通預金口座に振り込まれた1100万円がXに帰属することを認め，かつ，Y銀行のCらへの払戻しには過失があったとして請求を認容したが，原審（東京高判平成18・10・18）は，1100万円がXに帰属することは認めたが，払戻しを受けるべき正当な利益がXに欠けるときは払戻請求は権利濫用として許されないと言う。そして，本件のXは，本件振込みによる利得を保持する法律上の原因を欠き返還すべき立場にあるのだから，その権利行使も返還義務の履行の範囲に止まり，払戻請求ではなく原状回復のための措置をとるべきであるとして最決平成15・3・12刑集57巻3号322頁を引用して，Xの請求を棄却した。X上告。

【判旨】
〈破棄差戻し〉　最高裁は，まず，最判平成8・4・26民集50巻5号1267頁を引用して，普通預金口座に振込みがあったときは振込みの原因となる法律関係の有無にかかわらず受取人は預金債権を取得し，受取人が不当利得返還義務を負う場合でも，権利行使が不当利得返還義務の履行の手段に限定される理由はないとした。「そうすると，受取人の普通預金口座への振込みを依頼した振込依頼人と受取人との間に振込みの原因となる法律関係が存在しない場合において，受取人が当該振込みに係る預金の払戻しを請求することについては，払戻しを受けることが当該振込みに係る金員を不正に取得するための行為であって，詐欺罪等の犯行の一環を成す場合であるなど，これを認めることが著しく正義に反するような特段の事情があるときは，権利の濫用に当たるとしても，受取人が振込依頼人に対して不当利得返還義務を負担しているというだけでは，権利の濫用に当たるということはできないものというべきである。」

【解説】
　原因関係のない振込みがされた場合に受取人が（原因関係がないにもかかわらず）預金債権を取得するかという問題について，上記最判平成8・4・26は債権の取得を肯定した。しかし，受取人に実質的な権利があるわけではないので不当利得返還義務を負うのは当然であるばかりか，預金債権についても，上記最決平成15・3・12は事情を秘して払戻請求をすれば詐欺罪になるとし，また，銀行が受取人に対する債権と相殺することを否定した下級審判決（名古屋高判平成17・3・17金法1745号34頁等）もある。特に平成8年判決と平成15年決定との関係が問題であり，平成8年判決によれば受取人は預金債権を取得するのであるから払戻請求も認められそうなのに，平成15年決定は詐欺罪になるとした。民事上は払戻請求できるが刑事上責任を負うとする立場も考えられないわけではないし（佐伯仁志＝道垣内弘人『刑法と民法の対話』〔有斐閣，2001年〕41頁参照），その方が「権利はあるが権利行使は許されない」という中途半端な状態を避けることができるとも言える。しかし，最高裁は，民事責任と刑事責任との衝突を好まなかったのであろう。もっとも，本判決が念頭にしているのは「振り込め詐欺」等であり，平成15年決定が想定している場合とはやや異なる。したがって，衝突を完全に避けられるかには疑問も残る。
　残された課題も多く，まず，どのような場合に権利濫用となるのかが問題となる。本件は被害者の妻が払戻しを請求しているのであるから結論が妥当であることに異論はないであろうが，逆に言えば，このような事案でなくとも払戻しが認められるのであろうか。そうすると，上述のように，平成15年決定との関係も問題となろう。本判決は「不当利得返還義務を負っているというだけでは権利濫用にならない」とするのみであるから，どのような場合に権利濫用になるのかはさらに議論されなければならない。
　また，原審の結論は一見妥当ではないように見えるが，これは，（別訴で）B銀行の定期預金の解約・払戻しに過失があるとされた場合，AのB銀行に対する払戻請求権とXのY銀行に対する払戻請求権という（実質的には）両立しない債権の併存を認めることになり，また，過失のあるB銀行が負うべき回収リスクがY銀行に転嫁される点を考慮したものであった。この点を捉えて原審判決の方を高く評価する評釈もあるが（淺生重機・金法1867号21頁），確かに，このような観点からの検討も必要であろう。

【参考文献】　松岡久和・平成20年度重判解（ジュリ1376号）75頁，原田昌和・法セ649号124頁など。

（たきざわ・まさひこ）

民法 11

# 民法160条の法意による民法724条後段の効果の制限

最高裁平成21年4月28日第三小法廷判決
平成20年(受)第804号損害賠償請求事件
民集63巻4号853頁，判時2046号70頁，判タ1299号134頁

小樽商科大学准教授　齋藤由起

【論点】
①民法724条後段の期間制限の法的性質。②時効停止規定（160条）の法意による724条後段の効果の制限の可否。
〔参照条文〕民160条・724条

【事件の概要】
　a小学校の学校警備主事Yは，昭和53年8月14日，同校の教諭Aを殺害し（以下，「本件殺害行為」という），16日までに遺体を自宅床下に埋めて隠匿した。Yは，本件殺害行為の発覚を防ぐため，自宅の周囲をブロック塀等で囲んで内部の様子を容易に窺えないようにし，サーチライト等を設置するなどした。平成6年頃，Yの自宅を含む土地が土地区画整理事業の施行地区となり，当初自宅の明渡しを拒んでいたYは明渡しを余儀なくされ，本件殺害行為から約26年後の平成16年8月21日，警察署に自首した。Yの自宅床下の地中から白骨化した遺体が発見され，同年9月29日，Aの遺体と確認され，Aの相続人XらはAの死亡を知り，平成17年4月11日，Yに対して本件訴訟を提起し，不法行為に基づく損害賠償を請求した。1審（東京地判平成18・9・26判時1945号61頁）は，Aの殺害にかかる損害賠償請求権は724条後段の除斥期間の経過により消滅したとしつつ，Aの遺体を隠匿し続けた行為をXらに対する独立の不法行為と認め，慰謝料請求を認容した。原審（東京高判平成20・1・31判時2013号68頁）は，遺体隠匿行為の継続は独立の不法行為とならないが，Aの殺害にかかる損害賠償請求権について，特段の事情があるときは，民法160条の法意に照らして724条後段の効果は生じないとして，Xらの請求を認容した。Yが上告受理申立て。

【判旨】
〈上告棄却〉「被害者を殺害した加害者が，被害者の相続人において被害者の死亡の事実を知り得ない状況を殊更に作出し，そのために相続人はその事実を知ることができず，相続人が確定しないまま上記殺害の時から20年が経過した場合において，その後相続人が確定した時から6か月内に相続人が上記殺害に係る不法行為に基づく損害賠償請求権を行使したなど特段の事情があるときは，民法160条の法意に照らし，同法724条後段の効果は生じないものと解するのが相当である」。

724条後段の期間制限の法的性質を消滅時効と解し，本件では160条を直接適用すべきであるとする田原睦夫裁判官の意見がある。

【解説】
　1　本判決では，殺害行為の加害者が被害者の遺体隠匿行為を継続し，遺族が被害者の死亡を知り得ずに相続人が確定せず，損害賠償請求権を行使できずに殺害行為から20年以上が経過したが，相続人確定後6か月以内に訴訟提起した事案において，相続人が被害者から相続した本件殺害行為に関する不法行為に基づく損害賠償請求権が，民法724条後段によって消滅したかどうかが問題となった。
　2　724条後段の法的性質については，除斥期間説と時効説とが対立していたが，最判平成元・12・21民集43巻12号2209頁はこれを除斥期間と解した。しかし，同判決が，除斥期間の性質上，請求権は除斥期間の経過により当然に消滅し，信義則・権利濫用の適用の余地がないと判断したことは，硬直的すぎるとして通説である除斥期間説からも批判され，起草者意思に遡る時効説が有力となった。このような中，本判決は，平成元年判決の立場を踏襲しつつ，①時効停止事由に該当する権利行使の困難，②①が当該不法行為（加害者）に起因している，という「特段の事情」を挙げ，「正義・公平の理念」及び「条理」を根拠に，160条の法意に照らして724条後段の効果を制限した。このような判断枠組みは，158条の法意に照らして724条後段の効果を制限した最判平成10・6・12民集52巻4号1087頁（予防接種禍の事案）において既に用いられていたが，本判決は，同枠組みにつき，新たな条文上の手掛かり（160条の法意）を示した点で重要な意義を有する。
　3　本判決は，724条後段の除斥期間には原則的に時効停止規定が類推適用されないことを前提としつつ，当事者間の具体的事情の考慮に基づき，被害者保護の必要性を724条の趣旨とされる権利関係の速やかな確定に優先させた点で，平成元年判決による除斥期間の硬直的な理解の限界をまた1つ明らかにしたといえる。しかも，本判決の判断が実質的に重視したのは，加害者自ら被害者側の権利行使を「殊更に」妨害した点（②）であるが，これは本来160条の予定する要件ではない。その意味では，本判決は上記②によって生じた権利行使困難という結果（①）に着目して160条（の法意）に仮託したにすぎないようにみえる。160条の法意に照らした本判決の射程は非常に狭いが，加害者からの権利行使妨害や当該不法行為に起因する被害者の権利行使の困難が時効停止事由（158条・160条）に相当しないような事案につき，724条後段の適用制限を一切否定するのか，仮に認めるとすればいかなる法律構成によるのかは未解決の課題であり（158条該当事由がなくても724条後段の適用制限の余地を認めるものとして，福岡高判平成16・5・24判時1875号62頁等。なお，地方自治法236条所定の時効〔援用不要〕の信義則による制限を認めたものとして，最判平成19・2・6民集61巻1号122頁を参照），今後の判例の展開が注目される。

【参考文献】　本判決につき，中村肇・法セ656号136頁。平成元年判決以降の判例の動向につき，松久三四彦「民法724条後段の起算点及び適用制限に関する判例法理」円谷峻＝松尾弘編集代表『損害賠償法の軌跡と展望』47頁。

（さいとう・ゆき）

民法 12

# 債務に関する相続分指定の効力と遺留分侵害額との関係

最高裁平成21年3月24日第三小法廷判決
平成19年(受)第1548号持分権移転登記手続請求事件
民集63巻3号427頁，判時2041号45頁，判タ1295号175頁

広島修道大学准教授　青竹美佳

【論点】
①相続人のうち1人の相続分を全部と指定する遺言の効力が被相続人の有していた金銭債務にも及ぶか。②遺留分侵害額の算定において，遺留分権利者の法定相続分に応じた相続債務の額を，遺留分侵害額に加算することができるか。

〔参照条文〕民427条・899条・902条・908条・1029条・1031条

【事件の概要】
被相続人Aの法定相続人は子X・Yである。Aは，財産全部をYに相続させる旨の公正証書遺言を残して死亡した。Aの財産は甲不動産を含む4億3231万7003円の積極財産と，4億2483万2503円の消極財産である。Aが死亡した後，Yがすべてを承継して甲不動産の登記も移転した。そこでXは遺留分減殺請求権を行使した。遺留分侵害額の算定の前提としてXは，可分債務は法定相続分に応じて当然に分割されるから，その2分の1を負担すると主張した。これによると遺留分侵害額は，4億3231万7003円から4億2483万2503円を引いた額の4分の1である187万1125円に，債務の2分の1である2億1241万6252円を加算した2億1428万7377円であるとした。これに対してYは，遺言により債務をすべて負担するので遺留分侵害額は187万1125円であると主張した。原審は，Xの負担する債務の額をゼロとして算定したので，Xが上告した。

【判旨】
〈上告棄却〉(1)「相続人のうちの1人に対して財産全部を相続させる旨の遺言により相続分の全部が当該相続人に指定された場合，遺言の趣旨等から相続債務については当該相続人にすべてを相続させる意思のないことが明らかであるなどの特段の事情のない限り，当該相続人に相続債務もすべて相続させる旨の意思が表示されたものと解すべき」である。「これにより，相続人間においては，当該相続人が指定相続分の割合に応じて相続債務をすべて承継することになる」。もっとも，相続債務についての相続分の指定は，債権者の関与なくされたものであるから，「債権者に対してはその効力が及ばない」。したがって各相続人は，債権者からの法定相続分に基づいた請求に応じなければならないが，債権者の方から指定相続分に基づいて請求することは妨げられない。

(2) 遺留分侵害額の「算定は，相続人間において，遺留分権利者の手元に最終的に取り戻すべき遺産の数額を算出するものというべきである。」したがって，上記のような相続分指定があった場合，「遺留分の侵害額の算定においては，遺留分権利者の法定相続分に応じた相続債務の額を遺留分の額に加算することは許され」ず，法定相続分に応じた履行をした遺留分権利者は，相続債務をすべて承継した相続人に対して求償し得るにとどまる。

【解説】
1　複数の相続人中の1人に全財産を相続させる旨の遺言は，相続分を全部とする相続分指定と解される（東京高判昭和45・3・30家月23巻1号65頁等）。ここで，相続分指定の効力が，相続債務にも及ぶか否かが問題となる。これについては従来，包括遺贈および遺産分割の効力の問題とともに議論されてきたが，一般的な見解によると，相続分指定の効力は当事者内部の関係では相続債務にも及ぶ。もっとも，債権者を保護する観点から，相続分指定の効力は，債権者には主張できない（中川善之助＝泉久雄『相続法〔第4版〕』258頁）。本判決は，これまでの一般的見解にならって，相続債務についての相続分指定の効力を相対的に捉える。

2　次に本判決が問題にしているのは，相続債務に関する相続分指定の相対的な効力と，遺留分侵害額算定との関係である。相続債務があるときには，当該遺留分権利者の負担する相続債務の額を加算して，遺留分侵害額を算定する（最判平成8・11・26民集50巻10号2747頁）。ここで加算すべき相続債務の額は，内部関係における額をもとにするのか，それとも債権者との関係に配慮した額をもとにするのかについて，本判決は，内部関係における債務の額をもとにすることを明らかにした。これは，相続分指定の効力を相対的に捉える上記の立場に合致している。すなわちこの立場に基づくと，本件でYは，指定相続分に応じた債務の負担を，内部の当事者であるXに対しては主張できる。したがってXに対しては，Xの負担する債務の額をゼロとして，遺留分侵害額を算定すべきことを主張できるのである。

3　もっとも，本判決の基準によると，Xが法定相続分に応じた履行をなした場合に，求償の相手方Yが無資力に陥る危険をXが負担することとなる。これは，遺留分権利者は本来，債務の負担を予定していないと考えると，問題となりうる（本山敦・司法書士432号33頁）。しかし他方では，法定相続分に基づく債務の額を加算する方法は，遺留分権利者が，法定相続分に応じた履行をなす前に求償することと同様の結論を導き，事後的な請求を原則とする求償の本質に沿わないこととなる。このことは，本件ではYが指定相続分に応じた履行をなした場合に（債権者が求めれば，Yは，指定相続分に応じて債務の全額を履行しなければならない），今度はXに対して，多く給付しすぎた遺留分額の返還を請求しなくてはならないという形で問題となる。以上のことから，本判決は，相続分指定の効力の一般的理解および求償の原則に沿った，妥当な一般的基準を提示したものといえる。

4　なお，本件は，相続分指定の効力と遺留分侵害額との関係を問題にした事例であるが，包括遺贈についても，原則として同様の基準が妥当するものと考えられる。

【参考文献】本判決の評釈として，金亮完・速判解5号105頁，吉永一行・法セ661号128頁。控訴審の評釈として，本山敦・判タ1263号68頁。安部光壱「遺留分減殺額と相続債務との関係」生野正剛ほか編『変貌する家族と現代家族法』290頁。

（あおたけ・みか）

# 民法　判例の動き

東京大学教授　**森田　修**

平成21年9月から同22年8月までに言い渡された民法関係の主な裁判例は，次のとおりである。

## 1. 民法総則

最判平成22・1・29判タ1318号85頁では，会社債務を保証した代表取締役に対する保証債務の請求が権利濫用とされた。企業グループ甲が経営顧問契約に基づく顧問料等の形式で乙会社の事業収益を掌握し，その代表取締役等に経営裁量の余地を残さない形で本件会社を支配する「ビジネスシステム」に関する。この甲の社員が，乙の正社員となって数か月たらずの者丙を代表取締役とした上，乙に甲グループ他社からの借入れをさせ，かつ丙にその保証をさせた事案である。このビジネスシステム自体は不当でないとする補足意見がある。法人法に関して最判平成22・4・8判タ1327号75頁（**民法1**）のほか，最判平成21・11・27判タ1314号132頁がある。農業協同組合の代表理事がした補助金交付申請等についての虚偽の報告に基づき進めた建設事業によって同組合が費用負担によって損害を受けた場合に，資金の調達方法を調査確認しなかった同組合の監事に任務懈怠の責任ありとする。

法律行為については錯誤に関して最判平成22・3・18（平成20年（受）第1392号・最高裁HP）がある。学校法人の理事がした辞任の意思表示及び新理事選任の議決権行使につき，連帯保証債務を免れさせることを約した新理事の力量についての誤信を理由に要素の錯誤に基づく無効が主張されたが，そもそも錯誤不存在として退けられた。最判平成22・3・30判タ1321号88頁は，消費者契約法4条2項の不利益事実の不告知を理由とする取消しについての最初の判断であるが，金の先物取引における将来の金の価格は，消費者契約法4条2項本文にいう「重要事項」にあたらないとして，取消しを認めた原審を破棄差し戻した。最判平成22・3・30判タ1323号102頁は学納金返還訴訟に関わり，補欠者の繰り上げ合格の通知期日を4月7日としていた大学の推薦入試合格者が4月5日以降に入学を辞退した事案につき，最判平成18・11・27民集60巻9号3437頁の「4月1日基準」に照らして不返還特約を消費者契約法9条1号に抵触せず有効とした。

条件につき，最判平成22・7・20（平成21年（受）第309号・最高裁HP）では甲契約（請負目的物についてのファイナンス・リース）による融資を前提として乙契約（請負）が締結されたが，甲契約が締結されなかった事案につき，乙契約に基づく代金請求の可否が問題となった。最高裁は，甲契約が締結されないことになった時点で乙契約の請負代金債権の履行期が到来するとするのが合理的な意思に沿うとして，甲契約締結を停止条件として乙契約が締結されたとする原審の認定を経験則違背として破棄差し戻した。さらに最判平成22・10・14（平成21年（受）第976号・最高裁HP）は，乙契約（下請）において下請人Xに対してYの負う請負代金債務の支払につき，甲契約（元請）に基づく代金支払を元請人Yが受けた後に支払う旨の合意があり「入金リンクとする」旨の記載があった事案であるが，乙甲代金支払を代金債務の停止条件とした原審の認定を，合理的意思解釈によって法令違反とした。契約複合における契約の解釈につき示唆に富む。

## 2. 物権法

所有権留保に関する最判平成22・6・4判タ1332号60頁（**民法2**）のほか，区分所有法に関して最判平成22・1・26判タ1317号137頁がある。同判決は，区分所有法66条・31条1項後段にいう「一部の団地建物所有者の権利に特別の影響を及ぼすべきとき」に該当するか否かについて，最判平成10・10・30民集52巻7号1604頁の示した受忍限度論的な枠組みに従って利益衡量を行い，区分所有建物に居住しない区分所有者に建物管理上の応分の負担を負わせるために協力金を課すこととした管理組合規約の変更決議はこれにあたらないとした。また最判平成22・4・20判タ1323号98頁は，甲乙の共有に属する不動産につき甲乙丙を共有者とする所有権保存登記がされている場合において，甲が丙に対して上記登記のうち丙の持分に関する部分の抹消登記を請求したのに対して，保存登記全部の抹消をした原審を破棄した事案である。全部抹消登記は当事者が申し立てていない事項について判決するものであって許されず，保存登記の一部抹消登記はできないが，最判昭和38・2・22民集17巻1号235頁を踏襲してこの請求には更正登記手続を求める趣旨を含むとして，更正登記を命じた（ただし甲は乙の持分についてまでの更正登記を求め得ないとした）。

## 3. 債権法

制限超過利息を伴う貸付けにおいて，貸金業者からの返還請求それ自体が不法行為にあたるかという問題に関して，最判平成21・9・4民集63巻7号1445頁がこれを消極に解していたところ，最判平成21・11・9民集63巻9号1987頁（**民法9**）は，貸金返還請求に不法行為法上の違法性が認められなくとも，民法704条後段が悪意の受益者に対して不法行為責任とは異なる特別の責任を負わせたものといえないかという問題について，これを同条後段は，悪意の受益者の不法行為責任の確認規定に過ぎないとして，貸金業者に特別の責任を認めなかった。最判平成21・11・17

判タ1313号108頁は，最判平成21・9・11判タ1308号99頁と同様に期限の利益喪失事由が生じた後もしばらくの間割賦弁済に応じていた債権者からの期限の利益喪失の主張について，信義則上の制限が問題となった事案である（消極）。このほか利息制限法1条の「元本」の意義に関して最判平成22・4・20判タ1326号115頁（**民法3**）がある。

　なお極めて興味深い民集未登載事件として詐害行為取消権の訴訟物に関する最判平成22・10・19金判1355号16頁がある。Aに対して甲乙両債権を有するXがAのYへの不動産譲渡契約につき，甲債権を被保全債権として詐害行為取消訴訟を提起し（本件訴訟），その後甲債権が和解によって消滅したため被保全債権に関する主張を乙債権に変更した事案である。最高裁は乙債権を被保全債権とする詐害行為取消権の消滅時効（426条）が，本件訴訟の提起により中断しているとした原審を是認した。被保全債権にかかる主張の変更は，訴えの交換的変更ではなく，単なる攻撃防御方法の変更に過ぎないとすることの前提として，詐害行為取消権は個々の被保全債権ごとに複数発生するのではないとする。個別債権を超えた一個の責任財産保全権能として詐害行為取消権をどう構成するか。その単位を債権者ごとおよび取消対象行為ごと等に即していかに画するか。債権法改正をめぐって転舵しつつあるかに見える実体法学に難問が投げかけられている（この点にも関連して「訴訟の目的である権利」を問題にする田原睦夫判事の補足意見がある）。

　契約法においては，売主の瑕疵担保責任に関する最判平成22・6・1判タ1326号106頁（**民法4**）のほか，次のものがある。まず賃貸借について，最判平成21・11・27判タ1315号79頁は民法612条2項の無断転貸の解除の要件としての背信行為に関する。土地賃借人が土地上建物の新築を行い，新築建物を他の者と共有したが，その持分割合が土地賃貸人の承諾したものとは異なる場面について，賃借人の背信行為にあたらないとして解除を否定した。また最判平成22・7・16判タ1333号111頁は，定期借家契約に関して，借地借家法38条が契約本体についての公正証書（1項）とは別に要求する説明文書の交付（2項）についての原審の認定の仕方を咎めて破棄差し戻したものである。ついで請負契約について，および，いわゆる偽装請負における黙示の雇用契約関係の認定に関する最判平成21・12・18民集63巻10号2754頁（**民法5**）のほか，前記最判平成22・7・20がある。

　不当利得・不法行為法においては，最判平成21・12・10民集63巻10号2463頁（**民法8**），最判平成22・3・25民集64巻2号562頁（**民法7**），最判平成22・6・17判タ1326号111頁（**民法6**）があるほか，不法行為の要件に関して，最判平成21・10・23判タ1313号115頁は施設入所者に対する虐待行為が行われている旨の記事が新聞に掲載されたことに関し，同施設を設置経営する法人が新聞への情報提供者である職員らに対してした損害賠償請求訴訟の提起が違法な行為にはあたらないとした。最判平成22・6・29判タ1330号89頁は，葬儀場の近隣住民Xが葬儀場営業者Yに対して，Yの設置した既存のフェンスをさらに高くする措置を講じるよう求めた事案である。Yは社会生活上の受忍限度を超えてXの平穏に日常生活を送る利益を侵害してはいないとして，上記義務のほか不法行為責任を認めた原審を退けた（破棄・第1審取消し・請求棄却）。最判平成22・3・30判タ1323号111頁は，貸金業者Yの従業員Aが工務店経営者Xを事業資金に充てると欺罔して出資として金銭を交付させた事案につき，民法715条の要件が問題となった。事業執行性に関して本件資金調達が①Yの事業範囲に属することのみならず，②客観的外形的に見てAの職務の範囲内にあることを要するとして，②について認定判断を行うことなくYの責任を認めた原審を退けた（破棄・控訴棄却）。不法行為の効果に関して最判平成22・1・26判タ1321号86頁は，生命侵害不法行為における逸失利益の算定方法が問題となった。ホフマン方式を採った原審を結論においては是認しつつ，原審が，最判平成17・6・14民集59巻5号983頁をもって，中間利息控除につき複利計算をするライプニッツ方式ではなく単利計算をするホフマン方式を義務付けたと理解する点を誤解として咎める。

**4. 家族法**

　最決平成21・9・30判タ1314号123頁（**民法10**），最判平成21・12・18民集63巻10号2900頁（**民法11**）のほか，親子法につき最判平成21・12・4判タ1317号128頁は，昭和22年改正前の民法730条2項にいう「養親カ養家ヲ去リタルトキ」（「去家」）の意義に関して最判昭和43・7・16判タ225号89頁を踏襲して，養親A自身が他家から婚姻によってその家に入ってきた者である場合にも，そのAが養家を去った場合を意味すると解したものである。同項によると去家前にAがXと養子縁組をしていた場合，AXの養親子関係は去家によって消滅するとされており，事案ではXが養親子関係を前提としてしたAの実子Yに対する遺留分減殺請求を認めた原審を破棄した。

（もりた・おさむ）

民法 1

# 医療法人における出資金返還条項の解釈

最高裁平成22年4月8日第一小法廷判決
平成20年(受)第1809号出資金等返還,損害賠償請求事件
民集64巻3号609頁,判時2085号90頁,判タ1327号75頁

京都大学准教授　西内康人

【論点】
①非営利性と定款自治。②定款の解釈。
〔参照条文〕民91条

【事件の概要】
　上告人Xの父Bと母Cは,被上告人医療社団法人Yが昭和32年に設立される際,出資を行ってその社員となった(社員はBCのみではないものの,BC以外には出資を行った社員は存在しない)。Yの定款8条は,退社時の出資金返還について,「退社した社員はその出資額に応じて返還を請求することができる」と定めていた。また,同33条で,解散時の出資金返還について,「払込出資額に応じて分配する」と規定していた。なお,Yの定款は,死亡による退社(同6条),基本財産の処分制限(同9条)に関する規定を含んでいた。
　Bは昭和57年10月3日に,Cは平成13年6月14日に,それぞれ死亡して,Yの社員の資格を失った。これに伴って生じる出資金返還請求権を,Xは遺産分割ならびに贈与によって取得した。Xは,Yに対して,この出資金返還請求権を行使した。
　原審は,Yの存続中は基本財産が維持されるべきと定められていることや,医療法54条による配当禁止の趣旨を踏まえて,出資金の返還を,退社時と清算時で区別し,後者は出資割合に応じた純資産額が返還額の基準となるが,前者も同様に解すると医療法人の存続が脅かされてしまうとして,Yの定款8条による出資金の返還は,出資した額に限定されると解釈した。

【判旨】
〈一部破棄差戻し〉「医療法(平成18年法律第84号による改正前のもの)44条,56条等に照らせば,同法は,社団たる医療法人の財産の出資社員への分配については,収益又は評価益を剰余金として社員に分配することを禁止する医療法54条に反しない限り,基本的に当該医療法人が自律的に定めるところにゆだねていたと解される」。
　「本件定款33条が,Yの解散時においては,Yの残余財産の評価額に,解散時における総出資額中の各出資者の出資額が占める割合を乗じて算定される額を各出資者に分配することを定めていることは明らかであり,本件定款33条の『払込出資額に応じて』の用語と対照するなどすれば,本件定款8条は,出資社員は,退社時に,同時点におけるYの財産の評価額に,同時点における総出資額中の当該出資社員の出資額が占める割合を乗じて算定される額の返還を請求することができることを規定したものと解するのが相当である。」

【解説】
　非営利法人たる医療社団法人における出資金返還額の算定方法は,東京高判平成7・6・14高民集48巻2号165頁(評釈として,山本裕子・ジュリ1137号142頁参照)ですでに示されていた。本判決は,これを最高裁として確認したものである。
　そもそも,非営利法人においては,通常,①配当,②退社時の払戻し,③清算時の分配の3つすべてが,認められない。たとえば,非営利法人の典型である一般社団法人が,これに当たる。このことと関連して,同法人の基金制度は,利息をつけることまで禁じている(一般法人143条)。
　非営利性と,①から③の禁止は,一般に密接な関連が見られる。これに対して,本件判決は,平成18年改正前の医療法上,③が自由に定められたことを媒介に,①の禁止(医療54条)に反しない限り,②が自由に定められることを認めた(なお,平成18年改正後の医療法は,社員の持分を否定することによって,②と③を否定している)。
　こうした裁量の枠内で定められた定款内容は,解釈により確定される。そして,定款の解釈は,契約解釈との比較で,客観的に行われるべきだとされている(四宮＝能見・後掲)。この具体的内容は,「定款の文言に表れない個別事情に基づく解釈をすべきでない」(江頭・後掲)という趣旨であろう。なぜなら,定款の特殊性は,理事や加入者,取引相手方など,作成者以外の者も拘束される点にあるからである。
　本件判決が,定款の文言解釈,体系解釈をベースとしていることは,この点から正当化される。また,紙幅の都合で取り上げていない補足意見において,定款の文言には表れていない課税実務・行政実務などの一般的事情も考慮している点は,これが定款作成者のみに該当する個別事情ではなく,定款に拘束される関係当事者すべてに該当する事情だからこそ,正当化されるといえる。
　なお,同様に紙幅の都合で取り上げられないが,原審が指摘した医療法人の存続保護に配慮して,本件判決は出資金返還請求権の行使が権利濫用となり得る可能性を認めている点も,重要である。

【参考文献】　江頭憲治郎編『会社法コンメンタール(1) 総則／設立[1]§§1〜31』(2008年) 269頁以下[江頭憲治郎],四宮和夫＝能見善久『民法総則〔第8版〕』(2010年) 193頁以下,川島武宜＝平井宜雄編『新版注釈民法(3)§§90〜98』(2003年) 90頁以下[平井宜雄]。

(にしうち・やすひと)

民法 2

# 売買代金を立替払する三者間契約における所有権留保契約の解釈，および登録名義を有しない留保所有権者による別除権行使の可否

最高裁平成22年6月4日第二小法廷判決
平成21年(受)第284号自動車引渡請求事件
民集64巻4号1107頁，判時2092号93頁，判タ1332号60頁

立命館大学教授　小山泰史

【論点】
自動車の登録名義を有しない留保所有権者による別除権行使の可否。

〔参照条文〕民再45条，民369条

## 【事件の概要】

X・A（販売会社）・Yの三者間において，(ア)Yは，Xに対し，本件残代金債相当額に手数料等を加算した金員（「本件立替金等債権」）を分割して支払うこと，(イ)自動車の登録名義がAとなっている場合を含めて，登録名義のいかんを問わず，Aに留保されている自動車の所有権は，Xが立替払することによりXに移転し，立替金完済までXに留保されること，等が合意された。その後，所有者をA，使用者をYとする新規登録がなされ，Xは残代金を立替払いした。Yは平成18年12月25日に支払を停止し，期限の利益を喪失。Yは，平成19年5月23日，小規模個人再生手続の開始決定を受け，XはYに対して留保所有権に基づき本件自動車の引渡しを求めて本訴を提起した。第1審（札幌地判平成20・4・17金判1353号40頁参照）は，Xの請求を棄却。原審（札幌高判平成20・11・13金判1353号35頁参照）は，「立替払により取得することのできる債権及び担保権は，立替払をした者に法律上当然に移転するのであって，約定によって移転するのではないから，立替払をした者は，立替払により取得することのできる債権及び担保権について，同債権及び担保権を有していた者において対抗要件が具備されている限り，自らの取得につき対抗要件を具備することは要しない」として，X勝訴。Yより上告受理申立て。

## 【判旨】

〈破棄自判〉「本件三者契約は，Aにおいて留保していた所有権が代位によりXに移転することを確認したものではなく，Xが，本件立替金等債権を担保するために，Aから本件自動車の所有権の移転を受け，これを留保することを合意したものと解するのが相当であり，Xが別除権として行使し得るのは，本件立替金等債権を担保するために留保された上記所有権であると解すべきである」として，対抗要件を具備していないXに別除権行使を認めなかった。

## 【解説】

譲渡担保・所有権留保等の非典型担保においては，形式上担保権者に所有権が帰属するため，破産手続等では取戻権が認められそうであるが，裁判例は，担保としての実態に照らして，別除権者としての権利行使を認めるにとどまる（札幌高決昭和61・3・26判タ601号74頁等）。また，担保権者に別除権の行使が認められるためには，その担保権について対抗要件の具備が必要である（民再45条等）。

割賦購入あっせんで利用される所有権留保では，売買当事者間の売主所有権留保と異なり，クレジット会社は顧客から支払委託を受けて販売業者の代金債務を弁済しており，所有権留保で担保される債権には，売買代金残金分（委任事務費用）および販売業者に弁済した日以降の法定利息（民650条1項，商513条2項）のほか，報酬（商512条）およびこれらの債務の支払を繰り延べる手数料が含まれている等の特徴がある（千葉・後掲153頁）。この三者間の所有権留保においては，売主・買主間でいったん所有権留保がなされて，売買代金債務の立替払に伴い，留保所有権がクレジット会社の買主に対する求償権を担保するために当然に移転する（法定代位）という構成が，有力説により主張されている（千葉・同154頁）。

本判決は，この有力説を採用せず，売買当事者間でいったん成立した所有権留保が承継されるのではなく，立替払により，クレジット会社が売主から売買目的物の所有権の移転を受けて，その上で，買主との関係で，立替払代金債権等を被担保債権として，所有権留保が改めて設定されると解している。すなわち，「売買契約と立替払契約が同時に成立し，同日，XがAに車両代金を一括払いしたことが認められ，この時間的同時性や，Xの所有権留保の被担保債権に立替手数料が含まれ，自己の利益のために契約関係に入ったこと及び三者による契約の基本的機能に照らせば，Xの有する所有権留保は，上記三者による契約がなされて代金が即日決済された時点で，自己の利益のために設定した担保権であると認めるのが相当であり，これは民事再生法45条に規定する『権利の設定』に該当するから，その効力を民事再生手続において主張するためには」「X自身の登録を要する」（前掲第1審判決金判1353号55頁参照）。最高裁は，「立替払の結果，販売会社が留保していた所有権が代位によりXに移転するというのみでは，本件残代金相当額の限度で債権が担保されるにすぎないことになり，本件三者契約における当事者の合理的意思に反する」ことを，その理由づけとして補強する。ただし，三者間の合意で法定代位構成を採ることが明確にされている場合にまで，本判決の射程が及ぶかは，定かではない。

【参考文献】　本判決につき，印藤弘二・金法1904号4頁，野村秀敏・金判1353号13頁，小林明彦・金法1910号11頁がある。このほか，千葉恵美子「複合取引と所有権留保」内田貴＝大村敦志編『民法の争点』（2007年）153頁，安永正昭「所有権留保の内容，効力」加藤一郎＝林良平編『担保法大系(4)』（1985年）386頁，同「後注(3)所有権留保」高木多喜男＝柚木馨編『新版注釈民法(9)』（1998年）911頁，伊藤眞『破産法・民事再生法〔第3版〕』（2014年）330頁，868頁等。

（こやま・やすし）

民法 3

# 利息制限法1条1項の「元本」の額とその基準時

最高裁平成22年4月20日第三小法廷判決
平成21年(受)第955号不当利得返還請求事件
民集64巻3号921頁、判時2084号6頁、判タ1326号115頁

千葉大学教授　田中宏治

## 【論点】
継続的な金銭消費貸借取引における利息制限法1条1項の「元本」の額とその基準時。

〔参照条文〕利息1条1項

## 【事件の概要】
Xは、貸金業者Yから、利息制限法（平成18年法115号による改正前のもの）の制限を超える利息を支払う約定で、基本契約に基づいて継続的に金銭の借入れと弁済を繰り返した後、いわゆる過払金の返還を求めた。本件取引は、当初20万円の借入れから始まり、借入残高に増減が生じていたことから、同法1条1項の「元本」の額をどのように解釈した上で過払金を計算するべきかが問題となった。Xは、「元本」の額を基本契約における極度額または約定利率に基づいて計算した残元本額と解するべきことを主張したのに対し、Yは、制限利率に基づいて計算した残元本額と解するべきことを主張した。

第1審は、Xの主張を採用したが、控訴審は、Yの主張を採用し、年18％の制限利率に基づいて計算した残元本額が10万円未満となった時点以降は年20％の制限利率に基づいて過払金を計算した。そこで、Xが上告受理申立てをし、受理された。

## 【判旨】
〈破棄差戻し〉(1)「継続的な金銭消費貸借取引に関する基本契約に基づいて金銭の借入れと弁済が繰り返され、同契約に基づく債務の弁済がその借入金全体に対して行われる場合には、各借入れの時点における従前の借入金残元本と新たな借入金との合計額が利息制限法1条1項にいう『元本』の額に当たると解するのが相当であり、同契約における利息の約定は、その利息が上記の『元本』の額に応じて定まる同項所定の制限を超えるときは、その超過部分が無効となる。この場合、従前の借入金残元本の額は、有効に存在する利息の約定を前提に算定すべきことは明らかであって、弁済金のうち制限超過部分があるときは、これを上記基本契約に基づく借入金債務の元本に充当して計算することになる。」

(2)「上記取引の過程で、ある借入れがされたことによって従前の借入金残元本と新たな借入金との合計額が利息制限法1条1項所定の各区分における上限額を超えることになったとき、すなわち、上記の合計額が10万円未満から10万円以上に、あるいは100万円未満から100万円以上に増加したときは、上記取引に適用される制限利率が変更され、新たな制限を超える利息の約定が無効となるが、ある借入れの時点で上記の合計額が同項所定の各区分における下限額を下回るに至ったとしても、いったん無効となった利息の約定が有効になることはなく、上記取引に適用される制限利率が変更されることはない。」

## 【解説】
### 1　判旨(1)
利息制限法1条1項の規定に従って、金銭を目的とする消費貸借における利息の契約は、その利息が「元本」の額によって定められる制限利率により計算した金額を超えるときは、その超過部分について無効とされるところ、継続的な金銭消費貸借取引に関する基本契約に基づいて金銭の借入れと弁済が繰り返され、同契約に基づく債務の弁済がその借入金全体に対して行われる場合には、「元本」の額は、「制限利率に基づいて計算した借入れの時点における従前の借入金残元本と新たな借入金との合計額」と解釈（Yの主張）するべきことが最高裁によって初めて明らかにされた。

### 2　判旨(2)
判旨(1)の解釈は、借主（X）に不利な結論を導きそうである。それは、借入れと弁済が繰り返され、ある借入れの時点で従前の借入金残元本と新たな借入金との合計額が利息制限法1条1項所定の各区分における下限額を下回るに至った場合において、その時点を基準に「元本」の額を判断する（新たな借入れの時点を「元本」の額の判断の基準時とする）のであれば、制限利率が上がることになるからである。

しかし、そもそも、弁済によって残元本額が減少する局面においては、ある弁済の時点で残元本額が利息制限法1条1項所定の各区分における下限額を下回るに至っても、制限利率が上がらないことは、①1個の借入金を単純に分割弁済する場合においても、②基本契約に基づいて継続的に借入れと弁済が繰り返される場合においても、同様である。問題は、借入れによって残元本額が増加する局面であり、③基本契約に基づいて継続的に借入れと弁済が繰り返される場合において、ある借入れの時点で従前の借入金残元本と新たな借入金との合計額が同項所定の各区分における上限額を上回るに至るときは、制限利率は下がる（新たな借入れの時点を「元本」の額の判断の基準時とする）のに対し、④合計額が同項所定の各区分における下限額を下回るに至るときは、制限利率は上がらない（新たな借入れの時点を「元本」の額の判断の基準時とはしない）。判旨(2)は、（XもYも主張していなかった）③④についての最高裁の初めての判断であり、とりわけ④は、「いったん無効となった」という表現が分かりにくいけれども、借主に有利な重要な解釈である。

【参考文献】　中田裕康『債権総論』（2008年）49頁以下、小野秀誠「利息制限法違反の効力」内田貴＝大村敦志編『民法の争点』（2007年）191頁以下。

（たなか・こうじ）

民法 4

# 売買契約締結後に規制された土壌汚染と「瑕疵」の意義

最高裁平成22年6月1日第一小法廷判決
平成21年(受)第17号
損害賠償請求、民訴法260条2項の申立て事件
民集64巻4号953頁、判時2083号77頁、判タ1326号106頁

立教大学教授　野澤正充

## 【論点】

売買契約の目的物である土地の土壌に、契約締結後に法令に基づく規制の対象となったふっ素が、基準値を超えて含まれていたことが、瑕疵担保責任にいう「瑕疵」に当たるか。

〔参照条文〕民570条

## 【事件の概要】

平成3年3月15日、XはYから土地を買い受けた。その土地の土壌にはふっ素が含まれていたものの、売買契約締結当時、土壌に含まれるふっ素は法令に基づく規制の対象とならず、取引観念上も、そのふっ素に起因して人の健康にかかわる被害を生ずるおそれがあるとの認識もなかった。しかし、平成13年3月に土壌に含まれるふっ素についての環境基準が告示され、平成15年2月には、ふっ素が土壌汚染対策法に規定する特定有害物質であると定められた。そして、本件土地につき土壌の汚染状況の調査を行ったところ、平成17年11月2日頃、その土壌に同法施行規則に定められた基準値を超えるふっ素が含まれていることが判明した。そこで、XがYに対し瑕疵担保責任による損害賠償を求めて訴えを提起した。第1審(東京地判平成19・7・25金判1305号50頁参照)は、本件における土壌汚染も、「売買契約の目的物として通常有すべき品質や性能を欠くもの」であるため、民法570条にいう「瑕疵」に当たるが、瑕疵は、売買契約締結時に存在しなければならず、その後に生じた場合には同条の適用はないとして、Xの請求を棄却した。しかし、原審(東京高判平成20・9・25金判1305号36頁)は、売買契約締結後に土壌汚染が規制されたとしても、瑕疵担保責任が無過失責任であり、「売買の目的物の性能、品質に欠ける点があるという事態が生じたときに、その負担を売主に負わせることとする制度である」として、民法570条の適用を認めた(一部認容)。Yが上告受理申立てをした。

## 【判旨】

〈破棄自判〉「売買契約の当事者間において目的物がどのような品質・性能を有することが予定されていたかについては、売買契約締結当時の取引観念をしんしゃくして判断すべき」であり、その「当時の取引観念上、それが土壌に含まれることに起因して人の健康に係る被害を生ずるおそれがあるとは認識されていなかったふっ素について、本件売買契約の当事者間において、それが人の健康を損なう限度を超えて本件土地の土壌に含まれていないことが予定されていたものとみることはできず」、本件土地の土壌に基準値を超えるふっ素が含まれていたとしても、「民法570条にいう瑕疵には当たらない」。

## 【解説】

1　民法570条にいう「瑕疵」とは物質的な欠陥であるが、その基準については争いがある。すなわち、①売買の目的物が通常備えるべき品質・性能を有しているか否かを基準とする客観説と、②当該契約において当事者がどのような品質・性能を予定していたかという契約の解釈を問題とする主観説とが対立する。本判決は、②の主観説に立つことを明らかにした初めての最高裁判決である。

2　この問題につき原判決は、①客観説に立ちつつ、瑕疵担保責任が売主の無過失責任であることを理由にXの請求を認容した。その論理は十分に成り立つものではある。しかし、売主が目的物を引き渡してから相当の期間(本件では10年以上)が経過した後にはじめてふっ素が規制された場合にもその責任を認めるのは妥当でない。そこで、①に立ちつつ妥当な解決を図るためには、第1審のように、瑕疵の有無を売買契約当時の知見や法令を基礎に判断するという手法が考えられる(原判決の評釈〔岡孝・判タ1291号47頁、和知麻里亜・金判1317号20頁〕はこの立場に立つ)。

3　本判決は、瑕疵については、「売買契約の当事者間において目的物がどのような品質・性能を有することが予定されていたか」を基準とする②の主観説に立つことを明言した。その背景には、主観説が大審院の判例(大判昭和8・1・14民集12巻71頁)であり、かつ、瑕疵担保責任の法的性質論とは関係のない、通説的見解である(「コメント」判時2083号78頁)という事情がある。しかし、大陸法の沿革では、瑕疵は客観的に解されていた。例えば、民法570条の母法であるフランス法は、特定物と不特定物を問わずに瑕疵担保責任を適用するため、瑕疵担保責任と債務不履行責任を瑕疵の概念で区別する。すなわち、瑕疵を①に限定し、②を債務不履行の問題とする。これに対して、わが国の債務不履行責任説は、当然のことながら瑕疵を契約の解釈の問題とする②に立つが、法定責任説も両責任の適用領域を、瑕疵の概念ではなく目的物が特定物であるか否かによって区別したため、瑕疵の概念については意識的な議論がなされていない。

4　大陸法の沿革とわが民法の起草者は、瑕疵を客観的に解していた。そして、瑕疵担保責任の本質(無過失責任)が危険負担の法理にあり、瑕疵も損傷(534条)の一種であるとすれば、現行民法の解釈としては、客観説が適切である。しかし、現実には、瑕疵と不履行とを区別することはきわめて困難であり、大陸法における瑕疵の概念も主観的なものへと拡大している。その意味では、立法論的には両者を一元化すべきであり、本判決も、債権法改正の動向(民法(債権法)改正検討委員会編『債権法改正の基本方針』92頁参照)を先取りしたものとして評価されよう。

【参考文献】　野澤正充「瑕疵担保責任の比較法的考察(4)」立教法学77号342頁。

(のざわ・まさみち)

民法 5

# いわゆる偽装請負と黙示の雇用契約の成否──パナソニックプラズマディスプレイ（パスコ）事件

最高裁平成21年12月18日第二小法廷判決
平成20年(受)第1240号地位確認等請求事件
民集63巻10号2754頁，判時2067号152頁，判タ1316号121頁

東洋大学教授　芦野訓和

【論点】
いわゆる偽装請負契約が行われた場合の，①注文者・元請負人，②元請負人・労働者（元請負人の被用者），③注文者・労働者の法律関係。

【参照条文】民623条・624条，労契6条

【事件の概要】
　製造業務の請負等を目的とするAは，製造を業とするYとの間で業務委託契約を締結した。一方，Xは，Aとの間で，就業場所をYの工場（以下「本件工場」という）等とする雇用契約を締結し，本件工場においてYの従業員の指示を受けて作業に従事した。XとAとの契約は1年半にわたり2か月ごとに更新され，その間給与はAから支給されていた。本件工場にはAの正社員も常駐しており，Xは，休日出勤についてはYの従業員だけでなくAの正社員から直接指示を受けることもあったが，従事する作業についてAの正社員からの指示を受けることはなかった。その後，Xは，Yの準備した雇用契約書に契約期間と業務内容に異議をとどめた上で署名捺印してYに交付し，本件工場において再び労働に従事していたが，Yは契約期間満了をもって上記契約が終了する旨をXに通知した。そこで，Xは，Yとの間で期間の定めのない黙示の雇用契約関係にあることの確認等を求めて提訴した。
　1審（大阪地判平成19・4・26民集63巻10号2816頁参照）は，XY間の黙示の雇用契約関係を否定。原審（大阪高判平成20・4・25民集63巻10号2859頁参照）は，当該労働者の就業実態等から，XY間に黙示の雇用契約が成立すると認めた。Y上告。

【判旨】
〈一部破棄自判〉「請負人による労働者に対する指揮命令がなく，注文者がその場所内において労働者に直接具体的な指揮命令をして作業を行わせているような場合には，たとい請負人と注文者との間において請負契約という法形式が採られていたとしても，これを請負契約と評価することはできない。そして，上記の場合において，注文者と労働者との間に雇用契約が締結されていないのであれば，上記3者間の関係は，労働者派遣法2条1号にいう労働者派遣に該当する」が，それが労働者派遣法の規定に違反しているからといって，「特段の事情のない限り，そのことだけによっては派遣労働者と派遣元との間の雇用契約が無効になることはない」。「YはAによるXの採用に関与していたとは認められないというのであり，XがAから支給を受けていた給与等の額をYが事実上決定していたといえるような事情もうかがわれず，かえって，Aは，Xに本件工場のデバイス部門から他の部門に移るよう打診するなど，配置を含むXの具体的な就業態様を一定の限度で決定し得る地位にあったものと認められるのであって，前記事実関係等に現れたその他の事情を総合しても，……YとXとの間において雇用契約関係が黙示的に成立していたものと評価することはできない。」

【解説】
　現代社会では，必ずしも直接の契約関係にはない関与者が登場し，その者をも含めた全体の法律関係が問題となることがあるが，本件のように，元請負人に雇われた労働者が直接の使用者ではない注文者の下で労務を供給する場合には，労働者とその注文者との法律関係が問題となり，その際には，各当事者間において締結された契約，元請負人の実質的役割，注文者・労働者間の諸事情等を考慮しながら検討することになる。原審・本判決ともに，論点に示した①～③の関係について，諸事情を具体的に考慮・検討し判断を下したが，その結論は異なっている。
　①請負契約を他の労務供給契約と区別する基準の1つとして労務供給者の仕事完成義務と独立性があげられ（幾代通＝広中俊雄編『新版注釈民法(16)』〔有斐閣，1989年〕〔幾代〕2頁），本件においてYA間の契約は形式上は請負契約という形を取っているが，実質的には注文者が労働者に直接具体的な指揮監督命令を行ういわゆる偽装請負に当たる。原審はそれを職安法・労働者派遣法に違反し公序良俗違反で無効としたが（取締法規違反と民法90条との関係については最判昭和39・1・23民集18巻1号37頁を参照），最高裁はそれを労働者派遣法違反で無効とした。②AX間の雇用契約について，原審は，YA間の違法な労働者供給契約の目的達成のためのものであり公序良俗に反し無効であるとしたが，最高裁は，労働者派遣法の趣旨，取締法規という性格，契約を無効と解すべき特段の事情の不存在等から，有効とした。③雇用契約は明示の意思表示だけでなく，当事者の関係から客観的に推認される黙示の意思の合致によっても成立が認められる。XY間の関係について，原審は，YA，AX間の契約が無効であるにもかかわらず継続したXY間の実態関係を法的に位置づけ得るのは，XY間の使用従属関係等の事実的な関係から推認される黙示の雇用契約の存在であるとしたが，最高裁は，判旨であげたような労務供給に関するYの関与だけでは，黙示の雇用契約の成立は認められないとした。黙示の雇用契約の成立が認められるためには，受入企業と労働者との間の使用従属関係だけでなく，元請企業の独自性の有無，勤務実態，実質的な賃金の決定・支払権者（報酬の労務対称性），採用・配置・懲戒・解雇権者等を総合的に考慮して判断することになる。本判決は，黙示の雇用契約が成立するのはどのような場合かを今後検討するに当たって，原審と併せて参考となろう。
　なお，原審は黙示の雇用契約成立についてYA，AX間の個々の契約の無効を前提とし，最高裁もその点について検討しているが（ただし，原審とはアプローチが異なっている。大内・後掲153頁を参照），二重の雇用契約の成否や第三者のためにする契約等の法律構成も含め，今後は個々の契約だけにとらわれずに関与者を全体的に検討する必要もあろう。

【参考文献】原審の評釈として濱口桂一郎・NBL885号13頁等が，本判決の評釈として大内伸哉・ジュリ1402号150頁等が，派遣労働の法的性質について鎌田耕一「派遣労働の法的性質」角田邦重ほか編『労働法の争点〔第3版〕』（2004年）270頁等がある。

（あしの・のりかず）

民法 6

# 建て替え費用の賠償責任からの使用利益の控除の否定

最高裁平成22年6月17日第一小法廷判決
平成21年(受)第1742号損害賠償請求事件
民集64巻4号1197頁, 判時2082号55頁, 判タ1326号111頁

慶應義塾大学教授　北居　功

【論点】
売買の目的物である新築建物に重大な瑕疵がありこれを建て替えざるを得ない場合に, 建物の買主がこれに居住していた利益を, 買主から工事施工者等に対する建て替え費用相当額の損害賠償額から控除することができるか。

〔参照条文〕民709条

【事件の概要】
Xは, 平成15年3月28日に, Y1から本件土地および3階建て建物を購入し, 5月末に入居した。しかし, 本件建物には1階及び2階の柱の部材が小さすぎるなどの構造耐力上の重大な瑕疵があるため建て替えを要するとして, Y1販売会社・Y2施工会社等に対して, Y1には不法行為または住宅の品質確保の促進等に関する法律(平成16年改正前)88条1項(現行法95条1項), 民法634条2項に基づいて, Y2等に対しては不法行為に基づいて建て替え費用の賠償を請求した。1審は, Yらの責任を肯定したが, 5年4か月分の使用利益の控除を認めた。しかし, 原審は, Xらはやむなく居住しているものと推認できるとして使用利益の控除を否定したため, Yらは使用利益等の控除を求めて上告受理を申し立てた。

【判旨】
〈上告棄却〉「売買の目的物である新築建物に重大な瑕疵がありこれを建て替えざるを得ない場合において, 当該瑕疵が構造耐力上の安全性にかかわるものであるため建物が倒壊する具体的なおそれがあるなど, 社会通念上, 建物自体が社会経済的な価値を有しないと評価すべきものであるときには, 上記建物の買主がこれに居住していたという利益については, 当該買主からの工事施工者等に対する建て替え費用相当額の損害賠償請求において損益相殺ないし損益相殺的な調整の対象として損害額から控除することはできないと解するのが相当である」(補足意見がある)。

【解説】
1　本件は, 下級審裁判例の判断が分かれていた上記論点について, 使用利益等の控除を否定した最高裁判所の初めての判決である。

2　建物に重大な瑕疵があって建て替えざるを得ない場合, 注文者は請負人に対して瑕疵担保責任に基づいて, 建て替え費用の賠償を請求できるとされる(634条2項, 最判平成14・9・24判時1801号77頁)。したがって, そのような瑕疵のある新築建物の売買でも, 品確法が準用する民法634条2項に基づいて, 買主が売主に建て替え費用の賠償を請求できることは明らかである。

さらに, 最判平成19・7・6民集61巻5号1769頁は,「建物に建物としての基本的な安全性を損なう瑕疵があり, それにより居住者等の生命, 身体又は財産が侵害された場合に」, 買主に対する請負人の不法行為責任を認めている。建て替えを必要とする重大な瑕疵がある場合には, 建物に基本的な安全性が欠けるため, 買主は請負人に対して不法行為に基づいて建て替え費用の賠償を求めることができることとなろう。

3　建て替え費用の賠償が認められる場合, 買主等が引渡しを受けてから当該瑕疵ある建物に居住してきた使用利益を控除すべきかどうか, 従来見解が分かれてきた。

控除肯定説は, ①買主が現実に享受した使用利益を控除しないのは「公平」に反し, 買主等に利益を与えすぎる, ②建物自体にも現実に居住に耐えた価値があることを主張する。これに対して, 控除否定説は, ①瑕疵ある建物にやむなく居住しているのは利益ではなく不利益である, ②建て替えを要する建物に価値はない, ③自身の所有建物に居住するに過ぎない, ④使用利益が控除されると建て替え費用額の賠償額が確保されないと主張する。さらに本判決の補足意見は, ⑤請負人側が争って時間が経過するほど控除額が大きくなって不当であるとも指摘する。

建て替えが必要となる建物の引渡しは, 請負人等の債務の履行とはいえず, 本来は居住に耐えないはずである。したがって, 請負人等は引渡しから建て替えが終わるまでに必要となる別の住居の費用をすべて賠償しなければならないが, そこから, 別の住居を必要としなかった使用利益分が控除されるに過ぎない。建て替え費用の賠償額からの使用利益の控除は認めるべきではない。

4　建物が建て替えられると, 買主等は本来経年劣化していたはずの建物に替えて新築建物を取得するという利益を得るようにも映る。しかし, 本判決は, これもまた買主の利益とはいえないとして経年劣化分の控除を否定した。建て替えによって本来の履行が完了するのであるから, 買主等はその利益を全面的に享受できるとする判断は正当であろう。

5　以上の論理は, 建て替え費用につき, 買主が請負人に対してはもちろん, 売主に対して賠償を求める場合, 注文者が請負人に賠償請求する場合にも妥当すべきはずである。

【参考文献】　松本克美「欠陥住宅訴訟における損害調整論・慰謝料論」立命館法学289号64頁, 原田剛「建物の瑕疵に関する最近の最高裁判決が提起する新たな課題」法と政治(関西学院大学)59巻3号719頁, 澤田和也『欠陥住宅紛争の上手な対処法』(1996年)。

(きたい・いさお)

民法 7

## 競業避止特約を締結していない退職者が行う競業行為が不法行為に当たらないとされた事例

最高裁平成22年3月25日第一小法廷判決
平成21年(受)第1168号損害賠償請求事件
民集64巻2号562頁，判時2084号11頁，判タ1327号71頁

東京大学准教授　加藤貴仁

【論点】
退職後の競業避止義務に関する特約（以下「競業避止特約」という）を締結していない退職者が行う競業行為は，どのような場合に不法行為と評価されるのか。
〔参照条文〕民709条

【事件の概要】
　Xの従業員であったY1とY2（以下，Y1らという）は，Xを退職後，株式会社であるY3を通じてXと同種の事業を開始した。Y1はY3の代表取締役である。なお，XとY1らとの間に競業避止特約は存在しない。
　Y1は，X勤務時に営業を担当していたAほか3社（以下「本件取引先」という）に退職のあいさつをし，Aほか1社に対して，退職後にXと同種の事業を営むので受注を希望する旨を伝えた。その後，Y3は，本件取引先から継続的に仕事を受注するようになった（以下，本件取引先から受注したことを「本件競業行為」という）。Xは，Y1らが退職した後は，従前のように本件取引先に営業に出向くことはできなくなり，従前はXの売上高の3割程度を占めていた本件取引先に対する売上高は，5分の1程度に減少した。
　Xは，Y1らとY3に対して，不法行為または雇用契約に付随する信義則上の競業避止義務違反に基づく損害賠償請求をした。原審は，本件競業行為は不法行為に該当するとして，Xの請求を一部認容した。そこで，Y1らとY3が上告した。

【判旨】
〈破棄自判〉「Y1は，退職のあいさつの際などに本件取引先の一部に対して独立後の受注希望を伝える程度のことはしているものの，本件取引先の営業担当であったことに基づく人的関係等を利用することを超えて，Xの営業秘密に係る情報を用いたり，Xの信用をおとしめたりするなどの不当な方法で営業活動を行ったことは認められない。また，本件取引先のうち3社との取引は退職から5か月ほど経過した後に始まったものであるし，退職直後から取引が始まったAについては，前記のとおりXが営業に消極的な面もあったものであり，Xと本件取引先との自由な取引が本件競業行為によって阻害されたという事情はうかがわれず，Y1らとY3において，Y1らの退職直後にXの営業が弱体化した状況を殊更利用したともいい難い。」
　「以上の諸事情を総合すれば，本件競業行為は，社会通念上自由競争の範囲を逸脱した違法なものということはできず，Xに対する不法行為に当たらないというべきである。なお，前記事実関係等の下では，Y1らとY3に信義則上の競業避止義務違反があるともいえない。」

【解説】
　雇用契約の付随義務として，労働者が競業避止義務を負うことに争いはない。しかし，退職者の競業避止義務は，職業選択の自由（憲22条1項）や市場競争の促進などを根拠に，明確な契約上の根拠，すなわち，競業避止特約が存在する場合に限り認められるとする見解が支配的である。ただし，競業避止特約が存在しなくとも，退職者の競業行為が悪質又は背信的である場合には，不法行為に当たると解されている。本判決は，競業避止特約が存在しない退職者の競業行為が不法行為に当たるか否かを扱った，初めての最高裁判決である。
　判旨は，本件競業行為は，社会通念上，自由競争の範囲を逸脱したものではないので，元雇用主であるXに対する不法行為に当たらないとした。学説・裁判例では，退職者の競業行為が不法行為に当たる具体例として，計画的な従業員引き抜き，重要な秘密の漏洩や顧客の大量奪取等が挙げられている。しかし，結論としては，不法行為責任を否定する裁判例が多いようである（東京地判平成6・11・25判時1524号62頁など）。
　このような学説・裁判例の立場を踏まえると，以下に述べるように，判旨の結論は妥当と評価されよう。確かに，Xは，Y1らとY3に，本件取引先との取引の一部を奪われている。しかし，Y1は，Xの営業担当の従業員として得た営業秘密等（不正競争防止法2条6項の営業秘密に限らない）を利用して積極的な営業活動を行っていたわけではない。むしろ，Xと本件取引先との取引量が減少した理由は，X自身の消極的な営業活動にあったように思われる。本件競業行為によって，Xが何らかの競争上の不利益を被ったわけではない。
　もちろん，Y1の退職が，Xの営業活動が停滞した理由の1つであった可能性はある。判旨の立場によれば，XがY1の退職により営業活動が停滞することを危惧するのであれば，Y1と競業避止特約を締結すべきであったことになる。しかし，最近の裁判例は，競業避止特約の有効性について，厳しい態度をとる傾向にあるといわれている（たとえば，東京地判平成12・12・18労判807号32頁など）。Xのような従業員10名程度の株式会社に，競業避止特約による利害調整を要求することが現実的か否かは検討の余地もあるように思われる。
　なお，判旨は，Y1らとY3に信義則上の競業避止義務違反がないとする理由について，特段の理由を述べていない。しかし，本件競業行為が不法行為にならない以上，Y1らとY3は，本件競業行為を差し控える義務，すなわち，競業避止義務を負わない。したがって，信義則上の競業避止義務違反も存在しないことは，当然の結論となる。

【参考文献】川田琢之「競業避止義務」日本労働法学会編『講座21世紀の労働法(4)労働契約』(2000年) 133頁以下，岩村正彦「競業避止義務」角田邦重ほか編『労働法の争点〔第3版〕』(2004年) 147頁。

（かとう・たかひと）

民法 8

# 生徒募集時に説明，宣伝された私立学校の教育内容等の変更による生徒の親に対する不法行為の成否

最高裁平成21年12月10日第一小法廷判決
平成20年(受)第284号教育債務履行等請求事件
民集63巻10号2463頁，判時2071号45頁，判タ1318号94頁

東北大学准教授　久保野恵美子

【論点】
子に受けさせる学校教育の内容等に関する親の権利ないし利益の保護法益性。
〔参照条文〕民709条

【事件の概要】
　Yが設置する中学及び高校に在籍する生徒らの親であるXらが，各学校において論語に依拠した道徳教育が廃止されたことを理由に，Yに対して不法行為又は債務不履行に基づく損害賠償を求めた。Yは，生徒募集時に同教育の具体的な指導方法を説明し，その教育的効果を強調し，積極的に宣伝していたが，実施の中心的存在であった前校長を急きょ解任せざるを得なかった等の事情により，同教育を廃止した。ただし，各学校の総授業時間数及び授業項目に変更はなかった。1審は請求を棄却し，原審は不法行為に基づく損害賠償請求を一部認容。Yが上告受理申立て。

【判旨】
〈破棄自判（請求棄却）〉(1)「親の教育の自由は，主として家庭教育等学校外における教育や学校選択の自由にあらわれるものと考えられる〔最大判昭和51・5・21刑集30巻5号615頁参照〕。（中略）親が子を入学させる学校を選択する際に考慮した当該学校の教育内容や指導方法（中略）が子の入学後に変更されたとしても，（中略）特段の事情がない限り，親の学校選択の自由が侵害されたものということはできない」（判示1）。
　(2)「学校が生徒募集の際に行った教育内容等についての説明，宣伝」に起因する親の「子にその説明，宣伝どおりの教育が施されるとの期待，信頼」が「およそ法律上保護される利益に当たらない」とすべきではないが（判示2），「説明，宣伝された教育内容等の一部が変更され，これが実施されなくなったことが，親の期待，信頼を損なう違法なものとして不法行為を構成するのは，当該学校において生徒が受ける教育全体の中での当該教育内容等の位置付け，当該変更の程度，当該変更の必要性，合理性等の事情に照らし，当該変更が，学校設置者や教師に上記のような〔各学校の事情や学習指導要領等を踏まえて，その教育的効果等を不断に評価，検討し，教育内容等を変更する〕裁量が認められることを考慮し

てもなお，社会通念上是認することができないものと認められる場合に限られる」（判示3）。本件で行われた変更は，本件各学校の教育理念や教育水準を大きく損ねるような教育内容等の中核，根幹の変更とまではいえず，その必要性，合理性も否定されないから，不法行為を構成せず，債務不履行にも当たらない。

【解説】
　1　最高裁は，いわゆる旭川学テ事件（上記判示1引用の判例）において，国の支配ないし介入との関係において，子の教育に対する一定の支配権たる親の教育の自由が「学校選択の自由」にあらわれると示した。原審は，学校による教育内容等の事後的な変更が，この学校選択の自由を実質的に侵害し不法行為を構成することを認めたが，本判決はこれを否定した（判示1）。学校選択の自由には選択時に考慮した教育内容等が在籍中に変更されずに継続する利益は包含されないとして，同自由の射程を明らかにした意義が認められる。
　本判決は，同自由に代わる不法行為法上の保護法益として，「学校が生徒募集の際に行った説明，宣伝どおりの教育が施されるとの親の期待，信頼」を挙げる（判示2）。権利といえるほどの明確な実体を備えない主観的感情利益であるにもかかわらず保護法益性が認められるのは次の2つの考慮による。ひとつは，子が受ける教育の内容等は親の重大な関心事であることである。判示1で挙げられる子の教育に対する一定の支配権（民法820条に基づく権利といえる〔参照，大村・後掲〕）が想起されるが，同権利との関係は明確でない。他方は，学校側が自らの行為（説明，宣伝）によってひきおこしたという，侵害行為との相関的考慮である。
　2　親の期待，信頼は，学校の教育内容等の決定，変更には，教育専門家であり，当該学校の事情に精通している学校設置者等の裁量が認められるべきこととの関係でも，強固な法益とはいえない。ただし，この裁量の行使は「学校教育に関する諸法令や学習指導要領の下」との制約を受けることに注意を要する（判示3）。
　3　親が子の教育に対して一定の権限を有するとしても，公共性を有する学校教育との関係は単純ではない（大村・後掲）。本判決は，不法行為法上の被侵害利益（又は違法性）要件の判断を通じて，侵害行為の態様，行為の公共性等の要素を考慮しつつ，親が子が受ける学校教育に対して有する利益の法的承認のあり方を模索し，教育内容等の変更に関する学校側の裁量と親の子の教育に対する権利又は利益の調整について基本的な判断を示した。ただし，学校の種別（中学校／高校，私立／公立），子自身の法益との関係，親権と親の期待・信頼との関係や，教育理念や教育水準に影響する類の変更の場合も同様であるか等，残された課題も多い。
　4　なお，説明，宣伝行為に着目するならば，契約責任がより適合的な構成とも考えられるが，本判決は，契約の当事者論に立ち入らずに，債務不履行該当性を否定した。

【参考文献】　渡辺達徳・判評601号（判時2027号）12頁（原審評釈），大村敦志『家族法〔第3版〕』（2010年）118-119頁。

（くぼの・えみこ）

民法 9

## 悪意の受益者の損害賠償義務を規定した民法704条後段の趣旨

最高裁平成21年11月9日第二小法廷判決
平成21年(受)第247号不当利得返還請求事件
民集63巻9号1987頁, 判時2064号56頁, 判タ1313号112頁

北海道大学教授　藤原正則

【論点】
悪意の受益者の法定利息以上の損害賠償義務を規定した民法704条後段は, 悪意の不当利得に対する加重責任か, 不法行為の規定か。
〔参照条文〕民704条後段・709条

【事件の概要】
　Xは貸金業者Yらに対して利息制限法1条1項の制限利息を超えて支払った利息を元本に充当すると過払金が発生しており, Yらは悪意で過払金を受領していたとして, ①過払金とその弁済時からの法定利息の支払, ②①の請求を訴訟委任した弁護士費用の民法704条後段による損害賠償, ③過払金発生後のYらの請求は不法行為でありXの精神的苦痛に対する慰謝料, および, 弁護士費用を請求した。第1審（札幌地判平成19・7・20民集63巻9号1998頁参照）は①を認容, ②の一部を認容したが, ③は棄却した。判決後Yは利息を含む過払金の全額（①）をXに支払った。原審（札幌高判平成20・10・16民集63巻9号2017頁参照）も③を棄却したが, ②を認容し, 民法704条後段は不法行為ではなく悪意の受益者の責任を加重した特別な責任を定めた規定だと判示した。Yが上告受理申立てをした。

【判旨】
〈破棄自判〉不当利得制度は受益者の利得の返還を, 不法行為に基づく損害賠償制度は被害者の損害の補てんを目的とし, 受益者の利得を超えて損失者の損害を賠償させるのは不当利得制度の趣旨とは解し難い。「したがって, 民法704条後段の規定は, 悪意の受益者が不法行為の要件を充足する限りにおいて, 不法行為責任を負うことを注意的に規定したものにすぎず, 悪意の受益者に対して不法行為責任とは異なる特別の責任を負わせたものではないと解するのが相当である。」

【解説】
　1　民法704条前段は悪意の受益者が受益に利息を付して返還する義務を, 後段は利息以上の損害の賠償義務を規定している。学説には, 旧くは同条後段は不当利得の規定であり, 悪意の受益者に特別な加重責任を定めたと解するもの（不当利得責任説）もあったが, 現在は悪意の利得者が不法行為の要件を具備する限りで損害賠償義務を負うことを注意的に規定したと解するのが通説である（不法行為責任説）。ただし, これまでは民法704条の責任が（裁）判例で取り上げられることはほとんどなかった。

　2　ところが, 最近の過払金返還訴訟では, 民法704条を根拠に借主が過払金の法定利息を請求するのが普通となっている。なぜなら, 判例（最判昭和38・12・24民集17巻12号1720頁）は金銭の不当利得で民法703条を根拠に利息を請求する場合は「社会観念上受益者の行為がなくても不当利得された財産から損失者が当然取得したであろうと考えられる範囲においては, 損失者の損失があると解すべき」だとして, 利得者の利得を損失者の損失で制限している。だから, 消費者の借主が民法703条で法定利息を請求するのは容易ではない。しかし, 他方で, 旧貸金業法43条1項のみなし弁済の適用がない場合は特段の事情がない限り貸主は悪意の受益者と推定される（最判平成19・7・13民集61巻5号1980頁）。だから, 借主は過払金の利息を民法704条前段により請求する。加えて, 訴訟委任した弁護士費用を同条後段を根拠に請求する訴えが増えていた。というのは, 悪意の受益者と推定される場合でも, 貸金業者の利息制限法1条1項の制限利息を超過する利息の取立てが不法行為となるのは, 高度の違法性を備える場合に限られ, しかも, 貸金業者が民法704条後段の悪意の推定を受ける場合も同じであり（最判平成21・9・4民集63巻7号1445頁）, 民法709条の不法行為の訴訟でも「事案の難易, 請求額, 認容された額その他諸般の事情を斟酌して相当と認められる額の範囲」に限り不法行為と相当因果関係にある弁護士費用が請求可能だからである（最判昭和44・2・27民集23巻2号441頁）。その結果, 本件のように貸金業者の取立行為が不法行為に当たらない場合には同条後段を根拠に弁護士費用を損害賠償請求する実益がある。

　3　しかし, 民法の立法者は, 民法704条後段は受益の最初から悪意の利得が不法行為に当たることを規定したもので, これを不法行為の規定に委ねてもよいが, そうすると, 善意の利得者の優遇で, 例外である民法703条の「その利益の存する限度」が返還義務の原則となる可能性があるから, 民法704条（「受けた利益」の返還）を残すと説明している。分かりにくいのは, 同条後段が利息以上の実損害の賠償義務を規定しており, 現在は不法行為にも準用されると解されている民法416条, 特に, 民法419条に抵触するからである。ただし, 民法の立法者は不法行為の損害賠償の範囲には実損害の賠償を考えており, 現在の判例・通説とは異なっている。したがって, 本判決と現在の判例・通説によれば, 民法704条後段は不法行為を規定したものであり, 損害賠償の範囲には民法416条・419条が適用されることになる。以上の意味で, 本判決は民法704条後段の制度趣旨について判示した重要な判決であろう。

【参考文献】本判決の評釈として, 村田大樹・金判1336号90頁, 円谷峻・金判1342号7頁, 川角由和・民商142巻3号330頁, 藤原正則・リマークス42号38頁など。

（ふじわら・まさのり）

民法 10

# 非嫡出子と相続分格差

最高裁平成21年9月30日第二小法廷決定
平成20年(ク)第1193号遺産分割申立て事件の審判に対する
抗告棄却決定に対する特別抗告事件
家月61巻12号55頁，判時2064号61頁，判タ1314号123頁

大阪大学教授　松川正毅

【論点】
民法900条4号ただし書前段の非嫡出子の相続分に関する規定は，憲法14条1項に違反するかどうか。
〔参照条文〕憲14条1項，民900条

【事件の概要】
平成12年6月30日に死亡したAに関する遺産分割事件である。Aの法定相続人は，妻である配偶者，4名の嫡出子，4名の非嫡出子である。1審，原審では，法定相続分に従い遺産分割を行った。これに対して，非嫡出子らが，非嫡出子の相続分を嫡出子の相続分の2分の1として規定している民法900条4号ただし書前段は，憲法14条1項に違反し，無効であると主張して，最高裁判所に特別抗告をした。

【決定要旨】
〈抗告棄却〉「非嫡出子の相続分を嫡出子の相続分の2分の1と定めた民法900条4号ただし書前段の規定が憲法14条1項に違反するものでないことは，当裁判所の判例とするところであり（最高裁平成3年(ク)第143号同7年7月5日大法廷決定・民集49巻7号1789頁），憲法14条1項違反をいう論旨は，採用することができない。」
なお，以下のとおり竹内行夫判事の補足意見と今井功判事の反対意見がある。

竹内行夫判事の補足意見
本件相続が開始したときには，合憲であったと判断できるが，その後の社会情勢，家族生活や親子関係の実態や国際的環境の変化などにより，少なくとも現時点では違憲の疑いが強い。さらに，過去の特定日を基準として，違憲無効と判断した場合には，当該基準日以降に発生したことを理由として，非嫡出子と嫡出子が含まれる事案において，遺産分割の審判，調停，協議等の効力に疑義が生じ，法的安定性を害することになる。このようなことから，立法による解決が望ましい。

今井功判事の反対意見
立法時には，法律婚と非嫡出子の保護の調整を図ったものであり，法律婚の尊重という立法目的に合理性があるとしても，その立法目的からみて，相続分を差別することは個人の尊厳と相容れず，合理的関連性は認められない。
また，本来は立法による解決が望ましいのであるが，当該規定により権利を侵害されて，救済を求めている者に対して，救済を与えるのは裁判所の責務であり，立法が望ましいことを理由に違憲判断しないことは相当でない。なお，本件規定が無効であることによって，すでになされた遺産分割の調停や協議に当然に錯誤があったことにはならない。法的安定性を害するおそれは否定できないが，その程度は補足意見が述べるほど著しいもので

はない。

【解説】
## 1 非嫡出子と嫡出子の格差
非嫡出子の相続分に関しては，平成7年に合憲とする最高裁大法廷判決が公にされている（前掲最大決平成7・7・5）。本件でも，同判決に基づき判断している。
嫡出子と非嫡出子の相続分の差は，婚姻家族の尊重との調和にあるといわれている。そして違憲論では，この調和を，相続分の差で図ることの合理的理由が現在薄れていることが主張されている。
相続分の差は，数字で現れるので最も明確に理解できるが，嫡出子との格差は，これに限定されているわけではない。
民法上での格差は，相続分の他にも見られる。非嫡出子には，親が共同で生活していようが，いかなる場合にも単独親権しか認められていない。子の立場から考えれば，親の生き方に影響を受けて，親権者が1人になったり，2人になったりする。これは，表面からは見えにくいが，嫡出子との間にみられる格差である。この点も含めて合理的な理由があるのかどうかの検討が必要になろう。

## 2 非嫡出という概念が必要か
現代社会において，そもそも非嫡出子という考え方が必要なのかどうか，わが国でも検討しなければならないときがきている。効果の上で差がなくなれば，自ずと存在理由は薄れていく。相続分と共同親権が大きな決め手になる。
フランスでは，2005年に非嫡出子の概念を民法典から消し去っている。嫡出推定は，父子関係の証明のための1つの手段となった。このような法制度のもとでは，父と母が婚姻関係にあれば嫡出推定で父子関係を推定し，婚姻関係になければ父子関係は認知に基づく。ここでは，証明の1つの手段となっている。子にとって重要なのは，父と母であり，つねに2人の親が親権者として存在し，父と母の生き方に，できうる限り子が影響を受けない制度となっている。
ところで，わが国では，夫婦の財産に関して，別産別管理制を法定財産制として採用している。この制度のもとでは，夫婦の財産はつねに不明瞭さを避けることができない。配偶者の「間接的な」権利を「潜在的持分」という表現で示すことになる（最大判昭和36・9・6民集15巻8号2047頁参照）。ここでは，配偶者の経済的な自立は考慮されていない。夫婦の財産の共通性が，子の平等化とともに求められる作業となろう。この作業と平行して，配偶者の相続権も検討しなければならないだろう。

## 3 立法の必要性
非嫡出子の相続分の平等化の問題は，本来は立法の問題であろう。家族法の全体的な視点と，相続法の体系の中での綿密な検討作業が必要である。
ヨーロッパの最近の立法などからは，男女関係の自由度が高まるにつれて，子に影響を与えないようにという配慮が感じられる。
わが国では，生殖補助医療をはじめとして家族法や相続法の改正が遅々として進まない。立法が遅々として進まない以上，反対意見として今井判事の述べるように，権利を侵害されて救済を求めている者に対して救済を与えるのは裁判であり，そのために，もはや立法を待つことのできない状況にあるといえよう。

〔付記〕非嫡出子の相続分に関して，最大決平成25・9・4民集67巻6号1320頁によって，違憲決定がなされた。そして，平成25年12月5日に民法の一部を改正する法律が成立し，民法900条4号ただし書の前半部分が削除されて，非嫡出子の相続分が嫡出子の相続分と同等になった。

（まつかわ・ただき）

民法 11

# 価額弁償額の確認請求訴訟と確認の利益

最高裁平成21年12月18日第二小法廷判決
平成21年(受)第35号
債務不存在確認等, 遺言無効確認等請求事件
民集63巻10号2900頁, 判時2069号28頁, 判タ1317号124頁

上智大学准教授　西　希代子

【論点】
遺留分減殺請求を受けた受遺者等が, 民法1041条所定の価額弁償の意思表示のみを行い, 目的物の現物返還請求も価額弁償請求も受けていない場合, 価額弁償額の確定を求める訴えに確認の利益があるか。

〔参照条文〕民1041条1項, 民訴134条

【事件の概要】
　Aは, 平成10年に遺産分割の方法を指定する公正証書遺言を作成し, 平成16年に死亡した。二男Y₁, 及び長女Y₂(以下「Yら」という)が, Aの遺言により遺産の一部を相続した三男Xに対して遺留分減殺の意思表示をし, Xは民法1041条所定の価額弁償を行う旨の意思表示をした。Yらが未だXに目的物返還請求も価額弁償請求もしておらず, Xも価額弁償の履行の提供をしていない段階で, Xは, Y₂がXに対して有する遺留分減殺請求権が2770万3582円を超えて存在しないこと等の確認を求めて訴えを提起した。1審は, 本件訴えが適法であることを前提として, Xの請求について実体判断をしたが, 原審は, 本件訴えは確認の利益を欠き不適法であるとして訴えを却下。Xが上告受理申立て。

【判旨】
〈破棄差戻し〉「遺留分権利者から遺留分減殺請求を受けた受遺者等が, 民法1041条所定の価額を弁償する旨の意思表示をしたが, 遺留分権利者から目的物の現物返還請求も価額弁償請求もされていない場合において, 弁償すべき額につき当事者間に争いがあり, 受遺者等が判決によってこれが確定されたときは速やかに支払う意思がある旨を表明して, 弁償すべき額の確定を求める訴えを提起したときは, 受遺者等においておよそ価額を弁償する能力を有しないなどの特段の事情がない限り, 上記訴えには確認の利益があるというべきである。」

【解説】
1　本判決は, 受遺者, 受贈者, 特定の相続人などの遺留分侵害者(以下「受遺者等」という)が遺留分権利者に対する価額弁償額の確定を求める訴え(Y₂に対する訴え)について, その確認の利益の有無を最高裁として初めて検討し, これを肯定した判例である。

2　受遺者等が民法1041条の価額弁償によって目的物の返還義務を免れるためには, 価額弁償又はその履行の提供をしなければならないが(最判昭和54・7・10民集33巻5号562頁), 遺産の範囲や生前贈与の額に争いがある場合等には受遺者等が正確な弁償額を算出できず, 結果として, 価額弁償制度の利用を断念せざ

るをえないことがある。このような不都合に対応すべく, 最判平成9・2・25民集51巻2号448頁は, 遺留分権利者が遺留分減殺請求権の行使後, 受遺者等に目的物返還を求めた訴訟において, 受遺者等が裁判所の定める価額による価額弁償の意思表示をした場合には, 裁判所が弁償額を定めた上, 受遺者等がその価額を支払わなかったことを条件として遺留分権利者の請求を認容すべき旨判示した(なお, 東京高判昭和62・8・26判時1252号54頁も参照)。しかし, 価額弁償における価額算定の基準時は, 遺留分算定の基礎となる財産算定の基準時である相続開始時ではなく, 「現実に弁償がされる時」であり(最判昭和51・8・30民集30巻7号768頁), 遺留分減殺請求権行使後の目的物返還請求権は民法1042条所定の消滅時効に服さないとされているため(最判昭和57・3・4民集36巻3号241頁), 遺留分権利者は, 受遺者等による価額弁償の意思表示後においても, 目的物の価値の変動等をうかがいながらその請求の時期を任意に決めることができる。正確な弁償額が分からない受遺者等はその時まで不安定な立場におかれるのみならず, 時期によっては, 目的物返還を免れるために予期せざる高額の価額弁償支払が必要となり, 目的物の手放しを余儀なくされるおそれもある。遺留分権利者から目的物返還請求又は価額弁償請求を受ける以前についても受遺者等が裁判所に価額弁償額の確定を求める道を開いた本判決は, 民法1041条が定める価額弁償によって目的物返還義務を免れる受遺者の権利を, より実効化するものと言える。

3　確認の利益の有無は, ①確認対象選択の適否, ②解決すべき紛争の成熟性, ③確認訴訟によることの適否等によって判断されるが(新堂幸司『新民事訴訟法〔第4版〕』〔弘文堂, 2008年〕258頁以下等), 原審では, Yらが価額弁償請求権を行使する以前は, 価額弁償請求権は確定的に発生していないこと(①), 判決によって価額弁償額を確定しても, 現実に履行されるかは不確実であること(②)等を理由として確認の利益が否定された。これに対して本判決は, 受遺者等が価額弁償又はその履行の提供を解除条件とする目的物返還義務を負っていると解し, 解除条件付きの義務の内容は条件の内容も含めて現在の法律関係と言えること(①), 裁判所による価額弁償額の確定は受遺者等の法律上の地位に現に生じている不安定な状況を除去するために有効, 適切であること等を挙げ, 判旨のように場面を限定し, 速やかな履行が期待できる場合についてのみ(②), 確認の利益を肯定した。条件付き権利は現在の権利関係として以前から認められており(最判平成11・1・21民集53巻1号1頁等), 受遺者等が解除条件付き義務を負っていると解する以上, ①は肯定しうるが, ②については, Xの真意の確保に関する問題が指摘されている(常岡・後掲107頁参照)。

4　なお, 本判決は, Y₁がXに対して遺留分減殺請求権を有しないことの確認を求める訴えについても, 合理的に解釈すればXがAの遺言により取得した財産につきY₁が持分権を有していないことの確認を求める趣旨であるとして, 確認の利益を肯定した。この点も最高裁の初判断である。

【参考文献】本判決の評釈として, 常岡史子・速判解7号105頁。

(にし・きよこ)

# 民法　判例の動き

東京大学教授　**森田　修**

　平成22年10月から同23年9月までに言い渡された民法関係の主な裁判例は，次のとおりである。

## 1. 総則

　権利能力・法人法に関して，最決平成23・2・9判タ1343号108頁がある。権利能力なき社団に対する金銭債権に基づいて，当該社団のために第三者が登記名義人とされている不動産に対して仮差押えをするには，仮差押命令の申立書に，当該不動産が当該社団の構成員全員の総有に属する事実を証する書面を添付しなければならないが，これは強制執行の場面について，最判平成22・6・29民集64巻4号1235頁が要求した確定判決その他これに準ずる文書である必要はない，とした。

　法律行為に関しては，賃貸借契約への消費者契約法10条の適用に関する重要な裁判例が現れた。消費者契約である居住用建物の賃貸借契約に付された敷引特約について，同条の前段要件を充足するとした上で，後段要件に関して次のような枠組みを示した。この特約は，賃借人が締約にあたり明確に認識していれば，当事者双方の経済的合理性を有する行為と評価できるから，敷引金の額が賃料の額等に照らし高額過ぎる等の特段の事情がない限り，これが信義則に反して消費者である賃借人の利益を一方的に害するとはいえない（最判平成23・7・12裁時1535号5頁）が，敷引金の額が高額過ぎると評価すべき場合には，当該賃料が近傍同種の建物の賃料相場に比して大幅に低額である等の特段の事情のない限り，信義則に反して消費者である賃借人の利益を一方的に害するから，消費者契約法10条により無効となるとした（最判平成23・3・24裁時1528号15頁）。また，更新料条項についても，ほぼ同様の枠組みに立つ最判平成23・7・15金判1372号7頁（**民法7**）が下された。

　時効法については，賃借権の取得時効と対抗という問題に関して最判平成23・1・21判タ1342号96頁（**民法1**）がある。抵当不動産の賃借人は，当該抵当権設定登記に先立って対抗要件を具備しなければ，当該登記後に当該不動産について賃借権を時効取得しても，当該抵当権の実行等による買受人に対して，賃借権を対抗することができないとし，また最判昭和36・7・20民集15巻7号1903頁は，このような賃借人と当該不動産の譲受人等との間の相容れない権利の得喪にかかわるものであり，抵当権者と賃借権者との間の関係に係る本件とは事案を異にする，とした。

## 2. 物権法

　所有権訴訟の被告適格に関して2つの裁判例がある。まず，最判平成23・6・3判タ1354号94頁は表題部所有者の登記も所有権の登記もない土地を時効取得したと主張する者が，本件土地について保存登記を得るために，不動産登記法74条1項2号の「確定判決」を求めて，民法239条2項により国庫に帰属していたとして，国を相手として所有権確認の訴えを提起した事案である。国が国有地であることを否定しており，時効取得の起算点以前から国が所有者ではなく，原告において不動産登記法27条3号および74条1項1号により保存登記を取得する方法などの手続を尽くしたにもかかわらず所有名義を取得できないなどの事情もない本件においては，訴えの利益を欠くとされた。また，最判平成22・12・16民集64巻8号2050頁（**民法2**）は，不動産の所有権がABCと順次移転したが，登記名義はAに残っている場合に，CがAに対し真正な登記名義の回復を原因とする所有権移転登記手続を請求することは，物権変動の過程を忠実に登記記録に反映させようとする不動産登記法の原則に照らし，許されないとした。

　集合動産譲渡担保に関して極めて重要な意義を持つ，最決平成22・12・2民集64巻8号1990頁（**民法3**）が登場した。従来議論のあった集合動産譲渡担保に基づく代償的物上代位の要件に関して「通常の営業の継続」という新しい概念を打ち出したほか，集合動産譲渡担保の法律構成についても最判平成18・7・20民集60巻6号2499頁までの方向からのターニング・ポイントを画するものといえよう。

## 3. 債権法

　最判平成23・4・22（平成20(受)1940）判タ1348号87頁（**民法4**）は，Y信用組合が経営破綻し，出資金の払戻しを受けられなくなった出資者Xが，出資勧誘の際のYの信義則上の説明義務違反に基づく損害賠償責任を追及した事件である。同判決はこの責任の性格を不法行為責任と法性決定した上で，同日判決（平成21(受)131・判タ1348号97頁）は当該不法行為責任の消滅時効の起算点を，Yに対するXの提起したのと同種の訴訟が提起された時点とした。これまで契約締結過程における信義則上の説明義務違反に基づく責任の法性決定に関しては，契約責任説と不法行為責任説とが対立していたが，最高裁は，短期の消滅時効期間の適用が問題となった場面で，不法行為責任構成をとることを明示した。その際，契約責任構成を「一種の背理」という強い表現で退けた点が注意を引く。契約締結過程の付随義務には諸種のものがあり，説明義務についてもさらに多様なものが考えられるが，これらのうち〈その説明義務違反によって本来締結しなかったはずの契約が締結されたような場合〉に，この

表現によって本判決の射程が限定されていると理解したい。

過払金訴訟に関して，今期もまた新しい問題について判断がなされた。すなわち，最判平成23・3・22判タ1350号172頁，最判平成23・7・7裁時1535号1頁（**民法6**），最判平成23・7・8裁時1535号2頁は，いずれも貸金業者Aが貸金債権を一括して他の貸金業者Bに譲渡する旨の合意をした場合において，借主CがAに対して有していた過払金返還債務が，Bに承継されるかという問題に関する。最高裁は，①Aの有する資産のうち何が譲渡の対象であるかは，AB間の譲渡契約甲の合意内容による，②甲契約が営業譲渡と法性決定される場合でも，AC間の金銭消費貸借取引に係る契約上の地位はCに当然には移転しない，③このことは，AC間の基本契約が，過払金充当合意を含むものであったとしても異ならない，とする枠組みを示した。

なお，最判平成23・7・14裁時1535号11頁は，最判平成20・1・18民集62巻1号28頁が示した，基本契約を跨ぐタイプの過払金充当合意の認定にあたって，第一の基本契約についての自動継続条項の存在をどのように取り扱うかについての精密化を行ったものである。いわゆる〈六要素〉のうち，過払金を発生させた第一の基本契約が，充当対象債権の発生時に存続しているという要件に関して，第一の基本契約に自動継続条項があることのみを以て要件充足として実質的な認定判断を行わなかった原審を差し戻した。

このほか，契約法について，総則の項において言及した賃貸借契約に関するものがある。

不法行為法については，まず，最判平成19・7・6民集61巻5号1769頁の差戻上告審たる最判平成23・7・21裁時1536号1頁がある。平成19年最判は建物設計者・施行者Aが契約関係に立たない居住者Bに対する関係でも，当該建物に建物としての基本的な安全性が欠けることがないように配慮すべき注意義務を負い，この義務違反によって生じる「建物としての基本的な安全性を損なう瑕疵」によりBの生命，身体又は財産が侵害された場合に，Aは不法行為責任を負うとしていた。平成23年最判はこの「瑕疵」がBへの当該建物売却日までに存在することを要件とした原審を破棄した（差戻し）。

このほか精神神経科の医師Yの患者Xに対する言動とXが当該言動に接した後にPTSD（外傷後ストレス障害）と診断された症状との間の相当因果関係を否定した最判平成23・4・26判タ1348号92頁がある。また最判平成23・4・28民集65巻3号1499頁（**民法8**）は，新聞社が通信社からの配信に基づき自己の発行する新聞に記事を掲載するにあたり当該記事に摘示された事実を真実と信ずるについて相当の理由があるといえる場合についての判示である。さらに使用者の配慮義務違反について最判平成23・7・12裁時1535号3頁がある。そこでは，市立小中学校教諭Xらが上司である各校長Yらの明示または黙示の命令によることなく，時間外勤務に従事しその結果心身の健康を損なった事案につき，YらがX等に対して負う，その心身の健康を損なうことがないよう注意すべき義務に違反した過失があるとはいえないとされた。人格的利益侵害に関しては最判平成23・7・15裁時1535号14頁がある。そこでは，弁護士たるテレビ番組出演者が，ある刑事事件弁護団の弁護活動が懲戒事由に当たるとして上記弁護団構成弁護士らについて懲戒請求をするようテレビ番組を通じて一般に呼び掛けた行為が，軽率であり，また弁護士としての品位を失うべき非行に当たるとして弁護士会における自律的処理の対象として検討されるのは格別，不法行為法上違法とまではいえないとして，名誉毀損とは異なる人格的利益侵害の不法行為責任を認めていた原審を破棄した。最判平成23・2・25判タ1344号110頁は，骨接合・移植の施術によって発症した深部静脈血栓症につき術後9年たってから訴えが提起された事案について，当時，瑕疵の手術に伴う同血栓症の発症の頻度が高いことが整形外科医において一般的に認識されておらず，医師の医療行為が著しく不適切なものではないとして，適切な医療行為を受ける期待権の侵害のみを理由とする整形外科医の不法行為責任の有無を検討する余地がないとした。

なお，不法行為賠償と社会保障給付との重複塡補の問題に関して，最判平成22・10・15裁時1517号4頁（**民法5**）がある。

### 4. 家族法

親族法に関しては，婚姻費用分担請求に関して最判平成23・3・18家月63巻9号58頁（**民法9**）がある。妻が，夫に対し，夫との間に法律上の親子関係はあるが，妻が婚姻中に夫以外の男性との間にもうけた子につき，離婚後の監護費用の分担を求めることが，権利の濫用に当たるとされた事案である。

相続法については，まず，金銭債権の相続財産性に関して最判平成22・10・8民集64巻7号1719頁がある。定額郵便貯金債権が遺産に属することの確認を求める訴えの確認の利益の存在が争点となった。また，相続させる旨の遺言に関する最判平成23・2・22民集65巻2号699頁（**民法10**）がある。「相続させる」旨の遺言により遺産を相続させるものとされた推定相続人が遺言者の死亡以前に死亡した場合には，当該遺言条項と遺言書の他の記載との関係，遺言書作成当時の事情及び遺言者の置かれていた状況などから，遺言者が，当該推定相続人の代襲者等に遺産を相続させる旨の意思を有していたとみるべき特段の事情のない限り，その効力を生じないとした。

（もりた・おさむ）

民法 1

# 賃借権の時効取得による抵当権の消滅の可否

最高裁平成23年1月21日第二小法廷判決
平成21年(受)第729号建物収去土地明渡等請求事件
集民236号27頁，判時2105号9頁，判タ1342号96頁

大阪大学教授　大久保邦彦

【論点】
抵当権設定登記後に賃借権の時効取得に必要な期間不動産を用益した者が賃借権の時効取得を当該不動産の競売又は公売による買受人に対抗することの可否。

〔参照条文〕民163条・601条・605条，民執59条1項・2項

## 【事件の概要】

Y₁の夫は，本件土地につき，その所有者との間で賃貸借契約を締結し，地上建物を所有していたところ，昭和27年，Y₁は，夫の死亡により，本件土地の賃借権を相続し，以後，地上建物を所有して，本件土地の所有者に地代を継続して支払い，本件土地の占有を継続してきた。平成8年12月20日，本件土地に財務省（旧大蔵省）を抵当権者とする抵当権設定登記がなされ（この時点でY₁は賃借権の対抗要件を具備していない），平成18年12月11日，公売によりXが本件土地を取得し，同月25日，その所有権移転登記が経由された。

そして，Xは，本件土地の所有権に基づき，地上建物を所有して本件土地を占有するY₁に対し，地上建物を収去して本件土地を明け渡すことなどを求めるとともに，Y₁からそれぞれ地上建物の一部を賃借して占有しているY₂〜Y₄に対し，建物の各占有部分から退去して本件土地を明け渡すことを求めて，本件訴えを提起した。これに対し，Yらは，Y₁は本件土地について賃借権を時効取得し，これをXに対抗できる等，主張した。

第1審（東京地判平成20・6・19金判1365号26頁参照）は，抵当権設定登記（平成8年12月20日）を起算点とする賃借権の時効取得を認めXの請求を棄却したが，原審（東京高判平成21・1・15金判1365号21頁参照）は，「抵当権は土地利用権としての賃借権に何らの影響を及ぼすものではないから，……抵当権設定登記を起算点とする賃借権の時効取得を認めることは困難であり，また，仮に抵当権設定後の占有使用により賃借権を時効取得したとしても，既に抵当権の設定登記を経ている抵当権者に対抗し得るに至るものとは解し難い」として，Yらの主張を排斥し，Xの請求を認容した。

そこで，Yらは，最判昭和36・7・20民集15巻7号1903頁を引用するなどして，上告受理を申し立てた。

## 【判旨】

〈上告棄却〉「抵当権の目的不動産につき賃借権を有する者は，当該抵当権の設定登記に先立って対抗要件を具備しなければ，当該抵当権を消滅させる競売や公売により目的不動産を買い受けた者に対し，賃借権を対抗することができないのが原則である。このことは，抵当権の設定登記後にその目的不動産について賃借権を時効により取得した者があったとしても，異なるところはないというべきである。したがって，不動産につき賃借権を有する者がその対抗要件を具備しない間に，当該不動産に抵当権が設定されてその旨の登記がされた場合，上記の者は，上記登記後，賃借権の時効取得に必要とされる期間，当該不動産を継続的に用益したとしても，競売又は公売により当該不動産を買い受けた者に対し，賃借権を時効により取得したと主張して，これを対抗することはできないことは明らかである。

……所論引用の上記判例は，不動産の取得の登記をした者と上記登記後に当該不動産を時効取得に要する期間占有を継続した者との間における相容れない権利の得喪にかかわるものであり，そのような関係にない抵当権者と賃借権者との間の関係に係る本件とは事案を異にする。」

## 【解説】

判旨は，抵当権と賃借権とは両立するという理解のもと，賃借権の時効取得による抵当権の消滅を一般に否定するように読めるが，疑問である。確かに，同一目的物上に抵当権と賃借権が設定されていても，抵当権は目的物の用益を内容としないため，両者は衝突することなく共存しうるように思える。しかし，抵当権が実行され目的物が買受人に移転すると，賃借権と買受人の所有権は用益面で衝突し，両者の優劣は賃借権と抵当権の対抗問題によって決定される。つまり，抵当権の実行前，両権利が設定された時点ですでに，両者は対抗関係に立ち「相容れない」。民法典が抵当権と賃借権の調整のための規定（民387条・395条など）を用意しているのも，両者が衝突するからにほかならない。

所有権の時効取得の場合，時効によって取得される権利の範囲は，取得時効の基礎となる占有の状態によって定まる。つまり，抵当権の存在を否定した占有によれば完全な所有権が取得され，その反射的効果として抵当権は消滅する（民397条）。抵当権の存在を否定した占有の意義については争いがあるが，少なくとも占有者が抵当権の存在につき善意の場合には，それが肯定されている。賃借権の時効取得についても，抵当権の存在を否定した占有によって抵当権は消滅する，と解すべきである。

ただし，賃借権の時効取得により，抵当権は絶対的にではなく，賃借人のためにのみ消滅する（相対的消滅）。つまり，地上権を取得した第三取得者が代価弁済をした場合（民378条）のように，抵当権に劣後する賃借権が抵当権に対抗しうる賃借権となる。

時効による物権変動の当事者を，①賃借人と買受人と解する（時効完成時を基準とみる）ならば，賃借人は登記なくして抵当権の相対的消滅（賃借権）を買受人に主張できるが，②賃借人と抵当権者と解する（時効の遡及効〔民144条〕を貫徹し時効起算時を基準とみる）ならば，抵当権の相対的消滅を買受人（第三者）に対抗するには，その旨の登記を要する（民177条）。

【参考文献】　大久保邦彦「自己の物の時効取得について(1)(2・完)」民商101巻5号643頁，6号782頁，古積健三郎「本件判批」Watch【2012年4月】57頁。

（おおくぼ・くにひこ）

民法 2

# 真正な登記名義の回復を原因とする中間省略登記請求の可否（消極）

最高裁平成22年12月16日第一小法廷判決
平成21年（受）第1097号持分所有権移転登記手続, 遺産確認, 共有物分割請求本訴, 持分所有権移転登記手続請求反訴事件
民集64巻8号2050頁

九州大学教授　七戸克彦

【論点】
①中間省略登記請求の可否。②「真正な登記名義の回復」を登記原因とする登記申請の可否。

〔参照条文〕民177条

【事件の概要】
本件土地は先代から長男Xが家督相続したが，その後Xから弟Aとその妻Y₁および子Y₂・Y₃の4人への持分移転登記がされて，現在はXとA・Y₁・Y₂・Y₃の5名の共有名義となっている。

Xが，本件土地の共有者たる地位に基づく共有物分割を求める本訴を提起したのに対して，Y₂は，本件土地は現在ではY₂の単独所有となっているとして，X名義の持分登記につき「真正な登記名義の回復」を原因とする移転登記を求める反訴を提起。

原審は，XからAへの土地の全部贈与を認定してY₂の反訴請求を認容したことから，Xは，Y₂の請求原因事実は「真正な登記名義の回復」なのに事実審が「XA間贈与」を認定してY₂の反訴請求を認容したのは処分権主義ないし弁論主義に反するとして上告受理を申し立てた。

【判旨】
〈一部破棄差戻し〉判旨はXの主張を認め，Y₂の反訴請求に関する部分につき以下のように判示して破棄差戻し（なお，Xの本訴請求に関しては上告却下）。
「不動産の所有権が，元の所有者から中間者に，次いで中間者から現在の所有者に，順次移転したにもかかわらず，登記名義がなお元の所有者の下に残っている場合において，現在の所有者が元の所有者に対し，元の所有者から現在の所有者に対する真正な登記名義の回復を原因とする所有権移転登記手続を請求することは，物権変動の過程を忠実に登記記録に反映させようとする不動産登記法の原則に照らし，許されないものというべきである。」

【解説】
**1** 中間省略登記——物権法の教科書に書かれている，実際の権利変動の過程がA→B→Cの場合でも全員の合意あるいは中間者の同意がある場合にはA→Cの直接の移転登記が肯定される，という説明は，そもそも正確さを欠いていた。というのは，過去の登記実務にあっても，中間者Bの同意書を添付してACが共同申請をしても，申請は却下されたからである。登記実務が許容していたのは，CがA→Cへの直接の移転登記を認める確定判決を得て判決による登記（現行不登法では63条1項）の単独申請をした場合のみであり，そして，本判決以前の判例は，中間者（訴外B）の同意がある場合に限ってC勝訴の確定判決を付与していた。

**2**「真正な登記名義の回復」を原因とする登記——一方，この奇妙な表現の登記原因を登記実務が認めるようになったのは昭和30年代のことで，①A名義で登記されている不動産をBから買い受けたCが，「本件不動産は○年○月○日BC間売買によりCが取得したことを確認する」旨のAC間の和解調書を添付したA→Cの所有権移転登記の申請（単独申請）を肯定した際，登記原因として「真正な登記名義の回復」と書くよう指示したことに端を発する。その後，この登記原因は，②B→Aの虚偽表示による所有権移転登記を真の所有者Bが回復する場合に，抹消登記に代えて移転登記を申請することもできるとされた際の（しかもこの場合にはB勝訴の確定判決を得る必要はなくABの共同申請でよいとされた）登記原因としても認められるようになったが，ところが，以後の登記実務は，上記①の処理と②の処理を組み合わせてしまった。①の処理にあっては中間者の同意なくしてA→Cの直接の登記が認められる一方，②の処理にあっては確定判決を得なくても登記ができることから，「真正な登記名義の回復」を原因とする登記は，上記1の中間省略登記に対する判例・登記実務の歯止めを免脱する手段として活用された。

**3** だが，平成16年現行不登法は，登記原因証明情報の提供の必須化（61条）により，登記の真実性確保の立場を明確に打ち出し，これを受けて，新法下の下級審裁判例も，中間省略登記の申請の側面に関して，中間者の同意書を添付した共同申請を却下すべき旨を確認していた。一方，本判決に関しては，中間者死亡のため，その同意や利益が問題とならない事例であることから，判例は中間省略登記の請求を完全に否定する立場に転じたと評価する見解が多い（ただし，中間者死亡の場合に限定して中間省略登記請求を否定したにすぎないと評価する見解もある）。

**4** なお，本判決は，本件Y₂の「真正な登記名義の回復」を原因とするX→Y₂の直接の持分移転登記請求は，予備的に「XA間贈与」を原因とするX→亡Aの持分移転登記請求の趣旨を含むものと解する余地があるとして，事実審において適切に釈明権を行使してこの点を明らかにするよう求めて原審に差し戻したものであり，差戻審においては，上記のごとく請求の趣旨が変更されたうえで，Y₂勝訴の判決が下されることとなる。とりわけ登記請求訴訟では，このような申立事項と判決事項のずれが争われることが多い（最判平成22・4・20判時2078号22頁参照）。

【参考文献】〔本件判批〕野澤正充・民事判例Ⅲ（2011年前期）151頁，永石一郎・ひろば64巻10号61頁，石田剛・平成23年度重判解（ジュリ1440号）68頁，大場浩之・民商144巻4＝5号536頁，金子直史・最判解民事篇平成22年度（下）773頁。

（しちのへ・かつひこ）

民法 3

# 構成部分の変動する集合動産譲渡担保権に基づく損害保険金請求権に対する物上代位の可否

最高裁平成22年12月2日第一小法廷決定
平成22年(許)第14号
債権差押命令に対する執行抗告棄却決定に対する許可抗告事件
民集64巻8号1990頁，判時2102号8頁，判タ1339号52頁

香川大学准教授　直井義典

## 【論点】

構成部分の変動する集合動産譲渡担保権の効力は，譲渡担保の目的動産滅失時に譲渡担保権設定者に対して支払われる損害保険金に係る請求権に及ぶか。

〔参照条文〕民304条

## 【事件の概要】

　魚の養殖業を営むXは，Yとの間で，Xの養殖施設および養殖魚を目的とする譲渡担保権設定契約を締結した。この設定契約においては，Xが養殖施設内の養殖魚を通常の営業方法に従って販売できること，その場合，Xはこれと同価値以上の養殖魚を補充することなどが定められていた。平成21年8月に養殖魚の一部が赤潮により死滅したため，Xは訴外Z共済組合に対し養殖魚の滅失による損害をてん補するための漁業共済金請求権を取得した。Xは赤潮被害の発生後，Yから新たな貸付けを受けられず同年9月に養殖業を廃止した。翌月，Yは，譲渡担保権の実行として，養殖施設および養殖魚を第三者に売却した。平成22年1月，Yは貸金残債権を被担保債権とし，譲渡担保権に基づく物上代位権の行使として，共済金請求権の差押えを申し立てた。債権差押命令が発布されたため，Xが執行抗告。原審は，Xによる共済金請求権の取得は通常の営業の範囲を超える処分であるから，譲渡担保権の効力は共済金請求権に及ぶ，Xは養殖魚の滅失以降，養殖魚を補充しなかった以上は通常の営業を継続していたものとは言えず，養殖魚滅失の時点で譲渡担保権の目的物が固定化したからYは共済金請求権に対して物上代位権を行使できるとして，執行抗告を棄却。

　Xは，Yはすでに譲渡担保権を実行済みであるから本件共済金請求権には譲渡担保権の効力が及ばないこと，譲渡担保権設定者による保険金取得は通常の営業の範囲内の処分であるから保険金への物上代位はできないこと，本件において目的物が固定化したのはXが養殖業を廃業した日であることを理由として抗告。

## 【決定要旨】

〈抗告棄却〉「構成部分の変動する集合動産を目的とする集合物譲渡担保契約は，譲渡担保権者において譲渡担保の目的である集合動産を構成するに至った動産（以下「目的動産」という。）の価値を担保として把握するものであるから，その効力は，目的動産が滅失した場合にその損害をてん補するために譲渡担保権設定者に対して支払われる損害保険金に係る請求権に及ぶと解するのが相当である。もっとも，構成部分の変動する集合動産を目的とする集合物譲渡担保契約は，譲渡担保権設定者が目的動産を販売して営業を継続することを前提とするものであるから，譲渡担保権設定者が通常の営業を継続している場合には，目的動産の滅失により上記請求権が発生したとしても，これに対して直ちに物上代位権を行使することができる旨が合意されているなどの特段の事情がない限り，譲渡担保権者が当該請求権に対して物上代位権を行使することは許されないというべきである。」

## 【解説】

　譲渡担保に基づく物上代位の可否については，すでに最決平成11・5・17民集53巻5号863頁が個別動産譲渡担保の転売代金債権に対する物上代位を認めていたものの，事例決定にすぎないとされていた。また，保険金請求権への物上代位の可否については大判大正12・4・7民集2巻209頁が肯定しており，有力な否定説もあるものの，多数説は判例を支持していた。本決定は，流動動産譲渡担保が有効であることを前提に，譲渡担保権の効力が保険金請求権に及ぶかという物上代位の成立要件の問題と物上代位権行使要件の問題とを分けて論じる。前者の問題については，集合物譲渡担保権が目的動産の価値を担保として把握するものであることを理由として肯定する。決定の文言からすると，本決定は，譲渡担保権による価値把握の対象は，集合物ならびにそれを構成する個別動産の双方であると理解しているものと考えられる。後者の問題については，譲渡担保権設定者が通常の営業を継続している場合には，当事者間の合意があるなどの特段の事情のない限り物上代位はできないものと判示する。原決定が譲渡担保目的物の固定化を理由に物上代位権行使を肯定するのに対して，本決定は固定化の成否を問題とせず通常の営業が継続していないことを物上代位権行使の要件と理解する。「通常の営業を継続している」ことの具体的内容は明らかではないが，本決定は共済金請求権の差押申立て時点で営業が廃止され養殖施設と残存養殖魚に譲渡担保権が実行されたことから営業継続の余地を否定する。また，本決定は当事者間の契約によって物上代位権行使の要件を決定できるものと理解している。

　本決定の射程は，直接には保険金請求権への物上代位にのみ及ぶものであり，目的動産の売買代金債権など他の目的物への物上代位の可否については判断を示すものではない。また，譲渡担保権設定契約当事者間の紛争であるため，物上代位権の第三者に対する対抗要件の問題も残されたままとなっている。

【参考文献】　本決定につき，小山泰史・NBL950号25頁，片山直也・金法1929号29頁，森田修・金法1930号54頁。このほか，道垣内弘人『担保物権法〔第3版〕』（2008年）308-309頁。

（なおい・よしのり）

民法 4

# 契約締結過程における信義則上の説明義務違反に基づく損害賠償責任の法的性質

最高裁平成23年4月22日第二小法廷判決
平成20年(受)第1940号損害賠償請求事件
民集65巻3号1405頁、判時2116号53頁、判タ1348号87頁

龍谷大学教授　中田邦博

## 【論点】

契約締結の交渉段階において一方当事者が信義則上の説明義務に違反して、契約締結に関する判断に影響を及ぼす情報を相手方に提供しなかった場合に、契約法上の責任としての債務不履行責任を問うことができるか。

〔参照条文〕民1条2項・415条

## 【事件の概要】

Yは信用協同組合である。平成11年3月に、Yの勧誘によってXらはYに各500万円の出資を行った。ところが、Yは平成12年12月に、金融整理管財人による業務及び財産の管理を命じる処分を受け経営が破綻したことから、Xらは出資の払戻しを受けることができなくなった。

そこで、Xらは、Yが契約の勧誘にあたり、Yが実質的な債務超過の状態にあり経営が破綻するおそれがあることをXらに説明すべき義務があったのに、これを怠った、あるいは、Yは上記説明を怠ったばかりか、むしろ資産状態が健全であることを告げて欺罔したと主張し、平成18年に、Yに対して、①主位的に、不法行為による損害賠償請求権又は出資契約の詐欺取消し若しくは錯誤無効を理由とする不当利得返還請求権に基づき、②予備的に、出資契約上の債務不履行による損害賠償請求権に基づき、各500万円及び遅延損害金の支払を求め、訴えを提起した。

第1審（大阪地判平成20・1・28金判1372号44頁参照）および原審（大阪高判平成20・8・28金判1372号34頁参照）は、①の請求については、本件の説明義務違反に基づいて不法行為による損害賠償請求権の発生を認めたものの、3年の消滅時効（民724条前段）によって消滅したとし、不法行為に基づく損害賠償請求（および詐欺取消しもしくは錯誤無効を理由とする不当利得返還請求）を棄却したが、②の請求については、出資契約上の付随義務違反としての債務不履行構成をとってこれを認容した。

Yから上告受理申立て。

## 【判旨】

〈破棄自判〉「契約の一方当事者が、当該契約の締結に先立ち、信義則上の説明義務に違反して、当該契約を締結するか否かに関する判断に影響を及ぼすべき情報を相手方に提供しなかった場合には、上記一方当事者は、相手方が当該契約を締結したことにより被った損害につき、不法行為による賠償責任を負うことがあるのは格別、当該契約上の債務の不履行による賠償責任を負うことはないというべきである。」「一方当事者が信義則上の説明義務に違反したために、相手方が本来であれば締結しなかったはずの契約を締結するに至り、損害を被った場合には、後に締結された契約は、上記説明義務の違反によって生じた結果と位置付けられるのであって、上記説明義務をもって上記契約に基づいて生じた義務であるということは、……一種の背理であるといわざるを得ない」。「契約締結の準備段階においても、信義則が当事者間の法律関係を規律し、信義則上の義務が発生するからといって、その義務が当然にその後に締結された契約に基づくものであるということにならない」。

## 【解説】

本判決は、学説がいわゆる「契約締結上の過失」として議論する場面の一つを扱うものである。契約締結上の過失論とは、契約準備交渉過程において一方当事者の責に帰すべき行為によって相手方に損害が発生した場合に、信義則に基づき、契約責任と同様の保護を認める考え方をいう。この「契約締結上の過失」は、学説では、①交渉破棄型（交渉を一方的に破棄する場合）、②偶発事故型（契約締結過程で事故によって相手方を害した場合）、③契約無効型（契約を締結したが、契約が無効だったことが判明した場合）、④不当勧誘型（不当な勧誘の結果として望まない契約が締結された場合）の4場面に分けて整理されている。本件は、④の類型に該当する。近時の有力な学説は、これらの場面を不法行為の問題として民法709条で処理できることを指摘している（たとえば、山本敬三『民法講義IV-1』〔2005年〕45頁以下。学説の詳細については、潮見・後掲参考文献参照）。

契約準備段階にある交渉当事者間において相手方の利益に配慮すべき信義則上の注意義務があり、その義務違反がある場合に損害賠償責任が生じること自体は、最高裁も是認するところである（最判昭和59・9・18判時1137号51頁）。問題は、本件のような説明義務違反によって生じる損害賠償責任の法的性質について、不法行為責任のみならず、債務不履行責任としても認めることができるか、である。本判決は、第1審および原審とは異なり、これを否定した。

本判決は、契約前と契約後という契約成立時を基準とする時系列的な区分を前提として、契約前に存在した説明義務違反の事情が契約締結に影響を与えるものであった場合には不法行為責任が発生することを認めつつ、しかし、それは当然に、契約が締結された後の責任形態である債務不履行を基礎づけるものとはならないと解した。その結果、不法行為の消滅時効（民724条前段参照）による迅速な処理が妥当することになった。もっとも、本判決の倫理は、契約成立によってもたらされる結果としての契約責任に基づいて契約前に存在する説明義務を当然には導きえないとするものである。したがって、契約締結前の信義則上の説明義務が当該契約において定型的に要求される場合には、その違反を、契約責任に取り込んで評価する余地がなお残されているとみてよいであろう。

【参考文献】　潮見佳男「契約締結上の過失」谷口知平＝五十嵐清編『新版注釈民法(13)〔補訂版〕』(2006年) 90頁以下、同『債権総論I〔第2版〕』(2003年) 536頁以下、とくに565頁以下。平野裕之『民法総合5 契約法〔第3版〕』(2007年) 28頁以下。本件判例解説として、松浦聖子・法セ681号130頁。

（なかた・くにひろ）

民法 5

# 労災保険法に基づく休業給付・障害給付の損益相殺的な調整において，遅延損害金の発生・充当を否定した事例

最高裁平成22年10月15日第二小法廷判決
平成21年（受）第1932号損害賠償請求事件
集民235号65頁

龍谷大学准教授　若林三奈

## 【論点】
①被害者が受給した労働者災害補償保険法（以下，労災保険法）に基づく休業給付および障害給付（以下，休業給付等）は，損害賠償債務にかかる遅延損害金の支払債務に充当することができるか。②不法行為における遅延損害金の発生時期。

〔参照条文〕民709条，自賠3条，労災7条

## 【事件の概要】
Xは，平成16年2月，通勤途上にてY1運転の加害車両に追突される交通事故にあい，右手関節・右足関節等に後遺障害を負った。本件事故により，Xには治療関係費等486万余円，逸失利益3961万余円を含む合計5897万余円の損害が生じた。Xは，同事故を原因として，自動車保険の任意保険金および自賠責保険のほか，労災保険法に基づく休業給付として同年5月から4回にわたり計106万余円，平成19年11月に同法に基づく障害一時金として22万余円の支給を受けた。

原審は，遅延損害金への充当を否定。X上告。

## 【判旨】
〈上告棄却〉「被害者が，不法行為によって傷害を受け，その後に後遺障害が残った場合において，労災保険法に基づく各種保険給付や公的年金制度に基づく各種年金給付を受けたときは，これらの社会保険給付は，それぞれの制度の趣旨目的に従い，特定の損害について必要額をてん補するために支給されるものであるから，同給付については，てん補の対象となる特定の損害と同性質であり，かつ，相互補完性を有する損害の元本との間で，損益相殺的な調整を行うべきものと解するのが相当である」（最判平成22・9・13民集64巻6号1626頁。以下，9月判決）。

「本件休業給付等の趣旨目的に照らせば，本件休業給付等については，これによるてん補の対象となる損害と同性質であり，かつ，相互補完性を有する関係にある休業損害及び後遺障害による逸失利益の元本との間で損益相殺的な調整を行うべきであり，これらに対する遅延損害金が発生しているとしてそれとの間で上記の調整を行うことは相当でない。」

「制度の予定するところと異なってその支給が著しく遅滞するなどの特段の事情のない限り，これらが支給され，又は支給されることが確定することにより，そのてん補の対象となる損害は不法行為の時にてん補されたものと法的に評価して損益相殺的な調整をすることが，公平の見地からみて相当である」（上記9月判決参照）。

## 【解説】
被害者が不法行為を原因として得る併行給付（社会保険給付や自賠責保険給付等）は，損害との間に同質性がある限り，損害額から控除される（最大判平成5・3・24民集47巻4号3039頁）。他方，伝統的通説および判例は，不法行為に基づく損害賠償債務は，損害の発生と同時に，何らの催告を要することなく，遅滞に陥ると解する（最判昭和37・9・4民集16巻9号1834頁）。それゆえ併行給付を損害額から控除するにあたり，被害者が，損害賠償金元本ではなく，まず遅延損害金から充当すべき旨を主張することがある。その場合，その充当関係が問題となる。

最高裁は，まず自賠責保険金について遅延損害金からの充当を認容し（最判平成11・10・26交民集32巻5号1331頁），次いで，被害者が死亡した場合に被害者遺族が受給する遺族年金給付等についても，自賠責給付と併せて民法491条1項に照らし遅延損害金への充当を認めた（最判平成16・12・20判時1886号46頁）。しかし，平成16年判決に対しては，社会保険給付が債務者の弁済といえるのか，あるいは各種社会保険給付と控除対象たる遅延損害金に同質性があるといえるのか（社会保険給付の費目拘束性），また充当計算が極めて複雑となり実務的妥当性を欠く等として疑問が呈され，下級審の判断も分かれていた。加えて，傷害・後遺障害事案においては，事故後に順次被害者に発生する具体的な損害については，遅滞なく各種社会保険給付等により，その金額が被害者側に支払われるかぎり，これを元本に充当し遅延損害金は発生していないと解するのが衡平の観点から相当であるとの指摘もなされていた（後掲・大島36頁）。

以上の状況を踏まえ，本件判旨引用の9月判決が，平成16年判決の射程は後遺障害事案には及ばないことを明らかにしていた。本判決は，この立場を踏襲し，休業給付等のてん補の対象となる損害は，「休業損害及び後遺障害による逸失利益の元本」に限られ，遅延損害金には充当されない旨を改めて明確にしたものである。

翻って，遅延損害金への充当問題についても損益相殺的調整における同質性原則が妥当する以上，平成16年判決で容認された遺族年金給付の遅延金充当については今後再検討が迫られよう（本判決千葉勝美裁判官の補足意見が示唆するところである）。

なお，本判決は，遅延損害金の発生を不法行為時としつつ，社会保険給付によりそのてん補の対象となる損害は不法行為の時にてん補されたものと法的に評価し，遅延損害金の発生を否定している。結論的には妥当であろうが，そもそも遅延損害金の起算日を不法行為時とする判例の立場は，算定上の便宜に過ぎず，これに異論を述べる見解も有力であることに鑑みれば，今後は，この点についても検討する必要があるのではなかろうか。

## 【参考文献】
松浦以津子「判批」判評567号（判時1921号）13頁，高取真理子「公的年金による損益相殺」判タ1183号65頁，大島眞一「交通損害賠償訴訟における虚構性と精緻性」判タ1197号27頁，高野真人「社会保険給付と損益相殺・代位の問題点」日弁連交通事故相談センター編『交通賠償論の新次元』（2007年）215頁以下。

（わかばやし・みな）

民法 6

## 貸金業者がその貸金債権を一括して他の貸金業者に譲渡した場合における過払金返還債務の帰趨

最高裁平成23年7月7日第一小法廷判決
平成22年(受)第1784号不当利得返還請求等事件
集民237号139頁、判時2137号43頁、判タ1361号98頁

東北大学教授　小粥太郎

【論点】
貸金債権譲渡契約の解釈。
〔参照条文〕利息（平成18年法律第115号改正前）1条1項

【事件の概要】
　X（原告、被控訴人、被上告人）は、平成5年11月12日、貸金業者A（株式会社）との間で、金銭消費貸借に係る基本契約を締結し、以後、継続的に金銭の貸付けと弁済が繰り返される取引を行った。Aは、平成14年3月29日、Y（被告、控訴人、上告人）との間で、Aの消費者ローン事業に係る貸金債権等の資産（以下「譲渡対象資産」という）を一括してYに売却する旨の契約（以下「本件譲渡契約」という）を締結した。
　本件譲渡契約は、第1.4条(a)において、Yの承継しない義務又は債務の例として、譲渡対象資産に含まれる貸金債権の発生原因たる金銭消費貸借契約上のAの義務又は債務（支払利息の返還請求権を含む）を挙げる。
　Xは、Yとの間で、平成14年5月8日、新たに金銭消費貸借に係る基本契約を締結して、同日から平成20年12月19日まで、継続的に金銭の貸付けと弁済が繰り返される取引を行った。
　Xは、Aの契約上の地位がYに承継され、これに伴い、Aの過払金返還債務（以下「本件債務」という）。利息制限法〔平成18年法律第115号による改正前のもの〕1条1項所定の制限を超えて利息として支払われたもの）もYに承継されると主張した。第1審は、Xの請求認容。Y控訴。原審は、控訴棄却。

【判旨】
〈破棄差戻し〉「貸金業者（以下「譲渡業者」という。）が貸金債権を一括して他の貸金業者（以下「譲受業者」という。）に譲渡する旨の合意をした場合において、譲渡業者の有する資産のうち何が譲渡の対象であるかは、上記合意の内容いかんによるというべきであり、それが営業譲渡の性質を有するときであっても、借主と譲渡業者との間の金銭消費貸借取引に係る契約上の地位が譲受業者に当然に移転する、あるいは、譲受業者が上記金銭消費貸借取引に係る過払金返還債務を上記譲渡の対象に含まれる貸金債権と一体のものとして当然に承継すると解することはできない」。「本件譲渡契約において、Yは本件債務を承継しない旨が明確に合意されているのであって、Yは本件債務を承継せず、その支払義務を負わないというべきである。」

【解説】
　1　貸金業者Aは、本件譲渡契約の後、廃業した。XがAから過払金を取り戻すことは難しい。また、Xからみれば、本件譲渡契約の前後で相手の貸金業者の名前こそ変わったが、終始、同じような取引を継続している。Xが、過払金の返還をYに求めようとするのは、無理もない。近年、貸金業界再編の過程で営業譲渡が行われ、本件のような紛争が裁判所に持ち込まれる例が散見される。
　2　本判決は、同旨の最判平成23・3・22判時2118号34頁を引用しつつ、AからYに何が移転するかは、「合意の内容いかんによる」と明言した。すなわち、本件譲渡契約のような取引でも、譲渡対象を明確に定めていなかったのであれば、契約の解釈として、事業が一体として（債権も債務も契約上の地位も）譲渡対象になる、（原審のように）貸金債権と過払金返還債務とは表裏一体である、などとして、AからYへの過払金返還債務の承継を肯定できたかもしれない（最判平成23・9・30裁時1540号10頁は、XY間の合意の解釈により、A→Y債務引受け、X→Yの過払金返還請求を肯定）。しかし、本件契約書では、過払金返還債務がYに承継されないことが、かなりはっきりしている（第1.4条(a)）。契約書の字句に過度に拘束されるべきでないにせよ、ここには明確なAY間の合意があるから、債務承継は認められない、ということであろう。Xの過払金返還請求権の確保は、会社法22条の類推適用（ゴルフ場の営業の譲受人の預託金返還義務の有無に関する最判平成16・2・20民集58巻2号367頁参照）、詐害行為取消しの可否等にかかってくる。
　3　一般に、($\alpha$)責任財産の主体の変更（免責的債務引受けによる債務者の変更）には債権者の意思的関与が必要とされるが、($\beta$)責任財産の中身の変更に債権者は容喙できない（会社分割手続において異議を述べることができる債権者とそうでない債権者との切り分けに関する会社法789条も参照）。$\beta$の方が債権者にヨリ大きな経済的不利益をもたらすことがある（=本件）のに、債権者は、$\alpha$を阻止できても、$\beta$は阻止できない（詐害行為取消しの可能性は残るが）。この局面での法は、債務者の資産の中身よりも、債務者が誰であるかに注目している（詐害的な会社分割における債権者の保護に向けた法改正の動きにも注意したい。会社法制の見直しに関する中間試案（第1次案）第2部第6の1。http://www.moj.go.jp/shingi1/shingi04900098.html 部会資料16）。

【参考文献】　中田裕康「貸金業者間で貸金債権の一括譲渡契約があった場合における借主との契約上の地位の移転」金法1929号63頁。

（こがゆ・たろう）

民法 7

# 更新料条項の効力と消費者契約法10条

最高裁平成23年7月15日第二小法廷判決
平成22年(オ)第863号更新料返還等請求本訴，更新料請求反訴，保証債務履行請求事件
民集65巻5号2269頁，判時2135号38頁，判タ1361号89頁

法政大学准教授　大澤　彩

【論点】
更新料条項は消費者契約法10条に照らして有効か。
〔参照条文〕消費契約10条

【事件の概要】
X₁は，平成15年4月1日，Yとの間で京都市内の共同住宅の一室（以下「本件建物」とする）につき，本件賃貸借契約（期間1年，賃料・月額3万8000円，更新料・賃料の2か月分，定額補修分担金・12万円）を締結した。X₁はYとの間で平成16年から平成18年まで3回にわたり本件賃貸借契約をそれぞれ1年間更新し，その都度更新料を支払ったが，平成19年4月1日以降X₁が本件建物の使用を継続したことに基づいて更新された際には更新料を支払わなかった。X₁は，Yに対して既払更新料および定額補修分担金の返還と未払更新料の支払債務の不存在の確認を求めたのに対し（本訴請求），YがX₁に対して未払更新料の支払を求め（反訴請求），本件賃貸借契約に係るX₁の債務を連帯保証したX₂に対しても未払更新料の支払を求めた。第1審，原審は本件更新料条項を無効とした。

【判旨】
〈一部破棄自判，一部上告却下〉「更新料は，賃料と共に賃貸人の事業の収益の一部を構成するのが通常であり，その支払により賃借人は円満に物件の使用を継続することができることからすると，更新料は，一般に，賃料の補充ないし前払，賃貸借契約を継続するための対価等の趣旨を含む複合的な性質を有する」。「消費者契約法10条……にいう任意規定には，明文の規定のみならず，一般的な法理等も含まれる」。更新料条項は，民法601条の適用による場合に比し，賃借人の義務を加重する。更新料の支払には経済的合理性がないとは言えないこと，一定の地域において更新料の授受が見られること，および，従前，裁判上の和解手続等において更新料条項は公序良俗に反するとの判断がなされていないことから，「更新料条項が賃貸借契約書に一義的かつ具体的に記載され，賃借人と賃貸人との間に更新料の支払に関する明確な合意が成立している場合に，賃借人と賃貸人との間に，更新料条項に関する情報の質及び量並びに交渉力について，看過し得ないほどの格差が存するとみることもでき」ず，「更新料の額が賃料の額，賃貸借契約が更新される期間等に照らし高額に過ぎるなどの特段の事情がない限り，消費者契約法10条にいう『民法第1条第2項に規定する基本原則に反して消費者の利益を一方的に害するもの』には当たらない」。本件では，更新料条項が本件契約書に一義的かつ明確に記載されており，更新料の額も契約期間が1年であるのに対して賃料の2か月分であることから，有効である。

【解説】
更新料条項（賃貸借契約更新時に賃借人から賃貸人に対して一定の金員を支払う旨定める条項）については，その法的性質や有効性につき，学説・下級審裁判例において見解が分かれていたが（大澤彩「建物賃貸借契約における更新料特約の規制法理(上)」NBL931号20頁以下参照），本判決は最高裁として初めて判断を下したものである。本判決が更新料を「複合的な性質を有する」ものとして捉えている点は，消費者契約法10条前段要件該当性を判断する上で一定の意味を有している。なぜなら，更新料が賃料の補充ないし前払の性質しか有さないのであれば，民法601条にいう「賃料」以外の負担を賃借人に課す条項にはならないからである（なお，本判決の消費者契約法10条にいう任意規定の捉え方は多数説そのものであり，本判決は最高裁として初めてこの点を明確にした）。

もっとも，本判決の消費者契約法10条後段要件該当性の判断枠組みは更新料の「賃料」性を基軸にしたものと言える。更新料条項が賃貸借契約書に一義的かつ具体的に記載されており，その額が高額に過ぎない限り後段要件を満たさないとする本判決の枠組みは，価格に関する条項はそれが契約相手方に十分に開示されたものであり，その額が不当に高額でなければ無効とならないという，中心条項の規制枠組みと類似しているからである（山本豊「不当条項規制と中心条項・付随条項」河上正二ほか編『消費者契約法』別冊NBL54号〔1999年〕94頁以下参照）。更新料条項が「賃料」以外の金銭を負担させる点で賃借人の義務を加重するのであればその合理性が問題となるが，この点についての本判決の理由付けは十分ではない。特に，契約書に更新料条項が明確に記載されていれば契約当事者間の情報・交渉力の格差が存在しないとする点，および，従来の裁判実務において更新料条項が公序良俗違反とされていないことを合理性肯定の理由とする点は，消費者契約法10条による不当条項規制を民法による不当条項規制と同列に捉えることにもつながりかねない。事業者・消費者間の情報・交渉力の格差に鑑みれば，更新料条項の存在のみならずその法的性質（趣旨）の説明をも要求する見解や月額の賃料とは別に更新料を定めることで賃借人にとって実質賃料が不明確になっていること（河上正二・判評628号〔判時2108号〕34頁）を問題視する見解は十分にありうる（更新料条項を無効とした下級審裁判例でとられていた見解である。大澤・前掲24頁以下参照）。

また，契約書に「一義的かつ具体的に」更新料条項が記載されていない場合には更新料条項の成立自体が問題となりうる以上，本判決によれば実質的には更新料が「高額に過ぎる」か否かが有効性判断の決め手となるが，価格の妥当性への裁判所の介入の可否を考えると，「高額に過ぎる」とされる場合は限定されるだろう。以上の判断枠組みは敷引特約に関する最高裁判決（最判平成23・3・24民集65巻2号903頁，最判平成23・7・12裁時1535号5頁）とほぼ同様であるが，本判決とあわせて検討の必要がある（大澤彩「前掲最判平成23・3・24，最判平成23・7・12判批」現代消費者法13号110頁以下）。

【参考文献】本文中に掲げたもの。

（おおさわ・あや）

民法 8

# 配信記事を掲載した新聞社の名誉毀損による不法行為責任の成否

最高裁平成23年4月28日第一小法廷判決
平成21年（受）第2057号損害賠償請求事件
民集65巻3号1499頁，判時2115号50頁，判タ1347号89頁

成蹊大学准教授　建部　雅

【論点】
裏付け取材を行わずに配信記事を掲載した新聞社に，「真実と信じるについて相当の理由」が認められる場合。
〔参照条文〕民709条・710条

【事件の概要】
　平成13年3月，A大病院で手術を受けたBが死亡した。C通信社はA大病院や捜査機関等へ取材を重ね，同14年7月，医師Xの基本的なミスによりBが死亡したという内容の記事（本件配信記事）を，新聞社でありCの加盟社であるY1～Y3に配信した。Yらは，本件配信記事の内容について裏付け取材することなく，自社の発行する新聞に本件配信記事をほぼそのまま掲載した（本件各紙掲載記事）。Xは，本件配信記事及び本件各紙掲載記事（本件記事）によって名誉を毀損されたと主張し，C及びYらに対し，慰謝料等の支払を請求した。
　原審（東京高判平成21・7・28判タ1304号98頁）は，C及びYらのいずれについても，本件記事の内容を真実と信ずるについて相当の理由があるとして，不法行為責任の成立を否定し，Xの請求を棄却した。Xから上告（Yらについてのみ事件が受理された）。

【判旨】
〈上告棄却〉　新聞社が，通信社からの配信記事を自己の発行する新聞に掲載した場合，「少なくとも，当該通信社と当該新聞社とが，記事の取材，作成，配信及び掲載という一連の過程において，報道主体としての一体性を有すると評価することができるときは，当該新聞社は，当該通信社を取材機関として利用し，取材を代行させたものとして，当該通信社の取材を当該新聞社の取材と同視することが相当であって，当該通信社が当該配信記事に摘示された事実を真実と信ずるについて相当の理由があるのであれば，当該新聞社が当該配信記事に摘示された事実の真実性に疑いを抱くべき事実があるにもかかわらずこれを漫然と掲載したなど特段の事情のない限り，当該新聞社が自己の発行する新聞に掲載した記事に摘示された事実を真実と信ずるについても相当の理由があるというべきである」。

【解説】
　1　配信記事を掲載した新聞社の，名誉毀損による不法行為責任の成否が問題となる場合，当該新聞社に「摘示された事実が真実と信じるについて相当の理由」（以下，「相当の理由」）が認められるためには，独自の裏付け取材が必要なのか，通信社から配信を受けたことのみで足りるのか，それともその他の事情が考慮されるのか。この点について最判平成14・1・29民集56巻1号185頁（①判決）及び最判平成14・3・8判時1785号38頁（②判決）は，当該事例で問題となった記事に関しては，通信社から配信されたという事情のみでは「相当の理由」は認められないと判示した。
　さらに，配信記事を掲載する新聞社について，いわゆる「配信サービスの抗弁」，定評ある通信社の配信記事を信頼して掲載した新聞社は一定の要件のもとで免責されるという法理が主張されていたが，この法理についても①判決は，当該事案で問題となった報道分野については，そのような法理を認めるための，配信記事の信頼性に関する定評という重要な前提が欠けるとして，同法理の適用を否定した。
　ただし，①，②判決が，全ての場合に，裏付け取材を行わない新聞社の「相当の理由」を否定したわけでもなければ，①判決が一律に「配信サービスの抗弁」の適用を否定したわけでもなかった。そのため両判決以後も，裏付け取材なくして新聞社の「相当の理由」を認めることの可否や，「配信サービスの抗弁」を適用することの可否が問題となっていた（学説の状況について五十嵐・後掲62頁）。
　2　本判決は，通信社を利用した報道システムの重要性や，裏付け取材を行う能力のない新聞社の不法行為責任を，通信社が不法行為責任を負わない場合にも認めることにより報道が委縮するおそれのあること等を根拠として，通信社と新聞社とが報道主体としての一体性を有すると評価できるときに，通信社に「相当の理由」があれば特段の事情のないかぎり新聞社にも「相当の理由」が認められるとし，配信記事を掲載した新聞社の「相当の理由」の認定について新たな判断を示したのである。これにより裏付け取材を行わなかったYらについて「相当の理由」が認められ，不法行為責任の成立が否定された。
　3　上記の一体性が認められる場合について本判決は，通信社と新聞社との関係等の事情を総合考慮して判断するとしている。そのため，本件とは異なり，通信社の加盟社ではない新聞社が配信記事を掲載した場合にも，本判決の枠組みに沿って，新聞社の「相当の理由」が判断される可能性もある。
　また，報道主体としての一体性が認められる場合以外にも，本判決は本件の法理が適用される余地を残したと解することもできる。この点について考察する際には，一体性が認められるための基準や，通信社の取材と新聞社の取材とを同視できることの根拠をより明確にする必要がある。
　4　なお，本判決では「配信サービスの抗弁」に関する判断はなされなかったため，通信社に「相当の理由」が認められない場合に同法理を用いて新聞社の免責を認めることの可否や，その要件等に関する問題が残されている。

【参考文献】　本判決の解説として，武藤貴明・ジュリ1431号146頁，礒山海・ビジネス法務11巻10号10頁，名誉毀損法理及び「配信サービスの抗弁」について，五十嵐清『人格権法概説』（2003年），佃克彦『名誉毀損の法律実務〔第2版〕』（2008年）。

（たてべ・みやび）

民法 9

## 法律上の親子関係はあるが自然的血縁関係がない子に対する監護費用の分担

最高裁平成23年3月18日第二小法廷判決
平成21年(受)第332号離婚等請求本訴，同反訴事件
家月63巻9号58頁，判時2115号55頁，判タ1347号95頁

立教大学准教授　幡野弘樹

【論点】
妻が，夫に対し，夫との間に法律上の親子関係はあるが，妻が婚姻中に夫以外の男性との間にもうけた子につき，離婚後の監護費用の分担を求めることが，権利の濫用に当たるのか。
〔参照条文〕民1条3項・766条・771条

【事件の概要】
夫X（本訴原告，反訴被告）と妻Y（本訴被告，反訴原告）は，平成3年に婚姻をした。Yは，平成8年に長男Bを，平成10年に二男Aを，平成11年に三男Cをそれぞれ出産したが，AとXとの間には，自然的血縁関係がなかった。Yは，Aの出産後約2か月以内にそのことを知ったが，それをXに告げなかった。

Xは，Aの出生前から婚姻関係が破綻するまでの間，ほぼ毎月150万円程度の生活費をYに交付してきた。XとYとの婚姻関係は，XがY以外の女性と性的関係を持ったことなどから，平成16年1月末ころ破綻した。その後，Xに対して，Yに婚姻費用として月額55万円を支払うよう命ずる審判が下された。

Xは，平成17年4月に初めて，Aとの間には自然的血縁関係がないことを知った。Xは，同年7月，Aとの間の親子関係不存在確認の訴え等を提起したが，訴えは却下された。そこで，Xは，平成17年9月，Yに対して離婚および慰謝料を求める本件訴訟を提起したのに対し，YもXに対して反訴を提起した。なお，X・Yともに，親権者指定および財産分与の附帯処分を求め，Yは，さらに養育費の支払および年金分割の附帯処分も求めている。

1審は，離婚を認容するとともに，YをA・B・Cの親権者と定め，Aの監護費用について，B・Cと同様月額16万円と定めた。また，財産分与の結果，Yは約1270万円相当の積極財産を取得することとなった。原審も，YをA・B・Cの親権者と定め，Aの監護費用について，B・Cと同様月額14万円と定めた。Xの上告受理申立てが受理。

【判旨】
〈一部破棄自判〉　本判決は，①Yは，出産後約2か月以内にAとXの間に自然的血縁関係がないことを知ったのに，そのことをXに告げなかったため，XはAとの親子関係を否定する法的手段を失ったこと，②Xは，婚姻中，相当に多額な生活費をYに交付するなどして，Aの養育・監護のための費用を十分に負担してきており，離婚後もAの監護費用を分担させることは，過大な負担を課するものというべきであること，③離婚後のAの監護費用を専らYにおいて分担することができないような事情はうかがわれず，監護費用を専らYに分担させたとしても，子の福祉に反するとは言えないことを指摘した上で，「以上の事情を総合考慮すると，YがXに対し離婚後のAの監護費用の分担を求めることは，監護費用の分担につき判断するに当たっては子の福祉に十分配慮すべきであることを考慮してもなお，権利の濫用に当たるというべきである」と述べ，原審のAの監護費用の分担に関する部分を破棄するとともに，同部分についての第1審判決を取り消し，Yの申立てを却下した。

【解説】
本判決は，妻が，夫に対し，夫との間に法律上の親子関係はあるが，妻が婚姻中に夫以外の男性との間にもうけた子につき，離婚後の監護費用の分担を求めることが，権利の濫用に当たると判断した事例である。裁判離婚の場合，離婚後の養育費負担について，裁判所が，「子の監護に要する費用の分担」（民771条が準用する民766条1項。平成23年6月3日法律により明示）を決定する。未成熟子の養育費を負担する義務は，法的構成について学説上の対立はあるものの，法律上の親子関係を前提としている点について異論はない。しかし，本件事案では，Xの平成19年の年収は約3650万円，Yは無収入だが潜在的稼働能力として年収116万円程度と認定されたにもかかわらず，YのXに対するAの監護費用分担の請求を権利濫用に当たるとして斥けている。

先行裁判例としては，離婚後になされた未成熟子の養育費申立てを権利濫用として排斥した事案として，札幌家審平成10・9・14家月51巻3号194頁がある。養育費請求の実質は申立人の借金の一部肩代わりに過ぎないという理由に基づくものである。また，近時，離婚後，親子関係不存在確認審判が確定した後に，養育費の返還を求める事件も現れている（東京高判平成21・12・21判時2100号43頁など）が，本件のXとAには法律上の親子関係があるので，本判決と直接の関係はない。

本判決に対しては，Yの養育費請求を権利濫用として排斥することは，子の利益に反するのではないか（犬伏・後掲評釈）という疑問が提示されている。さらに，本件1審では，それ以前に親子関係不存在確認請求が却下されているにもかかわらず，DNA鑑定を用いてXとAとの間に自然的血縁関係がないことを認定している。最高裁も，判旨①の部分にあるように，AとXとの間に自然的血縁関係がないことを前提として権利濫用の有無を判断している。このような事実認定，およびそれを前提とした判断が，嫡出推定・否認制度の趣旨として近時強調されるに至っている子の法的地位の安定性確保という要請に抵触するものではなかったのかも問われなければならない。

【参考文献】　本判決の評釈として，犬伏由子・Watch【2012年4月】95頁。

（はたの・ひろき）

民法 10

# 「相続させる」旨の遺言と受益相続人の先死亡

最高裁平成23年2月22日第三小法廷判決
平成21年(受)第1260号土地建物共有持分権確認請求事件
民集65巻2号699頁，判時2108号52頁，判タ1344号115頁

千葉大学准教授　金子敬明

## 【論点】
遺産を特定の推定相続人甲に単独で「相続させる」旨の遺言において，甲が遺言者より先に死亡した場合，その遺言は効力を生じないか。効力を生じる場合に，具体的にどのような効果が発生することになるか。

〔参照条文〕民994条1項・995条・887条2項・3項・889条2項

## 【事件の概要】
　C男は本件各不動産を有していたが，平成4年に死亡した。Cの法定相続人は，妻A女，いずれもAC間の子であるB男及びX女，の計3名であり，遺産分割はまだなされていない。Aは平成5年，公正証書により，Aの財産の全部をBに相続させる，遺言執行者として第三者Dを指定する，の2か条から成る本件遺言書を作成した。平成18年6月にBが死亡し，Bの法定相続人は妻Eと，いずれもBE間の子であるY1ないしY3（以下Yらとする）である。同年9月にAが死亡し，Aの法定相続人は，Xと，Bの代襲者たるYらである。Xは，本件遺言がBへの遺贈ではなく遺産分割方法の指定であるとしても，民法994条1項の規定が類推適用されるべきであり，すると本件遺言は効力を失った，として，本件各不動産につき2分の1（Cの相続人として4分の1，Aの相続人として4分の1）の共有持分権を有することの確認を求める訴えを提起した。原審は，遺贈は受遺者として指名された特定の人物に遺言者が着目してなされるのが通常だ，という民法994条1項の趣旨は「相続させる」旨の遺言にも原則としてあてはまり，遺言者は同時に補充的な受益相続人の選定や事後的に新遺言の作成といった方策をとることができるのでそう解しても不都合はない，Bが先に死亡した場合にはその効力をBの代襲相続人Yらに及ぼすとする例外的な趣旨を本件遺言に読み取ることもできない，として，Xの請求を全部認容した。Yらが上告受理申立て。

## 【判旨】
〈上告棄却〉「遺産を特定の推定相続人に単独で相続させる旨の遺産分割の方法を指定し，当該遺産が遺言者の死亡の時に直ちに相続により当該推定相続人に承継される効力を有する『相続させる』旨の遺言……は，当該遺言により遺産を相続させるものとされた推定相続人が遺言者の死亡以前に死亡した場合には，当該『相続させる』旨の遺言に係る条項と遺言書の他の記載との関係，遺言書作成当時の事情及び遺言者の置かれていた状況などから，遺言者が，上記の場合には，当該推定相続人の代襲者その他の者に遺産を相続させる旨の意思を有していたとみるべき特段の事情のない限り，その効力を生ずることはないと解するのが相当である」。本件遺言書には2か条しかなく，Bが死亡した場合にBが承継すべきであった遺産をB以外の者に承継させる意思を推知させる条項はない上，本件遺言書作成当時Aが，BがAの死亡以前に死亡した場合に遺産を承継する者について考慮していなかったことは，Yらも自認しているから，上記特段の事情があるとはいえない。

## 【解説】
**1**　特定の遺産を特定の相続人に単独で相続により承継させようとする遺言について，最判平成3・4・19民集45巻4号477頁は，原則として遺産分割方法を指定した遺言（民法908条参照）と解し，その場合受益相続人は遺贈でなく相続を原因として当該特定の遺産を取得する，と判断した。本件では複数の相続人の1人に全遺産を集中させる類型の「相続させる」旨の遺言が扱われているが，この種類の遺言では，遺産分割方法の指定とあわせて，受益相続人の相続分が全部に指定された（民902条）ものと一般に解されている（同種類の遺言を扱う最判平成21・3・24民集63巻3号427頁参照）。

前掲最判平成3年は多くの論点を未解決のまま残したが（参考文献①176頁），本判決は，そのうち，「相続させる」旨の遺言に代襲相続の規定の適用ないし類推適用があるか，という論点につき，最高裁が裁判例の統一を図ったものだとされている（参考文献②53-54頁参照）。

**2**　本判決は，遺産を特定の推定相続人に単独で相続させる旨の遺言において，当該推定相続人（以下甲とする）が先死した場合，この遺言は原則として効力を生じない，とする。

いずれを原則とみるべきか，考え方は分かれるが（後掲東京高判平成18年を扱う参考文献③の50頁参照），遺言者は甲の先死の場合に備え補充的な定めをすることもできる（民995条ただし書）ことも考えると，本判決の原則論は正当と考えられよう。なお本判決は，遺言者は通常，遺言時において特定人物たる甲に当該遺産を取得させる意思を有するにとどまる，という理由を挙げているが，これは**1**で上述した種類の遺言には特によく妥当すると考えられ，逆に，複数の法定相続人を平等に扱う種類の「相続させる」旨の遺言（代襲者による代襲を認めた東京高判平成18・6・29時1949号34頁の事例参照）には本判決の判示は直ちには妥当しない，と解することもできるかもしれない（「遺産を……単独で相続させる旨の……遺言」という本判決の文言にも注意）。

**3**　甲先死の場合を想定した補充的な条項がないが，判旨のいう「特段の事情」はある，という場合，どのような効果が発生するか。大多数の説は，遺言が効力を失わないことが代襲相続の規定の発動の引き金となり，その結果，甲の代襲者が，甲が受けるはずだった遺言利益を受ける（代襲者複数の場合には分け合う），と考える。これに対し，遺言者の有していた，甲の「代襲者その他の者に遺産を相続させる旨の意思」が直接に実現される（よって代襲相続人が遺言利益を受けるとは限らない），とする説もある（参考文献④51頁。同②53頁も同旨か）。判旨がこの点につき態度を明らかにしているようにはみえないが，甲が先死し，甲の代襲相続人たる複数の者のうちの1人のみと遺言者が親密であった，という場合などを想定すると，後説がより魅力的にも思われる。もっとも，後説を採る場合，甲先死の場合を想定した補充的な条項がない状況で遺言者の仮定的意思をどのようにして抽出しうるのか，という困難が待ち受けている（参考文献④51頁・同⑤）。

**4**　本判決後の実務的な対応としては，遺言者は甲先死の場合に備えて補充的な条項を設けておくべきであり，反射的に，補充的な条項がない場合には実際上，甲先死の場合には遺言は効力を失うと遺言者が考えていたものと扱われることになる，と思われる。

【参考文献】①北野俊光「『相続させる』旨の遺言の実務上の問題点」久貴忠彦編集代表『遺言と遺留分(1)遺言〔第2版〕』（2011年）169頁，②本判決の匿名解説・判時2108号52頁，③田高寛貴「判批」登記情報550号44頁，④浦野由紀子「本件判批」法教372号48頁，⑤浦野由紀子「遺言の補充的解釈(1)(2・完)」民商115巻1号31頁，2号224頁。

（かねこ・よしあき）

# 民法　判例の動き

東京大学教授　沖野眞已

平成23年9月1日から平成24年8月31日までに言い渡された民法関係の主な裁判例は，次のとおりである。

## 1. 総則

法律行為に関し，最判平成23・12・16判時2139号3頁（**民法1**）は，建築基準法等に違反する違法建物の建築請負契約及びその追加変更工事に係る請負契約（ともに下請負）に基づく請負代金請求において，契約の公序良俗違反性につき，違法性の高さ，下請負人の計画の了知，下請負人と請負人との従属関係の不存在といった事情を考慮して，違法建築の建築請負契約については著しく反社会性の強い行為を目的とし公序良俗に反し無効であるとしたが，追加変更工事部分は別途合意として締結され違法の是正を含む内容であって，反社会性の強い行為とは言えず公序良俗違反とは言えないとした。いわゆる取締法規違反の法律行為に関して，法令違反（その内容及び程度）を公序良俗違反の判断の一要素として勘案する流れの1つである。公序良俗違反性や無効の及ぶ範囲の判断の点も着目される。

密接な関係にある複数の契約の1つが公序良俗に反し無効である場合の他の契約への影響に関し，最判平成23・10・25民集65巻7号3114頁（**民法2**）は，個品割賦購入あっせん（平成20年割賦販売法改正前）において，「購入者と販売業者との間の売買契約が公序良俗に反し無効とされる場合であっても，販売業者とあっせん業者との関係，販売業者の立替払契約締結手続への関与の内容及び程度，販売業者の公序良俗に反する行為についてのあっせん業者の認識の有無及び程度等に照らし，販売業者による公序良俗に反する行為の結果をあっせん業者に帰せしめ，売買契約と一体的に立替払契約についてもその効力を否定することを信義則上相当とする特段の事情があるときでない限り，売買契約と別個の契約である購入者とあっせん業者との間の立替払契約が無効となる余地はない」とした。

不当条項に関し，最判平成24・3・16民集66巻5号2216頁（**民法3**）は，生命保険等の契約における約定所定の期間内に保険料の払込みがないときは催告を経ずして当然に保険契約が失効する旨の条項が消費者契約法10条により無効となるかについて，催告の相当期間よりも長い弁済期から失効までの期間の付与，自動貸付条項による失効防止措置の存在とともに，多数の保険契約者を対象とする保険契約の特質を踏まえ，「各保険契約の締結当時，保険料支払債務の不履行があった場合に契約失効前に保険契約者に対して保険料払込みの督促を行う態勢を整え，そのような実務上の運用が確実にされていた」という約款の適用の前提となる保険実務の運用の体制をも正面から考慮事情として，そうであるなら信義則に反して消費者の利益を一方的に害するものとは言えないと判断した。

最判平成23・10・18民集65巻7号2899頁（**民法4**）は，物の販売委託契約を無権利者が委託者となって締結し，その物の所有者が当該契約を追認した場合のその効果に関し，民法116条の類推適用による物権レベルの処分の有効性ではなく，販売委託契約上の代金を取得する地位の帰趨の問題につき，所有者が，自己と同契約の受託者との間に同契約に基づく債権債務を発生させる趣旨でこれを追認したとしても，契約上の地位や契約に基づく販売代金の引渡請求権を取得するものではないことを示した。

不動産の取得時効に関して，取得時効完成後に，第三者が原所有者から抵当権の設定を受けその登記を了したが，時効取得者がその後も占有を継続して再度の取得時効が完成し，取得時効を援用した場合に，時効取得者は抵当権の負担のない所有権を取得するかについて，最判平成24・3・16民集66巻5号2321頁（**民法5**）は，時効完成後の第三取得者が登記を経，その後再度の取得時効が完成した場合と対比しつつ，当該「占有者が上記抵当権の存在を容認していたなど抵当権の消滅を妨げる特段の事情がない限り，上記占有者は，上記不動産を時効取得し，その結果，上記抵当権は消滅する」とした。

## 2. 物権法

共有関係で，民事執行法に関わるが，最決平成24・2・7判時2163号3頁は，共有物の分割のための不動産の形式競売にも，売却に伴う権利の消滅等及び無剰余換価の禁止の規律が及ぶ（民執59条・63条の準用）旨を明らかにしている。

建物の区分所有等に関する法律57条に基づく差止め等の請求の成否に関し，同法6条1項の「区分所有者の共同の利益に反する行為」該当性につき，従前あまり想定されていなかった，マンションの区分所有者が，業務執行に当たっている管理組合の役員らをひぼう中傷する内容の文書を配布し，マンションの防音工事等の受注業者の業務を妨害する等の行為について，最判平成24・1・17判時2142号26頁（**民法6**）は，少数者の言動の自由に対する制約となるため慎重な考慮を要するとしつつも，そのような行為も，「それにより管理組合の業務の遂行や運営に支障が生ずるなどしてマンションの正常な管理又は使用が阻害される場合」には，該当性を肯定する余地があるとした。また，同法6条1項に該当する行為による共同生活上の支障が著しい場合の同法59条1項に基づく競売請求に関し，最決平成23・10・11判時2136号36頁は，特定の区分所有者の行為を原因とするものであるから，「同項に基づく訴訟の口頭弁論終結後に被告であった区分所有者がその区分所有権及び敷地利用権を譲渡した場合に，その譲受人に対し同訴訟の判決に基づいて競売を申し立てることはできない」とする。

担保物権関係で，最判平成23・12・15民集65巻9号3511頁（**民法7・民訴法掲載予定**）は，取立委任を受けた約束手形につき商事留置権を有する銀行が，委任者たる会社の再生手続開始後に取立てを行って得た取立金を銀行取引約定に基づき同会社の債務の弁済に充当することが認められるかという民事再生手続における商事留置権の効力及び処遇を問題とし，それを認めるとともに，留置権一般に関し，留置権に基づく形式競売（民執195条）による換価金に留置的効力が及び，留置権者は，その換価金を留置することができると判示し，さらに上記取立金についても「計算上明ら

かになっているものである以上」は同様であるとした。

### 3. 債権法

最判平成24・2・24判時2144号89頁は、就労中の人身事故の場合に労働契約上の安全配慮義務違反による債務不履行に基づく損害賠償請求において、弁護士費用を損害として請求できるかについて、労働者が主張立証すべき事実は不法行為に基づく損害賠償請求の場合とほとんど変わることがなく、訴訟上行使するためには弁護士に委任しなければ十分な訴訟活動をすることが困難な類型に属する請求権であるとし、債務不履行構成の下でも、相当と認められる額の範囲の弁護士費用を安全配慮義務違反と相当因果関係に立つ損害として請求しうることを明らかにした。射程が注目される。

弁済による代位と倒産法の交錯の場面で、債務者に倒産手続が開始した場合に原債権は財団債権や共益債権となり手続によらないで行使できるが、求償権は破産債権や再生債権であって手続によらずに行使できないという制約を受ける場合に、原債権を弁済した求償権者は弁済による代位によって原債権を倒産手続によらず行使できるかが問題となった事案において、最判平成23・11・22民集65巻8号3165頁（**民法8・民訴法掲載予定**）は、弁済による代位の制度の趣旨は原債権を求償権の確保のための一種の担保として機能させる点にあり、その「制度趣旨に鑑みれば、求償権を実体法上行使し得る限り、これを確保するために原債権を行使することができ、求償権の行使が倒産手続による制約を受けるとしても、当該手続における原債権の行使自体が制約されていない以上、原債権の行使が求償権と同様の制約を受けるものではない」として、破産の場合に代位者に財団債権たる労働債権の行使を認めた。最判平成23・11・24民集65巻8号3213頁（**民訴法掲載予定**）は、同様の判断を、再生手続の場合の共益債権である請負契約に基づく前渡金の返還請求権の行使に関し、示している。

過払金返還訴訟関係で2種ある。1つは貸主である消費者金融子会社の再編に伴い、同会社が顧客との間の継続的金銭消費貸借取引により顧客に対して有する貸金債権を一括して親会社に譲渡し、子会社の貸金業は廃止した場合に、債権の譲渡を受けた親会社は既発生の過払金等の返還債務を負うかという契約上の地位の移転や債務引受に関する問題に関し、譲渡人である子会社と譲受人である親会社との間の債権譲渡基本契約には、子会社が顧客に対して負う過払金等返還債務を親会社が併存的に負担する旨の条項があった（後に子会社のみが負担する旨に変更された）場合に、最判平成23・9・30判時2131号57頁及び最判平成24・6・29判時2160号20頁（**民法9**）は、ともに、債権譲渡基本契約中の債務引受条項は、子会社の顧客を第三者とする第三者のためにする契約の性質を有するとして受益の意思表示の有無を判断している（事実の違いから結論を分ける）。

他の1つは704条の「悪意の受益者」への該当性である。貸金業者は、過払金の取得について貸金業法43条1項（平成18年改正前）の適用があるという認識を有するにいたったことにやむを得ないといえる特段の事情があるときでない限り、悪意と推定される（最判平成19・7・13民集61巻5号1980頁）。この特段の事情の有無に関し、最判平成23・12・1判時2139号7頁は、リボルビング方式の貸付けについて、17条書面の記載の要件が最高裁判決（最判平成17・12・15民集59巻10号2899頁）により明らかにされる以前の下級審裁判例や学説の状況、立法関与者の見解の表明の状況などから、監督官庁による通達や事務ガイドラインにおいて含みのある記載があったとしても、貸金業者の認識がやむを得ないということはできず、特段の事情があるとはいえないとした。

不法行為に関して、いわゆるパブリシティ権侵害の問題を扱う最判平成24・2・2民集66巻2号89頁がある。歌手の写真を無断で雑誌に掲載する行為が不法行為法上違法となるかに関し、人の氏名や肖像が商品の販売等を促進する顧客吸引力を持つ場合に、そのような顧客吸引力の排他的利用権たるパブリシティ権は、肖像等の商業的価値に基づくもので人格権の一内容であるが、肖像等に顧客吸引力を有する者はその使用を正当な表現行為等として受忍しなければならない場合もあるという基本的な理解のもと、「肖像等を無断で使用する行為は、①肖像等それ自体を独立して鑑賞の対象となる商品等として使用し、②商品等の差別化を図る目的で肖像等を商品等に付し、③肖像等を商品等の広告として使用するなど、専ら肖像等の有する顧客吸引力の利用を目的とするといえる場合に、パブリシティ権を侵害するものとして、不法行為法上違法となる」という基準を提示した。

不法行為に基づく損害賠償に関して、インターネット上の表現行為であることが特殊の考慮を要するかが論じられている中、最判平成24・3・23判時2147号61頁（**民法10**）は、インターネット上のウェブサイトに掲載された記事による名誉毀損の成否について、その記事の意味内容が社会的評価を低下させるかは一般読者の普通の注意と読み方を基準とするという従来の判断枠組みのもとでその判断を行っている。

信託に関して、赤字経営となった公有地信託の費用負担が争われた事案において、最判平成23・11・17判時2136号30頁は、平成18年改正前の旧信託法36条2項に基づく受託者の受益者に対する補償請求の可否につき、これを肯定する。

### 4. 家族法

遺留分に関する詳細につき、最決平成24・1・26判時2148号61頁（**民法11**）は、①相続分の指定が減殺された場合、遺留分割合を超える相続分を指定された相続人の指定相続分がその遺留分割合を超える部分の割合に応じて修正される、②特別受益に当たる贈与につき、被相続人が持戻し免除の意思表示をしていた場合であっても、その価額は遺留分算定の基礎となる財産額に算入される、③特別受益に当たる贈与についての持戻し免除の意思表示が減殺された場合、持戻し免除の意思表示は遺留分を侵害する限度で失効し、当該贈与に係る財産の価額は、上記の限度で遺留分権利者である相続人の相続分に加算され、当該贈与を受けた相続人の相続分から控除されるという3点を明らかにした。

下級審であるが、非嫡出子の相続分規定を無効とする動きが今期も見られる。遺留分の算定に関し、名古屋高判平成23・12・21判時2150号41頁は、民法900条4号ただし書（を準用する民法1044条）を適用違憲とする（東京高判平成22・3・10判タ1324号210頁、大阪高決平成23・8・24判時2140号19頁を比較参照）。

（おきの・まさみ）

民法 1

# 建築基準法等に違反する建物の建築を目的とする請負契約及びその追加変更工事に関する合意の公序良俗違反該当性

最高裁平成23年12月16日第二小法廷判決
平成22年(受)第2324号
請負代金請求本訴，損害賠償等請求反訴事件
集民238号297頁，判時2139号3頁，判タ1363号47頁

立教大学教授　原田昌和

【論点】
①建築基準法等の法令に違反する請負契約の公序良俗違反。②違法建築部分を是正する内容を含む追加変更工事の合意の公序良俗違反。
〔参照条文〕民90条・91条・632条

【事件の概要】
　Aは建物設計企画業者Yとの間で，Aを注文者，Yを請負人として本件各建物（甲乙の2棟のマンション）の建築を目的とする請負契約を締結した。その際，AとYは，貸室数を増やす等の目的で，適法な内容の建築確認用の図面を用いて建築確認申請をして確認済証の交付を受け，建物を建築して検査済証の交付を一旦受けた後に，建築基準法等の法令の多くの規定に違反する内容の実施図面に従って違法建物を建築し直すことを計画した。そこでYは，工務店Xとの間で，Yを注文者，Xを請負人として本件各建物の建築を目的とする請負契約（本件各契約）を締結した。その際，Xは上記の計画を全て了承したが，甲棟地下については当初から実施図面通りに工事することがXY間で合意された。本件本工事の施工後，甲棟地下の違法工事が発覚し，区役所からの是正指示や近隣住民からの苦情に対応するために，Xは本件追加変更工事を余儀なくされた。XはYに対し，請負残代金及び追加変更工事代金を請求し（本訴），Yは，請負契約の債務不履行又は瑕疵担保責任に基づく損害賠償請求をした（反訴）。原審（東京高判平成22・8・30判時2093号82頁）は，本件各契約は強行法規違反ないし公序良俗違反により無効であるから，その有効性を前提とする本訴・反訴両請求はともに棄却すべきとした。Xより上告受理申立て。

【判旨】
〈破棄差戻し〉「上記の〔違法建築〕計画は，確認済証や検査済証を詐取して違法建物の建築を実現するという，大胆で，極めて悪質なものといわざるを得ない。加えて，本件各建物は，当初の計画どおり実施図面に従って建築されれば，北側斜線制限，日影規制，容積率・建ぺい率制限に違反するといった違法のみならず，耐火構造に関する規制違反や避難通路の幅員制限違反など，居住者や近隣住民の生命，身体等の安全に関わる違法を有する危険な建物となるものであって，これらの違法の中には，……〔建物完成後に〕是正することが相当困難なものも含まれて……〔おり〕，その違法の程度は決して軽微なものとはいえない。Xは，……上記の大胆で極めて悪質な計画を全て了承し，本件各契約の締結に及んだのであり，……XがYに比して明らかに従属的な立場にあったとはいい難い。」「本件各建物の建築は著しく反社会性の強い行為であ〔り〕……本件各契約は，公序良俗に反し，無効である」。「これに対し，本件追加変更工事は，本件本工事の施工が開始された後，区役所の是正指示や近隣住民からの苦情など様々な事情を受けて別途合意の上施工されたものとみられるのであり，その中には本件本工事の施工によって既に生じていた違法建築部分を是正する工事も含まれていたというのであるから，基本的には本件本工事の一環とみることはできない。」「本件追加変更工事は，その中に本件本工事で計画されていた違法建築部分につきその違法を是正することなくこれを一部変更する部分があるのであれば，その部分は別の評価を受けることになるが，そうでなければ，これを反社会性の強い行為という理由はないから，その施工の合意が公序良俗に反するものということはできない」。

【解説】
　建築基準法等の建築関連法規は一般に取締規定とされている。通説によれば，その違反が私法上の効果に影響しない狭義の取締規定か，無効をもたらす効力規定かは，それぞれの取締規定について，立法の趣旨，違反行為に対する社会の倫理的非難の程度，一般取引に及ぼす影響，当事者間の信義・公正等を総合的に検討して判断される（我妻栄『新訂民法総則（民法講義Ⅰ）』264頁）。本判決は基本的に通説に沿うものといえるが，取締規定違反行為の無効の根拠を強行法規違反ではなく公序良俗違反とする点，および，公法と私法をカテゴリカルに対置せずに，居住者や近隣住民の生命，身体等の安全性の確保という本件で問題となる取締規定の目的を私法上も積極的に実現しようとする点に，公法と私法の協働を唱く最近の議論の影響がみられる。

　次に，本判決は，本工事に関する合意は公序良俗に反するが，追加変更工事に関する合意のうち違法建築是正部分に関しては公序良俗に反しないとする。通常の追加変更工事は，工事途中での内装の変更や軟弱地盤の判明等を受けてなされる追加工事のように，当初契約の実現をよりよく達成するためのものであるが，本件追加変更工事には，違法建築の是正という当初の計画と対立する内容の工事が含まれていた点に特殊性がある。この点を踏まえると，追加変更工事代金請求の可否については，①かかる特殊性を考慮に入れず，追加変更工事に関する合意は（無効な）当初の請負契約の実現過程で行われたものであり，当初の請負契約の有効性を前提とするものとして，合意の効力について別途の判断をしない立場（原審）と，②上記特殊性に鑑み，本工事に関する合意と別個に追加変更工事の合意の効力について判断する立場（本判決）とが考えられる。②の立場による場合でも，違法建築の是正に対する金銭的給付の合意の公序良俗違反性については，違法状態の是正という合意の内容だけでなく，動機，目的その他一切の事情を考慮すべきである。違法建築の是正に関する合意が，住民の反対運動や区役所による是正指示を受けて，当初の違法建築計画を断念して行われたのであれば，その合意は公序良俗に反しないといえようが，例えば，是正工事はあくまで違法が発覚した部分について対応した限定的なものに過ぎず，当初計画をできる限り維持しようという動機のもとで行われたものであった等の場合には，追加変更工事に関する合意は，違法建築是正部分も含めて，公序良俗に反するというべきである。本判決の説示は簡略に過ぎよう。

【参考文献】大澤彩・民商146巻2号197頁，原田昌和・リマークス44号10頁（原審評釈）及びリマークス46号10頁。

（はらだ・まさかず）

民法 2

# 個品割賦購入あっせん契約において売買契約が公序良俗に反し無効であるときの立替払契約の効力

最高裁平成23年10月25日第三小法廷判決
平成21年(受)第1096号
債務不存在確認等請求及び当事者参加事件
民集65巻7号3114頁、判時2133号9頁、判タ1360号88頁

静岡大学教授　宮下修一

【論点】
売買契約が無効となる場合に、立替払契約に基づいて支払った既払金の返還を請求できるか。

〔参照条文〕民1条・90条、割賦（平成20年法律74号改正前）2条・30条の4、割賦35条の3の19

【事件の概要】
　平成15年3月下旬に、男性X（22歳）は、A社の女性従業員であるBから、手を握られたり半ば抱き寄せられたりしながら、宝飾品等の購入の勧誘をレストランで8時間ほどに渡って受け続けた。また、Bの3〜4名の仲間も途中で勧誘に加わったが、そのうちCらは威圧的な態度で購入を迫るなどした。その結果、Xは、指輪等3点を購入することになり、その場でAとの売買契約書およびD社との間の立替払契約書（合計218万円余）に署名・押印した。翌日、Dから立替払契約に関する確認の電話があったが、Xは、特段の苦情を述べなかった。その後、Xは指輪等を受けとるとともに、自動引き落としで支払を開始し、同年5月から2年5か月にわたり合計106万円余を支払った。しかし、平成17年10月になって、Xは、Dから事業と債権の譲渡を受けたY社に解約を申し入れるとともに、残債務の支払を停止した。その後、平成19年に、Xは、D（脱退後は承継参加人兼参加人Y）に対して、売買契約の公序良俗違反による無効等を理由として、立替払契約に基づく既払金の返還を求めて訴えを提起した。これに対して、Yは、Xに立替金残額の支払を求めた。
　第1審は、売買契約の公序良俗違反を否定し、Xの請求を棄却（Yの請求を認容）。これに対して、原審は、売買契約の公序良俗違反を肯定し、割賦販売法30条の4（平成20年法律74号改正前）に基づき、未払金につきXの支払拒絶を認めたうえで、立替払契約自体が失効したとして、Xの請求を認容。Yが上告。

【判旨】
〈一部破棄自判・一部上告却下〉「(1)個品割賦購入あっせんは、法的には、別個の契約関係である購入者と割賦購入あっせん業者（以下「あっせん業者」という。）との間の立替払契約と、購入者と販売業者との間の売買契約を前提とするものであるから、両契約が経済的、実質的に密接な関係にあることは否定し得ないとしても、購入者が売買契約上生じている事由をもって当然にあっせん業者に対抗することはできないというべきであり、割賦販売法30条の4第1項の規定は、法が、購入者保護の観点から、購入者において売買契約上生じている事由をあっせん業者に対抗し得ることを新たに認めたものに

ほかならない（最高裁昭和59年(オ)第1088号平成2年2月20日第三小法廷判決・裁判集民事159号151頁参照）。そうすると、個品割賦購入あっせんにおいて、購入者と販売業者との間の売買契約が公序良俗に反し無効とされる場合であっても、販売業者とあっせん業者との関係、販売業者の立替払契約締結手続への関与の内容及び程度、販売業者の公序良俗に反する行為についてのあっせん業者の認識の有無及び程度等に照らし、販売業者による公序良俗に反する行為の結果をあっせん業者に帰せしめ、売買契約と一体的に立替払契約についてもその効力を否定することを信義則上相当とする特段の事情があるときでない限り、売買契約と別個の契約である購入者とあっせん業者との間の立替払契約が無効となる余地はないと解するのが相当である」。そのうえで本件では、AとYには資本関係その他の密接な関係はなく、Xが長期間支払を続けた後に異議を申し立てた等の事実によれば特段の事情は認められないとして、Xの既払金返還請求を棄却した。

【解説】
1　売買契約と立替払契約という2種類の契約は、法形式としては販売業者と信販会社という別の主体による別の契約である。もっとも、実際には立替払契約の締結は販売業者が代行することから、信販会社と販売業者は、購入者との関係でみると、実質的には一体とも捉えられるべき関係であるといえる。それでは、法的にも両契約が一体の関係にあるといえるか。この点をめぐり一石を投じたのが、本判決が引用する最判平成2・2・20判時1354号76頁である。同判決は、売買契約について生じた無効等の抗弁事由を立替払契約についても対抗できるという「抗弁の対抗（抗弁権の接続）」を定めた割賦販売法30条の4が昭和59年の同法改正により導入される前の事案に、同条が適用されるか否かが争われたものである（なお、平成20年の同法改正後は、30条の4〔包括信用購入あっせん契約〕と35条の3の19〔個別信用購入あっせん契約〕に分かれて規定されている）。ここで最高裁は、両契約は法的には別個の契約であることを前提としたうえで、同条は法が購入者保護の観点から特にそれを認めたものであるとする「創設的規定」と捉える見解を採用した。これに対して学説では、判例の立場を批判し、民法の一般理論もふまえて両契約、さらにその債務が法的にも密接な関連性ないし一体性をもつことを強調したうえで、同条を「確認的規定」と捉える動きが主流を占めてきた。

2　もっとも、「抗弁の対抗」にかかわる規定は、購入者に未払金の支払拒絶権を与えるものであって、既払金の返還まで認めるものではない。学説や下級審裁判例では、公序良俗違反による立替払契約の無効ないし不法行為責任等を根拠としてそれを認めようとする動きが有力である。本件の原審裁判判も、その流れに沿うものである。ところが本判決は、学説からの批判の強い平成2年判決をあえて引用したうえで、両契約が別個の契約であることを再度強調して結論を導いている点で注目される。

3　平成20年の割賦販売法改正では、訪問販売等において不実告知・故意による不告知が問題となる場面では、販売契約のみならず立替払契約（個別信用購入あっせん契約）の取消しが可能になった。これにより、既払金返還請求も可能となる（割賦35条の3の13〜35条の3の16）。その限りにおいて、本判決のもつ意味は、相対的に小さくなっているといえよう。

【参考文献】　後藤巻則＝池本誠司『割賦販売法』（2011年）309頁以下および351頁以下。本判決の評釈として、新堂明子・平成23年度重判解（ジュリ1440号）62頁、島川勝・法時84巻9号100頁、川地宏行・リマークス45号22頁等。

（みやした・しゅういち）

民法 3

# 生命保険契約における保険料不払の場合の無催告失効条項の効力

最高裁平成24年3月16日第二小法廷判決
平成22年(受)第332号生命保険契約存在確認請求事件
民集66巻5号2216頁，判時2149号135頁，判タ1370号115頁

法政大学准教授　大澤　彩

【論点】
生命保険契約における無催告失効条項は消費者契約法10条に照らして有効か。
〔参照条文〕消費契約10条

【事件の概要】
　XはY保険会社との間で医療保険契約および生命保険契約を締結した。本件各保険契約に適用される約款には，①第2回目以後の保険料は，月単位の契約応当日の属する月の初日から末日までの間に払い込む，②払込期月の翌月の初日から末日までを猶予期間とし，猶予期間内に保険料の払込みがないときは，保険契約は猶予期間満了日の翌日から効力を失う（以下，「本件無催告失効条項」とする），③保険料の払込みがないまま猶予期間が過ぎた場合でも，払い込むべき保険料と利息の合計額が解約返戻金の額を超えないときは，自動的にYが保険契約者に保険料相当額を貸し付けて保険契約を有効に存続させる（以下，「本件自動貸付条項」とする），④保険契約者は，保険契約が効力を失った日から起算して所定期間内であれば，Yの承諾を得て保険契約を復活させることができる，といった定めがあった。振替口座の残高不足のため，平成19年1月分の各保険料が同月中にも翌2月中にも払い込まれなかったため，Yは本件各保険契約は失効したと主張した。そこで，Xは，Yに対して本件各保険契約が存在することの確認を求めて提訴した。原審（東京高判平成21・9・30判タ1317号72頁）は，本件無催告失効条項は消費者契約法10条により無効であるとした。Yが上告。

【判旨】
〈破棄差戻し〉　本件無催告失効条項が民法541条の適用による場合に比して消費者である保険契約者の権利を制限するものであるとした上で，保険料の払込みが遅滞しても直ちに保険契約が失効するものではなく，この債務不履行の状態が一定期間内に解消されない場合に初めて失効する旨が明確に定められている上，上記一定期間は，民法541条により求められる催告期間よりも長い1か月とされている点や，本件自動貸付条項が定められている点など，保険契約者が保険料の不払をした場合にもその権利保護を図るために一定の配慮がされていることを指摘した上で次のように述べる。「Yにおいて，本件各保険契約の締結当時，保険料支払債務の不履行があった場合に契約失効前に保険契約者に対して保険料払込みの督促を行う態勢を整え，そのような実務上の運用が確実にされていたとすれば，通常，保険契約者は保険料支払債務の不履行があったことに気付くことができると考えられる。……Yにおいて上記のような運用を確実にした上で本件約款を適用していることが認められるのであれば，本件〔無催告〕失効条項は信義則に反して消費者の利益を一方的に害するものに当たらないものと解される」。

【解説】
　本判決は，いわゆる無催告失効条項の有効性について判断を下した初めての最高裁判決である。
　消費者契約法10条後段要件該当性を判断する上では，「契約の対象となる物品・権利・役務の性質，当該契約の他の条項，当該契約が依存する他の契約の全条項を含む契約時点でのすべての事情」が考慮されるとされており（落合誠一『消費者契約法』150頁以下），最高裁も同旨の判断を行っている（最判平成23・7・15民集65巻5号2269頁）。本判決が本件自動貸付条項など他の条項を本件無催告失効条項の不当性判断において考慮に入れている点は以上の見解に合致するが，本判決はさらに約款外の実務をも考慮に入れており，この点が原審との結論の違いの決定的な原因となっている（山下友信「本件判批」金法1950号39頁）。
　もっとも，本判決をもって，およそ約款外の実務であれば条項内容の不当性判断において考慮されうるとの一般論を導くことは困難である（原田昌和「本件判批」現代消費者法16号127頁）。最高裁は，保険会社が不払督促制度の運用を確実にしていることを条項の有効性の前提としている（なお，差戻審である東京高判平成24・10・25金判1404号16頁では運用の確実性が認められている）ことから，本判決は通常の保険契約者が自己の保険料不払に気づくことができるだけの不払督促制度の確実な運用を実質的に保険会社の義務とすることで，他の条項と同列に約款の内容に組み込んだものと見ることもできる（落合誠一「本件判批」金判1391号1頁。山下友信＝米山高生編『保険法解説』697頁〔沖野眞已〕も参照）。また，不払督促制度の運用は金融庁の「保険会社に係る検査マニュアル」でも検査項目とされており，全保険会社が全保険契約者に対して等しく運用することを予定している。したがって，一部の会社がランダムに行っている実務であり，その遂行が事業者に義務として課されているとまでは言えないような実務をも考慮に入れることの是非については慎重な検討が求められる。
　ただし，最高裁が「運用を確実にした上で本件約款を適用していることが認められるのであれば」（傍点筆者）と述べていることから，確実な運用が約款の内容に組み込まれているわけではなく，あくまで条項の適用に当たって要請されているに過ぎないと見ることもできる。この読み方は，不払督促制度は法的義務ではなく，事実上の措置に過ぎないという見方（本判決における須藤正彦裁判官の反対意見）と重なる。すなわち，条項自体は消費者の権利保護を図るための配慮がされており有効であるが，条項の適用に当たって保険会社が不払督促制度を確実に運用していない場合には信義則上条項の適用が制限されるという論理もあり得る（山下＝米山編・前掲697頁〔沖野〕）。このように一定の義務（責務）を事業者が果たしていない場合には信義則上条項の援用が制限されるという論理はすでに最高裁でも見られる（最判平成13・3・27民集55巻2号434頁）。

【参考文献】　本文中に掲げたもの。

（おおさわ・あや）

民法 4

# 無権利者を委託者とする物の販売委託契約について当該物の所有者が行った追認の効果

最高裁平成23年10月18日第三小法廷判決
平成22年(受)第722号売買代金請求事件
民集65巻7号2899頁，判時2134号58頁，判タ1360号93頁

東京大学准教授　石川博康

【論点】
無権利者を委託者とする物の販売委託契約につき，所有者はその追認によって同契約に基づく販売代金の引渡請求権を取得するか。
〔参照条文〕民116条・560条

【事件の概要】
X（原告・控訴人・被上告人）は，訴外A社の代表取締役である訴外Bから，その所有する工場を賃借しブナシメジを生産していたところ，Bは，賃貸借契約の解除等をめぐる紛争に関連して同工場を実力で占拠し，その間に，A社は農業協同組合であるY（被告・被控訴人・上告人）との間でブナシメジの販売委託契約を締結した上，Xの所有する同工場内のブナシメジをYに出荷した。Yは，本件販売委託契約に基づき，上記ブナシメジを第三者に販売し，その代金を受領した。その後XはYに対し，XとYとの間に本件販売委託契約に基づく債権債務を発生させる趣旨で，本件販売委託契約を追認した。Xは，本件販売委託契約の委託者はXであったとして主位的に上記販売代金の支払を求め，予備的にYの不法行為による損害賠償を求めて，訴えを提起した。第1審（長野地判平成21・3・27）はXの請求をいずれも棄却した。これに対しXは控訴した上で，本件販売委託契約の追認によってYに対する販売代金の引渡請求権を取得したとして（第2次）予備的請求を追加した。原審（東京高判平成21・12・22）は，民法116条の類推適用により，本件販売委託契約締結の時に遡ってXが同契約を直接締結したのと同様の効果がXの追認によって生ずるとして，Xの第2次予備的請求を認容した。これに対し，Yが上告受理申立てをした。

【判旨】
〈破棄自判〉「無権利者を委託者とする物の販売委託契約が締結された場合に，当該物の所有者が，自己と同契約の受託者との間に同契約に基づく債権債務を発生させる趣旨でこれを追認したとしても，その所有者が同契約に基づく販売代金の引渡請求権を取得すると解することはできない。なぜならば，この場合においても，販売委託契約は，無権利者と受託者との間に有効に成立しているのであり，当該物の所有者が同契約を事後的に追認したとしても，同契約に基づく契約当事者の地位が所有者に移転し，同契約に基づく債権債務が所有者に帰属するに至ると解する理由はないからである。仮に，上記の追認により，同契約に基づく債権債務が所有者に帰属するに至ると解するならば，上記受託者が無権利者に対して有していた抗弁を主張することができなくなるなど，受託者に不測の不利益を与えることになり，相当ではない。」

【解説】
無権利者による処分行為を権利者が事後的に追認した場合につき，民法116条の類推適用により処分の時に遡ってその効力が生じるとするのが判例の準則であるが（大判昭和10・9・10民集14巻1717頁，最判昭和37・8・10民集16巻8号1700頁），これらの判決では，追認をした権利者から処分行為の相手方への直接の権利移転という物的効果が認められたにとどまり，処分契約上の債権債務までもが追認をした権利者に帰属し得るのかについては，明確にされていなかった。本判決は，無権利者を委託者とする物の販売委託契約において，当該物の所有者による追認によっても同契約に基づく販売代金の引渡請求権の取得という効果は生じないことを明らかにしたものであり，以上の点に関する判断としての先例的意義を有している。

本判決の判示は無権利者である委託者による販売委託契約を対象としたものであり，その射程は限定的である。しかし，追認によっても契約当事者の地位は所有者には移転せず契約上の債権債務が所有者に帰属することはないという判例の論理は，無権利者を当事者とする契約に対する追認がなされた場合一般に妥当し得るものであり，その論理自体にはより広い適用可能性が認められる（この点につき，中島・後掲83頁は，他人物売買の場合についても本判決の判断の射程が及ぶとする）。契約当事者の地位が行為者以外の他人に帰属するためには代理によるほかはなく，この点につき，処分授権，義務設定授権および権利取得授権といった各種の授権制度をいかなる範囲で承認したとしても，処分の効果や個別の権利義務を超えて契約当事者の地位までもが他人に帰属することまでは認められ得ないということに関しては，何ら変わるところはない（この点につき，四宮和夫『民法総則〔第4版〕』226頁参照）。また，契約上の債権債務を自己の名において行為する者以外に帰属させることについて，本判決が述べるようにそれが行為の相手方に「不測の不利益」をもたらす点で相当ではないと考えるならば，無権利者による契約に対する追認の効果としてそれが否定されるのみならず，義務設定授権等によって個々の権利義務の他人への帰属という効果がもたらされることについても，否定的に解すべきことになろう。

本判決の以上の論理は，判例の準則としての民法116条類推適用法理の意義についても，権限ある者が契約を直接締結したのと「同様の効果」が追認によって生ずるとした原審の判断とは異なる理解を前提としている。すなわち，民法116条類推適用は無権利者の処分権限が事後的に補充されるという追認の効果（追完）の遡及効を導くための法理であるにとどまり，これによって契約当事者の地位の移転という代理と同様の（追完を超える）効果がもたらされるわけではない，という理解が本判決の判断における理論的前提となっているものと解される。本判決の判断は他人物の販売委託契約に関するものであるが，本判決における以上の論理および諸前提には，授権・追完と代理との制度的分節化とも関連するその一般的通用性に鑑み，重要な判例法上の意義が認められよう。

【参考文献】岩藤美智子・平成23年度重判解（ジュリ1440号）78頁，佐藤岩昭・判評644号（判時2157号）9頁，中島基至・ジュリ1446号82頁，中村肇・金判1388号8頁，松尾弘・法セ688号132頁。

（いしかわ・ひろやす）

民法 5

# 抵当権設定登記後に再度不動産所有権の取得時効が完成した場合における抵当権の消長

最高裁平成24年3月16日第二小法廷判決
平成22年(受)第336号第三者異議事件
民集66巻5号2321頁，判時2149号68頁，判タ1370号102頁

大阪大学教授　石田　剛

【論点】
不動産の取得時効の完成後，所有権移転登記がされることのないまま，第三者が原所有者から抵当権の設定を受けて抵当権設定登記を了した場合，占有者は再度の取得時効の完成を援用して，上記抵当権の消滅を主張することができるか。

〔参照条文〕民162条・177条・397条

【事件の概要】
　Aは昭和45年3月，当時所有していた甲土地をXに売却したが，所有権移転登記をしなかった。Xは，遅くとも同月31日から甲土地の占有を開始し，サトウキビ畑として耕作していた。昭和57年1月13日，Aの子Bは，A死亡に伴う昭和47年10月8日付けの相続を原因として，甲土地につきAからの所有権移転登記を了した。Bは昭和59年4月19日，物上保証として，甲土地にYのための抵当権（以下「本件抵当権」という）を設定し，同日付けでその旨の登記をした（甲土地には昭和61年にも同様にYのために別の抵当権が設定され，平成9年12月に被担保債権の弁済により消滅したが，抵当権設定登記は残されている）。しかし，Xは，上記の事実を知らないまま甲土地を耕作し，その占有を継続した。また，Xは，本件抵当権の設定登記時において，甲土地を所有すると信じるにつき，善意無過失であった。Yは，本件抵当権の実行としての競売を申し立て，平成18年9月29日に競売開始決定を得た。Xは競売の不許を求めて本件訴訟を提起した。第1審・原審は，本件抵当権設定登記時を起算点とする時効取得の援用を認め，Xの請求を認容した。Yが上告。

【判旨】
〈上告棄却〉「不動産の取得時効の完成後，所有権移転登記がされることのないまま，第三者が原所有者から抵当権の設定を受けて抵当権設定登記を了した場合において，上記不動産の時効取得者である占有者が，その後引き続き時効取得に必要な期間占有を継続したときは，上記占有者が上記抵当権の存在を容認していたなど抵当権の消滅を妨げる特段の事情がない限り，上記占有者は，上記不動産を時効取得し，その結果，上記抵当権は消滅すると解するのが相当である」（古田佑紀裁判官の補足意見がある）。

【解説】
　不動産の所有権を時効取得した者は，時効完成後に当該不動産を原所有者から譲り受けた第三者に登記なしに時効取得を対抗することができない（大連判大正14・

7・8民集4巻412頁）。しかし，第三者が所有権取得の登記を了した後，占有者がさらに時効完成に必要な期間占有を継続した場合，その占有者は再び登記なしに時効取得を第三者に対抗することができる（最判昭和36・7・20民集15巻7号1903頁）。所有権取得を争う者同士の間では，いわば「再度の」時効による逆転が認められている。新たに完成した時効との関係で，占有者と第三者は「当事者」の関係に立つ，というのが理由である。
　では，時効完成後に抵当権者が登場した場合はどうか。抵当権者に対して占有者が当初の占有に基づく所有権の時効取得を主張することができないのは所有権の競合事例と同様である。問題は抵当権設定登記後に占有者がさらに時効完成期間にわたり占有を継続した場合，抵当権が消滅するのか，という点にある。この点につき，本判決は，占有者が「抵当権の存在を容認していた」等の特段の事情がある場合を除き，占有者は時効により抵当権の負担のない所有権を原始取得し，その反射として抵当権が消滅するものとした。抵当権設定後も，設定者は目的不動産の使用収益処分に関して制約を受けず，抵当権と所有権とは当然に両立不能な関係に立つわけではなく，実際多くの抵当権は実行されずに消滅する。このような所有権競合事例との利益状況の違いにかんがみ，Yの抵当権消滅は，再度の取得時効の反射的効果ではなく，民法397条の法定効果として導かれるとする考え方もありうる（古田裁判官の補足意見）。
　しかし，最高裁は，①長期間の継続的な占有をその態様に応じて保護する時効制度の趣旨からすれば，XがYの抵当権設定登記後いかに長期間占有を継続しても，抵当権の負担のない所有権を取得することができないと解すべきでないこと，②抵当権設定登記時点から，抵当権が実行された場合に時効取得者は自己の所有権取得を買受人に対抗できなくなるという法的制約が発生し，権利の対立関係がある点において所有権競合事例と変わりないこと，③第三者が所有者の場合と抵当権者の場合とで時効取得者の保護に違いがあるのは不均衡であること，を指摘して，所有権競合事例と同じ判断枠組みを本件にも適用した（なお，本件は仮にXが昭和45年3月を起算点とする長期時効を主張していれば，Yは，再度の時効を持ち出すまでもなく，「当事者」とされたはずの事案である。また，抵当権設定登記後に時効取得者が当初の占有開始時を起算点とする時効を援用して所有権移転登記を経由した後で，抵当権設定登記時を起算点とする再度の時効の援用を認めなかった最判平成15・10・31判時1846号7頁との関係も問題となる）。
　たしかに抵当権者が時効阻止のために講じ得る措置は，①占有者に抵当権の存在を容認している旨一筆書かせること，②抵当権存在確認請求訴訟の提起など，所有権者に比べて限られているかもしれない。しかし，民法典制定以来，法改正及び判例の解釈を通じて，抵当権実行の前段階における抵当権者の権能は様々な側面から顕著に強化されてきた。もはや非占有担保としての性質を楯にとって，抵当権者が目的不動産の占有状況に無関心であり続けることは許されず，抵当権の保全に必要な管理措置を抵当権者に多少厳しく求めても致し方ない，という実質判断が背後にあるように思われる。

【参考文献】松尾弘・法セ694号130頁，古積健三郎・Watch【2013年4月】95頁，大久保邦彦・民商146巻6号563頁に接した。金子敬明・法学論集（千葉大学）27巻3号1頁，平野裕之・金法1977号33頁。

（いしだ・たけし）

民法 6

## 建物区分所有法6条1項の「区分所有者の共同の利益に反する行為」該当性

最高裁平成24年1月17日第三小法廷判決
平成22年(受)第2187号名誉毀損文書頒布行為等停止請求事件
集民239号621頁、判時2142号26頁、判タ1366号99頁

上智大学准教授　伊藤栄寿

### 【論点】
区分所有者が、管理組合の役員らをひぼう中傷する内容の文書を配布するなどする行為は、建物区分所有法6条1項所定の「区分所有者の共同の利益に反する行為」に当たるか。

〔参照条文〕建物区分6条・57条

### 【事件の概要】
X、Yはいずれも本件マンションの区分所有者である。Yは、本件マンションの管理組合の役員が修繕積立金を恣意的に運用したなどの記載がある役員らをひぼう中傷する内容の文書を配布し、本件マンション付近の電柱に貼付するなどの行為を繰り返した。また、Yは、本件マンションの防音工事や防水工事を受注した各業者に対し、趣旨不明の文書を送付し、工事の辞退を求める電話をかけるなどして、その業務を妨害するなどの行為を続けていた。そこで、XはYに対し、建物区分所有法（以下「法」という）6条1項の「区分所有者の共同の利益に反する行為」に当たる行為を繰り返していると主張して、法57条または本件マンションの管理規約に基づき、他の区分所有者の全員のために、Yに対し、上記行為の差止めを求めた。

原審（東京高判平成22・7・28 LEX/DB25480457）は、Yの行為による被害者は、それぞれYに対して差止請求または損害賠償請求等の手段を講ずれば足りるため、法6条1項の「区分所有者の共同の利益に反する行為」に当たらないとして、Xの請求を棄却。Xが上告。

### 【判旨】
〈一部破棄差戻し、一部上告棄却〉「法57条に基づく差止め等の請求については、マンション内部の不正を指摘し是正を求める者の言動を多数の名において封じるなど、少数者の言動の自由を必要以上に制約することにならないよう、その要件を満たしているか否かを判断するに当たって慎重な配慮が必要であることはいうまでもないものの、マンションの区分所有者が、業務執行に当たっている管理組合の役員らをひぼう中傷する内容の文書を配布し、マンションの防音工事等を受注した業者の業務を妨害するなどする行為は、それが単なる特定の個人に対するひぼう中傷等の域を超えるもので、それにより管理組合の業務の遂行や運営に支障が生ずるなどしてマンションの正常な管理又は使用が阻害される場合には、

法6条1項所定の『区分所有者の共同の利益に反する行為』に当たるとみる余地があるというべきである。」

本件については、Yの行為により本件マンションの正常な管理または使用が阻害されているかなど、Xの請求が法57条の要件を満たしているかを更に審理を尽くさせるため原審に差し戻された。

### 【解説】
区分所有建物には区分所有者が多数存在する。そのため、区分所有者間には数多くの多様な紛争が生じる。区分所有者の個人間に生ずる紛争もあれば、建物の使用・管理方法など区分所有者全員を巻き込む紛争もある。

法57条1項は、主として後者の紛争を解決するための手段を定めている。すなわち、ある区分所有者が、法6条1項に規定する「建物の保存に有害な行為その他建物の管理又は使用に関し区分所有者の共同の利益に反する行為」を行った場合に、他の区分所有者全員が当該行為の差止めを請求できる。

それでは、法6条1項にいう共同の利益に反する行為とは何か。一般的に、次の3つの類型があるとされてきた。①建物全体の安定度を弱めるような「建物の不当毀損行為」、②危険物を持ち込んだり、共用部分を勝手に使用したりするなどの「建物の不当使用行為」、③騒音・振動・悪臭の発散などの「生活妨害行為（ニューサンス）」の3つである。

本件Yの行為は①〜③のいずれにも当たらないようにみえる。実際に、第1審（横浜地判平成22・2・25 LEX/DB25480456）および原審は、Yの行為は法6条1項に定める行為に当たらないとしていた。被害者個人がYに対して差止請求ないし損害賠償請求等の手段を講ずれば足りるとも考えられるからである。それにもかかわらず、本判決は、Yの行為が「共同の利益に反する行為」に当たるとみる余地があると判示した。

本判決は、法6条1項についての3類型を前提としていない。従来の3類型は、類型相互の関係が不明確であった。そのため、この類型を採用しないことを明らかにした、少なくとも、再考を促したものと考えることができよう。

本判決の判示内容、とりわけ、法6条1項に当たるとみる余地がある「マンションの正常な管理又は使用が阻害される場合」の内容は不明確である。実務的には、当該行為により、管理組合の役員の担い手がいなくなる、建物等の管理に関する第三者との契約締結・履行等が遅延する、敷地・共用部分等の使用ができなくなるなどの事態が考えられよう。

本判決は「共同の利益に反する行為」を広く捉え、多数者の意思を重視しようとしているわけではない。容易に多数者による差止請求が認められると、村八分を許すことになりかねないからである。本件で、管理組合の役員が修繕積立金を恣意的に運用したのが事実であれば、Yの行為は「共同の利益に資する行為」である。このような少数者の言論の自由までもが害されないよう、慎重な配慮が必要であることは言うまでもない。

### 【参考文献】
藤巻梓・民商146巻6号597頁、片桐善衛・判評644号（判時2157号）15頁。

（いとう・ひでとし）

民法 7

# 民事再生手続における商事留置権の効力と約束手形取立金の充当

最高裁平成23年12月15日第一小法廷判決
平成22年(受)第16号不当利得返還請求事件
民集65巻9号3511頁、判時2138号37頁、判タ1364号78頁

慶應義塾大学教授　田髙寛貴

【論点】
①約束手形上の商事留置権の効力は、同手形の取立金にも及ぶか。②商事留置権者は、再生手続開始後、上記取立金を再生会社の債務の弁済に充当できるか。
〔参照条文〕民295条、商521条、民再53条1項・2項

【事件の概要】
　Xと銀行Yは、「Xに債務不履行があった場合、Yは、占有するXの有価証券の取立金を法定の手続によらずXの債務の弁済に充当できる」旨の本件条項を含む銀行取引約定を締結していたところ、Yは、Xから取立委任を受けていた約束手形につき、Xの民事再生手続開始後に取立てをし、その取立金をXの当座貸越債務の一部の弁済に充当した。Xは、この弁済充当の効力は認められないとしてYに取立金の返還を求めて訴えを提起した。これに対しYは、約束手形に商事留置権を有する以上、取立金を本件条項に基づき債務の弁済に充当することも別除権の行使として許されると主張した。

　原審は、次のような理由を示してXの請求を認容した。民事再生法は別除権とされた各担保権につき新たな効力を創設するものではなく、当該担保権本来の効力の範囲内でその権利の行使を認めるにとどまるから、商事留置権に優先弁済権を付与する規定がない以上、その行使により優先弁済を受けることはできない。また、再生手続開始前における私人間の合意によって弁済禁止の原則（民再85条1項）に例外を設けることは許されない。

【判旨】
〈破棄自判〉「留置権は、他人の物の占有者が被担保債権の弁済を受けるまで目的物を留置することを本質的な効力とするものであり（民法295条1項）、留置権による競売（民事執行法195条）は、被担保債権の弁済を受けないままに目的物の留置をいつまでも継続しなければならない負担から留置権者を解放するために認められた手続であって、上記の留置権の本質的な効力を否定する趣旨に出たものでないことは明らかであるから、留置権者は、留置権による競売が行われた場合には、その換価金を留置することができるものと解される。この理は、商事留置権の目的物が取立委任に係る約束手形であり、当該約束手形が取立てにより取立金に変じた場合であっても、取立金が銀行の計算上明らかになっているものである以上、異なるところはない」。

　「会社から取立委任を受けた約束手形につき商事留置権を有する銀行は、同会社の再生手続開始後に、これを取り立てた場合であっても、民事再生法53条2項の定める別除権の行使として、その取立金を留置することができることになるから、これについては、その額が被担保債権の額を上回るものでない限り、通常、再生計画の弁済原資や再生債務者の事業原資に充てることを予定し得ない」。こうした点等を考慮すると、本件条項は「別除権の行使に付随する合意として、民事再生法上も有効であると解するのが相当である。」「したがって、会社から取立委任を受けた約束手形につき商事留置権を有する銀行は、同会社の再生手続開始後の取立てに係る取立金を、法定の手続によらず同会社の債務の弁済に充当し得る旨を定める銀行取引約定に基づき、同会社の債務の弁済に充当することができる。」

【解説】
　1　まず論点①について。金銭所有権は占有と一致するとの法理（最判昭和29・11・5刑集8巻11号1675頁、最判昭和39・1・24判時365号26頁等）から、銀行の占有する取立金は債務者所有の物（商521条）とはいえず、また物上代位のような規定も存しない以上、取立金には商事留置権の効力が及ばないとする見方もあった（東京地判平成23・8・8金法1930号117頁等）。本判決は、金銭所有権の占有との不一致を認める際に必要となる分別管理（これは物権の存立に不可欠な目的物特定の要件とも重なる）につき物理的な分別でなくてよいことを示しつつ、取立金にも留置的効力は及ぶとした。

　2　次に論点②について。破産法では商事留置権を特別先取特権とみなした上で別除権としているのに対し（破66条1項・65条）、民事再生法では優先弁済権を付与する過程を経ず直接に別除権としている（民再53条1項）。そのため、破産手続において手形に対する商事留置権者が取立金をもって債務への弁済充当をできるとした判例はあるものの（最判平成10・7・14民集52巻5号1261頁）、民事再生手続でも同様に解されるかはなお明らかでなく、学説や下級審の判断も分かれていた。こうした状況にあって、本判決は、弁済充当の事前合意が民事再生手続上も有効であることの帰結として、破産手続と同様、手形上の商事留置権者が事実上優先弁済効を得られることを認めた初めての最高裁判決である。

　再建型手続であるからこそ、破産法とは異なり優先弁済権を付与する規定を設けなかったという民事再生法の立法趣旨を重視する見地からは、優先弁済効をもたらす事前合意の効力を否定する原審のような解釈も十分ありうる。しかし本判決は、こうした民事再生法の趣旨をふまえつつも、手形の留置権の特殊性といった実質面の考慮から、原審と異なる帰結を導いたものといえる。金築誠志裁判官の補足意見では、満期後迅速に取立てをしなければ価値が減じかねないものだけに、手形を留置できるとするだけでは再生債務者に弁済を促すことはできないし、取立金の弁済充当が認められなければ別除権としての実効性を確保しがたくなること等が指摘されている。このように、本判決の結論には、手形という目的物の特質が大きく影響しているのであって、事実上の優先弁済効を是認する解釈を留置権一般にひろく及ぼしていってよいかは、別途慎重に検討する必要がある。

【参考文献】　伊藤眞ほか「〔座談会〕商事留置手形の取立充当契約と民事再生法との関係」金法1884号8頁や、本判決の評釈等として岡正晶・金法1937号9頁、伊藤眞・金法1942号22頁、中島弘雅・金法1953号15頁、永石一郎・判タ1396号8頁等。

（ただか・ひろたか）

民法 8

## 原債権が財団債権である場合の弁済による代位と財団債権の行使の可否

最高裁平成23年11月22日第三小法廷判決
平成22年(受)第78号求償債権等請求事件
民集65巻8号3165頁、判時2134号62頁〔①事件〕、判タ1361号131頁〔①事件〕

近畿大学教授　下村信江

### 【論点】
弁済による代位により財団債権を取得した者は、同人が破産者に対して取得した求償権が破産債権にすぎない場合であっても、破産手続によらないで上記財団債権を行使することができるか。

〔参照条文〕民501条、破2条5項・7項・100条1項・151条

### 【事件の概要】
Xは、A社から委託を受け、平成19年8月21日、Aの従業員9名の同年7月分の給料債権合計237万円余(破産法149条1項により財団債権となる)を弁済し、Aに対する求償権を取得した(民650条)。また、弁済と同時に、従業員らの承諾を得た(同499条1項)。Aは、同月29日に、破産手続開始決定を受け、Yが破産管財人に選任された。XのAに対する求償権は、破産債権(破2条5項)であり、破産手続によらなければ行使することができないが(同100条1項)、Xは、弁済による代位(民501条)により上記給料債権を原債権として取得したとして、Yに対し、破産手続によらないで、その支払を求めた。

第1審(大阪地判平成21・3・12金判1380号23頁参照)は、原則として、原債権を財団債権として行使することは認められないが、本件においては財団債権としての優先的な効力を付与すべき特段の事情があるとして、Xの請求を認容。原審(大阪高判平成21・10・16金判1380号19頁参照)が、Xの訴えを却下したため、Xから上告受理申立て。

### 【判旨】
〈破棄自判〉「弁済による代位の制度は、代位弁済者が債務者に対して取得する求償権を確保するために、法の規定により弁済によって消滅すべきはずの原債権及びその担保権を代位弁済者に移転させ、代位弁済者がその求償権の範囲内で原債権及びその担保権を行使することを認める制度であり」(最判昭和59・5・29民集38巻7号885頁、最判昭和61・2・20民集40巻1号43頁参照)、「原債権を求償権を確保するための一種の担保として機能させることをその趣旨とするものである。この制度趣旨に鑑みれば、求償権を実体法上行使し得る限り、これを確保するために原債権を行使することができ、求償権の行使が倒産手続による制約を受けるとしても、当該手続における原債権の行使自体が制約されていない以上、原債権の行使が求償権と同様の制約を受けるものではないと解するのが相当である。そうであれば、弁済による代位により財団債権を取得した者は、同人が破産者に対して取得した求償権が破産債権にすぎない場合であっても、破産手続によらないで上記財団債権を行使することができるというべきである。このように解したとしても、他の破産債権者は、もともと原債権者による上記財団債権の行使を甘受せざるを得ない立場にあったのであるから、不当に不利益を被るということはできない。以上のことは、上記財団債権が労働債権であるとしても何ら異なるものではない。」

「したがって、Xは、破産手続によらないで本件給料債権を行使することができる」(田原睦夫裁判官の補足意見がある)。

### 【解説】
破産における財団債権(民事再生における共益債権)は、破産手続(再生手続)によらないで行使することができる(破2条7項、民再121条1項)。それでは、第三者の債務を弁済し、当該第三者に求償権を取得した者が、弁済者代位(民501条)によって、原債権として財団債権(共益債権)を取得した場合に、求償権が優先性のない債権(破産債権・再生債権)であっても、原債権を財団債権(共益債権)として、破産手続(再生手続)外で行使できるのか。

この問題に対し、下級審裁判例の判断は、肯定説と否定説とに分かれ、また、学説においても、様々な見解が主張されていたところ、本判決は、最高裁として初めて、肯定説(破産・再生手続外での行使を認める説)に立つことを明らかにした。本件の事案は、原債権たる労働債権の破産手続外での行使の可否であるが、最判平成23・11・24民集65巻8号3213頁は、双方未履行双務契約の解除による前渡金返還請求権(民事再生法上、共益債権となる。民再49条5項、破54条2項)を弁済者代位により取得した者が、再生手続によらないで、かかる請求権を行使しうるかが争われた事案につき、本判決とほぼ同旨を述べており、上記問題につき、最高裁が肯定説をとることが確認された。

弁済による代位制度の原理及び構造は、本判決が引用する昭和59年・61年判決によって明らかにされていたが、本判決は、両判決が形成した基本構造を確認し、さらに、弁済者代位が「原債権を求償権を確保するための一種の担保として機能させる」ことを趣旨とする制度であることを明確にし、この制度趣旨を理由に肯定説をとる。また、他の破産債権者(再生債権者)は、本来、原債権者による財団債権(共益債権)の行使を甘受する立場にあったため、肯定説に立っても不利益を被るわけではないという関係者の利益状況も、肯定説に立つ理由としている(否定説に立つと、代位弁済者の優先的な権利行使が否定される結果、他の債権者が偶然の利益を得ることになる)。

原債権が労働債権である場合については、労働債権が移転し、労働者以外の者が債権者になった以上、財団債権性が否定されるとする見解が主張されているが、本判決は、上記のような制度理解は、労働債権についても異ならないと判示する。なお、原債権が租税債権である場合にも上記問題が生じうるが、補足意見は、租税債権が性質上、第三者に移転しないとする。

【参考文献】 本判決の解説として、榎本光宏・ジュリ1444号92頁。

(しもむら・としえ)

民法 9

## 貸金業者の再編に伴う貸金債権の譲渡と過払金返還債務の承継の可否

最高裁平成24年6月29日第二小法廷判決
平成24年(受)第539号不当利得返還請求事件
集民241号1頁, 判時2160号20頁, 判タ1378号86頁

立教大学教授　野澤正充

【論点】
子会社の再編を目的として, 大手消費者金融会社の子会社が顧客に対して有する貸金債権を親会社に譲渡した場合に, 親会社は, 子会社と顧客との間に生じていた過払金返還債務を承継するか。

〔参照条文〕民91条・703条・第3編第1章第4節

【事件の概要】
　X（原告・控訴人・上告人）は, A貸金業者との間で金銭消費貸借取引に係る基本契約を締結し, 平成6年4月15日から平成19年9月17日まで継続的な金銭消費貸借取引（第1取引）を行い, 同日時点で過払金が生じていた。また, Y（被告・被控訴人・被上告人）は, 国内の消費者金融子会社の再編を目的として, 平成19年6月18日, 完全子会社であったAとの間で基本合意書を取り交わし, Aが顧客に対して有する貸金債権をYに移行し, Aの貸金業を廃止することとした。その際に, Xは, Yとの間で金銭消費貸借取引に係る基本契約を締結していない。平成19年10月16日, Yは, Aが有する貸付債権をAから譲り受ける旨の合意（債権譲渡基本契約）をした。この債権譲渡基本契約には, Aが譲渡債権に係る顧客に対して負担する一切の債務（過払金等返還債務）については, Yが併存的に引き受ける旨の条項（債務引受条項）があったものの, Aの貸主としての地位をYに移転する旨またはAの負担する過払金等返還債務が当然にYに承継される旨を定めた条項は存在しない。Yは, 翌10月17日, 第1取引におけるAのXに対する残債権をAから譲り受けた。そして, 債権譲渡の通知を受けたXは, Yに対し, 平成19年11月6日から平成20年11月2日まで弁済をするとともに, 同日, Yとの間で, 新たに金銭消費貸借取引に係る基本契約を締結し, XとYとは, 同日から平成21年2月13日まで取引（第2取引）をした。ところで, YとAは, 平成20年12月15日, 本件債権譲渡基本契約のうち本件債務引受条項を変更し, 過払金等返還債務についてはAのみが負担し, Yは譲渡債権に係る顧客に対し何らの債務・責任を負わないことを内容とする契約（変更契約）を締結した。XがYに対し, 過払金の返還を求めて訴えを提起した。第1審はXの請求を棄却した。原審は, 第1取引において生じたAの過払金返還債務の承継を否定したものの, 第2取引の過払金についてはXの請求を認容した。Xが上告受理申立てをした。

【判旨】
〈上告棄却〉(1) 貸金業者（譲渡業者）が貸金債権を一括して他の貸金業者（譲受業者）に譲渡する旨の合意をした場合において,「譲渡業者の有する資産のうち何が譲渡の対象であるかは, 上記合意の内容いかんによるというべきであり, 借主と譲渡業者との間の金銭消費貸借取引に係る契約上の地位が譲受業者に当然に移転するものではなく, また, 譲受業者が上記金銭消費貸借取引に係る過払金返還債務を当然に承継するものでもない」。

(2)「本件債権譲渡基本契約中の本件債務引受条項は, 譲渡債権に係るAの顧客を第三者とする第三者のためにする契約の性質を有するところ, 本件変更契約の締結時までに, Xは, Yに対し, 本件譲渡に係る通知に従い弁済をした以外には, 第1取引に係る約定残債権につき特段の行為をしておらず, 上記弁済をしたことをもって, 本件債務引受条項に係る受益の意思表示をしたものとみる余地はない。そうすると, 本件債務引受条項は, Xが受益の意思表示をする前にその効力を失ったこととなり, Yが本件債務引受条項に基づき上記過払金等返還債務を引き受けたということはできない」。

【解説】
### 1　貸金債権の譲渡と過払金返還債務の承継
　貸金業者の再編を目的として, 譲渡業者（子会社）がその有する貸金債権を一括して譲受業者（親会社）に譲渡したとしても, 債権譲渡に債務引受が伴うものではなく, また, 仮に契約上の地位の移転がなされたとしても, すでに発生している過払金返還債務の承継については, 個別の債務引受契約が必要である。そこで, 最高裁も, 判旨①のように, 貸金債権の譲渡や営業譲渡がなされたとしても, 譲受業者が譲渡業者の「債務を承継しない旨を明確に定める」場合には, 過払金返還債務を承継するものではないとした（最判平成23・3・22判時2118号34頁, 最判平成23・7・7判時2137号43頁, 最判平成23・7・8判時2137号46頁）。これに対して, 最高裁は, 両者間に債務引受の合意がある場合には, 第三者のためにする契約（民537条1項）を媒介として併存的債務引受を認め, 顧客による受益の意思表示（同条2項）の有無を問題とする。そして, 顧客が譲受業者の勧誘に応じて金銭消費貸借取引に係る基本契約（切替契約）を締結した場合には, その締結によって「受益の意思表示もされていると解することができる」とし, 過払金返還債務の引受けが認められるとした（最判平成23・9・30判時2131号57頁）。このうち, 本件事案は, AY間に債務引受の合意が存在する場合である。にもかかわらず, Yの過払金返還債務の引受けが否定されたのは, XY間において切替契約が締結されていないことによる。すなわち, 9月30日判決は, 切替契約の締結に際して, 譲受業者による債務引受の意思表示と顧客による受益の意思表示を認めることができ,「Xの意思を考慮することなくAとYとの間で〔債権〕譲渡がされたにすぎない本件とは, 事案を異にする」と解される。

### 2　本判決の意義
　本判決は, 法理論としては, これまでの判例を踏襲するものであり,「債務引受条項に係る受益の意思表示」に関する事例判決に過ぎないとも解される。しかし, 本判決が債権譲渡後の第2取引に係る過払金の返還を認めた意義は小さくない。というのも, 貸金債権の譲渡を受けた譲受業者が, 過払金返還債務を一切負うことなく, 譲受債権の請求をすることは妥当でないからである。すなわち, 本判決は, 理論的には, 譲渡時を基準として, それ以降の過払金返還債務を譲受業者に負わせるとともに, 実質的には, 信義則に一定の配慮をしたと解される。

【参考文献】　渡辺達徳・平成23年度重判解（ジュリ1440号）76頁, 野澤正充「企業の再編と契約譲渡」金法1999号75頁。

（のざわ・まさみち）

民法 10

# インターネット上のウェブサイトへの記事の掲載と名誉毀損の成否

最高裁平成24年3月23日第二小法廷判決
平成22年(受)第1529号損害賠償等請求事件
集民240号149頁，判時2147号61頁，判タ1369号121頁

成蹊大学准教授　建部　雅

【論点】
インターネット上の情報が必ずしも信頼に足るものばかりでないという事情は，ウェブサイトに掲載された記事による名誉毀損の成否に関する判断に影響するのか。
〔参照条文〕民709条・710条

【事件の概要】
　フリーのジャーナリストであるYは，Yがインターネット上に自ら開設した誰でも閲覧可能なウェブサイト（以下，「本件サイト」という）に，新聞社$X_1$及びその従業員$X_2$～$X_4$（以下，「Xら」という）に関する記事（以下，「本件記事」という）を掲載した。Xらは，本件記事内の記載（以下，「本件記載」という）により，名誉が毀損されたとして不法行為に基づく損害賠償を請求した。原審（東京高判平成22・4・27LEX/DB25480592）は，本件記事を閲読した一般の閲覧者を基準とすると，本件記載部分によりXらの社会的評価が低下されたとはいえないとして，請求を棄却した。Xらから上告。

【判旨】
〈破棄差戻し〉　最高裁はまず，「ある記事の意味内容が他人の社会的評価を低下させるものであるかどうかは，一般の読者の普通の注意と読み方を基準」として判断すべきだとした。そのうえで，最高裁は「本件記事は，インターネット上のウェブサイトに掲載されたものであるが，それ自体として，一般の閲覧者がおよそ信用性を有しないと認識し，評価するようなものであるとはいえ」ないことや，本件記載部分に通常はどのような事実が摘示されていると理解されるのかということを踏まえ，「本件記事は，Xらの社会的評価を低下させることが明らかだ」と判示した。さらに，最高裁は，本件記載部分の摘示事実が真実でないこと，かつ，当該事実を真実だと信ずるについて相当の理由があったというに足りる事実をYが主張していないことから，本件サイトに本件記事をYが掲載した行為はXらの名誉を毀損し，不法行為を成立させるとし，Xらの被った損害について審理を尽くさせるために，破棄差し戻した。

【解説】
**1　名誉毀損による不法行為に関する本判決の位置づけ**
（1）社会的評価低下の判断基準　名誉毀損とはある者の社会的評価を低下させることだと解されており，具体的な表現が個人の社会的評価を低下させるか否かを判断する基準としては，最判昭和31・7・20民集10巻8号1059頁が「一般読者の普通の注意と読み方」という基準を提示して以来，この基準が用いられ，本判決でも最高裁はその基準を用いている。
　この基準に拠った裁判例では，表現の対象，内容及び表現媒体の性質が検討の対象とされてきた。それでは，表現媒体の信頼性の低さを根拠として，つまりそこで示された内容を誰も信じないのであるから対象となった者に関する評価は影響されないことを理由として，社会的評価の低下が否定されるのだろうか。新聞記事について，当該新聞の性質を根拠とすることを否定し，当該新聞上の記事により社会的評価は低下すると判断した最判平成9・5・27民集51巻5号2009頁は存在する。しかし新聞とインターネット上のウェブサイトとではそこに示された情報に対する信頼性は異なるために，本件で改めて，インターネット上のウェブサイトに摘示された情報だという事情は社会的評価低下の判断に影響するのかが問題とされたのである。
（2）本件の問題：インターネットという表現媒体の性質　本件において最高裁は，本件記事に限定して，インターネット上の情報に対する信頼性の低さを考慮しない判断を示したが，これはインターネット上の表現行為全てに及ぶものではない。よって今後も，一般の閲覧者がそこで示された情報を信頼しないようなウェブサイトに摘示された事実に関しては，それによる社会的評価の低下が認められないと判断される可能性は残されている。

**2　残された問題**
（1）インターネット上の表現行為の特徴と名誉毀損
　インターネット上の表現行為には，既存の表現行為とは異なる特徴（佃・後掲102頁以下）があるため，本件で問題となった，インターネット上の表現行為であることが社会的評価の低下の判断に影響するかという点以外にも，既存の名誉毀損法理を妥当させるべきか等の点が議論の対象とされてきた（刑事事件であるが，最決平成22・3・15刑集64巻2号1頁は，インターネット上の名誉毀損についても従来の基準に拠るべきだと判示している。なお，この第1審が前提としていた「対抗言論の法理」について，家令・後掲127頁）。
（2）名誉毀損に限定しない検討の必要性　また，個人に関するインターネット上の情報は，その虚実が検討されることなく機械的に収集・処理される可能性があるなど，従来の情報とは異質の波及効果を有している。したがって，不法行為法上の保護法益は名誉やその他の既存の法益に限定されないため，対象となった者の侵害される新たな法益（近時話題となっている「忘れられる権利」など）も検討しなくてはならない。以上のように，本判決の後も，インターネット上の表現行為と既存の不法行為法との関係について検討されるべき多くの課題が残されている。

【参考文献】　本件の評釈として，仮屋篤子・Watch【2012年10月】91頁。最決平成22・3・15の評釈として，家令和典・ジュリ1422号125頁。近時の名誉毀損について，佃克彦『名誉毀損の法律実務〔第2版〕』。

（たてべ・みやび）

民法 11

# 相続分の指定及び特別受益の持戻し免除の意思表示に対する遺留分減殺請求の効果

最高裁平成24年1月26日第一小法廷決定
平成23年(許)第25号
遺産分割審判に対する抗告審の変更決定に対する許可抗告事件
家月64巻7号100頁，判時2148号61頁，判タ1369号124頁

慶應義塾大学准教授　西　希代子

【論点】
①相続分の指定が減殺された場合の効果。②特別受益に当たる贈与についてされた持戻し免除の意思表示が減殺された場合における具体的相続分の算定方法。

〔参照条文〕民1031条・902条・903条

【事件の概要】
　被相続人Aは，相続人として，前妻との間の子$X_1$，$X_2$及び$X_3$（以下，「Xら」），後妻$Y_1$，A・$Y_1$間の子$Y_2$及び$Y_3$を遺して死亡した。Aは生前，$Y_2$に対して特別受益に当たる贈与をし（民903条1項），後に持戻し免除の意思表示をした（同条3項）。また，Aは，公正証書遺言により，$Y_1$の相続分を1/2，$Y_2$及び$Y_3$の相続分を各1/4，Xらの相続分を零とする相続分の指定をした。Aの死後，Xらが，$Y_1$，$Y_2$及び$Y_3$に対して遺留分減殺請求をした後，遺産分割を申し立てた。
　原審（大阪高決平成23・2・21金判1393号40頁）は，減殺請求により法定相続分を超える相続分を指定された相続人の指定相続分がその法定相続分の割合に応じて修正され（修正後の相続分は，$Y_1$1/2，$Y_2$・$Y_3$各7/40，Xら各1/20)，持戻し免除の意思表示はXらの遺留分を侵害する合計の3/20の限度で失効し，この限度で特別受益の価額を相続財産価格に加算したものを相続財産とみなして各人の具体的相続分を算定した上で，遺産分割方法を定めた。これに対して，Xらが許可抗告の申立て。

【決定要旨】
〈破棄差戻し〉「相続分の指定が，特定の財産を処分する行為ではなく，相続人の法定相続分を変更する性質の行為であること，及び，遺留分制度が被相続人の財産処分の自由を制限し，相続人に被相続人の財産の一定割合の取得を保障することをその趣旨とするものであることに鑑みれば，遺留分減殺請求により相続分の指定が減殺された場合には，遺留分割合を超える相続分を指定された相続人の指定相続分が，その遺留分割合を超える部分の割合に応じて修正されるものと解するのが相当である（最高裁平成9年（オ）第802号同10年2月26日第一小法廷判決・民集52巻1号274頁参照）。……遺留分減殺請求により特別受益に当たる贈与についてされた持戻し免除の意思表示が減殺された場合，持戻し免除の意思表示は，遺留分を侵害する限度で失効し，当該贈与に係る財産の価額は，上記の限度で，遺留分権利者である相続人の相続分に加算され，当該贈与を受けた相続人の相続分から控除されるものと解するのが相当である。」

【解説】
　民法902条1項ただし書の文言にもかかわらず，遺留分を侵害する相続分の指定は当然に無効ではなく，減殺対象となるにすぎないと解されている（谷口知平＝久貴忠彦編『新版注釈民法(27)』197頁［有地亨］等）。減殺の効果については，既に判例が確立している特定または全部包括遺贈・贈与に対する減殺請求の場合（最判昭和51・8・30民集30巻7号768頁，最判平成8・1・26民集50巻1号132頁等）とは対照的に，これまで裁判例が存在しなかったが，本決定は，相続分の指定の性質等に鑑み，減殺により指定相続分が修正されるとした。その上で，指定相続分の修正割合については，同順位の遺贈が複数ある場合の減殺対象について，減殺による受遺者の遺留分侵害を防ぐ観点から，遺贈の目的の価額のうち受遺者の遺留分額を超える部分のみが民法1034条にいう「目的の価額」にあたるとした最判平成10・2・26を参照して，法定相続分ではなく遺留分を超える相続分を指定された相続人の指定相続分が，遺留分を超える部分の割合に応じて修正されるとした（修正後の相続分は，$Y_1$23/52，$Y_2$・$Y_3$各53/260，Xら各1/20）。
　この修正後の相続分をみなし相続財産の価額に乗じて具体的相続分を算定し，遺産分割をすることになるが，本件には持戻し免除付き特別受益が存在するという特徴がある。遺留分を侵害する持戻し免除の意思表示も当然に無効ではなく，減殺対象となるにすぎないと解されているが（谷口＝久貴編・前掲241頁［有地]），本決定では具体的な計算方法が初めて示された（同様の計算方法を採用するものとして，蕪山厳ほか『遺言法体系』459頁［蕪山］等）。その前提となっているのは，持戻し免除付き特別受益も遺留分算定の基礎となる財産に算入されるという，これも最上級審初の判断である（同様の立場の下級審判決として，大阪高判平成11・6・8判時1704号80頁等）。Xらの遺留分は，持戻し免除付き特別受益を加算した遺留分算定の基礎となる財産を基に算定されるため，（持戻し免除付き特別受益が加算されない）みなし相続財産の価額に修正後の相続分を乗じた価額をXらの相続分とすると，この遺留分相当額が確保されない結果となってしまう。そこで，本決定は，この分を，特別受益者$Y_2$の相続分から控除してXら遺留分権利者の相続分に加算することで，確保できるようにした。
　持戻し免除付き特別受益の計算上の扱いは，被相続人の意思と共同相続人間の公平のいずれをより重視するかによっても異なり得る。本決定の計算は，その意図はともかく，理論的には必ずしも単純明快ではない側面もある。遺留分権利者が特別受益者である場合など，指定相続分のみからは相続分の指定が遺留分を侵害するか不明な事例もある（島田充子「遺留分減殺請求と遺産分割事件の運営」久貴忠彦編『遺言と遺留分(2)〔第2版〕』149頁参照）。減殺による指定相続分修正の段階で特別受益を考慮することも考えられるのかもしれない。減殺順序にも関わるが，本決定をどこまで一般化できるかは残された問題である。

【参考文献】　本決定の評釈として，青竹美佳・月報司法書士487号74頁，黒田直行・JA金融法務497号48頁，潮見佳男・金法1952号63頁，田中壮太・NBL985号90頁，常岡史子・Watch【2013年4月】113頁。

（にし・きよこ）

# 民法　判例の動き

東京大学教授　**沖野眞已**

　今期は，平成24年9月1日から平成25年9月4日までに言い渡された民法関係の最高裁判決・決定を対象とした。主なものは，次のとおりである。

**1．総則**　明示的一部請求の訴えの提起と消滅時効の中断に関し，最判平成25・6・6判時2190号22頁は，明示的一部請求の訴えの提起が，残部について，裁判上の催告としての暫定的な時効中断効があるとし，また，消滅時効期間経過後，その経過前にした催告から6箇月以内に再び催告をしても，第1の催告から6箇月以内に民法153条所定の措置を講じなかった以上は，第1の催告から6箇月を経過することにより消滅時効が完成し，これは，第2の催告が明示的一部請求の訴えの提起による裁判上の催告でも妥当することを明らかにした。

**2．物権法**　未登記の通行地役権に関し，最判平成25・2・26民集67巻2号297頁（**民法1**）は，承役地が担保不動産競売により売却された場合に，通行地役権者が買受人に対し通行地役権を主張できるか否かは，未登記の通行地役権が売却により消滅するか否かにより，また，その消滅の有無は，売却時の買受人ではなく，最先順位の抵当権の設定時及び抵当権者を基準として，通行地役権設定の有無，継続的な通路使用の客観的明白性，認識・認識可能性等を判断することを明らかにした。承役地の譲渡の場合に関する最判平成10・2・13民集52巻1号65頁の延長上にある判断である。平成10年判決が明認方法に類する特殊な対抗要件を創設する実質を持つと見る場合，本判決が，売却時の買受人を基準としたときにはもはや客観的明白性や認識・認識可能性が充足されない場合についても最先順位抵当権者のみを基準とするものかが注目され，平成10年判決の理解にも影響しよう。

**3．債権法**　契約締結過程における信義則上の情報提供義務・説明義務は，債権総論，契約総論，不法行為にまたがり，その有無と共に具体的内容が問題である。最判平成25・3・7判時2185号64頁〔①事件〕，最判平成25・3・26判時2185号64頁〔②事件〕（**民法2**）は，金利スワップ契約の締結にあたり金融機関が顧客企業に対して負う説明義務の内容として，当該事案を前提に，中途解約をした際の清算金の具体的な算定方法までは説明すべき義務はないとした。最判平成24・11・27判時2175号15頁では，金融機関間であり，交付資料中に招聘先金融機関が独自に信用審査を行う必要等が記載されていたが，当該情報の重要性，入手の経緯や難易等の事情から，特定の情報についてのシンジケート・ローンのアレンジャーである金融機関の，招聘先金融機関に対する情報提供義務が肯定され，不法行為責任が認められている。
　一方，契約上の情報提供義務・説明義務について，最判平成25・4・16民集67巻4号1049頁（**民法8**）が，債務整理に係る法律事務を受任した弁護士が，委任契約に基づく善管注意義務（民644条）の一環として説明義務を負うこと，及び当該事案を前提とした具体的な説明の内容について明らかにしている。
　株式会社の新設分割を対象とする詐害行為取消しに関して，最判平成24・10・12民集66巻10号3311頁（**民法3**）は，新設分割設立株式会社にその債権に係る債務が承継されず，新設分割について異議を述べることもできない新設分割株式会社の債権者は，詐害行為取消権（民424条）を行使して新設分割を取り消すことができ，かつ，その場合には，その債権の保全に必要な限度で新設分割設立株式会社への権利の承継の効力が否定されることを明らかにした。詐害的会社分割には，事業再編の中での包括的移転，複合性といった性質があるため，受益者，否認権に関する狭義の詐害行為と偏頗行為という類型に照らしたときの該当性，原状回復の内容等の問題があり，議論は尽きていない（森田修・NBL 996号10頁参照）。詐害的な会社分割等における債権者の保護については，会社法の改正の動きがある（「会社法の一部を改正する法律案」。第185回国会に提出，継続審議〔186回で成立。平26法律90号。会社764条4項〜7項〕）。上記債権者の承継会社等に対する直接の履行請求権を法定するというものであり，この立法手当てがされたときは，この規律と詐害行為取消権の関係，本判決の射程がさらに問題となりうる。
　元本確定前における根保証の随伴性に関し，最判平成24・12・14民集66巻12号3559頁（**民法4**）は，根保証契約の主たる債務の範囲に含まれる債務に係る債権が元本確定期日前に譲渡された場合に，その被保証債権の譲受人は，当該根保証契約の当事者間において被保証債権の譲受人の請求を妨げるような別段の合意がない限り，保証人に対し，保証債務の履行を求めることができるとした。根保証契約の当事者の合理的意思を根拠とする。根抵当権の場合（民398条の7第1項）と異なる扱いとなる。
　差押えの効力に関する判断であるが，将来の賃料債権の譲渡，目的物の譲渡，賃貸借契約の帰趨の関係へとつながりうるものに，最判平成24・9・4判時2171号42頁がある。賃料債権が差し押さえられた後に，債務者が賃借人に目的建物を譲渡し，それによって賃料債権発生の基礎となる賃貸借契約が終了したときは，差押えの対象となる賃料債権は以後発生しないこととなるため，賃貸人と賃借人との人的関係，建物の譲渡経緯・態様その他の諸般の事情に照らし，賃借人が賃料債権の不発生を主張することが信義則上許されない等の特段の事情がない限り，差押債権者は，第三債務者である賃借人から，当該譲渡後に支払期の到来する賃料債権を取り立てることができないとされた。
　相殺に関し，最判平成25・2・28民集67巻2号343頁（**民法5**）は，民法505条及び508条の相殺適状は，受働債権につき，期限の利益の放棄ができるというだけではなく，期限の利益の放棄又は喪失等によりその弁済期が現実に到来していることを要するとし，また，民法508条に関し，このように理解される相殺適状が，消滅時効が援用された自働債権の消滅時効期間が経過する時点を基準としてそれ以前に生じていたことを要するとした。
　売主の瑕疵担保責任における「瑕疵」概念に関し，最判平成25・3・22判時2184号33頁は，「各売買において予定されていた品質・性能を欠いていた」かどうかという，近時の動向を踏まえた基準の下，土地区画整理事業の施行地区内の土地を購入した買主が売買後に土地区画整理組合から賦課金を課された場合において，売買の当時，買主が賦課金を課される可能性は一般的・抽象的なものにとどまり，具体性を帯びていなかったとし，その可能性の存在をもって上記土地に民法570条にいう瑕疵があるとはいえないとした。
　貸金業者に対する過払金返還訴訟における判断が今期も続いている。まず，①最判平成24・9・11民集66巻9号3227頁は，一連の最高裁判決（最判平成19・2・13民集61巻1号182頁，最判平成19・6・7民集61巻4号1537頁，最判平成20・1・18民集62巻1号28

頁）に続き，同一の貸主と借主との間で無担保のリボルビング方式の金銭消費貸借に係る基本契約に基づく取引が続けられた後，改めて不動産に担保権を設定した上で確定金額に係る金銭消費貸借契約が締結された場合において，第1の契約からの過払金を第2の契約上の債務に充当できるかは，当事者の充当合意の存否にかかることを前提に，第2の契約に基づく借入金の一部が第1の契約に基づく約定残債務の弁済に充てられ，借主にはその残額のみが現実に交付され，第1の契約に基づく取引は長期にわたって継続し，第2の契約が締結された時点では当事者間に他に債務を生じさせる契約がない等の事情があっても，当事者が第1の契約および第2の契約に基づく各取引が事実上1個の連続した貸付取引であることを前提に取引をしていると認められる特段の事情がない限り，充当合意が存在すると解することはできないとした。次に，②最判平成25・7・18判時2201号48頁は，基本契約に基づいて金銭の借入れと弁済が繰り返され，同契約に基づく債務の弁済がその借入金全体に対して行われる場合において，過払金が発生している時点で新たな借入れをしたとき，利息制限法（平成18年改正前）1条1項にいう「元本」の額は，新たな借入金そのものの額ではなく，新たな借入金に上記過払金を充当した後の額をいうとした。また，③最判平成25・4・11判時2195号16頁は，基本契約に基づく借入金債務につき過払金が発生した場合に弁済当時他の借入金債務が存在しないときはその後に発生する新たな借入金債務に充当する旨の過払金充当合意がある場合に，過払金について発生した法定利息を新たな借入金に充当できるかにつき，それを認め，かつ，充当順序につき，まず民法704条前段の利息，次に過払金を新たな借入金債務の残額に充当すべきであるとした。

最判平成25・1・22判時2184号38頁（**民法6**）は，建物所有目的とはいえない，ゴルフ場経営目的の地上権設定契約及び土地賃貸借契約における地代等の減額請求の可否に関し，借地借家法11条の類推適用を否定した。借地借家法の借地の規定が，長期にわたる土地利用を想定し，同法11条は事情変更の原則を体現するもので，その規律あるいは法意が同様の土地利用権設定契約に及ぶと考えられるか，規定の趣旨が問題である。判旨は，あくまで，建物の保護に配慮した，建物所有目的の土地の利用関係に特有の枠組みを用意する規定であるという理解を明らかにした。同判決は，一般の事情変更の原則（法理）の最高裁による適用否定事例に1つを加えるものでもある。

借地借家法上の定期建物賃貸借の契約締結前の書面交付・説明の要件に関し，最判平成24・9・13民集66巻9号3263頁（**民法7**）は，借地借家法38条2項の趣旨が賃借人の理解の確保，意思決定のための十分な情報提供と共に紛争の未然防止にあるととらえ，このような趣旨及び同条の構造から，契約書（や契約書原案）とは別個独立の書面の交付を要し，かつ，当該契約の締結に至る経緯，当該契約の内容についての賃借人の認識の有無及び程度等といった個別具体的事情を考慮することなく，形式的，画一的に取り扱うのが相当であるとした。

建物賃貸借に関して，賃借人が建物所有者（賃貸人）の承諾を得て建物外壁に店舗の看板等を設置していたところ，後に当該建物が譲渡され，借地借家法31条により譲受人に対し賃貸借を対抗できる場合に，当該看板等の設置権原の対抗，撤去請求の可否が問題となった事案において，借地借家法31条の「建物」の賃貸借には当該看板等の設置が含まれずその設置権原は対抗できないという原審の判断——補足意見はこれに疑問を呈する——を前提としつつ，建物譲受人からの撤去請求を権利濫用であるとして退けた最判平成25・4・9判時2187号26頁がある。

不法行為関連では，医療用医薬品の製造物責任に関し，最判平成25・4・12民集67巻4号899頁（**民法9**）は，「欠陥」すなわち「通常有すべき安全性」（製造物2条2項）の有無につき，医薬品の場合に引渡時に予見しうる副作用についての適切な情報提供が1つの要素であること，医療用医薬品の副作用情報の提供方法が添付文書への記載によること，かつ，その記載の適切さの判断基準を明らかにした。

この他，勤務先建物の壁面に吹き付けられた石綿（アスベスト）の吸引による被害につき建物所有者の土地工作物責任に関する最判平成25・7・12判時2200号63頁，有価証券報告書に虚偽記載のされた上場株式を購入した投資家の損害賠償請求における損害の額の算定方法に関する最判平成24・12・21判時2177号51頁［②事件］（金融商品取引法21条の2第2項に関し最判平成24・12・21判時2177号51頁［①事件］），一級建築士による建物の構造計算書にいわゆる耐震偽装が行われていた場合に，建築主事による建築確認につき，国家賠償法1条1項の違法性を否定した最判平成25・3・26集民243号101頁がある。

**4．家族法** 子との面会交流を命ずる審判等に基づく間接強制の可否に関する同一法廷による同日の3つの決定がある。最決平成25・3・28民集67巻3号864頁（**民法10**）は肯定例，他の2つの決定（判時2191号46頁［①事件］［②事件］）は否定例である。いずれも，審判や調停調書による義務づけに，子の引渡しと面会交流を妨害しない不作為等を内容とする「給付」を見，そのような給付につき間接強制の可能性を一般的・抽象的に肯定しつつ，監護親がすべき給付の特定に欠けるところがないかが基準となること，面会交流の日時・頻度，各回の面会交流時間の長さ及び子の引渡しの方法の具体性が特定の有無の指針となることを明らかにした上で，具体的事案における間接強制の可否を判断している。間接強制決定だけではなく，面接交流に関する審判や調停調書の内容を定めるにあたり指針を提供する。

嫡出でない子の法定相続分に関する民法900条4号ただし書の規定につき，最大決平成25・9・4判時2197号10頁（**民法11**，**憲法1**）は，遅くとも平成13年7月当時において，同規定が憲法14条1項に違反していたとし，かつ，平成13年7月以降同決定までの間に開始した相続事案への影響について明らかにした。最高裁は，従前，両決定を合憲としていた（最大決平成7・7・5民集49巻7号1789頁，最決平成21・9・30家月61巻12号55頁等）。従前の判断は，問題となった相続事案に適用される法令を対象とし，したがって各々の相続開始時点での規定の効力を対象とするため，本決定は従前の最高裁の判断を変更するものではない。本決定を受けて，民法900条ただし書の該当部分を削除する民法改正案が成立し，平成25年法律第94号として平成25年12月11日に公布され，附則に従い同日から施行されている。経過措置により，改正後の900条の規定は，平成25年9月5日以後に開始した相続について適用されるため，それ以前の相続事案に関しては本決定の判断がそのまま維持される。このため，本決定が影響関係に関し示した「確定的」となった法律関係の意義をめぐる解釈問題（潮見佳男・金法1982号1頁参照）や，グレーゾーンの問題（水野（紀）評釈・本誌25頁）が残る。また，婚外子の法定相続分のあり方は，相続法制や夫婦の財産関係等を見据えた総合的な検討の中で判断する必要があることがつとに指摘されており，上記改正は応急措置的な立法であって，今後，相続法制等の見直しが急務となる。法務省において具体的な検討が開始される模様である（堂薗幹一郎・NBL1016号13頁）。

（おきの・まさみ）

民法 1

# 抵当権に基づく担保不動産競売による承役地の買受人に対する未登記通行地役権の対抗

最高裁平成25年2月26日第三小法廷判決
平成23年(受)第1644号道路通行権確認等請求事件
民集67巻2号297頁，判時2192号27頁，判タ1391号131頁

早稲田大学教授　秋山靖浩

【論点】
担保不動産競売による承役地の買受人に対して未登記の通行地役権を主張することができる場合。
〔参照条文〕民177条，民執188条・59条2項

【事件の概要】
　A所有の甲乙丙の各土地およびB所有の丁土地は，その一部（本件通路）が国道への通路になっている。Aらは，X₁～X₆（原告・被控訴人・被上告人）との間で，昭和55年頃から「私設道路通行契約書」の作成時（本件通路の通行権を認める契約をする旨が記載されており，平成19年1月頃までにAらとXらの間で順次作成された）までに，Xらがそれぞれ所有する土地を要役地，本件通路を承役地として通行地役権を設定することを合意したが，その旨の設定登記はされていない。他方，昭和56年11月2日，甲土地にCを根抵当権者とする根抵当権が，平成10年9月25日，甲～丁の各土地にDを根抵当権者とする根抵当権がそれぞれ設定され，その旨の登記がされた。平成18年7月20日，Dから根抵当権の移転を受けたEの申立てに基づき，甲～丁の各土地につき担保不動産競売の開始決定がされ，平成20年4月11日，買受人Y（被告・控訴人・上告人）がこれらの土地を取得した。
　Xらは，Yに対し，上記通行地役権の確認を求めた。Yは，上記通行地役権の設定は登記なくしてYに対抗しえないなどと反論した。原審（名古屋高判平成23・5・19民集67巻2号335頁参照）は，最判平成10・2・13（解説参照）に依拠し，担保不動産競売による売却時に，本件通路は外形上通路として使用されていることが明らかであり，YはXらの車両等が本件通路を使用することを認識していたか容易に認識しえたことから，Yは通行地役権設定登記の欠缺を主張するにつき正当な利益を有する第三者に当たらないとして，Xらの請求を認めた。Yが上告受理申立て。

【判旨】
〈破棄差戻し〉「通行地役権の承役地が担保不動産競売により売却された場合において，最先順位の抵当権の設定時に，既に設定されている通行地役権に係る承役地が要役地の所有者によって継続的に通路として使用されていることがその位置，形状，構造等の物理的状況から客観的に明らかであり，かつ，上記抵当権の抵当権者がそのことを認識していたか又は認識することが可能であったときは，特段の事情がない限り，登記がなくとも，通行地役権は上記の売却によっては消滅せず，通行地役権者は，買受人に対し，当該通行地役権を主張することができると解するのが相当である」。原審は，最先順位の抵当権設定時の抵当権者ではなく，担保不動産競売による売却時の買受人を基準にしてこの判断をした点で，破棄を免れない。

【解説】
　通行地役権の設定は登記をしなければ第三者に対抗することができないのが原則である（民177条）。しかし，最判平成10・2・13民集52巻1号65頁は，通行地役権の承役地が譲渡された場合に，要役地所有者（通行地役権者）が未登記通行地役権を承役地譲受人に対抗しうるかどうかについて，「承役地が要役地の所有者によって継続的に通路として使用されていることがその位置，形状，構造等の物理的状況から客観的に明らかであり，かつ，譲受人がそのことを認識していたか又は認識することが可能であった」場合（以下「本要件」という）には，承役地譲受人は，通行地役権設定登記の欠缺を主張するにつき正当な利益を有する第三者に当たらないとした。このような承役地譲受人は，承役地の譲受時に，要役地所有者が承役地に何らかの通行権を有していることやその通行権の内容を容易に推認・調査しうるにもかかわらず，その後に登記の欠缺を主張するのは信義に反するからである。これにより，承役地譲受人を第三者（民177条）から排除し，未登記通行地役権を承役地譲受人に対抗しうるとした。
　本判決は，担保不動産競売により承役地が売却されたときも以上の解釈が当てはまることを明らかにした。本要件を充たす場合，抵当権者も，抵当権設定時に，抵当権の設定を受ける土地について要役地所有者の通行権の有無・内容を容易に推認・調査しうる点で，承役地譲受人と同様の状況にあり，通行地役権設定登記の欠缺を主張する正当な利益を有しないと解されるからである。
　その際，本判決が，本要件の有無の判断を，（原審のように）担保不動産競売による売却時の買受人ではなく，「最先順位の抵当権の設定時」の抵当権者を基準にしたのは，次の理由によると考えられる（小山・後掲3頁以下も参照）。
　抵当不動産に利用権が設定されている場合に，担保不動産競売による抵当不動産の買受人に対して利用権を主張できるかは，利用権が抵当権に対抗可能かどうかで決まる。すなわち，利用権が最先順位の抵当権に対抗しえないときは，抵当権は利用権の負担のない目的物の価値を支配していることから，担保不動産競売の際は利用権の付着しない目的物として売却され，利用権は消滅する（買受人は利用権を引き受けない）のに対して，利用権を最先順位の抵当権に対抗しうるときは，抵当権は利用権の負担の付いた目的物の価値を支配するにすぎないため，買受人も利用権付きの目的物を取得するにとどまる（民執188条・59条2項参照）。これを通行地役権に当てはめれば，通行地役権者が通行地役権を承役地の買受人に対して主張できるかは，通行地役権を承役地上の最先順位の抵当権に対抗可能かどうかで決まるはずである。そこで，本判決は，通行地役権を最先順位の抵当権に対抗可能かどうかを問題とした上で，「最先順位の抵当権の設定時」の抵当権者につき本要件を充たせば，既に設定された通行地役権を登記なくして最先順位の抵当権者に対抗しうると解することによって，承役地の買受人も通行地役権付きの土地を取得するにとどまり，通行地役権者の主張が認められるという解釈を採用したといえる。

【参考文献】小山泰史・Watch【2014年4月】79頁。

（あきやま・やすひろ）

民法 2

# 金利スワップ取引に係る銀行の顧客に対する説明義務

①最高裁平成25年3月7日第一小法廷判決
平成23年(受)第1493号損害賠償請求事件
集民243号51頁，判時2185号64頁〔①事件〕，判タ1389号95頁〔①事件〕

②最高裁平成25年3月26日第三小法廷判決
平成23年(受)第1496号損害賠償請求本訴，受払金請求反訴事件
集民243号159頁，判時2185号64頁〔②事件〕，判タ1389号95頁〔②事件〕

上智大学教授　森下哲朗

【論点】
金利スワップ契約を締結するに際し，銀行は顧客企業に対して，中途解約をした際の清算金の具体的算定方法等を説明する義務を負うか。
〔参照条文〕民709条

【事件の概要】
①事件，②事件とも，メガバンクと金利スワップ取引（変動金利と固定金利を交換する金融取引）を行い，損失を被った法人顧客が，契約を締結する際に説明義務違反があった等と主張して，不法行為等に基づく損害賠償を求めた事案である。以下では，①事件を例に事件の概要を説明する。

平成16年3月，メガバンクである上告人（Y，被告・被控訴人）とパチンコ店等を経営する株式会社である被上告人（X，原告・控訴人）は，平成17年3月8日から平成23年3月8日までの6年間，3か月毎に，XはYに対して想定元本額3億円に固定金利である2.445％を乗じた額を支払い，YはXに対して想定元本額3億円に変動金利である3か月TIBOR（変動金利の標準的な指標であり，市場実勢に応じて変動する）を支払うという内容の金利スワップ契約を締結した。YがXに交付した提案書には，「本取引のご契約後の中途解約は原則できません。やむを得ない事情により弊行の承諾を得て中途解約をされる場合は，解約時の市場実勢を基準として弊行所定の方法により算出した金額を弊行にお支払い頂く可能性があります。」との記載があった。

Xは別途Yから変動金利での借入れを行っていたが，こうした金利スワップを行うことによって，将来，変動金利が上昇した場合であっても，支払金利を固定することができ（借入れに関してYに支払う変動金利は，スワップ取引においてYから受け取る変動金利と差引きできる），金利上昇のリスクを回避することができる。他方で，変動金利の水準が低いまま推移した場合には，Xは実勢相場に比べて高い固定金利を支払い続けなければならないこととなる。本件では，変動金利が低いまま推移した結果，平成17年6月から平成18年6月までの間に，本金利スワップ契約に基づき固定金利と変動金利の差額として，XはYに合計で883万円余りを支払った。Xは，Yが契約締結に際して適切な説明をすべき義務を怠った等と主張して，不法行為等に基づく損害賠償請求訴訟を提起した。

原審の福岡高判平成23・4・27（判時2136号58頁）は，本件金利スワップ契約が専門的性質の契約であることは明らかであり，専門的知識がない，ないしは乏しいXに対して提案をするに際しては，中途解約時において必要とされるかもしれない清算金の具体的な算定方法等について十分に説明すべきであったにもかかわらず，Yはそれを怠ったとして，損害賠償を認めた。

【判旨】
〈①②事件とも破棄自判〉　判旨は①②事件ともほぼ同様であり，以下では①事件を引用する。

「本件取引は，将来の金利変動の予測が当たるか否かのみによって結果の有利不利が左右されるものであって，その基本的な構造ないし原理自体は単純で，少なくとも企業経営者であれば，その理解は一般に困難なものではなく，当該企業に対して契約締結のリスクを負わせることに何ら問題のないものである。Yは，Xに対し，本件取引の基本的な仕組みや，契約上設定された変動金利及び固定金利について説明するとともに，変動金利が一定の利率を上回らなければ，融資における金利の支払いよりも多額の金利を支払うリスクがある旨を説明したのであり，基本的に説明義務を尽くしたものということができる。」

「本件提案書には，本件契約がYの承諾なしに中途解約をすることができないものであることに加え，Yの承諾を得て中途解約をする場合にはXが清算金の支払義務を負う可能性があることが明示されていたのであるから，Yに，それ以上に，清算金の具体的な算定方法について説明すべき義務があったとはいい難い。」

【解説】
金融機関が本件における金利スワップのようなデリバティブ取引を顧客と行おうとする場合には，金融監督法上，金融機関は，当該顧客の知識，取引経験及び理解力等に応じて，顧客が自己責任の下で合理的な判断ができるようにするために必要な範囲で具体的な説明を行わなければならないとされている（例えば，金商38条7号，金商業117条1項1号）。私法上も金融機関はそうした説明を行う信義則上の義務を負うと解されており，本判決もそうした説明義務の存在を前提にしていると考えられる。

問題は，具体的にどのような事項を説明しなければならないかであり，原審はデリバティブを中途解約する際の清算金の算定方法等について説明すべき義務があったとしたのに対して，最高裁はこれを否定した。本件事案の下での本判決の結論自体は妥当であるが，本判決は，こうした結論に至る前提として，本件取引は単純であり，一般の企業経営者がその構造や原理を理解することが困難でないことを述べている。説明義務の具体的な内容を考えるに際しては，個別の取引内容に加え，顧客の知識や経験，理解力等を考慮する必要があることからしても，本判決は本件の具体的な事実関係の下での判断を示した事例判決であって，その射程は限定的であり，零細企業や個人顧客との取引や，より複雑なデリバティブ取引については及ばないと考えるべきである。

【参考文献】　青木浩子「①事件判批」NBL1005号30頁，森下哲朗ほか「〔座談会〕デリバティブ取引に関する裁判例を考える(上)」金法1984号66頁，加藤新太郎「①事件判批」金判1431号8頁，天谷知子「①事件判批」ジュリ1459号123頁など。

（もりした・てつお）

民法 3

# 株式会社の新設分割と詐害行為取消権

最高裁平成 24 年 10 月 12 日第二小法廷判決
平成 22 年(受)第 622 号詐害行為取消請求事件
民集 66 巻 10 号 3311 頁，判時 2184 号 144 頁，判タ 1388 号 109 頁

上智大学教授　佐藤岩昭

【論点】
①新設分割の詐害性。②詐害行為取消しの対象。③詐害行為取消しの効果。
〔参照条文〕民 424 条，会社 810 条・828 条

【事件の概要】
　AはBに 5 億 6000 万円の貸付を行った。Cはこの貸付金債権に係る債務を連帯保証した。Aの貸付金債権は譲渡されDが債権者となったが，Dはその債権の管理・回収を債権回収会社X（原告・被控訴人・被上告人）に委託した。この時点で貸付金債権の残額は 4 億 5500 万円であった。CがAに負う連帯保証債務は，SがCを吸収合併したためSに承継された。Sは会社分割によりY（被告・控訴人・上告人）を新たに設立し，S所有の本件不動産の所有権（Sに不動産以外の資産はない）をYに承継させることにしYの設立登記がなされたが，連帯保証債務はYに承継されなかった。その後本件不動産の所有権移転登記手続が完了し，その時点で本件不動産の担保余力は約 3300 万円であった。そこでXは，Sが行った会社分割によるYの設立が詐害行為であると主張し，Yの新設分割につき詐害行為取消しの訴えを提起し，SからYに移転された本件不動産の登記の抹消手続を請求した。第 1 審（大阪地判平成 21・8・26 民集 66 巻 10 号 3329 頁参照）は新設分割の詐害行為取消しを認容し，Yに不動産の現物返還（不動産登記の抹消登記）を命じた。Yは控訴したが，原審（大阪高判平成 21・12・22 民集 66 巻 10 号 3351 頁参照）も控訴を棄却した。その理由は「従前の分割会社の債権者は，会社法の債権者保護手続の対象とならないにもかかわらず，本来自己の債権の引き当てとなっている純資産の流出により〔Xが〕損害を受ける」からというものである。Yは，組織再編行為たる会社分割を詐害行為取消しの対象とすることは会社分割制度を否定することになると主張し，上告受理申立てを行った。

【判旨】
〈上告棄却〉「……また，会社法上，新設分割をする株式会社……の債権者を保護するための規定が設けられているが（同法 810 条），一定の場合を除き新設分割株式会社に対して債務の履行を請求できる債権者は上記規定による保護の対象とはされておらず，新設分割により新たに設立する株式会社……にその債権に係る債務が承継されず上記規定による保護の対象ともされていない債権者については，詐害行為取消権によってその保護を図る必要性がある場合が存するところである。
　ところで，会社法上，新設分割の無効を主張する方法として，……原告適格や提訴期間を限定した新設分割無効の訴えが規定されているが（同法 828 条 1 項 10 号），詐害行為取消権の行使によって新設分割を取り消したとしても，その取消しの効力は，新設分割による株式会社の設立の効力には何ら影響を及ぼすものではないというべきである。……
　そうすると，<u>株式会社を設立する新設分割がされた場合において，新設分割設立株式会社にその債権に係る債務が承継されず，新設分割について異議を述べることもできない新設分割株式会社の債権者は，民法 424 条の規定により，詐害行為取消権を行使して新設分割を取り消すことができると解される。この場合においては，その債権の保全に必要な限度で新設分割設立株式会社への権利の承継の効力を否定することができるというべきである</u>。」（下線は原文に付されているものである。なお，須藤正彦裁判官の補足意見が付されている。）

【解説】
## 1　新設分割の詐害性
　ある債権者に債務を負っている株式会社（新設分割株式会社。以下では「分割会社」と呼ぶ）が，会社分割により新会社（新設分割設立株式会社。以下では設立会社と呼ぶ）を設立し，設立会社に自己所有の担保価値のある積極財産を承継させ，分割会社自らは無資力に陥る場合がある。このような会社の新設分割が詐害性を有するかについて下級審判決が複数存在する（東京高判平成 22・10・27 金判 1355 号 42 頁，福岡高判平成 23・10・27 金判 1384 号 49 頁など）。これらは新設分割が会社法に基づく組織法上の行為であるとしても，その性質が財産権を目的とする法律行為であることを理由に詐害性を肯定し，受益者（設立会社）に対して価格賠償を命じた。このような状況下で，本判決は会社の新設分割が詐害性を有することを最高裁として初めて肯定した。

## 2　詐害行為取消しの対象
　本判決は，会社分割が財産権を目的とする法律行為であること・分割会社に対して保証債務の履行請求権を有する債権者が会社法 810 条の規定により異議を述べることができないこと・保証債務が設立会社に承継されないことを理由として，会社分割が詐害行為取消しの対象となることを肯定した。さらに，会社分割を取り消した場合に，組織法上の効力すなわち新設分割の無効という効力は生じないと判示した。そうすると会社分割における詐害行為取消しの対象は何か。本判決から推論すれば，それは会社分割に伴う財産権の承継・移転等の「法的行為」である。これらは厳密な意味での「法律行為」である必要はないと考えられる。

## 3　詐害行為取消しの効果
　本判決は「その債権の保全に必要な限度で新設分割設立株式会社への権利の承継の効力を否定することができる」と判示した。これは，XがSに対して有する被保全債権額の限度で，SからYへの不動産所有権の移転を取り消すことができることを意味する。それは現物返還の方法，すなわち受益者名義の不動産移転登記の抹消登記手続によるべきことを本判決は述べた。その理由は，逸出財産たる本件不動産に抵当権が設定されており，詐害行為後もその抵当権が残っていたからである（「一部取消」に関する最大判昭和 36・7・19 民集 15 巻 7 号 1875 頁，最判平成 4・2・27 民集 46 巻 2 号 112 頁を参照）。

【参考文献】　川島武宜＝平井宜雄編「新版注釈民法(3)総則(3)」4 頁「法律行為　前注」〔平井〕，片山直也「株式会社を設立する新設分割と詐害行為取消し」平成 24 年度重判解（ジュリ 1453 号）75 頁。

（さとう・いわあき）

民法 4

# 元本確定前における根保証の随伴性

最高裁平成24年12月14日第二小法廷判決
平成23年(受)第1833号貸金請求事件
民集66巻12号3559頁，判時2178号17頁，判タ1387号96頁

立教大学教授　角　紀代恵

【論点】
元本の確定前に根保証の対象となっている債権が譲渡された場合，譲受人は，保証人に対し，保証債務の履行を求めることができるか。

〔参照条文〕民446条1項・465条の2第1項・466条1項

【事件の概要】
　平成19年6月29日，A会社は，B会社に対し，弁済期を平成20年6月5日として8億円を貸し付ける（以下「本件貸付債権1」という）とともに，Y会社（被告・控訴人・上告人）との間で，A会社を貸主，B会社を借主とする金銭消費貸借契約により生ずるB会社の債務（本件貸付債権1を含む）を主たる債務とし，極度額を48億3000万円，保証期間を平成19年6月29日から5年間とする連帯保証契約（以下「本件根保証契約」という）を締結した。その後，平成20年8月25日，本件貸付債権1の借換えとして，A会社は，B会社に対し，弁済期を平成21年8月5日として，7億円（以下「本件貸付債権2」という）および9990万円（以下「本件貸付債権3」という）を貸し付けた。A会社は，平成20年9月26日，本件貸付債権2および3をC会社に譲渡し，C会社は，同日，両債権をX会社（原告・被控訴人・被上告人）に譲渡した。X会社が，本件貸付債権2および3の一部である1000万円について，Y会社に対して保証債務の履行を求めたのが本件訴訟である。
　原審（東京高判平成23・5・31民集66巻12号3581頁参照）において，Y会社は，元本確定前の根保証には随伴性がないと主張したが，原審は，Y会社の主張を斥け，X会社の請求を認容した。Y会社が上告受理申立て。

【判旨】〈上告棄却〉「根保証契約を締結した当事者は，通常，主たる債務の範囲に含まれる個別の債務が発生すれば保証人がこれをその都度保証し，当該債務の弁済期が到来すれば，当該根保証契約に定める元本確定期日（本件根保証契約のように，保証期間の定めがある場合には，保証期間の満了日の翌日を元本確定期日とする定めをしたものと解することができる。）前であっても，保証人に対してその保証債務の履行を求めることができるものとして契約を締結し，被保証債権が譲渡された場合には保証債権もこれに随伴して移転することを前提としているものと解するのが合理的である。そうすると，被保証債権を譲り受けた者は，その譲渡が当該根保証契約に定める元本確定期日前にされた場合であっても，当該根保証契約の当事者間において被保証債権の譲受人の請求を妨げるような別段の合意がない限り，保証人に対し，保証債務の履行を求めることができるというべきである。」（須藤正彦裁判官の補足意見あり。）

【解説】
　不特定の債権を保証する根保証は随伴性があるか。すなわち，元本確定前に根保証の対象となっている債権が譲渡された場合，譲受人は，保証人に対して，保証債務の履行を請求することができるか。同じく不特定の債権を担保する根抵当権にあっては，民法は，明文をもって，確定前の被担保債権の随伴性を否定している（民398条の7第1項）。これに対して，貸金等根保証（民465条の2以下）にあっては，条文の規定がない（ただし，法人が保証人である本件は，貸金等根保証には該当しない）。学説上も見解が分かれていたこの問題に対して，本判決は，最高裁が肯定する判断を示したものであり，理論上も実務上も重要な意義を有する。
　さて，根保証のとらえ方については，大別して，根保証を①個別保証の集積ととらえ，保証期間中発生する個々の主たる債務を保証するという考え方（西村信雄編『注釈民法(11)』144頁〔西村〕）と②根抵当権に近づけて，保証期間が終了した時点で存在する債務を担保するものであるという考え方（我妻栄『新訂債権総論〔民法講義Ⅳ〕』462頁）に分かれる。②によれば，根抵当権と同様に，元本確定時に存在する債権が保証の対象となるので，元本確定前の請求，随伴性ともに否定されることになる。
　本判決は①の考え方に立ち，元本確定前の請求，随伴性ともに肯定した。しかし，根保証は，物権である根抵当権とは異なり，契約自由の原則により，当事者間で自由に，その内容を定めることができる。本判決も，①か②かについては，根保証契約当事者の意思解釈の問題としてとらえており（松尾弘「本件解説」法セ703号144頁），したがって，どちらとしてとらえるかは，二者択一の関係にはない（平野裕之「本件評釈」Watch【2013年10月】79頁）。結局のところ，元本確定前の保証人に対する請求および随伴性の可否は，根保証契約の合意内容の探求によるべきものであり，本判決は，それが不明確な場合に，どのように解釈すべきかを判断したものである。
　本判決は，極度額の定めのある根保証であり，随伴性を認めた場合には，たとえば，元本確定時に極度額を超える債権が存在する場合には，本来の債権者と譲受人は，極度額に達するまで早く取り立てた方が勝ちか，その場合であっても，両者の間で取り立てた額について調整が必要か等，複雑な問題を生じる（中田裕康『債権総論〔第3版〕』514頁）。また，根保証人が根抵当権設定者を兼ねている場合には，同人は，それぞれの極度額を合算した額まで責任を負わなければならなくなる（松本恒雄「本件判批」金判1422号6頁）。それにもかかわらず，本判決が，随伴性を認めるにあたって，ここまで広い一般論を展開したことには疑問が残る。

【参考文献】　本文中に掲げたもののほか，副田隆重「本件判批」民事判例Ⅶ2013年前期98頁。

（かど・きよえ）

民法 5

# 民法505条及び民法508条の相殺適状の意義

最高裁平成25年2月28日第一小法廷判決
平成23年(受)第2094号
根抵当権設定登記抹消登記手続請求本訴、貸金請求反訴事件
民集67巻2号343頁、判時2182号55頁、判タ1388号101頁

同志社大学教授 深谷 格

【論点】
①両債権が相殺適状にあるというためには受働債権の弁済期が現実に到来していることを要するか。②時効消滅した債権を自働債権とする相殺をするためには自働債権は時効期間経過前に受働債権と相殺適状にあったことを要するか。

【参照条文】民505条・508条

【事件の概要】
X(原告・被控訴人・被上告人)は貸金業者Y(被告・控訴人・上告人)との間で利息制限法の制限を超える利息の約定で継続的な金銭消費貸借取引(取引終了日は平成8年10月29日)を行い、同日時点で約18万円の過払金返還請求権(以下、「a」という)が発生していた。Xは平成14年1月、貸金業者Aとの間で金銭消費貸借取引等による債務の担保のため根抵当権(以下「本件根抵当権」という)を設定し、Aから457万円を借り受けた。Yは平成15年1月、Aを吸収合併してXに対する貸主の地位を承継した。XはA及びYに対し継続的に返済し、平成22年6月時点で残元金額は約189万円だった(以下、この残元金に係る債権を「β」という)。Xは同年7月1日の返済期日における支払を遅滞したため特約により期限の利益を喪失したが、同年8月17日、Yに対し、aに利息を付した約28万円の債権を自働債権としβを受働債権として、対当額で相殺する旨の意思表示をし、次に相殺後の残債権の残元金を弁済した。Xは、上記の相殺及び弁済により本件根抵当権の被担保債権は消滅したとして、Yに対し根抵当権設定登記の抹消登記手続を求めて本訴を提起した。Yは同年9月28日、Xに対し、aは取引終了日(平成8年10月29日)から10年が経過し時効消滅したとして、時効援用の意思表示をした。

原審(札幌高判平成23・7・8民集67巻2号365頁参照)は、Xは期限の利益を放棄しさえすれば、βを受働債権としてaと相殺しえたから、平成15年1月時点でaとβとは相殺適状にあったとして、Xはaとβとを対当額で相殺しうるから、本件根抵当権の被担保債権である貸付金債権は相殺及び弁済により全て消滅したとしてXの請求を認容。Yが上告受理申立て。

【判旨】
〈一部破棄自判、一部破棄差戻し〉「民法505条1項は、相殺適状につき、『双方の債務が弁済期にあるとき』と規定している」から、「自働債権のみならず受働債権についても、弁済期が現実に到来していることが相殺の要件とされている」。「また、受働債権の債務者がいつでも期限の利益を放棄することができることを理由に両債権が相殺適状にあると解することは、上記債務者が既に享受した期限の利益を自ら遡及的に消滅させることとなって、相当でない。したがって、既に弁済期にある自働債権と弁済期の定めのある受働債権とが相殺適状にあるというためには、受働債権につき、期限の利益を放棄することができるというだけではなく、期限の利益の放棄又は喪失等により、その弁済期が現実に到来していることを要するというべきである。」

「本件貸付金残債権〔β〕については」「平成22年7月1日」「の経過をもって、期限の利益を喪失し、その全額の弁済期が到来したことになり、この時点で本件過払金返還請求権〔a〕と本件貸付金残債権〔β〕とが相殺適状になったといえる。」「当事者の相殺に対する期待を保護するという民法508条の趣旨に照らせば、同条が適用されるためには、消滅時効が援用された自働債権はその消滅時効期間が経過する以前に受働債権と相殺適状にあったことを要すると解される。」「本件過払金返還請求権〔a〕については、上記の相殺適状時において既にその消滅時効期間が経過していたから、本件過払金返還請求権〔a〕と本件貸付金残債権〔β〕との相殺に同条は適用されず、Xがした相殺はその効力を有しない。」

【解説】
民法508条の「相殺に適する」とは相殺適状(民505条)を指す。では時効完成前に受働債権の弁済期が未到来でも相殺適状といえるか。本判決はこの点に関する最初の最高裁判決であり「期限の利益の放棄又は喪失等により、その弁済期が現実に到来していることを要する」としたが、過払金の元本充当や返還請求の認められる範囲を次第に拡げてきた判例にブレーキをかけるものであり、評価は分かれるであろう。過去の下級審裁判例の多くは期限の利益喪失特約により受働債権の期限の利益が喪失した日に相殺適状になるとするが、本件原審のように、受働債権の弁済期が未到来でも期限の利益を放棄しえたから相殺適状にあるとする少数の裁判例も存在していた。

本判決は民法508条の「時効によって消滅した債権がその消滅以前に相殺に適するようになっていた場合」を自働債権が「その消滅時効期間が経過する以前に受働債権と相殺適状にあった」場合だとする。ところで、最判昭和61・3・17民集40巻2号420頁は「時効による債権消滅の効果は、時効期間の経過とともに確定的に生ずるものではなく、時効が援用されたときにはじめて確定的に生ずる」とした(停止条件説)。本件では自働債権の消滅時効の援用の意思表示に先立ち相殺の意思表示がなされた。仮に受働債権の期限の利益の放棄又は喪失が必要だという本判決の立場に立ったとしても、相殺の意思表示には通常期限の利益の放棄の意思表示も含まれる(大判昭和7・4・20法律新報292号14頁)から、停止条件説に立つならば本件自働債権は時効消滅(消滅時効の援用)以前に相殺適状にあり、相殺しうるはずである。したがって、本判決と前掲最判昭和61年との関係が問題とされざるをえない。

【参考文献】金山直樹・民事判例Ⅶ2013年前期6頁、北居功・民商148巻3号316頁、前田太朗・Watch【2013年10月】81頁。

(ふかや・いたる)

民法 6

# ゴルフ場経営目的の地上権設定・土地賃貸借契約への借地借家法11条の類推適用

最高裁平成25年1月22日第三小法廷判決
平成23年(受)第2229号
賃料減額請求本訴，地代等支払請求反訴事件
集民243号1頁，判時2184号38頁，判タ1388号105頁

慶應義塾大学教授　松尾　弘

【論点】
ゴルフ場の経営を目的とする地上権設定契約および土地賃貸借契約において，借地借家法11条の類推適用により，地代等の減額請求等が認められるか。

〔参照条文〕借地借家11条

【事件の概要】
　昭和63年7月，Y（本訴被告・控訴人・上告人）はAとの間で，Yが所有権または共有持分権をもつ土地25筆（本件土地）のうち，13筆の地上権設定契約・12筆の賃貸借契約を結び，契約目的はゴルフ場経営，地代等の合計は年額737万円余（弁済期毎年4月1日），本件土地の固定資産税中4万238円を超える部分のA負担（毎年12月末日にYに支払う。本件税負担特約）とする旨を合意した（本件契約）。本件契約の地上権者・賃借人の地位は，経営不振により，Aから転々譲渡され，これらを取得したBは，平成18年9月，Yの承諾を得て，これらの地位をX（本訴原告・被控訴人・被上告人）に譲渡した。Xは，平成19年3月，Yに対し，(1)借地借家法11条1項に基づき，減額された地代等の額（年額427万円余）の確認，(2)減額請求後の正当な額を超える地代等の返還，その利息の支払（年1割。同条3項ただし書）を請求した。Xは平成21年以降，地代等も本件税負担特約による額も支払っていない。そこで，YはXに対する反訴として，(1)地代等の未払分とその遅延損害金（年6分），(2)本件税負担特約による未払分とその遅延損害金（年6分）の各支払を求めた。
　原審（福岡高宮崎支判平成23・8・31平成23年（ネ）第122号）は，建物所有目的でない本件契約にも借地借家法11条の類推適用を認め，Xの本訴請求(1)・(2)の一部，Yの反訴請求(1)の一部，Yの反訴請求(2)の全部を認容した。Yが上告受理申立て。

【判旨】
〈破棄自判〉①借地借家法の「借地に関する規定は，建物の保護に配慮して，建物の所有を目的とする土地の利用関係を長期にわたって安定的に維持するために設けられたものと解される。同法11条の規定も，単に長期にわたる土地の利用関係における事情の変更に対応することを可能にするというものではなく，上記の趣旨により土地の利用に制約を受ける借地権設定者に地代等を変更する権利を与え，また，これに対応した権利を借地権者に与えるとともに，裁判確定までの当事者間の権利関係の安定を図ろうとするもので，これを建物の所有を目的としない地上権設定契約又は賃貸借契約について安易に類推適用すべきものではない」。
　②「本件において事情変更の原則により地代等の減額がされるべき事情はうかがえず」，本訴請求(1)・(2)を全部棄却し，反訴請求(1)を全部認容すべきである。

【解説】
　1　本判決には2つの意義がある。第1に，借地借家法11条（民法266条1項・274条，609条の特別法）は建物所有を目的としない地上権設定契約・賃貸借契約に「安易に」類推適用すべきでないとの解釈方法を示したうえで，本件契約の目的がゴルフ場経営と定められ，かつ本件土地が建物所有と関連する態様で使用されていないことに鑑み，本件契約への借地借家法11条の類推適用を否定した（判旨①）。しかし，それは借地借家法11条の類推適用をおよそ否定したものではない。第2に，事情変更の原則を一般的に承認しつつ，本件契約には適用する余地はないと判断した（判旨②）。

　2　借地借家法11条（旧借地法12条）の趣旨は，借地関係の長期性に鑑み，地主・借地人間の衡平を維持することにある（星野英一『借地・借家法』234-239頁）。もっとも，同様の借賃等増減請求権は借地借家法32条，農地法20条も規定しており，借地権に限られるわけではない。しかし，これら特別法は借賃等増減請求権の要件・効果を事情変更の原則一般のそれ（後述3参照）よりも絞り，借地人・借家人・農地賃借人の利用の安定に見合う当事者間の衡平を図るものであるから，その類推適用には，それを正当化する具体的事情をXが主張・立証する必要がある。本件土地はその主たる使用目的として建物所有には利用されていない。ちなみに，建物所有を含む場合でも，土地賃貸借の従たる目的にすぎないときは，旧借地法1条等の適用を否定するのが判例である（最判昭和42・12・5民集21巻10号2545頁）。

　3　事情変更の原則は，判例上も認められ（大判昭和19・12・6民集23巻613頁等），最高裁も，同法理の適用可能性は認めている（最判平成9・7・1民集51巻6号2452頁等）。それは「契約締結後の事情の変更が，当事者にとって予見することができず，かつ，当事者の責めに帰することのできない事由によって生じたものであること」を必要とし，その予見可能性や帰責事由の存否は，契約上の地位の譲渡があった場合も「契約締結当時の契約当事者について」判断すべきとする。かかる判例法理に適合する事情の変更について主張・立証しない限り，地価下落，赤字経営等を理由とするだけでは，Xの請求を認めることは困難であろう。

【参考文献】　田中壯太・NBL 1001号77頁，田中淳子・法時86巻2号128頁，中川敏宏・法セ713号114頁，中村肇・判評661号（判時2208号）11頁。

（まつお・ひろし）

民法 7

# 借地借家法38条2項所定の書面の意義

最高裁平成24年9月13日第一小法廷判決
平成22年(受)第1209号建物明渡請求事件
民集66巻9号3263頁

慶應義塾大学教授　武川幸嗣

**【論点】**
借地借家法38条2項所定の「書面」ありというためには、契約書とは別個独立の書面の作成・交付を要するか。

〔参照条文〕借地借家38条

**【事件の概要】**
　不動産賃貸等を業とするX（原告・被控訴人・被上告人）は、貸室の経営等を業とするY（被告・控訴人・上告人）との間で、「定期建物賃貸借契約書」と題する本件契約書を取り交わし、本件建物につき賃貸借契約を締結した。本件契約書には、本件賃貸借は契約の更新がなく、期間満了により終了する旨を示す本件定期借家条項がある。締結に先立ちXはYに本件契約書の原案を送付し、Yはこれを検討していた。その後XはYに対し、借地借家法（以下、「法」という）38条4項に基づく通知をした上で、本件賃貸借は期間満了により終了したとして、本件建物の明渡しおよび、終了日の後の日から明渡し済みまでの賃料相当損害金の支払いを求めたところ、Yは、本件賃貸借は定期建物賃貸借にあたらず、契約は終了していないと主張して争った。
　原審（東京高判平成22・3・16民集66巻9号3308頁参照）は、「定期建物賃貸借契約書」と記載された本件契約書の表紙・標題および本件定期借家条項が存すること、Yがその原案を検討したこと、契約締結の際に本件賃貸借が定期建物賃貸借である旨の説明がされたことから、Yは本件賃貸借につき更新がないことを十分に認識しており、このような場合、法38条2項所定の書面は契約書と別個独立のものであることを要しない、と判示してXの請求を認容した。Yが上告受理申立て。

**【判旨】**
〈破棄自判〉　本判決は、法38条2項の趣旨として、①定期建物賃貸借は更新がなく期間満了により終了することについて賃借人の理解を確保し、契約を締結するか否かの意思決定のために十分な情報を提供すること、②更新の有無に関する紛争を未然に防止すること、を挙げた上で、「書面」の意義につき、契約締結に至る経緯、契約内容についての賃借人の認識の有無および程度等の「個別具体的事情を考慮することなく、形式的、画一的に取り扱うのが相当である。

したがって、法38条2項所定の書面は、賃借人が、当該契約に係る賃貸借は契約の更新がなく、期間の満了により終了すると認識しているか否かにかかわらず、契約書とは別個独立の書面であることを要するというべきである」と判示し、かかる書面交付がない本件賃貸借は定期建物賃貸借にあたらないとして、Xの請求を棄却した。

**【解説】**
　建物賃貸借の終了につき借地借家法は、①期間満了前の更新拒絶の通知（26条1項）、②正当事由の存在（28条）を要件としており、これを充たさない賃貸借は、期間満了後も法定更新によりさらに継続する。その例外として認められているのが定期建物賃貸借（38条）であるが、法定更新による保護が排除されるため、賃借人の不利益防止のための制度的手当が図られている。その1つが、38条2項所定の、更新がなく期間満了時に賃貸借が終了する旨に関する書面交付および説明要件である。
　かかる「書面」の意義については、賃貸借契約書とは別個独立の書面作成をつねに要するか否かをめぐり、学説は必要説と不要説に分かれており、判例においても、不要説に立つ下級審裁判例（東京地判平成19・11・29判タ1275号206頁）がある一方、必要説に親和的と目される最高裁判決（最判平成22・7・16判時2094号58頁）が現れていたところ、この点を明らかにしたのが本判決である。
　原審は、個別具体的事情に照らして、更新がなく期間満了時に終了する賃貸借である旨につき賃借人が十分認識していたと認められる場合、法38条2項の目的は達成されているとして、不要説を採用した。この構成によれば、定期建物賃貸借にあたるか否かは事案ごとにきめ細かく判断されることになろう。これに対し本判決は、「特段の事情」による例外を留保することなく、つねに契約書とは別個独立の書面を要する、として必要説に立つことを明示した。最高裁のねらいは、明確な手続の履践を徹底化することにより、賃借人の理解を担保するとともに、契約締結の経緯、契約書の体裁・文言、賃借人の認識の有無・程度に関する認定をめぐる紛争を防止する点に求められよう。
　なお、書面要件を充足せずに定期建物賃貸借とは認められない場合であっても、更新拒絶または解約申入れに際し、賃借人の認識の有無・程度等の個別具体的事情は、自己使用の必要性などと相まって、少なくとも正当事由の一要素にはなりえよう。そのため、賃貸借の存続に関する賃借人保護については、①定期建物賃貸借の成否—形式的・画一的判断、②正当事由の有無—個別具体的・総合的判断という重層構造により、段階的に評価されるべきことになろうか。

**【参考文献】**　秋山靖浩・平成24年度重判解（ジュリ1453号）81頁、藤井俊二・Watch【2013年10月】73頁、中川敏宏・法セ704号112頁。

（むかわ・こうじ）

民法 8

# 債務整理を受任した弁護士が依頼者に対して負う説明義務の具体的内容

最高裁平成25年4月16日第三小法廷判決
平成24年(受)第651号損害賠償請求事件
民集67巻4号1049頁，判時2199号17頁，判タ1393号74頁

岡山大学教授　岩藤美智子

## 【論点】
債務整理に係る法律事務を受任した弁護士は，特定の債権について消滅時効の完成を待つ方針を採る場合に，依頼者に対して，当該方針に伴う不利益やリスクについて説明するとともに，他に選択肢があることも説明する義務を負うか。

〔参照条文〕民415条・644条

## 【事件の概要】
A（第1審原告）は，弁護士Y（被告・控訴人・被上告人）との間で，債務整理を目的とする委任契約を締結した。Yは，Aの債権者3社から合計159万余円の過払金を回収し，元本債務が残っている2社のうち1社とは和解を成立させたが，Bとは和解が成立しなかった。Yは，Aに対し，回収した過払金の額やBに対する残元本債務の額について説明したほか，Bについては消滅時効の完成を待つ方針（時効待ち方針）を採るつもりであることなどを説明した。また，Yは，Bに対する未払金として29万余円が残ったが消滅時効の完成を待とうと考えているなどと記載された文書をAに送付し，回収した159万余円から過払金回収の報酬・債務整理費用等を差し引いた残額48万余円をAに送金した。その後，Aは，Yを解任し，C（上告代理人）に改めて債務整理を委任した。Cは，AがBに対して和解金50万円を分割して支払う内容の和解を成立させた。

Aは，Yに対し，債務整理の方針に関する説明を怠ったことなどを理由として，債務不履行に基づく損害賠償（慰謝料等）の支払いを求めて訴えを提起した。Aは，第1審係属中に死亡し，妻X（原告・被控訴人・上告人）が，Aの地位を承継した。第1審（鹿児島地名瀬支判平成23・8・18金判1418号21頁参照）は，Yの説明義務違反等を認め，Xの請求を一部認容した。これに対して，Yが控訴した。原審（福岡高宮崎支判平成23・12・21金判1418号17頁参照）は，Yは説明義務等に違反したとは認められないとして，第1審判決中のY敗訴部分を取り消し，Xの請求を棄却した。これに対して，Xが上告受理申立てをした。

## 【判旨】
〈破棄差戻し〉「本件においてYが採った時効待ち方針は，BがAに対して何らの措置も採らないことを一方的に期待して残債権の消滅時効の完成を待つというものであり，債務整理の最終的な解決が遅延するという不利益があるばかりか，当時の状況に鑑みてBがAに対する残債権の回収を断念し，消滅時効が完成することを期待し得る合理的な根拠があったことはうかがえないのであるから，Bから提訴される可能性を残し，一旦提訴されると法定利率を超える高い利率による遅延損害金も含めた敗訴判決を受ける公算が高いというリスクをも伴うものであった。

また，……回収した過払金からYの報酬等を控除してもなお48万円を超える残金があったのであるから，これを用いてBに対する残債務を弁済するという一般的に採られている債務整理の方法によって最終的な解決を図ることも現実的な選択肢として十分に考えられたといえる。

このような事情の下においては，債務整理に係る法律事務を受任したYは，委任契約に基づく善管注意義務の一環として，時効待ち方針を採るのであれば，Aに対し，時効待ち方針に伴う上記の不利益やリスクを説明するとともに，回収した過払金をもってBに対する債務を弁済するという選択肢があることも説明すべき義務を負っていたというべきである。」

## 【解説】
委任契約における受任者は，委任の本旨に従い，善良な管理者の注意をもって，委任事務を処理する義務を負う（民644条）。受任者が負う行為義務（善管注意義務）の具体的な内容は，受任者の属する職業・地位等において一般的に要求される注意（善管注意）を基準として明らかにされるものと解される（幾代通＝広中俊雄編『新版注釈民法(16)』225頁［中川高男］参照）。本判決は，時効待ち方針に伴う不利益（①）・リスク（②）があり，他の現実的な選択肢の存在（③）が認められる本件事案について，債務整理に係る法律事務を受任した弁護士が，時効待ち方針を採る場合に，そのような善管注意義務の一環として，依頼者に対して負う説明義務の具体的な内容を示した点で，意義を有する。

委任事務処理のために採り得る方法が複数ある場合に，いずれを選択するかについての裁量が，受任者に与えられているか否かは，委任契約の解釈によって明らかにされるものと解される。一般に，受任者が，不利益やリスクを伴う方法を選択しようとする場合には，そのような選択を独断ですることまでもが受任者の裁量に委ねられているといった事情のない限り，委任者に対して必要な情報を提供し，その意向を問うことが要請されるものと考えられる。本判決は，そのような事情があるとは解されない本件事案について，弁護士は，依頼者に対して，①②③について説明すべき義務を負うという見解を明らかにしたものである。

もっとも，消滅時効が完成することを期待し得る合理的な根拠等もなしに，他の現実的な選択肢を差し置いて，時効待ち方針を採ること自体が，善管注意義務に違反するのではないかが問題となる（時効待ち方針について，田原睦夫裁判官補足意見は，「原則として適切な債務整理の手法とは言えない」とし，大橋正春裁判官補足意見は，「債務整理を受任した弁護士が積極的に採用するものとしてはその適切性に疑問があ」るとする）。本判決は，この点についての見解を明らかにしていないものの（第1審は，事務処理懈怠であると認め，原審は，認めなかった），説明義務を問題としていることから判断すると，弁護士が①②③について十分に説明をしてもなお依頼者が希望する場合に，時効待ち方針を採ることは，善管注意義務に違反しない（その意味で，指図に反する義務まではない）という見解を前提としているものと考えられる。

【参考文献】　加藤新太郎「債務整理を受任した弁護士の説明義務」金判1427号8頁。

（いわどう・みちこ）

民法 9

# イレッサ訴訟上告審判決

最高裁平成 25 年 4 月 12 日第三小法廷判決
平成 24 年（受）第 293 号損害賠償請求事件
民集 67 巻 4 号 899 頁，判時 2189 号 53 頁，判タ 1390 号 146 頁

学習院大学教授　水野　謙

【論点】
医療用医薬品の「通常有すべき安全性」を確保するため，添付文書では副作用についてどのような記載がなされている必要があるか。
〔参照条文〕製造物 2 条 2 項

【事件の概要】
　難治性の非小細胞肺がんの患者 A と B（副作用のため抗がん剤の投与を中止していた）は，平成 14 年 8 月 15 日と 9 月 2 日に，販売開始後間もないイレッサの服用を始めたところ，間質性肺炎が発症又は増悪して，同年 10 月 17 日と 10 月 10 日に死亡した。イレッサは，Y 社（被告・被控訴人・被上告人）が同年 7 月 16 日に厚生労働大臣の承認を得て輸入販売を始めた肺がん治療薬であり，従来の抗がん剤に不可避の血液毒性等の副作用がほとんどない分子標的薬（がん細胞の増殖にかかわるタンパク質 EGFR の働きを止める）である。承認前の臨床試験等では間質性肺炎による死亡例が報告されていたが，イレッサとの間の因果関係は否定も肯定もできず，販売当初の添付文書では，間質性肺炎は「重大な副作用」欄の 4 番目に記されるにとどまり，それが致死的となり得る旨の記載はされなかった。Y 社が，急速に増悪し死亡する間質性肺炎の症例が相次いだことを受け，イレッサの緊急安全性情報を出したのは同年 10 月 15 日である。A と B の遺族 X ら（原告・控訴人・上告人）は，製造物責任法等に基づき Y 社に損害賠償を請求した。原審（東京高判平成 23・11・15 判時 2131 号 35 頁）は X らの請求を棄却。X らが上告受理申立て。

【判旨】
〈上告棄却〉（1）医薬品は「引渡し時点で予見し得る副作用について，製造物としての使用のために必要な情報が適切に与えられることにより，通常有すべき安全性が確保される」から「副作用に係る情報が適切に与えられていないことを 1 つの要素として」医薬品に欠陥ありと解すべき場合が生ずる。(2) 医療用医薬品の副作用に係る情報は添付文書に記載されるべきであるが，記載が適切かどうかは，「副作用の内容ないし程度」，「通常想定される処方者ないし使用者の知識及び能力」，「副作用に係る記載の形式ないし体裁等の諸般の事情を総合考慮して」予見し得る副作用の危険性が処方者等に十分明らかにされているかという観点から判断すべきである。(3) イレッサの処方者・使用者として想定される「肺がんの治療を行う医師」は，「一般に抗がん剤には間質性肺炎の副作用が存在し，これを発症した場合には致死的となり得ることを認識していた」が，急速に重篤化する間質性肺炎の症状は，他の抗がん剤の副作用と同程度ではなく，承認時点までの「臨床試験等からこれを予見し得たものともいえない」ので，添付文書の記載が「適切でないということはできない」。

【解説】
　本判決は，引渡し時点で予見される医薬品の副作用について適切に情報が提供されないと，製造物責任法 2 条 2 項にいう「通常有すべき安全性」が確保されないことを最高裁として初めて明らかにした上で（判旨(1)），医療用医薬品の副作用の添付文書への記載のあり方を論じる（判旨(2)）。判旨の枠組み（(1)(2)）は今後の同様の訴訟にも大きな影響を与えると考えるが，本判決について，さしあたり以下の 2 点を指摘しておきたい。
　第 1 に，本件では，イレッサと間質性肺炎による死亡との間の因果関係を否定できないという臨床試験等の結果が添付文書に十分に反映されていない。本判決は，肺がんを治療する医師ならば間質性肺炎の致死性を認識でき，他方でイレッサによる間質性肺炎の急速増悪の可能性は臨床試験等から予見できなかったとするので（判旨(3)），この問題は正面から議論されなかった。しかし一般論としては，臨床試験の限られたデータだけからは医薬品と副作用との間の因果関係の確定が困難なことが多いので（特にイレッサはスピード承認された経緯がある），因果関係が曖昧な副作用事例もできるだけ広く添付文書に反映させることが望ましい。そして，①それをしなかったために医薬品が投与され，②そのために被害が生じた，と口頭弁論終結時に高度の蓋然性をもっていえるのなら，製造物責任を認める余地があると考える（本判決の岡部喜代子裁判官補足意見及び浦川・後掲原判決評釈も参照）。
　しかし，第 2 に，本件のように他の療法が手詰まりの難治性のがんが問題となっている場合は，医薬品のリスクが能書に適切に記載されているか，また，医薬品の有効性がどの程度明らかとなっているか（EGFR 遺伝子変異が陽性の者にイレッサが効きやすいことが判明したのは平成 16 年以降である）等にかかわらず，患者が薬にもすがる思いで新薬の投与を望むケースもあると聞く。つまり「医師が医療用医薬品について必要な情報を得ていたならば，医師を通じて患者が有用性と副作用を正しく認識し，投与に関する適正な自己決定を行っていた」とは推認しにくい事例，換言すれば，製造物の「通常有すべき安全性」という概念の背後にある，製造物の安全性に対する被害者の「正当な」期待があるのか疑わしいケースも考えられる。このような場合，医薬品の「欠陥」を肯定することにより被害者を救済するというルートには限界があるのではないだろうか。

【参考文献】　鎌田薫「欠陥」判タ 862 号 51 頁，潮見佳男『不法行為法 II〔第 2 版〕』（2011 年）383 頁以下。原判決の評釈として，浦川道太郎・現代消費者法 19 号 65 頁，新美育文・リマークス 46 号 58 頁など。

（みずの・けん）

民法 10

# 子との面会交流を求める権利についての間接強制の可否

最高裁平成25年3月28日第一小法廷決定
平成24年（許）第48号
間接強制に対する執行抗告棄却決定に対する許可抗告事件
民集67巻3号864頁，判時2191号39頁，判タ1391号122頁

立命館大学教授　本山　敦

## 【論点】
家事審判で非監護親と未成年者の面会交流が義務付けられたにもかかわらず，監護親が面会交流を実施しない場合，面会交流の給付内容がどの程度特定されていれば，裁判所は間接強制決定をすることができるのか。

〔参照条文〕民766条1項，家審（平成23年法律第53号による廃止前）15条，家事75条，民執172条1項

## 【事件の概要】
X男（申立人・相手方）とY女（相手方・抗告人）を離婚する，長女A（平成18年生）の親権者をYとする判決が確定した後，家裁は，Xが面会交流要領（本件要領）のとおりAと面会することをYは許さなければならないとする審判をした。XがAとの面会交流を求めたところ，Yは実施しなかった。Xは，同審判に基づき，XとAの面会交流をYに命ずること，Yがその義務を履行しないときは間接強制をYに命ずることを求めた。原々審（札幌家決平成24・9・12民集67巻3号880頁参照）は，面会交流を命じるとともに，Yがその義務を履行しないときは不履行1回につき5万円の支払いを命ずる間接強制決定をした。Yが執行抗告を申し立てた。原審（札幌高決平成24・10・30民集67巻3号884頁参照）は，Yの執行抗告を棄却した。Yが許可抗告を申し立てた。許可抗告の理由として，Yは，未成年者（A）がXとの面会交流を拒絶しており，原決定が未成年者（A）の利益を十分考慮していないと主張した。

## 【決定要旨】
〈抗告棄却〉「給付を命ずる審判は，執行力のある債務名義と同一の効力を有する……。監護親に対し，非監護親が子と面会交流をすることを許さなければならないと命ずる審判は，少なくとも，監護親が，引渡場所において非監護親に対して子を引き渡し，非監護親と子との面会交流の間，これを妨害しないなどの給付を内容とするものが一般であり，そのような給付については，性質上，間接強制をすることができないものではない。したがって，監護親に対し非監護親が子と面会交流をすることを許さなければならないと命ずる審判において，面会交流の日時又は頻度，各回の面会交流時間の長さ，子の引渡しの方法等が具体的に定められているなど監護親がすべき給付の特定に欠けるところがないといえる場合は，上記審判に基づき監護親に対し間接強制決定をする

ことができると解するのが相当である。
　そして，子の面会交流に係る審判は，子の心情等を踏まえた上でされているといえる。したがって，監護親に対し非監護親が子と面会交流をすることを許さなければならないと命ずる審判がされた場合，子が非監護親との面会交流を拒絶する意思を示していることは，これをもって，上記審判時とは異なる状況が生じたといえるときは上記審判に係る面会交流を禁止し，又は面会交流についての新たな条項を定めるための調停や審判を申し立てる理由となり得ることなどは格別，上記審判に基づく間接強制決定をすることを妨げる理由となるものではない。
　……これを本件についてみると，本件要領は，面会交流の日時，各回の面会交流時間の長さ及び子の引渡しの方法の定めによりYがすべき給付の特定に欠けるところはないといえるから，本件審判に基づき間接強制決定をすることができる。」

## 【解説】
　父母の離婚に際して取り決められる面会交流は，かつて規定がなく，東京家審昭和39・12・14（家月17巻4号55頁）が解釈で面会交流を認容して以来，今日まで裁判例が重ねられてきた。平成23年改正の民法766条に規定が置かれ，現在の家裁実務は，面会交流を基本的に子の福祉に資するものとし，子の福祉に反しない限り，面会交流を認容する。
　だが，父母間の葛藤が高いと，監護親が面会交流に非協力的だったり，子が監護親への忠誠心から面会交流を拒否したりする場合があり（忠誠葛藤 loyalty conflicts という），審判・調停・協議で定めた面会交流が実現されず，紛争となる事案も多い。
　審判等で面会交流の要領を詳細に定めれば突発事態に対処できず不履行に陥りやすく，曖昧に定めると監護親に不履行の口実を与えやすい。
　不履行については，家裁による履行勧告（廃止前家審15条の5，家事289条），本件のような間接強制，損害賠償，親権者・監護者の変更（家事別表第二3項・8項）といった手段が存在するところ（直接強制は面会交流の性質上不可と考えられている），本決定（および後出の同年月日付の2決定）は，面会交流の不履行が原則的に間接強制の対象になることを前提とした上で，面会交流の要領がどのような内容であれば間接強制に必要な給付の特定といえるかを明らかにした。
　最高裁は，同年月日付の2決定（審判で要領を定めた平成24年（許）第41号，調停で要領を定めた平成24年（許）第47号。ともに判時2191号46頁）では，要領の内容が給付の特定に欠けるとして間接強制を斥けた。それら2決定と本決定とを対比することで間接強制可能な要領の内容が明らかにされたともいえ，家裁実務に与える影響は大きい。

【参考文献】　棚村政行編著『面会交流と養育費の実務と展望』，梶村太市『裁判例からみた面会交流調停・審判の実務』（ともに2013年）。

（もとやま・あつし）

# 民法 11

## 婚外子の法定相続分の規定の違憲性と同規定を前提としてされた他の遺産分割事案への影響

最高裁平成25年9月4日大法廷決定
平成24年(ク)第984号，第985号
遺産分割審判に対する抗告棄却決定に対する特別抗告事件
民集67巻6号1320頁，判時2197号10頁，判タ1393号64頁

東北大学教授　水野紀子

### 【論点】
嫡出でない子の法定相続分の規定（民法900条4号ただし書）は，遅くとも本件相続開始当時において，憲法14条1項に違反して違憲無効であるかどうか。本決定の違憲判断は，本決定までの間に開始された他の相続につき，どのような影響を及ぼすか。
〔参照条文〕民900条4号，憲14条1項

### 【事件の概要】
平成13年7月に死亡したAの遺産につき，Aの嫡出子（その代襲相続人を含む）であるXら（申立人・抜抗告人）が，Aの嫡出でない子であるYら（相手方・抗告人）に対し，遺産の分割の審判を申し立てた。原審（東京高決平成24・6・22金判1425号29頁参照）は，民法900条4号ただし書の規定のうち嫡出でない子の相続分を嫡出子の相続分の2分の1とする部分は憲法14条1項に違反しないと判断し，この規定を適用して算出されたXら及びYらの法定相続分を前提に，Aの遺産の分割をすべきものとした。Yらから特別抗告。

### 【決定要旨】
〈破棄差戻し〉「昭和22年民法改正時から現在に至るまでの間の社会の動向，我が国における家族形態の多様化やこれに伴う国民の意識の変化，諸外国の立法のすう勢及び我が国が批准した条約の内容とこれに基づき設置された委員会からの指摘，嫡出子と嫡出でない子の区別に関わる法制等の変化，更にはこれまでの当審判例における度重なる問題の指摘等を総合的に考察すれば，家族という共同体の中における個人の尊重がより明確に認識されてきたことは明らかであるといえる。そして，法律婚という制度自体は我が国に定着しているとしても，上記のような認識の変化に伴い，上記制度の下で父母が婚姻関係になかったという，子にとっては自ら選択ないし修正する余地のない事柄を理由としてその子に不利益を及ぼすことは許されず，子を個人として尊重し，その権利を保障すべきであるという考えが確立されてきているものということができる。

以上を総合すれば，遅くともAの相続が開始した平成13年7月当時においては，立法府の裁量権を考慮しても，嫡出子と嫡出でない子の法定相続分を区別する合理的な根拠は失われていたというべきである。

したがって，本件規定は，遅くとも平成13年7月当時において，憲法14条1項に違反していたものというべきである」。

「本決定の違憲判断は，Aの相続の開始時から本決定までの間に開始された他の相続につき，本件規定を前提としてされた遺産の分割の審判その他の裁判，遺産の分割の協議その他の合意等により確定的なものとなった法律関係に影響を及ぼすものではないと解するのが相当である」。

### 【解説】
**1**　最高裁大法廷は，本決定によって初めて，嫡出でない子の相続分を嫡出子の相続分の2分の1と定めた民法900条4号ただし書前段の規定が憲法14条1項に違反すると判示した。本件の事案は，単純内縁子ではなく，法律婚と競合する男女関係から出生した婚外子のケースであり，婚姻制度ともっとも緊張関係にあるこの婚外子類型において相続分差別が違憲とされたからには，事案類型的な例外は今後も考えられず，民法のこの規定は事案を問わず一律に無効とされることになろう。

本決定は，同時に，立法によらず判決によって相続分を変化させることが過去の相続秩序にもたらす混乱について，「解決済み」の相続事案には遡及効を制限することによって，法的安定性を確保しようとしている。本決定の結果，最高裁が合憲判断を下した事件のうち最も遅い相続開始時である平成12年10月と，今回の事件の相続開始時である平成13年7月との間に開始した相続事件で，「解決未了」のものについては，グレーゾーンになる。

**2**　日本家族法は，比較法的に見ると，婚姻保護つまり妻子の保護がきわめて薄い。たとえば極端な別産制をとるので，妻は夫婦財産制の解消によって婚姻中に蓄財された夫の遺産から得るものがなく，共同相続人である子の協力がないと老後の居住権保護も危うくなる。相続開始時は，被相続人の法的地位が相続人に引き継がれて権利関係が確定する必須の基点であり，判旨の手当てでは，「解決済み」かという争いが発生するほか，この基点を壊した混乱をカバーしきれないだろう。これらの問題を回避するためには，本来は立法によって平等化を図るべき問題であったが，最高裁は，立法の不作為を待てないと判断したものと思われる。本決定を受けて，民法900条4号ただし書前段部分を削除する民法改正法（平成25年法律第94号）が12月11日に公布・施行された。

【参考文献】　蟻川恒正「婚外子法定相続分最高裁違憲決定を読む」法教397号102頁，同「婚外子法定相続分最高裁違憲決定を書く(1)(2)」法教399号132頁，400号132頁，渡邉泰彦・Watch【2014年4月】105頁，潮見佳男「婚外子相続分差別違憲決定と『先例拘束性』」金法1982号1頁，尾島明「嫡出でない子の法定相続分に関する最高裁大法廷決定」ひろば66巻12号35頁，伊藤正晴・ジュリ1460号88頁，水野紀子「婚外子相続分差別違憲決定」法時85巻12号1頁，糠塚康江・法教400号81頁，西希代子・法教403号52頁など。なお，自由と正義65巻3号，法の支配175号に特集がある。

（みずの・のりこ）

# 刑法編

判例セレクト 2009-2013 I

## 執筆者一覧（五十音順）
*所属・肩書は 2015 年 2 月 1 日現在。

| | | | |
|---|---|---|---|
| 安達光治 | 〔立命館大学教授〕 | 島田聡一郎 | 〔元早稲田大学教授〕 |
| 足立友子 | 〔成城大学専任講師〕 | 嶋矢貴之 | 〔神戸大学准教授〕 |
| 飯島　暢 | 〔関西大学教授〕 | 末道康之 | 〔南山大学教授〕 |
| 伊藤　渉 | 〔上智大学教授〕 | 十河太朗 | 〔同志社大学教授〕 |
| 井上宜裕 | 〔九州大学准教授〕 | 辰井聡子 | 〔立教大学教授〕 |
| 今井猛嘉 | 〔法政大学教授〕 | 田中優輝 | 〔広島大学准教授〕 |
| 内田幸隆 | 〔明治大学准教授〕 | 照沼亮介 | 〔上智大学教授〕 |
| 内海朋子 | 〔横浜国立大学教授〕 | 豊田兼彦 | 〔関西学院大学教授〕 |
| 岡上雅美 | 〔筑波大学教授〕 | 永井善之 | 〔金沢大学教授〕 |
| 緒方あゆみ | 〔中京大学准教授〕 | 仲道祐樹 | 〔早稲田大学准教授〕 |
| 岡本昌子 | 〔京都産業大学教授〕 | 成瀬幸典 | 〔東北大学教授〕 |
| 小名木明宏 | 〔北海道大学教授〕 | 南部　篤 | 〔日本大学教授〕 |
| 加藤摩耶 | 〔岡山商科大学准教授〕 | 橋田　久 | 〔名古屋大学教授〕 |
| 金澤真理 | 〔大阪市立大学教授〕 | 林　陽一 | 〔千葉大学教授〕 |
| 亀井源太郎 | 〔慶應義塾大学教授〕 | 東　雪見 | 〔成蹊大学教授〕 |
| 嘉門　優 | 〔立命館大学教授〕 | 玄　守道 | 〔龍谷大学教授〕 |
| 川崎友巳 | 〔同志社大学教授〕 | 深町晋也 | 〔立教大学教授〕 |
| 北川佳世子 | 〔早稲田大学教授〕 | 古川伸彦 | 〔名古屋大学准教授〕 |
| 小池信太郎 | 〔慶應義塾大学准教授〕 | 星　周一郎 | 〔首都大学東京教授〕 |
| 小島陽介 | 〔小樽商科大学准教授〕 | 曲田　統 | 〔中央大学教授〕 |
| 小林憲太郎 | 〔立教大学教授〕 | 松尾誠紀 | 〔関西学院大学准教授〕 |
| 近藤和哉 | 〔神奈川大学教授〕 | 南　由介 | 〔鹿児島大学准教授〕 |
| 齊藤彰子 | 〔名古屋大学教授〕 | 宮川　基 | 〔東北学院大学教授〕 |
| 佐藤拓磨 | 〔慶應義塾大学准教授〕 | 森永真綱 | 〔甲南大学教授〕 |
| 塩見　淳 | 〔京都大学教授〕 | 山本紘之 | 〔大東文化大学准教授〕 |
| 鎮目征樹 | 〔学習院大学教授〕 | 和田俊憲 | 〔慶應義塾大学教授〕 |
| 品田智史 | 〔大阪大学准教授〕 | 渡邊卓也 | 〔筑波大学准教授〕 |
| 澁谷洋平 | 〔熊本大学准教授〕 | | |

# 刑法　判例の動き

京都大学教授　塩見　淳

以下では，平成20年9月から21年8月末までに言い渡された刑法関係の裁判例を中心に概観する。

## I．刑法総論

### (1)故意・過失

東京高判平成20・10・23判タ1290号309頁（**刑法1**）は，暴力団組長の内妻であった被告人が内縁の夫又はその関係者から預かり保管していた段ボール箱の中にけん銃及び適合実包が隠されていたところ，被告人にけん銃加重所持罪（銃刀31条の3第2項）の故意があったかが争われた事案で，「警察等に発見されたりすると望ましくない物」との認識があったことは推認できるとしても，「けん銃及び実包であるかもしれない」との認識があったとするには疑いが残るとして消極に解した。さらに，大麻密輸入罪の故意を否定して無罪としたものに東京高判平成20・12・9判タ1297号311頁がある。

東京高判平成20・11・18判タ1301号307頁は，自動車を時速約50kmないし60kmで運転中に原動機付自転車を追い抜こうとしたところ，同車が自車の左側面に接触して転倒したとの事案について，被害者が飲酒の影響により異常な急接近をしたことに原因があり，これを予測できる特段の事情もなかったとして業務上過失致死罪の成立を否定した。東京地判平成20・7・2判タ1292号103頁は，雑居ビルでの火災により，多数の死傷者が出た事件において，業務上過失致死傷罪で起訴されたビル所有会社の経営者，店舗の経営者，店長ら6名のうち1名について，経営サイドに位置してはいたが，基本的に店舗の経営者を補佐するだけで防火管理業務の遂行を可能にする管理的・監督的な地位は与えられておらず，結果回避のための作為義務は認められないとして無罪を言い渡した。

### (2)正当化

最判平成21・7・16裁時1487号23頁（**刑法2**）は，被告人らが本件建物に共有持分権や賃借権等の権利を有していたところ，この建物を改修する工事に対して，被害者らが立入禁止を内容とする看板を建物に設置する妨害活動を行おうとしたため，これを阻止すべく被告人が被害者の胸部を押して転倒させる暴行を加えた事案について，上記共有持分権等の財産権や被告人らの名誉等を防衛するための正当防衛が成立するとして無罪を言い渡した。最決平成21・2・24刑集63巻2号1頁（**刑法3**）は，被告人による相当な防衛行為（第1暴行）により負傷し，反撃や抵抗が困難となった被害者に対して，さらに被告人から相当性を逸脱する暴行（第2暴行）が加えられた事案で，これらの暴行は「急迫不正の侵害に対する一連一体のものであり，同一の防衛の意思に基づく1個の行為と認めることができるから，全体的に考察して1個の過剰防衛としての傷害罪の成立を認めるのが相当」であり，正当防衛と評価される第1暴行から傷害が発生したとの事情は「有利な情状として考慮すれば足りる」とした。さらに，被害者から暴行を加えられると誤信し，殺意をもって包丁でその背中を突き刺す行為が誤想過剰防衛に当たるとしたうえ，刑法36条2項による減軽を認めたものに東京地判平成20・10・27判タ1299号313頁がある。

### (3)責任

東京地判平成20・5・27判時2023号158頁は，被害者を浴槽内の水中にその顔を沈めて窒息死させた後，その首，腹部，両手足などを包丁で切断した行為について，殺害時の完全責任能力を肯定しつつ，死体損壊時の被告人は，乖離性同一性障害に基づく本来の人格とは別の「人格状態に支配されて自己の行為を制御する能力を欠き，心神喪失の状態にあった可能性もまた否定できない」として一部無罪を言い渡した。

大阪高判平成21・1・20判タ1300号302頁（**刑法4**）は，被告人が施した加工がいまだ不十分なため，「けん銃部品」の1つである「機関部体」になお該当する物を輸入した行為につき，けん銃部品輸入罪（銃刀所持31条の11第1項2号）の成否が争われた事案で，被告人は違法性の意識を欠いていたとしたうえ，そのことに「相当な理由があったかどうかは，……具体的局面に即し，その立場に置かれた者に対して，客観的・論理的に適正な思考を求めることが酷でないかどうかを，社会通念に照らし，常識的観点から判断することも必要」だとしつつ，本件では相当の理由が認められるとした。

### (4)未遂・共犯

青森地弘前支判平成18・11・16判タ1279号345頁は，殺意をもって被害者の頸部を絞め付けて失神させたところ，いったんは死亡したと誤信し，その後，死亡するに至っていないことを認識したうえで，さらなる殺害行為に出なかった事案で中止犯の成立を肯定した。

最決平成21・6・29裁時1486号1頁（**刑法5**）は，いわゆるパチスロ店において，共犯者Aがパチスロ機から不正にメダルを取得している（「ゴト行為」の）間，専ら防犯カメラや店員による監視からAの行為を隠蔽する目的で，隣のパチスロ機で通常の方法により遊戯をしていた被告人について，「Aがゴト行為により取得したメダルについて窃盗罪が成立し，被告人もその共同正犯」であるものの，「被告人が自ら取得

したメダルについては，被害店舗が容認している通常の遊戯方法により取得したものであるから，窃盗罪が成立するとはいえない」とした。東京高判平成20・6・11判タ1291号306頁は，3歳になる実子に対して自ら暴行を加えた後，被告人方を訪れた男性がさらに暴行を加えるのを止めなかった事案で，後半の暴行に関して不作為による傷害致死罪の共同正犯が成立するとした。

最決平成21・6・30裁時1486号1頁（**刑法6**）は，被告人が他の共犯者7名と住居侵入強盗を共謀して現場に赴き，うち2名が先に家屋内に入り他の者のための侵入口を確保した時点で，見張役の者が犯行発覚の恐れを感じて上記共犯者に「犯行をやめた方がよい，先に帰る」などと電話で一方的に告げ，その後，強盗実行のために被告人と共犯者1名が待機していた自動車に乗り込んできたため，3名が話し合って現場から逃走したが，残った共犯者5名はその事実を知りながら予定通り侵入強盗を継続した事案について，「当初の共謀関係が解消したということはできず，その後の共犯者らの強盗も当初の共謀に基づいて行われたものと認めるのが相当」だとして，強盗致傷罪の共同正犯の成立を肯定した。

⑸罪数

東京高判平成19・9・18判タ1290号314頁は，包括一罪を構成する一連の行為の中間に，禁錮以上の刑に処する別罪の確定裁判が介在した場合，包括一罪を構成する行為は，刑法45条の適用につき確定裁判後の犯罪と評価され，また執行猶予の言渡しに関しては，刑法25条2項・25条の2第1項後段の適用を受けるとした。

⑹量刑

自治会の夏祭りで提供されるカレーに殺意をもって亜砒酸を混入することにより，これを食した住民67名を急性砒素中毒に罹患させ，うち4名を殺害した事案について最判平成21・4・21判時2043号153頁は原判決の死刑判断を維持し，また，最決平成21・1・14判タ1295号188頁は，生命保険金を取得する目的で妻及びその実母を殺害した事案について原判決の無期懲役の判断を維持した。

## Ⅱ．刑法各論

⑴個人的法益に対する罪（財産犯以外）

最決平成20・10・16刑集62巻9号2797頁（**刑法7**）は，危険運転致死傷罪（刑208条の2）の要件である赤色信号を「殊更に無視し」（同条2項後段）の意義について，赤色信号だと確定的に認識している場合だけでなく，「信号の規制自体に従うつもりがないため，その表示を意に介することなく，たとえ赤色信号であったとしてもこれを無視する意思」である場合も含まれるとした。なお，同条1項後段にいわゆる「進行を制御することが困難な高速度」について，指定速度は時速50km，限界旋回速度は時速93kmないし120kmの右カーブを時速80kmで走行する行為がそれに当たらないとしたものに松山地判平成20・1・17判タ1291号311頁がある。

東京高判平成21・3・12判タ1304号302頁は，インターネット掲示板に無差別殺人を行う旨の虚偽の書き込みをし，警察に徒労の出動・警戒を余儀なくさせた行為について，強制力を付与された権力的公務も虚偽通報のような態様からは保護されるとして偽計業務妨害罪の成立を肯定した。最決平成21・7・13裁時1487号19頁（**刑法8**）は，警察の捜査車両の車種やナンバーを知るために，警察署の敷地を囲むコンクリート塀（高さ約2.4m，幅約22cm）によじ登り，塀の上に立って中庭を見る行為について，本件塀は建造物の一部を構成するものであり，建造物侵入罪の客体に当たるとした。

⑵財産犯

最決平成21・3・26刑集63巻3号291頁（**刑法9**）は，他人が所有する建物等の登記名義を有する者が，金銭的利益を得る目的で，建物等に抵当権を設定したとの不実の仮登記を了した行為について，仮登記は本登記を経由することで仮登記後に登記された権利変動に優先して主張できるものであり，不実だとしても「不法領得の意思を実現する行為として十分であり，横領罪の成立を認めた原判断は正当」だとした。なお，第1審判決である大阪地判平成20・3・14判タ1279号337頁は，上記仮登記とその後に行われた所有権移転仮登記につき2個の横領罪の併合罪とする公訴に対して，後行の所有権移転仮登記の点は不可罰的ないし共罰的事後行為にとどまるとした。

最決平成20・5・19刑集62巻6号1623頁（**刑法10**）は，実質的に経営破綻していた企業の経営者が取引銀行の頭取らに特別背任罪に当たる不正融資を働きかけた事案で，融資の前提となる再生スキームを自ら提案し，担保価値を大幅に水増しした不動産鑑定評価書を作らせるなど「融資の実現に積極的に加担した」場合は，被告人にも同罪の共同正犯が成立するとした。東京地判平成19・9・28判タ1288号298頁は，酒販組合中央会の事務局長が年金資金の運用に際して，仲介者から謝礼金等を得ようと，十分に調査検討することなく極めてリスクの高い1つの仕組債に年金資金の約7割を投資した行為に背任罪の成立を認めた。

（しおみ・じゅん）

刑法 1

## 預かった段ボール箱の内容物について、けん銃及びその適合実包であるとの認識が否定された事例

東京高裁平成20年10月23日判決
平成20年(う)第1755号銃砲刀剣類所持等取締法違反被告事件
判タ1290号309頁

龍谷大学准教授　玄　守道

【論点】
被告人に拳銃加重所持罪の故意が認められるにはどの程度の特定性の認識が必要か。
〔参照条文〕刑38条、銃刀所持31条の3

【事件の概要】
　本件は、暴力団組長の内妻であった被告人が、内縁の夫又はその関係者からガムテープで梱包された段ボール箱を預かり、実家で保管していたが、段ボール箱の中に拳銃4丁及び適合実包102発が隠されていたため、拳銃加重所持罪で起訴されたものである（なお、覚せい剤所持についても起訴されているが、この点は原審において無罪が確定）。被告人は知人から依頼され、中身を知らないまま、ガムテープで梱包された段ボール箱を預かり、実家で保管していたとし、段ボール箱の中身が警察に見られるのがまずい物ではないかとの認識を有していたことを認めつつ、しかし拳銃であるとの可能性は全く考えなかったと主張した。この点につき原審は、被告人は、「『怪しい物』、つまり何らかの禁制品であるとの認識があったことは認めているところ、それがけん銃及び実包ではないと言い切れる事情は特にないとも述べていることから」被告人には概括的かつ未必的故意が認められるとし、これに対して被告人側が控訴した。

【判旨】
〈破棄自判〉「原判決の説示する事情は、被告人に、段ボール箱の中身が、組事務所等に保管し警察等に発見されたりすると望ましくない物であるという認識があったことを推認させるものではあるものの、そのような物には、違法な各種の取引等を記載した帳簿類や組織内部の具体的活動状況を記載した書類等、それ自体の所持が違法である訳ではないが、組織の摘発、検挙に繋がるような物も多々あり得るのであるから、より具体的に、段ボール箱の中身がけん銃及び実包であるかもしれないという認識があったことまでをも推認させる事情である、ということはできない」とし、それゆえ被告人には対象物に対する故意がなく、無罪とした。

【解説】
　本件において1審、2審を通じて争点となったのは、被告人に拳銃加重所持の故意があるのかということであるが、本件のように、対象物に対してどの程度の認識があれば故意が認められるかについては、薬物事犯ではあるが、次の判例がある。最決平成2・2・9判時1341号157頁は、「覚せい剤を含む身体に有害で違法な薬物類であるとの認識があったというのであるから、覚せい剤かもしれないし、その他の身体に有害で違法な薬物かもしれないとの認識」を被告人は有したことから、当該対象物に対する故意を肯定する。本件1審、2審とも形式的にはこの最高裁決定を踏襲していると思われるが、対象物の特定性の程度をどのように理解するのかという点において両者は相違し、この点が結論の相違を導いたと思われる。原審は、「何らかの禁制品であるとの認識」があれば、拳銃や実包の認識もまたその中に含まれる以上、当該対象物に対する概括的かつ未必的故意が認められるとするのに対して、本判決は、より具体的に拳銃及び実包であるかもしれないとの認識が必要であるとし、それが認められない被告人に故意はないとしたのである。

　一般に故意が認められるためには、「構成要件」に該当する事実の認識が必要であるとされる。ここに言う「構成要件」とは、殺人なら殺人の構成要件、窃盗なら窃盗の構成要件というように「他の犯罪構成要件と区別しうる程度に特定された構成要件」のことであり、そのような「特定の構成要件」に該当する事実の認識がある場合に故意は認められるのである。さもなければ、主観的には器物損壊の故意で客観的には殺人の構成要件が実現した場合であっても、実現した犯罪に対する故意が認められることになってしまうからである。したがって故意を認めるにあたって、少なくとも他の構成要件と区別しうる程度に特定された構成要件該当事実の認識が必要なのである。

　この特定性の要請は、不確定故意である概括的故意といえども当てはまる。というのも、概括的故意とは、特定の構成要件内での客体が不特定な場合（例えば群衆の中に爆弾を投げ入れて殺害しようとする場合）、あるいは複数の異なる特定の構成要件のうち、いずれが実現するかは分からないが、いずれが実現してもよいとする場合（例えば、覚せい剤所持か麻薬所持のいずれが実現するかは分からないけれども、どちらが実現してもよいという場合）をいうのであるが、いずれの場合であっても構成要件の特定性それ自体が取り去られるものではないからである。

　以上のことを踏まえて、本件を検討すると、原審が、「『怪しい物』、つまり何らかの禁制品であるとの認識」でもって故意を認めるのは不当である。というのも、何らかの禁制品であることの認識で十分とする場合、特定性の要請は満たされず、その実質は、当該対象物が何であるのかということを知るべきであったにもかかわらず、知ろうとしなかったということに対する非難でしかなく、そのような非難は一種の過失的非難でしかないからである。それに対して、本判決が、上記最高裁平成2年決定を、特定性を満たす形で解し、具体的に拳銃及び実包であることの認識を必要としたのは妥当であり、このことを示した点に本判決の意義がある。

　なお、原審は本件を未必の故意の場合でもあるとするが、未必の故意は付随結果に対するものであって、本件には当てはまらないか、あるいはその成立のための認定として不十分である。

【参考文献】　中森喜彦「麻薬・覚醒剤に関する認識・故意」判タ721号72頁、長井長信・刑法判例百選Ⅰ総論〔第6版〕78頁。

（ひょん・すど）

刑法 2

# 財産的権利等を保全するための暴行に正当防衛が認められた事例

最高裁平成21年7月16日第一小法廷判決
平成20年(あ)第1870号暴行被告事件
刑集63巻6号711頁，判時2097号154頁，判タ1336号61頁

名古屋大学教授　橋田　久

【論点】
①正当防衛の保全法益。②断続的な侵害。
〔参照条文〕刑36条1項・208条

【事件の概要】
　本件建物は，DとE社がそれぞれ2分の1の持分を有し，その敷地はこの両者のほか，被告人甲（74歳，女性）も持分を有していた。D及び甲が代表取締役を務めるF宅建は，本件建物の賃借権を有し，Dと甲は平成17年からその一部に居住するとともにこれをF宅建の事務所としても使用していた。しかし，F宅建が始めた本件建物の改修等の工事を，E社の関係者であるB（48歳，男性）等は実力で妨害して中止させ，平成18年1月頃から，工事の再開を防ぐために建設業者の立入りを禁止する旨の看板を本件建物に取り付け，甲等にこれを外される度に同様の看板を取り付けることを7，8回繰り返した。
　E社はその一方で，平成17年11月，本件建物の共有持分権に基づく妨害排除請求権を被保全権利として，D，甲及びF宅建を相手取り，工事の中止等を求める仮処分を申し立てたが，却下され，即時抗告も平成18年9月に棄却され，これが確定した。
　同年12月の本件当日，BはC等を伴って本件建物へと赴き，同種の本件看板の取付作業を開始した。そこに現れた甲は，看板を取り上げると地面に投げ付けて踏み付けた。甲が看板から降りた後，Bがこれを取り付けさせるべくCに渡そうとしたのを阻止するため，甲がBの胸部を約10回押したところ，Bは2m程後退し，看板を落として転倒した（本件暴行）。Bの後退，転倒は，甲の力のみによるものではなく，Bが自ら大袈裟に後退したことや看板を持っていたことにも起因する可能性が否定できなかった。
　第1審判決は傷害罪の成立を認めたが，原判決は傷害の事実を認定せずに暴行の限度で甲を有罪とした。被告人側は正当防衛の成立を主張して上告した。

【判旨】
〈破棄自判（無罪）〉「本件看板を本件建物に設置することは，被告人らの本件建物に対する……共有持分権，賃借権等を侵害するとともに，F宅建の業務を妨害し，被告人らの名誉を害するものといわなければならない。そして，Bの依頼を受けたCらは，本件建物のすぐ前において本件看板を取り付ける作業を開始し……本件暴行の際，Bらはなおも本件看板を本件建物に取り付けようとしていたものと認められ，その行為は，被告人らの上記権利や業務，名誉に対する急迫不正の侵害に当たるというべきである。」
　「さらに，Bらは……本件以前から継続的に被告人らの本件建物に対する権利等を実力で侵害する行為を繰り返しており，本件における上記不正の侵害はその一環をなすものである。一方，被告人とBとの間には……体格差等があることや……Bが後退して転倒したのは被告人の力のみによるものとは認め難いことなどからすれば，本件暴行の程度は軽微なものであったというべきである。そうすると，本件暴行は，被告人らの主として財産的権利を防衛するためにBの身体の安全を侵害したものであることを考慮しても，いまだBらによる上記侵害に対する防衛手段としての相当性の範囲を超えたものということはできない。
　以上によれば，本件暴行については，刑法36条1項の正当防衛として違法性が阻却される」。

【解説】
　1　本件は，主として建物の共有持分権，賃借権等という財産的権利，加えて業務，名誉を防衛するために不正の侵害者の身体を侵害した事案に関するものであり，最高裁が生命，身体以外の法益のためにする正当防衛を認めた稀有な例として注目に値する（類似の事案における下級審の正当防衛肯定例として，名古屋高判昭和36・3・14高刑集14巻3号132頁）。
　もっとも，保全法益の1つとされた賃借権のような債権を保全するための正当防衛は，民事訴訟を利用すべきことから否定する見解が多い。本判決もこれを一般的に認めたものとは思われず，賃貸人が正当な理由なく引渡しを拒む物を賃借人が実力で奪うような事例は，本判決の射程範囲外と解される。
　2　本件では，同種の看板の設置等という不正の侵害が複数回に亙って長期的，断続的に行われていた。しかし，過去の侵害に対する正当防衛が許されないことからすると，これらを一体のものと見るのではなく，反撃行為時の侵害のみが正当防衛状況を形成すると考えるべきであろう。本判決も，急迫不正の侵害としては本件看板の設置のみを掲げている。
　さらに，攻撃と防衛が著しく均衡を失してはならないという意味での防衛行為の相当性についても，本判決は「Bらによる上記侵害」即ち本件看板の設置に対する関係で論じており，反撃の直接の対象となった侵害のみを相当性判断の資料としているようである。しかしその直前の部分においては，この設置が一連の侵害の「一環をなす」と表現されており，過去の侵害を相当性判断に忍び込ませた疑いを残す。今回の設置の侵害性の強さを推認させる事情として過去の経緯に言及したものと捉えることによってのみ，この疑念を解消し得るであろう。
　3　最後に，本判決が，防衛行為の相当性を，法益の抽象的な大小のみならず，甲とBの体格差等の具体的な事情も考慮した上で論じたのは，最判平成元・11・13刑集43巻10号823頁の判断方法に従うものである。

【参考文献】　橋爪隆・刑事法ジャーナル21号83頁。

（はしだ・ひさし）

刑法 3

## 過剰防衛と行為の一体性の判断基準

最高裁平成21年2月24日第一小法廷決定
平成20年(あ)第2102号傷害被告事件
刑集63巻2号1頁，判時2035号160頁，判タ1290号135頁

北海道大学教授　小名木明宏

【論点】
行為の一体性の判断基準。
〔参照条文〕刑36条

【事件の概要】
　覚せい剤取締法違反の罪で起訴され，拘置所に勾留されていた被告人が，同拘置所内の居室において，同室の被害者男性に対し，折り畳み机を投げ付け，その顔面を手けんで数回殴打するなどの暴行を加えて同人に加療約3週間を要する左中指腱断裂及び左中指挫創の傷害を負わせたとして，傷害罪で起訴された。第1審で，弁護人は正当防衛の成立を主張したが，第1審判決はこれを退けて懲役10月に処した。事実誤認を主張する弁護人の控訴に対し，原判決は，上記折り畳み机による暴行については，被害者の方から被告人に向けて同机を押し倒してきたため，被告人はその反撃として同机を押し返したもの（第1暴行）であり，これには被害者からの急迫不正の侵害に対する防衛手段としての相当性が認められるが，同机に当たって押し倒され，反撃や抵抗が困難な状態になった被害者に対し，その顔面を手けんで数回殴打したこと（第2暴行）は，防衛手段としての相当性の範囲を逸脱したものであるとした。そして，原判決は，第1暴行と第2暴行は，被害者による急迫不正の侵害に対し，時間的・場所的に接着してなされた一連一体の行為であるから，両暴行を分断して評価すべきではなく，全体として1個の過剰防衛行為として評価すべきであるとし，罪となるべき事実として，「被告人は，被害者が折り畳み机を被告人に向けて押し倒してきたのに対し，自己の身体を防衛するため，防衛の程度を超え，同机を被害者に向けて押し返した上，これにより転倒した同人の顔面を手けんで数回殴打する暴行を加えて，同人に本件傷害を負わせた」旨認定し，過剰防衛による傷害罪の成立を認めた。その上で，原判決は，本件傷害と直接の因果関係を有するのは第1暴行のみであるところ，同暴行を単独で評価すれば，防衛手段として相当といえることを酌むべき事情の1つとして認定し，被告人を懲役4月に処した。
　弁護人は上告趣意において，本件傷害は違法性のない第1暴行によって生じたものであるから，第2暴行が防衛手段としての相当性の範囲を逸脱していたとしても，過剰防衛による傷害罪が成立する余地はなく，暴行罪が成立するにすぎない旨主張したが，最高裁は上告を棄却し，以下の職権判断を示した。

【決定要旨】
〈上告棄却〉「前記事実関係の下では，被告人が被害者に対して加えた暴行は，急迫不正の侵害に対する一連一体のものであり，同一の防衛の意思に基づく1個の行為と認めることができるから，全体的に考察して1個の過剰防衛としての傷害罪の成立を認めるのが相当であり，所論指摘の点は，有利な情状として考慮すれば足りるというべきである。」

【解説】
　1　本件においては，第1暴行と第2暴行は別々の行為と考えられるのか，あるいは全体として1個の行為と考えられるのかということ，すなわち，第1暴行と第2暴行の関係が問題となる。事実認定によれば，第1暴行それ自体には正当防衛の成立が認められるのであるから，これについては刑法上の罪責を問わず，専ら過剰防衛としての第2暴行の罪責が問われるという考え方と，「全体として1個の行為」として捉え，「全体として1個の過剰防衛」を問う考え方が対立することになる。前者に従えば，被害者の傷害結果は第1暴行から生じているのであるから，傷害罪は問われえず，単に，過剰防衛としての暴行罪の成立のみが認められ，非常に軽い処罰となるが，本件について最高裁は後者の立場を採り，1個の過剰防衛としての傷害罪の成立を認めた。
　2　本件のように第1暴行と第2暴行が行われ，一方が正当防衛の様相を呈している場合の問題は，すでに最判平成9・6・16刑集51巻5号435頁において「一連の暴行は，全体として防衛のためにやむを得ない程度を超えたもの」と判示されている。また，最決平成20・6・25刑集62巻6号1859頁は，第1審が本件と同様に，全体としての過剰防衛を問題としたのに対し，控訴審で破棄され，最高裁でも第1暴行と第2暴行の間には断絶があり，急迫不正の侵害に対して反撃を継続するうちに，その反撃が量的に過剰になったものとは認められず，「両暴行を全体的に考察して，1個の過剰防衛の成立を認めるのは相当でなく，正当防衛に当たる第1暴行については，罪に問うことはできないが，第2暴行については，正当防衛はもとより過剰防衛を論ずる余地もない」とされた。
　3　確かに，第1暴行を正当防衛，第2暴行を過剰防衛と別々に評価することはありうる。しかし，最高裁は，本件被告人の暴行は，「急迫不正の侵害に対する一連一体のものであり，同一の防衛の意思に基づく1個の行為と認めることができる」と判断し，この枠組みの中で，1個の行為の構成要件該当性の問題として，正当防衛行為の判断を行っており，その段階で2個の正当化事由を論議する余地はなくなる。行為の一体性の判断基準については，結局は個別的に判断するしかないが，前記平成20年最高裁決定の事実では，被告人の行動にワンステップが認められること，本件の事実ではそれが一連の行動であることが感覚的には理解しやすいように思われる（井上・後掲173頁は，相当な反撃行為から生じた傷害結果が違法と評価されることになると批判的）。
　4　その上で，最高裁は，傷害の結果が正当防衛行為の様相を呈する第1行為から生じたことに鑑み，これを情状として理解し，過剰防衛としての傷害罪の成立を認めながらも，その刑を減軽しており，結論的に量刑のバランスを目指している（山口・後掲18号81頁は重い罪名に軽い量刑をすることに批判的）。

【参考文献】　本件について，山口厚・刑事法ジャーナル18号76頁，井上宜裕・速判解5号175頁，また，平成20年最高裁決定について，山口厚・刑事法ジャーナル15号57頁，橋田久・同16号21頁がある。

（おなぎ・あきひろ）

刑法 4

# 違法性の意識の可能性がなく故意が否定された事例

大阪高裁平成21年1月20日判決
平成20年(う)第528号銃砲刀剣類所持等取締法違反，火薬類取締法違反，大麻取締法違反，関税法違反被告事件
判夕1300号302頁

鹿児島大学准教授　南　由介

## 【論点】
違法性の錯誤における犯罪の成否，および，違法性の意識が欠けたことの「相当な理由」の判断。
〔参照条文〕刑38条1項・3項

## 【事件の概要】
被告人は，真正けん銃に，スライド等を装着するための機関部体（けん銃部品）のガイドレールを8割から9割切除するという加工等を施し，弾丸の発射機能を有しない状態にした加工品を輸入する事業を行っていたが，機関部体の加工が不十分であったことから，別の部品と組み合わせてけん銃を製作した場合，スライドが外れるなどして使用者が負傷する危険性等があったものの発射機能に影響はなかった。なお，被告人は，その輸入事業開始に先立ち，大阪府警察本部生活安全課の警察官に合法的に日本に輸入する方法を相談し，指導されたが，その指導内容が不十分であると判断し，それよりも破壊度を高めた加工を行い，また，関西国際空港の税関に出向き，税関と警察の係官に対し加工方法を説明して違法でないことを確認し，輸入事業開始後は輸入を相当回数繰り返していたが，税関側から機関部体の加工に関して指摘されたことはなかった。

原審は，けん銃部品輸入罪の成立を認めたことから，被告人側より控訴がなされた。

## 【判旨】
〈破棄自判（一部確定，一部上告〔後に上告取下げ〕）〉
本件部品が銃刀法3条の2が規定する機関部体に該当するとした上で，警察官や税関職員への確認行為は，「単に個人的に面識のある警察官等に事実上の打診をしたとか，別の話題の中でたまたま付随的に話された内容を信じたとかいうものではなく，けん銃加工品の輸入行為を合法化するという明確な目的をもって，……念入りに合法性を確認したのであるから，被告人が，その指導や回答の内容について，……公的に通用している合法性の基準であると考えるのは，やむを得ない」。

「税関側から，……機関部体自体に関する問題点の指摘は一切受けることがなかったのであって，……そのような経験を重ねる中で，被告人が，同種加工品は，銃刀法上も機関部体に当たらないという確信を更に強めたとしても，何ら不自然ではな」い。

「被告人には，本件各部品の輸入がけん銃部品輸入罪の構成要件に該当する違法な行為である旨の意識がなく，かつ，その意識を欠いたことについて相当な理由があったといえるから，けん銃部品輸入の故意を認めることはでき」ない。

## 【解説】
**1**　行為者に違法性の錯誤がある場合については，従来から，故意の成立には違法性の意識が必要だとする違法性の意識必要説（厳格故意説），犯罪の成立には違法性の意識の可能性が必要であり，かつ，それで足りるとする違法性の意識可能性説（制限故意説，責任説），違法性の意識の可能性も不要だとする違法性の意識不要説の対立があった。

厳格故意説は，行為者が違法でないと軽率に思い込んだ場合にも故意が欠けることになりかねず，また，刑法38条3項の法律の不知を，自明ともいえる条文の不知は故意を阻却しない旨を定めた規定と理解せざるを得ず，解釈として無理があろう。行為者が規範に反する事実を認識して行為に出たのであれば，故意を認めるのに十分である。一方，違法性の意識不要説に対しては，国民に法を知る義務はなく，違法性の意識が欠けたことにつき相当の理由があれば，適法行為へと行為者を動機づけることは困難であるから，責任主義の観点から，行為者を非難することはできない，といえる。違法性の意識可能性説は，違法性の意識の可能性を故意の要素とする制限故意説と，故意とは別個の独立した責任要素とする責任説とに分かれる。故意は認識であり，「可能性」を認識の要素とすることは矛盾であるから，後者の見解が妥当である。

判例は，一貫して違法性の意識不要説であると指摘されてはいるが，百円札模造事件（最決昭和62・7・16刑集41巻5号237頁）において，最高裁は，不要説に再検討の余地があり，将来的に判例変更の可能性があることを示唆している（仙波厚・最判解説刑事篇昭和62年度138頁以下参照）。下級審においては，違法性の意識が欠けたことにつき相当の理由があることを根拠に故意の成立を否定した裁判例（東京高判昭和55・9・26高刑集33巻5号359頁等）がいくつか見られ，本判決もその1つといえる。本判決が故意の成立を否定している点で，制限故意説であるとの指摘も可能であろうが，刑法38条1項の法文に手がかりを求めたにすぎない（山口厚『刑法総論〔第2版〕』246頁）とも評価できる。

**2**　可能性説においては，どのような場合に違法性の意識の可能性が欠けるのかが問題となる。本判決では，警察官や税関職員への確認行為，および，輸入開始後に税関側から指摘が一切なかった点を根拠に相当な理由を認め，違法性の意識の可能性がなかったとしている。公的機関に照会した場合，違法性の意識の可能性が欠けることについては，学説上見解が一致している。この点につき，本件と百円札模造事件との結論の差異が問題となるが，本件では違法性に関する照会がなされていたのに対し，後者の警察署へのサービス券持参行為は照会の趣旨ではなかったと理解することが可能である。輸入開始後の税関側の態度については，直ちに相当な理由といえるか争いがあろうが，警察官らへの照会とあわせて考えれば，それによって被告人が違法性を意識することがより困難になったということができる。

【参考文献】　大塚仁ほか編『大コンメンタール刑法(3)〔第2版〕』242頁以下〔佐久間修〕，髙山佳奈子『故意と違法性の意識』327頁以下，松原久利「違法性の意識」刑法の争点（新・法律学の争点シリーズ(2)）70頁以下。

（みなみ・ゆうすけ）

刑法 5

## 共同正犯の形態で遂行された窃盗罪の成立範囲

最高裁平成21年6月29日第一小法廷決定
平成21年(あ)第328号建造物侵入、窃盗被告事件
刑集63巻5号461頁、判時2071号159頁、判タ1318号112頁

近畿大学教授　豊田兼彦

【論点】
ゴト行為の隠ぺい役が通常の遊戯方法により取得したメダルについても窃盗罪が成立するか。
〔参照条文〕刑60条・235条

【事件の概要】
　被告人、A及び氏名不詳者は、共謀の上、針金を使用して回胴式遊技機（通称パチスロ遊技機）からメダルを窃取する目的で、いわゆるパチスロ店に侵入し、Aが、同店内の回胴式遊技機1080番台において、所携の針金を差し込んで誤動作させるなどの方法（以下、「ゴト行為」という）によりメダルを取得した。他方、被告人は、専ら店内の防犯カメラや店員による監視からAのゴト行為を隠ぺいする目的で、1080番台の左隣の1078番台において、通常の方法により遊戯し、この通常の遊戯方法によりメダルを取得した。被告人は、自らが取得したメダルとAがゴト行為により取得したメダルとを併せて換金し、A及び換金役を担当する氏名不詳者と共に、3等分して分配する予定であった。被告人らの犯行が発覚した時点において、Aの座っていた1080番台の下皿には72枚のメダルが入っており、これは、すべてAがゴト行為により取得したものであった。他方、1078番台に座っていた被告人の太ももの上のドル箱には、414枚のメダルが入っており、これは、被告人が通常の遊戯方法により取得したメダルと、Aがゴト行為により取得したメダルとが混在したものであった。
　原判決は、被告人の遊戯行為も本件犯行の一部となっており、被害店舗においてそのメダル取得を容認していないことが明らかであるとして、被告人の取得したメダルも本件窃盗の被害品ということができ、前記下皿内及びドル箱内のメダルを合計した486枚のメダル全部について窃盗罪が成立する旨判示した。

【決定要旨】
〈上告棄却〉「Aがゴト行為により取得したメダルについて窃盗罪が成立し、被告人もその共同正犯であったということはできるものの、被告人が自ら取得したメダルについては、被害店舗が容認している通常の遊戯方法により取得したものであるから、窃盗罪が成立するとはいえない。……原判決は、窃盗罪における占有侵害に関する法令の解釈適用を誤り、ひいては事実を誤認したものであり、本件において窃盗罪が成立する範囲は、前記下皿内のメダル72枚のほか、前記ドル箱内のメダル414枚の一部にとどまるというべきである。もっとも、被告人がAによるメダルの窃盗について共同正犯としての責任を負うことは前記のとおりであり、関係証拠によれば前記ドル箱内のメダル414枚のうちの相当数もAが窃取したものであったと認められること及び原判決の認定判示したその余の量刑事情に照らすと、本件については、いまだ刑訴法411条を適用すべきものとは認められない。」

【解説】
　本件では、ゴト行為の隠ぺい役である被告人が通常の遊戯方法により取得したメダル（以下、「当該メダル」という）についても窃盗罪が成立するかが問題となった。窃盗罪が成立するためには、財物を「窃取」することが必要である。「窃取」とは、占有者の意思に反して財物の占有を排除し、その財物を自己または第三者の占有に移すことをいう。占有者の意思に反する占有移転でなければならないから、占有者が占有移転を容認している場合には「窃取」に当たらず、窃盗罪は成立しない。本件では、当該メダルの取得、すなわち占有移転の事実があったことは明らかである。問題は、それが被害店舗の意思に反する占有移転であったかである。
　これについて、原判決は、被告人の遊戯行為も本件犯行の一部であったという理由で、当該メダルの占有移転は被害店舗の意思に反するものであるとした。被告人の遊戯行為は、通常の遊戯方法によるものとはいえ、Aのゴト行為を隠ぺいするためのものであり（その点で本件犯行の一部と評し得る）、その意味合いを考慮すると、原判決の認定もあり得ると思われる。これに対し、最高裁は、「被害店舗が容認している通常の遊戯方法により取得したものである」との理由で、窃盗罪の成立を否定した。最高裁は、「窃取」というためには、占有移転の具体的な方法も占有者の意思に反するものでなければならないと考えた上で、被告人がとった方法は通常の遊戯方法であり、それ自体は被害店舗の容認する方法であることから、それが本件犯行の一部となっているか否かにかかわらず、当該メダルの取得は「窃取」に当たらないと判断したものと思われる。このように、「窃取」（占有者の意思に反する占有移転か）の判断にあたり、行為のもつ意味だけでなく、より厳格に、占有移転の具体的方法をも考慮したと思われる点に、本決定の意義がある（反対に、通常の遊戯方法の範囲を逸脱した場合には、被害店舗の許容しない占有移転となり、窃盗罪が成立するとした判例として、最決平成19・4・13刑集61巻3号340頁）。
　最高裁のように考えると、窃取したとはいえない当該メダルについて窃盗罪は成立しない。本件では、Aが窃取したメダルと混在していたが、本決定は、そのような場合であっても、当該メダルは窃盗罪の成立範囲から除かれるとした。この点も注目に値する。

【参考文献】本田稔・法セ660号127頁。

（とよた・かねひこ）

## 刑法 6

# 共謀関係の解消が否定された事例

最高裁平成21年6月30日第三小法廷決定
平成19年(あ)第1580号住居侵入，強盗致傷被告事件
刑集63巻5号475頁，判時2072号152頁，判タ1318号108頁

同志社大学教授　十河太朗

**【論点】**
共謀関係の解消はどのような場合に認められるか。
〔参照条文〕刑60条

**【事件の概要】**
　被告人は，本件犯行の前夜遅く，共犯者らとともに被害者方及びその付近の下見をするなどした後，共犯者7名との間で被害者方への住居侵入・強盗の共謀を遂げた。
　本件当日午前2時ころ，共犯者2名は，被害者方に侵入し，内側からドアの施錠を外して他の共犯者らのための侵入口を確保した。見張り役の共犯者は，屋内にいる共犯者2名が強盗に着手する前の段階において，現場付近に人が集まってきたのを見て犯行の発覚をおそれ，屋内にいる共犯者らに電話をかけ，「人が集まっている。早くやめて出てきた方がいい。」と言ったところ，「もう少し待って。」などと言われたので，「危ないから待てない。先に帰る。」と一方的に伝えただけで電話を切り，付近に止めてあった自動車に乗り込んだ。その車内では，被告人と他の共犯者1名が強盗の実行行為に及ぶべく待機していたが，被告人ら3名は一緒に逃げることとし，自動車で立ち去った。
　屋内にいた共犯者2名は，いったん被害者方を出て，被告人ら3名が立ち去ったことを知ったが，本件当日午前2時55分ころ，現場付近に残っていた共犯者3名とともに強盗を実行し，その際に加えた暴行によって被害者2名を負傷させた。
　第1審及び第2審は，被告人らを住居侵入罪と強盗致傷罪の共同正犯とした。これに対して被告人が上告した。

**【決定要旨】**
〈上告棄却〉「被告人は，共犯者数名と住居に侵入して強盗に及ぶことを共謀したところ，共犯者の一部が家人の在宅する住居に侵入した後，見張り役の共犯者が既に住居内に侵入していた共犯者に電話で『犯行をやめた方がよい，先に帰る』などと一方的に伝えただけで，被告人において格別それ以後の犯行を防止する措置を講ずることなく待機していた場所から見張り役らと共に離脱したにすぎず，残された共犯者らがそのまま強盗に及んだものと認められる。そうすると，被告人が離脱したのは強盗行為に着手する前であり，たとえ被告人も見張り役の上記電話内容を認識した上で離脱し，残された共犯者らが被告人の離脱をその後知るに至ったという事情があったとしても，当初の共謀関係が解消したということはできず，その後の共犯者らの強盗も当初の共謀に基づいて行われたものと認めるのが相当である。」

**【解説】**
　1　共犯関係からの離脱（共犯関係の解消）は，実行の着手前の離脱と実行の着手後の離脱に分けられるが，本件で問題となったのは前者である。一般に，着手前の離脱は，着手後の離脱と異なり，離脱者が離脱の意思を表明して残余の共犯者がこれを了承すれば足り，積極的な結果防止措置は必要でないとされている。判例も，着手前の離脱は比較的広く肯定してきた（東京高判昭和25・9・14高刑集3巻3号407頁など）。もっとも，離脱者が首謀者である場合や，事前に凶器を提供した場合などは，着手前であっても，離脱の意思表示と残余者の了承だけでは必ずしも離脱は認められないとされる（松江地判昭和51・11・2刑月8巻11=12号495頁）。
　2　そもそも共犯関係からの離脱が認められる根拠は，離脱によって共犯行為の因果性が切断される点，あるいは，離脱者の影響力が消滅し，新たな共犯関係や犯意に基づいて離脱後の行為がなされたといえる点に求められる（原田國男・最判解刑事篇平成元年度179頁以下参照）。そうだとすれば，着手前か着手後かという区別に絶対的な意味があるわけではなく，着手前であれば着手後に比べて結果発生の危険がそれほど高まっていないので離脱前の行為の影響力を除去しうる場合が実際上多いというにすぎない。また，離脱の意思表示，残余者の了承，結果防止措置といった要素も，必ずしも離脱の不可欠の要件ではないというべきであろう。結局は，①離脱の時期，②離脱の意思表示の有無，③残余者の了承の有無，④離脱前の共犯行為の寄与度・効果，⑤離脱時における結果発生の危険の程度，⑥結果防止措置の有無などから総合的に判断して，従前の行為との物理的・心理的因果性ないしその影響力が消滅したか，離脱後の行為が新たな共犯関係ないし犯意に基づいてなされたといえるかを事案に応じて決するほかない。
　3　本件において被告人は，強盗の実行の着手前に離脱の意思を実行者に告げた共犯者らとともに現場を立ち去っており，実行者もそのことを認識した上で強盗を実行している。しかし，被告人は現場の下見などの準備行為や謀議に参加し，一定の役割を果たしていること，立ち去った共犯者による離脱の通告は一方的であったこと，被告人らが立ち去った時点で強盗は実行の着手に至っていなかったものの実行者は被害者の住居にすでに侵入して他の共犯者のために侵入口を確保しており，財物奪取の危険は差し迫っていたこと，それにもかかわらず被告人は何ら結果防止措置を講じていないことなどの事情から，本決定は，被告人の行為と結果との因果関係は切断されていないと解し，共謀関係の解消を否定したものと思われる。

**【参考文献】**　今井猛嘉・刑法の争点（新・法律学の争点シリーズ(2)）118頁，西村秀二・刑法判例百選Ⅰ総論〔第6版〕192頁，島岡まな・同194頁。

（そごう・たろう）

## 刑法 7

# 危険運転致死傷罪にいう赤色信号を「殊更に無視し」の意義

最高裁平成20年10月16日第一小法廷決定
平成20年(あ)第1号道路交通法違反，道路運送車両法違反，自動車損害賠償保障法違反，危険運転致死被告事件
刑集62巻9号2797頁，判時2039号144頁，判タ1295号190頁

首都大学東京教授　星　周一郎

【論点】
赤色信号を「殊更に無視し」という要素は，赤色信号であることに未必的な認識しかない場合にも認められるか。

〔参照条文〕刑（平成19年法律54号改正前）208条の2第2項（自動車運転致死傷2条5号）

【事件の概要】
　被告人は，普通乗用自動車を運転し，パトカーで警ら中の警察官に赤色信号無視を現認され，追跡されて停止を求められたが，そのまま逃走した。そして，信号機により交通整理の行われている交差点を直進するにあたり，対面信号機が赤色信号を表示していたにもかかわらず，その表示を認識しないまま，同交差点手前で車が止まっているのを見て，赤色信号だろうと思ったものの，パトカーの追跡を振り切るため，同信号機の表示を意に介することなく，時速約70kmで同交差点内に進入し，折から同交差点内を横断中の歩行者をはねて死亡させた。
　危険運転致死罪の成立を認めた原審に対し，被告人側は，刑法208条の2第2項（平成19年法律54号による改正前のもの。以下同）後段にいう赤色信号を「殊更に無視し」に関し，「殊更」の意味が「わざわざ。わざと。故意に」であることを根拠に，「殊更に無視し」というためには，赤色信号についての確定的な認識がある場合に限られる旨を主張して，上告した。

【決定要旨】
〈上告棄却〉「赤色信号を『殊更に無視し』とは，およそ赤色信号に従う意思のないものをいい，赤色信号であることの確定的な認識がない場合であっても，信号の規制自体に従うつもりがないため，その表示を意に介することなく，たとえ赤色信号であったとしてもこれを無視する意思で進行する行為も，これに含まれると解すべきである。」

【解説】
　1　本件は，危険運転致死傷罪に該当する行為類型のうち，信号殊更無視型（刑208条の2第2項後段）にいう赤色信号を「殊更に無視し」の意義について判断を示した初の最高裁判例である。
　2　危険運転致死傷罪は，一定の悪質かつ危険な運転をして死傷事故を発生させた者に対し事案の実態に即した対処をするため平成13年に新設された。このうち，信号殊更無視型に関しては，立法過程において，単に「信号に従わず」という規定では処罰範囲が広すぎ，きわめて悪質かつ危険な運転行為に限定する趣旨から，「殊更に無視し」とされたものである。その意義について，立案当局からは，「故意に赤色信号に従わない行為のうち，およそ赤色信号に従う意思のないものをいう」とされ，具体的には，①赤色信号であることの確定的認識があり，停止が十分に可能であるにもかかわらず，これを無視して進行する行為や，②信号の規制自体を無視し，およそ赤色信号であるか否かについては一切意に介することなく，赤色信号に従わずに進行する行為がこれにあたるが，③赤色信号に従わない行為であっても，信号看過の場合，信号の変わり際で，赤色信号であることにつき未必的な認識しか認められない場合などはあたらない，との説明がなされており（井上宏ほか「刑法の一部を改正する法律の解説」曹時54巻4号1083頁），多数説もこれを支持する。

　3　たしかに，「信号による規制自体を無視し，およそ赤色信号であるか否かをまったく意に介しない」といった悪質で積極的な意思的要素こそが，危険運転致死傷罪の重い刑事責任を基礎づけると評価できる。さらにいえば，このような積極的意思は，走行態様や周囲の状況（本件では，パトカーの追跡を振り切るため時速約70kmで赤色信号の交差点に進入した）などの客観的事情から推認されることが多いと思われるが，その場合には，赤色信号に対する未必的な認識すら認められないという状況は，むしろ稀であろう。このような理解に基づけば，「殊更に無視し」に該当するか否かの判断においては，赤色信号の認識の程度ではなく，前記のような積極的意思の存否が決定的な要素となるのである（それゆえ，赤色信号の確定的認識はあっても，安全に停止できない状況にあるため，やむを得ず従わなかったような場合には，殊更に無視したとはいえないことになる）。
　なお，このように解した場合，赤色信号についての認識が「未必的」であっても，その未必的に認識した赤色信号におよそ従う意思がないのであれば，危険運転致死傷罪の故意としては，確定的故意となる。

　4　本件で問題となった「殊更に無視し」をはじめ，危険運転致死傷罪の構成要件では規範的要素・主観的要素が多用されているが，それは，同罪の定める重い刑事責任に真に値する場合を選び出すためのものととらえうる。そして，解釈論としても，そのような観点から，各要素の意義を明らかにしていく必要がある。

【参考文献】任介辰哉・ジュリ1384号125頁，豊田兼彦・法セ649号127頁，照沼亮介・平成20年度重判解（ジュリ1376号）182頁，南由介・刑事法ジャーナル16号92頁。

（ほし・しゅういちろう）

刑法 8

## 警察署の塀によじ上った行為が建造物侵入罪に該当するとされた事例

最高裁平成21年7月13日第一小法廷決定
平成20年(あ)第835号
建造物侵入，危険運転致傷，窃盗被告事件
刑集63巻6号590頁，判時2095号154頁，判タ1335号85頁

國學院大學准教授　嘉門　優

【論点】
囲繞地の周囲の塀は建造物侵入罪の「建造物」に該当するか。
〔参照条文〕刑130条前段

【事件の概要】
　被告人はしばしば交通違反で検挙されていたことから，今後大阪府八尾警察署の警察官に検挙されることがないよう，同署のいわゆる覆面パトカーの車種やナンバーを確認しておきたいと思い，同署の塀の上によじ上ってこれを確認しようと考えた。そこで，被告人は平成19年1月10日午後7時42分ころ，同署の東側コンクリート塀（高さ約2m40cm，幅約22cm，以下，「本件塀」という）に，本件塀の外側にあった高さ約80cmの石碑を利用してよじ上り，その上に立って同署の中庭を見た。これを現認した同署長Kは，被告人を建造物侵入罪の被疑事実で現行犯逮捕した。第1審は「建造物」に囲繞地は含まれるが，塀は含まれないとして無罪を言い渡したのに対し，控訴審は本件塀の上によじ上る行為は同署の囲繞地への侵入行為と評価すべきとし，建造物侵入罪の成立を肯定した。

【決定要旨】
〈上告棄却〉「本件塀は，本件庁舎建物とその敷地を他から明確に画するとともに，外部からの干渉を排除する作用を果たしており，正に本件庁舎建物の利用のために供されている工作物であって，刑法130条にいう『建造物』の一部を構成するものとして，建造物侵入罪の客体に当たると解するのが相当であり，外部から見ることのできない敷地に駐車された捜査車両を確認する目的で本件塀の上部へ上がった行為について，建造物侵入罪の成立を認めた原判断は正当である。」

【解説】
　判例は刑法130条前段の「建造物」に囲繞地も含むと解しており（最判昭和25・9・27刑集4巻9号1783頁），建物の敷地を囲う塀を乗り越えて敷地内に入る場合は建造物侵入罪を構成することになる。それでは敷地を囲う塀の上は「建造物」に含まれるのだろうか（本件では敷地内に立ち入る意図がないため，本件塀が「建造物」に含まれないと解せば未遂も成立しない）。最高裁は侵入概念について意思侵害説をとることを明示していることから，住居（建造物の場合は管理）権説をとっていると解されている（最判昭和58・4・8刑集37巻3号215頁）。本説にしたがえば，通常，囲繞地に加えて塀自体にも建物の管理者の管理権が及んでいると考えられるため，塀も当然に「建造物」に含まれると解されることになりそうである。しかし，管理権が及んでいるかという形式的な基準だけでは，軽犯罪法1条32号前段の罪にいう「入ることを禁じた場所」との区別はできず，刑法130条前段の客体を確定することは困難であるといわざるをえない。そのため，最高裁はかつて平穏説の立場から，すなわち「建造物自体への侵入若しくはこれに準ずる程度に建造物利用の平穏が害され又は脅かされる」という観点から，囲繞地が「建造物」として認められる実質的な趣旨を明らかにした（最判昭和51・3・4刑集30巻2号79頁）。その具体的な判断基準として，①建物との一体性，②周囲に門塀等，通常の歩行では越えることが困難な物的囲障設備を設置していること，③外部との交通を制限していること，が学説上挙げられるのが一般的である。したがって，少なくとも形式的な管理権侵害によってのみ130条前段の客体を画定することはできず，より実質的な観点から判断がなされるべきことが認められていたのである。本判決においても最高裁は，本件塀は「本件庁舎建物とその敷地を他から明確に画するとともに，外部からの干渉を排除する作用を果たしており，正に本件庁舎建物の利用のために供されている工作物であって，刑法130条にいう『建造物』の一部を構成するもの」と述べており，形式的な管理権侵害のみによって，客体としての建造物を判断しているわけではないことが示された。この点に本判決の意義があるといえるだろう。以上の判例の立場から囲繞地が「建造物」の一部と解される以上，それを囲む塀はいわば建物本体の「壁」と同視されうることになり，その「壁」によじ登り「建造物」内部に身体の全部を入れたというる場合には建造物侵入罪が成立することになる。
　しかし，判例のように解する場合，保護法益論と130条前段の客体の解釈との関連性は失われているのではないだろうか。判例は住居権説を採用しているとされ，特に，盗撮目的で一般の利用客と同様の態様で銀行支店出張所に立ち入った行為につき，建造物侵入罪を認めた最近の事例（最決平成19・7・2刑集61巻5号379頁）では，侵入の判断にあたり，管理者の意思侵害のみを考慮し，客観的な平穏侵害は要求しないことが示されたと一般的に解されている。ここで前提とされている法益理解と，前述の130条前段の客体の解釈における保護法益論（形式的な管理権侵害にとどまらない客観的・実質的な平穏侵害の考慮）との間には齟齬があるように思われるのである。つまり，判例は，実質的な平穏概念により，客体概念を拡大する一方，住居権概念により，侵入概念を形式的な意思侵害と理解することで二重に処罰を拡大させていると考えられる。私見として，130条前段の文言解釈にあたっては，保護法益論から整合性のとれた解釈がなされなければならず，そのことにより，判例の処罰拡大傾向に歯止めをかける必要があると考える。

【参考文献】　門田成人「判批」法セ642号117頁，大山徹「判批」刑事法ジャーナル17号77頁以下，松宮孝明「校庭への立ち入りと建造物侵入罪」立命館法学239号162頁以下。

(かもん・ゆう)

刑法 9

# 不実の抵当権設定仮登記と横領行為

最高裁平成 21 年 3 月 26 日第二小法廷決定
平成 20 年(あ)第 2253 号電磁的公正証書原本不実記録, 同供用, 横領被告事件
刑集 63 巻 3 号 291 頁, 判時 2041 号 144 頁, 判タ 1296 号 138 頁

慶應義塾大学准教授　和田俊憲

【論点】
通謀虚偽表示による虚偽の抵当権設定につき不実の仮登記を了する行為は横領行為に当たるか。
〔参照条文〕刑 252 条 1 項, 不登 106 条

【事件の概要】
　A社の実質的代表者であった被告人は, 裁判上の和解に基づきA社から破産者B破産管財人弁護士C及び医療法人D会に順次譲渡された建物及びその地上権につき, 移転登記未了により登記名義がAにあることを奇貨とし, 医療法人E会理事長Fほか2名と共謀の上, 各登記簿上にE会を登記権利者とする不実の抵当権設定仮登記をすることにより, 上記C及び本件建物で病院を経営していたD会から原状回復にかこつけて解決金を得ようと企て, 登記官に対し, 本件建物及び地上権につき, E会を登記権利者, Aを登記義務者とし, いずれも虚偽の金銭消費貸借契約及びそれを担保する抵当権設定契約を登記原因とする本件建物及び地上権に係る各抵当権設定仮登記の登記申請書等関係書類を提出し, 情を知らない登記官をして, 本件建物及び本件土地の登記簿の原本として用いられている電磁的記録である各登記記録にそれぞれその旨の記録をさせ, その各記録を閲覧できる状態にさせた。
　原判決が, 電磁的公正証書原本不実記録罪及び同供用罪に加えて建物につき横領罪を認めた1審判決を是認したのに対して, 弁護人は, 前二罪において抵当権設定の事実がないと認定しつつ, その仮登記をしたことに横領罪を認めるのは自己矛盾であるなどとして上告した。

【決定要旨】
〈上告棄却〉「被告人は, 本件和解により所有権がD会に移転した本件建物を同会のために預かり保管していたところ, 共犯者らと共謀の上, 金銭的利益を得ようとして本件仮登記を了したものである。仮登記を了した場合, それに基づいて本登記を経由することによって仮登記の後に登記された権利の変動に対し, 当該仮登記に係る権利を優先して主張することができるようになり, これを前提として, 不動産取引の実務において, 仮登記があった場合にはその権利が確保されているものとして扱われるのが通常である。以上の点にかんがみると, 不実とはいえ, 本件仮登記を了したことは, 不法領得の意思を実現する行為として十分であり, 横領罪の成立を認めた原判断は正当である。また, このような場合に, 同罪と……電磁的公正証書原本不実記録罪及び同供用罪が併せて成立することは, 何ら不合理ではないというべきである」。

【解説】
　判例 (大判大正 6・7・14 刑録 23 輯 886 頁)・通説は, 横領罪における横領行為を「不法領得の意思を実現する一切の行為」と定義する。これは, 他人所有物の占有者による信任違背行為のうち, (i)領得 (自分のものにすること) による(ii)所有権侵害を横領行為とするものである (領得行為説)。
　領得行為説の中でも, 所有者のようにふるまうだけで領得した (自分のものにした) といえるとするか, さらに移転罪と共通の責任加重を要求するかで, 不法領得の意思の具体的内容の理解は分かれる。学説上は後者の立場から物の利用意思に限定する見解も有力であるが, 判例は前者の立場から, これを「権限がないのに所有者でなければできないような処分をする意思」(最判昭和 24・3・8 刑集 3 巻 3 号 276 頁) として, 自己名義で処分すれば原則として領得を肯定し, 本人 (委託者・所有者) 図利目的の場合のみ例外的にこれを否定する。本件被告人は, 抵当権の設定及びその仮登記の申請を建物の登記名義人として行っているので, 判例からは基本的に領得が肯定できる。解決金取得の手段として建物を利用する意思がある点で物の直接の利用意思も肯定できる事案であるが, 本決定が被告人の金銭的利得の目的に言及するのは, 利用意思を認める趣旨ではなく, 本人 (D会) 図利目的でないことを裏から指摘して, 領得は否定されないことを示す意味があると解される。
　所有権侵害も問題となる。抵当権設定が虚偽表示により無効であるとき, 建物の真の所有者が抵当権の制限を受ける危険はないため, 上述の領得が肯定されても抵当権設定を理由に横領行為を認めることはできない (大判昭和 2・3・18 大審院裁判例(2)刑 27 頁は, 占有する他人の動産を虚偽表示により売却した事案で横領罪を否定する)。しかし, 仮登記がある不動産は当該権利が確保されている前提で取り扱うのが取引実務だとすると, 虚偽の抵当権設定であってもその仮登記がなされれば, 建物所有者はそれを抹消しない限り以前と同じ処分 (同価格での売却など) が行えなくなる。すなわち, 権利の虚実にかかわらず, その仮登記をする行為は, 特段の対応をしない限り従前と同様の処分ができない状態に所有者を陥れる処分権能侵害行為であり, それは抵当権設定とは別の所有権侵害行為である。本決定は, そのような意味で, 仮登記を了したことが横領行為の要素たる所有権侵害も満たすことを認めたものと解される。
　なお, 本件行為が解決金の詐取などの予備という実質を有しても, 横領は否定されない。上述のとおり, 解決金取得の目的や解決金の危殆化が横領行為を直接に基礎づけてはおらず, 後に解決金について成立しうる財産犯とは共通項がないからである。

【参考文献】　松宮孝明「判批」法セ 655 号 123 頁。

(わだ・としのり)

刑法 10

# 銀行による融資の相手方が特別背任罪の共同正犯とされた事例

最高裁平成20年5月19日第一小法廷決定
平成18年(あ)第2030号商法違反被告事件
刑集62巻6号1623頁，判時2047号159頁，判タ1301号126頁

上智大学准教授　島田聡一郎

【論点】
融資の相手方は、どのような場合に(特別)背任罪の共同正犯となるか。
〔参照条文〕刑65条1項・2項、会社960条(旧商486条1項)

【事件の概要】
　地銀Aの財務状況は悪化し、金融監督庁による業務改善命令を受けていた。Yが経営する企業集団Yグループに属すB社は、ゴルフ場を経営していたが、経営状態は悪かった。Aは当時Yグループの企業に計約200億円貸し出していた。YはAの頭取Xに対し、自己の支配するC社がAから融資を受け、Bからゴルフ場を買い取った上で、融資額の一部をBのAに対する債務の返済に充て、さらにBの債権者Dにも低額を支払って、DのBに対する債権を譲り受ける計画を提案した。その際Yは10数億円の担保価値しかなかったゴルフ場の担保価値を約67億円とする不動産鑑定評価書をAに提出した。Xは不動産評価額が大幅に水増しされており、こげつき必至と認識したが、Bの破綻によって経営責任を追及されることをおそれ、57億円を融資した。Yはこの融資がXの任務に違背し、Aに財産上の損害を及ぼすことを十分に認識し、またXの図利目的をも認識していた。1審はYを特別背任罪の共同正犯とした上で背任罪の刑で処断。Yの控訴棄却。

【決定要旨】
〈上告棄却〉「以上の事実関係のとおり、Yは、特別背任罪の行為主体の身分を有していないが、上記認識の下、単に本件融資の申込みをしたにとどまらず、本件融資の前提となる再生スキームをXらに提案し、D社との債権譲渡の交渉を進めさせ、不動産鑑定士にいわば指し値で本件ゴルフ場の担保価値を大幅に水増しする不動産鑑定評価書を作らせ、本件ゴルフ場の譲渡先となるCを新たに設立した上、Xらと融資の条件について協議するなど、本件融資の実現に積極的に加担したものである。このような事実からすれば、YはXらの特別背任行為について共同加功したものと評価することができる」。

【解説】
　1　特別背任罪は、株式会社の取締役等を主体とする身分犯だが、判例によれば非身分者も身分者の行為に加功することで同罪の共同正犯となりうる(ただし、業務上横領への非占有者の加功が単純横領罪の刑で処断されるのと同様、非身分者は背任罪の刑で処断される)。しかし問題は、どのような行為であれば「加功」と評価されるかである。経営再建を目指して貸付を受けようとする、経営状況が悪化した企業の経営者を、(特別)背任罪の共同正犯として処罰することが、不適当な場合もあるのではないか。この問題は、バブル期の後始末ともいうべき背任事件を機に盛んに議論されるようになり、最高裁も一般理論こそ明らかにしていないものの、その処罰範囲を慎重に画している(最決平成15・2・18刑集57巻2号161頁〔有罪〕、最判平成16・9・10刑集58巻6号524頁〔有罪判決を破棄。ただし不良貸付ではない〕、最決平成17・10・7刑集59巻8号1108頁〔有罪〕)。
　2　平成15年決定は、貸手と借手の利害が共通化し、貸手が「融資に応じざるを得ない状況」にあったことを指摘していた。しかし本件では、1、2審においてそうした状況が認定されていたにもかかわらず、最高裁はその点にウエイトを置かず、むしろYが「融資の実現に積極的に加担した」ことを重視した。これは、本件のように、被告人が積極的に加担した事案では、そのような加担行為が認められなかった平成15年決定の事案とは異なり、貸手が融資に応じざるを得ない状況に置かれていなくとも、借手は、なお処罰されるという趣旨であろう(橋爪・後掲刑事法ジャーナル130頁、青柳・後掲139頁参照)。
　3　では「積極的加担」とは具体的に何か。本決定は、融資のスキームを作り、虚偽の不動産鑑定評価書を差し入れたことを指摘した。理論的には、次のように考えることができる。通常の、借手と貸手の利害が対立し、緊張関係のある状況においては、借手は、貸手による適切な審査を期待してよく、不良貸付はもっぱら貸手側の責任である。しかし、①借手と貸手とのそうした利害対立がすでに崩れ、利害が一体化していた場合、または②借手が利害対立を崩すような働きかけをした場合には、借手は、もはや貸手の適切な審査を期待すべき立場になく、背任に共同加功したというべきである。「積極的加担」とは、②のような、利害対立を崩し、不良貸付を積極的に推進する行為と理解すべきであろう。そして、①②はともに審査機能の不全という観点から導かれる以上、利害関係共通化の程度と、加担行為の積極性の程度とは前者が高ければ、後者は相対的に低くても足りるといったように相補的に考慮される(島田・後掲343頁)。このように考えれば、Yの行為は、ABの関係とXの保身目的によって、すでにある程度弱まっていたXの貸付に対する心理的抵抗をさらに弱めるものであり、背任共同正犯を基礎づける加功と評価できる。
　4　借手の主観につき、平成15年決定は、貸手の任務違背、損害発生についての「高度の認識」があったとした。これに対し、本件では平成17年決定と同様「十分に認識」とされている。平成15年決定では、②が積極的なものではなかったため、①について強い一体化が要求され、その点の認識を慎重に認定すべく、被告人に、貸手の任務違背についての「高度の認識」があった事実を強調したのだろう。しかし、背任の場合だけ共犯者の主観的要件を加重する理由はないから、背任共同正犯の一般的要件として「高度の認識」は必要ない。「十分」という概念も、共犯の故意が認定できる程度に「十分」という趣旨と理解すべきである。
　5　なお、本件も含め、判例においては、借手が貸手の図利(加害)目的を認識していたことも認定されている。それをも背任共同正犯の要件とする趣旨であろう。

【参考文献】青柳勤・ジュリ1390号138頁、山口厚編『クローズアップ刑法各論』341頁〔島田聡一郎〕、西田典之・金法1847号10頁、橋爪隆・刑事法ジャーナル15号125頁、同・NBL888号13頁。

(しまだ・そういちろう)

# 刑法　判例の動き

京都大学教授　塩見　淳

　以下では，平成21年9月から平成22年8月末までに言い渡された刑法関係の主な裁判例を中心に概観する。

## Ｉ．刑法総論

### (1)過失

　最決平成21・12・7刑集63巻11号2641頁（**刑法1**）は，砂浜にある突堤の防砂板の破損により海中に砂が吸い出されて砂層に形成された深さ約2mの空洞が崩壊し，被害者が陥没孔に埋まって死亡した事案につき，砂浜の管理等の業務に従事する被告人らに，陥没の発生を予見できたとして業務上過失致死罪の成立を認めた。最決平成22・5・31刑集64巻4号447頁（**刑法2**）は，花火大会終了後に起きた歩道橋での雑踏事故について，雑踏警備の指揮をした警察官と主催者から委託を受けた警備会社の現場統括責任者に，雑踏事故の発生は容易に予見可能であり，歩道橋内への流入規制等により事故を防止する注意義務があったとして業務上過失致死傷罪の成立を肯定した。最決平成22・10・26（裁時1518号5頁）は，航空機の衝突防止装置が指示する「上昇」ではなく，便名を言い間違えた航空管制官の指示に従った「降下」の操縦がなされ，これにより生じた衝突の危険回避のために行われた急降下により乗客らが負傷した事故において，管制官の言い間違えと傷害結果との間に因果関係及び予見可能性があるとして業務上過失致傷罪の成立を認めた。

### (2)正当化

　最決平成21・12・7刑集63巻11号1899頁（**刑法3**）は，一時停止した心肺は蘇生したものの昏睡状態にあった患者に対して，担当医の被告人が，家族の要請に基づき，患者の死を認識しながら，気道確保のために気管内に挿入されていたチューブを抜管した行為について，抜管の当時，回復可能性や余命について的確な判断を下せる状況になく，患者の家族に適切な情報も伝えられておらず，法律上許される治療中止には当たらないとした。さらに，看護師が入院患者2名のそれぞれ右足親指の爪を切る際に深爪をした行為について，傷害罪の構成要件に該当するものの，看護目的，看護行為としての必要性が認められ，手段・方法も相当な範囲を逸脱しておらず，正当業務行為として違法性が阻却されるとしたものに福岡高判平成22・9・16（裁判所HP）がある。

　大阪高判平成21・10・22判タ1327号279頁（**刑法4**）は，被害者から謝罪要求を受けて追いかけられた被告人が，振り向きざまにその顔面を手拳で1回殴りつけて左眼窩底骨折等の傷害を負わせた傷害行為について，「約15分間に及ぶ終わりのない不当な謝罪要求からくる執拗で一方的な暴行・脅迫という全体としての侵害行為」と比較して相当性を判断すべきだとして，正当防衛の成立を肯定した。さらに，他の自動車との衝突回避に必要な程度を超えて隣の車両通行帯に自車を進出させ，同通行帯の後続車両（自動二輪車）の運転者を転倒，負傷させた事案につき，進出行為に過失を認めつつ，過剰避難に当たるとして刑を免除したものに東京地判平成21・1・13判タ1307号309頁がある。

### (3)責任

　最決平成21・12・8刑集63巻11号2829頁（**刑法5**）は，被告人の精神鑑定のうち，犯行当時統合失調症に罹患していたとの診断は是認しながら，犯行が統合失調症の病的体験に直接支配されて引き起こされたとの意見は採用しなかった原判決について，鑑定の前提資料や結論を導く推論過程を疑問視して意見を不採用とし，鑑定のそれ以外の部分は参考にしつつ，犯行当時の病状などの諸事情を総合考慮して心神耗弱を認定したもので，判断方法も結論も相当だとした。なお，東京高判平成21・5・25高刑集62巻2号1頁は，心神耗弱とする控訴審判決を破棄した最判平成20・4・25刑集62巻5号1559頁の差戻審であるが，上告審が審理不十分とした点に検討を加えたうえで，犯行時の被告人の精神症状は，統合失調症の被害妄想に強く影響されつつ，善悪の判断能力や行動制御能力が全くなかったとはいえないとして改めて心神耗弱の判断を示した。

### (4)未遂・共犯

　松山地判平成22・2・3（裁判所HP）は，被害者の首を片手で合計約5分以上，うち約75秒以上は気道を閉塞するほどの力で絞め続けた事案で，殺意を認めつつ，被害者の鼻血に驚いて犯行を中止したとは断定できないこと，犯行後5時間以上経過した時点で救急車を呼ぶように依頼したとしても，その間，自ら被害者を介抱するなどしていることなどを挙げて中止犯の成立を肯定した。

　最判平成21・10・19判時2063号155頁は，暴力団の総長である被告人が，対立する組からの襲撃の危険性を十分に認識し，これに対応するため配下の幹部である2人を同行させ，警護に当たらせていた場合，特段の事情のない限り，警護の者の拳銃所持について認識・認容があると推認するのが相当だとし，拳銃等の所持について共謀の存在を肯定した。

(5)罪数

最決平成22・3・17刑集64巻2号111頁（**刑法6**）は，約2か月の間，事情を知らないアルバイトを動員して難病の子供たちの支援活動を装った街頭募金活動を各所で行い，通行人から約2480万円の現金を騙し取った事案について，被害者ごとではなく街頭募金詐欺を一体と評価して包括一罪とした原判決の判断を是認した。

## II. 刑法各論

(1)個人的法益に対する罪（財産犯以外）

大津地判平成21・7・16判タ1317号282頁は，強姦を共謀した2名のうち，1名が着手し，1名が引き続いて姦淫する意思をもちながら遠巻きに見張りのみをしていた事案について，集団強姦罪の成立には「1人が実行行為に着手し，かつ，1人以上の者が，現場において，強姦の実行共同正犯の実質を有する加功行為を行うことが必要」（傍点，原文）だとして，強姦（未遂）罪の共同正犯にとどめた。

最判平成21・11・30刑集63巻9号1765頁（**刑法7**）は，1階玄関ホールの掲示板に管理組合名義でチラシ等の投函を厳禁する旨のはり紙のある分譲マンションに1階から入館し，7階から各住戸のドアポストにビラを投函しながら3階まで降りてきたところ，住人から声をかけられて投函を中止した事案について，立入行為が管理組合の意思に明らかに反し，法益侵害の程度が極めて軽微ともいえないとして住居侵入罪の成立を肯定した。

最決平成22・3・15刑集64巻2号1頁（**刑法8**）は，自己のホームページ上に，ある会社の名誉を毀損する虚偽内容の文章を掲載し続けた者が，インターネットの個人利用者に要求される水準を満たす調査を行っており，摘示事実の真実性の誤信に相当の理由があると主張したのに対して，名誉毀損罪が不成立となるには，確実な資料，根拠に照らして相当の理由があることが必要であり，インターネットの個人利用者といえども，「より緩やかな要件で同罪の成立を否定すべきものとは解されない」と判示した。

(2)財産犯

横浜地判平成21・6・25判タ1308号312頁は，強盗犯人たる被告人が財物奪取をあきらめて逃走すべく自転車に跨って発進しようとしたので，2人の追跡者のうち1人（甲）が犯人に左後方からつかみかかったところ，ほぼ同時にもう1人（乙）が自転車の後輪を蹴ったため，甲と犯人が自転車とともに地面に転倒し，甲が左肘に挫傷の傷害を負ったとの事案について，強盗致傷罪における原因行為は「被害者等に向けられた暴行ないし積極的な行為」でなければならず，甲の負傷に際して被告人は甲・乙両者に対してそのような行為に出ていないとして，上記の部分の事実につき強盗致傷罪の成立を否定した。

最決平成22・7・29裁時1513号1頁（**刑法9**）は，関西国際空港のチェックインカウンターで，バンクーバー行き航空便によりカナダに不法入国しようとしてトランジット・エリア内で待機している者に交付する意図を隠し，自分が搭乗するかのように装って自己名義で同便の搭乗券の交付を受ける行為について，「搭乗券の交付を請求する者自身が航空機に搭乗するかどうかは，本件係員らにおいてその交付の判断の基礎となる重要な事項である」から，詐欺罪にいう人を欺く行為に当たると判示した。

大阪地判平成22・1・8判タ1322号269頁は，建物所有者から承諾を得て表題所有者として表題登記を了していた会社の代表者と被告人が共謀して，建物所有者に無断で会社名義の所有権保存登記を行ったとの事案について，表示登記における表題部所有者には業務上横領罪に必要とされる法律上の占有が認められると判示した。

最決平成21・11・9刑集63巻9号1117頁（**刑法10**）は，旧北海道拓殖銀行の代表取締役らが倒産状態の会社に実質無担保で追加融資を行った事案について，銀行の取締役の負うべき注意義務にも経営判断の原則が適用される余地はあるが，一般の株式会社の取締役よりも注意義務の程度が高い水準にあることから，同原則の適用は限定的となるとしたうえで，当該融資判断は著しく合理性を欠いていたとして特別背任罪の任務違背性を肯定した。

(3)国家的法益に対する罪

最決平成22・9・7裁時1515号8頁（**刑法11**）は，北海道総合開発計画に基づく港湾工事の実施計画案の策定に関して職員を指導できる立場にある北海道開発庁長官たる被告人が，建設会社からの請託を受け，同庁の地方支分部局である北海道開発局の港湾部長を呼び出したうえ，競争入札予定工事の落札業者を港湾部長が指名することが常態化していたとの事情を背景に，当該会社が特定の工事を落札できるよう便宜を図ることを求めたことに対して，報酬として建設会社から600万円の現金供与を受けた事案について，「北海道開発庁長官の本来的職務として行われる予算の実施計画作製の公正及びその公正に対する社会の信頼を損なうもので」，「長官の職務に密接な関係のある行為というべき」であり，受託収賄罪が成立すると判示した。

（しおみ・じゅん）

刑法 1

## 砂浜での埋没事故発生の予見可能性が肯定された事例
―― 明石砂浜陥没事故

最高裁平成21年12月7日第二小法廷決定
平成20年(あ)第1678号業務上過失致死被告事件
刑集63巻11号2641頁，判時2067号159頁，判タ1316号150頁

早稲田大学教授　北川佳世子

【論点】
因果経過の基本的部分の予見可能性の有無。
〔参照条文〕刑（平成18年法律第36号改正前）211条1項前段

【事件の概要】
　被告人らは，本件事故現場である人工の砂浜の管理等の業務に従事していたが，同砂浜は，東側及び南側がかぎ形の突堤に接して厚さ約2.5mの砂層を形成しており，全長約157mの東側突堤及び全長約100mの南側突堤は，いずれもコンクリート製のケーソンを並べて築造され，ケーソン間のすき間の目地に取り付けられたゴム製防砂板により，砂層の砂が海中に吸い出されるのを防止する構造であった。本件事故は，東側突堤中央付近のケーソン目地部の防砂板が破損して砂が海中に吸い出されることによって砂層内に発生し成長していた深さ約2m，直径約1mの空洞の上を，被害者が小走りに移動中，その重みによる同空洞の崩壊のため生じた陥没孔に転落し，埋没したことにより発生したものであるが，①被告人らは，本件事故以前から，南側突堤沿いの砂浜及び東側突堤沿い南端付近の砂浜において繰り返し発生していた陥没については認識し，その原因が防砂板の破損による砂の吸い出しであると考えて，対策を講じていたところ，②南側突堤と東側突堤とは，ケーソン目地部に防砂板を設置して砂の吸い出しを防ぐという基本的な構造は同一であり，本来耐用年数が約30年とされていた防砂板がわずか数年で破損していることが判明していたばかりでなく，③実際には，本件事故以前から，東側突堤沿いの砂浜の南端付近だけでなく，これより北寄りの場所でも，複数の陥没様の異常な状態が生じていた。

【決定要旨】
〈上告棄却〉「以上の事実関係の下では，被告人らは，本件事故現場を含む東側突堤沿いの砂浜において，防砂板の破損による砂の吸い出しにより陥没が発生する可能性があることを予見することはできたものというべきである。したがって，本件事故発生の予見可能性を認めた原判決は，相当である。」

【解説】
　本件は，公の施設（砂浜と突堤）の維持管理に関して，国と市の職員4名の不作為責任（過失の競合）が問われた事案である。管理責任の主体の選定問題もあるが，1審は所掌事務に関する法令上の規定や職務遂行の実態から国と市双方の職員のいずれも安全管理上の責任を負うべき立場にあることを認め，この点は2審以降は争われていない。
　全審級を通じて争われたのが，予見可能性の有無である。判例の一般的態度として，過失犯の成立には，「特定の構成要件的結果及びその結果の発生に至る因果関係の基本的部分」の予見可能性が必要であるが（札幌高判昭和51・3・18高刑集29巻1号78頁，本件1，2審も同様），現実に生じた因果経過でなく，ある程度抽象化された因果経過が予見可能であれば足りると解されている（最決平成12・12・20刑集54巻9号1095頁等参照）。
　本件は，A「防砂板の破損による砂の吸い出し」→B「砂層中に空洞が形成→人の重みで崩壊」→C「砂浜の陥没→死亡結果」という因果経過をたどったが，検察官はBの予見は不要で，「かぎ形突堤に接した砂浜のどこか（主位的訴因）」での陥没発生が予見できたと主張していた。1審は，砂浜表面に現に異常が生じていた区域ではBを予見できなくてもCの予見は可能だが，地表面に異常が見られない区域では，④「大規模な空洞が砂層中に発生しているのにその地表に何ら異常が認められないという現象は土木工学上よく知られていた一般的な現象ではなかった」ことからCの予見は不可能で，本件では上記③の事実は証拠上認定できないので予見可能性は否定されるとし，被告人らを無罪とした。これに対して，2審は，本件での因果経過の基本的部分は「本件事故現場を含む東側突堤沿いの砂浜のどこか」で，ケーソン目地部の防砂板が破損して砂が吸い出され陥没が発生することであり，1審の判断を覆して③の事実を認定し，その予見可能性は肯定できるとした。
　最高裁の多数意見は2審とほぼ同様の判断を示したが，反対意見は③の事実は認定できないとした1審判決の方を支持している。本件のような落とし穴状の陥没（B）にせよ，他のすり鉢状の陥没にせよ，陥没の原因は同一（A）である一方で，AからCに至る過程では，いずれにせよ「地表面に異常が発生する」のが当時の常識（④）であったのであれば，③が認定できなければその予見は可能といえない。その意味で，③の事実認定の肯否如何が結論を決するというべきであり，③が認定できなくても②の事実から予見可能性を認め得ると判断すべきでないように思われるが，この点の最高裁の立場は判然としない。本件では，Aの発生がかぎ形突堤のどの範囲に及ぶかまでは当時認識されておらず，地表面に異常がみられた①の範囲でのみ立入禁止措置がとられていた。当時陥没が頻発していた区域がある一方で，（事故現場を含めて）不発生の区域があったという事実は，結果発生の予見可能性に関係する事実として，反対意見のいうように重く受け止めるべきである。

【参考文献】　家令和典・ジュリ1406号146頁，山本紘之・刑事法ジャーナル23号77頁，岡部雅人・早稲田法学84巻1号205頁，大塚裕史「『因果経過』の予見可能性」板倉宏博士古稀祝賀『現代社会型犯罪の諸問題』（2004年）159頁。

（きたがわ・かよこ）

刑法 2

## 雑踏警備に際しての注意義務
——明石市花火大会歩道橋事故

最高裁平成22年5月31日第一小法廷決定
平成19年(あ)第1634号業務上過失致死傷被告事件
刑集64巻4号447頁、判時2083号159頁、判タ1327号80頁

名古屋大学准教授　齊藤彰子

【論点】
複数の者が異なる立場で雑踏警備に当たっていた場合における各人の注意義務。
〔参照条文〕刑(平成13年法律第138号改正前)211条前段

【事件の概要】
　明石夏まつり花火大会が実施された公園と最寄り駅とを結ぶ歩道橋に多数の参集者が集中した結果、多数の者が折り重なって転倒するいわゆる群衆なだれが生じ、11名が死亡、183名が負傷した事故について、夏まつりの実質的主催者である明石市の職員であり、その事務を統括・掌握していた市民経済部長A₁、同部経済産業担当次長A₂、同部商工観光課長A₃、明石市の行う自主警備の実施について委託を受け、会場警備に従事する警備員の統括責任者であった警備会社の支社長B、明石警察署地域官で本件夏まつりにおける現地警備本部指揮官であったCの計5名が業務上過失致死傷罪で起訴された。事故当日における雑踏警備の不備につき、被告人全員の過失を認めた1審に対する控訴(A₂は後に控訴取下げ)を、2審が棄却したのに対して、BおよびCが上告した。

【決定要旨】
〈上告棄却〉「被告人両名ともに、……雑踏事故の発生を未然に防止し、参集者の安全を確保すべき業務に従事していたものであ」り、「遅くとも午後8時ころまでには、……直ちに機動隊の歩道橋への出動が要請され、これによって歩道橋内への流入規制等が実現することにならなければ、……雑踏事故が発生することを容易に予見し得たものと認められ」、被告人Cは、「配下警察官を指揮するとともに、機動隊の出動を明石警察署長らを介し又は直接要請することにより」、被告人Bは、「明石市の担当者らに警察官の出動要請を進言し、又は自ら自主警備側を代表して警察官の出動を要請することにより、歩道橋内への流入規制等を実現して雑踏事故の発生を未然に防止すべき業務上の注意義務があった」。そして、「午後8時ころの時点において、上記各義務を履行していれば、歩道橋内に機動隊による流入規制等を実現して本件事故を回避することは可能であった」。

【解説】
　1　本決定は、2審が、被告人BおよびCにつき、午後8時ころにおける注意義務違反を根拠に、業務上過失致死傷罪の成立を肯定したのを是認したものであるが、本件のような雑踏事故においては、事前の警備計画策定段階から、事故の回避が可能な最終段階まで、様々な時点における落ち度が問題となり得る。現に、1審は、被告人A₁～A₃およびBにつき、遅くとも午後7時ころには、雑踏事故発生の危険がより具体化しつつあることが予見可能であり、午後7時30分ころまでであれば、強制的権限をもたない市職員および警備員による自主警備によっても歩道橋への流入規制を実施し、雑踏事故の発生を未然に防止することが可能であったとして、事故当日午後8時以前における注意義務違反も過失の内容として認定するとともに、量刑事情として、計画段階における落ち度も指摘している。

　これに対し、2審は、過失の認定方法につき、「現実に発生した事故の原因及び発生時刻を明らかにした上、その結果から因果の流れをさかのぼっていった場合に、遅くともどの時点で、最低限どのような措置が講じられていれば、本件事故を回避できたか……を解明した上、その措置が講じられなかったことについて、当該被告人に注意義務を怠った落ち度があるか否か」を検討し、「注意義務違反が認められれば、それより更に前の時点での注意義務違反を問題とするまでもなく、当該被告人は、本件事故についての過失責任を免れない」との立場から、被告人BおよびCについては、午後8時ころにおける雑踏事故の予見可能性と回避可能性を認め、その時点における注意義務違反を内容とする過失犯の成立を肯定したのである。

　2　このように午後8時ころの過失に限定した場合、その時点では警察官の出動によらなければ本件事故を回避できない状況が出現していた以上、被告人Bの注意義務の内容は、事故の回避に必要な規制を自ら実施することではなく、被告人Cや明石署に要請して規制を実現させることとなる。確かに、Bは、夏まつりの主催者として参集者の安全を確保すべき第一次的な義務を負う明石市から警備の実施を委託された者として、自主警備で実効的な規制が不可能な場合は、警察の出動を要請して雑踏事故の回避に必要な規制を実現する義務を負っていたといえよう。しかし、このような他人に対する働きかけを内容とする注意義務の違反のみを根拠として、自己の判断で機動隊等の出動を実現できる立場にあった被告人Cと同等の(正犯)責任を負わせることには疑問が残る。

　もっとも、1審の認定によれば、自主警備によって本件事故を回避することが可能であった段階においても、被告人Bには注意義務違反が認められることから、この過失を根拠に正犯責任を問うことは可能であり、本決定は、結論的に是認できよう。

　3　他方、2審は、夏まつりにおいて警察が果たすべき役割について、自主警備で対処できない警備に限定する明確な例規や申し合わせがあったことを根拠に、午後7時30分以前における被告人Cの注意義務違反を否定した。警察は、私人によっては回避不可能な危険に対処するため、特別の地位と権限を与えられているのであり、公務員に対する刑法上の義務づけは、職務上の義務の存在を前提とするのであるから、その注意義務を「主催者側では対処できない必要な措置」を行うべき場合に限定したのは妥当と思われる。

　なお、本件に関しては、当日、事故現場付近の状況を映し出すテレビモニターが置かれた署本部に居り、かつ、機動隊の指揮権を有していた明石警察署副署長が、検察審査会の起訴議決に基づき起訴されている。

【参考文献】岡部雅人・刑事法ジャーナル25号88頁、松宮孝明・法セ671号135頁。1審判決の評釈として、同・法セ607号121頁。

(さいとう・あきこ)

刑法 3

# 治療中止の限界
## ——川崎協同病院事件

最高裁平成21年12月7日第三小法廷決定
平成19年(あ)第585号殺人被告事件
刑集63巻11号1899頁，判時2066号159頁，判タ1316号147頁

岡山商科大学専任講師　加藤摩耶

【論点】
終末期における治療中止の可否。
〔参照条文〕刑199条・202条

【事件の概要】
　低酸素性脳損傷で意識が回復しない患者について，主治医である被告人は，家族の要請に基づき（第1審では，家族は患者の状況や抜管の意味を正確に理解しておらず，家族から要請があったとはいえないと認定した），患者が死亡することを認識しながら気管内チューブを抜き取り死亡するのを待った。しかし予期に反し患者が苦悶様呼吸を始め，多量の鎮静剤を投与してもそれを鎮静できなかったことから，准看護婦（当時）に筋弛緩剤ミオブロックを静脈注射させて同患者を呼吸筋弛緩に基づく窒息により死亡させた。
　第1審は，「患者の自己決定権」と「治療義務の限界」により治療中止が認められる場合があるが，被害者の回復可能性・死期の切迫につき必要な検査等をしておらず，家族は被告人の説明が不適切・不十分であるがゆえに，患者本人の治療中止に関する意思を検討する前提となる情報を欠いており，患者の真意の探求も尽くされていないとして，治療中止は許容されないとした（殺人罪・懲役3年執行猶予5年）。原審は，上記2つの判断枠組みは解釈上限界があり，この問題は立法あるいはガイドラインの策定をもって解決されるべきとの判断を示しつつ，本件治療中止は法的に許容されないとして量刑不当を理由に1審を破棄し，懲役1年6月，執行猶予3年に減軽した。弁護人上告。

【決定要旨】
〈上告棄却〉「事実経過によれば，……余命等を判断するために必要とされる脳波等の検査は実施されておらず，発症からいまだ2週間の時点でもあり，その回復可能性や余命について的確な判断を下せる状況にはなかったものと認められる。そして，……本件気管内チューブの抜管は，被害者の回復をあきらめた家族からの要請に基づき行われたものであるが，その要請は……被害者の病状等について適切な情報が伝えられた上でされたものではなく，上記抜管行為が被害者の推定的意思に基づくということもできない。以上によれば，上記抜管行為は，法律上許容される治療中止には当たらないというべきである。」

【解説】
**1**　治療中止の適法性につき，以前にはいわゆる東海大学安楽死事件（横浜地判平成7・3・28判時1530号28頁）において傍論として論じられたことがあるが，本件では1審から一貫して抜管と筋弛緩剤の投与を一連の治療中止としてとらえ，正面から治療中止の問題を取り上げており，本決定は治療中止にかかる最初の最高裁判例である。

**2**　東海大学安楽死事件判決や本件第1審および多くの学説は，被害者の同意原理に基づく「患者の自己決定」，および「治療義務の限界」により医師の治療義務が喪失することで治療中止による生命短縮が適法化されうるとの見解にたっていた。しかし，原審は「自己決定論」に対しては，終末期医療において患者にそもそも自己決定権があるのか，患者が意思表示ができない場合は実質的に家族の決定になってしまうのではないか，また「治療義務限界論」についてもいずれの段階が限界なのか不明であり，治療中止を不作為と構成する見解に対しても終末期医療を十全に把握するものではない，として真っ向から疑問を呈し，最高裁の判断が注目されるところであった。

**3**　本決定はそうした論点にはふれず，事例判断にとどまるものである。本件では治療中止が認められる余地がなく，それゆえ一般的許容要件を論じる必要性がなく，また未だ論じるに熟していない（あるいは適さない）事柄であるとの判断が働いたものと思われる。とはいえ，なお職権で抜管行為の違法性につき言及しており重要な意義を有する。
　本決定は「余命および回復可能性」と「患者の推定的意思」を判断要素にあげる。死期の切迫性と回復可能性が不明な段階では治療中止を認めるものではなく，また本人の意思が不明な場合に，家族からの要請であっても病状等につき適切な説明が与えられた上でなければ，本人の推定的意思としてそれを考慮することはできないとした。前者と後者がそれぞれ単独で中止許容要件となりうるのか，前者が後者の前提なのか，両者の関係は明らかでない。また前者につき，いかなる場合に「余命および回復可能性」がないといえるかについては，原審の問題提起にもかかわらず言及を避けており，なお治療の可能性がありうる段階でも治療中止が認められる場合があるかについては不明である。後者の点については，家族の「代行決定」ではなく「患者の推定的意思」としており，患者意思が推定できる場合には抜管を許容する余地を認めている。その推定の前提として医師の家族に対する情報提供が必要であるとし，患者本人の意思の探求の重視を示すものであるが，説明対象となる事柄や家族の範囲，家族の利己的判断の介入を排除しうるか等，なお検討が必要であろう。

【参考文献】　山口厚ほか「現代刑事法研究会①終末期医療と刑法」ジュリ1377号79頁，武藤眞朗「川崎協同病院事件最高裁決定」刑事法ジャーナル23号83頁，甲斐克則『尊厳死と刑法』(2004年)。

（かとう・まや）

## 刑法 4

# 防衛行為の相当性が認められた事例

大阪高裁平成21年10月22日判決
平成21年（う）第832号傷害，業務妨害被告事件
判タ1327号279頁

中央大学教授　曲田　統

### 【論点】
自らの挑発的言動を発端として，相手から執拗な暴行・脅迫を受け続けた者が，そこから逃れるために相手の顔面を1回殴ることは，相当な防衛行為か。
〔参照条文〕刑36条1項

### 【事件の概要】
被告人は，友人らと歩行中，目があった乙に「何見てんねん」と言ったところ，乙も「お前が何見てんねん」と言い返したことから口論になった。すると乙の連れの甲が介入してきて，「お前から何か因縁を付けてきてんから謝れや」と被告人に言い，被告人も「何で謝らなあかんねん」と言い返して，また口論となった。被告人は，乙が見ていたのはその連れの甲であったのに，自分を見ていたと勘違いしていたことに気づき，その非を認めて謝り立ち去ろうとした。すると甲から追いかけられて「ちゃんと謝れ」と言われ手首をつかまれた。被告人はそれを振り払い立ち去ろうとしたが，甲から強く謝罪を要求され胸ぐらをつかまれた。そこで被告人は甲の胸ぐらをつかみ返すとともに，立ち去ろうと歩いて逃げた。しかし甲に追いかけられ，Tシャツをつかまれ引っ張られ，髪の毛をつかまれ，引き留められた。甲は「土下座せえ」などと言って謝罪を求め，「事務所いこうや」などと言い，乙は携帯電話を操作するなどしていた。被告人は，甲につかまれた手を振り払って逃げようとしたが奏功せず，事務所に連れていくと言われたので甲らに土下座をして頭を下げた。しかし甲は被告人を許そうとしなかった。一時，座ってタバコを吸っていた甲が立ち上がった時，被告人の連れは甲が被告人につかみかかるものと思い，被告人を甲から遠ざけるために被告人を別方向に押しやった。被告人はその方向に数十m移動したが，甲は「事務所いこか」，「謝れや」などと言って被告人を追いかけ，その背後に迫ってきた。被告人は，これほど謝っても許してもらえず，事務所に本当に連れて行かれてさらなる暴行を加えられると思い，甲の方に振り向き，つかみかかろうとしてきた甲の顔面を手拳で1回殴りつけて走って逃げた。甲は顔面に加療3か月を要する傷害を負った。

### 【判旨】
〈破棄自判，無罪（確定）〉「被告人の1回限りの暴行は防衛行為として，甲の被告人に対する終わりのない不当な謝罪を求めての，胸ぐらをつかみ，髪の毛をつかみ，暴力団事務所に連行するという，約15分間に及ぶ執拗な暴行や脅迫の急迫不正の侵害に対して，やむことを得ずにした防衛であり，そして，その防衛の程度も不正の侵害の程度を超えたものではないと認めるのが相当である。」

### 【解説】
原判決は，「被告人の暴行は，1回だけではあるものの，被害者の顔面を右手けんで力一杯殴りつけるというものであり危険性が高い。被告人は……被害者を振り払ったり，押しのけるなどのより危険性の少ない防衛行為を行うことが十分可能であった」として過剰防衛を認めたが，本判決は，侵害行為の全体と，侵害行為から逃れるための1回限りの暴行とを比較して防衛行為の相当性を判断すべきであるとし，正当防衛を認めた。

判例は，防衛行為が「防衛の手段として必要最小限のものである」ときに相当性を肯定し，刑法36条1項の「やむを得ずにした行為」であることを認める（最判昭和44・12・4刑集23巻12号1573頁）。相当性の判断基準については，「当該具体的事態の下において当時の社会通念が防衛行為として当然性，妥当性を認め得るもの」とするため（最判昭和24・8・28刑集3巻9号1465頁），具体的な当てはめに際して常に困難が伴う。

本判決に関しては，被告人の行為を，相手方の攻撃を断念させるための防御手段であったとし，防衛的な行動に終始していたことを理由に正当防衛を認めた判例（最判平成元・11・13刑集43巻10号823頁。迫ってくる相手方に対して，危害を避けるために刃物を向けて脅迫した事案）に沿った判断として位置づける理解がある（判タ1327号279頁）。ただ，本件事案の防衛状況は，被告人による好戦的な「言いがかり」を発端とする点で特殊である。争いの火種を積極的に撒くこの種の言動は，一般の不注意な挑発的態度とは質的に異なる。それ故，ありがちな口論から生じた正当防衛状況下での防衛行為の場合（前記最判平成元・11・13）とは異なる判断枠組みを使って暴行の相当性判断をしなければならないということになる。すなわち，本件はいわゆる挑発防衛の一形態として正当防衛権の行使に制限がかかりうる事案であり，その観点を含めて相当性判断がなされるべきであった。

相当性の判断に際しては，高裁が説くように，防御行為がなされたその一場面のみに目が奪われてはならない。したがって，本件については，執拗な暴行・脅迫を15分にも渡り受け続けていたことは当然重視されなければならないが，加えて着目すべきは，暴力団事務所に連れて行かれると信じるに足る脅迫を受けていたこと，そして，被告人は暴行に及ぶ前により穏当な手段を用いて逃れることを幾度も試みており，それらが功を奏さなかったがため最終手段として暴行に出たという経緯があるということ，である。これら諸点に目を向けて初めて，事件の発端に被告人の好戦的な言動があったとしても，その暴行は「制限された防衛権」の枠内になお入る行為，すなわち相当性の認められる必要最小限の行為といいうることとなるのである。この結論は，自招侵害があったことを理由に正当防衛が否定された判例（最決平成20・5・20。口論のすえ被告人が相手の顔面を殴る暴行に出たところ，直後に相手から追いかけられ暴行を受けたため，被告人が特殊警棒で相手に再度暴行を加えたという事案）とも比べて均衡は取れているが，挑発防衛の相当性が認められた一限界事例と位置づけられるべきである。仮に，相手方が暴力団の存在をほのめかすことなく謝罪を執ように要求するにとどまっていたのならば，あるいは，被告人が他の穏当な手段を試みることなく顔面殴打にでたのならば，相当性を否定する結論（質的過剰）も十分あり得たといえよう。

【参考文献】中島宏「過剰防衛とした原判決を破棄し，正当防衛の成立を認めて無罪を言い渡した事例」季刊刑事弁護62号168頁，髙山佳奈子・刑法判例百選I〔第6版〕52頁。

（まがた・おさむ）

刑法 5

# 精神鑑定の一部を採用した場合と責任能力の有無・程度の判断

最高裁平成21年12月8日第一小法廷決定
平成20年(あ)第1718号
殺人，殺人未遂，銃砲刀剣類所持等取締法違反被告事件
刑集63巻11号2829頁，判時2070号156頁，判タ1318号100頁

明治学院大学専任講師　緒方あゆみ

【論点】
精神鑑定の意見の一部を採用した場合と責任能力の有無・程度の判断。
〔参照条文〕刑（平成16年法律第156号改正前）199条・203条・39条・68条，銃刀所持32条・22条

【事件の概要】
　精神疾患による入院経験のある被告人Xは，被害者の頭部を金属バットで殴りつけた後，逃げた被害者を追いかけてその頭部や顔面をサバイバルナイフで多数回にわたって切りつけ，胸部等を突き刺すなどして殺害した。さらにXは，殺意をもって被害者の二男の右頸部を同ナイフで切りつけるなどして加療2か月間の重傷を負わせた。
　本件では，Xの責任能力が争点となり，捜査段階で実施された精神鑑定（「N鑑定」）は，Xは統合失調症にり患していなかったとして完全責任能力を肯定した。1審は，N鑑定をそのまま採用したわけではないが，完全責任能力を認めてXに殺人罪及び同未遂罪等の成立を認めた（懲役18年）。2審では，改めて精神鑑定が実施され（「S鑑定」），S鑑定は，Xが本件犯行時，妄想型統合失調症にり患しており，本件犯行は一過性に急性憎悪した統合失調症の病的体験に直接支配されて引き起こされたもので，心神喪失状態であったとした。しかし，2審は，Xが妄想型統合失調症にり患していたと診断した部分はS鑑定を採用したものの，心神喪失の状態にあったとする部分については，Xの本件犯行前後の言動等の前提資料の検討が十分でなく，結論を導く推論過程に疑問があるとして，心神耗弱の状態にあったとし，1審判決を破棄した（懲役12年）。これに対し弁護人は，専門家であるS鑑定の意見に従い，Xは責任能力を欠いていたと判断すべきである旨主張して上告した。

【決定要旨】
〈上告棄却〉「裁判所は，特定の精神鑑定の意見の一部を採用した場合においても，責任能力の有無・程度について，当該意見の他の部分に事実上拘束されることなく，上記事情等を総合して判定することができるというべきである。原判決が，……鑑定の前提資料や結論を導く推論過程に疑問があるとして，Xが本件犯行時に心神喪失の状態にあったとする意見は採用せず，責任能力の有無・程度については，……S鑑定等をも参考にしつつ，犯行当時の病状，幻覚妄想の内容，Xの本件犯行前後の言動や犯行動機，従前の生活状態から推認される Xの人格傾向等を総合考慮して，病的体験が犯行を直接支配する関係にあったのか，あるいは影響を及ぼす程度の関係であったのかなど統合失調症による病的体験と犯行との関係，Xの本来の人格傾向と犯行との関連性の程度等を検討し，Xは本件犯行当時是非弁別能力ないし行動制御能力が著しく減退する心神耗弱の状態にあったと認定したのは，その判断手法に誤りはなく，また，事案に照らし，その結論も相当であって，是認することができる。」

【解説】
　本決定は，責任能力の有無が問題となる場合の総合的な法律判断における精神鑑定の位置づけについて，弁護人が上告趣意において引用した近時の先例である最判平成20・4・25刑集62巻5号1559頁を確認した上で，責任能力の有無・程度の判断に関しては，従来の最高裁判例（最決昭和59・7・3刑集38巻8号2783頁）にいう「諸事情の総合判断」という枠組みを維持し，鑑定結果も参考にしつつも（本決定ではS鑑定を一部採用），最終的には裁判所が検討・判断すべきであるとする立場を示したものである。
　精神鑑定の信用性に関して，前掲最判平成20年は，「生物学的要素である精神障害の有無及び程度並びにこれが心理学的要素に与えた影響の有無及び程度については，その診断が臨床精神医学の本分であることにかんがみれば，専門家たる精神医学者の意見が鑑定等として証拠となっている場合には，鑑定人の公正さや能力に疑いが生じたり，鑑定の前提条件に問題があったりするなど，これを採用し得ない合理的な事情が認められるのでない限り，その意見を十分に尊重して認定すべきもの」であると判示し，「責任能力の有無・程度は，被告人の犯行当時の病状，犯行前の生活状態，犯行の動機・態様等を総合して判定すべき」とする前掲最決昭和59年の結論を前提としつつ，精神鑑定という証拠の証明力の評価に一定の指針を与えたとして注目を集めた。しかし，その後の差戻審（東京高判平成21・5・25判時2049号150頁）は，最判平成20年が基本的に信用するに足りるとした2件の精神鑑定を排斥し，従来の指針に戻っている。
　確かに，精神医学の専門家による精神鑑定や証言は，刑事責任能力判断において重要な資料となるが，刑法39条に規定する心神喪失・心神耗弱の概念は法律上の概念であることは最決昭和59年において確認されている。したがって，本件のように，2件の鑑定結果を慎重に検討した上で，特定の精神鑑定の意見の一部を採用した場合において，当該意見の他の部分に拘束されることなく，裁判所が総合的に法律判断を下すべきであるとした本決定の結論は支持できよう。しかし，鑑定のどの部分の意見を採用・排斥するかについて，裁判員裁判でも同じように判断できるかは疑問であり，判例の集積により，ある程度の方向性を示すべきであると考える。

【参考文献】　前田雅英・警察学論集63巻4号156頁，正木祐史・法セ663号124頁，中川武隆・刑事法ジャーナル23号91頁。最判平成20年に関しては，緒方あゆみ・明治学院大学法科大学院ローレビュー11号111頁を参照していただきたい。

（おがた・あゆみ）

刑法 6

## 街頭募金詐欺について包括一罪と解し得るとされた事例

最高裁平成 22 年 3 月 17 日第二小法廷決定
平成 21 年(あ)第 178 号
職業安定法違反，詐欺，組織的な犯罪の処罰及び犯罪収益の規制等に関する法律違反被告事件
刑集 64 巻 2 号 111 頁，判時 2081 号 157 頁，判タ 1325 号 86 頁

慶應義塾大学准教授　亀井源太郎

【論点】
①街頭募金詐欺について包括一罪と解し得る場合はあるか。②街頭募金詐欺事案における訴因の特定。
〔参照条文〕①刑 246 条 1 項，②刑訴 256 条 3 項

【事件の概要】
被告人は，「難病の子供たちの支援を装い，平成 16 年 10 月 21 日ころから同年 12 月 22 日ころまでの間，〔情を知らない募金活動員ら〕を……各所の街頭に配置して，午前 10 時ころから午後 9 時ころまでの間，不特定多数の通行人等に対し募金を呼び掛けさせ，9 名の者から総額約 2 万 1120 円の交付を受けたほか，多数人から応募金名下に現金の交付を受け，合計 2493 万円余りの金員を詐取した」等として（匿名コメント・判時 2081 号 157 頁以下参照）起訴された。
第 1 審（大阪地判平成 19・11・30 刑集 64 巻 2 号 167 頁参照）は，本件街頭募金詐欺につき「その期間中の全活動を包括して 1 つの詐欺罪」とし，本件公訴事実が妥当な法的構成であるとした。原審（大阪高判平成 20・12・11 刑集 64 巻 2 号 208 頁参照）がこの判断を是認したため，被告人側が上告した。

【決定要旨】
〈上告棄却（職権で以下のように判示した）〉「この犯行は，……個々の被害者ごとに区別して個別に欺もう行為を行うものではなく，不特定多数の通行人一般に対し，一括して，適宜の日，場所において，連日のように，同一内容の定型的な働き掛けを行って寄付を募るという態様のものであり，かつ，被告人の 1 個の意思，企図に基づき継続して行われた活動であった……。加えて，このような街頭募金においては，これに応じる被害者は，比較的少額の現金を募金箱に投入すると，そのまま名前も告げずに立ち去ってしまうのが通例であり，募金箱に投入された現金は直ちに他の被害者が投入したものと混和して特定性を失うものであって，個々に区別して受領するものではない。以上のような本件街頭募金詐欺の特徴にかんがみると，これを一体のものと評価して包括一罪と解した原判断は是認できる。」
須藤正彦・千葉勝美裁判官の各補足意見がある。

【解説】
**1**　本決定は，①本件街頭募金詐欺について包括一罪とし，②（①を前提に）前掲の記載をもって罪となるべき事実の特定に欠けるところはない，とした。
**2**　最判昭和 31・8・3 刑集 10 巻 8 号 1202 頁は，被告人が必要な手続を経ずに麻薬中毒者 1 名に麻薬を複数回施用した事例につき，「いずれも同一の犯罪構成要件に該当し，その向けられている被害法益も同一であるから，単一の犯意にもとづくものと認められる」ことを理由の 1 つに掲げ，各所為を包括一罪とした。

また，本件と類似した事例につき，従来，裁判所は，被害法益の単一性がないとして，包括一罪ではなく併合罪としてきた（たとえば，東京高判昭和 63・11・17 判時 1295 号 43 頁は，「詐欺罪のような個人の財産を保護法益とする罪にあっては，共同の財産を対象としたような場合を除き，被害者の数と，構成要件を充足する行為及び結果が社会通念上同一と目されるか否か」が，包括一罪と併合罪の分水嶺であるとする）。
**3**　本件第 1 審は，(i)街頭募金詐欺においては，「同一の募金趣旨の下で行われた一連の街頭募金詐欺について総体として法益侵害を考える方が，はるかに自然」（法益侵害の個数），(ii)「詐欺行為についても，その包括性・一般性に着目するならば……いわば総体としての詐欺行為の個数を考えるのがその実態に沿う」（詐欺行為の個数），(iii)一連の募金詐欺が一連の継続的な意思の下になされており「この点でも……総体として包括評価することが妥当」（犯意の同一性），と述べ，包括一罪とした。法益侵害の個数に関する先例（前掲 **2**）を踏襲しつつ，若干の修正を図ろうとするものと考えられる。
これに対し，法廷意見は多くを語らないものの，須藤補足意見が「犯意・欺もう行為の単一性，継続性，組織的統合性，時や場所の接着性，被害者の集団性，没個性性，匿名性などの〔本件街頭募金詐欺の〕著しい特徴」に言及すること，千葉補足意見が「被害法益が一個であること等は，……包括一罪としてとらえることができるか否かを判断するための重要な考慮要素」にすぎないとすることからすれば，最高裁は，異なる被害者に対する個人法益の侵害を包括一罪とする考え方を，（本件の事実関係の下で）正面から採用したものと思われる。
**4**　本決定は，訴因の特定という手続法上の問題を解決するために，包括一罪という実体法上の概念を拡張した。訴因の特定の問題として本件を解決しようとするとき，（個々の所為が併合罪の関係に立つことを前提に）「被害者・被害日時・被害場所・被害金額等が明示されない，多数の訴因」の特定性が問題となるが，消極に解すべきであろう。このため，裁判所が実体法の領域で問題解決を試みたことには，相応の理由がある。
もっとも，異なる被害者に対する個人法益の侵害を包括一罪とすることは，従来受け入れられてこなかった（虫明満『包括一罪の研究』〔1992 年〕229 頁以下参照）。ただし，小林充「包括的一罪について」判時 1724 号 5 頁は，この理解を採用する余地を示唆する。従前の理解により近いと思われる第 1 審による説明（前掲 **3**(i)）でさえ，（詐欺罪を集合犯と理解するのでなければ）その実質は複数の法益主体に対する包括一罪の成立を認めるものと思われる。
このため，この種の事案における訴追の困難さ（千葉補足意見等参照）を考慮してもなお，本件各所為を包括一罪とするためには，一層の説明を要するものと考えられる（小野・後掲 431 頁参照）。本件では，被害者等が特定できたケースを個別に訴因とした上で，不特定多数者への侵害を訴因外の余罪として量刑上考慮する方法を採るべきであったのではなかろうか。もちろん，この方法に対しては，十分に重い量刑が行えないとする批判も予想される（中島・後掲 93 頁参照）。しかし，このことは，連続犯（旧 55 条）の規定を持たない，また，詐欺罪を集合犯として規定していない現行法が有する，やむを得ない限界と理解されるべきではないだろうか。

【参考文献】　小野晃正・阪大法学 60 巻 2 号 423 頁，中島行雄・警察公論 65 巻 7 号 90 頁，早渕宏毅・研修 743 号 13 頁，古江頼隆・刑事法ジャーナル 25 号 80 頁，松宮孝明「詐欺罪の罪数について」立命館法学 329 号 1 頁，同・法セ 667 号 123 頁。

（かめい・げんたろう）

## 刑法 7

# ビラ等配布目的での分譲マンション共用部分への立入りと住居侵入罪の成否

最高裁平成21年11月30日第二小法廷判決
平成20年(あ)第13号住居侵入被告事件
刑集63巻9号1765頁，判時2090号149頁，判タ1331号79頁

立命館大学教授　安達光治

【論点】
集合住宅の階段・廊下等の共用部分は住居侵入罪の保護客体となるか。ビラ配布目的でこれらの場所に立ち入る場合，住居侵入罪の成否はどのように判断されるべきか。

〔参照条文〕刑130条，憲21条1項

【事件の概要】
被告人は政党の発行するビラ等を配布する目的で，分譲マンションの共用部分である階段，廊下に立ち入った。当該マンションはオートロックを設置していないが，管理組合名義でチラシやパンフレットの配布を禁じるはり紙を玄関ホールに掲示する等の措置がなされていた。管理人は，立入りの当日不在であった。

【判旨】
〈上告棄却〉「本件マンションの構造及び管理状況，玄関ホール内の状況，上記はり紙の記載内容，本件立入りの目的などからみて，本件立入り行為が本件管理組合の意思に反するものであることは明らかであり，被告人もこれを認識していたものと認められ」，「本件マンションは分譲マンションであり，本件立入り行為の態様は玄関内東側ドアを開けて7階から3階までの本件マンションの廊下等に立ち入ったというものであることなどに照らすと，法益侵害の程度が極めて軽微なものであったということはできず，他に犯罪の成立を阻却すべき事情は認められないから，本件立入り行為について刑法130条前段の罪が成立する」。「表現の自由の行使のためとはいっても，そこに本件管理組合の意思に反して立ち入ることは，本件管理組合の管理権を侵害するのみならず，そこで私的生活を営む者の私生活の平穏を侵害するもの」であり，「本件立入り行為をもって刑法130条前段の罪に問うことは，憲法21条1項に違反するものではない」。

【解説】
**1**　ビラやチラシを家庭などの郵便受けに投函する行為（ポスティング）は，日常的にみられるものである。他方，安全・安心意識の高まりから，近年，生活領域への見知らぬ者の立入りに拒絶的な対応がされることも多い。この観点から，最判平成20・4・11刑集62巻5号1217頁（立川自衛隊宿舎反戦ビラ配布事件）は，ポスティング目的での共用部分への立入りは私生活の平穏を害するとし，本判決もこれに倣った。しかしながら，特にビラ配布が政治的表現活動として行われる場合，憲法21条1項による国家権力の介入からの原則的保護との関係で，住居侵入罪の成否について慎重な検討が必要である。

**2**　廊下や階段などの建物共用部分につき，前掲最判平成20・4・11は，宿舎管理者の看守する邸宅と判示した。本判決は，この点明確でないが，1審及び原審の判断による限り，人の住居とするとみられる。共用部分は，通常，人の起臥寝食に利用される場所ではないが，本件のような場合，建物共用部分は生活空間の一部をなすものとして居住者の住居権ないしは平穏の利益の対象となると解される。

このように解しても，居住者の恣意は尊重されない。隣室の気に入らない訪問客が自室前の廊下を通ったからといって，住居侵入罪だとは普通考えない。共用部分における居住者の住居権は，他の居住者との関係で制限される（住居権説を確立したリストはすでにそのように述べていた〔安達・後掲12頁（注14）参照〕）。管理者が置かれる場合，管理者が居住者の利益を代表することから，通常その意思が立入りの可否の標準となるであろう。本判決も住居侵入罪の根拠付けにおいて，管理者の意思に反することを援用する。

**3**　このような判断方法は，侵入を「他人の看守する建造物等に管理権者の意思に反して立ち入ること」とする最判昭和58・4・8刑集37巻3号215頁（大槌郵便局事件）に沿う。前掲最判平成20・4・11はこれに従うが，本判決も同様に理解できよう。もっとも，管理者は居住者の利益を代表するにすぎないので，管理者の意思が居住者の意思を離れて存在するわけではない（佐伯・後掲103頁。松尾誠紀「判批」セレクト2008〔法教342号別冊付録〕35頁は反対とみられる）。立入りにつき居住者の承諾が推定される状況では，たとえそれが管理者の意思に反しても侵入とは解されない（山口・後掲131頁参照）。また，立入りを拒絶する意思は対外的に表示されるので，管理者の措置から，当該行為者の立入りが禁じられていることが明確に認識される必要がある。これらの点に鑑みると，住居侵入罪の成否の判断において，ビラの性格や立入りの態様，居住者全体の対応などを踏まえつつ，管理主体における立入禁止措置の決定過程・内容や，外部的表示の内容・方法について，本件1審判決が行った程度の水準で精査する必要があると思われる（刑集63巻9号1869頁以下。一般的検討として安達・後掲10頁以下参照）。かかる検討は，平穏説の立場から立入りの平穏侵害を判断する場合でも必要であろう。

【参考文献】　安達光治「集合住宅でのポスティングの意味と刑事規制の限界」法時82巻9号8頁，佐伯仁志「住居侵入罪」法教362号96頁，山口厚「住居侵入罪の成立要件」同『新判例から見た刑法〔第2版〕』（2008年）118頁以下。

（あだち・こうじ）

刑法 8

# インターネットを利用した名誉毀損行為と真実性の証明

最高裁平成22年3月15日第一小法廷決定
平成21年(あ)第360号名誉毀損被告事件
刑集64巻2号1頁、判時2075号160頁、判夕1321号93頁

南山大学教授　末道康之

【論点】インターネットの個人利用者による名誉毀損的表現の免責判断について、どのような要件を適用するべきか。
〔参照条文〕刑230条1項・230条の2第1項

## 【事件の概要】

Xは、フランチャイズによる飲食店「甲」の加盟店等の募集及び経営指導等を業とする乙社の名誉を毀損しようと企て、平成14年10月18日ころから同年11月12日ころまでの間、インターネットを介して、自ら開設したホームページ内のトップページにおいて、「インチキFC甲粉砕！」、「貴方が『甲』で食事をすると、飲食代の4～5％がカルト集団の収入になります」などと、乙社がカルト集団である旨の虚偽の内容を記載した文章を掲載し、また、同ホームページの同社の会社説明会の広告を引用したページにおいて、その下段に「おいおい、まともな企業のふりしてんじゃねえよ。この手の就職情報誌には、給料のサバ読みはよくあることですが、ここまで実態とかけ離れているのも珍しい。教祖が宗教法人のブローカーをやっていた右翼系カルト『丙』が母体だということも、FC店を開くときに、自宅を無理矢理担保に入れられるなんてことも、この広告には全く書かれず、『店が持てる、店長になれる』と調子のいいことばかり」と、同社が虚偽の広告をしているがごとき内容を記載した文章等を掲載し続け、これらを不特定多数の者の閲覧可能な状態に置き、もって、公然と事実を摘示して乙社の名誉を毀損した。

## 【決定要旨】

〈上告棄却〉「個人利用者がインターネット上に掲載したものであるからといって、おしなべて、閲覧者において信頼性の低い情報として受け取るとは限らないのであって、相当の理由の存否を判断するに際し、これを一律に、個人が他の表現手段を利用した場合と区別して考えるべき根拠はない。そして、インターネット上に載せた情報は、不特定多数のインターネット利用者が瞬時に閲覧可能であり、これによる名誉毀損の被害は時として深刻なものとなり得ること、一度損なわれた名誉の回復は容易ではなく、インターネット上での反論によって十分にその回復が図られる保証があるわけでもないことなどを考慮すると、インターネットの個人利用者による表現行為の場合においても、他の場合と同様に、行為者が摘示した事実を真実であると誤信したことについて、確実な資料、根拠に照らして相当の理由があると認められるときに限り、名誉毀損罪は成立しないものと解するのが相当であって、より緩やかな要件で同罪の成立を否定すべきものとは解されない」。本件の事実関係の下においては、「Xが摘示した事実を真実であると誤信したことについて、確実な資料、根拠に照らして相当の理由があるとはいえないから、これと同旨の原判断は正当である」。

## 【解説】

本件第1審判決(東京地判平成20・2・29判時2009号151頁)は、加害者に対して容易に反論が可能であるというインターネット情報媒体としての特性(対抗言論の理論)やインターネット上の情報の信頼性に関する一般的な認識等を根拠に、インターネット上の表現行為については緩和された免責基準を示し、結論としてXを無罪とした。これに対して、原判決(東京高判平成21・1・30判夕1309号91頁)は、独自の免責基準を示した第1審判決を否定し、公共の利害に関する事実について、主として公益を図る目的で本件表現行為を行ったものではあるが、摘示した事実の重要部分である、乙社と丙とが一体性を有すること、そして、加盟店から乙社へ、同社から丙へと資金が流れていることについては、真実であることの証明がなく、Xが真実と信じたことについて相当の理由も認められないとして、Xを有罪とした。本件における論点は、インターネットの個人利用者による名誉毀損的表現の免責判断について、最大判昭和44・6・25刑集23巻7号975頁で示された要件を適用するべきか、あるいは、インターネットの媒体としての特性等を考慮してより緩やかな要件を適用するべきかである。第1審判決は、摘示した事実が真実でないことを知りながら発信したか、あるいは、インターネットの個人利用者に対して要求される水準を満たす調査を行わず真実かどうか確かめないで発信したときにはじめて名誉毀損罪が成立すると判断したが、本決定は、インターネット上の個人の表現行為についても、他の場合と同様に、行為者が摘示した事実を真実であると誤信したことについて、確実な資料、根拠に照らして相当の理由があると認められるときに限り、名誉毀損罪は成立しないものと解するのが相当であると判断し、上記昭和44年最大判の基準が妥当することを示した点で、意義がある。

本決定が示すように、インターネット上に載せた情報は、不特定多数のインターネット利用者が瞬時に閲覧可能であり、これによる名誉毀損の被害は時として深刻なものとなり得ること、一度損なわれた名誉の回復は容易ではなく、インターネット上での反論によって十分にその回復が図られる保証があるわけでもないことなどを考慮すると、免責要件を緩和することは妥当ではなく、「オフラインで許されないことは、オンラインでも許されない」という考え方が妥当する。また、インターネット上の情報の信頼性に対する社会的な認識という根拠についても、個人利用者が発信する情報の信頼性が一律に低いと受け取られているわけではなく、従来「個人が作成したビラやチラシは、マスメディアが発行する新聞・雑誌に比べて信用性が低いものと受け取られるから、確実な資料、根拠に基づかない事実を記載して配布しても許される」と考えられてこなかったわけであり、この点については、インターネット上での個人利用者が発信する情報についても、同様に考えられるとの指摘は正しいと思われる。したがって、本決定は結論において妥当である。

【参考文献】本件の評釈として、加藤俊治・研修744号15頁、平川宗信・刑事法ジャーナル24号95頁、豊田兼彦・法セ669号123頁、進士英寛・NBL927号6頁、園田寿・平成20年度重判解(ジュリ1376号)188頁等がある。

(すえみち・やすゆき)

刑法 9

# 詐欺罪における詐欺行為の意義

最高裁平成22年7月29日第一小法廷決定
平成20年（あ）第720号詐欺被告事件
刑集64巻5号829頁，判時2101号160頁，判タ1336号55頁

東洋大学准教授　伊藤　渉

【論点】
第三者を搭乗させる意図を秘して国際航空運送に係る航空会社関係係員から自己に対する搭乗券の交付を受ける行為は詐欺罪に当たるか。
〔参照条文〕　刑246条

【事件の概要】
　被告人は，Bらと共謀の上，関西国際空港旅客ターミナルビル内にあるA航空のチェックインカウンターにおいて，Bが，A航空から業務委託を受けている会社の係員に対し，真実は，バンクーバー行きA航空36便の搭乗券をカナダに不法入国しようとして関西国際空港のトランジット・エリア内に待機している中国人に交付し，同人を搭乗者として登録されているBとして航空機に搭乗させてカナダに不法入国させる意図であるのにその情を秘し，あたかもBが搭乗するかのように装い，Bに対する航空券及び日本国旅券を呈示して，上記A航空36便の搭乗券の交付を請求し，上記係員をしてその旨誤信させて，同係員からBに対する同便の搭乗券1枚の交付を受けた（この他に，Cらと共謀の上，同様の目的・態様でCに対する同便の搭乗券1枚の交付をも受けている）。第1審判決及び控訴審判決は，いずれも，本件行為につき詐欺罪の成立を認めた。弁護人上告。

【決定要旨】
〈上告棄却〉「航空券及び搭乗券にはいずれも乗客の氏名が記載されているところ，本件係員らは，搭乗券の交付を請求する者に対して旅券と航空券の呈示を求め，旅券の氏名及び写真と航空券記載の乗客の氏名及び当該請求者の容ぼうとを対照して，当該請求者が当該乗客本人であることを確認した上で，搭乗券を交付することとされていた。このように厳重な本人確認が行われていたのは，航空券に氏名が記載されている乗客以外の者の航空機への搭乗が航空機の運航の安全上重大な弊害をもたらす危険性を含むものであったことや，本件航空会社がカナダ政府から同国への不法入国を防止するために搭乗券の発券を適正に行うことを義務付けられていたこと等の点において，当該乗客以外の者を航空機に搭乗させないことが本件航空会社の航空運送事業の経営上重要性を有していたからであって，本件係員らは，上記確認ができない場合には搭乗券を交付することはなかった。また，これと同様に，本件係員らは，搭乗券の交付を請求する者がこれを更に他の者に渡して当該乗客以外の者を搭乗させる意図を有していることが分かっていれば，その交付に応じることはなかった。」
　それ故，「搭乗券の交付を請求する者自身が航空機に搭乗するかどうかは，本件係員らにおいてその交付の判断の基礎となる重要な事項であるというべきであるか

ら，自己に対する搭乗券を他の者に渡してその者を搭乗させる意図であるのにこれを秘して本件係員らに対してその搭乗券の交付を請求する行為は，詐欺罪にいう人を欺く行為にほかなら」ない。

【解説】
　本決定は，自己以外の者を搭乗させる意図を秘して，国際航空運送に係る航空会社から自己に対する搭乗券の交付を請求する行為が，刑法246条1項所定の財物詐欺罪にいう「欺く行為」に当たるとして，その交付を受けた点につき，本罪の成立を認めたものである。
　判例・通説によれば，財物詐欺罪が成立するためには，欺く行為により相手方を錯誤に陥れ，その結果相手方が財物を行為者側に交付することが必要であるとされる一方，被害者の全体財産に損害を生じることを要しない，とされる。しかし，判例は他方で，不正の申立てにより旅券の交付を受ける行為（最判昭和27・12・25刑集6巻12号1387頁）や，処方箋を偽造してそれがなければ購入することができない医薬品を，代金を支払って入手する行為（東京地判昭和37・11・29判タ140号117頁）等につき，財産上の損害をもたらすものではないとして，詐欺罪の成立を否定している。このうち，前者は，旅券を発行させる行為は実質的に発行者から一定の事柄に関する証明の利益を受けるに止まり，それ以上の財産的利益の移転を伴うものとはいえないこと，後者は，医薬品の購入に処方箋を必要としている趣旨は，そのような医薬品の誤用・悪用の防止という薬事行政上の必要性にすぎず，この点に関して交付者を欺いたとしても，それは交付者である薬局の財産的利害と直接の関係を有しない事項であることから，それぞれ実質的に見て当該物件の移転を財産的利益の侵害と評価することはできない，という理由に基づくものと解される。
　このように考えた場合，本件は，不正の申立てにより搭乗券を発行させた事案であるが，搭乗券は，航空運送の役務を受けるのに必要な書面であって，旅券などのように単なる証明手段として交付されるものではないから，その移転自体に財産的利益の侵害を見いだすことができないものではない。また，本件においては，航空会社側において，搭乗券記載の者以外の第三者を搭乗させない理由として，航空機の運航に対する危険の防止及び目的地での不法入国の防止といったことを挙げているところ，たしかに搭乗する者による違法行為の防止というだけでは航空会社の財産的利害と直接結びつくものではないが，しかし航空機の運航の危険ないし不法入国のおそれを回避するために航空会社に不測の経費が生じうることは否定できないのであるから，この意味において，第三者を搭乗させる意図を秘匿して搭乗券の交付を受ける行為は，なお財産的利益の侵害をもたらすものと評価することが許されるのではあるまいか。この点に関して，最決平成19・7・17刑集61巻5号521頁は，第三者に譲渡する意図を秘して金融機関から預金通帳の発行を受ける行為につき，財物詐欺罪の成立を認めているところ，単に上記通帳が違法行為に用いられないという利益は，金融機関側の財産的利害にかかわるものとはいえないが，そのような口座に入ってくる利益が不正な資金に係るものである危険があり，それを用いて収益を上げること自体許されないと考えるのであれば，同様に上記行為をもって財産的利益の侵害と評価する余地があるように思われよう。

【参考文献】　林幹人「詐欺罪の現状」判タ1272号62頁，山口厚「最近の刑法判例を追う」NBL871号8頁，木村光江「詐欺罪における損害概念と処罰範囲の変化」曹時60巻4号1頁。

（いとう・わたる）

刑法 10

# 背任罪における任務違背性の判断

最高裁平成21年11月9日第三小法廷決定
平成18年(あ)第2057号商法違反被告事件
刑集63巻9号1117頁, 判時2069号156頁, 判夕1317号142頁

明治大学専任講師　内田幸隆

【論点】
①銀行の取締役における, 背任罪の任務違背性を判断するに当たって, いわゆる「経営判断の原則」を基準として用いることはできるか。②銀行の取締役が負う注意義務は, 一般事業会社の取締役が負うそれより程度が高いといえるか。

〔参照条文〕　商旧486条1項（現会社960条1項）

【事件の概要】
T銀行の代表取締役頭取であった被告人A, Bは, 被告人Cが実質的な経営者であったSグループに対して, Sグループの各会社が実質倒産状態にあるにもかかわらず, 赤字補填などのために実質無担保で追加融資を行い, T銀行に損害を生じさせた。被告人らは特別背任罪について起訴されたが, 第1審では無罪とされた。他方で, 第2審は第1審判決を破棄し, 同罪の成立を認めたため, 被告人らは上告した。

【決定要旨】
〈上告棄却〉　銀行の取締役が負うべき注意義務については, 一般の株式会社取締役と同様に, 受任者の善管注意義務（民644条）及び忠実義務（商旧254条の3, 会社355条）を基本としつつも, いわゆる「経営判断の原則」が適用される余地がある。しかし, 銀行業が預金・融資から成り立つ免許事業であること等を考慮すれば, 融資業務に際して要求される銀行の取締役の注意義務の程度は一般の株式会社取締役のそれと比べ高い水準のものであると解され, 「経営判断の原則」が適用される余地はそれだけ限定的なものにとどまる。
そこで本件についてみると, Sグループが実質倒産状態にあったにもかかわらず, 被告人A, Bは, 客観性のある再建・整理計画もないまま, 実質無担保の本件各追加融資を決定, 実行したのであって, その融資判断は著しく合理性を欠いたものであり, 被告人A, Bに任務違背が認められる（なお, 本決定には, 田原睦夫裁判官の補足意見がある）。

【解説】
本決定の意義は, 銀行取締役の融資の実行につき, 背任罪の任務違背性を判断するに当たって, いわゆる「経営判断の原則」が適用される余地があると明らかにした点にある。同原則は, 取締役の経営判断の結果, たとえ損害が発生したとしても取締役における裁量を尊重し, その責任を問わないというものである。その具体的な適用基準は, アメリカ法における理解とは若干異なり, 我が国の民事事件における下級審判決の主流によると, 経営判断の過程とその内容に分けた上で, 判断を下すために必要な情報の収集・検討がなされたか否か, そして, その判断内容自体が明らかに不合理でないか否かを問うものとされている。同原則を前提とする限り, 経営判断の過程・内容が明らかに不合理なものではないとされた場合に, それにもかかわらず任務違背性を認めることには疑問があろう。ただし, 本決定では, 本件各融資の決定・実行は著しく合理性を欠いていたと認定されており, 田原補足意見が指摘するように同原則を論じるまでもなく任務違背性が肯定され得る事案であるから, 本決定の射程は明らかとはいえない。それゆえ, 任務違背性を判断する上で, 同原則をいかに考慮するべきかが問題となる。
そもそも任務違背性は, 事務処理に際して法的な期待に反する行為をなした場合に認められるのであって, 民事上の注意義務違反・違法性がない場合には同罪の成立を否定するべきである。それゆえ, 取締役の善管注意義務等の違反を問う本決定の立場は基本的に正当である。ただし, 財産的損害とは関連しない義務違反に基づいて任務違背性を認めるのは疑問がある。さらに, 本人のリスク許容度は本人によるリスクの捉え方ないし本人の事務の性質によって異なるものである。それゆえ, 任務違背性の判断においては, 本人から与えられた「損害回避のためのルール」に違反したかが問われると解される。ここでは, 「経営判断の原則」を検討する以前に, 当該ルールの具体化が求められよう。
そこで本件を検討すると, 銀行業の性質上, そのリスク許容度は相対的に低いと考えられる。それゆえ, 本決定が指摘するように, 銀行取締役が負う注意義務の程度は比較的高いといえ, その注意義務（＝任務）の内容は, 元利金の回収不能という事態が生じないよう, 相当の措置をとるべきこととされるのである。このように義務内容が具体化されている以上, 「経営判断の原則」が適用されるにしても, 取締役の裁量の幅は狭くなろう。とりわけ, 実質倒産状態にある企業に無担保で融資するか否かを判断する局面においては, 当該融資を実行することで被る損失額と当該損失発生の可能性を厳しく検討することが求められる。当該融資を実行しても, 融資後の具体的な手立てもなく回収不能額が増える見込みしかないのであれば, その実行は明らかに不合理であり, 任務違背性も肯定されよう。
以上のように, 義務内容の具体的設定とその義務違反の検討は区別されるべきであり, 「経営判断の原則」の適用は後者にかかわる問題なのであって, 同原則が適用されるからといって注意義務の程度が低くなるとはいえないと思われる。この意味で, 本決定の結論は支持できるが, 今後, 問題となるのは, 明らかに不合理とまではいえないが, 適切なものともいえない金融機関の融資についても任務違背性が肯定されるかという点であろう。

【参考文献】　岩原紳作「金融機関取締役の注意義務」落合誠一先生還暦記念『商事法への提言』（2004年）173頁, 弥永真生・ジュリ1392号178頁, 清水真＝阿南剛・商事法務1897号25頁, 松山昇平・金法1896号12頁, 品田智史・刑事法ジャーナル22号114頁, 中村芳生・研修746号15頁, 島田聡一郎・ジュリ1408号117頁以下。さらに, これらの文献において引用されたその他の文献, 判例を参照されたい。

（うちだ・ゆきたか）

刑法 11

# 賄賂罪における「職務に関し」の意義

最高裁平成22年9月7日第一小法廷決定
平成20年(あ)第738号
あっせん収賄，受託収賄，議院における証人の宣誓及び証言等に関する法律違反，政治資金規正法違反被告事件
刑集64巻6号865頁，判時2095号155頁，判夕1335号78頁

神戸大学准教授　嶋矢貴之

【論点】
北海道開発庁長官の職務権限と職務密接関連行為。
〔参照条文〕刑197条1項後段

【事件の概要】
（省庁再編で現存しない）北海道開発庁長官であった被告人は，同庁の地方支分部局である北海道開発局の事務の一部を分掌している開発建設部が所管する道内の港湾工事等について，A建設から，受注できるよう同開発局港湾部長に指示するなど便宜な取り計らいをされたい旨の請託を受け，工事計画・業者指名への介入を行い，4回にわたり合計600万円の現金の供与を受けた。なお当該工事は，本来は競争入札をもって実施業者が決められるべきものであったが，最終的には同港湾部長が業者を指名した上で，業者間で入札金額の談合が行われていた。

【決定要旨】
〈上告棄却〉「北海道開発庁長官である被告人が，港湾工事の受注に関し特定業者の便宜を図るように北海道開発局港湾部長に働き掛ける行為は，職員に対する服務統督権限を背景に，予算の実施計画作製事務を統括する職務権限を利用して，職員に対する指導の形を借りて行われたものであり，また，被告人には港湾工事の実施に関する指揮監督権限はないとしても，その働き掛けた内容は，予算の実施計画において概要が決定される港湾工事について競争入札を待たずに工事請負契約の相手方である工事業者を事実上決定するものであって，このような働き掛けが金銭を対価に行われることは，北海道開発庁長官の本来的職務として行われる予算の実施計画作製の公正及びその公正に対する社会の信頼を損なうものである。したがって，上記働き掛けは，北海道開発庁長官の職務に密接な関係のある行為というべきである。」

【解説】
1　本件は，受託収賄罪，あっせん収賄罪，政治資金規正法違反，議院証言法違反に関する事案であり，いずれについても事実関係，法律解釈が争われた。本決定において最高裁は，いずれも適法な上告理由にあたらないとして上告棄却しつつ，受託収賄罪の職務関連性――職務密接関連行為とされている――につき，上記のとおり特に職権で判断を示した。
　賄賂罪は，どのような法益理解に立とうと，原則，利益と職務が対価関係に立つことによって成立する。請託が要件である受託収賄罪の場合には，請託の内容となった事項が対価関係に立っているとまでは容易にいえるが，そもそもその事項が，被告人の職務（権限）に属す

るかが問題となりえ，本件では以下の点が争われた。
2　本件事案を特徴づけるポイントとして，本請託事項に関する，権限の特殊性がある。北海道開発庁長官は，同庁の事務を統括し職員の服務を統督する権限があるとされていた。そして，行政組織法上は，事務統括・服務統督権限は，指揮監督権限を意味するものと解されている（佐藤功『行政組織法〔新版・増補〕』〔1985年〕241頁）。しかし，本件では，（平成11年改正前の）北海道開発法により，本事項に関する指揮監督権限は，同長官に属せず，各工事を所管する大臣に属すると定められていたため，上告趣意は，その点を指摘して争った。
　そのような組織法上の制約を考慮して，本決定は，職務権限そのものでなく，密接関連行為の観点から，職務関連性を肯定したものと思われる。つまり，下部組織構成員に対し，上部組織の長が指示や介入を行うことは，通常なら容易に職務関連性を肯定できるものと思われるが，本件ではそれがやや困難であった。ゆえに，実務慣行や本来的な職務権限を考慮しつつ，本件介入が職務密接関連行為にあたると判断したと推測される。この判断は，本来の職務権限に裏打ちされた職務上の影響力，本来の職務への影響等の観点から，密接関連行為を認める考え方からも（西田典之『刑法各論〔第5版〕』〔2010年〕480頁，山口厚『刑法各論〔第2版〕』〔2010年〕617頁），肯定され得よう。ただし，職務関連性があるから（十分な）法益侵害があるのであって，法益侵害があるから職務関連性が肯定できるとする論理は，逆であろう。
　以上の意味で，本件は，第一義的には，特殊な指揮監督関係にある場合の職務権限に関する判断，および，その場合の密接関連行為の判断方法に関する一事例判断であるといえる。本判断の射程は，直接的には，特殊な指揮監督関係がある場合に及び（例えば，地方財務局は，原則として財務省の指揮監督下にあるが，金融に関する事項については，金融庁の指揮監督を受けるとされている），必ずしも広いものではないであろう。
3　なお，上告趣意との関係で，最高裁は付随的に以下の2つの判断を示している。すなわち，上告趣意は，いわゆるロッキード事件（最判平成7・2・22刑集49巻2号1頁）での判示・解説をひき，組織上の上位者が，下位の者に対して，一定の指揮監督権限ないし密接関連行為に基づいて働きかけを行う場合，働きかけを受ける事項について，それを受ける下位者の側にも職務権限が必要であり，その点の認定が，上位者の職務関連性を肯定するためには必要であると主張した。それに対して最高裁は，そのような認定は不要であるとの判断を示している。加えて，金築誠志裁判官補足意見は，ロッキード事件での判断が，内閣総理大臣という，特殊例外的に広範な権限を有するゆえの判断であったことを指摘している。その意味で，本決定には，職務権限として指揮監督等が問題となった場合に，ロッキード事件の判断方法を過度に一般化すべきではない，という判断も含まれていよう。また，請託を受けた具体的事項が不正であること（本件は官製談合にあたる）は，賄賂罪の成否に原則影響しないとする判断も示しているが，それは，無限定ではないが，学説（山口・前掲614頁・西田・前掲478頁），判例のつとに指摘するところである。

【参考文献】上岡哲生・最判解刑事篇平成22年度193頁，嶋矢貴之・論ジュリ11号237頁。

（しまや・たかゆき）

## 刑法　判例の動き

京都大学教授　塩見 淳

　以下では、平成22年9月から23年8月末までに言い渡された刑法関係の主な裁判例を中心に概観する。

### Ⅰ. 刑法総論

**(1) 罪刑法定主義**

　最決平成22・9・27判時2126号143頁（①事件、②事件）（**刑法1**）は、道路整備特別措置法が、同法58条によりその違反に罰金刑を科す、料金徴収所付近での車両の通行方法について、同法24条3項により民間会社である高速道路株式会社に白地委任しているとの主張を、規制内容が国土交通省令の定めにより、国土交通大臣の認可を要することを指摘して斥けた。

**(2) 主体（両罰規定）**

　最決平成23・1・26刑集65巻1号1頁（**刑法2**）は、法人税逋脱事件に関し、役職がなく無報酬でも被告会社の決算などの業務を統括していた者は「その他の従業者」に当たる、上記業務の統括の過程における法人税逋脱は、会社資産の領得を目的としていても「業務に関して」行われたといえる、として両罰規定の適用を肯定した。

**(3) 過失**

　最決平成22・10・26刑集64巻7号1019頁（**刑法3**）は、航空機の便名を言い間違えた管制官の指示と当該航空機の乗客に生じた傷害結果との因果関係及び予見可能性を肯定した決定であり、昨年度も本欄では紹介したが、改めて検討をお願いした。過失をめぐっては、さらに、修理業者によるガス湯沸器の不正改造が原因で起きた一酸化炭素中毒による死傷事故について、湯沸器を製造・販売した会社の代表取締役社長と品質管理部長に点検・回収等の措置を講じなかった過失があるとして業務上過失致死傷罪の成立を認めた東京地判平成22・5・11判タ1328号241頁、海上自衛艦と漁船の衝突事故に関して、衝突の危険を生じさせたのは漁船側であり、自衛艦側は海上衝突予防法15条の避航義務を負わないとして操艦の責任者であった航海長と水雷長に無罪を言い渡した横浜地判平成23・5・11（LEX/DB25471635）がある。

**(4) 正当化**

　正当防衛に関して、クロイツフェルト・ヤコブ病が疑われ、知能が5歳程度と診断された被害者から就寝中にペティナイフによる攻撃を受けて反撃し、約85か所に傷害を負わせ、死亡させた事案で、「恐怖を感じた被告人が、たまたま手にした本件ナイフをいわばやみくもに振り回すなど」の行為は許容されるとして正当防衛を認めた静岡地浜松支判平成23・2・2（LEX/DB25470358）、傷害被告事件において防衛行為の過剰性を基礎づける事実の認識を欠いたとして故意を否定し無罪を言い渡した大阪地判平成23・7・22（裁判所HP）がある。

**(5) 未遂**

　東京高判平成22・4・20（LLI/DB06520456）（**刑法4**）は、被告人が、駅に設置された切符の自動券売機の釣銭返却口に接着剤を塗布した後、付着した釣銭を利用客がそのことに気づかずに離れてから取得する意図で券売機の前で待機していたところ、駅員に逮捕された事案で、接着剤塗布行為は釣銭窃取と密接性を有し、結果発生の客観的危険性を伴うとして窃盗未遂罪の成立を肯定した。

**(6) 量刑**

　東京高判平成22・1・21判タ1338号282頁は、平成16年の刑法改正前に行われた傷害致死行為に改正後の重い新205条を適用した原判決は法令適用を誤ったものとしたうえで、法改正の趣旨に鑑みて、同罪の法定刑の下限を2年から3年に引き上げた点が量刑判断に及ぼす影響は小さくないことなどを考慮すると、その誤りが判決に影響を及ぼすことは明らかだとして原判決（懲役7年）を破棄し、懲役6年を言い渡した。

**(7) 没収**

　強盗強姦の犯行を撮影したビデオテープについて、ビデオテープ自体は犯行により生じた物とはいえず、刑法19条1項3号ではなく、同項2号の「犯罪行為の用に供し」た物として没収すべきだとしたものに東京高判平成22・6・3判タ1340号282頁がある。

### Ⅱ. 刑法各論

**(1) 個人的法益に対する罪（財産犯以外）**

　最決平成23・10・31（裁時1543号1頁）は、自車の追突により前方を走行中の被害車両を橋上から転落・水没させ、同車両に乗車していた3名を溺死させるなどした事案について、被告人が被害車両の認識を欠いた原因は、飲酒酩酊により前方を見ていなかったか、見ていても認識できなかったかだとしたうえで、「いずれであってもアルコールの影響により前方を注視してそこにある危険を的確に把握して対処することができない状態」であり、刑法208条の2第1項前段の「アルコールの影響により正常な運転が困難な状態」で自動車を走行させたと認められるとして、危険運転致死傷罪の成立を肯定した。さらに、同じ会社の後輩がアルコールの影響により正常な運転が困難な状態で乗用車を走行させることに了解を与え、あるいはこれを黙認しつつ同乗した被告人らに同罪の幇助犯の成立を認めたものにさいたま地判平成23・2・14(LEX/DB25470454）がある。

　一定の場所からの脱出が著しく困難な心理状態に陥

れることは監禁に当たり，被告人の許諾のもと，一時的に外出する機会が与えられても監禁はなお継続しているとして監禁（致傷）罪の適用を認めたものに東京高判平成22・9・24（LEX/DB25464181）がある。

千葉地判平成23・7・21（裁判所HP）は，強姦後，両手足首を縛られた状態で居宅内に留め置かれていた被害者が16，7時間後に逃げようとしたことから，犯行の発覚を防止するためにその頸部を圧迫して殺害した事案で，頸部圧迫行為は強姦行為に随伴するとはいえないとして強姦致死罪の成立を認めず，強姦罪と殺人罪の併合罪とした。

最判平成23・7・7判時2130号144頁（**刑法5**）は，被告人が，卒業式の始まる約30分前に保護者席でビラを配り，国歌斉唱時には着席するよう大声で呼びかけ，また，被告人を移動させようとした教頭らに怒号するなどした後，約15分前に退場したが，開式は約2分遅れとなった事案について，被告人の行為は「卒業式の円滑な遂行に看過し得ない支障を生じさせ」ており，「違法性を欠くものでない」として威力業務妨害罪の成立を肯定した。

### (2)財産犯

青森地判平成22・9・6（LEX/DB25470064）は，反捕鯨活動の一環として，調査捕鯨を終えて帰国した船員が捕獲した鯨の肉を勝手に持ち帰っていないかを調査するため，船員が宅配便として発送した荷物を宅配業者より奪取した行為について，不法領得の意思がなく窃盗罪は不成立とする主張を，「物を毀棄し又は隠匿する意思」でなければ領得意思は認められるとして斥けた。なお，被告側の控訴は仙台高判平成23・7・12（LEX/DB25472600）により棄却されている。東京高判平成21・12・22判タ1333号282頁（**刑法6**）は，スーパー3階の家電売り場に陳列中の液晶テレビを，後に店外に持ち出すつもりで，とりあえずレジを通らずに同じ階のトイレ内に持ち込み，洗面台下部の収納棚に隠し入れた行為について，窃盗罪の既遂を認めた原判決を正当とした。

東京高判平成21・11・16判時2103号158頁（**刑法7**）は，キャッシュカードの窃取に着手した後，被害者を包丁で脅迫して暗証番号を聞き出した行為について，事実上「預貯金の払戻しを受け得る地位という財産上の利益を得た」として2項強盗罪の成立を肯定した。東京高判平成23・1・25高刑集64巻1号1頁（**刑法8**）は，被害者を自動車内に監禁し，所持金を強取するなどしたのに引き続いて，当初からの計画に従い，強盗の罪跡を隠滅するため，覚せい剤を注射した被害者を山中に運んだうえ放置し，死亡させたが，強取と山中での放置が時間的・場所的に離れていた事案で，罪跡隠滅行為は「強盗と一体のものと評価でき」，強盗の機会に行われたといえるとして，強盗致死罪の成立を肯定した。

### (3)社会的法益に対する罪

最判平成22・12・20刑集64巻8号1291頁（**刑法9**）は，行政書士でない被告人が巻物にした家系図6通を作成した行為が，「事実証明に関する書類」の作成という行政書士の業務に当たる（行政書士法違反）とされた事案で，家系図は「対外的な関係で意味のある証明文書として利用される」予定はなかったとして上記「書類」への該当性を否定した。東京地判平成22・9・6判時2112号139頁（**刑法10**）は，有効期限を経過した駐車禁止除外指定車標章の上に数字を記載した紙片を置いてビニール製ケースと密着，固定させることにより，有効期限内のような外観のものを作出した行為について，「フロントガラス越しに確認するという」本標章の「本来的な用法も併せ考慮すれば」，公文書の偽造に当たると判示した。さらに，アイドルグループとの握手券は，「メンバーの一人と握手することができる」という財産上の権利を表象した有価証券に当たるとして，その偽造等に有価証券偽造罪等の成立を認めたものに東京地判平成22・8・25（Westlaw08258035）がある。

被告人が冷凍庫内に隠していた死産だった嬰児の死体を，情を知らない長男が取り出し，ゴミと思って捨てる旨を被告人に告げて買い物に出かけ，スーパーで捨てた事案で，長男の行動を容認した被告人の態度が不作為による死体遺棄（刑190条）に当たらないとしたものに名古屋地岡崎支判平成23・3・24（LEX/DB25470969）がある。

### (4)国家的法益に対する罪

広島高判平成23・6・30（裁判所HP）（**刑法11**）は，少年院の法務教官である被告人が，規律違反のみられた被害者に対して，遺書を作成するように申し向けるなどした行為が刑法195条にいわゆる暴行陵虐に当たるかが争われた事案で，「社会通念に照らし，職務上行うことが必要かつ相当」とはいえず，「公務の適正とこれに対する国民の信頼の観点からしても，およそ容認することはでき」ないとして積極に解した。

（しおみ・じゅん）

**刑法 1**

## 私人への罰則の委任に当たらないとされた事例

最高裁平成22年9月27日第二小法廷決定
平成20年(あ)第2423号道路整備特別措置法違反被告事件
判時2126号143頁〔②事件〕、判タ1355号120頁〔②事件〕

金沢大学准教授　永井善之

【論点】
省令の定めを前提とし大臣の認可を受けることで道路会社はその違反が科刑対象となる通行方法を定めうる、とする法条は私人への罰則委任であって罪刑法定主義に違反するか。
〔参照条文〕道整特措24条3項・58条、憲31条・73条6号

【事件の概要】
　道路整備特別措置法24条3項（以下「本規定」）は、高速道路「会社等……は、……料金の徴収を確実に行うため、国土交通省令で定めるところにより、国土交通大臣の認可を受けて、料金の徴収施設及びその付近における車両の一時停止その他の車両の通行方法を定めることができる。この場合……車両は、当該通行方法に従って、道路を通行しなければならない」とし（後段違反には30万円以下の罰金との罰則〔同58条〕がある）、省令たる同法施行規則13条2項は認可される通行方法を次のものに限るとして、有人料金所につき「車両は……係員が料金の収受を行う……場所に近接した場所……で停止しなければならず、かつ、料金の収受後に当該係員が発進を承諾するまでの間は発進してはならない」（1号イ）と定め、東日本高速道路株式会社も認可を受けてこれとほぼ同一文言での定めを設けていたところ、被告人は通行料金支払を免れるべく同社管理の有人料金所で係員の承諾なく発進する等したことから、横浜簡判平成20・7・14にて有罪とされ、東京高判平成20・12・9（ともに判例集未登載）で控訴が棄却された。そこで弁護人は、本規定が私人へ罰則を委任し、その内容も白紙委任に当たり罪刑法定主義に係る憲法31条や同73条6号に違反する等と主張して上告した。

【決定要旨】
〈上告棄却〉「本法24条3項は、料金の徴収を確実に行うため国土交通省令で定めるところにより通行方法を定めることができるものとされ、かつ、定めるに当たっては国土交通大臣の認可を受けることとされているから、実質的には会社に定めを委任しているとはいえず、会社の定めた通行方法を構成要件とはしていない」。

【解説】
　**1**　近代刑法の根本原理たる罪刑法定主義は、罪刑の事前告知による国民の行動の自由の保障という自由主義原理とともに、国民自身によるその代表を通じた罪刑の決定という民主主義原理をその理論的根拠とする。他方で、社会情況の複雑化や変転の著しい現代にあっては迅速柔軟な公的対応への要請も高く、憲法も73条6号但書において、法律の委任に基づく下位規範（文言上は「政令」）上の罰則の設定という罪刑法定主義への例外を許容している。この罰則の委任については従来、委任の特定性の如何が罪刑法定の要請との関係で論じられてきたが（最大判昭和49・11・6刑集28巻9号393頁〔猿払事件〕等）、本件では本規定上委任先が行政機関（の命令）ではなく私人たる会社（の定め）とされていることが問題となった。この点本決定は、本規定は実質的には私人への罰則（の白紙）委任に当たらないとしたが（本決定と同日の、同種事案に係るほぼ同旨の最決平成22・9・27集刑301号281頁では、本規定は「省令に委任したものであ」ると明言されている）、その論拠は会社の定めの内容が省令で厳格に規律され大臣の認可も要することに求められているようである。

　**2**　省令への委任であれば端的にそう規定されようから、本規定は文言上は私人に罰則を委任するものと解されざるをえないが（本件原判決は、会社の定める通行方法こそが罰則構成要件であるとする）、これを「実質的には」否とする本決定は前述の通り、その論拠を通行方法を定めるにつき会社に裁量の余地がほぼ存しないことに求める。しかしこのこと自体は行政機関への罰則委任にも妥当するその特定性の要件と質的に異ならず（しかも本決定の前提とする、通行方法の具体的内容の厳格な規律は省令によるものであって本規定のものではない）、他方で、このような高度の特定性こそが私人への罰則委任の罪刑法定主義との抵触の回避に要請されるというのであれば、受任側の裁量を殆ど認めないこのような委任の必要性自体に疑義が生じる（有人無人の別や自動料金収受設備の有無等の料金所施設ごとの相違について、また本規定上地方道路公社も委任先となるため地域特性についても対応の必要がありうるが、施設の相違に応じた各通行方法を本省令自体が詳細に示していることもあり、実際上その定めに諸会社・公社間の差異は殆ど存しない。松宮・後掲）。

　**3**　罰則委任が罪刑法定主義の例外として許容される理論的根拠は、法律での特定委任であれば間接的ながらも国民による罪刑の規律（民主主義原理）とその国民への告知（自由主義原理）が保障されるからであろうが、加えて、委任先が法律の誠実な執行義務を負う行政機関であること（憲73条1号参照）、本機関の判断もその民主的正当性が終局的には保障されうることもその根拠と解されえよう。この観点からは、文面上は私人への罰則委任である本規定の是認には、（特定委任性に加え）高速道路事業に係る民営化を経た組織の特有の公的性格や特殊会社性等、委任先の属性に係る特別な理由づけが求められよう。

【参考文献】　福田尚司「道路整備特別措置法について」研修697号81頁、松宮孝明「白地刑罰法規の規範補充を私人に委ねることと罪刑法定の原則」立命館法学321・322号438頁。

（ながい・よしゆき）

刑法 2

# 両罰規定適用の要件

最高裁平成23年1月26日第一小法廷決定
平成19年(あ)第2014号法人税法違反被告事件
刑集65巻1号1頁,判時2173号144頁,判タ1385号123頁

同志社大学教授　川崎友巳

【論点】
両罰規定における「その他の従業者」と「業務に関して」の意義。
〔参照条文〕法税(平成19年法律第6号改正前)164条1項

【事件の概要】
　株式会社X社の代表取締役として,その業務全般を統括していたYは,同社の決算業務や法人税の確定申告業務等を統括していたAおよび総務経理部社員Bらと共謀の上,X社の法人税を免れようと企て,架空の直接材料費を計上するなどの方法により所得を秘匿したうえ,平成9年11月1日から平成12年10月31日までの3事業年度におけるX社の法人税について,虚偽の法人税確定申告書をそれぞれ提出し,合計10億円余りの法人税を免れた。このためYとともに,X社が法人税ほ脱の罪で起訴された。
　1審と2審は,X社を有罪としたが,X社は,以下のように主張して上告した。①Aは,X社の正式な役職ではない「社長付」の肩書を有していたにすぎず,X社から報酬を受けることも日常的に出社することもなかったことから,両罰規定にいう「その他の従業者」には当たらない。②Aは,被告会社の資産を領得しており,Bら経理担当者に指示した不正経理はその隠蔽工作であるので,Aの不正経理の指示は両罰規定にいう「業務に関して」行われたものとはいえない。

【決定要旨】
〈上告棄却〉「Aは,X社の代表取締役であるYから実質的には経理担当の取締役に相当する権限を与えられ,Yの依頼を受けてX社の決算・確定申告の業務等を統括していたのであるから,所論指摘の事情にかかわらず,同法〔法人税法〕164条1項にいう『その他の従業者』に当たるというべきである。また,Aの上記指示は,本件法人税ほ脱に係るものであって,X社の決算・確定申告の業務等を統括する過程でX社の業務として行われたのであるから,同項にいう『業務に関して』行われたものというべきであり,所論指摘のようにAが秘匿した所得について自ら領得する意図を有していたとしても,そのような行為者の意図は,『業務に関して』の要件に何ら影響を及ぼすものではないと解するのが相当である」。

【解説】
　**1**　両罰規定は,①法人の代表者または法人もしくは人の代理人,使用人その他の従業者が,②法人または人の業務に関して,③一定の違反行為をしたときに,違反行為者とともに業務主を処罰する旨を定めている。本件では,①の「その他の従業者」に,正式には業務主と雇用関係が認められない者も含まれるか,②の「業務に関して」に,自らが領得する意図で行われた業務主の所得の秘匿行為も該当するかが問題になった。
　**2**　判例上,両罰規定における従業者の違反行為に対する業務主処罰の根拠は,違反行為を行った従業者に対する選任・監督上の過失に求められ,通常従業者の行為は業務主の選任・監督下にあることから,従業者によって違反行為が行われれば,業務主の過失が推定されると解されてきた(自然人業務主につき,最大判昭和32・11・27刑集11巻12号3113頁,法人業務主につき,最判昭和40・3・26刑集19巻2号83頁)。こうした判例の理解を前提とする限り,「従業者」の範囲は,雇用関係の有無といった形式的な基準ではなく,違反行為を実行可能な者のうち,誰の違反行為であれば,業務主に選任・監督上の注意義務を課し,違反行為が行われた際に,過失を推定することが許されるかという実質的な基準によって画されるべきであろう。最高裁も,Aが正式の雇用関係にないものの,経理担当取締役に相当する権限を与えられ,決算や確定申告の業務などを統括するなど,X社の法人税をほ脱できる実質的な権限を有していたことから,業務主であるX社には,適正な法人税の納付のため,Aを選任・監督する注意義務が認められ,それにもかかわらずAの指示によってほ脱が行われた場合には,X社の過失の存在が推定され得るとの判断から,Aを「その他の従業者」に含むと解したものと思われる。
　**3**　同様の解釈は,「業務に関して」(業務関連性)についてもあてはまる。違反行為が,客観的に業務主の業務に属しており,業務主の業務活動の一環として行われたものといえれば,たとえ当該従業者らの具体的な職務に属していなくても,従業者には,そうした違反行為の実行が可能であり,業務主には,その防止のため選任・監督上注意を尽くす義務が認められよう(したがって違反行為が行われれば,業務主の過失責任が推定される)。そうした注意義務の発生にとって,違反行為者がいかなる目的で違反行為を行ったかは問題とならない。本決定は,こうした前提に立ち,たとえ不正経理によって秘匿した資産を最終的に領得する意図であったとしても,そこから直ちにAの違反行為の業務関連性が否定される理由はないとの結論を導いたものと解せよう。
　**4**　ただし,本件のように,従業者が自己図利の目的で違反行為に及んだ場合,業務主と利害が対立し,業務主によって講じられる防止手段を免れるため,違反行為が巧妙化することもあり得よう。そうした場合,たとえ違反行為を防止できなくても,業務主は「相当の注意を尽くしていた」という過失推定を覆す立証を行うことによって免責される余地が大きくなる。

【参考文献】　本決定の評釈として,今村隆・ジュリ1421号70頁以下。そのほか,福田平『行政刑法〔新版〕』(1978年)78頁以下,大塚仁ほか編『大コンメンタール刑法(1)〔第2版〕』(2004年)133頁以下〔古田佑紀・渡辺咲子・田寺さおり〕,西田典之ほか編『注釈刑法(1)』(2010年)273頁以下〔佐伯仁志〕など参照。

(かわさき・ともみ)

刑法 3

# 航空管制官による便名の言い間違いと過失犯の成否

最高裁平成22年10月26日第一小法廷決定
平成20年(あ)第920号業務上過失傷害被告事件
刑集64巻7号1019頁, 判時2105号141頁, 判タ1340号96頁

大東文化大学准教授　山本紘之

【論点】
①便名の言い間違いは過失行為としての実質的危険を有しているか。②機長という第三者の行為の介在によって, 言い間違いと負傷の間の因果関係は否定されるか。③予見可能性の対象をどのように設定すべきか。

〔参照条文〕刑211条

【事件の概要】
　航空路管制業務に従事していた被告人両名は, 上昇していた907便が, 巡航していた958便に急接近したことを示す警報を認知し, 被告人X₁は958便を降下させようとしたところ便名を907便と言い間違え, X₁の指導監督を行う立場にある被告人X₂も便名の言い間違いに気付かなかった（なお, 上昇中の907便を降下させるよりも, 巡航中の958便を降下させるほうが, 両機間の管制間隔を広げるには適切であった）。907便の機長は同便に装備されている航空機衝突防止装置（以下,「TCAS」という）から上方向への回避措置の指示（以下,「RA」という）が発せられていることを認識したが, 同便が既に被告人X₁の指示に従って降下の体勢に入っていたこと等を根拠に降下の操作を継続した一方で, 958便に装備されていたTCASは降下RAを発し, 同便の機長はこれに従って降下の操作を行った。被告人X₁の降下指示に従った907便と降下RAに従った958便は共に降下しながら水平間隔を縮めて著しく接近し, 907便の機長は両機の衝突を避けるために急降下の操作を余儀なくされ, そのため, 907便に搭乗中の乗客らが跳ね上げられて落下し, 57名が負傷した。
　第1審判決は①過失行為としての実質的危険性, ②因果関係及び③予見可能性を否定して被告人両名に無罪を言い渡したが, 第2審判決はこれを破棄して有罪を言い渡した。これに対して, 被告人側が上告した。

【決定要旨】
〈上告棄却〉「本件降下指示が出されたころの両機の航行方向及び位置関係に照らせば, 958便に対し降下RAが発出される可能性が高い状況にあったということができる。このような状況の下で, 被告人X₁が言い間違いによって907便に降下指示を出したことは, ほぼ同じ高度から, 907便が同指示に従って降下すると同時に, 958便も降下RAに従って降下し, その結果両機が接触, 衝突するなどの事態を引き起こす高度の危険性を有していたというべきであって, 業務上過失傷害罪の観点からも結果発生の危険性を有する行為として過失行為に当たると解される。」
　「また, 因果関係の点についてみると……同〔907便〕機長が上昇RAに従わなかったことが異常な操作などとはいえず, むしろ……被告人X₁から本件降下指示を受けたことに大きく影響されたものであったといえるから……因果関係を否定する事情になるとは解されない。」
　「TCASに関する被告人両名の知識を前提にすれば, 958便に対して降下RAが発出されることは被告人両名において十分予見可能であり……乗客らに負傷の結果が生じることも予見できたと認められる。」

【解説】
　過失行為としての危険性（論点①）に関し, 第1審判決は, 958便に対する降下RAを予見しえない「その後の事態の流れ」として判断基底から除去した上で, 便名の言い間違いの危険性を否定した。他方, 本決定は客観的な可能性の高さを重要視したと評されている（古川・後掲197頁）。もっとも, RA発出を考慮して危険性を肯定しても, RA発出が予見不能であれば, 本件ニアミスによる負傷結果の具体的予見可能性に疑問が生じうる。そのため, 予見可能性の対象をどのように設定すべきかという点（論点③）が重要になる。
　第1審は, RA発出に関する具体的な情報を被告人らが有していないこと等を理由に, 予見可能性を否定した。しかし従来は, 予見可能性の対象は一定の幅を伴って設定されてきた（最決平成12・12・20刑集54巻9号1095頁）のであって, 現実の因果経過が逐一予見可能である必要はない。因果経過の基本部分さえ予見可能であれば, 単なる危惧感を超えて, 結果発生が具体的に予見可能であったと言えるからである。こうした観点からは, 本件では, 被告人らに「どこかの段階でRAが鳴るかもしれないと思った」という程度の認識（刑集64巻7号1260頁参照）があれば足りよう。本決定は, RA発出後の因果経過の基本部分を, (i)降下RAの発出→(ii)両機の異常接近→(iii)機長による回避のための急降下等の措置→(iv)乗客らの負傷という経過としているが, これも上述の従来の判例の思考枠組みに沿うものである。
　近年の判例は, 因果関係を判断するにあたり, 行為自体の危険性と, 介在行為の行為者行為による誘発という2点を考慮している（過失犯の先例として, 最決平成4・12・17刑集46巻9号683頁）。しかし過失犯にあっては, 危険性が認められれば, ほとんど因果関係が認められると言われており（井上弘通「判解」最判解刑事篇平成4年度235頁以下）, この基準に照らせば, 論点①について危険性が認められる以上, 機長の行為が因果関係を遮断するとは言えない（論点②）。

【参考文献】　古川伸彦・平成22年度重判解（ジュリ1420号）196頁, 門田成人・法セ674号129頁, 金尚均・速判解9号155頁。

（やまもと・ひろゆき）

## 刑法 4

### 窃盗罪の着手が認められた事例

東京高裁平成22年4月20日判決
平成22年(う)第92号
窃盗未遂（予備的訴因偽計業務妨害）被告事件
東高刑時報61巻70頁，判タ1371号251頁

慶應義塾大学准教授　佐藤拓磨

【論点】
硬貨を窃取する目的で，自動券売機の硬貨釣銭返却口の内部に接着剤を塗布する行為は，窃盗罪の実行の着手にあたるか。

〔参照条文〕刑43条・235条

### 【事件の概要】

被告人は，駅に設置された切符の自動券売機の硬貨釣銭返却口の内部に接着剤を塗布し，後続の利用客が切符を購入した際に払い戻される釣銭の一部をその接着剤に付着させ，利用客がそれに気づかずに返却口に出た釣銭のみを持って自動券売機を離れた後，接着剤に付着した釣銭を窃取しようと考え，平成21年6月17日午後2時20分ころ，東日本旅客鉄道株式会社新橋駅構内に設置されている自動券売機の釣銭返却口に接着剤を塗布（以下，本件塗布行為とする）したところ，防犯カメラの映像を監視していた駅職員により発見され，その場で現行犯逮捕された。

第1審は，①「窃盗罪の実行の着手は，少なくとも他人の占有する財産の占有侵害行為に直接向けられた行為であり，犯人のコントロール下にある一連の行為でなければならない」が，本件塗布行為と釣銭の窃取との間には利用客による切符の購入という被告人のコントロール下にない行為が介在すること，②利用客が切符を購入しても釣銭が接着剤に付着しなかったり，付着しても利用客等がそれに気づく可能性があること，③新橋駅では駅員等が不定期に1日2，3回の割合で自動券売機の点検をしていたこと，④本件接着剤の効力は約15分で減退することなどを挙げた上で，本件塗布行為の段階においては「被告人の意思次第で速やかに占有侵害行為の段階に移行することができたとは認められない以上，結果発生の具体的危険が生じたとは解され」ないとして，窃盗未遂罪については無罪とした。検察官が控訴。

### 【判旨】

〈破棄自判，有罪（上告）〉　本判決は，新橋駅の利用客の多さや，本件接着剤には硬貨を付着させる効能が十分に認められるとする実験結果などを踏まえ，第1審が挙げる前記①〜④の事情は本件犯行に対する特段の障害にはならないとし，次のように判示して窃盗未遂罪を認めた。「窃盗罪における実行の着手は，構成要件該当行為自体の開始時点に限定されず，これに密接な行為であって，既遂に至る客観的危険性が発生した時点で認められると解されるところ，本件においては，本件接着剤を各券売機の釣銭返却口に塗布した時点において，実行の着手があったというべきである。すなわち，被告人の本件接着剤塗布行為は，券売機の釣銭等を取得するためには，最も重要かつ必要不可欠な行為であり，釣銭の占有取得に密接に結びついた行為である。また，被告人において，本件接着剤塗布行為に1回でも成功すれば，本件接着剤の効能，乗客の乗車券購入行為等による釣銭の出現の頻度，釣銭が接着剤に付着する確率等を踏まえると，券売機の管理者が占有する釣銭用硬貨を十分に取得することができる状態に至った，換言すれば，硬貨の窃取に至る客観的危険性が生じたということができるというべきである。」

### 【解説】

1　本件では，自動券売機の硬貨釣銭返却口の内部に接着剤を塗布した時点で窃盗の着手が認められるか否かが問題となったが，第1審と控訴審で結論が分かれた。

2　結論を分けたポイントは2つある。1つは，釣銭の窃取に成功するためには利用客が自動券売機で切符を購入しなければならないという，本件特有の事情（前記①）の評価である。第1審は，窃盗の着手にあたる行為とは「少なくとも他人の占有する財産の占有侵害行為に直接向けられた行為であり，犯人のコントロール下にある一連の行為でなければならない」という一般論を示した上で，本件では利用客による切符の購入という被告人のコントロールが及ばない行為が介在するため窃盗の着手は認められないとし，着手を否定する方向に働く事情として重視した。これに対し，本判決は，窃盗の着手は占有侵害に密接する行為まで含むという伝統的な判例の立場を前提に，専ら占有侵害の危険の観点から着手の有無を検討しており，前記の事情を特に重視していない。

もう1つのポイントは，釣銭の窃取に至るまでの間に特段の障害が存在するか否かに関する評価である。第1審は，前記②〜④の事情を重要な障害と評価して本件塗布行為の時点で窃盗の着手を認めなかったが，本判決は，自動券売機の利用客の多さや，機械から払い戻される釣銭を正しい額だと思い込む利用客の習性に着目し，これらは特段の障害にはあたらないと評価した。

3　本件のような利用客の多い駅の場合，短い間隔で頻繁に自動券売機の利用客が現われるのが通常である。第1審は利用客による切符の購入は被告人のコントロール下にない行為だというが，確かに特定の人物が接着剤の塗布された自動券売機で切符を購入するか否かは偶然に左右されるものの，駅の利用客の誰かがその自動券売機を利用して切符を購入することはむしろ確実に近いといえる。第1審はこの点を看過している。また，前記のような自動券売機の利用客の習性に加え，本件犯行の性格上釣銭硬貨の全部を接着剤に付着させることまでは必要ないこと，被告人は本件塗布行為後には付近に待機してすぐに釣銭を回収するつもりであったことなどを考慮すれば，前記②〜④の事情も特段の障害にあたるとはいえないであろう。本判決の判断は，鉄道の駅の自動券売機の利用実態に沿うものといえ，妥当である。

【参考文献】　町井裕明・研修745号111頁。

（さとう・たくま）

刑法 5

# 威力業務妨害罪の成立要件
―― 都立板橋高校事件

最高裁平成 23 年 7 月 7 日第一小法廷判決
平成 20 年（あ）第 1132 号威力業務妨害被告事件
刑集 65 巻 5 号 619 頁，判時 2130 号 144 頁，判タ 1358 号 73 頁

学習院大学教授　鎮目征樹

【論点】
威力業務妨害罪の成立要件である「威力を用いて」・「妨害した」の意義。
〔参照条文〕刑 234 条

【事件の概要】
都立 A 高校の校長は，教育長の通達を受け，卒業式において全員起立して国歌を斉唱する旨記載された実施要綱を作成した。来賓として赴いた被告人は，開式直前，会場の体育館において，大声で，本件卒業式は異常な卒業式であって国歌斉唱のときに立って歌わなければ教職員は処分される，国歌斉唱のときにはできたら着席してほしいなどと保護者らに呼び掛け，制止しようとした教頭に対し，怒号するなどした。そこで，校長及び教頭が退場を求めたところ，被告人は，怒鳴り声を上げてこれに抵抗したものの，退場した。その後，卒業生が遅れて入場し，予定より約 2 分遅れの開式となった。1 審・控訴審（東京高判平成 20・5・29 判時 2010 号 47 頁）は，威力業務妨害罪の成立を認め，被告人が上告。

【判旨】
〈上告棄却〉「被告人が大声や怒号を発するなどして，同校が主催する卒業式の円滑な遂行を妨げたことは明らかであるから，被告人の本件行為は，威力を用いて他人の業務を妨害したものというべきであり，威力業務妨害罪の構成要件に該当する。」「被告人がした行為の具体的態様は，……卒業式の開式直前という時期に，式典会場である体育館において，主催者に無断で，着席していた保護者らに対して大声で呼び掛けを行い，これを制止した教頭に対して怒号し，被告人に退場を求めた校長に対しても怒鳴り声を上げるなどし，粗野な言動でその場を喧噪状態に陥れるなどしたというものである。……本件行為は，その場の状況にそぐわない不相当な態様で行われ，静穏な雰囲気の中で執り行われるべき卒業式の円滑な遂行に看過し得ない支障を生じさせたものであって，こうした行為が社会通念上許されず，違法性を欠くものでないことは明らかである。」

【解説】
**1** 本件は，卒業式の開式直前に，保護者らに対し大声で呼び掛け，主催者の制止に対して，怒号を発するなどした行為が威力業務妨害罪（刑 234 条）に当たるとされた事案である。一連の行為は，国歌斉唱の一斉実施という都の方針に対する抗議としてなされており，主たる争点はこれが憲法上保障される表現行為か否かであったが，以下では，本罪の成否に焦点を絞りたい。

**2** 本罪は，「威力を用いて人の業務を妨害した」場合に成立する。「業務」は，これが本件卒業式の実施のような公務を含むかが問題となりうるが，「強制力を行使する権力的公務」でなければ公務も本罪の客体たりう

るとする判例が確立している（最決昭和 62・3・12 刑集 41 巻 2 号 140 頁）。問題は，本件行為が「威力」の行使に当たり，「業務を妨害した」といえるかである。

**3** 「威力」とは，人の自由意思を制圧するに足る勢力をいう（最判昭和 28・1・30 刑集 7 巻 1 号 128 頁）。保護法益が業務活動の自由であり，その成立に意思活動の自由の侵害が必要ならば，「人」とは被害者である業務者を意味する。しかし，判例は，意思に対する働きかけがなく，物理的に業務を妨害したにすぎない事例についても本罪の成立を認めている（最判昭和 32・2・21 刑集 11 巻 2 号 877 頁〔貨車に積載された石炭を落下させた事例〕，長崎地佐世保支判昭和 55・5・30 判時 999 号 131 頁〔①事件〕〔イルカ捕獲網のロープを切断してイルカを逃走させた事例〕など）。そこで，結局のところ，業務妨害の結果が存するかぎり業務妨害罪の成立を肯定するのが判例であり，もはや本罪の「威力」と，偽計業務妨害罪（刑 233 条後段）の「偽計」とは，単に手段が公然か非公然かという違いでしかなくなっているとの理解が示されている（西田典之『刑法各論〔第 5 版〕』〔2010 年〕128 頁）。

事案は物理的に業務を妨害したものではないが，本判決はこのような傾向の延長線上にある。すなわち，判旨は，「大声」や「怒号」を発したことを威力の行使とみるが，これらが意思に作用しこれを圧迫するおそれがある点にその威力性を見いだしているわけでは必ずしもない。判旨中にあるように，むしろ，その場を喧噪状態に陥れ，卒業式開始前に求められる静穏な雰囲気の確保を直接阻害する点に，大声や怒号が「威力」に当たると評価された中心的な理由がある。それゆえ，本件の大声や怒号が主催者や参列者の意思を圧迫する程度に達しているかという疑問は，本判決の論旨にとってあまり意味はない。また，場を混乱・喧噪に陥れる類型の業務妨害に要求される大声や怒号の強さについて，本件の事案を離れ，この程度で足りると一般化することも，当然ながらすべきではないであろう。本件の業務はあくまで一定の静穏さの確保を求められる卒業式の運営であり，最高裁の判断はこれを前提としたものと理解すべきである。

**4** 「妨害した」の意義につき，判例は，妨害の危険を生ずれば足りるとする（大判昭和 11・5・7 刑集 15 巻 573 頁，前掲最判昭和 28・1・30）。しかし，学説上は，文言どおりこれを侵害犯と解する見解（西田・前掲 128 頁，山口厚『刑法各論〔第 2 版〕』〔2010 年〕128 頁など）が現在は通説である。本判決は，趣旨は明らかでないものの，「卒業式の円滑な遂行を妨げたこと」をもって「他人の業務を妨害したもの」とし，これが威力業務妨害罪の「構成要件に該当する」と明言しており，手段の点での限定に乏しい本罪の現状において注目に値する。

問題は，業務の円滑な遂行にどの程度の支障が生ずることをもって結果の発生と評価すべきかである。一般論としては，客体たる業務の内容や性質がある程度これを左右するといえよう。本件業務は，卒業式の実施であり，その内容として，式開始直前には，卒業生を迎え入れるために，静穏な雰囲気を確保することが主催者に要求されるところ，被告人の一連の言動が主催者の対応（制止等）を余儀なくさせ，これによって生じた喧噪状態が，卒業式の円滑な遂行にとっての支障であるということが可能である。こうした見地からすると，開式が約 2 分遅れたという事実は，式の円滑な遂行が損なわれたことを基礎づける一要素とはなりうるものの，決定的事情とはいえず，これを過度に強調すべきではない。

【参考文献】　佐伯仁志「業務妨害罪」法教 363 号 83 頁以下，本庄武・速判解 5 号 167 頁。

（しずめ・もとき）

**刑法 6**

## 窃盗罪の既遂に当たるとされた事例

東京高裁平成 21 年 12 月 22 日判決
平成 21 年(う)第 1904 号常習累犯窃盗被告事件
東高刑時報 60 巻 247 頁, 判タ 1333 号 282 頁

成蹊大学准教授　東　雪見

【論点】
窃盗罪の既遂時期。
〔参照条文〕刑 235 条・243 条・43 条本文

【事件の概要】
　1　被告人は，店舗に陳列されたテレビ（幅，高さ各約 500mm，奥行約 150mm）を盗むため買い物カートのかごに入れ，レジで精算せずカートを押したまま店舗内のトイレに入り，洗面台下部に設置されている収納棚の中にそれを隠した。
　2　その後，被告人はトイレから出て，テレビを入れて店外に持ち出すための袋を購入したが，被告人の言動を不審に感じた店員からの連絡で，警備員が被告人が精算をしているレジに現れ，購入した袋を持ってトイレに向かう被告人の後ろについてトイレに入ると，被告人が洗面台の前に立っており，次いでその前から移動したので，警備員は不審に思って収納棚の扉を開けてテレビを発見した。
　3　警備員は，テレビが店舗の商品であることや被告人がテレビを収納棚に入れたことについて確信が持てなかったため，関係者に連絡し，テレビが商品であること，防犯カメラに撮影されていた映像で被告人がテレビをトイレに持ち込んだことを確認した上，被告人を捕捉した。

【判旨】
〈控訴棄却〉「以上の事実関係によれば，被告人は，本件テレビをトイレの収納棚に隠し入れた時点で，被害者である本件店舗関係者が把握困難な場所に本件テレビを移動させたのであり，しかも上記のように被告人が袋を買う際に不審を抱かれなければ，これを店外に運び出すことが十分可能な状態に置いたのであるから，本件テレビを被害者の支配内から自己の支配内に移したということができ」る。
　「所論は，本件店舗は 7 階建ての大型店舗であり，警備員が複数名配置され，監視カメラによる監視も行われていたことや本件テレビの大きさに照らせば，被告人が店の従業員らに怪しまれずに本件テレビを店外に持ち出すことは困難または不可能であるから，被告人が本件テレビを本件店舗内のトイレに設置された収納棚に隠しただけで，店外に搬出していない時点では，未だ本件店舗の占有を排除して自己の支配下に置いたとはいえない，という。」しかし，被告人の「言動に不審を感じた店員の機転がなければ，被告人は購入した袋に本件テレビを

隠し入れて店外に持ち出すことが十分可能であったといえ（……テレビは被告人が本件犯行時に所持していた大型の袋 2 枚及び大型のビニールバッグに十分収納できることが明らかである），自己の支配内に移したといえる」。

【解説】
　判例は，「行為者が財物を自己の事実上の支配内に移したか」という言葉のもとで，窃盗の既遂時期を判断してきた（大判大正 12・4・9 刑集 2 巻 330 頁，最判昭和 24・12・22 刑集 3 巻 12 号 2070 頁などを参照。通説もまた「取得説」として判例を基本的に支持している）。本判決もそれにそったものである。
　もっとも窃盗の既遂時期を判断するにあたっては，どのような具体的事情があれば行為者の支配内への移行が認められるかがより問題である。通説は財物の大きさ，財物搬出の容易性，占有者の支配の程度などを総合的に勘案して判断するべきとするが（たとえば西田典之『刑法各論〔第 5 版〕』〔2010 年〕147 頁，山口厚『刑法各論〔第 2 版〕』〔2010 年〕196 頁など），判例も同様の事情を考慮しているようである。①小さな客体の場合では，店内など被害者の領域内に財物が存在し続けているときでも，行為者の支配内への移行があったとして既遂を認めている（店頭の靴下を懐中に収めた行為につき前掲大判大正 12・4・9，他人方の浴場で遺留品の指輪を隠匿した行為につき大判大正 12・7・3 刑集 2 巻 624 頁）。また，②ある程度の大きさのある物（衣類）を，袋に入れひもで縛り被害者宅勝手口まで運んだ時点で，それを住居内に置いたまま逃走しても窃盗既遂となるとした下級審判例がある（東京高判昭和 27・12・11 高刑集 5 巻 12 号 2283 頁）。他方，窃盗未遂にとどまるとされたのは，③高さ約 90cm，幅約 120cm，重さ約 45kg の物を被害者宅の屋根の廂に持ち出した行為（名古屋高判昭和 24・11・12 高刑判特 3 号 93 頁），④物を小屋外に取り出したが，構内は一般に自由に人が出入りできず，門扉，障壁，守衛等の設備があり，その障害を排除しなければならなかった場合（大阪高判昭和 29・5・4 高刑集 7 巻 4 号 591 頁〔もっとも，大阪高判は構外搬出がなくても，隠匿による所持の確保もありうることを示唆している〕）などがある。
　上記判例と本判決が必ずしも整合的でない可能性はあるが，それらとあえて比較するならば，本件テレビは①の客体のように小さくない。トイレの収納棚にテレビが隠匿された時点において窃盗の既遂が肯定されており，②のように物が梱包されていることも必要とされていない。③は一応住居の外に当たる屋根の廂まで持ち出していても既遂とはならないとしたが，本判決では店舗外への持ち出しは問題とされていない。そして④と異なる事情としては，営業時間内の店舗は人の出入りが自由であったことである。以上から，本判決の意義は，高裁レベルではあるが，比較的大きな物であってそれが被害者の領域内にとどまっており，梱包されていなかったとしても，人の出入りの自由な場所において，被害者の把握困難な場所に物を隠した時点で，窃盗既遂が成立するという一事例判断を示したことにあると考えられる。

【参考文献】　森住信人・刑事法ジャーナル 25 号 58 頁，本田稔・法セ 676 号 151 頁。

（ひがし・ゆきみ）

刑法 7

# キャッシュカードの占有者に脅迫を加えて暗証番号を聞き出す行為に強盗利得罪の成立が認められた事例

東京高裁平成21年11月16日判決
平成21年(う)第1215号
住居侵入，窃盗，強盗（認定罪名要），強制わいせつ被告事件
東高刑時報60巻185頁，判時2103号158頁，判タ1337号280頁

成城大学専任講師　足立友子

【論点】
被害者からキャッシュカードの暗証番号を聞き出すことが「財産上不法の利益を得」たに当たるか。また，強盗利得罪の「財産上不法の利益」は「移転性」のある利益に限られるか。

〔参照条文〕刑236条2項

【事件の概要】
　被告人は，深夜，被害者女性宅に侵入し，被害者が寝ていることを確認した後に隣室のバッグに入った財布の中身を見たところ，現金は6000円程度だが数枚のキャッシュカードが入っていたので，被害者を包丁で脅して暗証番号を聞き出しキャッシュカードで現金を引き出そうと決意し，被害者に包丁を突き付けて脅迫し，その反抗を抑圧して，被害者から暗証番号を聞き出した。
　1審判決（さいたま地川越支判平成21・6・1公刊物未登載）は，暗証番号を聞き出したとしても，①財物の取得と同視できる程度に具体的かつ現実的な財産的利益を得たとは認められず，②暗証番号に関する情報が被害者と被告人の間で共有されるだけで被害者の利益が失われるわけではない，として強盗罪の成立を否定し，強要罪が成立するにすぎないとした。これに対し検察官が，法令適用の誤りを主張して控訴した。

【判旨】
〈破棄自判（上告，上告棄却）〉「キャッシュカードを窃取した犯人が，被害者に暴行，脅迫を加え，その反抗を抑圧して，被害者から当該口座の暗証番号を聞き出した場合，犯人は，現金自動預払機（ATM）の操作により，キャッシュカードと暗証番号による機械的な本人確認手続を経るだけで，迅速かつ確実に，被害者の預貯金口座から預貯金の払戻しを受けることができるようになる。……キャッシュカードとその暗証番号を併せ持つことは，それ自体財産上の利益とみるのが相当であ」る。
　「2項強盗の罪が成立するためには，財産上の利益が被害者から行為者にそのまま直接移転することは必ずしも必要ではなく，行為者が利益を得る反面において，被害者が財産的不利益（損害）を被るという関係があれば足りると解される」。

【解説】
　1　強盗利得罪（刑236条2項）は，暴行または脅迫を用いて財産上不法の利益を得た（又は他人にこれを得させた）場合に成立する。本事案の，キャッシュカードの暗証番号を聞き出すことが上記の「財産上不法の利益を得」たに当たるかにつき，以下では，①当該客体が「財産上の利益」に当たるか，②利益を「得た」といえるための要件は何か，の2つの観点から検討する。
　2　利得罪（2項犯罪）の客体である「財産上の利益」とは，通説・判例によれば，財物以外の財産的利益の一切をいい，債権取得・サービス享受などの積極的利得のみならず，債務免脱や支払猶予による消極的利得もこれに含まれる。もっとも，広範な利益の範囲を制限するため，財産上の利益を得たというためには利得罪と並び規定されている財物罪における財物の移転と同視しうることが必要とし，利得罪の成立を認めるために利益の具体性・現実性を要求する見解が主張されている。
　3　利得罪の成立範囲の限定は，利益を「得た」という要件の検討においても試みられる。財物の移転と異なり，財産上の利益の移転は判断が容易でないため，かつては強盗利得罪に関して処分行為必要説が主張されたが，交付罪と異なり暴行・脅迫によって反抗抑圧状態にある被害者による処分行為を観念するのは困難であり，手段が殺害の場合はそもそも処分行為がありえないことから，判例は処分行為不要説に移行し（最判昭和32・9・13刑集11巻9号2263頁），学説も不要説が有力となった。そして，これに代わる移転の要件として，利益移転の直接性・確実性を求める見解が主張されるようになった。また，財産上の利益の移転性，すなわち行為者が財産上の利益を得たことにより被害者に財産的な損害が生じるという対応関係が必須か否かも議論されている。
　4　本件控訴審判決では，「キャッシュカードとその暗証番号を用いて，事実上，ATMを通して当該預貯金口座から預貯金の払戻しを受け得る地位」が財産上の利益であると説明された。この構成は，あらかじめ窃取してあったキャッシュカードの暗証番号を聞き出そうとして被害者を暴行し死亡させた事案（神戸地判平成19・8・28公刊物未登載，研修724号111頁参照）における判断と同様で，暗証番号という情報それ自体ではなく，具体性・現実性を有する利益である，預貯金債権の債権者に事実上相当する地位を客体として捉えている。
　移転性に関しては，被告人が上記の地位を得る反面で被害者は自らの預貯金を被告人に払い戻されかねないという事実上の不利益を被ることで足りると解されており，利益取得に確実性があれば，被害者の利益喪失は抽象的なものでもよいと考えていることがうかがえる。
　5　口座から確実に預貯金の払戻しを受けられる地位の取得を債権取得と事実上同様と捉えて財産上の利益とするのは妥当であろう。もっとも本事案では，暗証番号を聞き出した時点では被告人はキャッシュカードを占有していなかったと認定されていることから，その地位を得たのはキャッシュカードの占有取得後とも考えられ，暗証番号を聞き出した時点で強盗（利得）罪の成立を認めるのは早すぎるように思われる。

【参考文献】　本判決の評釈として，島岡まな・刑事法ジャーナル25号50頁，古宮久枝・研修741号33頁，豊田兼彦・法セ677号125頁，伊東研祐・平成23年度重判解（ジュリ1440号）157頁，森永真綱・判評652号（判時2181号）30頁。強盗利得罪に関して，林幹人・研修720号3頁，木村光江・現代刑事法44号4頁。

（あだち・ともこ）

**刑法 8**

## 被害者の死亡原因となった行為が強盗の機会に行われたとして強盗致死罪の成立が認められた事例

東京高裁平成23年1月25日判決
平成22年(う)第1756号窃盗，営利拐取，監禁，強盗致死，覚せい剤取締法違反被告事件
高刑集64巻1号1頁，判時2161号143頁，判タ1399号363頁

大阪市立大学教授　金澤真理

【論点】
強盗の機会と強盗致死罪の成否。
〔参照条文〕刑240条後段

【事件の概要】
　被告人Xは，某日午後8時37分頃，他の4名と共に被害者を拉致し自動車内に監禁したうえ，車内で同人の所持する金品を強取し，次いで同日午後10時5分頃，被害者方でパスポートを強取した後，同日午後10時45分頃，監禁のため用意していた場所に連れ込もうとしたが，抵抗されて失敗した。Xは，被害者からそれ以上金品を強取することは困難かもしれないと考え，共犯者Aの指示を受けながら，ダムに連れて行き，そこで金品の場所を聞き出そうと考えた。そこで前記4名と共に，被害者を監禁した自動車で移動し，翌日の午前0時35分頃，途中で会ったAから覚せい剤を渡されたうえで，被害者に覚せい剤を注射してダムの橋の上から落として殺害するよう指示された。Xはダムに赴き，前記4名に，指示されたとおりの殺害を提案したが，反対されたため，被害者に覚せい剤を注射して人里離れたところに放置することにして，同日午前3時30分頃，4名のうち1名に覚せい剤溶液を注射させ，同日午前4時頃に山中に同人を放置して立ち去った。その後，被害者は，覚せい剤使用に続発した横紋筋融解症により死亡した。強盗致死罪の成立を認定し，Xを懲役28年に処した第1審判決に対して，Xが事実誤認を主張して控訴した。

【判旨】
〈控訴棄却〉　東京高裁は，Xの行為を「当初からの計画に従い，強盗の罪跡を隠滅するために，被害者に覚せい剤を注射して放置する行為に及び，被害者を死亡させるに至った」と認定し，かかる「強盗の罪跡を隠滅する行為は強盗と一体のものと評価できるから，被害者の死亡の原因となった覚せい剤を注射するなどした行為は強盗の機会に行われたということができる」と判示した。
　また，監禁失敗後，強取を諦めており，さらに最後の強取から覚せい剤注射後の放置に至るまで約6時間，約50kmの距離があることから，強盗の手段たる行為と被害者の死亡との間に関連性が認め難いとするXの主張に対しては，いまだ強盗の意思を放棄したとはいえず，また，場所の点では，「被害者を監禁している自動車で移動し，常時被害者の間近に居続けて，強盗及び罪跡を隠滅する行為に及んだ」こと，時間の点でも，「暫くは強盗を継続するか，罪跡を隠滅する行為に移るかを決めかねていたものの，強盗の意思を放棄するや直ちに罪跡の隠滅に向けた行動を開始し，それを行うのに適当な場所まで移動した上，共犯者らと罪跡隠滅の方法を話し合い，被害者に覚せい剤を注射して放置するに至っ」たとして強盗と罪跡を隠滅する行為との間には連続性ないし一体性があると認め，強盗致死罪の成立を肯定した原判断を維持し，Xの控訴を棄却した。

【解説】
　強盗の手段たる暴行から致死の結果が発生した場合，強盗致死罪が成立するのは当然であるが，これに限らず，強盗行為の前後に行われた暴行により死亡結果が発生した場合も同罪に問えるかには議論がある。強盗の手段たる行為から発生した死亡結果に限定して強盗致死罪の罪責を認めるとする手段説に対して，通説，判例は，強盗の機会に死亡原因たる行為が行われれば足りるとする（最判昭和25・12・14刑集4巻12号2548頁）。窃盗後の暴行等による事後強盗類型の強盗致死傷罪もあることから，純粋に財物奪取のための行為から生じた結果のみにつき本罪が成立すると解するのは確かに不当であろう。しかし，強盗の機会というのも幅広い概念であり，事実上強盗と関係のない行為まで含めて考えると，極刑を規定した本罪の成立範囲が過剰に広がるとの批判が当たる。
　判例は，強盗との間の一定の関連性を手がかりに，必ずしも時間的場所的近接性がなくとも，強盗の機会を認定している。例えば，強盗終了後，約2時間10分後，自動車で約30km移動した地点で殺害した事案（千葉地判平成17・11・16裁判所HP），強盗後，山林内に停車させた自動車から数十m離れた地点で30分程度暴行を加えて被害者を殺害した事案（東京高判平成15・5・22判時1861号143頁），4日間にわたり，被害者を自動車で連れ回しながら強盗を繰り返し，最後の強盗終了後約4時間，8時間，14時間経過した時点で加えた暴行により，被害者が全身打撲による内出血で失血死した事案（大阪高判平成13・10・16裁判所HP）で強盗の機会の暴行が認定され，強盗致死罪の成立が認められた。
　時間的場所的に近接しなくとも，強盗の機会を拡大する根拠として用いられているのは，反抗抑圧状態の継続及び行為者の犯罪遂行計画等の主観的事情（新たな決意により別の場所で殺害した事案につき，別個に殺人罪とした最判昭和23・3・9刑集2巻3号140頁参照）である。本判決もまた，これらの要素を考慮する点で従来の判例と同一線上に位置づけられる。特に，行為計画に照らし罪跡隠滅行為を強盗と一体のものと解し，常時被害者の側にいたことで場所的に，強盗の意思の放棄後「直ちに」行為を開始した点で時間的に，強盗の機会を認定する範囲を拡大した事例として注目に値する。しかし，強盗罪における反抗抑圧は，本来財産強取の手段と解すべきである。強盗と無関係の行為にまで強盗の機会を拡大すべきでない。計画された罪跡隠滅行為を当該犯罪と一体と解し，時間的場所的近接性がもはや失われたにも拘らず，強盗の意思の放棄後も機会の同一性を認めた本判決には重大な疑義がもたれよう。

【参考文献】　長井秀典ほか「強盗罪(下)」判タ1354号21頁。

（かなざわ・まり）

刑法 9

# 事実証明に関する書類（行政書士法1条の2第1項）の意義

最高裁平成22年12月20日第一小法廷判決
平成20年(あ)第1071号行政書士法違反被告事件
刑集64巻8号1291頁，判時2103号155頁，判タ1339号64頁

法政大学教授　今井猛嘉

【論点】
行政書士法1条の2第1項にいう「事実証明に関する書類」の意義。

〔参照条文〕行書1条の2第1項・19条1項，同（平成20年法律第3号改正前）21条2号

## 【事件の概要】

被告人は，行政書士ではないが，行政書士である共犯者らと共謀の上，合計6名からの依頼に応じて，家系図合計6通を報酬を得て作成し，業として行政書士の業務を行った。その家系図は，戸籍の記載内容を図に表すなどした巻物状のもので，美濃和紙に毛筆書体で印字し，掛け軸用の表装具を使って表装するなどして作成されており，被告人が依頼者に送付したパンフレットには，「こんな時にいかがですか？」という見出しのもとに「いつか起こる相続の対策に」などと記載されていた。本件各依頼者は，先祖に興味があり和紙で作られた立派な巻物なので家宝になるなどとは思ったが，対外的な関係での具体的な利用目的は有していなかった。

第1審判決は，本件家系図が，行政書士法1条の2第1項にいう「事実証明に関する書類」に該当するとして，被告人に同法21条2号違反の罪を認め，原判決もこの判断を維持したので，被告人が上告した。

## 【判旨】

〈破棄自判・無罪〉「本件家系図は，自らの家系図を体裁の良い形式で残しておきたいという依頼者の希望に沿って，個人の観賞ないしは記念のための品として作成されたと認められるものであり，それ以上の対外的な関係で意味のある証明文書として利用されることが予定されていたことをうかがわせる具体的な事情は見当たらない。そうすると，このような事実関係の下では，本件家系図は，依頼者に係る身分関係を表示した書類であることは否定できないとしても，行政書士法1条の2第1項にいう『事実証明に関する書類』に当たるとみることはできないというべきである。」

## 【解説】

**1** 行政書士法1条の2第1項にいう「事実証明に関する書類」の意義は，同条項において定義されていない。同条項では，「事実証明に関する書類」と並んで「官公署に提出する書類」が規定されているので，「事実証明に関する書類」は，「官公署に提出する書類」と実質的に同様の書類に限定されなければならない。「官公署に提出する書類」とは，官公署において担当者（公務員）による閲覧が（客観的に）予想される書類であろう。そこで，「官公署に提出する書類」を含むより広い概念である「事実証明に関する書類」も，作成者以外の者による閲覧が想定される書類に限定するという解釈が可能となる。

これに類する限定解釈は，宮川光治裁判官の補足意見中で採用されているが，本判決は，関係者の主観も踏まえて本件家系図の性質を検討した。すなわち，本件家系図は，作成依頼者の希望を踏まえると，「それ以上の対外的な関係で意味のある証明文書として利用されることが予定されていた」書面ではないから，事実証明に関する書類に当たらない，との判断が示されている。

**2** 「事実証明に関する書類」の意義を示した本判決は，類似の文書である「事実証明に関する文書」（刑159条1項）に関する議論をも踏まえて，評価することが有益であろう。「事実証明に関する文書」には，文書性と事実証明関連性が要求されるが，前者（文書性）との関連で，作成者が有していた意図，目的等を踏まえて文書性の有無を判断しようとする解釈が存在する。すなわち，特定の利用が意図されて作成された書面（目的文書）と，結果的に何らかの生活領域において利用されるに至った書面（偶然文書）とを区別し，前者には，その文書性（証明予定性）を肯定するが，後者では，証明予定性の有無をより慎重に検討する，との解釈である。もっとも，書面の性質は，書面作成時の主観的事情を踏まえつつも客観的にしか判定できない事項であり，現にこの解釈の下でも，偶然文書として，多くの書面に文書性（証明予定性）が肯定されている。

後者（事実証明関連性）は，実社会生活に交渉を有する事項を証明する可能性として理解されてきた（最決平成6・11・29刑集48巻7号453頁等）。第2審判決は，被告人や依頼者が想定していた本件家系図の利用目的如何は，その性質決定に影響を及ぼさないとし，その事実証明関連性を肯定した。これに対して本判決は，本件家系図には「対外的な関係で意味のある証明文書」としての利用が予定されていないとして，この要件の存在を否定したのである。

**3** 本判決も，事実証明関連性の意義については従来の判例を念頭に置いていると推測されるが，文書性（証明予定性）に関して主張されてきた，作成者等の主観を踏まえた解釈に類する考えを，事実証明関連性の解釈に反映させた点に特徴がある。その上で，本判決は，関係者の主観を，事実証明関連性を判断するための客観的事情として考慮するに止めている。こうした判断手法は支持できるものである。

【参考文献】松宮孝明・法セ675号123頁，佐久間修「本件判批」平成23年度重判解（ジュリ1440号）165頁。

（いまい・たけよし）

刑法 10

## 「偽造」の肯定例──一般人をして真正な公文書と信じさせるに足る程度の外観を備えているとされた事例

東京地裁平成22年9月6日判決
平成22年特(わ)第34号・第289号、同年合(わ)第83号
覚せい剤取締法違反、銃砲刀剣類所持等取締法違反、有印公文書偽造被告事件
判時2112号139頁、判タ1368号251頁

千葉大学教授　林　陽一

【論点】
文書偽造罪における「偽造」というためには、作成された文書がどの程度、真正文書らしい外観を有することが必要か。
〔参照条文〕刑155条など

【事件の概要】
　被告人は、東京都公安委員会から第三者に交付され、既に有効期限が切れていた駐車禁止除外指定車標章（ビニール製ケース入り）の有効期限欄の「平成20年11月7日」の「20」の上に、コピー機を利用するなどして作成した「22」と記載された紙片を、また標章の発行日欄の「平成18年6月2日」の「18」の上に「20」と記載された紙片を、それぞれケースの上部と標章との隙間から差し入れ、置いたうえで、駐車違反の取締りを免れる目的で同ケースを自ら運転する自動車のサンバイザー上に置いた。

【判旨】
〈有罪（確定）〉　東京地裁は、①行為者の上記行為、②上記標章の表面が粘着性のある状態であり、ビニール製ケースと密着して貼り付くような状態であったため、被告人が上記紙片を標章の表面に置くと紙片がケースと標章の間に挟まれた状態となり、固定されたこと、③被告人が置いた紙片は、その大きさ、形状、色、印字内容、字体等が真正な記載と酷似しており、標章と密着してこれと一体化することにより、あたかも紙片に記載された数字が正規の有効期限、発行日であるかのごとき外観を呈するものとなったことを認定したうえで、次のように判示した。
　「上記認定事実に加え、警察官等がフロントガラス越しに確認するという駐車禁止除外指定車標章の本来的な用法も併せ考慮すれば、上記紙片に印字された数字が他の数字の位置と上下にずれており、載せた紙片の上部がめくれて少し浮かび上がる状態であったなどという弁護人指摘の点を踏まえても、本件標章が、一般人をして東京都公安委員会が作成した真正な公文書と信じさせるに足る程度の外観を備えたものといえることは明らかである。被告人による本件標章の作成行為は、有印公文書偽造罪にいう『偽造』に当たると優に認められる。」

【解説】
　1　文書偽造罪における「偽造」というためには、一般人をして真正に成立した文書と誤信させるに足りる形式・外観を有する文書の作成が必要である。形式・外観から偽造であることが明らかな文書は、信用されることがないから、処罰するまでもない。この形式・外観の真正文書らしさがどの程度必要であるかが、本判決で争われた論点である。
　学説には、偽造罪の成否は文書の行使方法により変化するものと解すべきでないことを理由として、偽造の成否は文書自体に──これを手に取って見た場合を想定するのであろう──真正文書としての形式・外観が認められるか否かを基準として判断すべきであるとするものがある（西田典之『刑法各論〔第5版〕』〔2010年〕350頁。山口厚『刑法各論〔第2版〕』〔2010年〕439頁も同旨）。たしかに、同一の作成行為が、意図した行使方法により偽造に該当したり、しなかったりするのは奇妙である。しかし、現代ではあらゆる文書が手に取って確認されるわけではなく、本件で問題となった駐車禁止除外指定車標章のように、自動車内に置いて車外から確認させるのが通常の行使方法である文書もある。そこで本判決は、そのような「本来的な用法」を併せ考慮して、本件作成行為を偽造に当たると判断した。これまでの裁判例にも、手に取って確認することが一般的に想定される国民健康保険被保険者証の（用紙の色・判型などが異なる）コピーに改ざんを加えた物の作出は（被保険者証の）偽造に当たらないが、被保険者証のコピーという文書としてならば──原本と異なるコピー用紙の色・判型であっても疑義が生じないからであろう──偽造したと解し得るとしたもの（東京高判平成20・7・18高検速報平成20・138頁）がある。
　他方、金融会社無人店舗内の自動契約受付機のイメージスキャナに読み取らせ、回線で接続されたディスプレイに表示させて係員に提示する目的で、自己の運転免許証に他人の氏名、生年月日などの記載された紙片等を置き、メンディングテープで固定した行為について、運転免許証が社会において身分証明書の機能を果たしていること、その際の行使方法には様々なものがあり得ることから、偽造に当たると判断したものもあるが（大阪地判平成8・7・8判タ960号293頁）、運転免許証の「本来的な用法」からは外れるものといえよう。
　2　争点とはなっていないが、本件文書について問題となるもう一つの要件が、文字・可読的符号が物体上に「ある程度永続すべき状態」に置かれていたかに関する「文書」性の要件である。同要件には、(1)黒板上のチョーク文字（最判昭和38・12・24刑集17巻12号2485頁）において問題となる、媒体に文字がどれだけ固定されているかという側面と、(2)コピー機のガラス面に複数の文書を組み合わせて置き、コピーを作成したときに、複写原本としての文書が存在するかで問題となる、（まとまった意味をもつ）文書が媒体として固定的・一体的であるかという側面とがあるが、本件では後者が問題となる。本判決も、標章表面の粘着性、ビニール製ケースとの密着、固定などの事実に言及しており、事実上の固定性、一体性を認定しているが、限界線上の事例といえよう。表面が平滑なプラスチック・ケース内に接着剤なく複数の紙片を入れた場合（ケースを振ると紙片が動くような場合）には、文書性の観点から偽造罪の成立が否定される場合もあろう。

（はやし・よういち）

刑法 11

# 特別公務員暴行陵虐罪にいわゆる「陵辱若しくは加虐の行為」に当たるとされた事例

広島高裁平成23年6月30日判決
平成22年(う)第198号特別公務員暴行陵虐被告事件
裁判所HP

九州大学准教授　井上宜裕

【論点】
法務教官による少年に対する陵虐行為と特別公務員暴行陵虐罪の成否。

〔参照条文〕刑195条2項

【事件の概要】
　本件の事実関係は以下の通りである。法務教官で首席専門官である被告人は、これまでにも規律違反行為を重ね、一度ならず処分を受けていた本件被害者である少年Aが、同室の在院者と、首席を殺す、逃走するなどという話をしていたとの報告を受けたことから、平成17年9月16日午後、体育館において、Aの頸部にシーツを巻き付けた上で、自分で頸部を絞め付けて死ぬように迫る旨の文言を申し向け、続けて、Aに遺書を作成するよう申し向けた上、Aがこれを拒絶すると、法務教官Bに指示し、「イショ」「ぼくは死にます。」などと記載した文書をBに作成させて、これを読み上げさせ、さらに、洗濯棟において、Aの面前で、ビニール袋内で2種類の液体を混合して有毒な気体が発生しているかのように装った上、同ビニール袋をAの顔面に近づけて、そこから発生している有毒な気体を吸えば死ねるなどと迫る旨の文言を申し向けた。

【判旨】
〈控訴棄却〉　広島高裁は、次のように判示して、被告人を有罪とした原判決を支持した。「少年院の法務教官が、在院者に対して行った行為が、特別公務員暴行陵虐罪にいう暴行又は陵辱若しくは加虐の行為に当たるか否かは、国民全体の奉仕者である公務員を対象とする特別公務員暴行陵虐罪の保護法益が、第一次的には公務の適正とこれに対する国民の信頼であることを踏まえ、……当該行為の態様そのものを基本として、当該行為が行われるに至った経緯、動機及び目的や、当該行為後の状況、当該行為を行う者の立場、指導する相手の性格や属性、当該行為が相手に与えた影響の有無及び程度等の具体的事情を総合し、少年院における矯正教育という特殊性を踏まえつつ、当該行為を職務上行うことが必要かつ相当といえるかという見地から、社会通念に従って、個別に判断するべき」であり、被告人の本件行為は、「指導目的でされたものであることや、本件少年の特殊性、緊急に対処する必要性をいかに考慮しても、社会通念に照らし、職務上行うことが必要かつ相当なものであるとは到底いい難く、公務の適正とこれに対する国民の信頼の観点からしても、およそ容認することはできず、……本件少年が、その行為により、死の現実的危険を感じたか否かという点に左右されることなく、特別公務員暴行陵虐罪の暴行又は陵虐行為に当たり、違法性も認められ、同罪が成立するというべきである」。

【解説】
　**1**　本判決は、法務教官によって少年に対してなされた一連の行為を特別公務員暴行陵虐罪に当たるとしたものであるが、その際の判断基準を詳細に示している点に特徴がある。

　**2**　刑法195条2項の「法令により拘禁された者」に少年院や少年鑑別所に収容されている少年が含まれるかについては、被拘禁者奪取罪（刑99条）、逃走援助罪（同100条1項）、看守者等逃走援助罪（同101条）と同様、争いがある。多数説はこれを肯定し、高裁判例にも、これを肯定したものがある（東京高判昭和29・12・28家月7巻3号29頁）。本判決もこの流れを踏襲している。

　**3**　特別公務員暴行陵虐罪の保護法益について、1審判決（広島地判平成22・11・1裁判所HP）が、「相手方の個人的法益とともに公務の適正とこれに対する国民の信頼をも保護する」として、むしろ個人的法益を重視するような表現をとったのに対し、本判決は、「第一次的には公務の適正とこれに対する国民の信頼」として、本罪が国家的法益に対する罪であることを強調している。この点、看守者が同意の上で被拘禁者と性交に及んだという事案で、本罪の保護法益を公務執行の適正保持とし、現実にその相手方が承諾したか否か、精神的または肉体的苦痛を被ったか否かを問わず本罪が成立するとした高裁判例もある（東京高判平成15・1・29判時1835号157頁）。しかし、一般に、本罪の「暴行」は暴行罪（刑208条）における「暴行」と同様に解され、暴行の場合、本罪が暴行罪の加重類型と解されていることに鑑みれば、いずれにせよ、本罪の保護法益に個人的法益が含まれていることは否定できないのであり、暴行陵虐の対象者を無視して本罪の成否を決するのは妥当でないであろう。本判決は、本罪の成否を判断するに際して、「当該行為が相手に与えた影響の有無及び程度等」も加味しており、この点は個人的法益への配慮とも解されうるが、結局、「〔Aが〕死の現実的危険を感じたか否かという点に左右されることなく」本罪の成立を肯定しており、国家的法益の側面を強調しすぎている嫌いがある。

【参考文献】　原田保「特別公務員暴行陵虐罪の意義と課題」現代刑事法39号45頁、松宮孝明「特別公務員暴行陵虐罪と被害者の承諾」法セ595号121頁。

（いのうえ・たかひろ）

# 刑法　判例の動き

京都大学教授　塩見　淳

以下では，平成23年9月から24年8月末までに言い渡された刑法関係の主な裁判例を中心に概観する。

## Ⅰ．刑法総論

### (1)過失

最決平成24・2・8刑集66巻4号200頁（**刑法1**）は，トラックのハブが走行中に輪切り破損し，脱落したタイヤ等が歩行者に激突するなどして3名が死傷するに至った事案で，トラック製造会社の品質保証部門の部長及びこれを補佐していた者には，リコール等により強度不足に起因するハブの輪切り破損事故の発生を防止すべき注意義務があり，この義務の違反と本件脱輪事故との間に因果関係が認められるとして，両名に業務上過失致死傷罪の成立を肯定した。神戸地判平成24・1・11（裁判所HP）（**刑法2**）は，運転手が列車を線路の曲線部分に転覆限界速度を超える速度で進入させたために脱線・転覆事故が発生し，多数の死傷者が出た事案において，曲線の半径をほぼ半減させる線形変更工事等を行った当時，鉄道会社の鉄道本部長等の地位にあった被告人に，当該曲線部分を指定して自動列車停止機能を有するATSを整備するよう指示する業務上の注意義務はなかったとして無罪を言い渡した。さらに，交通量の多い国道の信号機がない場所を前方左右の注視等をすることなく漫然と自転車で横断しようとしたところ，進行中の自動車の運転者が衝突回避のために左にハンドルを切り，通りがかりの歩行者2名を死亡させた事案で，自転車運転者に重過失致死罪を適用したものに大阪地判平成23・11・28判タ1373号250頁がある。

### (2)正当化

傷害致死事件において，検察側の主張する「機会を利用して積極的に攻撃する意思」及び「防衛の意思を覆い尽くすほどの強い攻撃の意思」は認定できないとしたうえで，被告人と被害者の体格差，年齢差や被害者の酔った状態を考慮しても，反撃は，素手による暴行で，その回数や力の程度等を踏まえると，防衛行為の相当性の範囲内にあるとしたものに東京地判平成23・10・24（LEX/DB25473594）がある。また，鹿児島地判平成24・2・7（裁判所HP）は，足や素手による暴行を受けていた行為者が，金属バットで25回以上殴打する反撃に出て被害者を殺害した殺人の事案で，被告人は，被害者が包丁を手に持っていることも認識しており，自らの身を守る意思が全くなかったとまではいえないとして過剰防衛に当たるとした。

大阪地判平成24・3・16（裁判所HP）（**刑法3**）は，歩行中にクラクションを鳴らされて立腹したAが，信号待ちで一旦停車した行為者の乗用車に追いつき，「殺すぞ」などと怒鳴りながら，窓ガラスを叩く，ドアノブを引っ張るなどの攻撃を加えたため，行為者は，これを避けるべく車両を発進させ，その後，再び信号待ちで一旦停車したが，なおAがドアノブをつかんで併走していたことに気づかずに青色信号に従って再発進，加速したため，Aを転倒させ，右後輪で轢過して死亡させたとの事案で，被告人の行為は，客観的に生命・身体に対する危険が継続する状況のもとで行われた相当性の範囲を超えない防衛行為であるとし，自動車運転過失致死罪について正当防衛を理由に無罪を言い渡した。

### (3)未遂

中止犯の要件に関して，公判前整理手続，公判及び評議に際して使用した，自発性を「やろうと思えばやれたが，やらなかった」場合，中止行為を，発生する危険のある「犯罪結果が生じないように真剣に努力した」場合とする基準に従って判断し，いずれも充たさないとして，殺人及び現住建造物等放火の中止未遂の成立を否定したものに大阪地判平成23・3・22判タ1361号244頁がある。

### (4)責任

福岡高判平成23・10・18（裁判所HP）は，殺人事件に関して，行為者は慢性期の統合失調症に罹患し，その精神障害の程度は重く，犯行は統合失調症の影響のもとに行われたとの理解を，心神耗弱を認めた原判決と共通にしながら，動機の了解可能性等の認定を異にし，心神喪失による無罪を言い渡した。

販売されたDVDは信頼性の高い自主審査団体である日本ビデオ倫理協会の審査に合格しており，わいせつ性の認識がなかったとして，被告側がわいせつ図画販売罪の成立を争った事案で，わいせつ性の認識を欠いていたことに相当の理由があるとは明らかにいえないとして積極に解したものに東京地判平成23・9・6（LEX/DB25472857）がある。

### (5)共犯

被告人が所有者に無断でパワーショベルの売却をAに依頼し，Aが情を知らない中古車販売業者に売却して搬出させた事案で，被告人がAの知情を認識していたかどうかは不明だが，その認識を欠いてAを道具とする間接正犯の故意であったとしても，それは教唆犯の故意を包含すると評価すべきであるから，刑法38条2項の趣旨により，犯情の軽い窃盗教唆の限度で犯罪が成立するとしたものに松山地判平成24・2・9判タ1378号251頁がある。

最決平成23・12・19刑集65巻9号1380頁（**刑法4**）は，ファイル共有ソフトWinnyを不特定多数の

者に公開，提供する行為が，このソフトを利用して正犯者らが犯した著作権法違反罪の幇助犯に当たるとして起訴された事案で，本件行為は，「例外的とはいえない範囲の者が同ソフトを著作権侵害に利用する蓋然性が高い」状況下で行われており，客観的に幇助に当たるものの，主観面において，そのような状況を認識，認容していたとまでは認められないとして，幇助犯の成立を否定した。

(6)量刑

大阪高判平成23・2・24判タ1358号248頁は，12日の間をおいて行われた連続強盗殺人のうち先行のA事件につき無期懲役刑が確定し執行中であったところ，さらに起訴された後行の本件について原判決が無期懲役を言い渡したとの事実経過のもと，死刑を求める検察側控訴の実質は「A事件を再度評価して，本件とA事件との統一刑を想定して，それとの不均衡をいうもの」で，「憲法39条が定める二重処罰禁止の趣旨に反する」として，これを棄却し，原判決を維持した。

## II. 刑法各論

(1)個人的法益に対する罪（財産犯以外）

最決平成24・1・30刑集66巻1号36頁（**刑法5**）は，睡眠薬等により数時間にわたる意識障害及び急性薬物中毒の症状を生じさせた行為について，「被害者の健康状態を不良に変更し，その生活機能の障害を惹起したもの」だとして傷害罪の成立を肯定した。また，最決平成24・7・24裁時1560号1頁（**刑法6**）は，女性4名を監禁し，1名につき加療約2年3か月，3名につき全治不明の心的外傷後ストレス障害（PTSD）を発症させた事案で監禁致傷罪の成立を肯定した。

最決平成23・10・31刑集65巻7号1138頁（**刑法7**）は，危険運転致死傷罪の「アルコールの影響により正常な運転が困難な状態で自動車を走行させ」る類型（刑208条の2第1項前段）に当たるとして同罪の適用を認めたもので，昨年度も本欄で紹介したが，改めて検討をお願いした。さらに，同罪の「進行を制御することが困難な高速度で……自動車を走行させ」る類型（刑208条の2第1項後段）について，東京高判平成22・9・28判タ1352号252頁は，相当程度の時間にわたる運転であることを要しない，東京高判平成22・12・10判タ1375号246頁は，カーブの限界旋回速度を超過していなくても同速度に当たりうると判示している。

広島高判平成23・5・26（LEX/DB25471443）（**刑法8**）は，13歳未満の女子に対するそれ自体は正当な診療行為に際し，胸部の露出した状態を盗撮した医師に強制わいせつ罪等の成立を肯定した。

最決平成24・2・13刑集66巻4号405頁（**刑法9**）は，家庭裁判所より鑑定を命じられた精神科医が鑑定資料等を第三者に閲覧させた行為につき，「鑑定人の業務」上知った秘密は秘密漏示罪の保護客体でないとする弁護側の主張を排斥し，さらに，鑑定の過程で秘密を知られた鑑定対象者以外の者も告訴権を有するとして同罪の成立を肯定した。

(2)財産犯

鹿児島地判平成24・3・19判タ1374号242頁（**刑法10**）は，滞納家賃等を支払わないなら妻と居住しているアパートの部屋から退去するよう大家から厳しく追及されている最中に，隠し持っていたペティナイフでその胸部及び背部を刺して大家を殺害した行為について，家賃未払いのまま妻を数日間本件アパートに住まわせるという明確な目的があったとは認定できず，「強盗の目的」がないとして強盗利得罪の成立を否定した。

最決平成24・10・9裁時1565号3頁は，養父である成年後見人による業務上横領事件に関し，「家庭裁判所から選任された成年後見人の後見の事務は公的性格を有」し，「成年被後見人のためにその財産を誠実に管理すべき法律上の義務を負」うとして，刑法244条1項の準用により刑を免除することも，養親子関係を量刑において斟酌することも相当でないとした。

コンピュータのハードディスクにいわゆるイカ・タコウイルスを感染させ，データの読み出し・書き込みができない状態にする行為について，ハードディスクの効用侵害は明らかで器物損壊罪が成立する，この結論は社会的法益に対する罪である不正指令電磁的記録供用罪（刑168条の2）の新設により影響されないと判示したものに東京高判平成24・3・26（LEX/DB25481161）がある。

(3)社会的法益に対する罪

最決平成24・7・9判時2166号140頁（**刑法11**）は，共犯者がインターネット上に開設しているウェブページに，第三者が他のウェブページに掲載し公然と陳列している児童ポルノのURLを一部改変のうえ掲載した行為が，児童買春等処罰法7条4項が規定する児童ポルノを「公然と陳列した」に当たるとした原判決を支持し，上告を棄却した。

(4)国家的法益に対する罪

県知事である兄と共謀し，その弟が，県の公共工事の受注に対する謝礼の趣旨であることを知りながら自己の経営する会社の所有する土地を買い取らせた事案で，土地の売買代金が時価相当額であったとしても，「売買による換金の利益」が賄賂に当たるとして収賄罪の成立を肯定したものに最決平成24・10・15（裁判所HP）がある。

(しおみ・じゅん)

刑法 1

# 三菱自動車車輪脱落事件上告審決定

最高裁平成24年2月8日第三小法廷決定
平成21年(あ)第359号業務上過失致死傷被告事件
刑集66巻4号200頁,判時2157号133頁,判タ1373号90頁

名古屋大学准教授　古川伸彦

【論点】
①トラック製造会社で品質保証業務を担当していた者の業務上の注意義務。②上記業務上の注意義務に違反した行為と脱落事故結果との間の因果関係。

〔参照条文〕刑(平成13年法律第138号改正前)211条前段

## 【事件の概要】

平成14年1月10日,横浜市内の道路を時速約50kmで走行中の三菱自動車工業株式会社(以下,「三菱自工」という)製大型トラクタの左前輪に装備されていたハブ(Dハブ)が輪切り破損し,左前輪がタイヤホイールおよびブレーキドラムごと脱落し,脱落した左前輪が,左前方の歩道上にいた女性に激突し,同女を路上に転倒させ,頭蓋底骨折等により死亡させるとともに,一緒にいた児童2名もその衝撃で路上に転倒させ,各全治約7日間の傷害を負わせるという事故(以下,「本件事故」という)が発生した。

本件事故の約2年半前には,広島県内の高速道路を走行中の中国ジェイアールバス株式会社の三菱自工製バスに装備された右前輪のハブ(Dハブ)が輪切り破損し,右前輪タイヤ等が脱落する事故(以下,「中国JRバス事故」という)が発生しており,さらに同事故発生以前にも,平成4年6月21日に起きた高知山秀急送有限会社の三菱自工製トラックの左前輪ハブ(Bハブ)輪切り破損・タイヤ等脱落事故(以下,「山秀事故」という)をはじめ,同種のハブ輪切り破損事故が15件(うち7件がDハブ)発生していた。

本件事故につき業務上過失致死傷罪に問われた被告人X・Yは,中国JRバス事故当時,それぞれ,三菱自工の品質保証部門の部長の地位にあり,三菱自工が製造した自動車の品質保証業務を統括する業務に従事し,同社製自動車に安全性に関わる重要な不具合が生じた場合には関係会議を主宰するなど,品質保証部門の責任者であった者,同部門のバスのボデー・シャシーを担当するグループ長の地位にあり,Xを補佐し,品質保証業務に従事していた者である。Yは,過去に山秀事故等を自ら担当した経験もあった。

第1審判決(横浜地判平成19・12・13刑集66巻4号279頁参照)は,Dハブには強度不足の欠陥があり,中国JRバス事故事案の処理の時点で,X・Yには,Dハブ輪切り破損・タイヤ脱落により交通関与者に危害が及ぶことの予見が可能であって,リコール等の改善措置の実施のための措置を採る義務があり,それを採らずに放置した過失行為により本件事故が引き起こされた旨を認定し,業務上過失致死傷罪の成立を認めた。被告人らの控訴を原判決(東京高判平成21・2・2同371頁参照)は棄却。被告人らが上告。

## 【決定要旨】

〈上告棄却〉①「中国JRバス事故事案の処理の時点における三菱自工製ハブの強度不足のおそれの強さや,予測される事故の重大性,多発性に加え,その当時,三菱自工が,同社製のハブの輪切り破損事故の情報を秘匿情報として取り扱い,事故関係の情報を一手に把握していたことをも踏まえると,三菱自工でリコール等の改善措置に関する業務を担当する者においては,……Dハブを装備した車両につきリコール等の改善措置の実施のために必要な措置を採……り,強度不足に起因するDハブの輪切り破損事故の更なる発生を防止すべき注意義務があったと解される。」

②「Dハブには,設計又は製作の過程で強度不足の欠陥があったと認定でき,本件……事故も,本件事故車両の使用者側の問題のみによって発生したものではなく,Dハブの強度不足に起因して生じたものと認めることができる。そうすると,本件……事故は,Dハブを装備した車両についてリコール等の改善措置の実施のために必要な措置を採らなかった被告人両名の上記義務違反に基づく危険が現実化したものといえるから,両者の間に因果関係を認めることができる。」

なお,田原睦夫裁判官の反対意見がある。

## 【解説】

**1** 本決定の判示第1は,Dハブに強度不足の欠陥があったことを前提に,中国JRバス事故事案の処理の時点で,すでに三菱自工製ハブの強度不足が強く疑われる状況が発生しており,にもかかわらず適切な対処を怠れば死傷事故が生じる危険が十分に認識可能であったので,「三菱自工でリコール等の改善措置に関する業務を担当する者」は,その危険を取り除く措置,具体的には「Dハブを装備した車両につきリコール等の改善措置の実施のために必要な措置」が義務づけられる,という法的評価に支えられている。

如上の業務上の注意義務の違反から,過失不作為犯の成立を導くためには,被告人らが作為義務を負う地位(保障人的地位)にあることが認められなければならない。その積極判断においては,危険の重大性や,情報の集中性,といった事情が重視されており,薬害エイズ厚生省ルート事件上告審決定(最決平成20・3・3刑集62巻4号567頁)等に通有の視座を看取できる。被告人らの地位・職責・権限等に照らして具体的な義務内容を論定し,重畳的な過失競合を認める結論に至る点も,目新しいものではない。

**2** 他方,本決定の判示第2は,原判決の,かりに本件事故の原因がDハブの強度不足ではなく,車両の不適切な使用によるハブの摩耗にあったとしても,Dハブの強度不足の疑いからリコール等の改善措置を採っていれば結果を回避しえた以上,犯罪の成否は左右されない旨の説示に対して,その考えを明示的に否定した点に意義がある。いわく,もしハブの摩耗が原因であったならば,本件事故が「被告人両名の上記注意義務違反に基づく危険が現実化したものとはいえ」ず,因果関係が認められなくなるから,と。

すなわち,本件の有罪判断は,中国JRバス事故までに生じた同事故を含む8件のDハブ輪切り破損事故(の少なくとも一部)が,ハブの強度不足に起因するものであって,かつ,本件事故もまたハブの強度不足に起因するものである,という事実を必須の前提とする。だからこそ,ハブの欠陥に適切に対処しない不作為が,本件事故結果を引き起こしたといえる。その意味で,最重要ファクターである事故原因について,ヨリ慎重かつ徹底的な解明を求める田原裁判官の反対意見は,傾聴すべき内容を含んでいる。

【参考文献】　松宮孝明・法セ691号157頁,同・立命343号601頁,成瀬幸典・刑事法ジャーナル33号122頁,前田雅英・警論65巻8号139頁。

(ふるかわ・のぶひこ)

刑法 2

# 福知山線列車脱線転覆事故における元安全対策責任者の過失責任

神戸地裁平成24年1月11日判決
平成21年(わ)第695号業務上過失致死傷被告事件
裁判所HP

横浜国立大学准教授　内海朋子

【論点】
①線形変更工事が行われた曲線における列車転覆事故の予見可能性の有無。②組織における職責と予見可能性の程度。

〔参照条文〕刑211条1項

【事件の概要】
　A社は、新路線の開業にあたって、管轄内の線路における曲線の半径をほぼ半減させる線形変更工事を行い、さらに列車本数を増加させるダイヤ改正を行って新路線での列車運行を開始した。その後、さらに数次のダイヤ改正がなされた結果、ダイヤ上の運転時間のとおりに運転することは容易ではない状況にあった。こうした状況下、快速列車を運転していた運転士が転覆限界速度を超える速度で同列車を本件曲線に進入させ、同列車を転覆させた結果、乗客106名が死亡、493名が傷害を負った。
　線形変更工事およびダイヤ改正当時、鉄道本部長、安全問題担当の常務取締役、安全対策委員会委員長および新路線の開業準備総合対策本部長であったXについて、線形変更工事が完成した平成8年12月ころから鉄道本部長等の役職を退いた平成10年6月26日までの期間、本件曲線にATSを整備するよう指示すべき業務上の注意義務があったのにこれを怠り、ATSを整備しないまま本件曲線を列車運行の用に供し、転覆限界速度を上回る速度で本件曲線手前の直線を走行する列車を運行した過失があるとして、Xが起訴された。

【判旨】
〈無罪〉　本判決は、新過失論の立場に立つことを明らかにしつつ、「個別の曲線ごとに走行する列車について転覆限界速度を算出する曲線管理を行っていた鉄道事業者があったとは認められず、被告人も本件曲線について計算上の転覆限界速度の認識はなかった」として、Xは本件曲線について個別具体的に脱線転覆の危険性を認識していないため、予見可能性は認められないとした。また、曲線一般において列車が転覆限界速度を超えて曲線に進入すれば外側転覆が起こること、列車が転覆限界速度以上の速さで走行することも物理的に可能であることを認識していれば、本件曲線においてもいつか何らかの理由により事故が起こることは予見可能であるという点については、そのような予見可能性判断は危惧感を考慮するのと大差がなく、漠然としすぎているとした。さらに、A社の組織としての責務の存在が、被告人について、予見可能性の程度を緩和する理由にならないとした。

【解説】
　本判決は、Xに本件曲線の転覆限界速度についての認識が欠けていたこと等を理由に本件事故の予見可能性を否定した。しかしながら、曲線手前の列車速度が曲線における転覆限界速度を超えているかどうかを基準としたATS設置の義務付けは、本件事故後に通達によって定められたものであるから事故の予見可能性、および結果回避義務の判断においてこの基準を重視する必要はない。
　本件のように事故前に法令による基準行為が存在していなくても、諸般の事情を総合考慮して結果回避措置を採るべき危険な状況が存在している（そしてその状況が行為者に認識されている）と考えられるならば、結果回避義務が課されてよい。新路線の開業にあたって従来にはない新しい列車運行状況が創出されるというリスク（過去の経験が存在しない）、より危険な曲線に線形を変更する工事を行うというリスク、線形変更工事の直後に列車本数を大幅に増発するダイヤ改正を行うというリスクに鑑みて、曲線の構造そのものに内在する脱線の危険に加えて、ヒューマンエラーが起こる可能性の高さをも勘案して、そのバックアップ機能を有するATSの設置が検討されてしかるべきである。
　もっとも、結果回避のために採りうる措置は、検察官が主張したATS設置に限られない。新路線の開業を行うにあたって、新たに生じうる危険性を十分把握した上で、ダイヤを適切なものとすること、速度の制御の安全システムを確実にすること、危険性の高い路線箇所の運転を行う場合には、高度な訓練を受けた者のみを運転士として配置すること等による結果回避も考えられる。この点、本判決は、「曲線の制限速度を定めるなどして運転士が遵守しなければならない運転取扱いを規則化し、高度に訓練された運転士により列車の運行をはかるなど、実際に曲線を走行する運転士の側での方策も転覆のリスクに対する安全対策となるが……、個別の曲線について、そのような安全対策で足りるかどうかについては、曲線の安全設計やATSなどによる安全対策でのリスク軽減の要否を考え」るべきとしながら、そのような評価はあくまで事後的判断にとどまるとして、刑法上の注意義務違反を構成しないとした。
　しかしながら、このようなリスク軽減の対策が採られなかったこと自体、あるいはそもそも曲線部分の脱線の危険性に関するリスク分析が十分なされていなかったこと自体（情報収集義務違反）を過失として構成することもできたと思われる。もっとも、この「大規模鉄道事業者としてのA社」が負うべき責務を、鉄道本部あるいは開業準備総合対策本部という内部組織の責務、そしてその組織の責任者としてのX個人の注意義務にどのように反映させるかという議論は生じる。この点本判決は、上述のようなA社の負うべき責務の存在が、X個人の予見可能性の程度を緩和する理由にはならないとして、前者が後者に反映されることを否定する一方で、結果回避義務の内容や、注意能力の基準について「大規模な鉄道事業者の安全対策の責任者の立場にあった者」を問題とする、という形を採っている。

【参考文献】　土本武司・捜査研究729号127頁以下、730号127頁以下、前田雅英・警察学論集65巻8号139頁以下、船山泰範・日本法学78巻1号157頁以下。

（うつみ・ともこ）

刑法 3

# 自動車運転過失致死罪につき正当防衛の成立が認められた事例

大阪地裁平成24年3月16日判決
平成23年(わ)第558号傷害致死（予備的訴因：自動車運転過失致死），道路交通法違反被告事件
判タ1404号352頁

上智大学教授　照沼亮介

## 【論点】

走行中の自動車を損壊しようとして運転席ドアノブ付近をつかんで併走していた被害者の攻撃から逃れるため加速しつつ走行した際，過失により被害者を轢過して死亡させた行為につき，正当防衛の成立は認められるか。

〔参照条文〕刑36条

## 【事件の概要】

被告人は普通乗用自動車を運転中，歩行中のAらを追い抜く際にクラクションを鳴らしたが，これに立腹したAが被告人車両を追いかけ，交差点で信号待ちのため一旦停止した際に追い付き，大声で「殺すぞ」などと怒鳴りながら車両右側方を併走し，ガラス窓を手で叩き，運転席側ドアノブをつかむなどの行為に及んだ。被告人はこれらの事情をおおよそ認識していたが，再発進後，次の交差点に進入し，前方車両の側方を通過するために時速約37kmに加速しつつ走行させた際，過失により交差点内でAを路上に転倒させ，身体を轢過して死亡させたとして自動車運転過失致死罪に問われた（暴行の故意は否定され，傷害致死罪にはあたらないとされた）。

## 【判旨】

〈一部有罪，一部無罪〉　裁判所は「Aに対する危険が生じないあるいはより危険が少ない速度や方法で運転すること」は可能であったとして被告人に過失を認めたが，以下のように正当防衛が成立すると判断した。すなわち，①当初の時点では「生命や身体に対する危険が現に存在」し，「Aに対して何らかの行為に出ることが正当化される緊急状態」が存在していた。再発進後，一時Aは車両から離れたがすぐ追い付いて併走していたのであり，「緊急状態は終了したとはいえず，なお継続していた」。②被告人には「生命や身体などに対する差し迫った危険があることを認識し，それを避けようとする心理状態，すなわち，刑法上の防衛の意思があった」。③客観的に見れば被告人が車内から引きずり出される可能性が高かったとはいえないが，Aの行為は「被告人らが生命や身体に相当に恐怖を感じる危険なものであった」。④被告人の認識を前提とすれば「追いかけてきているがまだ追いついていないA」からさらに遠ざかるために加速したのであり「Aの身体に具体的な危険が生じるような行為」とはいえない。⑤被告人は再度追い付かれるかもしれないという切迫感を感じていた以上，加速する行為も「逃げようとしている者が取る行動として十分にあり得る」。⑥Aは「自ら危険な状況に飛び込んだ，あるいはそのような危険な状況を自ら作出したといえる」から，被告人の行為の客観的な危険性の高さや過失の内容を理由として相当性の範囲を逸脱していたとすることはできない（なお，道路交通法上の報告義務違反の罪が成立するとされたが，救護義務違反の罪の成立は否定された）。

## 【解説】

まず，Aが攻撃を加えてきた原因は被告人がクラクションを鳴らしたことであっても，それは以後の事象経過の「意図的な統制」とは評価できないし，⑥でAの執拗な行動が危険な事態をもたらしたとされていることなどからすると，自招侵害にはあたらないと考えられる。また，①で一時的に車両から離れた後にもすぐAが追い付いている点は，攻撃の連続性や攻撃意欲の旺盛さを示すものであり，当初からの侵害の継続性を裏付けているといえる。さらに，事前にそのようなAの行動が予期されていたわけではないからいわゆる積極的加害意思の存在も認められない。もっとも生命・身体との関係で急迫性を有していたかどうかを検討する余地はあるが，ここでは③が示すように，実際に車外に引き出される高度の可能性までは要求されていない。Aらの「一連の」侵害態様を踏まえるならばドアやガラスに破損が生じる可能性は高く，運転中の被告人にとって逃走する以外に選択肢があったとも考え難いから，そのような危険が切迫した状況であったと評価してよいと思われる。

次に防衛意思が問題となるが，従来，防衛意思必要説に対しては過失犯において正当防衛の成立が認められなくなるという批判がなされてきた。しかし②が示すように，防衛意思に関する現在の判例理論によれば，緊急状況を認識してこれに「対応した行動をとる意思」が存在すれば足りるのであり，「法益侵害を実現する意思」が欠けた過失犯の行為者であっても行為意思の内容としてこのようなものを具備することは可能であるから，両者は別個の問題であるといえよう。

最後に防衛行為の相当性が問題となるが，④⑤が示すように，本判決は被告人の置かれた具体的な行為状況や認識を前提とした上でどのような手段を選択できたかを検討しており，同時に⑥において客観的に危険性の高い行為であってもそれだけで相当性を否定すべきではないことやAの側の自招性についても言及している。いずれも，相当性判断が緊急事態における権利行使の範囲の例外的拡張の問題であることに即した内容であり，結論的にも妥当であるように思われる。

本件は過失犯において正当防衛の成立が認められた稀有な事例であると同時に裁判員裁判実施事例でもあるが，「筋の通った」判断により検討過程が見えやすいものになっており，これまで「簡明化」の必要性ばかりが強調されてきたきらいがある裁判員裁判においても，そうした部分こそが結論の説得性をもたらすことを実証しているといえよう。

【参考文献】　和田真ほか「正当防衛について(上)(下)」判タ1365号46頁，1366号45頁。

（てるぬま・りょうすけ）

刑法 4

## ファイル共有ソフトWinnyの提供につき，開発者に著作権法違反幇助の故意がないとされた事例

最高裁平成23年12月19日第三小法廷決定
平成21年(あ)第1900号著作権法違反幇助被告事件
刑集65巻9号1380頁，判時2141号135頁，判タ1366号103頁

小樽商科大学准教授　小島陽介

【論点】①中立的行為による幇助。②不特定多数人に対する幇助。③幇助の故意。
〔参照条文〕刑62条1項

【事件の概要】
　被告人は，P2P方式によるファイル共有ソフトであるWinnyを開発し，その改良を繰り返しながら順次ウェブサイト上で公開して不特定多数の者に提供していた。正犯者2名は，Winnyを利用して著作物であるゲームソフト等の情報をインターネット利用者に対し自動公衆送信し得る状態にし，著作権者の有する著作物の公衆送信権を侵害する著作権法違反（平成16年改正前の著作119条1号）の犯行を行った。被告人は，正犯者らの各犯行に先立つWinnyの最新版の公開，提供行為が正犯者らの著作権法違反罪の幇助犯に当たるとして起訴された。
　1審（京都地判平成18・12・13判タ1229号105頁）は，価値中立的な技術の提供が幇助犯となるかどうかは，その技術の社会における現実の利用状況やそれに対する認識および提供する際の主観的態様によるとしたうえで被告人を有罪としたのに対し，控訴審（大阪高判平成21・10・8刑集65巻9号1635頁参照）は，価値中立的なソフトを違法行為の用途のみにまたはこれを主要な用途として使用させるようにインターネット上で勧めてソフトを提供する場合に幇助犯が成立するが，本件はそのような場合でないとして被告人に無罪を言い渡した。検察官が上告。

【決定要旨】
〈上告棄却〉　Winnyは適法にも違法にも利用できるソフトであり，どのように利用するかは個々の利用者の判断に委ねられている。新たなソフトには社会的に幅広い評価があり得，その開発には迅速性が要求されることからすると，ソフト開発行為に過度の萎縮効果を生じさせないためにも，「かかるソフトの提供行為について，幇助犯が成立するためには，一般的可能性を超える具体的な侵害利用状況が必要であり，また，そのことを提供者においても認識，認容していることを要するというべきである。すなわち，ソフトの提供者において，当該ソフトを利用して現に行われようとしている具体的な著作権侵害を認識，認容しながら，その公開，提供を行い，実際に当該著作権侵害が行われた場合や，当該ソフトの性質，その客観的利用状況，提供方法などに照らし，同ソフトを入手する者のうち例外的とはいえない範囲の者が同ソフトを著作権侵害に利用する蓋然性が高いと認められる場合で，提供者もそのことを認識，認容しながら同ソフトの公開，提供を行い，実際にそれを用いて著作権侵害（正犯行為）が行われたときに限り，当該ソフトの公開，提供行為がそれらの著作権侵害の幇助行為に当たると解するのが相当である」。
　本件事情からすると，「いまだ，被告人において，Winnyを著作権侵害のために利用する者が例外的とはいえない範囲の者にまで広がっており，本件Winnyを公開，提供した場合に，例外的とはいえない範囲の者がそれを著作権侵害に利用する蓋然性が高いことを認識，認容していたとまで認めるに足りる証拠はない」。
　なお，被告人に上記の蓋然性についての認識が認められるとする大谷剛彦裁判官の反対意見がある。

【解説】
　本件は「中立的行為による幇助」が問われた事案として学界の注目を集めたほか，不特定多数人に対する幇助というこれまで議論が十分でなかった領域に関する最高裁決定として重要である。
　1審判決が現実の利用状況に着目したのに対し，控訴審判決はその把握の困難さや基準の不明確さを指摘し，違法利用の勧奨という特別の要件を設定したが，これには，教唆との区別を曖昧にする，インターネットでのソフト提供についてのみこのような要件が加えられる根拠がない，このような要件は刑法62条の解釈からは導かれ得ないなどの批判が加えられていた。本決定は，当該ソフトの性質や客観的利用状況のいかんを問わずにそのような限定を加えることには十分な根拠がないとして控訴審判決の枠組みを否定し，幇助犯の一般的成立原理を確認しつつ，例外的とはいえない範囲の者による侵害的利用の蓋然性およびその認識・認容という，1審判決に類似した構成で幇助犯の成立範囲の限定を図った点が注目に値する。本件が不特定多数人に対する幇助である点に鑑みると，行為の中立性ないし危険性判断の手段として現実の利用状況に着目することは適切であると解される。今後は，どの程度であれば「例外的とはいえない範囲の者」といえるかにつき基準の明確化が必要となるほか，ソフトの性質や開発・提供態様などその他行為の危険性を左右し得る要素との関係も問題となるだろう。
　もっとも，本決定は，侵害的利用をしないよう促す書き込みもされていたこと，インターネット上に違法コピーをまん延させて現行の著作権制度を崩壊させる目的があったとはいえないこと，当時の客観的利用状況が正確に伝えられていなかったことなどから，被告人に例外的とはいえない範囲の者による侵害的利用の蓋然性についての認識がなかったとしている。しかしこれらは，被告人のその認識を否定する要素ではないと思われる。本決定は幇助の客観的要素（上記蓋然性を含む）に対応する認識以上のものを故意その他の主観的要素として要求する判示にはなっていないのであるから，この点を指摘した大谷裁判官の反対意見の方が論理的に優れていると解される。
　ただ，反対意見も指摘している通り，本件が民事では損害賠償等の対象となるか争いがあり，微罪性を有するという評価も示されている。いずれにせよ，民事・刑事を通じての新たな著作権保護体系の構築が急がれよう。

【参考文献】門田成人・法セ686号127頁，島田聡一郎・刑事法ジャーナル32号142頁。

（こじま・ようすけ）

刑法 5

# 意識障害等の惹起と傷害罪の成否

最高裁平成24年1月30日第三小法廷決定
平成22年(あ)第340号傷害被告事件
刑集66巻1号36頁、判時2154号144頁、判タ1371号137頁

立教大学教授　小林憲太郎

【論点】
睡眠薬等を摂取させたことにより意識障害等を惹起することが傷害罪を構成するか。
〔参照条文〕刑204条

【事件の概要】
　被告人は病院で勤務中ないし研究中であった被害者に対し、睡眠薬等を摂取させたことによって、約6時間または約2時間にわたり意識障害および筋弛緩作用を伴う急性薬物中毒の症状を生じさせた。
　第1審（京都地判平成21・8・21刑集66巻1号73頁参照）は傷害罪の成立を認め、第2審（大阪高判平成22・2・2同76頁参照）も控訴を棄却したため、被告人側が上告。

【決定要旨】
〈上告棄却〉「上記事実関係によれば、被告人は……被害者の健康状態を不良に変更し、その生活機能の障害を惹起したものであるから、いずれの事件についても傷害罪が成立すると解するのが相当である。所論指摘の昏酔強盗罪等と強盗致傷罪等との関係についての解釈が傷害罪の成否が問題となっている本件の帰すうに影響を及ぼすものではな……いというべきである。」

【解説】
　傷害罪にいう「傷害」とは判例・学説上、一般に、人の生理的機能の不良な変更と定義されている。そして本件で争われたのは、この「傷害」該当性である。
　もっとも、最高裁もいうように（なお、原判決もほぼ同旨の控訴趣意に対し、同様に応えている）、上告趣意が失当である点については、ほぼ争いがないものと思われる（辻川靖夫「判解」ジュリ1448号101頁、102頁参照）。たしかに、たとえば昏酔強盗罪にいう「昏酔」が常に昏酔強盗致傷罪にいう「致傷」にあたるとすると、昏酔強盗罪の独自の適用領域が失われることから、「致傷」を限定的に解釈する契機が生じよう。しかし、そのことから、傷害罪にいう「傷害」についてまで、同様に解釈しなければならないことは導かれない。そのようなことを導くためには、同時に、昏酔強盗致傷罪にいう「致傷」と傷害罪にいう「傷害」が同義であることを前提としなければならないが、しばしば強盗致傷罪をめぐって議論される「傷害概念の相対性」という主題は法定刑の重さという別のコンテクストを有しているから、かりにかかる相対性を認めない立場を採用したとしても、上記前提は出てこないのである（以上をふまえつつ、本件では昏酔強盗致傷罪にいう「致傷」までは認められないことを示唆するものとして、豊田兼彦「判批」法セ689号129頁、前田雅英「判批」警学65巻4号143頁などを参照）。

　そうすると、真の問題は次のようなところにある。すなわち、（比喩的にいうと）「細胞レベル」でみれば機能障害が生じているとはいえるものの——法定刑の下限がきわめて軽いとはいえ——傷害罪によって処罰するほどではない意識障害等がありうるとすれば、それはどのようなものかということである（暴行罪との保護範囲の切り分けが問題になっているのではない。判例によれば、暴行は傷害を生ずべきものに限られないし、かりにこの点を措くとしても、〔原判決も明言するように〕だまして睡眠薬等を摂取させることは暴行でないからである。もちろん、後に引用する判例の事案のように、暴行を手段とする場合に限り、それに通常随伴するものは傷害でないなどと限定解釈することも不可能ではないが、同一の生理的機能障害の惹起を、暴行を手段とする場合にのみ軽く処罰する合理的根拠はない）。むろん脳出血等の器質的変化が認められ、その結果として意識障害等が生じていたり、（他覚的所見のない疼痛等を含めた）後遺障害が残存したりしていれば、それを傷害と評価することに特段の支障はないであろうから、実際に問題となるのはそれ以外の場合である。

　この問題についてはいくつかの大審院判例がある。まず大決大正15・7・20新聞2598号9頁は、強姦目的で被害女性の首を絞め、約30分間、人事不省の状態に陥らせた事案において、被害者がただちに心神を回復し、その精神身体になんらの障害も残らなかったとして、健康状態の不良変更すなわち傷害罪の成立を否定した。これに対して大判昭和8・9・6刑集12巻1593頁は、2月の夜半ごろ、静岡県浜名湖中に突き落とされた被害者が、水中における寒気と疲労のため失神状態に陥った事案において、傷害罪の成立を肯定している。失神していた時間やその意識喪失のレベル、（意識回復の可能性を含めた）より重大な生理的機能障害の生じる危険性等が考慮され、前者の事案では傷害罪をもって対処するほどではないと判断されたのであろう（判例上の傷害概念については、岡本章「判批」研修769号19頁以下などを参照）。

　ひるがえって本件の事案では、時間からも後遺障害の生じるリスク等からも、傷害と評価することは適切であったと思われる（嘉門優「判批」刑事法ジャーナル33号116頁以下は、より詳細な事実認定を求める）。被告人側は控訴趣意において、本件で混入された睡眠薬が、成人が通常使用する範囲内のものであることを強調するが、通常の使用量は使用者の意思、価値観を前提とした、薬剤のマイナスとプラスの衡量から決せられるのであって、マイナスのみが問題とされている本件で云々するのは失当というほかない。被害者をだまして下剤を摂取させ、腹痛と下痢症状を生じさせた場合、かかる下剤が大腸内視鏡検査を受ける者の通常使用する範囲内のものであることが、傷害罪成立の桎梏にならないのと同様である。

【参考文献】　本文中に掲げたもの。

（こばやし・けんたろう）

刑法 6

## 4名の女性を次々に監禁しPTSDを発症させた行為に監禁致傷罪の成立が認められた事例

最高裁平成24年7月24日第二小法廷決定
平成22年(あ)第2011号監禁致傷,傷害被告事件
刑集66巻8号709頁,判時2172号143頁,判タ1385号120頁

神奈川大学教授　近藤和哉

【論点】
PTSDが,監禁致傷罪の致傷結果に当たるか否か。
〔参照条文〕刑221条

【事件の概要】
　被告人は,若い女性を「調教」し,絶対的な主従関係を構築するサディズムの性癖を有していた。被告人は,平成15年12月初旬からの約1年間に,コスプレ・イベント等を通じて知り合った17歳から23歳までの女性4名を,次々に,ホテル客室や自己の居室に連れ込み,暴行・脅迫を加え,脱出困難な心理状態に陥らせて,3,4日ないし4か月弱の期間,監禁した。被害者らは,後に,加療約2年3か月を要する（1名）,または全治不明の（3名）PTSDと診断された（内1名は,解離性障害とも診断された）。被告人は,1名の被害者に対する監禁致傷罪（後に,監禁致傷罪,傷害罪に訴因変更）,3名の被害者に対する監禁罪（後に,監禁致傷罪に訴因変更）で起訴された。1・2審の有罪判決に対して被告人が上告。

【決定要旨】
〈上告棄却〉「原判決及びその是認する第1審判決の認定によれば,被告人は,本件各被害者を不法に監禁し,その結果,各被害者について,監禁行為やその手段等として加えられた暴行,脅迫により,一時的な精神的苦痛やストレスを感じたという程度にとどまらず,いわゆる再体験症状,回避・精神麻痺症状及び過覚醒症状といった医学的な診断基準において求められている特徴的な精神症状が継続して発現していることなどから精神疾患の一種である外傷後ストレス障害（以下「PTSD」という。）の発症が認められたというのである。所論は,PTSDのような精神的障害は,刑法上の傷害の概念に含まれず,したがって,原判決が,各被害者についてPTSDの傷害を負わせたとして監禁致傷罪の成立を認めた第1審判決を是認した点は誤っている旨主張する。しかし,上記認定のような精神的機能の障害を惹起した場合も刑法にいう傷害に当たると解するのが相当である。したがって,本件各被害者に対する監禁致傷罪の成立を認めた原判断は正当である。」

【解説】
　1　本決定は,監禁被害者らが発症したPTSDが傷害に当たるとして,監禁致傷罪の成立を肯定した,初の最高裁判例である。本決定において採られているとみられる見解は,主に次の4つである。①精神的障害も,刑法上の傷害に当たり得る。②PTSDの診断基準として求められている精神的機能の障害を惹起した場合も,傷害に当たる。③一時的な精神的苦痛やストレスは,傷害に当たらない。④監禁行為から傷害に当たる精神的機能の障害が生じた場合には,監禁致傷罪が成立する。

　2　まず,①は,傷害を,身体の生理的機能の毀損（大判明治43・4・4刑録16輯516頁,最判昭和27・6・6刑集6巻6号795頁）,あるいは,生活機能の障害（大判大正11・12・16刑集1巻799頁,大決大正15・7・20新聞2598号9頁,最判昭和26・9・25集刑53号313頁,最決昭和32・4・23刑集11巻4号1393頁）と定義する従来の判例の立場と,十分に両立可能なものではあったが,これを明言した大審院判例・最高裁判例は存在しなかった。「精神身体……ノ障碍」,「精神的侵害」に言及した前掲大決大正15・7・20が,その内容として念頭に置いていたのは,絞首による人事不省という,むしろ身体的な状態であったし,精神的ストレスを与える行為を傷害の実行行為とした最決平成17・3・29刑集59巻2号54頁においても,傷害とされたのは,慢性頭痛症等の身体的症状であった。他方,下級審判例においては,東京地判昭和54・8・10判時943号122頁が,すでに,精神衰弱症の発症に傷害罪の成立を認めており,これに,不安及び抑うつ状態を傷害とした名古屋地判平成6・1・18判タ858号272頁が続き,最近では,本件と同様のPTSD関連事件で,精神的障害が傷害であり得ることを殆ど当然の前提とするものが複数現れていた（福岡高判平成12・5・9判タ1056号277頁〔PTSDの発症は否定〕,富山地判平成13・4・19判タ1081号291頁,東京高判平成22・6・9判タ1353号252頁〔PTSDの発症は否定〕）。最高裁は,本決定によって,これらの下級審判例の理解を追認したことになる。

　②は,PTSDの診断基準を満たす症状は傷害であることを示した事例判断として意義がある。本決定によって,PTSDがそもそも傷害であるのかという議論は,判例上,封じられたことになる。なお,1審判決は,被害者の一人が発症した解離性障害についても,監禁致傷罪の成立を肯定していた。この1審判決を是認した原判断を正当とした本決定は,解離性障害についての事例判例としての意義も,一定限度で有していると思われる。

　③は,過去の最高裁判例（例えば,最判昭和29・8・20刑集8巻8号1277頁,前掲最決平成17・3・29）においても当然の前提とされていたものを,踏襲したものである。

　④は,精神的障害も,それが傷害に当たる以上,身体的傷害と同じに扱われる（さらには,204条の傷害と監禁致傷罪の傷害とは同じである）とするものであり,一面では当然のことといえる。ただし,基本犯が,被害者の精神的障害の惹起に直結はしないと考えられる監禁致傷罪についてはともかく,強姦致傷罪等,基本犯それ自体が,被害者の精神に破壊的な打撃を与えるのが通常である罪については,折込み済み論（前掲福岡高判平成12・5・9参照）の余地がある。これに好意的な見解も多いが,判例上,身体の傷害については,それがごく軽微なものでも,強制わいせつ致傷罪（例えば,大津地判平成24・6・1 LEX/DB25481694〔全治3日の傷害〕）,強姦致傷罪（例えば,前掲大判大正11・12・16〔幅1.5mm 長さ1.5cmの掻傷〕）の成立が認められていることとのバランスに配慮する必要があると思われる。

【参考文献】　林幹人「精神的ストレスと傷害罪」判時1919号3頁,井田良「傷害の概念をめぐって」刑事法ジャーナル6号110頁。

（こんどう・かずや）

# 危険運転致死傷罪における「アルコールの影響により正常な運転が困難な状態」の意義

**最高裁平成 23 年 10 月 31 日第三小法廷決定**
平成 21 年（あ）第 1060 号
危険運転致死傷，道路交通法違反被告事件
刑集 65 巻 7 号 1138 頁，判時 2152 号 15 頁，判タ 1373 号 136 頁

東北学院大学准教授　宮川　基

## 【論点】

刑法（平成 19 年法律第 54 号改正前）208 条の 2 第 1 項前段における「アルコールの影響により正常な運転が困難な状態」の意義。

〔参照条文〕刑 208 条の 2 第 1 項

## 【事件の概要】

被告人は，運転開始前に飲酒した後，夜間，海上の直線道路を時速約 100km で普通乗用自動車を走行中，先行車両に自車を衝突させ，その衝撃により先行車両を海中に転落・水没させ，先行車両に乗車していた幼児 3 名を死亡させ，その両親にも傷害を負わせた。検察官は，アルコールの影響により正常な運転が困難な状態で上記死傷事故を起こしたとして，危険運転致死傷罪で起訴した。第 1 審判決（福岡地判平成 20・1・8 刑集 65 巻 7 号 1220 頁参照）は，事故原因について脇見の可能性を否定できないなどとして危険運転致死傷罪の成立を否定し，予備的訴因のとおり脇見を過失とする業務上過失致死傷の事実を認定した。これに対し，検察官と被告人の双方が控訴した。控訴審判決（福岡高判平成 21・5・15 刑集 65 巻 7 号 1260 頁参照）は，被告人は基本的には前方に向けて運転していたと認定した上で，事故の原因は，アルコールの影響により，視覚探索能力が低下し，前方注視が困難な状態となり，直前に迫るまで被害車両を認識できなかったことにあるなどとして，危険運転致死傷罪の成立を肯定した。これに対して，被告人が上告した。

## 【決定要旨】

〈上告棄却〉「刑法〔平成 19 年法律第 54 号による改正前のもの：筆者注〕208 条の 2 第 1 項前段における『アルコールの影響により正常な運転が困難な状態』であったか否かを判断するに当たっては，事故の態様のほか，事故前の飲酒量及び酩酊状況，事故前の運転状況，事故後の言動，飲酒検知結果等を総合的に考慮すべきである。」

「刑法 208 条の 2 第 1 項前段の『アルコールの影響により正常な運転が困難な状態』とは，アルコールの影響により道路交通の状況等に応じた運転操作を行うことが困難な心身の状態をいうと解されるが，アルコールの影響により前方を注視してそこにある危険を的確に把握して対処することができない状態も，これに当たるというべきである。

そして，前記検討したところによれば，本件は，飲酒酩酊状態にあった被告人が直進道路において高速で普通乗用自動車を運転中，先行車両の直近に至るまでこれに気付かず追突し，その衝撃により同車両を橋の上から海中に転落・水没させ，死傷の結果を発生させた事案であるところ，追突の原因は，被告人が被害車両に気付くまでの約 8 秒間終始前方を見ていなかったか又はその間前方を見てもこれを認識できない状態にあったかのいずれかであり，いずれであってもアルコールの影響により前方を注視してそこにある危険を的確に把握して対処することができない状態にあったと認められ，かつ，被告人にそのことの認識があったことも認められるのであるから，被告人は，アルコールの影響により正常な運転が困難な状態で自車を走行させ，よって人を死傷させたものというべきである。被告人に危険運転致死傷罪の成立を認めた原判決は，結論において相当である。」

なお，大谷剛彦裁判官の補足意見，田原睦夫裁判官の反対意見がある。

## 【解説】

**1**　本件は，いわゆる福岡飲酒運転三児死亡事故の上告審決定であり，刑法 208 条の 2 第 1 項前段の危険運転致死傷罪の構成要件である「アルコールの影響により正常な運転が困難な状態」の意義について，最高裁が初めて判示したものである。

**2**　本決定は，「アルコールの影響により正常な運転が困難な状態」を「アルコールの影響により道路交通の状況等に応じた運転操作を行うことが困難な心身の状態をいう」と解したが，これは立案担当者（井上宏ほか・曹時 54 巻 4 号 67 頁）と同様の解釈である。「困難な状態」については，事故を起こしたときにフラフラの状況であり，とても正常な運転のできる状態ではない場合に限定すべきとの見解も主張されている。しかし，アルコールの影響により視覚能力が低下したり，前方の注視が困難になったりする場合にも，正常な運転は困難となるので，本決定が，「前方を注視してそこにある危険を的確に把握して対処することができない状態」も「正常な運転が困難な状態」に含まれると判示したことは支持できる。

**3**　「正常な運転が困難な状態」か否かの判断に際して，本決定は，事故の態様，事故前の飲酒量および酩酊状況，事故前の運転状況，事故後の言動，飲酒検知結果等を総合的に考慮すべきと判示したが，このような判断方法は本決定の第 1 審判決および控訴審判決を含め，実務において採用されているところである（白井智之・警論 56 巻 5 号 141 頁）。

**4**　本決定は，本件追突の原因を「被告人が被害車両に気付くまでの約 8 秒間終始前方を見ていなかった」か，または「その間前方を見てもこれを認識できない状態にあった」かのいずれかであると認定した。前者の追突原因についても，本決定は，アルコールの影響に基づくものであると判示したが，田原睦夫裁判官の反対意見が指摘するように，単なる脇見運転にすぎないと評価することもでき，この点に関しては，アルコールの影響に基づくものと評価できるかは判断が分かれよう。

【参考文献】　星周一郎・平成 23 年度重判解（ジュリ 1440 号）153 頁，本庄武・Watch【2012 年 10 月】147 頁。

（みやがわ・もとい）

刑法 8

## 医師による診察中の盗撮行為に強制わいせつ罪の成立を肯定した事例

広島高裁平成23年5月26日判決
平成23年(う)第45号公衆に著しく迷惑をかける暴力的不良行為等の防止に関する条例違反,強制わいせつ,児童買春,児童ポルノに係る行為等の処罰及び児童の保護等に関する法律違反被告事件
裁判所HP

甲南大学准教授　森永真綱

【論点】①わいせつ行為の意義。②性的意図の要否。
〔参照条文〕刑176条後段

【事件の概要】
医師である被告人は，勤務先の病院で，平成21年7月に，患者の女児A（当時12歳），同年11月に，患者の女児B（当時11歳），C（当時8歳）に対し，予防接種の診察をした際，聴診器をあてるため，診察行為の一環として，同女の着衣をずらして乳房を露出させた上，机上に設置した自動車の鍵のように見せかけた小型カメラでビデオ撮影して，その電磁的記録をカメラ内蔵のマイクロSDカードに記録した。
原審（広島地判平成23・1・19判例集未登載）は，上記行為につき，強制わいせつ罪（さらに児童ポルノ製造罪）の成立を肯定した。被告人が控訴した。

【判旨】
〈控訴棄却〉「盗撮行為が診察行為に当たらないことは明白であり，診療上の必要性もないのに，乳房を露出させた状態の各被害女児を盗撮する行為が，各被害女児の性的自由及び性的感情を侵害するもので……強制わいせつ罪に当たることは明らかであり，盗撮の時間がわずかな時間であったこと，各被害女児のみならず，被告人以外の周囲の者が盗撮に気付かなかったことは，強制わいせつ罪の成立を何ら左右するものではない。」
「盗撮行為は，その態様自体から，被告人のわいせつ意図が強く推認され……撮影，記録した画像を閲覧することにより，自身の性欲を刺激ないし満足させるというわいせつ意図を有していたことに疑いを差し挟む余地はなく，なお，各被害女児の性的自由及び性的感情を侵害する盗撮行為時に性的興奮ないし刺激そのものを感じ，あるいは，受けることがなかったとしても，盗撮により得られた画像を閲覧することによって，自身の性欲を刺激し，あるいは，満足させることを目的として，盗撮行為に及んでいれば，わいせつ意図を有していたものと認定できる。」
「乳房を露出させた状態を利用した，強制わいせつ行為に当たる被告人の盗撮行為により児童ポルノが製造されたと認定するのが相当であり，診察行為の一環として乳房を露出させた行為を盗撮行為と併せた一連の行為としてわいせつ行為と捉えるのが相当であるとする原判決の認定，説示は肯認できない。」
なお，上告審において，上告棄却されている（最決平成23・9・6判例集未登載）。

【解説】
1　従来より，被害者を裸にさせて撮影した行為につき強制わいせつ罪の成立を肯定した裁判例（東京地判昭和62・9・16判時1294号143頁など）や，医師や偽医師が医療行為を仮装して性交に及んだ行為につき準強姦罪の成立を肯定した裁判例（名古屋地判昭和55・7・28判時1007号140頁など）が存在しているが，本判決では，それ自体としては外形的に何ら問題のない，正当な医療行為を行う過程でなされた盗撮行為について，わいせつ行為性が認められた。この点に本判決の特徴がある。
もっとも，盗撮を常にわいせつ行為ととらえることには違和感を覚える。真夏に窓を開け，裸で熟睡している成人女性を，高性能の望遠レンズを用いてこっそり遠方から撮影する行為も準強制わいせつ罪にあたることになりかねないからである。本判決の射程が犯人の支配下における盗撮にしか及ばないとしても，小学校教師による生徒の更衣室の盗撮，銭湯の主人による風呂場の盗撮もわいせつ行為たりうることになるが，不当であろう。
2　盗撮そのものがわいせつ行為たりえないことは，理論的には，基本類型である176条前段の罪が，暴行・脅迫により被害者の抵抗を排してわいせつ行為に及ぶことを内容としていることに求められよう。こうした罪質に鑑みれば，わいせつ行為は，暴行・脅迫と因果連関を有しうるもの，すなわち被害者が自己の身体に及ぼす支配力を直接的に破るような，いわば非平和的要素を備えていなければならない。したがって，裸の撮影行為それ自体がわいせつ行為となるのは，せいぜい被害者のそばで明示的にカメラを向けて撮影するような場合であろう。ひそかに撮影する行為は，暴行・脅迫などの作用と結びつく形でしか，わいせつ行為にはなりえないと思われる。
3　乳房を露出させる行為は，正当業務行為としての診療行為の一過程とみるべきであろう。よって，本判決が，乳房の露出行為もわいせつ行為の一部だとした原審の見解を否定した点は妥当である。ただ，そのようにいうのであれば，既に手段の点において176条後段の成立を否定すべきではないだろうか。たしかに，被害者が13歳未満の場合，文言上，手段に限定はないため，同意が存在しても，本罪は成立するといわれている（山口厚『刑法各論〔第2版〕』106頁参照）。しかし，176条前段や178条1項の程度に至らない手段を用いる場合でも，規定の趣旨に照らせば，被害者の低年齢ゆえの判断力や抵抗力の未熟さを利用したという契機は要求すべきだと思われる。
4　強制わいせつ罪の主観的要件として性的意図を要求する判例が存在し（最判昭和45・1・29刑集24巻1号1頁），本判決でもそれが踏襲されている。しかし，本罪の保護法益である性的自由の侵害とその認識があれば足り，性的意図まで要求すべきでない（山口・前掲108頁など多数説）。しかも後日の画像閲覧による性的興奮をも判断資料としている点も，問題である。
5　性器や乳房などの盗撮行為の処罰は，本来は立法により解決するのが望ましい（山口厚編著『クローズアップ刑法各論』158頁以下［島田聡一郎］参照）。保育士による裸の女児（当時6歳）の身体計測の動画撮影が問題となった事案（富山地判平成24・10・11 LEX/DB25483144）も参照（強制わいせつ罪では起訴されず）。

【参考文献】　浅田和茂＝井田良編『新基本法コンメンタール刑法』384頁以下［島岡まな］など。

（もりなが・まさつな）

刑法 9

# 秘密漏示罪の成立要件

最高裁平成24年2月13日第二小法廷決定
平成22年(あ)第126号秘密漏示被告事件
刑集66巻4号405頁，判時2156号141頁，判タ1373号86頁

熊本大学准教授　澁谷洋平

【論点】
①医師が鑑定の過程で知り得た人の秘密を正当な理由なく漏らす行為と秘密漏示罪の成否。②医師が鑑定を命じられた場合の「人の秘密」の範囲。③秘密漏示罪の告訴権者。
〔参照条文〕刑134条1項・135条，刑訴230条

【事件の概要】
　精神科の医師Xは，現住建造物等放火・殺人等に係る少年Aの保護事件について，奈良家庭裁判所から，鑑定事項を「1　Aが本件非行に及んだ精神医学的背景，2　Aの本件非行時及び現在の精神状態，3　その他Aの処遇上参考になる事項」として，精神科医としての知識，経験に基づく，診断を含む精神医学的判断を内容とする鑑定を命じられ，それを実施したものであり，そのための鑑定資料としてAらの供述調書等の写しの貸出しを受けていたところ，右鑑定資料や鑑定結果を記載した書面をフリージャーナリストCに閲覧・謄写させ，Aの精神鑑定の結果等が記載されたX作成の書面をCに交付するなどして，Aおよびその実父Bの秘密を漏らしたとして，秘密漏示罪で起訴された。
　第1審（奈良地判平成21・4・15刑集66巻4号440頁参照）が本罪の成立を肯定し（懲役4月執行猶予3年），控訴審（大阪高判平成21・12・17同471頁参照）もXの控訴を棄却したため，Xは，「鑑定人の業務は医師の業務に当たらない，A・BはXに鑑定業務を委託した者でなく，告訴権者に当たらない」などとして上告した。

【決定要旨】
〈上告棄却〉「医師が，医師としての知識，経験に基づく，診断を含む医学的判断を内容とする鑑定を命じられた場合には，その鑑定の実施は，医師がその業務として行うものといえるから，医師が当該鑑定を行う過程で知り得た人の秘密を正当な理由なく漏らす行為は，医師がその業務上取り扱ったことについて知り得た人の秘密を漏示するものとして……秘密漏示罪に該当すると解するのが相当である。このような場合，『人の秘密』には，鑑定対象者本人の秘密のほか，同鑑定を行う過程で知り得た鑑定対象者本人以外の者の秘密も含まれるというべきである。したがって，これらの秘密を漏示された者は……告訴権を有すると解される。」
　千葉勝美裁判官の補足意見がある。

【解説】
　1　本決定は，少年の保護事件について家庭裁判所から鑑定を命じられた医師が，第三者に供述調書等を閲覧謄写させた行為について，秘密漏示罪の成立を認めた事案である。本罪に関する裁判例がきわめて少なかったところ，本決定は，医師に対する本罪の成立を肯定した初の最高裁判例として，貴重な先例的意義を有する。

　2　秘密漏示罪は，医師等が，正当な理由なく，業務上知り得た人の秘密を漏らしたときに成立する真正身分犯である。本罪は，「人の秘密」を保護法益とし，その反射的効果として医師等に対する一般人の信頼を保護する機能も有している（大塚仁ほか編『大コンメンタール刑法(7)〔第2版〕』340頁〔米澤敏雄〕）。
　本罪の客体は，「業務上知り得た」人の秘密である。医師の本来的業務は患者の診察・治療であり，鑑定人の有する情報は医師の資格・能力を利用して患者から直接獲得されたものではないことから，「鑑定人の業務」が「医師の業務」に含まれるかが問題となる。この点，本決定は，鑑定が医師としての知識・経験に基づく診断を含む医学的判断を内容とすることから，「鑑定の実施は，医師がその業務として行うものといえる」とした。従来，飲食店等で偶然見聞した事項は本罪の客体から除外されると解されてきたところ，本決定が鑑定業務の内容・性質に照らして医師の業務性を判断した点は，重要である。もっとも，補足意見も指摘するように，行動心理学の専門家が鑑定人となって同様の行為をした場合，本罪は成立しない。この点の評価は分かれるであろう。
　次に，「人の秘密」について，本件の漏示対象である生育歴，成績，家庭の事情等のA・Bのプライバシーがこれに当たることは当然であるが，本罪は親告罪であることから，告訴権者（被害者）の範囲が問題となる。この点，本決定は，「鑑定対象者本人以外の者の秘密も含まれる」と判示した。本罪の保護法益を人の秘密と解する以上，業務委託者である家庭裁判所を告訴権者と解する理由はなく，秘密の主体A・Bを「直接害を被った者」（大塚ほか編・前掲355頁〔米澤〕）として，告訴権者とすることが妥当である。

　3　なお，他罪と同様，本罪も，法令行為（例えば，母体保護25条による届出）その他の事由により違法性が阻却される場合には不可罰となる。しかし，医師に証言拒絶権が保障され（刑訴149条），また医師による患者の犯罪事実の通報（最平平成17・7・19刑集59巻6号600頁）が本罪を構成するかについてさえ評価が分かれるように，秘密漏示が正当化される場面は相当限局されるであろう。この点，Aの健全な保護・育成のためには，鑑定結果を伝えて家庭裁判所の適切な処分を待つことが第1に要請されるのであるから，Xの行為は，正当化の限度を越えたものといわざるを得ない。本件は，論点が多岐にわたる過去類例のない事案であったが，本決定の結論は，妥当と思われる（なお，本決定後，Xには医業停止1年の行政処分も科されている）。

【参考文献】第1審判決の評釈等として，甲斐克則・研修731号3頁，松宮孝明・立命337号487頁，澁谷洋平・医事法25号153頁，本決定の評釈として，田坂晶・刑事法ジャーナル33号129頁。

（しぶや・ようへい）

刑法 10

## 強盗目的がないことを理由に2項強盗殺人の成立を否定した事例（強盗利得罪にいわゆる「財産上不法の利益」の意義）

鹿児島地裁平成24年3月19日判決
平成23年（わ）第125号
強盗殺人、銃砲刀剣類所持等取締法違反被告事件
判タ1374号242頁

大阪大学准教授　品田智史

### 【論点】
①強盗目的の有無と2項強盗殺人の成否。②2項強盗罪における「財産上不法の利益」の意義。

〔参照条文〕刑236条2項・240条

### 【事件の概要】
　本件は、アパートの賃借人である被告人が、賃貸人である大家Aとその妻Bをペティナイフで刺殺するとともに、殺害後にAの自動車等を持ち去った事案である。検察官は、「被告人が、Aから滞納家賃等を直ちに支払えないのならすぐに退去するように迫られたことから、Aを殺害し、滞納家賃等を支払わないままアパートに居住し続けようと企て、AとBを殺害し」たとして、殺害後の金品奪取を含めて強盗殺人罪で起訴し、被告人には、A殺害により、その後数日間、被告人の妻Cをそのまま本件アパートに居住させ続けるという目的があったと主張した。これに対し、弁護人は、Aが被告人の謝罪を受け入れず退去を迫ってきたので激高し、とっさに殺意を生じたに過ぎないと主張した（B殺害は口封じ目的であること、金品の奪取意思を生じたのはAB殺害後であることについて争いはなかった）。

### 【判旨】
〈有罪・確定〉　裁判所は、A殺害の動機を、「今まさにAから支払を督促され退去を迫られている状況から逃れたいという欲求や、Aに対する怒りであったとは認められるものの、それ以上に、滞納家賃を支払わないまま、Cを数日間本件アパートに住まわせるという明確な目的があったとまでは認められない」とし、これに対する法的評価として、以下のように判示し、結論として、殺人2罪と窃盗罪が成立するにとどまるとした。
　「客観的には、Aを殺害し、退去を迫られている状況から逃れることができれば、その必然的な結果として、数日間、本件アパートに居住できる状況になることは明らかである」が、「被告人の動機の中心にあるのは、あくまでも、今まさに『明日にでも退去せよ』と迫られている状況から逃れたいという極めて近視眼的な逃避欲求や、怒りといった感情である。」「仮に、そのような種々の感情の中に『今相手を黙らせれば、明日退去せずに済むことになる』という考えが含まれていたとしても、それは、今の追い詰められた状況から逃げ出したい、楽になりたいとの気持ちに通常、付随する程度のものであって、そこに、財産的利益を獲得するという積極的な目的意識を認めることはできない。本件殺害行為が結果的に居住延長可能な状態を生じさせたとしても、それは今まさにAから支払を督促され、退去を迫られている状況から逃れたい等という動機で行われた犯行によってもたらされた結果に過ぎない」。「そもそも、『明日退去せずに済むことになる』という程度の考えでは、得られる利益の内容が抽象的にすぎ、刑法236条2項にいう『財産上不法の利益』、すなわち、同条1項における『他人の財物』と同視できる程度に具体的な利益を意識していたともいえない。」「したがって、上記のような動機ないし心理状態をもって強盗の目的があったとはいえない。」

### 【解説】
　1　実務上、被告人の強盗目的の有無が争点となることがあり、本件のように同目的が否定されれば強盗（殺人）罪の成立は否定されているが、その意義は必ずしも明らかではない。
　2項強盗殺人罪の故意について、広島高判昭和63・1・26高検速報（昭63）125頁は「人を殺害して債務の支払を免れ、財産上不法の利益を得ることの認識、認容があれば足りる」とする（ただし、結論的には、債務免脱の意図・意欲を認定）。これに従えば、本件裁判例の要求する「積極的な目的意識」は、故意の認定にかかる（重要ではあるが）間接的な事情にとどまる。
　他方、一部の見解は、1項強盗罪に不法領得の意思を要することを理由に、同じ利欲犯である2項強盗罪にも「不法利得の意思（意図）」として利益獲得の意図を要求する（斎藤信治『刑法各論〔第3版〕』124頁など）。もっとも、いわゆる不法領得の意思と、財物・利益自体を積極的に獲得しようという意図（動機）は厳密には区別されうる。この意図の要否は、利益移転に関する客観的な行為を要しない2項強盗罪において主に問題になるが、同罪固有の要素としてよいかは留保が必要であろう（佐伯仁志「不法領得の意思」法教366号84頁は、排除意思の内容として、物を自己の完全な支配に移す意思が必要であるとする）。

　2　本件では、「財産上不法の利益」についても言及されている。被告人は家賃も滞納していたが、争点となったのは、被告人の主観にあった退去を免れる利益のみである。この利益は、目的物の事実上の返還免脱あるいは一時猶予の一種であり、消極的な財産の減少にあたる。
　判例・通説は、2項強盗罪においては被害者の処分行為は不要であるが、利得の具体性・確実性が必要であるとする。この点、債権者の殺害により事実上債務の支払いを免れる場合に2項強盗罪が成立することに異論はないが、一時的な支払猶予の場合については争いがある（肯定例として大阪高判昭和59・11・28高刑集37巻3号438頁）。被告人の考えは「明日退去せずに済む」というものなので、後者と類似の問題になる。一時猶予の場合、利得の具体性・確実性を基礎づける事情として履行期の到来や債権者の督促などが必要とされるが、本件では認められうる。しかしながら、猶予期間が、履行が社会通念上別個といえないほど短期間の場合には、財産犯の成立が否定される（最判平成13・7・19刑集55巻5号371頁参照）。本件被告人の主観の程度では、上記観点から強盗利得罪の成立は否定され、判決のいう利益の「抽象性」もこの意味に理解される。

【参考文献】　佐伯仁志「強盗罪(1)」法教369号133頁、安田拓人・刑法判例百選Ⅱ〔第6版〕78頁、深町晋也「財産上の利益」刑法の争点〔新・法律学の争点シリーズ(2)〕160頁。

（しなだ・さとし）

刑法 11

# 児童ポルノを「公然と陳列」する行為に当たるとされた事例

最高裁平成24年7月9日第三小法廷決定
平成21年(あ)第2082号児童買春,児童ポルノに係る行為等の処罰及び児童の保護等に関する法律違反被告事件
集刑308号53頁,判時2166号140頁,判タ1383号154頁

帝京大学准教授　渡邊卓也

【論点】
「陳列」の意義。
〔参照条文〕児童買春7条4項

## 【事件の概要】

　被告人甲は,乙と共謀の上,インターネット上の掲示板に丙が児童ポルノ画像データを蔵置させていたことを利用して,乙が管理運営していたウェブページ上に,上記データの所在を示す識別番号(以下,「本件URL」という)の一部を改変した文字列を記載し,「漢字は英単語に,カタカナはそのまま英語に,漢数字は普通の数字に直してください」と付記することによって,不特定多数のインターネット利用者をして,ブラウザに本件URLを入力することで上記画像が閲覧可能な状況を設定した。

　1審(大阪地判平成21・1・16 LEX/DB25481894)は,上記文字列を閲覧した者の多くは本件URLを理解できたから,被告人の行為は「本件URLを明らかにしたものと同視でき」,これにより「閲覧者において,簡易な操作で容易に画像を閲覧することが可能」となった,また,既に第三者により当該画像が公開されていたとしても,当該行為は「より多くのインターネット利用者が本件児童ポルノ画像を閲覧することを誘引するもの」であって,当該画像の「認識可能性を新たに設定したものといえる」などとして,児童ポルノ公然陳列罪(児童買春7条4項)に当たるとした。

　原審(大阪高判平成21・10・23 LEX/DB25481895)も,当該画像の閲覧に「特段複雑困難な操作を要しないことは明らか」であり,情報を掲載する際の具体的な文言やウェブページの体裁等も含めた行為全体が「閲覧を積極的に誘引するものであることも明らか」として,控訴を棄却した。これに対して,被告人が上告した。

## 【決定要旨】

〈上告棄却〉「上告趣意は,憲法違反,判例違反をいう点を含め,実質は単なる法令違反,事実誤認,量刑不当の主張であって,刑訴法405条の上告理由に当たらない。」

　なお,本決定には,「『公然と陳列した』とされるためには,既に第三者によって公然陳列されている児童ポルノの所在場所の情報を単に情報として示すだけでは不十分であり,当該児童ポルノ自体を不特定又は多数の者が認識できるようにする行為が必要」との大橋正春裁判官の反対意見(寺田逸郎裁判官が同調)が付されている。

## 【解説】

　本件は,児童ポルノ画像の所在を示す文字列をウェブページ上に記載した行為につき,「公然と陳列」する行為に当たるかが争われた事案である。判例は,わいせつ物公然陳列罪(刑175条)について,「『公然と陳列した』とは,その物のわいせつな内容を不特定又は多数の者が認識できる状態に置くことをいい,その物のわいせつな内容を特段の行為を要することなく直ちに認識できる状態にするまでのことは必ずしも要しない」としており(最決平成13・7・16刑集55巻5号317頁),その趣旨が児童ポルノ公然陳列罪にも及ぶことは,反対意見も認めている。しかし,「陳列」が認識可能性の設定一般を意味するとすれば,「提供」等の全ての行為態様を包摂する一般概念になりかねない。「陳列」に行為限定機能を期待するのであれば,独自の積極的要件を示す必要があろう。

　ところで,例えば,未現像の映画フィルムのように(名古屋高判昭和41・3・10高刑集19巻2号104頁等参照),そのままでは情報内容が認識できない客体であっても,それが「提供」により引き渡されれば,いずれ受け手による内容の認識が(繰り返して)為される可能性があるために,可罰性が認められるといえる。すなわち,ここでの客体の引渡しは,認識可能性の高さを基礎づける事情と解し得る。「陳列」にもこれと同一の法定刑で臨むならば,引渡しに代わって認識可能性の高さを基礎づける事情が必要であろう。確かに,受け手による行為をおよそ必要とせず内容を「直ちに認識できる」場合のみが,「陳列」とはいえない。しかし,例えば,リンクを設定してクリックひとつで画像を閲覧できるようにした場合はともかく,改変された文字列を指示どおりに置き換えてブラウザに入力するなどの手順を経なければ内容を認識できない本件の場合には,認識可能性の程度が不十分と論ずる余地があろう。

　また,被告人の行為は,確かに情報内容の認識可能性を一定程度高めてはいるが,そもそも,第三者が認識可能性を設定した画像について,重ねて認識可能性を設定することはできず,当該行為は「陳列」概念が予定する類型に当たらないと解す余地がある。「閲覧を積極的に誘引」したことが,これを補う事情といえるかは疑問である。なお,反対意見は,被告人の行為が「陳列」に当たらないとしても,「幇助罪が成立する余地もある」から原審に差し戻すべきとする。しかし,幇助が,正犯「行為」を通じた結果の促進を根拠に処罰されるとすれば,丙の陳列「行為」が終了していることが問題となる。この点,たとえ陳列罪を「継続犯」と解したとしても(リンクの設定等を幇助とした,大阪地判平成12・3・30判例集未登載参照),陳列「行為」の継続を観念することには無理があるから,被告人の行為を幇助と解す余地もないこととなろう。

【参考文献】　永井善之「判批」Watch【2013年4月】151頁,渡邊卓也『電脳空間における刑事的規制』135頁以下,266頁以下。

(わたなべ・たくや)

# 刑法　判例の動き

京都大学教授　塩見　淳

以下では，平成24年9月から25年8月末までに言い渡された刑法関係の主な裁判例を中心に概観する。

## I．刑法総論

**(1) 不作為**

大阪地判平成25・3・22（裁判所HP）は，女児を殺害した当日にその死体をバッグに入れて隠匿した後，3回にわたって死体の場所を移動させた事案で，作為による死体遺棄と，葬祭義務を果たさないまま死体を放置し続けたという不作為による死体遺棄が同時的に存在しているとしたうえで，後者の不作為が，前者の作為よりも「死体遺棄罪の保護法益である死者に対する社会的習俗としての宗教感情を一層害するものとはいえない」として，不作為による死体遺棄罪の成立を否定した。

**(2) 故意**

関税法上「輸入してはならない貨物」とされる「覚醒剤」（関税69条の11第1項1号）を「ダイアモンド原石」と誤信してその密輸入を試みた事案で，「輸入してはならない貨物」の輸入罪（同109条1項・3項）と無許可輸入罪（同111条1項1号・3項）とは，通関手続を履行しないでした貨物の輸入行為を処罰対象とする限度で重なりあっているとして軽い後者の罪（未遂）の成立を肯定したものに千葉地判平成24・11・5（裁判所HP）がある。

**(3) 過失**

大阪地判平成23・9・8判タ1389号373頁は，大型トラクタを運転する被告人が，片側3車線道路の歩道寄り車線に信号待ちで停車中，右の車線に停車していたタクシーとの間にある幅1.2mの場所に進入してきた自転車に気づかないまま対面信号に従って発進し，自車を同自転車に衝突させて運転者を死亡させた事案で，自転車の動きは「被告人の立場に置かれた通常のトラクタ運転者が当然予想すべきものであったとはいえない」として過失を否定した。特定非営利活動法人が運営していた入居型介護施設の火災事故に関して，理事長に業務上過失致死罪の成立を認める一方，理事は，「入居者の介護等の領域を超えて，防火管理の領域においても必要な業務を遂行することができる権限」を有していなかったとして無罪を言い渡したものに前橋地判平成25・1・18（裁判所HP）がある。

**(4) 責任**

東京高判平成24・12・3判時2191号144頁は，平成13年6月12日に①窃盗罪により懲役1年6月，②窃盗罪等により懲役1年，平成14年6月25日に③窃盗罪等により懲役1年2月に処せられ，執行を受けた被告人が，平成21年1月22日に現金5万円在中の手提げ金庫1個を窃取した事案で，本件窃盗は，①〜③が示す窃盗を反復累行する習癖の発現として行ったと認めるには無理があるとして，常習累犯窃盗罪（盗犯3条）を適用した原判決を破棄し，窃盗罪にとどめた。

**(5) 共犯**

最決平成24・11・6刑集66巻11号1281頁（**刑法1**）は，被告人が共謀加担する前に行われた暴行による傷害も含めて傷害罪の共同正犯の成立を認めた原判決について，「共謀加担後の傷害を引き起こすに足りる暴行によって……〔被害者〕らの傷害の発生に寄与したことについてのみ」責任を負うとして，刑法60条・204条の解釈適用を誤ったものだとした。東京高判平成25・5・28高刑集66巻2号1頁（最決平成25・9・30〔LEX/DB25502137〕で上告棄却）は，被告人が，他の3名の実行する強盗殺人に際して，事前に，①被害者の死体を他所に運搬し埋めるようにとの依頼を150万円〜200万円の報酬を約束されて承諾した，②被害者の1人を昏睡させるための睡眠導入剤を実行者の1人に送った，当日，③犯行現場に近い駐車場で普通貨物自動車に乗って殺害が終わるまで待機していた事案で，共謀共同正犯を認定した原判決を破棄し，幇助犯にとどめた。

書籍の出版，販売等を営む会社の代表取締役Xと編集業務担当者Yが，厚生労働大臣の承認を受けていない医薬品に関する書籍を取次店を介して書店で販売，陳列させたことが承認前の医薬品を広告する罪（薬68条・85条）に当たるとして起訴された事案で，新刊本と異なり，出版発行から販売陳列に至るまでに7年以上を経ている本件では，被告人らが情を知らない取次店や書店の店員を道具として利用した間接正犯と見るには無理があるとして無罪を言い渡したものに横浜地判平成25・5・10（裁判所HP）（**刑法2**）がある。

**(6) 罪数**

東京高判平成24・11・1高刑集65巻2号18頁は，わいせつ行為をする目的で被害児童を公衆トイレ内に誘い込んだ後，脱出できなくしたうえでわいせつ行為に及んだ事案において，強制わいせつ罪に触れる行為と監禁罪に触れる行為は，事実的態様においてほとんど重なりあい，社会的評価においても単一の意思に基づく一体的な動態であるから両罪は観念的競合の関係にあるとした。

**(7) 量刑**

最決平成24・12・17集刑309号213頁（**刑法3**）は，昨年度の本欄で紹介した大阪高判平成23・2・24

判タ1358号248頁の上告審決定である。強盗殺人事件等に関する無期懲役の確定裁判のある被告人が，同事件の13日後に犯した被殺者1名の強盗殺人等の事案について，「前件等の確定裁判の余罪である本件の量刑判断に当たっては，前件等を実質的に再度処罰する趣旨で考慮することは許されない」としつつ，「なお犯行に至る重要な経緯等として考慮することは当然に許される」として検討を加えた後，結論的には，無期懲役とする原判断を維持した。

## II．刑法各論

### (1)個人的法益に対する罪（財産犯以外）

札幌地判平成24・12・14判タ1390号368頁（**刑法4**）は，被害者から殺害の嘱託を受けた者が暴行又は傷害の故意で暴行を加えて被害者を死亡させた事案で傷害致死罪ではなく嘱託殺人罪（刑202条後段）が適用されるべきだとした。

危険運転致死傷罪に関して，「人又は車の通行を妨害する目的」（刑208条の2第2項前段）は，人や車の自由かつ安全な通行の妨害を運転の主たる目的とする場合だけでなく，そのような「通行の妨害を来すのが確実であることを認識していた場合」も含むとした東京高判平成25・2・22高刑集66巻1号3頁（**刑法5**）がある。また，最決平成25・4・15刑集67巻4号437頁（**刑法6**）は，同じ職場の後輩で遊び仲間でもある者(X)と共に飲酒をした被告人らが，その後，Xがアルコールの影響により正常な運転が困難な状態であることを認識しながら，乗用車を運転することに了解を与え，そのままこれに同乗していたところ，対向車2台と衝突する死傷事故に至った事案で，被告人らの「了解とこれに続く黙認という行為が，Xの運転の意思をより強固なものに」したとして，危険運転致死傷幇助罪の成立を認めた。なお，これは，一昨年度の本欄で紹介した，さいたま地判平成23・2・14（裁判所HP）の上告審決定である。

### (2)財産犯

殺害した妻の預金口座から同人名義のキャッシュカードを用いて現金を引き出した行為について，相続人に対する払戻しであっても，相続人の確認等，銀行の定める手続を踏まないものはその意思に反するとして窃盗罪の成立を認めたものに横浜地判平成24・6・29（LEX/DB25482124）がある。

東京高判平成24・12・13高刑集65巻2号21頁（**刑法7**）は，携帯電話機の購入者はこれを自ら利用すべきことが契約上も法令上も前提とされており，自己名義でも第三者に無断譲渡する意図を秘して購入等を申し込む行為は詐欺罪の欺罔行為に当たり，同一店舗で2日間に計10台購入するなどにより店長が無断譲渡の意図に薄々気づいていたとしても，錯誤に基づく交付が欠けるにすぎないとして詐欺未遂罪の成立を肯定した。欺罔行為に関しては，暴力団員の利用を禁止しているゴルフ場で暴力団員であることを秘して施設の利用を申し込む行為がそれに当たるとして詐欺利得罪の成立を認めたものに神戸地判平成24・11・26（裁判所HP），福岡高宮崎支判平成24・12・6（LEX/DB25500177）がある。さらに，譲り受けた猫を虐待のうえ殺傷する意図があるのにこれを秘し，猫を飼養すると嘘を告げたり，その旨の同意書ないし誓約書を交付したりして，猫の里親を探している者3名から計5匹の猫を譲り受けた行為について，不法領得の意思に言及することなく詐欺罪の成立を認めたものに横浜地川崎支判平成24・5・23判時2156号144頁がある。

東京地判平成24・6・25判タ1384号363頁（**刑法8**）は，いわゆるキセル乗車の事案で，実際と異なる入場情報が記録された乗車券を自動改札機等に投入する行為は，自動改札の「システムにおける事務処理の目的に照らし，虚偽の」電磁的記録を人の事務処理に供用したものだとして電子計算機使用詐欺罪の成立を肯定した。

最決平成24・10・9刑集66巻10号981頁（**刑法9**）は，養父である成年後見人による業務上横領事件で，刑法244条1項の準用（刑255条）も養親子関係の量刑上の考慮も認めなかったもので，昨年度も本欄では紹介したが，改めて検討をお願いした。

### (3)社会的法益に対する罪

東京高判平成25・2・22高刑集66巻1号6頁（**刑法10**）は，日本国内の顧客に国外のサーバコンピュータに蔵置されたわいせつ動画等を閲覧させた事案で，被告人等の行為は，顧客自身によるダウンロードを介してわいせつ動画等のデータファイルを顧客らのパソコン等の記録媒体に取得させるものであり，「電気通信の送信によりわいせつな電磁的記録……を頒布した」といえ，刑法175条1項後段の罪が成立する，顧客によるダウンロードという「頒布」の一部が日本国内で行われており，国内犯として処罰可能であるとした。

### (4)国家的法益に対する罪

最決平成24・10・15刑集66巻10号990頁（**刑法11**）は，収賄罪に関して，所有する土地を時価相当額で買い取らせても，換金の利益が賄賂に当たるとして積極に解したもので，昨年度も本欄では紹介したが，改めて検討をお願いした。

（しおみ・じゅん）

刑法 1

## 共謀加担前の暴行から生じた傷害と傷害罪の共同正犯の成立範囲

最高裁平成24年11月6日第二小法廷決定
平成24年(あ)第23号傷害、強盗、建造物侵入、窃盗被告事件
刑集66巻11号1281頁、判時2187号142頁、判タ1389号109頁

関西学院大学准教授　松尾誠紀

【論点】
後行者の加担前に生じた傷害を承継的共同正犯として後行者に帰責しうるか。
〔参照条文〕刑60条・204条

【事件の概要】
　YとZはA及びBに対し、手拳や角材等で同人らの顔面、腹部等を殴打、足蹴にする暴行を加えた（Aらは被告人の本件現場到着前から流血・負傷していた）。本件現場に到着した被告人はYらと共謀の上、Aらに対しさらに暴行を加えた。被告人の共謀加担前後にわたる一連の暴行の結果、Bは顔面両耳鼻部打撲擦過、両上肢・背部右肋骨・右肩甲部打撲擦過等の傷害を負い、Aは右母指基節骨骨折、全身打撲等の傷害を負った。
　原判決（高松高判平成23・11・15刑集66巻11号1324頁参照）は、被告人がYらの行為及びこれにより生じた結果を認識・認容し、これを制裁目的による暴行という自己の犯罪遂行の手段として積極的に利用する意思の下に、一罪関係にある傷害に途中から共謀加担したとして、被告人の共謀加担前に生じた傷害を含む全体について承継的共同正犯として責任を負うとし、これと同旨の第1審判決（松山地判平成23・3・24刑集66巻11号1299頁参照）を是認した。被告人側が上告。

【決定要旨】
〈上告棄却〉「被告人は、Yらが共謀してAらに暴行を加えて傷害を負わせた後に、Yらに共謀加担した上、金属製はしごや角材を用いて、Bの背中や足、Aの頭、肩、背中や足を殴打し、Bの頭を蹴るなど更に強度の暴行を加えており、少なくとも、共謀加担後に暴行を加えた上記部位についてはAらの傷害（したがって、第1審判決が認定した傷害のうちBの顔面両耳鼻部打撲擦過とAの右母指基節骨骨折は除かれる。以下同じ。）を相当程度重篤化させたものと認められる。この場合、被告人は、共謀加担前にYらが既に生じさせていた傷害結果については、被告人の共謀及びそれに基づく行為がこれと因果関係を有することはないから、傷害罪の共同正犯としての責任を負うことはなく、共謀加担後の傷害を引き起こすに足りる暴行によってAらの傷害の発生に寄与したことについてのみ、傷害罪の共同正犯としての責任を負う」。原判決の認定は、「被告人において、AらがYらの暴行を受けて負傷し、逃亡や抵抗が困難になっている状態を利用して更に暴行に及んだ趣旨をいうものと解されるが、そのような事実があったとしても、それは、被告人が共謀加担後に更に暴行を行った動機ないし契機にすぎず、共謀加担前の傷害結果について刑事責任を問い得る理由とはいえない」（法令違反だが破棄はされなかった）。千葉勝美裁判官の補足意見がある。

【解説】
1　本件では個別には複数の傷害結果が生じているが、それらは、ⓐ後行者の加担前に生じかつ加担後の暴行が寄与していないもの（ⓐ群）と、ⓑ加担前の暴行と加担後の暴行が相まって生じたもの（ⓑ群）に種別できる。もっともそのⓐ群の切分けは本決定による。第1審は、被害者の傷害の大半は後行者の加担前後いずれの暴行によるものか明らかでないとして承継的共同正犯を問題とした（久冨木大輔・捜査研究752号26頁以下も参照。原審もⓐ群に着目しない点で同じ）。第1審がⓐ群を切り分けなかったのは、ⓐ群の場合も含めて承継的共同正犯として帰責できると考えたからと思われる。しかし本決定は後述の理由でその帰責を認めるべきでないとの前提からそれを切り分け、帰責を否定した。こうして本件は、その傷害結果が後行者の加担前後いずれの暴行から生じたのかわからない事例から、加担後の暴行の寄与がない傷害結果と加担後の暴行の寄与がある傷害結果から成る事例へと整理された。

2　従前の判例は、そうしたわからない事案では定まった帰責判断を持たないが、ⓐ群のような傷害についてはその帰責を否定する（松尾誠紀「事後的な関与と傷害結果の帰責」法と政治64巻1号4頁以下）。ただ本決定にはその否定の仕方に特徴がある。判例は、後行者が「先行者の行為及びこれによって生じた結果を認識・認容するに止まらず、これを自己の犯罪遂行の手段として積極的に利用する意思のもとに、実体法上の一罪……を構成する先行者の犯罪に途中から共謀加担し、右行為等を現にそのような手段として利用した場合」（大阪高判昭和62・7・10高刑集40巻3号720頁）に承継的共同正犯が認められるとする基準（利用の基準）を採る一方、（同判決自身が）暴行・傷害の場合にはその「利用」が認められないとしてそれを否定する（利用の基準とその未充足という否定の枠組み。例えば東京地判平成7・10・9判時1598号155頁）。これに対し本決定は、承継的共同正犯への言及すらなく、端的に因果関係の不存在からその帰責を否定した。これはもちろん共犯の因果性を重視したものであるが、その射程理解にとっては、本決定が承継的共同正犯に触れないことで、本件以外の事案での利用の基準の適否、承継的共同正犯の適否に影響が及ぶのを避けたと理解できる点が重要である。

3　本決定がⓐ群を切り分けてその帰責を否定した点は、窃取したメダルとそうとはいえないメダルがドル箱内に混在した事案について、窃盗罪の成立範囲を「ドル箱内のメダル414枚の一部」とした最決平成21・6・29刑集63巻5号461頁と軌を一にし、わからないからといってその全てに犯罪を成立させるのではなく、犯罪の成立が否定されるべき部分はそこを正しく切り分けてその帰責をすべきとするものである（三浦透・最判解刑事篇平成21年度159頁以下。入江猛・同平成19年度143頁以下も参照）。もっともこれは個別の傷害結果oとpのように分離評価できる結果の間であてはまる理解であって、加担前後の暴行が相まって個別の傷害結果qが形成された場合（ⓑ群）では異なる（松尾・前掲10頁以下）。この点、本決定は、共同正犯として責任を負うのは、傷害の発生に寄与した部分とか範囲という表現ではなく、寄与したことについてとする。これは結果の切分けができない場合に、結果は個別の傷害結果qだとしてもその犯情を限定することで足りることを含むための表現と見ることもできる（判時2187号143頁の匿名解説も「最終的に生じた傷害結果について」責任を負うとする）。だとすると、千葉補足意見はⓑ群に関し後行者に帰責される傷害結果の限定的認定・特定を論じるけれども、犯情の限定の仕方は結果の限定による場合に限られないから、本決定が常に補足意見のように認定・特定すべきとまでいっているとは限らない。

【参考文献】　本文中に掲げたもの。

（まつお・もとのり）

**刑法 2**

## 書籍の発行者が，書店における書籍の販売・陳列による未承認医薬品の広告行為の間接正犯に当たるとの主張が排斥された事例

横浜地裁平成25年5月10日判決
平成23年(わ)第1809号薬事法違反被告事件
判夕1402号377頁

早稲田大学准教授　仲道祐樹

### 【論点】
薬事法違反の罪の間接正犯の成否。
〔参照条文〕薬68条・85条5号

### 【事件の概要】
Xは，出版社Zの代表取締役としてその業務全般を統括していたもの，Yは，同社の社員として編集業務を担当していたものである。X，Y両名は，甲社代表取締役乙と共謀の上，平成14年4月頃，甲社の商品で未承認医薬品である「甲」について，その購入を勧誘する内容を記載した書籍（以下，「本件書籍」とする）を発行した。X，Yはともに，本件書籍の流通面に関して具体的な関わりはない。

検察官は，Xらを大要以下の公訴事実で起訴した。Xらは，丙書店新宿店ほか3か所の書店店員，および丁書店渋谷店ほか3か所の書店店員から発注を受け，それぞれに取次店を介して，本件書籍合計8部を納品し，①平成21年8月頃から平成23年6月頃までの間，上記丙書店各店舗において，本件書籍合計4部を，各店員らを介して販売し，②平成23年9月，上記丁書店各店舗において，本件書籍合計4部を，各店員らを介して陳列棚に陳列し，もって，未承認医薬品の広告をした，というのがこれである。

### 【判旨】
〈無罪〉「薬事法68条にいう『広告』とは，一般の人に広く知らせることをいい，具体的には，顧客の購入意欲を昂進させる意図が明確であること，特定の商品名が明らかにされていること，一般の人が認知できる状態であることが必要であると解される。……『甲』の医薬品性が肯定された場合には，書店で本件書籍を販売・陳列することが，『甲』の効能効果等の『広告』に該当する」。しかし，「本件書籍の販売・陳列という広告行為を自らしていないにもかかわらず，本件書籍の出版発行によりその販売・陳列をしたと同視できるというためには，本件書籍の出版発行によってその販売・陳列が現実に起こり得る蓋然性が相当高くなければならない」。「本件書籍が出版発行されれば，新刊本の流通システムにより，取次店と取引関係にあるどこかの書店でそれが販売・陳列される蓋然性はかなり大きいといえる。……したがって，新刊本についていえば，被告人両名には，……取次店や書店の店員らを道具として利用した間接正犯が成立するといえる」。「もっとも，既刊本についても新刊本と同様にいえるかというと，少なからず問題がある。……既刊本でも出版発行からそれほど経過していない時期の販売等であればまだしも，本件で問題になっている7年以上後ともなると，本件書籍を出版発行することによりそれが書店で販売・陳列されるという行為が惹起される蓋然性はかなり低いといわざるを得ない」。「被告人両名の間接正犯性は，……否定されるべきである」。（なお，「甲」の医薬品該当性については判断を保留している。）

### 【解説】
**1**　薬事法68条は，未承認医薬品の広告を禁止している。「広告」とは，「およそ一般の人に広く知らせること」と解釈されており，そのための手段はすべて規制対象となる（伊藤榮樹ほか編『注釈特別刑法(8)』142頁[能勢弘之]等。医療法における広告の具体的な判断基準について，厚生省健康政策局総務課編『医療法・医師法（歯科医師法）解〔第16版〕』107頁以下）。

本件公訴事実は，平成21年から平成23年にかけての取次店を介した書店への納品と，その後の書店員による販売・陳列行為をとらえたものである。本判決は，書籍の販売・陳列が，「広告」にあたる旨を判示しているが，Xらは本件書籍の流通面には関与しておらず，販売・陳列を直接行っているものではない。そのため，Xらが，情を知らない書店員を介して本件書籍を販売・陳列したといえるか，すなわち間接正犯の成否が問題となる。

**2**　本判決はまず，間接正犯が成立するのは，自らが実行行為をしたと同視できる場合（同視可能性）であるとの理解を示す。このような解釈手法は，情を知らない第三者を利用する間接正犯の成否に関する福岡高判昭和29・4・26刑集10巻7号962頁参照（最決昭和31・7・3刑集10巻7号955頁の原審）にも見てとれる。

その上で本判決は，同視可能性の基準を「本件書籍の出版発行によってその販売・陳列が現実に起こり得る蓋然性」の高さに求めている。これは，出版発行から販売・陳列までのプロセスが障害なく自動的に，あるいは確実に推移する場合には，出版したことと自ら販売・陳列したこととを同視できる，とする趣旨で理解することが可能である（未遂犯の文脈で，井田良『刑法総論の理論構造』259頁）。

**3**　本判決はさらに，書籍流通の特殊性を考慮した上で新刊本と既刊本を区別し，発行後相当の期間が経過した既刊本であることを理由に，出版から販売・陳列に至る蓋然性を否定し，もって出版発行の「広告」該当性（本判決の表現では，「間接正犯性」）を否定した。この点に本判決の特徴がある。

ただし，「新刊本／既刊本」という区別を，過度に重視すべきではない。本判決も，「発行後まもない既刊本」の場合には，上記「蓋然性」を肯定する可能性，すなわち書籍の出版発行が販売・陳列（広告）に該当する可能性を示唆している。「新刊本／既刊本」の区別は，出版発行がその販売・陳列に至る蓋然性の有無を判断するための，本件に即した類型化であって，一般化はできないものと理解するべきであろう。

### 【参考文献】
西田典之ほか編『注釈刑法(1)』786頁以下[島田聡一郎]，亀井源太郎「間接正犯」西田典之ほか編『刑法の争点』102頁以下。

（なかみち・ゆうき）

刑法 3

## 併合罪の一部について裁判が確定している場合の余罪処断と量刑

最高裁平成24年12月17日第三小法廷決定
平成23年(あ)第494号住居侵入，強盗殺人被告事件
集刑309号213頁

慶應義塾大学准教授　小池信太郎

【論点】
2件の強盗殺人を犯し，1件目の犯行による無期懲役の判決が確定済みの被告人を，2件目の犯行（確定裁判の余罪）について更に処断する場合の量刑判断。
〔参照条文〕刑9条・50条・240条，刑訴411条2号

【事件の概要】
　被告人は，平成13年8月15日に大阪市内の紳士服店に侵入し，高齢の男性店主に対する強盗殺人を犯した（前件）。更に，同月28日に同市内の薬局に侵入し，高齢の女性店主に強盗目的で暴行を加えた際，抵抗に遭い，強盗殺人に及んだ（本件）。本件について証拠上決め手がなかったため，前件等のみが起訴され，無期懲役の判決が確定した。その後，新たなDNA鑑定等により本件の証拠が固まり，起訴に至った。審級を通じ，死刑・無期懲役の選択が争われた。

【決定要旨】
〈上告棄却〉「本件において量刑上重視されるべき事情は，被告人が，僅か13日前に本件と同様の強盗殺人事件を犯しながら，再び強盗殺人に及んでいる点である。前件等の確定裁判の余罪である本件の量刑判断に当たっては，前件等を実質的に再度処罰する趣旨で考慮することは許されないものの，なお犯行に至る重要な経緯等として考慮することは当然に許されるのであって，本件は，上記のような犯行に至る経緯等に加え，落ち度のない被害者が殺害された結果の重大性等に照らせば，犯情が甚だ悪く，殺害された被害者が1名であっても，死刑の選択が検討されてしかるべき事案である。
　他方，……殺害については，被害者の抵抗を受けてとっさに殺害を決意して敢行されたものであって，当初からの計画性が認められないこと，また，被告人は前件等につき無期懲役に処せられ，その服役を通じて更生の兆しが見られ，矯正可能性がないとはいえないこと，不十分な点があるとはいえ，自己の刑事責任と向き合い，反省しようという姿勢がうかがえることなどの事情が認められる。死刑が窮極の刑罰であることなどにも照らせば，これらの事情を考慮し，なお死刑を選択することにはちゅうちょを覚えるとして無期懲役を選択した第1審判決を是認した原判決が，刑の量定において甚だしく不当であり，破棄しなければ著しく正義に反するとまでは認められない。」

【解説】
　1　A罪について裁判が確定した後，これと併合罪（刑45条後段）の関係にあるB罪（余罪）が訴追された場合，B罪について更に裁判を行う（同50条）。この場合の量刑方法について規定はないが，一般に，併合審判の場合との均衡をできる限り考慮すべきものとされる。とりわけ，併合審判の場合，各罪について単独で想定される有期刑の合算よりも軽い刑となりやすいこと（「併合の利益」といわれる）を前提に，A・B罪に対して想定される統一刑から確定済みのA罪の刑を控除したものをB罪の刑とする追加刑的思考が有力に支持される（鹿野伸二「刑法50条（確定裁判の余罪の処断）における量刑について」『原田國男判事退官記念論文集』571頁。ただし，本決定の原判決〔大阪高判平成23・2・24判タ1358号248頁〕は，ケースバイケースであることを強調する。井田良ほか・司法研究報告書63輯3号77頁も参照）。

　2　これに対し，A・B罪を併せて評価することで，各罪について単独で想定される刑よりも重い刑種（典型的には，死刑）が選択されうる場合（最決平成19・3・22刑集61巻2号81頁参照）には，事情が異なる。併合審理の場合との均衡からは，A・B罪全体に対する統一刑としての重い刑種を想定し，それをB罪の刑とすることが考えられる。しかし，そのように，確定裁判を経たA罪を「実質的に再度処罰する趣旨で考慮することは許されない」ことが，本決定により確認された。ただ，その理由を，第1審判決（大阪地判平成22・5・31裁判所HP）及び原判決は，「憲法39条が定める二重処罰禁止」に求めたのに対し（未起訴の余罪と量刑に関する最大判昭和41・7・13刑集20巻6号609頁も参照），本決定は明示しなかった。
　他方で，この場合のB罪の量刑に際し，A罪の事実を，情状を推知するための資料として考慮することまでは否定されない（前掲最大判昭和41・7・13も参照）。本決定は，前件から僅か13日で本件に及んだことを「犯行に至る重要な経緯等」として考慮できるとし，被殺害者が1名でも死刑選択が検討されるとしながら，結論的には，無期懲役の原判断を維持した。

　3　同じ時期の判例に，被告人が2件の殺人を犯したが，両犯行の間に，1件目の被害者に対する死体損壊等による確定裁判（懲役3年6月）があったので，併合罪関係が遮断され（刑45条後段），1個の判決により2個の刑（「主文2個」）を言い渡すこととなった事案で，2件目の殺人を死刑に処した原判断を是認したものがある（最判平成24・12・14集刑309号205頁）。同判決は，死体損壊等による服役という，1件目の殺人について反省，悔悟する機会があったのに，類似する2件目の殺人を敢行したことなどを悪質と評価した。これと対比すると，そうした機会がないまま2件目の犯行に及ぶ本件のような類型では，死刑選択のハードルがやや高いことになろう。

　4　併合罪について2個の無期懲役が確定した場合の執行上の措置に関し，刑法51条1項その他の関係規定は明示的な定めを置いていないことが指摘される（本田稔「併合罪の一部の罪の確定裁判後に審理された余罪の量刑判断方法について」立命館法学345＝346号730頁）。実務は，2個の無期懲役を併せて（順次）執行しているようである（仮釈放までの最短服役期間〔刑28条〕との関係で意味を持つ）。

【参考文献】　本田稔「判批」法セ700号133頁，同「原判決判批」692号131頁。

（こいけ・しんたろう）

刑法 4

# 自己の殺害を嘱託した者を暴行・傷害の故意で死に致した場合の擬律

札幌地裁平成24年12月14日判決
平成23年(わ)第866号傷害致死被告事件
判タ1390号368頁

広島大学准教授　田中優輝

【論点】
①自己の殺害を嘱託した者を暴行・傷害の故意で死に致した場合の適用罰条。②被害者の同意による違法性阻却の可否，違法性阻却事由の錯誤。
〔参照条文〕刑202条後段・205条・38条

【事件の概要】
　被告人Xは，ホテルの一室にて，死ぬ意思を有していたV女から，Vの首をバスローブの帯で絞めて気絶させ，Vの顔を浴槽の水中に沈めるよう指示された。その際，Vは，Xに対し，ホテル内外にいるスタッフが室内を監視カメラで見ており，危険が生じれば助けに入ってくれる旨，虚偽の説明をしていた。Xはこれを信じ，Vが死ぬことはないとの認識で，指示された行為に及んだ結果，Vを窒息死させた。
　なお，本件行為に至るまでに，Vは，Xをモデルデビューさせるための撮影だと騙して連れ回し，さらに，デビューを妨害する「悪」の組織から逃れるためと称して，VとXが心中したかのような様子を撮影することを提案していた。本件行為は，この提案の実行として，Vが強く迫ったものであった。
　Xは傷害致死罪で起訴された（裁判員裁判）。

【判旨】
〈有罪（懲役1年2月・執行猶予3年）・控訴〉　殺害の嘱託を受け，暴行・傷害の故意で嘱託者を死亡させた場合（嘱託傷害致死類型）に傷害致死罪を適用すると，殺意のある嘱託殺人罪より法定刑が重いという不合理が生じる。「刑法205条は，その法定刑に照らすと，被害者が自らの殺害行為を嘱託した場合を想定していないと考えられる。すなわち，刑法205条は，『被害者が自らの殺害行為を嘱託していないこと』を書かれざる構成要件要素としていると解される。そして，嘱託傷害致死類型は，文理上，刑法202条後段が定める『人をその嘱託を受け……殺した』場合に該当するから，同条が適用される。」204条が，暴行の故意にとどまる場合を含めて「傷害した」と規定している点を想起すべきである。Xは殺害の嘱託の認識を欠いているが，「重い傷害致死罪の故意で，客観的には軽い刑法202条後段の罪に該当する事実を実現した」ことになり，202条後段が適用される。
　嘱託傷害致死類型の違法性阻却の可否は，「単に嘱託が存在するという事実だけでなく，嘱託した行為の生命侵害の危険性の程度，被害者が行為者を行為に及ばせた経緯など諸般の事情を照らし合せて決すべきものである。加えて，違法性阻却事由の錯誤が問題となる場合には，上記諸般の事情の存否については，誤信した事実を含め，行為者の認識に従って判断する必要がある。」「Xは，Vによって追い詰められた心理状態の中で，Vの嘱託を受けて本件行為に及んでいるのであるから，本件の違法性は相当失われていた」。しかし，本件行為は，Xの誤信した救命態勢の存在を前提としても，「一歩間違えればVの生命を脅かす可能性があることは明らかであり，Xにそのような常識的な認識が欠けていたとみるべき事情は特段見当たらない。」「違法性阻却事由の錯誤による故意の阻却は認められない。」

【解説】
　1　本件では，Xに殺意はなかったが，Vには死ぬ意思があったところ，傷害致死罪での起訴に対して，殺意のある嘱託殺人罪との法定刑の不均衡が指摘され，適用罰条が問題となった。この点，傷害致死罪の故意で客観的には嘱託殺人罪に当たる事実を実現したとして，錯誤論を適用することも考えられるが，構成要件が（実質的に）重なり合う範囲で故意犯の成立を認める判例・通説からすると，両罪は，殺意を除いた傷害致死罪の範囲でしか重なり合わず，結局，傷害致死罪を認めるほかないと解される。
　そこで，本判決は，「嘱託傷害致死類型」は205条の構成要件に該当せず，202条後段に当たるという，これまでに見られなかった新たな解釈を行った。Xには，殺害の嘱託を認識していないという錯誤があるものの，その解釈を前提とすれば，傷害致死罪の故意で202条後段の罪（嘱託傷害致死類型）に当たる事実を実現したことになり，両構成要件は（殺人と同意殺人の関係と同様に）202条後段の罪の範囲で重なり合うので，202条後段が適用される。
　しかし，この解釈には問題がある。刑法は，26章（殺人の罪）で人を「殺した」と規定しつつ，28章（過失傷害の罪）では「死亡させた」と表現し，殺意の有無により文言を区別しているのであって，「殺した」に殺意がない場合も含まれるというのは，解釈としては無理がある。本判決において同様の例として挙げられている204条の解釈は，208条の文理解釈があってのものである。
　そもそも，205条と202条の法定刑の差がそれほど不合理なのかにも，疑問の余地がある。上限の差（20年と7年）は，205条が被害者の同意のない場合を含んでいることから，不合理とはいえない。問題は下限の差（3年〔酌量減軽をすれば1年6月〕と6月）だが，202条の下限が低いのは，死亡結果への寄与が小さい自殺教唆・幇助をも併せて規定しているからだとの説明も成り立ちうる。
　結局，本件では，適用罰条は205条とすべきように思われる（同様の事案で205条を適用した裁判例が，斉藤豊治・季刊刑事弁護71号98頁で紹介されている）。
　2　Vの同意による違法性阻却の可否について，本判決は，「被害者が行為者を行為に及ばせた経緯」を考慮事情に挙げ，違法性を減少させる方向で考慮している点が注目される。もっとも，Xの「追い詰められた心理状態」は，責任減少あるいは酌量減軽の問題にすぎないとも思われる。いずれにしても，生命に対する重大な危険を有する本件行為に，違法性阻却は認められないであろう。
　また，本判決は，Xが救命態勢の存在を誤信していたことから，違法性阻却事由の錯誤を検討している。Xは，本件行為の重大な危険性を基礎づける事実を認識し，救命態勢の存在を前提としても本件行為が危険であると理解していたと見られるので，故意ないし責任を阻却するような錯誤は認められず，この点に関する本判決の結論は，支持されてよいと思われる。

【参考文献】　門田成人・法セ706号113頁，川瀬雅彦・研修784号77頁。

（たなか・ゆうき）

刑法 5

# 刑法208条の2第2項前段の「人又は車の通行を妨害する目的」

東京高裁平成25年2月22日判決
平成24年(う)第1991号
窃盗,建造物侵入,危険運転致死,道路交通法違反被告事件
高刑集66巻1号3頁,判タ1395号368頁

京都産業大学教授　岡本昌子

【論点】
危険運転致死傷罪のいわゆる通行妨害型における「人又は車の通行を妨害する目的」の内容。
〔参照条文〕刑208条の2第2項前段

## 【事件の概要】

被告人は,窃盗の現場から普通乗用自動車を運転して逃走し,パトカーに追跡されながら,片側一車線で追い越しのための右側はみ出し通行禁止の規制がされた道路を走行中,同道路を対向進行してくるB車両及びその後続車両を認めながら,前方を走行するC車両を追い越すために車体の半分くらいを反対車線に進出して時速約50kmないし約90kmで走行し,B車両,後続のD車両,さらに同車の後ろを走行していた,A運転の普通自動二輪車に著しく接近し,同人らに衝突を避けるため急制動の措置をとらせ,それにより同普通自動二輪車を路上に転倒させ,Aを自車に衝突させて多臓器損傷の傷害を負わせ,同人を同傷害による出血死により死亡させた。

## 【判旨】

〈控訴棄却〉「刑法208条の2第2項前段にいう『人又は車の通行を妨害する目的』とは,人や車に衝突等を避けるため急な回避措置をとらせるなど,人や車の自由かつ安全な通行の妨害を積極的に意図することをいうものと解される。しかし,運転の主たる目的が上記のような通行の妨害になくとも,本件のように,自分の運転行為によって上記のような通行の妨害を来すのが確実であることを認識して,当該運転行為に及んだ場合には,自己の運転行為の危険性に関する認識は,上記のような通行の妨害を主たる目的にした場合と異なるところがない。そうすると,自分の運転行為によって上記のような通行の妨害を来すのが確実であることを認識していた場合も,同条項にいう『人又は車の通行を妨害する目的』が肯定されるものと解するのが相当である。」

## 【解説】

1　本件は,危険運転致死傷罪の通行妨害型の成否が問題となったものである。本判決は,刑法208条の2第2項前段の「人又は車の通行を妨害する目的」を,「人や車に衝突等を避けるため急な回避措置をとらせるなど,人や車の自由かつ安全な通行の妨害を積極的に意図すること」とした。通行妨害型に関するこれまでの判例を概観してみると,認定事実(および被告人の供述)によれば被告人が本目的を有していたことは明らかであると述べるにとどまるものもあるが(佐賀地判平成19・5・8判タ1248号344頁,東京高判平成21・10・14東高刑時報60巻1＝12号153頁),被告人は「自由かつ安全な通行を妨げることを積極的に意図していた」として本目的を認めてきた(東京高判平成16・4・13判時1890号156頁〔①事件〕,東京高判平成16・4・15判時1890号156頁〔②事件〕,広島高判平成20・5・27高刑速(平成20)224頁)。

こうした中で,本判決は,本目的を先のように明言したのであるが,本判決で注目すべきは,運転の主たる目的が通行の妨害になくとも,自分の運転行為によって「通行の妨害を来すのが確実であることを認識していた場合も」,本目的を認めることができるとし,そのように解するのが相当である理由として,通行の妨害を来すのが確実であることを認識して当該運転行為に及んだ場合には通行妨害を主たる目的としていた場合と「自己の運転行為の危険性に関する認識」は異なるところがないからとした点である。

2　そもそも通行妨害型危険運転致死傷罪の構成要件として本目的が設けられた理由は,本罪の立法趣旨からその処罰範囲を極めて悪質かつ危険な運転行為に限定するためであり(井上宏・ジュリ1216号41頁,山田利行・警察学論集55巻3号125頁),したがって,本目的は未必的認識では足りず,他の車両の通行を妨害することを積極的に意図していたことを要すると解されている(大塚仁ほか編『大コンメンタール刑法〔第2版〕(10)』511頁〔野々上尚＝中村芳生〕,井田良・法時75巻2号34頁,佐久間修・刑事法ジャーナル26号6頁ほか)。これにより,例えば,やむを得ずに他の車両に著しく接近し,同車両の通行を妨害しなければならなかった場合など,本来,本罪の処罰対象とすべきでないとされる場合を処罰対象から除外することができるとされる(井上宏ほか・曹時54巻4号71頁以下)。学説の中には,「解釈論上,本罪の実行行為を『妨害の危険のある』接近行為に限定したうえで,主観的要件としてはその認識で足りると解することも可能である」(曽根威彦・ジュリ1216号52頁)との主張や,文書偽造罪における行使の目的を例に挙げ,「『目的』概念そのものから,未必的な認識,認容を排除することはできない」(宮川基・現代刑事法53号78頁。もっとも,立法趣旨からは主観面での限定は必要であるとされる。)との指摘もある(なお,伊藤亮吉「危険運転致死傷罪における『人又は車の通行を妨害する目的』」岡野光雄先生古稀記念『交通刑事法の現代的課題』321頁以下参照)。しかし,本罪の立法趣旨に鑑みると,本目的は,処罰範囲を限定づけるものとして,通行妨害を積極的に意図していたことと解すべきであろう。

3　本判決は,あまり判例が集積されていない通行妨害型に関するものであり,本項の通行妨害の目的について述べたものとしてその意義は大きい。本件事案そのものは,本罪の成立を認めるものと思われ,本判決が本罪の成立を認めた点は妥当であろう。しかし,「通行妨害を積極的に意図していた場合」と「やむを得ず危険な運転行為によって通行を妨害した場合」の「自己の運転行為の危険性に関する認識」を想起した場合,本判決が本目的を認めた理論構成によると,本罪の立法趣旨より処罰範囲が広くなる可能性があるのではないだろうか。

なお,本条文に関しては,2013年11月20日に自動車の運転により人を死傷させる行為等の処罰に関する法律が成立したことを付言しておく。

【参考文献】　吉浪正洋・研修780号73頁,川端博ほか・現代刑事法36号86頁以下。

(おかもと・あきこ)

刑法 6

# 危険運転致死傷罪の幇助犯の成立が認められた事例

最高裁平成25年4月15日第三小法廷決定
平成23年(あ)第2249号危険運転致死傷幇助被告事件
刑集67巻4号437頁、判時2202号144頁、判タ1394号139頁

立教大学教授　深町晋也

【論点】
①それ自体は刑法上処罰されていない基本行為を容易にした場合にも、危険運転致死傷罪に対する幇助犯は成立するか。②被告人らによる了解・黙認は、正犯の危険運転致死傷罪を容易にしたものと評価しうるか。
〔参照条文〕刑62条1項・208条の2第1項前段

【事件の概要】
被告人A及びBは、運送会社に勤務する運転手であり、Cとは、仕事の指導等をする年上の先輩関係にあり、かつ職場内の遊び仲間であった。ABは、5時間弱、飲食店でCらと共に飲酒をしたところ、Cが高度に酩酊した様子をその場で認識したばかりでなく、更に飲酒をするため、別の場所に向かってCが普通乗用自動車（本件車両）で疾走する様子を後から追う車内から見て、「あんなに飛ばして大丈夫かな」などと話し、Cの運転を心配するほどであった。ABは、Cと共に目的の店の開店を待つうち、午後7時10分頃、Cから、「まだ時間あるんですよね。一回りしてきましょうか」などと、開店までの待ち時間に、本件車両にABを同乗させて付近の道路を走行させての了解を求められた折、Aが、顔をCに向けて頷くなどし、Bが「そうしようか」などと答え、それぞれ了解を与えた（その後もABは本件車両に同乗し、Cの運転を黙認し続けていた）。これを受けて、Cは、アルコールの影響により正常な運転が困難な状態で、本件車両を発進させてこれを走行させ、これにより、午後7時25分頃、本件車両を時速100kmないし120kmで走行させて対向車線に進出させ、対向車2台に順次衝突させて、2名を死亡させ、4名に傷害を負わせた。

【決定要旨】
〈上告棄却〉「刑法62条1項の従犯とは、他人の犯罪に加功する意思をもって、有形、無形の方法によりこれを幇助し、他人の犯罪を容易ならしむるものである（最高裁昭和24年(れ)第1506号同年10月1日第二小法廷判決・刑集3巻10号1629頁参照）」ところ、前記の通りの「Cと被告人両名との関係、Cが被告人両名に本件車両発進につき了解を求めるに至った経緯及び状況、これに対する被告人両名の応答態度等に照らせば、Cが本件車両を運転するについては、先輩であり、同乗している被告人両名の意向を確認し、了解を得られたことが重要な契機となっている一方、被告人両名は、Cがアルコールの影響により正常な運転が困難な状態であることを認識しながら、本件車両発進に了解を与え、そのCの運転を制止することなくそのまま本件車両に同乗してこれを黙認し続けたと認められるのであるから、上記の被告人両名の了解とこれに続く黙認という行為が、Cの運転

の意思をより強固なものにすることにより、Cの危険運転致死傷罪を容易にしたことは明らかであって、被告人両名に危険運転致死傷幇助罪が成立する」。

【解説】
1　本決定は、平成13年に新設された危険運転致死傷罪（刑208条の2）に対する幇助犯（同62条1項）の成立を認めた初めての最高裁判例である。危険運転致死傷罪は、故意による危険運転行為（基本行為）から人の死傷結果が生じた場合に成立するものとして、結果的加重犯と同様の構造を有している。しかし、本罪の基本行為自体は刑法上処罰の対象とされていないという点において、傷害致死罪等の典型的な結果的加重犯とは異なる（山口厚『刑法各論〔第2版〕』53頁）。判例・通説は、結果的加重犯に対する幇助犯の成立を肯定しているが、過失犯に対する幇助犯の成立には否定的である（井田良『講義刑法学・総論』477頁）。危険運転行為自体が処罰対象とされていないことからすると、（正犯の）犯罪を幇助したと言えるのかが問題になる。

基本犯という犯罪行為を幇助したことが結果的加重犯の幇助の可罰性を基礎づけると考える見解（井田・前掲477頁、488頁及び490頁も参照）からは、基本行為自体が処罰されていない場合には、幇助行為の可罰性が否定されることにもなりうる。しかし、①危険運転行為自体は処罰されていないが、酒酔い運転等については道路交通法上の犯罪を構成することに加えて、②基本行為についての故意が（正犯・共犯共に）必要である以上、過失犯の幇助犯とは異なり、処罰範囲の無限定な拡張（井田・前掲477頁注(56)参照）には至らない。したがって、本罪についてもなお幇助犯の成立自体は肯定されよう。

2　本決定は、本件車両運行の「了解」及びこれに続く「黙認」という行為により正犯の犯罪を容易にした旨判示しているが、これは、第1審判決（さいたま地判平成23・2・14刑集67巻4号505頁参照）の述べる「了解及び黙認の一連の幇助」と同じ判断を示しているものと言える。ここで、本決定が了解あるいは黙認のみを単独で幇助行為と構成しなかったのは、CとABとの人間関係や本件の経緯等の諸事情を考慮してもなお、本件ABの了解（頷き・応答）のみ、あるいはABの（同乗の上での）黙認のみでは、本罪の幇助の成立に十分な、（既に本件行為前に存在する）Cの運転意思を強固にする、あるいは維持する効果を認めるには足りないと判断したからであろう。すなわち、ABの了解及び黙認という両行為が相俟って初めて、Cの運転意思を（本件事故発生時に至るまで）「より強固にした」（傍点筆者）と評価し得るのであって、「一連の行為」論が幇助行為に関しても妥当することが示されている（深町晋也「『一連の行為』論について」立教法務研究3号101頁以下参照）。そして、ABは「Cがアルコールの影響により正常な運転が困難な状態であることを認識」しつつ了解及び黙認している以上、正犯を幇助する意思の連続性・一体性を認めることもできよう。したがって、了解及び黙認を一連の幇助行為と解することは妥当である。

なお、本件におけるABの一連の行為がCに与える影響力の程度や、危険運転致死傷罪の基本行為が自手犯的性質を有する（西田典之ほか編『注釈刑法(1)』946頁［嶋矢貴之］）ことからすれば、ABにつき、共同正犯ではなく幇助を認めるに留めた判断についても、是認し得よう（反対、坂本・後掲398頁）。

【参考文献】本決定につき、本田稔・法セ704号115頁。第1審判決につき、坂本学史「同乗者による危険運転致死傷罪の幇助」神戸学院法学40巻3・4号381頁。

（ふかまち・しんや）

**刑法 7**

## 第三者に無断譲渡する意図を秘して自己名義でプリペイド式携帯電話機を購入する行為と詐欺罪（未遂）

東京高裁平成 24 年 12 月 13 日判決
平成 24 年（う）第 1021 号詐欺被告事件
高刑集 65 巻 2 号 21 頁

立教大学教授　辰井聡子

【論点】
第三者に無断譲渡する意図を秘して自己名義でプリペイド式携帯電話機の購入を申し込む行為が欺罔行為にあたるか。
〔参照条文〕刑 246 条 1 項

【事件の概要】
　被告人 2 名が，携帯電話機販売店 Y 店において，第三者に譲渡する目的で，店長 A からプリペイド式携帯電話機（携帯音声通信事業者 Z 社との通信サービス契約に係るもの）を 2 日間で合計 8 台購入した行為につき，詐欺罪の成否が争われた。
　原審（東京地判平成 24・3・23 判例集未登載）は，無断譲渡の意図を秘して購入を申し込む行為は欺罔行為にあたらないとして，被告人らを無罪とした。検察官の控訴に対し，本判決は，以下のように述べて欺罔行為性を肯定した上，A は薄々感づいていながら交付した合理的疑いが残るとして詐欺未遂罪の成立を認めた。なお，被告人らが無断譲渡の意図を秘したか否かに係る事実認定も争われ，第 1 審はこれを否定したが，本判決は肯定している。
【判旨】
〈破棄自判〉「携帯電話不正利用防止法は，……契約者に対し，当該携帯電話機を親族等（親族又は生計を同じくしている者）以外の第三者に譲渡する場合にはあらかじめ携帯音声通信事業者の承諾を得ることを義務づけ，……Z 株式会社においても，本件当時既に契約約款で同様の義務を契約上の義務として定め，この義務に違反する無断譲渡行為を不正行為として取り扱っていた」。
　「携帯電話不正利用防止法は，携帯音声通信事業者に対し，携帯電話機……を購入しようとする者との間で……音声通信サービス契約を締結する際に本人確認を行うことを義務づけ」，譲渡等に伴う契約者名義変更の際も，譲受人等につき本人確認を義務づけていた。本人確認を媒介業者等に行わせる場合には，携帯音声通信事業者は当該媒介業者（代理店）に対して必要かつ適切な監督を行わなければならないとされ，これを受けて，Z 社においても，代理店に対し，販売の際の本人確認の徹底を指導し，契約約款にも本人確認ができないときは購入申込み，譲渡の承諾をしない旨の定めを置いていた。

「このような法律上の規制措置及びこれを受けての……Z 株式会社における取扱状況等を踏まえてみれば，本人確認の求めに応じて自己名義の身分証を提示するなどして，自己名義で携帯電話機……の購入及びこれに伴う携帯音声通信サービス契約の締結……を申し込む行為は，申込みをした本人が，携帯音声通信事業者との契約及びその前提となる法令に従い，購入する携帯電話機を第三者に無断譲渡することなく自ら利用する意思であること……であることを表しているものと理解すべきである。」
「そして，自己名義で携帯電話機の購入等を申し込んだ者が，真実，購入する携帯電話機を第三者に無断譲渡することなく自ら利用する意思であるのかどうか，換言すれば，本当は第三者に無断譲渡する意図であるのに，その意図を秘しているのかどうかという点は，申込みを受けた携帯音声通信事業者あるいはその代理店が携帯電話機を販売交付するかどうかを決する上で，その判断の基礎となる重要な事項といえる。」
【解説】
　**1**　上記論点の判断においては，①法令・取扱い実態等に照らし，プリペイド式携帯電話機の購入申込みは直ちに本人が利用する意思を表すものといえるか（∴不告知を挙動ないし不作為による欺罔と評価できるか），②本人による利用か否かは交付行為者（代理店）にとって交付の判断の基礎となる重要な事実といえるかの 2 点が問題となる。
　原審は，携帯電話不正利用防止法が親族又は生計を同じくする者への無断譲渡を許容し，個人的・一時的貸与等も禁じていないこと，Z 社はプリペイド式携帯電話機を 1 人の名義で 5 台まで販売することを認め，複数台購入客にその理由を聞くよう指導もしていないこと，A 自身第三者の利用も想定しながら（公訴事実外を含む）10 台も販売したこと等を指摘して，①，②の双方を否定したが，本判決は，携帯電話不正利用防止法上，無断譲渡は不正行為とされており，販売及び第三者への譲渡に伴う名義変更の手続時には購入者・譲受者の本人確認が義務づけられていたことを重視して①，②のいずれも肯定した。
　**2**　本判決の立場は，クレジットカードの不正利用や譲渡目的を秘して自己名義の預金通帳の交付を受ける行為等につき，関係諸規定・規約を重要な根拠として欺罔行為を肯定する近時の最高裁判例と軌を一にする（最決平成 16・2・9 刑集 58 巻 2 号 89 頁，最決平成 19・7・17 刑集 61 巻 5 号 521 頁，最決平成 22・7・29 刑集 64 巻 5 号 829 頁）。しかし，これらの判例では，制度的背景に加え，実際にも交付行為者は当該事実を知れば交付を行うことはなかった旨が認定され，欺罔行為を肯定する根拠とされていた。本判決でも，Z 社は，無断譲渡と知れば交付を行わない取扱いであったことが認定されているが，本件詐欺罪の被害者・交付者は販売店であり，銀行等と比べると店頭での対応にばらつきがあることが推測される。事実認定によるところが大きいが，本判決の挙げる理由から①は肯定しうるとしても，②には疑問の余地があり（現に A は事態を察しながら交付している），上記諸判例の立場から直ちに欺罔行為を肯定しうる事案ではないように思われる。

【参考文献】　門田成人「判批」法セ 702 号 113 頁，飯島泰「判批」警察学論集 66 巻 6 号 154 頁，野呂裕子・研修 752 号 89 頁。
（たつい・さとこ）

刑法 8

# いわゆるキセル乗車と電子計算機使用詐欺罪の成否

東京地裁平成 24 年 6 月 25 日判決
平成 23 年 (刑わ) 第 3121 号各電子計算機使用詐欺被告事件
判タ 1384 号 363 頁

関西大学教授　飯島　暢

【論点】
刑法 246 条の 2 後段の「虚偽の電磁的記録」の意義。
〔参照条文〕刑 246 条の 2

【事件の概要】
　JR を利用した被告人は，まず往路で，都内の A 駅から初乗り切符で乗車し，栃木県内の C 駅で下車する際に，同駅をまたがる B 駅 − D 駅間を有効区間とする回数券を自動改札機に投入して通過し (D 駅が自動改札機未設置駅であるため，入場情報がない回数券でも出場が可能となっていた)，正規運賃との差額に相当する財産上の利益を得た。次に復路では，C 駅から初乗り切符で乗車し，都内の E 駅から下車する際に，往路で購入した A 駅からの初乗り切符を自動精算機に投入して精算券を入手し，これを E 駅の自動改札機に投入して通過して，正規運賃との差額に相当する財産上の利益を得た。これら往路と復路の行為につき，被告人は電子計算機使用詐欺罪 (刑 246 条の 2 後段) で起訴された。

【判旨】
〈有罪・控訴〉　本判決は，たとえ用いられた回数券・乗車券それ自体に不正な改変がなされていなかったとしても，「電磁的記録は，記録それ自体の情報に加え，これを用いるシステムが前提とする一定の意味付け等を踏まえて事務処理の用に供されているものであり，このような前提となる事柄の真実性も当該事務処理システムの円滑かつ適正な運用のために必要」であるから，「このような前提を偽ることも当該電磁的記録自体の誤りと実質的に同等に評価することが妥当であり，自動改札機及び自動精算機の事務処理システムにおける事務処理の目的に照らし」刑法 246 条の 2 後段の「虚偽」にあたるとしながら，往路で C 駅の自動改札機に読み取らせた自動改札機未設置駅から入場したとの情報が実際の乗車地である A 駅とは異なる点，更には復路において自動精算機に与えた A 駅から入場したとの情報が真実の乗車地である C 駅とは異なる点を捉え，被告人の行為は「虚偽の電磁的記録」を他人の事務処理に供用することに該当するとした。なお，控訴審 (東京高判平成 24・10・30 研修 778 号 13 頁参照) も同様の判断を下し，控訴を棄却している。被告人は上告中である。

【解説】
　1　人ではない自動改札機に対するキセル乗車行為は，欺罔及び錯誤が欠ける点から詐欺罪にはならないとされてきた。本判決は，そのようなキセル乗車行為について，電子計算機使用詐欺罪 (刑 246 条の 2 後段) の成立を初めて認めたものである。しかし，変造プリペイドカード等の不正使用が，後段の罪が成立する典型例として想定されてきた経緯もあり (大塚仁ほか編『大コンメンタール刑法(13)〔第 2 版〕』165 頁〔鶴田六郎〕)，本件で用いられたような，それ自体は何も不正な改変が加えられていない回数券・乗車券も「虚偽の電磁的記録」にあたるか否かが問題となる。この点につき，東京地裁は，「虚偽」の意義を「電子計算機を使用する当該事務処理システムにおいて予定されている事務処理の目的に照らし，その内容が真実に反するもの」であると解して，「前提となる事柄の真実性」にまで虚偽の対象を拡張し，真実の乗車地が異なる被告人の行為を捉えて「虚偽の電磁的記録」の供用にあたるとの結論を導き出している。

　2　事務処理のシステム・目的との関係から虚偽の意義を理解する立場は，立法者意思に適うものであり，本条前段の罪が問題となった東京高判平成 5・6・29 判時 1491 号 141 頁，最決平成 18・2・14 刑集 60 巻 2 号 165 頁でも採用されている。しかし，本判決のように「前提となる事柄の真実性」まで虚偽の対象に含めてしまうと，処罰範囲が不明確になる虞がある。そこで，限定要素として，虚偽の対象事実に重要性・法益関係性を求める見解 (門田・後掲 133 頁) や財産上の損害に着目する見解 (榎本・後掲 80 頁) が主張されている。

　3　上のような限定要素を考慮する論者からしても，本件では後段の罪の成立は否定されないことになるのであろう。だが，有人改札口に対するキセル乗車行為全般については，詐欺否定説も有力であることを看過してはならない (山中敬一『刑法各論〔第 2 版〕』351 頁，松宮孝明『刑法各論講義〔第 3 版〕』256 頁，曽根威彦『刑法各論〔第 5 版〕』152 頁)。刑法 246 条の 2 は，同 246 条の補充規定であり，虚偽の電磁的記録の供用も人に対する欺罔行為とパラレルに捉えられるべきである。しかし，そもそも欺罔行為の有無は，心理主義的に規定されるべきものではなく，その際に一種のリスク分配の観点が不可避となる，財産権の保護の管轄に関わる極めて規範的な問題である (浅田和茂 = 井田良編『新基本法コンメンタール刑法』547 頁以下〔川口浩一〕)。つまり，財産の保護のための負担が被害者側に帰せられるべき場合には，欺罔行為も否定されざるを得ない。本件について言えば，自動改札機を未設置駅に設置すれば，キセル乗車行為は防げたはずであり，その程度の措置の履行が JR 側に多大な負担を強いることになるとは思われない。未設置駅の放置は，相対的に利用者数の少ない駅に改札口の人員及び自動改札機を配置しないですむことによる経費の削減という形での経営上の利点を生むだけでなく，それに伴う一定のリスクの負担と不可分に結びついている。このように解し得る限りでは，欺罔行為と同列の関係にある虚偽の電磁的記録の供用を本件については否定する余地があったようにも思われる。

【参考文献】　前田雅英「刑法 246 条の 2 とキセル乗車」警察学論集 65 巻 10 号 176 頁，門田成人・法セ 694 号 133 頁，和田俊憲「キセル乗車」法教 392 号 93 頁，榎本桃也「判批」刑事法ジャーナル 37 号 75 頁。

(いいじま・みつる)

刑法 9

## 家庭裁判所から選任された成年後見人による横領と刑法244条1項の準用

最高裁平成24年10月9日第二小法廷決定
平成24年（あ）第878号業務上横領被告事件
刑集66巻10号981頁，判時2182号158頁，判タ1388号113頁

筑波大学教授　岡上雅美

【論点】
①親族である成年後見人の横領と親族相盗例適用の可否。②横領罪の場合において，成年後見人と成年被後見人との間の親族関係を量刑上考慮することの当否。
〔参照条文〕刑244条1項・253条・255条

【事件の概要】
　被告人は，家庭裁判所から選任された成年後見人であり，成年被後見人の養父である。平成18年5月から平成19年6月までの間に6回にわたり，後見の事務として業務上預かり保管中であった成年被後見人の預貯金を口座から払い戻し，そのうち約930万円を自己の用途に費消して，横領した。
　第1審（さいたま地判平成24・1・26刑集66巻10号985頁参照）も控訴審（東京高判平成24・5・15刑集66巻10号987頁参照）も，家庭裁判所から選任された成年後見人の「公的立場」ないし事務の「公的性格」を理由にして，244条1項を準用することなく，業務上横領罪の成立を認め，被告人を懲役3年の実刑に処した。これに対し，被告人は量刑不当を理由に上告した。

【決定要旨】
〈上告棄却〉「家庭裁判所から選任された成年後見人の後見の事務は公的性格を有するものであって，成年被後見人のためにその財産を誠実に管理すべき法律上の義務を負っているのであるから，成年後見人が業務上占有する成年被後見人所有の財物を横領した場合，成年後見人と成年被後見人との間に刑法244条1項所定の親族関係があっても，同条項を準用して刑法上の処罰を免除することができないことはもとより，その量刑に当たりこの関係を酌むべき事情として考慮するのも相当ではないというべきである」。

【解説】
　刑法255条は，窃盗罪等に対するいわゆる親族相盗例を定める244条1項を横領罪について準用するものである。これにより，「配偶者，直系血族又は同居の親族との間で」横領罪が行われたときには，刑が免除されることになる。本件では，上告趣意がもっぱら量刑不当を主張するものであったため，親族相盗例の適用の可否自体は傍論になる。
　家庭裁判所により選任された成年後見人による業務上横領罪という本件と類似の事例につき，親族相盗例の適用を否定した先例としては，秋田地判平成18・10・25判タ1236号342頁，その控訴審判決である仙台高秋田

支判平成19・2・8家月59巻5号81頁があり，いずれも親族相盗例の法的性格につきいわゆる政策説（「法は家庭に入らず」）を採った上で，親族相盗例の適用にとって必要な親族関係の範囲について「行為者と所有者及び委託者相互の間に親族関係が存する場合に限られる」ものと解し（同旨，大判昭和6・11・17刑集10巻604頁），被告人を成年後見人に選任した家庭裁判所は「委託者」の立場にあったとして，この場合に，犯罪の処理を親族内の自律的判断に委ねることはできないとした。しかし，家庭裁判所を委託者と解することは，同裁判所が後見人の選任・監督を行う権限はあっても，被害者の財産を処分等するものではないことに鑑みれば不適切である。これに対して，家庭裁判所により選任された未成年後見人による業務上横領について，最決平成20・2・18刑集62巻2号37頁は，結論を同じくするものの，これとは異なった理由づけで，親族相盗例の適用を否定した。未成年後見人は，親族関係の有無を問わず，「等しく未成年被後見人のためにその財産を誠実に管理すべき法律上の義務」を負い，「未成年後見人の後見の事務は公的性格を」もつというのである。
　本決定は，平成20年決定と同じく，家庭裁判所から選任された成年後見人の後見の事務が公的性格をもつという理由から，紛争を家庭内の自立的解決に委ねることはできないとして，親族相盗例の適用を認めなかった。未成年後見人と成年後見人とでその公的性格が異なるとは考えられない以上，本決定はまさに平成20年決定に沿って下されたものである。これらの両決定をもって，この問題は，結論および理由づけにおいて，実務上，確定的に解決されたものと見ることができよう。
　確かに，成年後見人が親族から選任されることが多いという実情があり，被害額も少なくない場合もあるのだから，このような場合に刑の免除を認めれば，後見制度の意義を根底から疑わせることにもなりかねず，免除を否定する政策的必要性は高いものということができよう。しかしながら，244条1項および255条の文言からは，このような実質的理由により，親族相盗例に広く例外が認められるという旨を「通常の判断能力を有する一般人」（最大判昭和50・9・10刑集29巻8号489頁）が読み取れるようには到底思われない。平成20年決定にも本決定に対しても，罪刑法定主義違反の疑念が残ろう。
　立法論的には，最近の判例の流れ，実際の後見の在り方や現代の家族形態の変容を考慮し，わが国の親族相盗例の在り方について再検討すべき時期が来ているようにも思われる（なお，ドイツ刑法247条は，親族間における窃盗罪・横領罪に刑の免除を定めるのではなく，親告罪とする）。
　なお，上告趣意が挙げる親族であることの量刑上の考慮について，本決定は，親族たる身分自体をそれだけでただちに量刑上有利に考慮することはできないと述べるにすぎず，親族相盗例の実質的根拠である違法減少・責任減少等を示す事情（例えば，反対動機形成の困難さ）を具体的に考慮することができないとまでは言っていない。したがって，量刑の面で，本決定の意義は大きなものではない。

【参考文献】本決定について，内田幸隆・平成24年度重判解（ジュリ1453号）161頁，萩野貴史・刑事法ジャーナル36号101頁，坂元文彦・研修781号3頁，福嶋一訓・ひろば66巻7号46頁。

（おかうえ・まさみ）

刑法 10

## 電気通信の送信によるわいせつな電磁的記録等の「頒布」に当たるとされた事例

東京高裁平成25年2月22日判決
平成24年（う）第2197号わいせつ電磁的記録等送信頒布，わいせつ電磁的記録有償頒布目的保管被告事件
高刑集66巻1号6頁，判時2194号144頁，判タ1394号376頁

日本大学教授　南部　篤

【論点】
わいせつ電磁的記録送信頒布罪にいう「頒布」の意義。
〔参照条文〕刑175条1項後段

【事件の概要】
　被告人は，氏名不詳者らと共謀の上，不特定の顧客1名に対し，あらかじめアメリカ合衆国内に設置されたサーバコンピュータに記録，保存させたわいせつな動画データファイル等を，顧客がインターネット上の動画配信サイト等を利用してそのサーバコンピュータにアクセスした際，国内の当該顧客が使用するパソコン宛てに送信させる方法により，その顧客のパソコンに記録，保存させて再生，閲覧可能な状況を設定させた。
　原審（東京地判平成24・10・23判例集未登載）は，こうした行為につき，電気通信の送信によりわいせつな電磁的記録を頒布したとして，刑法175条1項後段の罪の成立を認めた。これに対し，弁護人は，顧客自らがインターネットを介してわいせつな電磁的記録を含むデータをダウンロードする本件の態様は，「頒布」には該当せず，国内犯として処罰することはできない等主張して控訴した。

【判旨】
〈控訴棄却〉「刑法175条1項後段にいう『頒布』とは，不特定又は多数の者の記録媒体上に電磁的記録その他の記録を取得させることをいうところ，被告人らは，サーバコンピュータからダウンロードするという顧客らの行為を介してわいせつ動画等のデータファイルを顧客らのパソコン等の記録媒体上に取得させたものであり，顧客によるダウンロードは，被告人らサイト運営側に当初から計画されてインターネット上に組み込まれた，被告人らがわいせつな電磁的記録の送信を行うための手段にほかならない」ので，この顧客自身によるダウンロード行為は「頒布」の一部を構成するものと評価できるから，「被告人らは，刑法175条1項後段にいう『電気通信の送信によりわいせつな電磁的記録……を頒布した』というに妨げない。」「被告人らは日本国内における顧客のダウンロードという行為を介してわいせつ動画等のデータファイルを頒布したのであって，……実行行為の一部が日本国内で行われている」以上，「国内犯として処罰することができる。」

【解説】
　判例は，コンピュータ・ネットワーク上のわいせつ画像の公開行為はわいせつ物公然陳列罪を構成し，「公然陳列」とは，わいせつ物の内容を不特定または多数の者が認識できる状態に置くことをいうとしている（最決平成13・7・16刑集55巻5号317頁）。サーバにわいせつ画像等のデータをアップロードし，不特定または多数の者がアクセスすればパソコン画面上で見ることができるように設定した時点で実行行為は完了し同罪は終了したということになる。そうすると，このアップロードやその他の設定等サイト運営全般がすべて国外で行われた場合は，偏在説に立っても国内犯とすることが困難になってしまう（反対，山口厚「コンピュータ・ネットワークと犯罪」ジュリ1117号73頁）。本件はそのような事案であった。
　そこで，国内からアクセスしてきた顧客のパソコンに向けて国外設置のサーバからわいせつ動画データ等を送信し取得させるように設定・運用した行為全体を，国内の顧客自身のダウンロード行為を介して実現される「送信による頒布罪」の実行行為ととらえれば，その実行行為の一部（顧客によるダウンロード部分）が国内で行われた点で，国内犯といえることになる。
　平成23年改正で新設された刑法175条1項後段の送信頒布罪は，有害なわいせつ情報の，有体物の公然陳列でも頒布でもない方法（電子メール送信等）での拡散行為の捕捉を意図したもの，と一般に理解されていたが，本判決は，インターネット上での公開により人々にわいせつ情報を取得させ拡散させる行為も同罪に当たるとした。つまり，インターネット上のわいせつ画像等の公開事案に関し，不特定または多数の者にダウンロードを可能にした段階で175条1項前段の公然陳列罪が成立し，その後，実際に誰かがダウンロードした段階で同項後段の送信頒布罪が成立する，という適用関係（これは法案策定段階から立案当局が明らかにしていた解釈でもある）を示した点に意義があるといえる。
　平成23年改正により，従来客体を共通にしていた「公然陳列」と「頒布」が，前者は有体物のみを客体とすることが（電磁的記録媒体を加えて）維持され，後者は電気通信を用いた場合の客体に電磁的記録を付け加えるよう変更された。その結果，「頒布」の意義も，公然陳列と頒布との関係も大きく変貌し，擬律にやや分かりにくく不安定な状況が生じた感が否めないようにみえる。「送信頒布」を本判決のように解すると，インターネットで結ばれた全世界からのわいせつ情報の拡散行為が，すべてわが国の「国内犯」とならざるをえなくなる点も重要な課題となる。

【参考文献】　豊田兼彦「判批」法セ705号113頁，永井善之『サイバー・ポルノの刑事規制』237-244頁，渡邊卓也『電脳空間における刑事的規制』21-83頁，303-309頁。

（なんぶ・あつし）

刑法 11

# 売買代金が時価相当額であったとしても，土地の売買による換金の利益が賄賂に当たるとされた事例

最高裁平成24年10月15日第一小法廷決定
平成21年(あ)第1985号収賄，競売入札妨害被告事件
刑集66巻10号990頁，判時2189号145頁，判タ1390号156頁

東北大学教授　成瀬幸典

【論点】
時価相当額での土地の売買による換金の利益は賄賂に当たるか。

〔参照条文〕刑（平成15年法律第138号改正前）197条1項

【事件の概要】
　被告人X（以下，Xとする）は，F県知事として，同県の事務を管理し執行する地位にあり，同県が発注する建設工事に関して，一般競争入札の入札参加資格要件の決定，競争入札の実施，請負契約の締結等の権限を有しており，被告人Y（以下，Yとする）は，Xの実弟であり，縫製品の製造等を業とする甲社の代表取締役として同社を経営していた。F県は，Kダム本体建設工事（以下，Kダム工事とする）について，一般競争入札を経て，乙社ほか2社の共同企業体に発注した。XとYは，共謀の上，乙社がKダム工事を受注したときXから有利便宜な取り計らいを受けたことに対する謝礼の趣旨で，乙社副会長のAが下請業者である丙社副社長のBに指示をした結果，丙社が買取りに応じるものであることを知りながら，Yが，Bに対し，丙社において甲社の所有する土地（以下，本件土地とする）を8億7372万円余で買い取るように求め，丙社が本件土地を同価額で買い取ることを承諾させた。その結果，丙社から，その売買代金として，甲社名義の当座預金口座に8億7372万円余が振込送金された。原判決（東京高判平成21・10・14刑集66巻10号1208頁参照）は，上記事実につき，YはXとの共謀に基づき，上記土地売却による換金の利益の供与を受けて，同F県知事の職務に関し，賄賂を収受したと判断したため，弁護人は上告し，本件土地の売買は，時価と売買代金額との間に差のない通常の不動産取引であるから，賄賂には当たらない等と主張した。

【決定要旨】
〈上告棄却〉「XはF県知事であって，同県が発注する建設工事に関して上記の権限を有していたものであり，その実弟であるYが代表取締役を務める甲社において，本件土地を早期に売却し，売買代金を会社再建の費用等に充てる必要性があったにもかかわらず，思うようにこれを売却できずにいる状況の中で，被告人両名が共謀の上，同県が発注したKダム工事受注の謝礼の趣旨の下に，丙社に本件土地を買い取ってもらい代金の支払を受けたというのであって，このような事実関係の下においては，本件土地の売買代金が時価相当額であったとしても，本件土地の売買による換金の利益は，Xの職務についての対価性を有するものとして賄賂に当たると解するのが相当である。」

【解説】
　1　賄賂とは，公務員の職務に対する不正な報酬としての利益であり，そこでの利益とは，経済的なものに限定されず，人の需要・欲望を満足させるものであれば足りると解されている（大判明治43・12・19刑録16輯2239頁参照）。賄賂罪の保護法益については，職務の公正とそれに対する社会の信頼と解する信頼保護説と，職務の公正それ自体と解する純粋性説が対立しているが，過去の職務の対価として賄賂が提供された場合にも賄賂罪が成立すると解すべきことに照らすと，前者が妥当であると考えられ，判例も同説をとっている（最大判平成7・2・22刑集49巻2号1頁参照）。経済的なものでなくとも，人の需要・欲望を満足させるに足りる利益であれば，それを公務員が収受することにより，一般人は，当該公務員は職務を不公正に遂行する（又は遂行した）のではないかとの疑念を抱き，職務の公正に対する社会の信頼が害されることになるから，信頼保護説の立場からは，上記の賄賂の定義には十分な理由があるといえる。

　2　もっとも，人の需要・欲望を満足させるに足りる利益のすべてについて賄賂性を認めるべきではない。例えば，売買は当事者の需要・欲望を満たすために行われるものではあるが，公務員とその職務に関して一定の関係にあった者が，お世話になった謝礼の趣旨で当該公務員と売買を行った場合に，常に，賄賂に当たる利益の提供があったと解することは妥当でないと考えられるからである（嶋矢・後掲163頁参照）。特に，本件のような時価相当額での売買の場合，外観上は，通常の取引と同様であるので，具体的な事実関係を基礎にして，職務との対価関係性の有無，すなわち，①公務員が収受した利益が職務に関するものであり，かつ，②当該利益が職務の不公正な遂行の誘因となり，職務の公正さに対する社会の信頼を侵害しうる実体を備えているか否かを慎重に判断することが必要であろう。

　本件の場合，①については，本件土地の売却がKダム工事受注の謝礼の趣旨で行われたことが認められているので，主として②が問題になる。この点，本件土地の売却は時価相当額で行われていることから，収受側が経済的利益（全体財産の増加）を得たとは認め難いものの，本件土地の売却は甲社再建の費用等の獲得を目的としており，売却できなかった場合に生じる損害は極めて大きくなると考えられること（売却の高度の必要性），また，本件土地の価格は極めて高額であり，買い手となりうるものが限定されている上，実際に，思うような売却ができずにいたという状況があったこと（売却の高度の困難性）に照らすと，土地の売却により収受側が得た利益（換金の利益）は大きなもので，②を満たすものといえ，職務との対価関係性を肯定できるであろう。本決定が「本件土地の売買による換金の利益は，<u>Xの職務についての対価性を有するものとして賄賂に当たる</u>」（下線筆者）として，職務との対価性を指摘した上で，賄賂性を肯定したことは妥当であったと思われる。

　3　なお，時価相当額での売買のように，通常の取引と同様の外観を有する場合には上記①が問題になることも多いであろう。特に，利益の収受側だけでなく，提供側にも当該取引の高度の必要性・困難性が認められる場合には，具体的事実関係を踏まえた上で，公務員が収受した利益が，職務に関して得られたものであるのか，通常の取引の一環として得られたものであるのかを慎重に判断する必要があると思われる。

【参考文献】　伊藤渉「判批」刑事法ジャーナル36号107頁，嶋矢貴之「判批」平成24年度重判解（ジュリ1453号）163頁（両者の評釈においては，本件に含まれるその他の理論的問題点も検討されており有益である）。

（なるせ・ゆきのり）

# 判例年月日索引（判例・評釈情報付）

出典 は，最高裁判所判例集，高等裁判所判例集，判例時報，判例タイムズ等に掲載されているもののうち，3件を掲げた。
評釈 は，ジュリスト，重要判例解説（ジュリスト臨時増刊），論究ジュリスト，法学教室，判例百選に掲載されているものを掲げた。

## 憲　法

〔最高裁判所〕

最二小判平成21・3・9〔'09憲5〕 ……………… 10
　出典　刑集63巻3号27頁，判時2064号157頁，判タ1313号100頁　評釈　西野吾一・ジュリ1400号144頁，東雪見・同1435号136頁，只野雅人・平成21年度重判解16頁

最一小判平成21・4・23〔'09憲6〕 ……………… 11
　出典　集民230号435頁，判時2045号116頁，判タ1299号121頁　評釈　内野正幸・平成21年度重判解20頁

最三小判平成21・7・14〔'09憲7〕 ……………… 12
　出典　刑集63巻6号623頁，判時2063号152頁，判タ1313号97頁　評釈　三浦透・ジュリ1445号91頁，渡邊賢・平成21年度重判解22頁，高倉新喜・同223頁，宮城啓子・刑訴法百選〔9版〕132頁

最大判平成21・9・30〔'09憲1〕 …………………… 6
　出典　民集63巻7号1520頁，判時2053号18頁，判タ1306号101頁　評釈　井上典之・ジュリ1395号31頁，鎌野真敬・同52頁，上田健介・平成21年度重判解8頁

最二小判平成21・11・30〔'10憲7〕 ……………… 22
　出典　刑集63巻9号1765頁，判時2090号149頁，判タ1331号79頁　評釈　西野吾一・ジュリ1433号117頁，毛利透・平成22年度重判解19頁，十河太朗・同208頁，上嶌一高・論ジュリ5号233頁

最大判平成22・1・20〔'10憲1〕 ………………… 16
　出典　民集64巻1号1頁，判時2070号21頁，判タ1318号57頁　評釈　清野正彦・ジュリ1399号83頁，常本照樹・平成22年度重判解15頁，山下竜一・同67頁，井上典之・論ジュリ1号125頁，長谷部恭男・憲法百選Ⅰ〔6版〕110頁，土田伸也・地方自治百選〔4版〕170頁

最三小判平成22・2・23〔'10憲10〕 ……………… 25
　出典　集民233号55頁，判時2076号40頁，判タ1322号65頁　評釈　藤井樹也・平成22年度重判解25頁，三好規正・地方自治百選〔4版〕86頁

最一小判平成22・7・22〔'10憲2〕 ……………… 17
　出典　集民234号337頁，判時2087号26頁，判タ1330号81頁　評釈　西村枝美・平成22年度重判解17頁，高橋滋・地方自治百選〔4版〕182頁

最大判平成23・3・23〔'11憲1〕 ………………… 28
　出典　民集65巻2号755頁，判時2108号3頁，判タ1344号70頁　評釈　岩井伸晃＝小林宏司・ジュリ1428号56頁，長谷部恭男・同48頁，安西文雄・憲法百選Ⅱ〔6版〕338頁

最三小判平成23・6・14〔'11憲8〕 ……………… 35
　出典　民集65巻4号2148頁，判時2123号3頁〔③事件〕，判タ1354号51頁〔③事件〕　評釈　岩井伸晃＝菊池

章・ジュリ1461号93頁
最一小判平成23・7・7〔'11憲9〕 ………………… 36
　出典　刑集65巻5号619頁，判時2130号144頁，判タ1358号73頁　評釈　小森田恵樹・ジュリ1471号96頁，早瀬勝明・平成23年度重判解22頁，照沼亮介・同155頁

最二小判平成23・9・30〔'12憲11〕 ……………… 50
　出典　集民237号519頁，判時2132号39頁，判タ1359号80頁　評釈　渕圭吾・租税百選〔5版〕10頁

最大判平成23・11・16〔'12憲1〕 ………………… 40
　出典　刑集65巻8号1285頁，判時2136号3頁，判タ1362号62頁　評釈　西野吾一・ジュリ1442号83頁，笹田栄司・平成24年度重判解10頁，土井真一・憲法百選Ⅱ〔6版〕386頁

最一小判平成24・1・16〔'12憲5〕 ……………… 44
　出典　集民239号253頁，判時2147号127頁，判タ1370号80頁　評釈　青井未帆・平成24年度重判解20頁，渡辺康行・論ジュリ1号108頁，下井康史・地方自治百選〔4版〕132頁

最一小判平成24・2・16〔'12憲6〕 ……………… 45
　出典　民集66巻2号673頁，判時2146号49頁，判タ1369号96頁　評釈　岡田幸人・ジュリ1447号91頁，初宿正典・平成24年度重判解22頁

最三小判平成24・2・28〔'12憲10〕 ……………… 49
　出典　民集66巻3号1240頁，判時2145号3頁，判タ1369号101頁　評釈　岡田幸人・ジュリ1449号94頁，葛西まゆこ・平成24年度重判解26頁，前田雅子・同38頁

最大判平成24・10・17〔'13憲2〕 ………………… 55
　出典　民集66巻10号3357頁，判時2166号3頁，判タ1383号89頁　評釈　岩井伸晃＝上村考由・ジュリ1457号90頁，新井誠・平成24年度重判解8頁，工藤達朗・論ジュリ4号92頁，辻村みよ子・憲法百選Ⅱ〔6版〕332頁

最二小判平成24・12・7〔'13憲3〕 ……………… 56
　出典　刑集66巻12号1337頁，判時2174号21頁〔①事件〕，判タ1385号94頁〔①事件〕　評釈　岩崎邦生・ジュリ1458号72頁，宍戸常寿・平成25年度重判解23頁，薄井一成・同60頁，松原芳博・同161頁，蟻川恒正・法教395号90頁，長谷部恭男・憲法百選Ⅰ〔6版〕32頁

最二小判平成25・1・11〔'13憲10〕 ……………… 63
　出典　民集67巻1号1頁，判時2177号35頁，判タ1386号160頁　評釈　岡田幸人・ジュリ1462号90頁，安念潤司・平成24年度重判解24頁，下山憲治・同36頁，野口貴公美・法教394号36頁，木下昌彦・憲法百選Ⅱ〔6版〕458頁

最大決平成25・9・4〔'13憲1〕 ………………… 54
　出典　民集67巻6号1320頁，判時2197号10頁，判タ1393号64頁　評釈　伊藤正晴・ジュリ1460号88頁，中

判例セレクト　2009-2013 Ⅰ／法学教室　201

里実・同1465号8頁，野坂泰司・平成25年度重判解15頁，前田陽一・同95頁，井上典之＝幡野弘樹・論ジュリ8号98頁，蟻川恒正・法教397号102頁，同399号132頁，糠塚康江・同400号81頁，西希代子・同403号52頁，高井裕之・憲法百選Ⅰ〔6版〕62頁

〔高等裁判所〕

東京高判平成21・1・29〔'09憲2〕……………… 7
　　出典　訟月55巻12号3411頁，判タ1295号193頁　評釈　小泉良幸・平成21年度重判解10頁
大阪高判平成21・12・28〔'10憲6〕……………… 21
　　出典　判時2075号3頁，判タ1324号94頁
東京高判平成22・3・10〔'10憲3〕……………… 18
　　出典　判タ1324号210頁　評釈　高井裕之・平成22年度重判解9頁
東京高判平成22・3・29〔'10憲8〕……………… 23
　　出典　刑集66巻12号1687頁，判タ1340号105頁　評釈　永田秀樹・平成22年度重判解21頁
東京高判平成22・11・17〔'11憲2〕……………… 29
　　出典　判時2098号24頁〔①・②事件〕，判タ1339号71頁〔①事件〕・1346号151頁〔②事件〕　評釈　赤坂幸一・平成23年度重判解10頁
大阪高決平成23・8・24〔'11憲3〕……………… 30
　　出典　判時2140号19頁，金判1382号40頁　評釈　木村草太・平成23年度重判解16頁
広島高判平成23・10・28〔'12憲7〕……………… 46
　　出典　判時2144号91頁，判自353号25頁　評釈　原田一明・平成24年度重判解14頁
名古屋高判平成23・12・21〔'12憲4〕……………… 43
　　出典　判時2150号41頁
名古屋高判平成24・4・27〔'12憲9〕……………… 48
　　出典　判時2178号23頁　評釈　齊藤愛・平成24年度重判解28頁
名古屋高判平成24・5・11〔'12憲8〕……………… 47
　　出典　判時2163号10頁，判自369号11頁　評釈　植木淳・平成24年度重判解12頁
東京高決平成24・12・26〔'13憲5〕……………… 58
　　出典　民集67巻9号1900頁，判タ1338号284頁，金判1437号17頁
東京高判平成25・2・19〔'13憲8〕……………… 61
　　出典　判時2192号30頁，判タ1389号146頁
広島高判平成25・3・25〔'13憲6〕……………… 59
　　出典　判時2185号25頁〔②事件〕

〔地方裁判所〕

大阪地判平成21・2・26〔'09憲4〕……………… 9
　　出典　訟月55巻12号3342頁，判時2063号40頁，判タ1300号104頁
東京地判平成21・7・28〔'09憲3〕……………… 8
　　出典　判時2053号57頁，判タ1303号81頁　評釈　鈴木秀美・平成21年度重判解14頁
静岡地下田支判平成21・10・29〔'10憲9〕……… 24
　　出典　判タ1317号149頁
岡山地判平成22・1・14〔'10憲4〕……………… 19
　　出典　家月64巻5号78頁，判時2081号99頁
京都地判平成22・5・27〔'10憲5〕……………… 20
　　出典　判時2093号72頁，判タ1331号107頁，労判1010号11頁　評釈　糠塚康江・平成22年度重判解11頁
岐阜地判平成22・9・22〔'11憲6〕……………… 33
　　出典　判時2099号81頁
岐阜地判平成22・11・10〔'11憲7〕……………… 34
　　出典　判時2100号119頁　評釈　宮地基・平成23年度重判解26頁
秋田地判平成22・12・14〔'11憲4〕……………… 31
　　出典　裁判所HP
仙台地判平成23・1・20〔'11憲10〕……………… 37
　　出典　裁判所HP
東京地判平成23・4・26〔'11憲5〕……………… 32
　　出典　訟月59巻4号1030頁，判時2136号13頁，判タ1377号60頁　評釈　畑尻剛・平成23年度重判解14頁
東京地判平成23・12・19〔'12憲2〕……………… 41
　　出典　判タ1380号93頁　評釈　青木節子・平成24年度重判解285頁
東京地判平成24・3・23〔'12憲3〕……………… 42
　　出典　訟月59巻9号2489頁，判時2173号28頁，判タ1404号106頁　評釈　嶋崎健太郎・平成24年度重判解18頁
岡山地判平成24・10・18〔'13憲4〕……………… 57
　　出典　訟月59巻10号2707頁，判時2181号124頁
大阪地判平成25・2・6〔'13憲7〕……………… 60
　　出典　判時2234号35頁
東京地判平成25・3・14〔'13憲9〕……………… 62
　　出典　判時2178号3頁，判タ1388号62頁　評釈　中山茂樹・平成25年度重判解28頁

# 民 法

〔最高裁判所〕

最二小判平成20・10・10〔'09民10〕…………… 77
　出典　民集62巻9号2361頁，判時2026号13頁，判タ1285号65頁　評釈　松岡久和・平成20年度重判解75頁

最二小判平成21・1・19〔'09民7〕…………… 74
　出典　民集63巻1号97頁，判時2032号45頁，判タ1289号85頁　評釈　高橋譲・ジュリ1399号147頁，潮見佳男・平成21年度重判解91頁

最一小判平成21・1・22〔'09民3〕…………… 70
　出典　民集63巻1号247頁，判時2033号12頁，判タ1289号77頁　評釈　中村心・ジュリ1383号182頁，金山直樹・平成21年度重判解85頁

最一小判平成21・1・22〔'09民9〕…………… 76
　出典　民集63巻1号228頁，判時2034号29頁，判タ1290号132頁　評釈　野村豊弘・平成21年度重判解95頁

最三小判平成21・3・10〔'09民6〕…………… 73
　出典　民集63巻3号385頁，判時2054号37頁，判タ1306号217頁　評釈　柴田義明・ジュリ1443号88頁，安永正昭・平成21年度重判解89頁

最三小判平成21・3・24〔'09民12〕…………… 79
　出典　民集63巻3号427頁，判時2041号45頁，判タ1295号175頁　評釈　高橋譲・ジュリ1421号98頁，西希代子・平成21年度重判解105頁

最二小判平成21・3・27〔'09民8〕…………… 75
　出典　民集63巻3号449頁，判時2042号3頁，判タ1295号172頁　評釈　高橋譲・ジュリ1421号101頁，角紀代恵・平成21年度重判解93頁

最三小判平成21・3・31〔'09民1〕…………… 68
　出典　民集63巻3号472頁，判時2065号145頁，判タ1314号136頁　評釈　絹川泰毅・ジュリ1401号83頁，佐久間毅・平成21年度重判解81頁，釜田薫子・平成22年度重判解140頁

最一小判平成21・4・23〔'09民4〕…………… 71
　出典　集民230号435頁，判時2045号116頁，判タ1299号121頁　評釈　内野正幸・平成21年度重判解20頁

最三小判平成21・4・28〔'09民11〕…………… 78
　出典　民集63巻4号853頁，判時2046号70頁，判タ1299号134頁　評釈　中村心・ジュリ1395号157頁，松久三四彦・平成21年度重判解103頁

最二小判平成21・7・3〔'09民5〕…………… 72
　出典　民集63巻6号1047頁，判時2057号16頁，判タ1308号120頁　評釈　生熊長幸・平成21年度重判解87頁，西川佳代・同149頁，倉部真由美・民執・保全百選〔2版〕92頁

最一小決平成21・8・12〔'09民2〕…………… 69
　出典　民集63巻6号1406頁，判時2059号61頁，判タ1308号114頁　評釈　石丸将利・ジュリ1427号149頁，小粥太郎・平成21年度重判解83頁

最一小決平成21・9・30〔'10民10〕…………… 91
　出典　家月61巻12号55頁，判時2064号61頁，判タ1314号123頁　評釈　太田裕之・平成21年度重判解12頁

最二小判平成21・11・9〔'10民9〕…………… 90
　出典　民集63巻9号1987頁，判時2064号56頁，判タ1313号112頁　評釈　大久保邦彦・平成22年度重判解102頁

最一小判平成21・12・10〔'10民8〕…………… 89
　出典　民集63巻10号2463頁，判時2071号45頁，判タ1318号94頁　評釈　西謙隆裕・ジュリ1409号173頁，建部雅・平成22年度重判解104頁

最二小判平成21・12・18〔'10民5〕…………… 86
　出典　民集63巻10号2754頁，判時2067号152頁，判タ1316号121頁　評釈　大内伸哉・ジュリ1402号150頁，岡田幸人・同1417号145頁，皆川宏之・平成22年度重判解260頁

最二小判平成21・12・18〔'10民11〕…………… 92
　出典　民集63巻10号2900頁，判時2069号28頁，判タ1317号124頁　評釈　市川多美子・ジュリ1439号107頁，渡部美由紀・平成22年度重判解159頁

最一小判平成22・3・25〔'10民7〕…………… 88
　出典　民集64巻2号562頁，判時2084号11頁，判タ1327号71頁　評釈　小林宏司・ジュリ1416号78頁，山口成樹・平成22年度重判解106頁

最一小判平成22・4・8〔'10民1〕…………… 82
　出典　民集64巻3号609頁，判時2085号90頁，判タ1327号75頁　評釈　柴田義明・ジュリ1451号86頁，山野目章夫・平成22年度重判解88頁

最三小判平成22・4・20〔'10民3〕…………… 84
　出典　民集64巻3号921頁，判時2084号6頁，判タ1326号115頁　評釈　山本豊・平成22年度重判解98頁

最一小判平成22・6・1〔'10民4〕…………… 85
　出典　民集64巻4号953頁，判時2083号77頁，判タ1326号106頁　評釈　大塚直・ジュリ1407号66頁，榎本光宏・同1416号85頁，田中宏治・平成22年度重判解96頁，水野謙・法教402号137頁，野澤正充・環境法百選〔2版〕112頁

最二小判平成22・6・4〔'10民2〕…………… 83
　出典　民集64巻4号1107頁，判時2092号93頁，判タ1332号60頁　評釈　上江洲純子・平成22年度重判解175頁，加毛明・倒産百選〔5版〕118頁

最一小判平成22・6・17〔'10民6〕…………… 87
　出典　民集64巻4号1197頁，判時2082号55頁，判タ1326号111頁　評釈　武藤貴明・ジュリ1419号128頁，根本尚徳・平成22年度重判解108頁

最二小判平成22・10・15〔'11民5〕…………… 100
　出典　集民235号65頁　評釈　前田陽一・平成22年度重判解110頁

最一小決平成22・12・2〔'11民3〕…………… 98
　出典　民集64巻8号1990頁，判時2102号8頁，判タ1339号52頁　評釈　柴田義明・ジュリ1454号77頁

最一小判平成22・12・16〔'11民2〕…………… 97
　出典　民集64巻8号2050頁　評釈　石田剛・平成23年度重判解68頁

最二小判平成23・1・21〔'11民1〕…………… 96
　出典　集民236号27頁，判時2105号9頁，判タ1342号96頁　評釈　古積健三郎・平成23年度重判解70頁

最三小判平成23・2・22〔'11民10〕…………… 105
　出典　民集65巻2号699頁，判時2108号52頁，判タ1344号115頁　評釈　伊藤正晴・ジュリ1465号88頁

最二小判平成23・3・18〔'11民9〕…………… 104
　出典　家月63巻9号58頁，判時2115号55頁，判タ1347号95頁　評釈　高橋朋子・平成23年度重判解86頁

最二小判平成23・4・22〔'11民4〕…………… 99
　出典　民集65巻3号1405頁，判時2116号53頁，判タ1348号87頁　評釈　古積健三郎・法教400号143頁

判例セレクト 2009-2013 I／法学教室　**203**

最一小判平成23・4・28〔'11民8〕………………… 103
　出典　民集65巻3号1499頁，判時2115号50頁，判タ1347号89頁　評釈　武藤貴明・ジュリ1431号146頁
最一小判平成23・7・7〔'11民6〕………………… 101
　出典　集民237号139頁，判時2137号43頁，判タ1361号98頁
最二小判平成23・7・15〔'11民7〕………………… 102
　出典　民集65巻5号2269頁，判時2135号38頁，判タ1361号89頁　評釈　森冨義明・ジュリ1441号106頁
最三小判平成23・10・18〔'12民4〕………………… 111
　出典　民集65巻7号2899頁，判時2134号58頁，判タ1360号93頁　評釈　中島基至・ジュリ1446号82頁，岩藤美智子・平成23年度重判解78頁
最三小判平成23・10・25〔'12民2〕………………… 109
　出典　民集65巻7号3114頁，判時2133号9頁，判タ1360号88頁　評釈　新堂明子・平成23年度重判解62頁
最三小判平成23・11・22〔'12民8〕………………… 115
　出典　民集65巻8号3165頁，判時2134号62頁〔①事件〕，判タ1361号131頁〔①事件〕　評釈　榎本光宏・ジュリ1444号92頁，千葉恵美子・平成24年度重判解77頁，中西正・同139頁，水野謙・法教405号121頁，中島弘雅・倒産百選〔5版〕98頁
最一小判平成23・12・15〔'12民7〕………………… 114
　出典　民集65巻9号3511頁，判時2138号37頁，判タ1364号78頁　評釈　山本克己・平成24年度重判解135頁，中井康之・倒産百選〔5版〕108頁
最二小判平成23・12・16〔'12民1〕………………… 108
　出典　集民238号297頁，判時2139号3頁，判タ1363号47頁　評釈　曽野裕夫・平成24年度重判解65頁
最三小判平成24・1・17〔'12民6〕………………… 113
　出典　集民239号621頁，判時2142号26頁，判タ1366号99頁　評釈　鎌野邦樹・平成24年度重判解71頁
最一小決平成24・1・26〔'12民11〕………………… 118
　出典　家月64巻7号100頁，判時2148号61頁，判タ1369号124頁　評釈　金子敬明・平成24年度重判解87頁
最二小判平成24・3・16〔'12民3〕………………… 110
　出典　民集66巻5号2216頁，判時2149号135頁，判タ1370号115頁　評釈　潮見佳男・平成24年度重判解67頁
最二小判平成24・3・16〔'12民5〕………………… 112
　出典　民集66巻5号2321頁，判時2149号68頁，判タ1370号102頁　評釈　五十川直行・平成24年度重判解69頁
最二小判平成24・3・23〔'12民10〕………………… 117
　出典　集民240号149頁，判時2147号61頁，判タ1369号121頁
最二小判平成24・6・29〔'12民9〕………………… 116
　出典　集民241号1頁，判時2160号20頁，判タ1378号86頁
最一小判平成24・9・13〔'13民7〕………………… 128
　出典　民集66巻9号3263頁　評釈　秋山靖浩・平成24年度重判解81頁
最二小判平成24・10・12〔'13民3〕………………… 124
　出典　民集66巻10号3311頁，判時2184号144頁，判タ1388号109頁　評釈　弥永真生・ジュリ1448号2頁，片山直也・平成24年度重判解75頁，清水円香・同107頁
最二小判平成24・12・14〔'13民4〕………………… 125
　出典　民集66巻12号3559頁，判時2178号17頁，判タ1387号96頁　評釈　阿部裕介・平成25年度重判解77頁
最三小判平成25・1・22〔'13民6〕………………… 127
　出典　集民243号1頁，判時2184号38頁，判タ1388号105頁
最三小判平成25・2・26〔'13民1〕………………… 122
　出典　民集67巻2号297頁，判時2192号27頁，判タ1391号131頁　評釈　山木戸勇一郎・平成25年度重判解138頁
最一小判平成25・2・28〔'13民5〕………………… 126
　出典　民集67巻2号343頁，判時2182号55頁，判タ1388号101頁　評釈　山地修・ジュリ1462号94頁，藤澤治奈・平成25年度重判解79頁
最三小判平成25・3・7〔'13民2〕………………… 123
　出典　集民243号51頁，判時2185号64頁〔事件〕，判タ1389号95頁〔①事件〕　評釈　天谷知子・ジュリ1459号123頁，山本宣之・平成25年度重判解87頁
最三小判平成25・3・26〔'13民2〕………………… 123
　出典　集民243号159頁，判時2185号64頁〔事件〕，判タ1389号95頁〔②事件〕
最一小決平成25・3・28〔'13民10〕………………… 131
　出典　民集67巻3号864頁，判時2191号39頁，判タ1391号122頁　評釈　柴田義明・ジュリ1470号76頁，小池泰・平成25年度重判解93頁，本間靖規・同152頁
最三小判平成25・4・12〔'13民9〕………………… 130
　出典　民集67巻4号899頁，判時2189号53頁，判タ1390号146頁　評釈　大塚直・平成25年度重判解91頁，平野哲郎・医事法百選〔2版〕38頁
最三小判平成25・4・16〔'13民8〕………………… 129
　出典　民集67巻4号1049頁，判時2199号17頁，判タ1393号74頁　評釈　佐久間毅・平成25年度重判解83頁
最大決平成25・9・4〔'13民11〕………………… 132
　出典　民集67巻6号1320頁，判時2197号10頁，判タ1393号64頁　評釈　伊藤正晴・ジュリ1460号88頁，中里実・同1465号8頁，野坂泰司・平成25年度重判解15頁，前田陽一・同95頁，井上典之＝幡野弘樹・論ジュリ8号98頁，蟻川恒正・法教397号102頁・同399号132頁，糠塚康江・同400号81頁，西希代子・同403号52頁，高井裕之・憲法百選Ⅰ〔6版〕62頁

# 刑　法

〔最高裁判所〕

最一小決平成 20・5・19〔'09 刑 10〕･･････････ 145
　出典　刑集 62 巻 6 号 1623 頁，判時 2047 号 159 頁，判タ 1301 号 126 頁　評釈　青柳勤・ジュリ 1390 号 138 頁

最一小決平成 20・10・16〔'09 刑 7〕･･････････ 142
　出典　刑集 62 巻 9 号 2797 頁，判時 2039 号 144 頁，判タ 1295 号 190 頁　評釈　任介辰哉・ジュリ 1384 号 125 頁，照沼亮介・平成 20 年度重判解 182 頁

最一小決平成 21・2・24〔'09 刑 3〕･･････････ 138
　出典　刑集 63 巻 2 号 1 頁，判時 2035 号 160 頁，判タ 1290 号 135 頁　評釈　松田俊哉・ジュリ 1385 号 114 頁，深町晋也・平成 21 年度重判解 177 頁

最二小決平成 21・3・26〔'09 刑 9〕･･････････ 144
　出典　刑集 63 巻 3 号 291 頁，判時 2041 号 144 頁，判タ 1296 号 138 頁　評釈　松田俊哉・ジュリ 1394 号 99 頁，島田聡一郎・同 1409 号 194 頁，松原芳博・平成 21 年度重判解 185 頁，平山幹子・法教 394 号 101 頁

最一小決平成 21・6・29〔'09 刑 5〕･･････････ 140
　出典　刑集 63 巻 5 号 461 頁，判時 2071 号 159 頁，判タ 1318 号 112 頁　評釈　三浦透・ジュリ 1448 号 97 頁，林陽一・平成 21 年度重判解 183 頁

最三小決平成 21・6・30〔'09 刑 6〕･･････････ 141
　出典　刑集 63 巻 5 号 475 頁，判時 2072 号 152 頁，判タ 1318 号 108 頁　評釈　任介辰哉・ジュリ 1409 号 179 頁，葛原力三・平成 21 年度重判解 179 頁

最一小決平成 21・7・13〔'09 刑 8〕･･････････ 143
　出典　刑集 63 巻 6 号 590 頁，判時 2095 号 154 頁，判タ 1335 号 85 頁　評釈　上岡哲生・ジュリ 1458 号 80 頁，松原久利・平成 21 年度重判解 181 頁，穴沢大輔・論ジュリ 3 号 230 頁

最一小判平成 21・7・16〔'09 刑 2〕･･････････ 137
　出典　刑集 63 巻 6 号 711 頁，判時 2097 号 154 頁，判タ 1336 号 61 頁　評釈　井上宜裕・平成 21 年度重判解 175 頁

最三小決平成 21・11・9〔'10 刑 10〕･･････････ 157
　出典　刑集 63 巻 9 号 1117 頁，判時 2069 号 156 頁，判タ 1317 号 142 頁　評釈　弥永真生・ジュリ 1392 号 178 頁，岩原紳作・同 1422 号 136 頁，青柳勤・同 1444 号 99 頁，島田聡一郎・平成 22 年度重判解 214 頁

最二小判平成 21・11・30〔'10 刑 7〕･･････････ 154
　出典　刑集 63 巻 9 号 1765 頁，判時 2090 号 149 頁，判タ 1331 号 79 頁　評釈　西野吾一・ジュリ 1433 号 117 頁，毛利透・平成 22 年度重判解 19 頁，十河太朗・同 208 頁，上嶌一高・論ジュリ 5 号 233 頁

最一小決平成 21・12・7〔'10 刑 1〕･･････････ 148
　出典　刑集 63 巻 11 号 2641 頁，判時 2067 号 159 頁，判タ 1316 号 150 頁　評釈　家令和典・ジュリ 1406 号 146 頁，塩谷毅・平成 22 年度重判解 198 頁，古川伸彦・論ジュリ 8 号 226 頁

最一小決平成 21・12・7〔'10 刑 3〕･･････････ 150
　出典　刑集 63 巻 11 号 1899 頁，判時 2066 号 159 頁，判タ 1316 号 147 頁　評釈　入江猛・ジュリ 1446 号 91 頁，小田直樹・平成 22 年度重判解 200 頁，辰井聡子・論ジュリ 1 号 212 頁

最一小決平成 21・12・8〔'10 刑 5〕･･････････ 152
　出典　刑集 63 巻 11 号 2829 頁，判時 2070 号 156 頁，判タ 1318 号 100 頁　評釈　任介辰哉・ジュリ 1414 号 236 頁，林美月子・平成 22 年度重判解 202 頁，同・論ジュリ 2 号 258 頁

最一小決平成 22・3・15〔'10 刑 8〕･･････････ 155
　出典　刑集 64 巻 2 号 1 頁，判時 2075 号 160 頁，判タ 1321 号 93 頁　評釈　家令和典・ジュリ 1422 号 125 頁，西土彰一郎・平成 22 年度重判解 23 頁，丸山雅夫・同 210 頁，成瀬幸典・論ジュリ 5 号 239 頁

最二小決平成 22・3・17〔'10 刑 6〕･･････････ 153
　出典　刑集 64 巻 2 号 111 頁，判時 2081 号 157 頁，判タ 1325 号 86 頁　評釈　家令和典・ジュリ 1422 号 128 頁，島田聡一郎・同 1429 号 144 頁，渡辺咲子・平成 22 年度重判解 206 頁

最一小決平成 22・5・31〔'10 刑 2〕･･････････ 149
　出典　刑集 64 巻 4 号 447 頁，判時 2083 号 159 頁，判タ 1327 号 80 頁　評釈　甲斐克則・平成 22 年度重判解 194 頁

最一小決平成 22・7・29〔'10 刑 9〕･･････････ 156
　出典　刑集 64 巻 5 号 829 頁，判時 2101 号 160 頁，判タ 1336 号 55 頁　評釈　和田俊憲・平成 22 年度重判解 212 頁

最一小決平成 22・9・7〔'10 刑 11〕･･････････ 158
　出典　刑集 64 巻 6 号 865 頁，判時 2095 号 155 頁，判タ 1335 号 78 頁　評釈　成瀬幸典・平成 22 年度重判解 216 頁，鎮目征樹・法教 396 号 97 頁

最二小決平成 22・9・27〔'11 刑 1〕･･････････ 162
　出典　判時 2126 号 143 頁〔②事件〕，判タ 1355 号 120 頁〔②事件〕

最一小決平成 22・10・26〔'11 刑 3〕･･････････ 164
　出典　刑集 64 巻 7 号 1019 頁，判時 2105 号 141 頁，判タ 1340 号 96 頁　評釈　西野吾一・ジュリ 1443 号 94 頁，古川伸彦・平成 22 年度重判解 196 頁，同・法教 395 号 11 頁

最一小判平成 22・12・20〔'11 刑 9〕･･････････ 170
　出典　刑集 64 巻 8 号 1291 頁，判時 2103 号 155 頁，判タ 1339 号 64 頁　評釈　任介辰哉・ジュリ 1451 号 89 頁，佐藤輝幸・論ジュリ 4 号 201 頁

最一小決平成 23・1・26〔'11 刑 2〕･･････････ 163
　出典　刑集 65 巻 1 号 1 頁，判時 2173 号 144 頁，判タ 1385 号 123 頁　評釈　今村隆・ジュリ 1421 号 70 頁

最一小判平成 23・7・7〔'11 刑 5〕･･････････ 166
　出典　刑集 65 巻 5 号 619 頁，判時 2130 号 144 頁，判タ 1358 号 73 頁　評釈　小森田恵樹・ジュリ 1471 号 96 頁，早瀬勝明・平成 23 年度重判解 22 頁，照沼亮介・同 155 頁

最三小決平成 23・10・31〔'12 刑 7〕･･････････ 182
　出典　刑集 65 巻 7 号 1138 頁，判時 2152 号 15 頁，判タ 1373 号 136 頁　評釈　岩崎邦生・ジュリ 1449 号 98 頁，星周一郎・平成 23 年度重判解 153 頁

最三小決平成 23・12・19〔'12 刑 4〕･･････････ 179
　出典　刑集 65 巻 9 号 1380 頁，判時 2141 号 135 頁，判タ 1366 号 103 頁　評釈　林幹人・平成 24 年度重判解 152 頁，豊田兼彦・法教 398 号 96 頁，塩見淳・刑法百選 I〔7 版〕176 頁

最三小決平成 24・1・30〔'12 刑 5〕･･････････ 180
　出典　刑集 66 巻 1 号 36 頁，判時 2154 号 144 頁，判タ 1371 号 137 頁　評釈　辻川靖夫・ジュリ 1448 号 100 頁，辰井聡子・平成 24 年度重判解 155 頁，西貝吉晃・論ジュリ 10 号 194 頁，甲斐克則・刑法百選 II〔7 版〕12 頁

最三小決平成 24・2・8〔'12 刑 1〕･･････････ 176
　出典　刑集 66 巻 4 号 200 頁，判時 2157 号 133 頁，判タ

1373 号 90 頁　評釈　北川佳世子・平成 24 年度重判解 148 頁，樋口亮介・論ジュリ 6 号 166 頁
最二小決平成 24・2・13〔'12 刑 9〕……………… 184
　　出典　刑集 66 巻 4 号 405 頁，判時 2156 号 141 頁，判タ 1373 号 86 頁　評釈　松宮孝明・平成 24 年度重判解 159 頁
最三小決平成 24・7・9〔'12 刑 11〕……………… 186
　　出典　集刑 308 号 53 頁，判時 2166 号 140 頁，判タ 1383 号 154 頁　評釈　石井徹哉・平成 24 年度重判解 165 頁
最二小決平成 24・7・24〔'12 刑 6〕……………… 181
　　出典　刑集 66 巻 8 号 709 頁，判時 2172 号 143 頁，判タ 1385 号 120 頁　評釈　島岡まな・平成 24 年度重判解 157 頁
最二小決平成 24・10・9〔'13 刑 9〕……………… 198
　　出典　刑集 66 巻 10 号 981 頁，判時 2182 号 158 頁，判タ 1388 号 113 頁　評釈　内田幸隆・平成 24 年度重判解 161 頁
最一小決平成 24・10・15〔'13 刑 11〕…………… 200
　　出典　刑集 66 巻 10 号 990 頁，判時 2189 号 145 頁，判タ 1390 号 156 頁　評釈　嶋矢貴之・平成 24 年度重判解 163 頁，三代川邦夫・論ジュリ 9 号 185 頁
最二小決平成 24・11・6〔'13 刑 1〕……………… 190
　　出典　刑集 66 巻 11 号 1281 頁，判時 2187 号 142 頁，判タ 1389 号 109 頁　評釈　照沼亮介・平成 25 年度重判解 164 頁，小林憲太郎・刑法百選 I〔7 版〕166 頁
最三小決平成 24・12・17〔'13 刑 3〕……………… 192
　　出典　集刑 309 号 213 頁　評釈　只木誠・平成 25 年度重判解 170 頁
最三小決平成 25・4・15〔'13 刑 6〕……………… 195
　　出典　刑集 67 巻 4 号 437 頁，判時 2202 号 144 頁，判タ 1394 号 139 頁　評釈　亀井源太郎・平成 25 年度重判解 166 頁

〔高等裁判所〕
東京高判平成 20・10・23〔'09 刑 1〕……………… 136
　　出典　判タ 1290 号 309 頁
大阪高判平成 21・1・20〔'09 刑 4〕……………… 139
　　出典　判タ 1300 号 302 頁
大阪高判平成 21・10・22〔'10 刑 4〕……………… 151
　　出典　判タ 1327 号 279 頁
東京高判平成 21・11・16〔'11 刑 7〕……………… 168
　　出典　東高刑時報 60 巻 185 頁，判時 2103 号 158 頁，判タ 1337 号 280 頁　評釈　伊東研祐・平成 23 年度重判解 157 頁
東京高判平成 21・12・22〔'11 刑 6〕……………… 167
　　出典　東高刑時報 60 巻 247 頁，判タ 1333 号 282 頁
東京高判平成 22・4・20〔'11 刑 4〕……………… 165
　　出典　東高刑時報 61 巻 70 頁，判タ 1371 号 251 頁
東京高判平成 23・1・25〔'11 刑 8〕……………… 169
　　出典　高刑集 64 巻 1 号 1 頁，判時 2161 号 143 頁，判タ 1399 号 363 頁　評釈　川口浩一・平成 23 年度重判解 159 頁
広島高判平成 23・5・26〔'12 刑 8〕……………… 183
　　出典　裁判所 HP
広島高判平成 23・6・30〔'11 刑 11〕……………… 172
　　出典　裁判所 HP
東京高判平成 24・12・13〔'13 刑 7〕……………… 196
　　出典　高刑集 65 巻 2 号 21 頁　評釈　伊藤渉・平成 25 年度重判解 174 頁

東京高判平成 25・2・22〔'13 刑 5〕……………… 194
　　出典　高刑集 66 巻 1 号 3 頁，判タ 1395 号 368 頁　評釈　内田浩・平成 25 年度重判解 172 頁
東京高判平成 25・2・22〔'13 刑 10〕……………… 199
　　出典　高刑集 66 巻 1 号 6 頁，判時 2194 号 144 頁，判タ 1394 号 376 頁　評釈　今井猛嘉・平成 25 年度重判解 178 頁

〔地方裁判所〕
東京地判平成 22・9・6〔'11 刑 10〕……………… 171
　　出典　判時 2112 号 139 頁，判タ 1368 号 251 頁　評釈　松澤伸・平成 23 年度重判解 161 頁
神戸地判平成 24・1・11〔'12 刑 2〕……………… 177
　　出典　裁判所 HP　評釈　齊藤彰子・平成 24 年度重判解 150 頁，古川伸彦・法教 395 号 4 頁
大阪地判平成 24・3・16〔'12 刑 3〕……………… 178
　　出典　判タ 1404 号 352 頁
鹿児島地判平成 24・3・19〔'12 刑 10〕…………… 185
　　出典　判タ 1374 号 242 頁
東京地判平成 24・6・25〔'13 刑 8〕……………… 197
　　出典　判タ 1384 号 363 頁　評釈　渡邊卓也・平成 25 年度重判解 176 頁
札幌地判平成 24・12・14〔'13 刑 4〕……………… 193
　　出典　判タ 1390 号 368 頁
横浜地判平成 25・5・10〔'13 刑 2〕……………… 191
　　出典　判タ 1402 号 377 頁

# 条文索引──憲法

### 13条
- Nシステムと憲法13条（東京高判平成21・1・29） ... 7
- 議会代読拒否損害賠償請求事件（岐阜地判平成22・9・22） ... 33
- 非嫡出子相続分差別と憲法14条1項（大阪高決平成23・8・24） ... 30
- 議会代読拒否訴訟控訴審判決（名古屋高判平成24・5・11） ... 47
- 性別取扱いを変更した者の妻が第三者の精子により出産した子に関する区長の職権による戸籍記載の合憲性（東京高決平成24・12・26） ... 58

### 14条
- 参議院議員定数不均衡訴訟（最大判平成21・9・30） ... 6
- 衆議院議員選挙「一票の較差」違憲訴訟（大阪高判平成21・12・28） ... 21
- 離婚後300日規定と憲法14条（岡山地判平成22・1・14） ... 19
- 非嫡出子の遺留分減殺請求と憲法14条1項（東京高判平成22・3・10） ... 18
- 労災補償における外ぼうの醜状障害に関する男女差別（京都地判平成22・5・27） ... 20
- 議会代読拒否損害賠償請求事件（岐阜地判平成22・9・22） ... 33
- 参議院議員定数不均衡訴訟（東京高判平成22・11・17） ... 29
- 後遺障害別等級表上の男女差別と憲法14条1項（秋田地判平成22・12・14） ... 31
- 衆議院議員選挙「一票の較差」違憲訴訟（最大判平成23・3・23） ... 28
- 非嫡出子相続分差別と憲法14条1項（大阪高決平成23・8・24） ... 30
- イラン国籍を理由とする入学拒否事件（東京地判平成23・12・19） ... 41
- 婚外子の遺留分につき民法900条4号但書を準用することの合憲性（名古屋高判平成23・12・21） ... 43
- 国籍法12条の国籍喪失規定の憲法適合性（東京地判平成24・3・23） ... 42
- 議会代読拒否訴訟控訴審判決（名古屋高判平成24・5・11） ... 47
- 参議院議員定数不均衡訴訟（最大判平成24・10・17） ... 55
- 女性の再婚禁止期間の合憲性（岡山地判平成24・10・18） ... 57
- 性別取扱いを変更した者の妻が第三者の精子により出産した子に関する区長の職権による戸籍記載の合憲性（東京高決平成24・12・26） ... 58
- 受刑者の選挙権行使（大阪地判平成25・2・6） ... 60
- 衆議院議員選挙無効訴訟と将来効判決（広島高判平成25・3・25） ... 59
- 嫡出性に基づく法定相続分差別違憲判断（最大決平成25・9・4） ... 54

### 15条
- 衆議院議員選挙「一票の較差」違憲訴訟（大阪高判平成21・12・28） ... 21
- 議会代読拒否損害賠償請求事件（岐阜地判平成22・9・22） ... 33
- 参議院議員定数不均衡訴訟（東京高判平成22・11・17） ... 29
- 衆議院議員選挙「一票の較差」違憲訴訟（最大判平成23・3・23） ... 28
- 在外日本国民の最高裁判所裁判官国民審査権（東京地判平成23・4・26） ... 32
- 「君が代」起立斉唱職務命令訴訟最高裁判決（最三小判平成23・6・14） ... 35
- 議会代読拒否訴訟控訴審判決（名古屋高判平成24・5・11） ... 47
- 参議院議員定数不均衡訴訟（最大判平成24・10・17） ... 55
- 受刑者の選挙権行使（大阪地判平成25・2・6） ... 60
- 公職選挙法の定める3か月記録要件の合憲性（東京高判平成25・2・19） ... 61
- 成年被後見人は選挙権を有しないとする公選法11条1項1号の合憲性（東京地判平成25・3・14） ... 62

### 16条
- 署名活動の自由と表現の自由・請願権（岐阜地判平成22・11・10） ... 34
- 署名活動の自由と請願権・表現の自由（名古屋高判平成24・4・27） ... 48

### 18条
- 裁判員裁判の憲法適合性（最大判平成23・11・16） ... 40

### 19条
- NHK放送受信契約の強制と憲法19条・21条1項──NHK受信料請求訴訟（東京地判平成21・7・28） ... 8
- 「君が代」起立斉唱職務命令訴訟最高裁判決（最三小判平成23・6・14） ... 35
- 国旗国歌訴訟上告審判決（最一小判平成24・1・16） ... 44

### 20条
靖国合祀および国の関与と宗教的人格権（大阪地判平成21・2・26） ……………………………………………… 9
神社施設の敷地として市有地を無償で提供する行為と政教分離——砂川空知太神社事件（最大判平成22・1・20） ……… 16
神社の大祭奉賛会発会式への市長の出席・祝辞と政教分離（最一小判平成22・7・22） ……………………………… 17
空知太神社訴訟第二次（差戻し後）上告審判決（最一小判平成24・2・16） …………………………………………… 45

### 21条
遠隔監視システム機器による「有害図書類」販売の規制と表現の自由
　　——福島県青少年健全育成条例違反被告事件（最二小判平成21・3・9） ………………………………………… 10
NHK放送受信契約の強制と憲法19条・21条1項——NHK受信料請求訴訟（東京地判平成21・7・28） …………………… 8
葛飾区政党ビラ配布事件（最二小判平成21・11・30） …………………………………………………………………… 22
公務員の政治活動の自由——堀越事件（東京高判平成22・3・29） ………………………………………………………… 23
議会代読拒否損害賠償請求事件（岐阜地判平成22・9・22） ……………………………………………………………… 33
署名活動の自由と表現の自由・請願権（岐阜地判平成22・11・10） ……………………………………………………… 34
卒業式における威力業務妨害と表現の自由（最一小判平成23・7・7） …………………………………………………… 36
市議会議員政治倫理条例の憲法適合性（広島高判平成23・10・28） ……………………………………………………… 46
署名活動の自由と請願権・表現の自由（名古屋高判平成24・4・27） …………………………………………………… 48
議会代読拒否訴訟控訴審判決（名古屋高判平成24・5・11） ……………………………………………………………… 47
公務員の政治活動の自由——堀越事件（最二小判平成24・12・7） ………………………………………………………… 56

### 22条
遠隔監視システム機器による「有害図書類」販売の規制と表現の自由
　　——福島県青少年健全育成条例違反被告事件（最二小判平成21・3・9） ………………………………………… 10
西伊豆町指定ごみ袋訴訟（静岡地下田支判平成21・10・29） ……………………………………………………………… 24
医薬品のネット販売規制——委任立法の限界（最二小判平成25・1・11） ………………………………………………… 63

### 23条
通信表の作成と教師の教育の自由（仙台地判平成23・1・20） …………………………………………………………… 37

### 24条
非嫡出子相続分差別と憲法14条1項（大阪高決平成23・8・24） ………………………………………………………… 30
女性の再婚禁止期間の合憲性（岡山地判平成24・10・18） ……………………………………………………………… 57

### 25条
老齢加算廃止と生存権の保障（最三小判平成24・2・28） ……………………………………………………………… 49

### 26条
通信表の作成と教師の教育の自由（仙台地判平成23・1・20） ………………………………………………………… 37

### 29条
区分所有法70条と憲法29条（最一小判平成21・4・23） ………………………………………………………………… 11
市営と［圏点あり］畜場の廃止に伴う支援金の支出と憲法29条3項（最三小判平成22・2・23） …………………… 25
市議会議員政治倫理条例の憲法適合性（広島高判平成23・10・28） …………………………………………………… 46

### 31条
遠隔監視システム機器による「有害図書類」販売の規制と表現の自由
　　——福島県青少年健全育成条例違反被告事件（最二小判平成21・3・9） ………………………………………… 10
裁判員裁判の憲法適合性（最大判平成23・11・16） ……………………………………………………………………… 40
公務員の政治活動の自由——堀越事件（最二小判平成24・12・7） ……………………………………………………… 56

### 32条
即決裁判手続と憲法32条（最三小判平成21・7・14） …………………………………………………………………… 12
裁判員裁判の憲法適合性（最大判平成23・11・16） ……………………………………………………………………… 40

### 37条
裁判員裁判の憲法適合性（最大判平成23・11・16） ……………………………………………………………………… 40

### 43条
衆議院議員選挙「一票の較差」違憲訴訟（大阪高判平成21・12・28） ………………………………………………… 21
衆議院議員選挙「一票の較差」違憲訴訟（最大判平成23・3・23） …………………………………………………… 28
参議院議員定数不均衡訴訟（最大判平成24・10・17） ………………………………………………………………… 55
受刑者の選挙権行使（大阪地判平成25・2・6） ………………………………………………………………………… 60
公職選挙法の定める3か月記録要件の合憲性（東京高判平成25・2・19） …………………………………………… 61
成年被後見人は選挙権を有しないとする公選法11条1項1号の合憲性（東京地判平成25・3・14） ………………… 62
衆議院議員選挙無効訴訟と将来効判決（広島高判平成25・3・25） …………………………………………………… 59

### 44 条
衆議院議員選挙「一票の較差」違憲訴訟（大阪高判平成 21・12・28）..... 21
参議院議員定数不均衡訴訟（東京高判平成 22・11・17）..... 29
衆議院議員選挙「一票の較差」違憲訴訟（最大判平成 23・3・23）..... 28
参議院議員定数不均衡訴訟（最大判平成 24・10・17）..... 55
受刑者の選挙権行使（大阪地判平成 25・2・6）..... 60
公職選挙法の定める 3 か月記録要件の合憲性（東京高判平成 25・2・19）..... 61
成年被後見人は選挙権を有しないとする公選法 11 条 1 項 1 号の合憲性（東京地判平成 25・3・14）..... 62

### 47 条
衆議院議員選挙「一票の較差」違憲訴訟（大阪高判平成 21・12・28）..... 21
衆議院議員選挙「一票の較差」違憲訴訟（最大判平成 23・3・23）..... 28
衆議院議員選挙無効訴訟と将来効判決（広島高判平成 25・3・25）..... 59

### 76 条
裁判員裁判の憲法適合性（最大判平成 23・11・16）..... 40

### 79 条
在外日本国民の最高裁判所裁判官国民審査権（東京地判平成 23・4・26）..... 32

### 80 条
裁判員裁判の憲法適合性（最大判平成 23・11・16）..... 40

### 81 条
嫡出性に基づく法定相続分差別違憲判断（最大決平成 25・9・4）..... 54

### 84 条
西伊豆町指定ごみ袋訴訟（静岡地下田支判平成 21・10・29）..... 24
租税法規の年度内遡及適用と憲法 84 条・29 条（最二小判平成 23・9・30）..... 50

### 89 条
靖国合祀および国の関与と宗教的人格権（大阪地判平成 21・2・26）..... 9
神社施設の敷地として市有地を無償で提供する行為と政教分離——砂川空知太神社事件（最大判平成 22・1・20）..... 16
神社の大祭奉賛会発会式への市長の出席・祝辞と政教分離（最一小判平成 22・7・22）..... 17
空知太神社訴訟第二次（差戻し後）上告審判決（最一小判平成 24・2・16）..... 45

### 94 条
市議会議員政治倫理条例の憲法適合性（広島高判平成 23・10・28）..... 46

判例セレクト 2009-2013 Ⅰ／法学教室　**209**

# 条文索引――民法

### 1条
原因関係のない振込みに係る預金の払戻請求と権利の濫用（最二小判平成20・10・10）……………… 77
法律上の親子関係はあるが自然的血縁関係がない子に対する監護費用の分担（最二小判平成23・3・18）……………… 104
契約締結過程における信義則上の説明義務違反に基づく損害賠償責任の法的性質（最二小判平成23・4・22）…………… 99
個品割賦購入あっせん契約において売買契約が公序良俗に反し無効であるときの立替払契約の効力
　（最三小判平成23・10・25）……………………………………………………………………………………… 109

### 90条
弁護士が委託を受けた債権回収等の手段として訴訟の提起等のために当該債権を譲り受ける行為の効力
　（最一小決平成21・8・12）……………………………………………………………………………………… 69
個品割賦購入あっせん契約において売買契約が公序良俗に反し無効であるときの立替払契約の効力
　（最三小判平成23・10・25）……………………………………………………………………………………… 109
建築基準法等に違反する建物の建築を目的とする請負契約及びその追加変更工事に関する合意の公序良俗違反該当性
　（最二小判平成23・12・16）……………………………………………………………………………………… 108

### 91条
医療法人における出資金返還条項の解釈（最一小判平成22・4・8）……………………………………… 82
建築基準法等に違反する建物の建築を目的とする請負契約及びその追加変更工事に関する合意の公序良俗違反該当性
　（最二小判平成23・12・16）……………………………………………………………………………………… 108
貸金業者の再編に伴う貸金債権の譲渡と過払金返還債務の承継の可否（最二小判平成24・6・29）…… 116
無権利者を委託者とする物の販売委託契約について当該物の所有者が行った追認の効果（最三小判平成23・10・18）… 111

### 116条

### 160条
民法160条の法意による民724条後段の効果の制限（最三小判平成21・4・28）………………………… 78

### 162条
抵当権設定登記後に再度不動産所有権の取得時効が完成した場合における抵当権の消長（最二小判平成24・3・16）…… 112

### 163条
賃借権の時効取得による抵当権の消滅の可否（最二小判平成23・1・21）……………………………… 96

### 166条
継続的な金銭消費貸借取引の過払金と消滅時効の起算点（最一小判平成21・1・22）………………… 70

### 177条
真正な登記名義の回復を原因とする中間省略登記請求の可否（消極）（最一小判平成22・12・16）…… 97
抵当権設定登記後に再度不動産所有権の取得時効が完成した場合における抵当権の消長（最二小判平成24・3・16）…… 112
抵当権に基づく担保不動産競売による承役地の買受人に対する未登記通行地役権の対抗（最三小判平成25・2・26）…… 122

### 206条
所有権留保における留保所有権者の義務および責任（最三小判平成21・3・10）……………………… 73

### 252条
金融機関の預金者に対する取引経過開示義務の有無（最一小判平成21・1・22）……………………… 76

### 264条
金融機関の預金者に対する取引経過開示義務の有無（最一小判平成21・1・22）……………………… 76

### 295条
民事再生手続における商事留置権の効力と約束手形取立金の充当（最一小判平成23・12・15）……… 114

### 304条
構成部分の変動する集合動産譲渡担保権に基づく損害保険金請求権に対する物上代位の可否
　（最一小決平成22・12・2）……………………………………………………………………………………… 98

### 369条
所有権留保における留保所有権者の義務および責任（最三小判平成21・3・10）……………………… 73
売買代金を立替払する三者間契約における所有権留保契約の解釈，および登録名義を有しない
　留保所有権者による別除権行使の可否（最二小判平成22・6・4）……………………………………… 83

### 371条
担保不動産収益執行と抵当目的不動産の賃料債権を受働債権とする相殺（最二小判平成21・7・3）…… 72

397条
抵当権設定登記後に再度不動産所有権の取得時効が完成した場合における抵当権の消長（最二小判平成24・3・16）……112
第3編第1章第4節
貸金業者の再編に伴う貸金債権の譲渡と過払金返還債務の承継の可否（最二小判平成24・6・29）……116
415条
契約締結過程における信義則上の説明義務違反に基づく損害賠償責任の法的性質（最二小判平成23・4・22）……99
債務整理を受任した弁護士が依頼者に対して負う説明義務の具体的内容（最三小判平成25・4・16）……129
416条
債務不履行による営業利益の喪失損害と債権者の損害拡大避止義務（最二小判平成21・1・19）……74
417条
債務不履行による営業利益の喪失損害と債権者の損害拡大避止義務（最二小判平成21・1・19）……74
424条
株式会社の新設分割と詐害行為取消権（最二小判平成24・10・12）……124
427条
債務に関する相続分指定の効力と遺留分侵害額との関係（最三小判平成21・3・24）……79
446条
元本確定前における根保証の随伴性（最二小判平成24・12・14）……125
465条の2
元本確定前における根保証の随伴性（最二小判平成24・12・14）……125
466条
譲渡禁止特約に違反して債権を譲渡した債権者が譲渡の無効を主張することの可否（最二小判平成21・3・27）……75
元本確定前における根保証の随伴性（最二小判平成24・12・14）……125
501条
原債権が財団債権である場合の弁済による代位と財団債権の行使の可否（最三小判平成23・11・22）……115
505条
担保不動産収益執行と抵当目的不動産の賃料債権を受働債権とする相殺（最二小判平成21・7・3）……72
民法505条及び民法508条の相殺適状の意義（最一小判平成25・2・28）……126
508条
民法505条及び民法508条の相殺適状の意義（最一小判平成25・2・28）……126
560条
無権利者を委託者とする物の販売委託契約について当該物の所有者が行った追認の効果（最三小判平成23・10・18）……111
570条
売買契約締結後に規制された土壌汚染と「瑕疵」の意義（最一小判平成22・6・1）……85
601条
賃借権の時効取得による抵当権の消滅の可否（最二小判平成23・1・21）……96
605条
賃借権の時効取得による抵当権の消滅の可否（最二小判平成23・1・21）……96
623条
いわゆる偽装請負と黙示の雇用契約の成否——パナソニックプラズマディスプレイ（パスコ）事件
（最二小判平成21・12・18）……86
624条
いわゆる偽装請負と黙示の雇用契約の成否——パナソニックプラズマディスプレイ（パスコ）事件
（最二小判平成21・12・18）……86
632条
建築基準法等に違反する建物の建築を目的とする請負契約及びその追加変更工事に関する合意の公序良俗違反該当性
（最二小判平成23・12・16）……108
644条
債務整理を受任した弁護士が依頼者に対して負う説明義務の具体的内容（最三小判平成25・4・16）……129
645条
金融機関の預金者に対する取引経過開示義務の有無（最一小判平成21・1・22）……76
656条
金融機関の預金者に対する取引経過開示義務の有無（最一小判平成21・1・22）……76
666条
原因関係のない振込みに係る預金の払戻請求と権利の濫用（最二小判平成20・10・10）……77
金融機関の預金者に対する取引経過開示義務の有無（最一小判平成21・1・22）……76

### 703条
継続的な金銭消費貸借取引の過払金と消滅時効の起算点（最一小判平成21・1・22） ………… 70
貸金業者の再編に伴う貸金債権の譲渡と過払金返還債務の承継の可否（最二小判平成24・6・29） ………… 116

### 704条
悪意の受益者の損害賠償義務を規定した民法704条後段の趣旨（最二小判平成21・11・9） ………… 90

### 709条
所有権留保における留保所有権者の義務および責任（最三小判平成21・3・10） ………… 73
悪意の受益者の損害賠償義務を規定した民法704条後段の趣旨（最二小判平成21・11・9） ………… 90
生徒募集時に説明，宣伝された私立学校の教育内容等の変更による生徒の親に対する不法行為の成否
（最一小判平成21・12・10） ………… 89
競業避止特約を締結していない退職者が行う競業行為が不法行為に当たらないとされた事例
（最一小判平成22・3・25） ………… 88
建て替え費用の賠償責任からの使用利益の控除の否定（最一小判平成22・6・17） ………… 87
労災保険法に基づく休業給付・障害給付の損益相殺的な調整において，遅延損害金の発生・充当を否定した事例
（最二小判平成22・10・15） ………… 100
配信記事を掲載した新聞社の名誉毀損による不法行為責任の成否（最一小判平成23・4・28） ………… 103
インターネット上のウェブサイトへの記事の掲載と名誉毀損の成否（最二小判平成24・3・23） ………… 117
金利スワップ取引に係る銀行の顧客に対する説明義務（①最三小判平成25・3・7／②最三小判平成25・3・26） ………… 123

### 710条
配信記事を掲載した新聞社の名誉毀損による不法行為責任の成否（最一小判平成23・4・28） ………… 103
インターネット上のウェブサイトへの記事の掲載と名誉毀損の成否（最二小判平成24・3・23） ………… 117

### 724条
民法160条の法意による民724条後段の効果の制限（最三小判平成21・4・28） ………… 78

### 766条
法律上の親子関係はあるが自然的血縁関係がない子に対する監護費用の分担（最二小判平成23・3・18） ………… 104
子との面会交流を求める権利についての間接強制の可否（最一小決平成25・3・28） ………… 131

### 771条
法律上の親子関係はあるが自然的血縁関係がない子に対する監護費用の分担（最二小判平成23・3・18） ………… 104

### 887条
「相続させる」旨の遺言と受益相続人の先死亡（最三小判平成23・2・22） ………… 105

### 889条
「相続させる」旨の遺言と受益相続人の先死亡（最三小判平成23・2・22） ………… 105

### 898条
金融機関の預金者に対する取引経過開示義務の有無（最一小判平成21・1・22） ………… 76

### 899条
債務に関する相続分指定の効力と遺留分侵害額との関係（最三小判平成21・3・24） ………… 79

### 900条
非嫡出子と相続分格差（最二小決平成21・9・30） ………… 91
婚外子の法定相続分の規定の違憲性と同規定を前提としてされた他の遺産分割事案への影響（最大決平成25・9・4） ………… 132

### 902条
債務に関する相続分指定の効力と遺留分侵害額との関係（最三小判平成21・3・24） ………… 79
相続分の指定及び特別受益の持戻し免除の意思表示に対する遺留分減殺請求の効果（最一小決平成24・1・26） ………… 118

### 903条
相続分の指定及び特別受益の持戻し免除の意思表示に対する遺留分減殺請求の効果（最一小決平成24・1・26） ………… 118

### 908条
債務に関する相続分指定の効力と遺留分侵害額との関係（最三小判平成21・3・24） ………… 79

### 994条
「相続させる」旨の遺言と受益相続人の先死亡（最三小判平成23・2・22） ………… 105

### 995条
「相続させる」旨の遺言と受益相続人の先死亡（最三小判平成23・2・22） ………… 105

### 1029条
債務に関する相続分指定の効力と遺留分侵害額との関係（最三小判平成21・3・24） ………… 79

### 1031条
債務に関する相続分指定の効力と遺留分侵害額との関係（最三小判平成21・3・24） ………… 79
相続分の指定及び特別受益の持戻し免除の意思表示に対する遺留分減殺請求の効果（最一小決平成24・1・26） ………… 118

1041条
価額弁償額の確認請求訴訟と確認の利益（最二小判平成21・12・18）...... 92
その他
農業協同組合の理事に対する提訴請求の相手方が監事でなく代表理事であった場合の代表訴訟の適法性
　（最三小判平成21・3・31）...... 68
建物区分所有法70条と憲法29条（最一小判平成21・4・23）...... 71
利息制限法1条1項の「元本」の額とその基準時（最三小判平成22・4・20）...... 84
貸金業者がその貸金債権を一括して他の貸金業者に譲渡した場合における過払金返還債務の帰趨
　（最一小判平成23・7・7）...... 101
更新料条項の効力と消費者契約法10条（最二小判平成23・7・15）...... 102
建物区分所有法6条1項の「区分所有者の共同の利益に反する行為」該当性（最三小判平成24・1・17）...... 113
生命保険契約における保険料不払の場合の無催告失効条項の効力（最二小判平成24・3・16）...... 110
借地借家法38条2項所定の書面の意義（最一小判平成24・9・13）...... 128
ゴルフ場経営目的の地上権設定・土地賃貸借契約への借地借家法11条の類推適用（最三小判平成25・1・22）...... 127
イレッサ訴訟上告審判決（最三小判平成25・4・12）...... 130

# 条文索引——刑法

**9条**
併合罪の一部について裁判が確定している場合の余罪処断と量刑（最三小決平成24・12・17）……… 192

**36条**
過剰防衛と行為の一体性の判断基準（最一小決平成21・2・24）……… 138
財産的権利等を保全するための暴行に正当防衛が認められた事例（最一小判平成21・7・16）……… 137
防衛行為の相当性が認められた事例（大阪高判平成21・10・22）……… 151
自動車運転過失致死罪につき正当防衛の成立が認められた事例（大阪地判平成24・3・16）……… 178

**38条**
預かった段ボール箱の内容物について，けん銃及びその適合実包であるとの認識が否定された事例（東京高判平成20・10・23）……… 136
違法性の意識の可能性がなく故意が否定された事例（大阪高判平成21・1・20）……… 139
自己の殺害を嘱託した者を暴行・傷害の故意で死に致した場合の擬律（札幌地判平成24・12・14）……… 193

**39条**
精神鑑定の一部を採用した場合と責任能力の有無・程度の判断（最一小決平成21・12・8）……… 152

**43条**
窃盗罪の既遂に当たるとされた事例（東京高判平成21・12・22）……… 167
窃盗罪の着手が認められた事例（東京高判平成22・4・20）……… 165

**50条**
併合罪の一部について裁判が確定している場合の余罪処断と量刑（最三小決平成24・12・17）……… 192

**60条**
共同正犯の形態で遂行された窃盗罪の成立範囲（最一小決平成21・6・29）……… 140
共謀関係の解消が否定された事例（最三小決平成21・6・30）……… 141
共謀加担前の暴行から生じた傷害と傷害罪の共同正犯の成立範囲（最二小決平成24・11・6）……… 190

**62条**
ファイル共有ソフトWinnyの提供につき，開発者に著作権法違反幇助の故意がないとされた事例（最三小決平成23・12・19）……… 179
危険運転致死傷罪の幇助犯の成立が認められた事例（最三小決平成25・4・15）……… 195

**65条**
銀行による融資の相手方が特別背任罪の共同正犯とされた事例（最一小決平成20・5・19）……… 145

**68条**
精神鑑定の一部を採用した場合と責任能力の有無・程度の判断（最一小決平成21・12・8）……… 152

**130条**
警察署の塀によじ上った行為が建造物侵入罪に該当するとされた事例（最一小決平成21・7・13）……… 143
ビラ等配布目的での分譲マンション共用部分への立入りと住居侵入罪の成否（最二小判平成21・11・30）……… 154

**134条**
秘密漏示罪の成立要件（最二小決平成24・2・13）……… 184

**135条**
秘密漏示罪の成立要件（最二小決平成24・2・13）……… 184

**155条**
「偽造」の肯定例――一般人をして真正な公文書と信じさせるに足る程度の外観を備えているとされた事例（東京地判平成22・9・6）……… 171

**175条**
電気通信の送信によるわいせつな電磁的記録等の「頒布」に当たるとされた事例（東京高判平成25・2・22）……… 199

**176条**
医師による診察中の盗撮行為に強制わいせつ罪の成立を肯定した事例（広島高判平成23・5・26）……… 183

**195条**
特別公務員暴行陵虐罪にいわゆる「陵辱若しくは加虐の行為」に当たるとされた事例（広島高判平成23・6・30）……… 172

**197条**
賄賂罪における「職務に関し」の意義（最一小決平成22・9・7）……… 158

### 197条（平成15年改正前）
売買代金が時価相当額であったとしても，土地の売買による換金の利益が賄賂に当たるとされた事例
（最一小決平成24・10・15） …………………………………………………………… 200

### 199条
治療中止の限界——川崎協同病院事件（最三小決平成21・12・7） ……………………………… 150

### 199条（平成16年改正前）
精神鑑定の一部を採用した場合と責任能力の有無・程度の判断（最一小決平成21・12・8） …… 152

### 202条
治療中止の限界——川崎協同病院事件（最三小決平成21・12・7） ……………………………… 150
自己の殺害を嘱託した者を暴行・傷害の故意で死に致した場合の擬律（札幌地判平成24・12・14） …… 193

### 203条
精神鑑定の一部を採用した場合と責任能力の有無・程度の判断（最一小決平成21・12・8） …… 152

### 204条
意識障害等の惹起と傷害罪の成否（最三小決平成24・1・30） …………………………………… 180
共謀加担前の暴行から生じた傷害と傷害罪の共同正犯の成立範囲（最二小決平成24・11・6）…… 190

### 205条
自己の殺害を嘱託した者を暴行・傷害の故意で死に致した場合の擬律（札幌地判平成24・12・14） …… 193

### 208条
財産的権利等を保全するための暴行に正当防衛が認められた事例（最一小判平成21・7・16） …… 137

### 208条の2
危険運転致死傷罪にいう赤色信号を「殊更に無視し」の意義（最一小決平成20・10・16） …… 142
危険運転致死傷罪における「アルコールの影響により正常な運転が困難な状態」の意義（最三小決平成23・10・31） … 182
刑法208条の2第2項前段の「人又は車の通行を妨害する目的」（東京高判平成25・2・22）…… 194
危険運転致死傷罪の幇助犯の成立が認められた事例（最三小決平成25・4・15）………………… 195

### 211条
航空管制官による便名の言い間違いと過失犯の成否（最一小決平成22・10・26）……………… 164
福知山線列車脱線転覆事故における元安全対策責任者の過失責任（神戸地判平成24・1・11） …… 177

### 211条（平成13年改正前）
雑踏警備に際しての注意義務——明石市花火大会歩道橋事故（最一小決平成22・5・31）…… 149
三菱自動車車輪脱落事件上告審決定（最三小決平成24・2・8）…………………………………… 176

### 211条（平成18年改正前）
砂浜での埋没事故発生の予見可能性が肯定された事例——明石砂浜陥没事故（最二小決平成21・12・7）…… 148

### 221条
4名の女性を次々に監禁しPTSDを発症させた行為に監禁致傷罪の成立が認められた事例
（最二小決平成24・7・24）…………………………………………………………………… 181

### 230条
インターネットを利用した名誉毀損行為と真実性の証明（最一小決平成22・3・15）………… 155

### 230条の2
インターネットを利用した名誉毀損行為と真実性の証明（最一小決平成22・3・15）………… 155

### 234条
威力業務妨害罪の成立要件——都立板橋高校事件（最一小判平成23・7・7）………………… 166

### 235条
共同正犯の形態で遂行された窃盗罪の成立範囲（最一小決平成21・6・29）…………………… 140
窃盗罪の既遂に当たるとされた事例（東京高判平成21・12・22）………………………………… 167
窃盗罪の着手が認められた事例（東京高判平成22・4・20）……………………………………… 165

### 236条
キャッシュカードの占有者に脅迫を加えて暗証番号を聞き出す行為に強盗利得罪の成立が認められた事例
（東京高判平成21・11・16）…………………………………………………………………… 168
強盗目的がないことを理由に2項強盗殺人の成立を否定した事例
（強盗利得罪にいわゆる「財産上不法の利益」の意義）（鹿児島地判平成24・3・19）…… 185

### 240条
被害者の死亡原因となった行為が強盗の機会に行われたとして強盗致死罪の成立が認められた事例
（東京高判平成23・1・25）…………………………………………………………………… 169
強盗目的がないことを理由に2項強盗殺人の成立を否定した事例
（強盗利得罪にいわゆる「財産上不法の利益」の意義）（鹿児島地判平成24・3・19）…… 185

併合罪の一部について裁判が確定している場合の余罪処断と量刑（最三小決平成 24・12・17）……………… 192
　　243 条
窃盗罪の既遂に当たるとされた事例（東京高判平成 21・12・22）…………………………………………… 167
　　244 条
家庭裁判所から選任された成年後見人による横領と刑法 244 条 1 項の準用（最二小決平成 24・10・9）………… 198
　　246 条
街頭募金詐欺について包括一罪と解し得るとされた事例（最二小決平成 22・3・17）………………………… 153
詐欺罪における詐欺行為の意義（最一小決平成 22・7・29）…………………………………………………… 156
第三者に無断譲渡する意図を秘して自己名義でプリペイド式携帯電話機を購入する行為と詐欺罪（未遂）
　（東京高判平成 24・12・13）……………………………………………………………………………………… 196
　　246 条の 2
いわゆるキセル乗車と電子計算機使用詐欺罪の成否（東京地判平成 24・6・25）…………………………… 197
　　252 条
不実の抵当権設定仮登記と横領行為（最二小決平成 21・3・26）……………………………………………… 144
　　253 条
家庭裁判所から選任された成年後見人による横領と刑法 244 条 1 項の準用（最二小決平成 24・10・9）………… 198
　　255 条
家庭裁判所から選任された成年後見人による横領と刑法 244 条 1 項の準用（最二小決平成 24・10・9）………… 198
　　その他
背任罪における任務違背性の判断（最三小決平成 21・11・9）………………………………………………… 157
私人への罰則の委任に当たらないとされた事例（最二小決平成 22・9・27）………………………………… 162
事実証明に関する書類（行政書士法 1 条の 2 第 1 項）の意義（最一小判平成 22・12・20）………………… 170
両罰規定適用の要件（最一小決平成 23・1・26）………………………………………………………………… 163
児童ポルノを「公然と陳列」する行為に当たるとされた事例（最三小決平成 24・7・9）………………… 186
書籍の発行者が，書店における書籍の販売・陳列による未承認医薬品の広告行為の間接正犯に当たるとの主張が
　排斥された事例（横浜地判平成 25・5・10）…………………………………………………………………… 191

# 「法学教室」における判例集・法令名等の略語例

　小誌掲載の論文中（主にかっこ書や注記の部分）に引用される判例集・文献・法令名につき，多くの場合，略語を使用しています。
　この略語の方式は，原則として，法律関係の編集者で組織する「法律編集者懇話会」がまとめた「法律文献等の出典の表示方法」に基づいています。

## 1　判例の表示

　小誌では，判例の表示は以下のようなスタイルをとっています。
　最判昭和58・10・7民集37巻8号1282頁
・最高裁の大法廷判決については，最大判，小法廷判決については最判と表示。
・年月日はナカグロで表示。
・引用頁は，判例集の通し頁を表示。

## 2　判例集・判例評釈書誌の略語

　小誌でよく引用される判例集等の略語を以下に示します。

| 略語 | 正式名称 |
|---|---|
| 民（刑）録 | 大審院民（刑）事判決録 |
| 民（刑）集 | 大審院・最高裁判所民（刑）事判例集 |
| 集民（刑） | 最高裁判所裁判集民（刑）事 |
| 高民（刑）集 | 高等裁判所民（刑）事判例集 |
| 下民（刑）集 | 下級裁判所民（刑）事裁判例集 |
| 行　集 | 行政事件裁判例集 |
| 裁　時 | 裁判所時報 |
| 訟　月 | 訟務月報 |
| 家　月 | 家庭裁判月報 |
| 労民集 | 労働関係民事裁判例集 |
| 審決集 | 公正取引委員会審決集 |
| 知財集 | 知的財産権関係民事・行政裁判例集 |
| 無体集 | 無体財産権関係民事・行政裁判例集 |
| 新　聞 | 法律新聞 |

## 3　定期刊行物の略語

　定期刊行物の略語は，おおむね「法律時報」1月号の巻末に掲載される「文献略語表」によっています。以下は略語例を50音順に掲載します。

①学会誌・法律雑誌・判例評釈書誌等の略語例

| 略語 | 正式名称 |
|---|---|
| 金　判 | 金融・商事判例 |
| 金　法 | 旬刊金融法務事情 |
| 銀　法 | 銀行法務21 |
| 警　研 | 警察研究 |
| 国　家 | 国家学会雑誌 |
| 最判解民（刑）事篇平成（昭和）○年度 | 最高裁判所判例解説民（刑）事篇平成（昭和）○年度 |
| 自　研 | 自治研究 |
| 自　正 | 自由と正義 |
| ジュリ | ジュリスト |
| 平成（昭和）○年度重判解（ジュリ△号） | 平成（昭和）○年度重要判例解説（ジュリ△号） |
| 論ジュリ | 論究ジュリスト |
| 曹　時 | 法曹時報 |
| 判　時 | 判例時報 |
| 判　自 | 判例地方自治 |
| 判　タ | 判例タイムズ |
| ひろば | 法律のひろば |
| 法　教 | 法学教室 |
| セレクト○（法教△号別冊付録） | 判例セレクト○（法学教室△号別冊付録） |
| 法　時 | 法律時報 |
| 法　セ | 法学セミナー |
| 速判解 | 速報判例解説（法学セミナー増刊） |
| Watch | 新・判例解説Watch（速判解10号以降） |
| TKC Watch | （株）TKCロー・ライブラリー提供のWatchウェブ版 |
| 民　商 | 民商法雑誌 |
| 民　訴 | 民事訴訟雑誌 |
| 労　旬 | 労働法律旬報 |
| 労経速 | 労働経済判例速報 |
| 労　判 | 労働判例 |
| 裁判所HP | 裁判所ウェブサイト（http://www.courts.go.jp/） |

②大学の紀要の略語例

| 略語 | 正式名称 |
|---|---|
| 一　論 | 一橋論叢（一橋大学一橋学会） |
| 新　報 | 法学新報（中央大学法学会） |
| 早　法 | 早稲田法学（早稲田大学法学会） |
| 法　学 | 法学（東北大学法学会） |
| 法　協 | 法学協会雑誌（法学協会事務所） |
| 法　研 | 法学研究（慶應義塾大学法学研究会） |
| 論　叢 | 法学論叢（京都大学法学会） |

## 4　法令名の略語

　法令名の略語は，小社刊行の法令集の巻末に掲載されている「法令名略語表」に従っています。

〔文責・法学教室編集室〕

本書のコピー，スキャン，デジタル化等の無断複製は著作権法上での例外を除き禁じられています。本書を代行業者等の第三者に依頼してスキャンやデジタル化することは，たとえ個人や家庭内での利用でも著作権法違反です。

## 判例セレクト 2009–2013 ［Ⅰ］

2015 年 3 月 1 日　初版第 1 刷発行

編　者　法学教室編集室
発行者　江　草　貞　治
発行所　株式会社　有　斐　閣
〒 101-0051　東京都千代田区神田神保町 2-17
電話（03）3264-1311〔雑誌編集部〕
　　　（03）3265-6811〔営業〕
http://www.yuhikaku.co.jp/
デザイン　ナカムラグラフ
印刷・製本　株式会社暁印刷

©2015, 法学教室編集室.　Printed in Japan
落丁・乱丁本はお取替えいたします。
ISBN 978-4-641-12577-3

JCOPY　本書の無断複写（コピー）は、著作権法上での例外を除き、禁じられています。複写される場合は、そのつど事前に、(社)出版者著作権管理機構（電話03-3513-6969, FAX03-3513-6979, e-mail:info@jcopy.or.jp）の許諾を得てください。